유종원집(柳宗元集) 4

The Complete Works of Liu Zong Yuan

지은이 유종원(柳宗元, 773~819)은 당송팔대가(唐宋八大家)의 한사람으로 중국의 대표적인 문인이다. 자는 자후(子厚)이며 유하동(柳河東) 또는 유유주(柳柳州)라고도 부른다. 21세에 진사과에 급제한 후에 정치 혁신을 꾀하는 집단에 참여하였다가 몰락하여 10년 동안 벽지인 영주(永州)에서 지내며 창작에 몰두하여 많은 작품을 남겼다. 후에 남방인 유주(柳州)에서 4년 동안 자사를 지내다가 47세의 나이로 임지에서 세상을 떠났다. 한유(韓愈)와 더불어 당대의 고문운동을 선도하며 문체 개혁에 나서 산문의 새로운 경지를 개척하였다. 특히 우언문(寓言文)과 산수유기(山水遊記)에 뛰어났으며, 의론문과 전기문도 뛰어나다. 시가에서도 성당한 성과를 거두었다. 하늘과 인간의 영역을 나누어 왕권의 절대성에 반대하는 등 매우 진보적이었으며 유교와 불교의 통합을 주장하기도 하였다. 사회주의 이념 아래에서 뛰어난 유물론자로 대단히 높이 평가를 받기도 하였다.

옮긴이 오수형(吳洙亨)은 서울대 중문과를 졸업하고 대만대학 중문연구소에서 문학석사, 서울대에서 문학박사 학위를 취득하였다. 현재 서울대 인문대학 중문과 교수로 재직 중이며, 한양대 중문과 교수를 역임했다. 대만 정치대학의 객좌교수로 강의하고, 중국 사회과학원 문학연구소에서 연구하였으며, 초대 한국중국산문학회장을 지냈다. 주로 중국 고전산문과 관련된 분야를 연구하며 강의한다.『당송팔대가의 산문세계』,『중국우언문학사』,『욱리자』,『유종원시선』등의 책과「유종원산문연구」,「명대의 우언문학」,「당대의 산문미학」등의 논문이 있다.

옮긴이 이석형(李奭炯)은 서울대 중문과를 졸업하고 동대학원에서 석사와 박사학위를 취득하였다. 인제대학교 중문과에서 조교수를 역임하고 현재 중앙대 중어학과 교수로 재직하면서 중국문학사, 당시, 송사, 중국역대산문 등을 강의하고 있으며, 대만대학 및 복단대학에서 방문학인으로 연구한 바 있다. 주로 사학(詞學) 중심의 시가 방면에 연구를 집중하여, 저서로『청말사학이론연구』, 공동 역서로『두보초기시역해』,『두보지덕연간시역해』,『두보위관시기시역해』,『두보진주동곡시기시역해』,『두보성도시기시 역해』, 논문으로「백우재사화연구」,「주이준사론연구」,「운간사파사학 연구」등이 있다.

옮긴이 홍승직(洪承直)은 고려대 중문과를 졸업하고 동대학원에서 석사와 박사학위를 취득하였다. 현재 순천향대학교 중문과 교수로 재직하며 공자아카데미원장을 맡고 있다. 중국 섬서사범대학에서 방문학자로 연구한 바 있다. 주로 중국고전산문 분야를 연구 강의하며 중국 고전의 번역에 힘쓰고 있다.『이탁오평전』,『분서』,『아버지 노릇』등의 책과「유종원산문의 문체별 연구」,「풍자개의 산문세계」,「사부에 나타난 유종원의 우환의식」등의 논문이 있다.

유종원집(柳宗元集) 4

1판 1쇄 인쇄 2009년 7월 25일
1판 1쇄 발행 2009년 7월 31일

지은이 / 유종원
옮긴이 / 오수형 · 이석형 · 홍승직
펴낸이 / 박성모
펴낸곳 / 소명출판
등록 / 제13-522호
주소 / 137-878 서울시 서초구 서초동 1621-18 (란빌딩 1층)
대표전화 / (02) 585-7840
팩시밀리 / (02) 585-7848
somyong@korea.com / www.somyong.co.kr

값 31,000원

ISBN 978-89-5626-409-7 93820
ISBN 978-89-5626-405-9 (전4권)

유종원집 4

柳宗元集 四

유종원 지음
오수형 · 이석형 · 홍승직 옮김

소명출판

◆ **일러두기**

1. 저본은 1979년 중국 중화서국(中華書局)에서 출판한 『유종원집』으로 이 책은 이미 매우 충실하게 교감이 가해졌다. 판본이나 교감에 관련된 사항은 말미에 부록된 「교점후기」에 상세한 설명이 있다. 작품의 진위 문제에 대하여는 해당 작품 주석의 언급 외에 부록의 「변위잡록(辨僞雜錄)」에 자료가 정리되어 있다.
2. 저본에 실린 원저자 유종원의 작품을 모두 우리말로 옮겼으며, 주석은 각주의 방식을 취하여 번역문에 달았다. 매 작품의 편명 끝에 단 주석은 해당 작품의 해제에 속한다. 원문은 번역문 뒤에 실었다.
3. 유종원의 작품이 아닌 「전언(前言)」과 말미의 부록에 실린 각종 자료들은 원문 없이 번역문만 실었다. 다만 유종원의 본집 속의 개별 작품에 부록된 타인의 작품은 번역문과 원문을 모두 실었다.
4. 작품의 편명 표기는 독음(한자 : 우리말 풀이)의 방식을 취하였다. 예를 들면, 봉건론(封建論 : 봉건제에 대해 논함)과 같다.
5. 번역문에서의 한자는 독음이 같으면 ( ) 안에 넣고 뜻만 같으면 [ ] 안에 넣었다. 인용문의 경우는 " "와 ' '를 사용하고, 서명에는 『 』, 편명에는 「 」을 사용했다.
6. 한문 원문 중에 현재 통용되지 않는 이체자가 쓰인 경우는 조판의 편의상 지금 통용되는 글자로 바꾼 것도 있다. 원문의 문장부호는 가로쓰기에 맞춰 인용부호를 " "와 ' '로 바꾸었다.
7. 색인은 부록을 포함한 전체의 글 가운데 번역을 가한 글의 원래 한자 편명을 한글 독음 순서에 따라 배열하였다.

역자 서문

중국의 문장가를 이야기할 때면 먼저 당송팔대가(唐宋八大家)가 언급된다. 그리고 그들 중에서도 이 책의 저자인 유종원(柳宗元)을 비롯하여 한유(韓愈), 구양수(歐陽修), 소식(蘇軾)이 '한유구소(韓柳歐蘇)'로 불리며 우선시된다. 이들이 당송 시기에 문단을 선도하며 뛰어난 문장을 창작함으로써 중국 역사상 가장 찬란한 고문의 꽃을 피워내며 중국산문사에 환한 빛을 발하였기 때문이다.

유종원(773~819)은 당(唐)만이 아니라 중국 역사상 대단히 걸출한 문장가이며 사상가이고 정치가였다. 문장가로서의 그는 과거의 각종 문학형식을 잘 계승하여 다양한 문체에 고루 깊은 조예를 갖추어 높은 성과를 거두었다. 특히 시가에도 능하여 시와 문 모두에서 크게 성과를 거둔 대표적인 문인이기도 하다. 흔히 한유와 더불어 새로운 문체 개혁을 이끈 당대의 고문운동가로서 인식되지만, 그의 전집을 보면 새로운 문체로서의 고문 창작에만 주력한 것이 아니라, 다양한 옛 문학 전통의 계승과 보존에도 많은 노력을 기울여 크게 성공하였음을 알 수 있다. 사상가로서는 합리적이고 과학적인 사고의 소유자로서 각종 사상을 폭넓게 수용하였으며, 대단히 앞선 민주사상의 소유자였다. 이른바 '신중국' 성립 후에는 역사상 대표적인 유물론자로서 절대적인 위상을 지니기도 했다. 정치가로서는 진보적인 입장에서 개혁의 전열에 섰다가 실패한 불운의 주인공이었다. 그러나 그 정치적 불운은 그의 사상과 문학의 깊이를 더하여 불후의 업적을 남기게 한 원동력이 되었다고도 할 수 있으니, 다른 시각에서 보면 진정한 불운도 아니다. 일찍이 동시대 인물인 한유 역시 그렇게 평한 바 있다.

발전은 옛것을 계승하고 새로운 것을 더함으로써 이루어진다. 즉 발전은 옛것에 대한 깊은 이해와 더불어 새로운 시각과 발상을 통한 창신에서 비롯된다. 당송시기의 고문운동이라는 새로운 문체 개혁의 요체가 바로 거기에 있으며, 유종원 문학 작품의 의미도 거기에 있다. 본 역서의 주된 목적도 바로 그와 궤를 같이 하니, 유종원의 문학세계에 대한 전면적이고 새로운 이해를 바탕으로 하여 또 다른 새로운 것을 찾아내고 만들어내는 일에 작으나마 도움을 제공하려는 것이다.

대학의 중문과 과목 중에 산문은 오래전부터 있어왔다. 그러나 그것은 대부분의 경우에 주로 언어를 익히듯 독해에 치중되어 진행될 뿐, 정체성을 지닌 독립된 장르로서 여겨지지 않은 것이 사실이다. 산문을 전공으로 표방하는 연구자가 나오기 시작한 것도 그리 오랜 일이 아니다. 그런 상황에서 산문의 연구와 교육은 답보상태를 면하기 어렵다. 특히 부족한 점은 산문 원전에 대한 국내에서 출판된 기초 자료의 미비이다. 국내에서 출판된 중국 고전산문 서적으로는 몇 종 안 되는 산문 선집이 전부인데, 그나마도 거의 모두가 같은 작품을 수록한 것들이어서 실제로 쉽게 접할 수 있는 자료는 지극히 제한적이다. 시대별이나 작가별 또는 작품의 종류별로 다룬 작품집도 여전히 찾아보기 어려운 형편이다. 몇몇 시인의 문집을 제외하면, 집부(集部)에 속하는 전집의 완역은 지극히 드문 상황에서 당송팔대가의 문집의 경우도 예외가 아니다. 그런 가운데 2003년 학술진흥재단의 명저 번역 지원으로 유종원에 크게 관심을 가졌던 역자들이 처음으로 당송팔대가의 한 사람의 문집을 완역하게 되었다. 2006년 상반기에 역주가 완료되었으나 여기저기 미비한 점을 보완하고 또 편집하는 과정에서 시간이 적지 않게 지나 이제야 책으로 내게 되었다.

본 역서가 저본으로 삼은 중국 중화서국의 『유종원집』은 주석이나 교감이 이미 상당히 완비되었다. 또 말미의 부록은 판본의 문제나 작품의 진위 문제 등에 대하여 풍부한 자료를 직접 제공하고 있다. 이들은 원전에 관련된 많은 번거로운 문제의 해결에 큰 도움이 된다. 그밖에 서두의 「전언」은 문화대혁명이 끝난 지 얼마 지나지 않아 쓴 것으로, 비록 사회주의 이념의 색채를 벗어나지 못한 한계를 지니고 있으나 여전히 유종원의 작품세계를 비교적 잘 조망하고 있다.

이 책은 세 사람이 번역을 분담하였다. 오수형은 전언, 1・3~4・14~21・26~29・40~41권을, 이석형은 22~25・37~39・42~45권을, 홍승직은 2・5~13・30~36권, 외집 및 보유를 각기 책임지고 역주하였다. 역자의 역량 부족과 더불어 또 공역에서 기인하는 많은 미비점이 존재하리라는 것을 안다. 그러나 중국에도 아직 백화로 된 이렇다 할 전집 역주본이 없는 데다, 유종원에 대한 당대 최고의 학자 장사교(章士釗)조차 원전의 난해함을 지적한 부분이 적지 않다. 그런 점들을 변명이자 위안으로 삼아 감히 책으로 내놓는다. 그로써 유종원 문학에 대한 연구와 교육에 두루 활용되기를 바라며 또한 향후에 더 많은 고전 문집의 번역 출판을 재촉하고자한다.

끝으로 편집에 있어 쉽지 않은 점이 많은 이 책을 정성들여 편집 출판해준 소명출판 여러분에게 깊이 감사의 마음을 전한다. 내용상의 오류와 불비함에 대해서는 제현의 아낌없는 가르침을 청하며, 이 책이 유종원의 문학세계 나아가 중국 산문의 다각적인 연구를 위한 기초 자료로서 미약하나마 의미있는 역할을 할 수 있기를 기대한다.

2009년 2월

역자 씀

제43권 고금시(古今詩)

제44권 「비국어(非國語) 상(上)」

제45권 「비국어(非國語) 하(下)」

외집(外集) 상권(上卷) 부문지(賦文誌)

외집(外集) 하권(下卷) 표계(表啓)

외집(外集) 보유(補遺)

부록(附錄)

柳宗元集 전체 차례

柳宗元集 3

柳宗元集 4

제42권 고금시(古今詩)

동유이십팔원장술구언회감시서사봉기예주장원외사군오십이운지작인기운증지팔십통증이군자(同劉二十八院長述舊言懷感時書事奉寄澧州張員外使君五十二韻之作因其韻增至八十通贈二君子 : 유이십팔 원장의 「지난 일을 서술하면서 속마음을 말하고 시세의 변화에 감개하면서 일을 기록하여 삼가 예주 장원외 사군에게 부친 52운」의 시에 화답하여 그 운을 따라 80운으로 늘려서 두 군자에게 함께 드리다)[1]

약관(弱冠)의 나이에 현포(玄圃)에 노닐었는데[2]

---

1) 본편은 유종원(柳宗元)이 영주사마(永州司馬)로 폄적된 뒤에 유우석(劉禹錫)의 「지난 일을 서술하면서 속마음을 말하고 시세의 변화에 감개(感慨)하면서 일을 기록하여 삼가 예주(澧州) 장원외(張員外) 사군(使君)에게 부친 52운[述舊言懷感時書事奉寄澧州張員外使君五十二韻]」의 시에 화답하여 지은 작품으로 원시(原詩)의 52운(韻)을 80운으로 늘려 유우석과 예주자사(澧州刺史) 장서(張署)에게 함께 보낸 시이다. 시제(詩題)의 유이십팔(劉二十八)

추천해주신 분들이 다행히 내 결점을 버리셨네.
어른들이 내 이름을 기억해주시고
후배들이 내 문장을 칭찬해주었으니,
종달새가 일찍이 매의 날개를 걸치고
쑥대가 삼에 의지한 격이었네.3)
이어서 천록(天祿) 관서에서 교감하였고4)
전후(甸侯)의 집에서 함께 현위(縣尉)를 지냈네.5)
처음에 헌부(憲府)에서 형적(形迹)을 거두어주어6)
함께 단지(丹墀)에서 절하고 찬미하였네.7)

은 유우석을 가리킨다. 성씨 뒤의 숫자는 그 집안의 항렬을 가리킨다. 원장(院長)은 당대(唐代) 어사(御史)·습유(拾遺)의 별칭이다. 유우석이 처음에 유종원과 함께 감찰어사(監察御史)를 지냈으므로 원장이라고 말한 것이다. 장원외(張員外)는 장서(張署)를 가리킨다. 정원(貞元) 19년(803) 한유(韓愈)·이방숙(李方叔)과 더불어 총신(寵臣) 이실(李實)의 참소를 받아 함께 남쪽 지역의 현령이 되었다가, 뒤에 예주자사(澧州刺史)에 이른다. 일찍이 상서형부원외랑(尙書刑部員外郎)을 지냈으므로 원외(員外)라 부른 것이다. 사군(使君)은 한대(漢代) 자사(刺史)에 대한 호칭으로 당시 장서는 예주자사였다.

2) 약관(弱冠)은 20세를 말한다. 현포(玄圃)는 곤륜산(崑崙山) 삼각(三角)의 하나인 현포대(玄圃臺)를 말하는데 여기서는 장안(長安)을 가리킨다. 유종원은 덕종(德宗) 정원(貞元) 5년(789) 17세 때 진사시험에 응시하여 정원 9년(793) 21세에 등제(登第)하였으므로 약관의 나이에 장안에서 노닐었다고 말한 것이다.

3) 『순자(荀子)』에 "쑥이 삼 속에서 자라면 떠받치지 않아도 절로 곧아진다[蓬生麻中, 不扶自直]"는 말이 있다.

4) 시 원문의 '수(酬)'는 '수(讎)'로 되어야 하며 교수(校讎)의 의미이다. 천록(天祿)은 천록각(天祿閣)을 말하는데 한대(漢代) 비서(秘書)를 보관하던 곳이다. 장서(張署)는 정원(貞元) 2년(786) 진사 신분으로 박학굉사과(博學宏詞科)에 합격하여 교서랑(校書郎)이 되었고, 유종원은 정원 9년(793) 진사에 급제하였고, 12년(796) 박학굉사과에 합격하여 집현전정자(集賢殿正字)에 제수되었다. 이 구는 한대 양웅(揚雄)이 천록각에서 서적을 교감하던 고사를 차용(借用)하였다.

5) 전후(甸侯)란 전복(甸服) 내에 봉해진 제후를 말하며, 전복이란 왕성(王城)으로부터 천 리 이내의 땅 즉 경기(京畿) 지역을 말한다. 장서는 경조(京兆) 무공위(武功尉)를 맡았고, 유종원은 정원 17년에 남전현위(藍田縣尉)로 옮겨졌는데 무공과 남전이 모두 장안(長安) 왕기(王畿) 천리 안에 있었으므로 전후라고 한 것이다.

6) 헌부(憲府)는 어사부(御史府)를 말한다. 정원 19년(803) 장서는 무공위에서 감찰어사(監察御史)에 배수되고 유종원은 남전위에서 감찰어사리행(監察御史裏行)으로 옮겼다.

7) 단지(丹墀)는 붉게 칠한 궁전의 계단이나 지면을 말하는 것으로 여기서는 조정을 의미한다. 함께 절하고 찬미하였다는 말은 장서와 유종원이 감찰어사에 배수되었음을 말한다.

줄을 나누어 상서로운 동물 사이에 참여하였는데[8)]
전점(傳點)할 때 궁궐 까마귀들 어지러웠지.[9)]
간책(簡策)을 잡고 어찌 그릇됨을 쫓겠는가?[10)]
서(書)를 가지고 매번 간사함을 제거하였네.[11)]
난새와 봉황이 위궐(魏闕)을 두드리고[12)]
곰과 호랑이가 숭아(崇牙)를 지고 있었네.[13)]

---

8) 상서로운 동물이란 해치(獬豸)를 가리킨다. 『후한서』 「여복지(輿服志)」에 "법관(法冠)은 일명 주후(柱後)라고 하는데 법을 집행하는 사람이 그것을 썼다. 어떤 이는 그것을 해치관(獬豸冠)이라고 하였다. 해치는 신양(神羊)으로 옳고 그름을 구분할 줄 알았는데 초왕(楚王)이 일찍이 이를 붙잡아 이것으로 관을 만들었다[法冠, 一曰柱後. 執法者服之. 或謂之獬豸冠. 獬豸, 神羊, 能別曲直, 楚王嘗獲之, 故以爲冠]"고 하였다. 『이물지(異物志)』에 의하면 해치는 뿔이 하나이며 본성이 충직하여 사람이 싸우는 것을 보면 옳지 못한 사람을 뿔로 받고, 사람들이 변론하는 것을 들으면 옳지 않은 사람을 문다고 한다. 이 구는 장서와 유종원이 해치관을 쓴 어사의 반열에 참여하였음을 말한다.

9) 『신당서』 「의위지(儀衛志) 상(上)」에 "새벽에 전점이 끝나면 궁궐 문이 열리고 감찰어사가 백관을 인도하여 궁궐 안으로 들어가 계단을 끼고 양쪽으로 정렬한다[平明, 傳點畢, 內門開, 監察御史領百官入, 夾階]"고 하였다. 점(點)은 운판(雲板)을 말하는데 운판은 청동판에 구름 모양을 새겨 넣은 악기의 일종이다. 전점(傳點)이란 조방(朝房) 혹은 관서(官署)에서 운판을 쳐서 일을 보고하거나 사람들을 소집하는 것을 말한다. 여기서는 어사가 아침에 궁궐 밖 조방(朝房) 즉 조신(朝臣)들이 조회를 기다리며 모여 있던 방에서 운판을 쳐서 백관을 불러모으는 것을 말한다.

10) 간책(簡策)을 잡는다는 말은 어사(御史)의 직책을 수행하는 것을 가리킨다. 이 구는 장서와 유종원이 어사가 되어 간책을 잡고 조정의 대사(大事)를 기록함에 있어 군신(君臣)의 잘못에 대하여 사실 그대로 쓰고 왜곡하지 않았음을 말한다.

11) 서(書)는 탄핵의 주장(奏章)을 말한다. 이 구는 장서와 유종원이 탄핵하는 글을 가지고 간사한 무리들을 제거하는 어사직을 잘 수행하였음을 말한다.

12) 위궐(魏闕)은 상위(象魏)라고도 하며, 고대 궁문(宮門) 밖 양쪽 높이 솟은 누관(樓觀)을 말하는데 누관 아래는 법령(法令)을 매달아 두는 곳이었다. 여기서는 조정을 가리킨다. 이 구는 난새나 봉황 같은 현사(賢士)들이 조정에 많이 있음을 비유한다.

13) 곰과 호랑이는 시 원문의 '웅무(熊武)'를 번역한 것이다. 당대에는 호(虎)자를 기휘(忌諱)하여 모두 무(武)자로 고쳤다. 숭아(崇牙)는 악기의 장식이다. 종경(鐘磬)을 걸어두는 틀의 양쪽 끝에 세운 나무를 거(虡)라 하고 거 위에 걸쳐놓은 나무를 순(栒)이라고 한다. 순 위에 큰 판을 더하고 그 위에 숭아(崇牙)를 조각하였는데 그 모양은 들쭉날쭉한 톱니 모양이었다. 옛날에는 종경을 모두 궁궐 뜰 안에다 진열해놓았다. 이 구는 궁궐 뜰 안에 설치된 종경 틀의 거(虡)가 곰과 호랑이 형상으로 조각되어 있어 마치 그것이 들쭉날쭉한 톱니 모양의 숭아를 지고 있는 듯한 모습을 하고 있음을 말한 것이다. 숭아를 깃발 주위에 장식된 이빨 모양을 가리킨다는 설도 있으나 취하지 않는다.

날이 밝으려 하면 의당 서로 돌아보아
마음을 가다듬고 스스로 떠들지 않았네.[14)]
금 향로에는 흐르는 달빛이 기울고
자전(紫殿)은 아침 노을 붉어질 때 열렸네.[15)]

승진의 즐거움을 채 누리지도 못한 채
얼마 있다가 길 잃은 탄식을 하게 되었으니,[16)]
또한 최인(崔駰)이 요수(遼水)를 건너는 것 같고[17)]
더욱 가의(賈誼)가 장사(長沙)로 폄적된 것 같았네.[18)]
저녁 무렵 진성(秦城)에서 이별을 원망하였고[19)]
월령(越嶺) 비탈길에서 길이 다하였네.[20)]
송사(訟事)를 듣는 관청의 뜰엔 탱자 가시나무 한가로웠고[21)]

---

14) 어사가 백관의 조의(朝儀)를 정숙하게 하니 백관이 마음을 기울이고 감히 떠들지 못함을 말한다.

15) 이 단락은 유종원이 장서와 더불어 입사(入仕)하고 함께 어사직을 수행한 상황을 서술하였다.

16) 정원(貞元) 19년(803) 장서는 감찰어사에서 빈주(彬州) 임무현령(臨武縣令)으로 폄적된다. 임무현은 지금 호남(湖南) 임무현이다. 이 구 이하는 장서의 일을 기록한 것이다.

17) 최인(崔駰)은 후한(後漢) 사람으로 자는 정백(亭伯)이다. 학문이 넓고 문장을 잘 지었는데, 권신(權臣) 두헌(竇憲)의 주부(主簿)가 되어 두헌에게 여러 차례 글을 올려 잘못을 지적하자 두헌은 그를 멀리하여 요수(遼水) 너머 장잠(長岑)의 태수로 내쳤다. 최인은 먼 지역으로 가는 것을 원치 않아 벼슬을 그만두고 고향으로 돌아갔다.

18) 서한(西漢)의 가의(賈誼)는 어린 나이에 문제(文帝)에게 발탁되어 한(漢)의 법과 제도 정비에 공헌하였으나, 주발(周勃)·관영(灌嬰)·장상여(張相如)·풍경(馮敬) 등의 미움을 받아 뒤에 장사왕태부(長沙王太傅)로 폄적되었다.

19) 진성(秦城)은 장안(長安)을 말한다.

20) 월령(越嶺) 비탈길은 빈주(彬州)를 가리킨다.

21) 후한(後漢)의 구람(仇覽)은 나이 40에 포정장(蒲亭長)으로 발탁되어 고을을 잘 다스리고 그 고을의 불효자 진원(陳元)을 감화시켜 효자로 만들었다. 이 소문을 전해들은 고성(考城)의 태수 왕환(王渙)이 그를 주부(主簿)로 삼고는 "그대가 진원의 허물을 듣고서 그를 처벌하지 않고 감화시켰다는데 참새를 잡는 매나 송골매[鷹鸇]의 뜻이 없어서야 되겠는가?"라고 말하자 구람은 "매나 송골매가 되기보다는 난새나 봉황이 되는 것이 낫습니다"라고 대답하였다. 이에 왕환은 사죄하며 "탱자와 가시나무는 난새나 봉황이 둥지를 틀 곳이 아니거니와, 백리(百里)의 좁은 땅이 어찌 대현(大賢)의 길이리요?"라고

관리들은 고라니와 수사슴을 쫓아다녔네.
삼 년 만에 황은(皇恩)이 창성하였고[22]
천년의 성스런 역수(曆數)가 멀리 퍼지게 되었네.[23]
천자를 조알(朝謁)함이 바다 향해까지 이어지고[24]
군대는 자수에 다리 놓는 일을 그만두었네.[25]
경사(京師)에서 인재들을 불러모아[26]
남궁(南宮)에 악와(渥洼)가 걸어다니게 되었네.[27]
세상에서는 재목 가운데 가래나무라고 치켜세우고[28]
사람들은 준마 가운데 화류마(驊騮馬)라고 우러러보았지.

말하고 그를 태학생(太學生)으로 추천하였다. 이 구는 임무현은 장서가 머물 곳이 아님을 비유한 것이다.

22) 3년이란 장서가 폄적된 정원 19년(803)에서 영정(永貞) 원년(805)까지의 3년을 말한다. 이해 정월 순종(順宗)이 즉위하였고 2월에 대 사면이 이루어져 장서는 임무현에서 강릉(江陵)으로 옮기게 되었다. 황은(皇恩)이 창성하였다는 것은 이를 두고 한 말이다.

23) 영정(永貞) 원년(805) 8월 헌종(憲宗)이 즉위하여 은혜가 천하에 두루 퍼지게 되었음을 말한다.

24) 이 구는 신하들이 모두 경사(京師)에 가서 천자에게 조알(朝謁)하는 것을 말한다. '조종(朝宗)'이란 제후들이 천자를 조알(朝謁)하는 것을 말하는데 봄에 조알하는 것을 조(朝)라하고 여름에 조알하는 것을 종(宗)이라 한다. 『상서(尙書)』「우공(禹貢)」에 "강수와 한수가 바다에 조종한다[江漢朝宗於海]"라는 말이 있는데 이는 강들이 바다로 흘러가는 것이 마치 제후들이 천자를 조알하는 것과 같다는 말이다.

25) 『좌전(左傳)』 장공(莊公) 4년에 "영윤 투기와 막오 굴중이 길을 개척하고 자수에 교량을 세워 군대를 이끌고 수나라로 갔다[令尹鬬祁莫敖屈重除道梁溠, 營軍臨隨]"는 기록이 있는데 초왕이 도중에 세상을 떠나서 영윤이 지름길을 열고 자수에 교량을 세워 급히 군대를 이끌고 수나라에 간 것이다. 이 구는 영정 원년(805) 2월 이사고(李師古)가 순종(順宗)의 즉위 소식을 전해 듣고 전쟁을 그만 둔 것을 가리킨다.

26) 순종 영정 원년(805) 3월, 이전에 각 지방에 폄적된 신하들을 경사로 다시 불러들인 것을 말한다. 장서 역시 이때 임무령(臨武令)에서 강릉연(江陵掾)으로 옮겨지고 다시 경조부사록참군(京兆府司錄參軍)으로 자리를 옮겼다.

27) 원화(元和) 2년(807) 장서가 경조부사록참군(京兆府司錄參軍)에서 상서형부원외랑(尙書刑部員外郎)으로 옮기게 된 것을 말한다. 남궁(南宮)은 본래 남방의 별자리 이름인데, 한(漢) 상서성(尙書省)의 모습이 이와 비슷하였으므로 뒤에 상서성을 일컫는 말로 사용되었다. 악와(渥洼)는 한 무제(武帝) 때 악와수(渥洼水)에서 나왔다는 신마(神馬)를 말하는데 여기서는 장서를 비유한 것이다.

28) 가래나무는 훌륭한 목재이다.

갑자기 묘족(苗族)의 땅에 자사(刺史)로 나가[29]
전처럼 공석(贛石)의 벼랑을 넘었네.[30]
예복에는 필봉(琕琫)을 드리웠고[31]
변방 수비대의 목 갑옷에서 소리가 났네.[32]
총애는 바로 옛날처럼 낭관(郎官)이지만
위엄은 태수(太守)를 좇아 더해졌네.[33]
여(旟) 깃발을 세우니 매가 날고[34]
쇠뇌를 지고 맞이하니 무늬 뱀이 둘렀네.[35]
책부(冊府)에서는 팔명(八命)이 영화롭고[36]

---

29) 장서가 형부원외랑(刑部員外郎)에서 건주자사(虔州刺史)가 되어 나간 것을 말한다. 건주는 강남도(江南道)에 속하였고 옛날에는 삼묘(三苗)의 땅이었다.

30) 건주는 외지고 멀어서 그곳으로 갈 때 공석(贛石)을 지나갔음을 말한다. 공석은 지금의 공강십팔탄(贛江十八灘)에 해당하는데, 이곳에는 커다란 돌들이 많아서 여기를 지나가기가 무척 힘이 들었다. 당대(唐代)에는 건주(虔州)에 속하였다. 빈주(郴州)와 건주는 주(州)의 치소(治所)가 모두 공석의 남쪽에 있었으므로 '전처럼 넘었다'고 말한 것이다.

31) 필봉(琕琫)은 허리에 찬 칼, 즉 패도(佩刀)의 장식을 말한다. 필(琕)은 패도의 아래 장식, 봉(琫)은 패도의 위 장식을 말한다. 여기서는 예복 위에 장식용으로 찬 패도(佩刀)를 가리킨다.

32) 의장대의 갑옷과 무기가 부딪쳐 소리가 나는 것을 말한다.

33) 장서는 낭관의 품급(品級)을 그대로 유지한 채 건주자사로 부임한 것을 말한다.

34) 당(唐)의 제도에 의하면 주(州)의 자사(刺史)는 여(旟)를 세웠는데, 여는 매를 그린 깃발이다.

35) 쇠뇌를 진다는 것은 현령(縣令)들이 쇠뇌를 지고 먼저 달려나와 태수를 영접하는 것을 말한다. 『사기』「사마상여전(司馬相如傳)」에 "사마상여가 중랑장(中郎將)이 되어 (…중략…) 촉(蜀)에 이르자 촉의 태수와 아래 사람들이 교외에 나와 영접하였는데 현령들은 쇠뇌와 화살을 지고 앞서 달렸다[相如爲中郎將 (…중략…) 至蜀, 蜀太守以下郊迎, 縣令負弩矢先驅]"는 기록이 있다. 무늬 뱀이란 바로 태수 휘하의 현령들의 조(旐) 깃발을 말한다. 『주례』「사명(司命)」에 "현과 비에서는 조를 세운다[縣鄙建旐]" "거북과 뱀으로 조를 만든다[龜蛇爲旐]"고 하였다. 무늬 뱀을 쇠뇌에 새겨 넣은 뱀 무늬라고 하는 설도 있으나 취하지 않는다.

36) 책부(冊府)란 천자의 책명(冊命)의 서(書)를 보관하는 곳으로 여기서는 왕부(王府)를 가리킨다. 주대(周代)에는 관작(官爵)을 9등급으로 나누어 구명(九命)이라 하였는데 그 중 팔명(八命)은 왕의 삼공(三公) 및 주목(州牧)에 해당한다. 『주례(周禮)』「대종백(大宗伯)」"팔명이 목이 된다[八命作牧]"의 정현(鄭玄) 주에 "후(侯)나 백(伯) 가운데 공덕이 있는 자에게는 명(命)을 더하여 제후에 정벌을 전담할 수 있도록 한 것을 말한다[謂侯伯有功德者, 加命, 得專征伐於諸侯]"고 하였다. 후에 팔명은 넓게 조정의 중신을 가리키는 말로 사용되었다.

중위(中闈)에서는 육가(六珈)가 성하였네.[37]
그대는 호질(胡質)의 바름을 따르려 했고[38]
바야흐로 마융(馬融)의 사치를 싫어하였지.[39]
그대의 덕을 칭찬하여 부(符)를 새로 바꾸니[40]
건주에서는 그대의 어짐을 그리워하며 길을 막았지.[41]
세속에서는 용절(龍節)이 늦는 것을 싫어했고[42]

'팔명이 영화롭다'는 것은 장서가 자사(刺史)에 제수된 것을 말한다.

37) 중위(中闈)는 후비(后妃)가 거처하는 내궁(內宮)을 말하는데 여기서는 장서의 아내를 가리킨다. 육가(六珈)는 귀족 부녀자의 머리에 꽂은 비녀의 옥 장식이다. 이 구는 장서의 아내 역시 존귀한 지위를 얻었음을 말한다. 한유(韓愈)가 지은 「장공묘지(張公墓誌)」에 의하면 장서는 "하동 유씨의 딸을 아내로 맞이하였다[娶河東柳氏子]"고 하였으니 유종원과 장서는 친족 관계에 해당하고 그렇기 때문에 시에서 장서의 부인에 대하여 언급한 것이다.

38) 『진양추(晉陽秋)』에 "호질이 형주자사가 되자 그의 아들 위가 경도에서 그를 찾아 왔다. 하직인사를 하는데 호질이 비단 한 필을 그에게 하사하였다. 위가 무릎을 꿇고서 '아버님께서는 청렴하신데 어디서 이 비단을 얻으셨는지 모르겠습니다'라고 말하였다. 호질은 '이것은 내가 봉록을 남겨 네 몫으로 한 것일 뿐이다'라고 대답하였다. 호질 부자의 청렴하고 근신함이 이와 같았다[胡質爲荊州刺史, 其子威自京都來省之. 告歸, 質賜其絹一匹. 威跪曰, 丈人淸白, 不審於何得此絹. 質曰, 是吾俸祿之餘, 以爲汝糧耳. 其父子淸愼如此]"라는 기록이 있다.

39) 『후한서』 「마융전(馬融傳)」에 "마융은 금을 잘 탔고 적을 부는 것을 좋아하였으며 생을 달관한 태도로 마음대로 살면서 유자의 예절에 구속되지 않았다. 사는 집과 기물 옷에는 사치스런 장식이 많았다. 항상 고당(高堂)에 앉아서는 붉은 비단 휘장을 쳐놓았으며 앞에서는 학생들을 가르치고 뒤에는 여악(女樂)을 배열하였다[融善鼓琴, 好吹笛, 達生任性, 不拘儒者之節. 居宇器服, 多存侈飾. 常坐高堂, 施絳紗帳, 前授生徒, 後列女樂]"는 기록이 있다.

40) 『한서』 「문제기(文帝紀)」에 "(2년) 9월, 처음으로 군수에게 주어 동호부 죽시부로 삼게하였다[九月, 初與郡守爲銅虎符竹使符]"고 하였다. 부(符)는 반으로 나누어 오른쪽은 경사에 남겨두고 왼쪽은 군수에게 주어, 군대를 동원하거나 사자(使者)를 파견할 때 서로 맞추어 보아 진위를 확인하는 용도로 사용되었다. 부를 새로 바꾸었다는 것은 새로운 관직을 임명한 것을 말하는데 여기서는 조정에서 장서로 하여금 건주자사를 그만두게 하고 새로 예주자사를 제수한 것을 가리킨다.

41) 『후한서』 「구순전(寇恂傳)」에 보면 구순이 영천태수(穎川太守)로 있으면서 광무제(光武帝)를 따라 영천의 도적을 쳐서 평정하는 공을 세우자, 백성들이 길을 막고 구순을 1년 더 영천태수로 있게 해달라고 간청하여 구순이 머물게 되었다는 고사가 있다. 이 구는 장서가 새로 예주자사로 바뀌게 되자 건주의 백성들이 그가 행한 어진 정치를 그리워하여 길을 막고 그를 만류하였다는 말이다.

42) 『주례(周禮)』 「지관(地官)」 「장절(掌節)」에 "무릇 방국의 사절은 산국에서는 호절을 쓰

조정에서는 개규(介圭)가 먼 것을 의아하게 여겼네.[43)]
『우공(禹貢)』처럼 토산물을 싸거나 상자에 담아 날랐고[44)]
주(周)의 관리처럼 쌀 벼를 병타(秉秅)로 바쳤네.[45)]
예주의 웅대한 풍모는 칠택(七澤)을 삼켰고[46)]
특이한 산물은 삼파(三巴)에서 제일이었네.[47)]

고 토국에서는 인절을 쓰고 택국에서는 용절을 쓰는데 모두 금이다[凡邦國之使節, 山國用虎節, 土國用人節, 澤國用龍節, 皆金也]"라고 하였는데 그 주(注)에 "사절이란, 경 대부를 시켜 제후 천자에게 문안인사를 하러 길을 갈 때 몸에 지녔던 신표이다[使節, 使卿大夫聘於天子諸侯, 行道所執之信也]"라고 하였다. 예주는 당대 강남서도(江南西道)에 속하였으니 '택국(澤國)'이라 할 수 있고 그리하여 '용절(龍節)'이라 한 것이다. 이 구는 예주의 백성들이 장서의 인품을 전해듣고 그가 하루 빨리 예주자사로 부임해올 것을 바랬다는 말이다.

43) 『시경』「대아」「한혁(韓奕)」에 "그 개규를 가지고, 들어가 왕을 뵙네[以其介圭, 入覲于王]"라고 하였는데 '개규'는 제후가 천자를 알현할 때 드는 큰 홀을 말한다. 이 구는 장서가 건주 백성들의 만류로 경사로 들어와 천자를 알현하는 것이 늦은 것에 대하여 조정에서 의아하게 생각하였다는 말이다.

44) 『상서』「우공(禹貢)」은 각 주(州)에서 조정에 바친 공물(貢物)이 기록되어 있는데 형주(荊州)의 공물인 '포궤청모(包匭菁茅)'에 대한 공안국(孔安國)의 전(傳)에 "포는 귤 유자이다. 궤는 상자이다[包, 橘柚. 匭, 匣也]"라고 하였다. '포(包)'는 형주의 토산품인 귤 유자 등을 싸서 바쳤다는 말이고 '궤(匭)'는 종묘(宗廟) 제사에 쓰는 술을 거르는데 쓰이는 청모(菁茅)를 상자에 담아 바쳤다는 말이다. '포(苞)'는 '포(包)'와 통한다. 예주는 당대(唐代)에 강남서도(江南西道)에 속하였으니 바로 옛날 형주 땅이다. 즉 이 구는 장서가 예주에 부임하여 조정에 예주의 토산물인 귤·유자·청모 등의 공물을 바친 것을 말한다.

45) 주(周)의 관리는 추관(秋官)에 속하는 장객(掌客)을 말한다. 『주례』「추관」「장객」에 "무릇 제후의 예에 상공은 (…중략…) 수레에 실은 쌀을 산 희생으로 여기는데 희생은 10수레이고 각 수레는 1병 5수이다. 수레에 실은 벼는 죽은 희생으로 보는데 희생은 10수레이고 각 수레는 3타이다[凡諸侯之禮, 上公 (…중략…) 車米視生牢, 牢十車, 車秉有五藪. 車禾視死牢, 牢十車, 車三秅]"라고 하였는데 병(秉)은 곡식의 계수(計數) 단위로 1병은 16곡(斛)이며, 타(秅)는 옛날 볏단의 계수 단위로 1타는 400줌에 해당한다.

46) 사마상여(司馬相如) 「자허부(子虛賦)」에 "신은 초에 칠택이 있다고 들었으나 그 하나만을 보았고 그 나머지는 보지 못했습니다. 신이 본 것은 다만 그 작디작은 것에 불과한데 운몽이라 합니다[臣聞楚有七澤, 嘗見其一, 未睹其餘也. 臣之所見, 蓋特其小小者耳, 名曰雲夢]"라고 하였다. 이 구는 예주의 웅대한 기세가 칠택을 삼킬 만 하다라는 말이다.

47) 삼파(三巴)에 대한 설은 두 가지가 있는데, 악사(樂史) 『황우기(寰宇記)』「유주기(渝州記)」에 "낭수와 백수 두 강은 동서로 흐르는데 세 굽이가 '파(巴)' 자와 같아서 이것을 삼파라 부른다[閬白兩水東西流, 三曲如巴字, 是謂三巴]"고 하였고, 『화양국지(華陽國志)』에서는 "한말에 익주목 유장이 (…중략…) 영녕을 고쳐 파군으로 하였고 고릉으로 파동을 만들었으며 방희를 옮겨 파서태수로 삼으니 이것이 삼파다[漢末益州牧劉璋 (…중략…) 改永寧

일을 할 때는 농작물을 살폈고
때에 따라 아름다운 경치를 구경하였네.
가을 들녘은 난초 잎으로 덮이고
봄 물가는 복사꽃으로 넘쳐 났네.
군령이 엄정하니 군대에는 소요가 없었고
법규가 분명하여 저자에선 외상을 금하였네.
연못 말리는 것 걱정하지 않았으니[48)]
어찌 또 나무위에 시든 물풀을 탄식했겠는가?[49)]
타박타박 시종(侍從)이 앞서 수레를 몰고[50)]
둥둥 북이 울리면 관아에서 일을 처리하였네.
붓을 적시니 동국(東國)의 비단이요[51)]
인장을 찍으니 금계(錦溪)의 단사(丹砂)라.[52)]

爲巴郡, 以固陵爲巴東, 徙龐羲爲巴西太守, 是爲三巴]”라고 하였다. 영녕은 지금의 사천(四川) 파현(巴縣)에서 동쪽으로 충현(忠縣)에 이르는 땅이고 고릉은 지금 운양현(雲陽縣)·봉절현(奉節縣) 등의 지역에 해당하고 파서는 지금의 낭중현(閬中縣)이다. 이 일대는 당대에 산남동도(山南東道)와 산남서도(山南西道)에 속하였고 이는 강남서도(江南西道)와 인접해 있었으므로 ‘삼파에서 제일’이라 말한 것이다.

48) 『여씨춘추(呂氏春秋)』「의상(義賞)」에 “연못의 물을 다 퍼내고 고기를 잡으면 어찌 잡지 못하겠는가마는 다음 해에는 고기가 없게 된다[竭澤而漁, 豈不獲得, 而明年無魚]”고 하였다. ‘연못을 말린다’는 것은 바로 연못의 물을 다 퍼내고 고기를 잡는 것으로 여지(餘地)를 남겨두지 않음을 말한다.

49) 『시경』「대아」「소민(召旻)」 “가뭄이 들어 풀이 무성하게 자라지 못한 듯, 나무 위에 시든 물풀 같다[如彼歲旱, 草不潰茂, 如彼棲苴]”의 정현(鄭玄)의 전(箋)에 “왕이 천하에 은혜가 없으니 천하의 사람들이 가뭄 든 해의 풀처럼 모두 초췌하고 윤택함이 없으니 마치 나무 위에 시든 물풀과 같다[王無恩惠於天下, 天下之人, 旱歲之草, 皆枯槁無潤澤, 如彼棲苴]”고 하였다. ‘나무에 시든 물풀을 탄식한다’는 것은 백성들이 잘못된 정치로 살림이 초췌해질 것에 대하여 걱정한다는 말이다. 이 두 구는 장서가 인정(仁政)을 베풀어 백성들이 즐거워하고 걱정근심이 없음을 찬미한 것이다.

50) 장서가 출행(出行)할 때면 시종이 앞서 길을 안내하였음을 말한다.

51) 동국(東國)이란 고대 제(齊)·노(魯)·서이(徐夷) 등을 말하며, 『신당서』「지리지」에는 당대에 서주(徐州)·제주(齊州)·연주(兗州) 등지에서 모두 비단을 바쳤다는 기록이 있으니 ‘동국의 비단’이란 이 지역에서 바친 비단을 가리킨다. 이 구는 장서가 비단이 아니면 글씨를 쓰지 않았다는 말이다.

52) 『신당서』「지리지」에 강남도(江南道) 금주(錦州)에서 단사(丹砂)를 공물로 바쳤다는 기

화물이 쌓이니 배는 정박하기 어려웠고
사람들이 돌아와 산에는 화전(火田)이 배가되었네.
오(吳)의 노래는 절양류가(折楊柳歌)가 뛰어나고
초(楚)의 춤은 파(芭)를 건네는 것이 오래되었네.[53]
몸을 기댄 안석은 소나무로 굽게 만든 것이고
기울이는 술 동이는 돌을 파서 만든 것이라네.
추위가 막 찾아들 때 귤 유자 싱싱하였고
여름이 막 시작될 때는 비파를 진상하였네.
제사는 형(荊)의 무(巫)의 기도를 고쳤고
풍속은 노(魯) 부인들의 좌(髽)를 바꾸었네.[54]
이미 즐겁고 편안함을 베풀었다고 들었고
또한 사악함을 바로잡은 것을 보았네.[55]

친구를 사랑하지만 연벽지교(連璧之交)엔 부끄럽고[56]

록이 있다. '금계의 단사'란 바로 금주 계곡에서 나는 단사를 말한다. 이 구는 금주의 단사를 사용해서 인장을 찍었다는 말이다.

53) 『초사』 「구가」 「예혼(禮魂)」 "파를 건네니 대신 춤을 추네[傳芭兮代舞]"의 왕일(王逸) 주에 "파는 무(巫)가 손에 든 향초 이름이다 (…중략…) 무가 파를 들고 춤을 추다가 춤이 끝나면 이것을 다시 다른 사람에게 건네주어 사용하게 한다[芭, 巫所持香草名也 (…중략…) 巫持芭而舞訖, 以復傳與他人更用之]"고 하였다. 이 두 구는 백성들이 생업에 즐거워하며 태평을 노래하고 춤춘다는 말이다.

54) 좌(髽)는 고대 부녀자가 상(喪)을 당했을 때 삼 실로 머리를 묶은 것을 말한다. 『예기』 「단궁(檀弓)」에 "노나라 부인들이 좌를 하고서 제사한 것은 대태(臺駘)에서 패한 때로부터 시작되었다[魯婦人之髽而弔也, 自敗於臺駘始也]"고 하였고, 『좌전』 양공(襄公) 「양공사년(四年)」에 "노(魯)나라가 주나라를 침공하여 호태에서 패하자 나라 사람 가운데 상(喪)을 당한 이들이 다 좌를 하였다. 노나라에서는 이때부터 좌를 하기 시작하였다[侵邾, 敗於狐駘. 國人逆喪者皆髽. 魯於是乎始髽]"라 하였다. 두예(杜預)는 이에 대하여 "좌는 삼실로 머리를 합쳐 묶은 것이다. 상을 당한 사람이 많아서 상복을 다 갖출 수가 없었기에 머리를 삼실로 묶었을 뿐이다[髽麻髮合結也. 遭喪者多, 故不能備凶服, 髽而已]"라고 주를 달았다. 이 두 구는 장서가 예주의 잘못된 제사 형식과 풍속을 바꾸었음을 말한 것이다.

55) '승진의 즐거움을 채 누리지도 못했는데[未竟遷喬樂]'에서 여기까지는 모두 장서가 빈주 임무현령으로 나갔던 일과 건주자사 예주자사로 옮기게 된 경력 그리고 그의 정치적 업적을 서술하고 있다.

인척관계를 말하자면 가부지친(葭莩之親)임을 기뻐하네.[57)]
완전한 사지(死地)에 매몰되어
반평생을 헛되이 보내고 있다네.
고을로 들어가면 허리 항상 굽실거리고
사람 만나면 늘 두 손 포개어 인사하네.
감히 치욕을 가까이 하는 것 사양하고
다만 죄과(罪過)가 오래 갈까 두려워 하네.
마술 잘하는 이는 얼음과 불로 미혹하고
제해(齊諧) 같은 익살꾼은 백도(柏塗)를 비웃네.[58)]
영척(甯戚)처럼 동문(東門)에서 소를 자주 먹이고[59)]

---

56) 『진서(晉書)』 「하후담전(夏侯湛傳)」에 "담은 어려서 재주가 뛰어났고 문장력이 풍부하여 새로운 시를 잘 지었으며 용모가 아름다웠다. 반악과 절친하여 매번 다닐 때마다 수레를 함께 타고 자리를 나란히 하였는데 경도에서는 그들을 연벽이라고 하였다[湛幼有盛才, 文章宏富, 善搆新詞, 而美容觀, 與潘岳友善, 每行止, 同輿接茵, 京都謂之連璧]"고 하였다. '연벽지교(連璧之交)'란 한 쌍의 옥이 나란히 있는 것처럼 뛰어난 재주를 가진 두 사람의 사귐을 말한다. 이 구는 유종원이 장서의 업적을 부러워하면서 현재의 자신의 모습이 그에 미치지 못함을 부끄러워한다는 말이다. 이 구 이하는 유종원 자신에 대하여 말하고 있다.

57) 『한서』 「중산정왕전(中山靖王傳)」에 "지금의 여러 신하들은 가부지친이 없다[今群臣非有葭莩之親]"라고 하였는데 안사고(顔師古) 주에 "가는 갈대이고 부는 그 통 가운데 아주 얇은 흰 껍질이다[葭, 蘆也. 莩者, 其筩中白皮至薄也]"라고 하였다. '가부지친'은 갈대 속의 얇은 막과 같은 먼 친척을 비유한다. 장서는 유씨 집안의 여자를 아내로 맞이하였으므로 이렇게 말한 것이다.

58) 제해(齊諧)는 『장자』 「소요유(逍遙游)」에 보이며 인명이라는 설과 서명(書名)이라는 설이 있는데 여기서는 인명으로 사용되었다. 한(漢) 동방삭(東方朔)은 본성이 익살스러웠고 은어 풀이를 잘하였는데 곽사인(郭舍人)이 '노백도(老柏塗)'라는 은어에 대하여 묻자 동방삭은 "노는 사람이 존경하는 바요, 백은 귀신의 뜰이요, 도란 길을 점점 적신다는 말이다[老者, 人所敬也. 柏者, 鬼之庭也, 塗者, 漸洳徑也]"라고 대답하였다. '백도(柏塗)'란 '귀신이 다니는 습지'를 말하며 여기서는 작가 자신의 곤궁한 처지를 비유한 것이다.

59) 『초사』 「이소(離騷)」 "영척이 노래하니 제 환공이 듣고 보좌역을 맡겼네[甯戚之謳歌兮, 齊桓聞以該輔]"의 왕일(王逸) 주에 "영척이 덕을 닦았으나 등용되지 못하자 물러나 장사를 하면서 제 동문 밖에서 묵었다. 환공이 밤에 궁을 나갔는데 영척은 마침 소를 먹이면서 뿔을 두드리며 슬프게 노래를 하였다. 환공이 듣고는 그의 현명함을 알게 되었고 그를 발탁하여 객경으로 삼아 보좌에 충당하였다[甯戚修德不用, 退而商賈, 宿齊東門外. 桓公夜出, 甯戚方飯牛, 叩角而商歌. 桓公聞之, 知其賢, 擧用爲客卿, 備輔佐也]"고 하였다.

혜강(嵇康)처럼 이가 부질없이 기어오르네.[60]
한가할 때 소일거리로 원숭이 싸움 구경하는데
특이한 울음소리 말채찍 소리처럼 들리네.
물가를 걸어가면 여우가 요물(妖物)이 되고
숲에서 잠을 자도 새가 병(病)을 일으키네.[61]
같은 병을 앓는 이 근심으로 늙었을 텐데[62]
새로 지은 시는 아름답기만 하구나.[63]
어찌 알았으리, 천길 낭떠러지로의 추락이
다만 한 터럭만큼의 잘못 때문이란 것을.[64]
도(道)를 지키며 기꺼이 영원히 세상과 인연을 끊고
마음을 밝히려 스스로 목숨을 끊고자 하였네.
슬픔 간직한 채 밤비 소리 듣기도 하고
눈물 고인 채 망가진 꽃잎 세기도 하였네.
올빼미들 항상 시끄럽게 울어대고
승냥이 무리는 다투어 짖어대고 있네.
강 언덕의 갈대밭엔 독신(毒蜃)이 나뒹굴고[65]
오솔길의 대밭에선 미친 마우(犘牛)가 싸우네.[66]

60) 혜강(嵇康)은 위(魏)의 종실(宗室)과 혼인관계를 맺어 중산대부(中散大夫)에 배수되었다. 산도(山濤)가 선조랑(選曹郎)이 되어 혜강을 천거하여 자신을 대신하게 하자 혜강은 산도에게 「여산거원절교서(與山巨源絶交書)」를 보내어 그와 절교를 선언하였는데 그 가운데 "천성적으로 또 이가 많아서 몸에 기어오르니 긁는 것을 그만둘 수 없다[性復多蝨, 爬搔無已]"는 말이 있다.

61) 물가나 숲에서나 모두 조수(鳥獸)의 요물을 만나 병들게 된다는 말이다.

62) 같은 병을 앓는 이란 유종원의 친구 유우석(劉禹錫)을 가리킨다.

63) 유우석이 새로 지어 보내온 시를 가리킨다.

64) 영정혁신(永貞革新)에 참가하여 영주(永州)에 폄적된 일을 가리킨다.

65) 신(蜃)은 조개류에 속한다. 고서(古書) 가운데는 교룡(蛟龍)의 일종이라고 보기도 한다. 독신이란 독기를 품은 조개를 말한다.

66) 마(犘)는 『이아(爾雅)』 「석축(釋畜)」에 "소의 일종으로 마우(犘牛)이다[牛屬, 犘牛]"라고 하였는데, 곽박(郭璞) 주에 "파중에서 나며 무게는 천근이다. '犘'는 음이 마이다[出巴中, 重千斤. 犘音麻]"라고 하였다. '마우'는 들소의 일종이다.

들의 따오기 줄지어 날아가다 주살을 만나고
강의 물고기 간혹 작살에 찍히기도 한다네.
장기(瘴氣)는 항상 촉촉이 쌓여 있고
들불은 사납게 불기운을 일으키기도 하네.
귀는 조용하여 시끄러운 개미도 귀찮아하고[67)]
혼백이 놀라 성난 개구리를 보고도 겁을 내네.[68)]
나뭇가지에 바람이 부니 묵은 잎 흩어지고
넝쿨에 서리 내리니 찬 오이 떨어지네.
앞산 계수나무에 안개 빽빽하고
굽은 못 연 잎엔 얼음이 말라있네.
고향 그리움은 장석(莊舃)에 비할만하고[69)]
속세로부터의 은둔은 휴과(眭夸)와 같다네.[70)]

---

67) 『진서』 「은중감전(殷仲堪傳)」에 "중감의 아버지는 일찍이 귀 밝은 병을 앓아, 침상 아래 개미가 움직이는 소리를 듣고 소가 싸운다고 말하였다[仲堪父嘗患耳聰, 聞牀下蟻動, 謂之牛鬪]"라고 하였다. 이 구는 귀가 민감해져 개미 움직이는 소리에도 마음에 근심하게 된다는 말이다.

68) 월왕(越王)이 오(吳)나라를 정벌하여 사람들을 가볍게 죽이게 될 것을 걱정하고 있었는데, 밖에 나가 성난 개구리를 보고는 그것에 경의를 표하였다. 시종이 개구리에게 경의를 표하는 이유를 묻자 월왕은 개구리에게 기(氣)가 있기 때문이라고 대답하였다는 고사가 『한비자(韓非子)』 「칠술(七術)」에 나온다. 이 구는 마음 속의 걱정으로 성난 개구리를 보고도 놀란다는 말이다.

69) 『사기』 「장의열전(張儀列傳)」에 "월나라 사람 장석이 초나라에 출사하여 규를 잡았는데 얼마 있다가 병이 났습니다. 초왕이 말하기를 '석은 옛날 월나라의 비천한 사람으로 이제 초에서 벼슬하며 규를 잡아 부귀한 신분이 되었는데 여전히 월을 그리워하는 것인가?'라고 하니 중사가 '무릇 사람이 고향 그리워함은 그가 병이 들었을 때입니다. 저가 월나라를 그리워하면 월나라 말을 할 것이요, 월나라를 그리워하지 않으면 초나라 말을 할 것입니다'라고 대답하였습니다. 사람을 보내어 그가 하는 말을 들어보니 아직 월나라 말을 하고 있었습니다[越人莊舃仕楚執珪, 有頃而病. 楚王曰, 舃故越之鄙細人也, 今仕楚執珪, 貴富矣, 亦思越不. 中謝對曰, 凡人之思故, 在其病也. 彼思越則越聲, 不思越則楚聲. 使人往聽之, 猶尙越聲也]"라고 하였다. 이 구는 장석에 빗대어 자신의 고향 그리움을 말한 것이다.

70) 『북사(北史)』 「은일전(隱逸傳)」에 "휴과는 조군 고읍인이다 (…중략…) 고상하여 출사하지 않고 자연에 묻혀 살았다[眭夸, 趙郡高邑人 (…중략…) 高尙不仕, 寄情丘壑]"고 하였다.

어부의 집은 거친 띠풀로 이엉을 이었고
마을 다리엔 오래된 뗏목이 누워있네.
추위를 막는 이불은 털로 짠 천을 사용했고
물을 긷는 바가지는 야자껍질 그대로라네.
창문 벌레 먹은 곳에는 다만 전갈 숨어 있고
대마루의 침은 다투어 달팽이 지나간 흔적이지.
샘물을 끌어들이려 옛 샘구멍 뚫었고
약초를 보호하기 위해 새 울타리 세웠네.
나무 괴이한데 꽃은 떡갈나무를 따르고[71]
벌레 가련한데 눈은 새우를 기다리네.[72]
소리 높여 노래하니 목은 쉽게 쉬고
번번이 술에 취하니 코가 벌겋게 되네.
채찍 들고 파리한 말을 몰아가서
도롱이 걸치고 늙은 돼지들을 방목하네.
이미 내(能)가 자라와 비슷함을 보았는데[73]
아직도 꿩이 화(鷨)라는 사실에 놀란다.[74]
누가 중원의 콩을 따겠는가마는
부질없이 하택거(下澤車)에 휘장을 두르네.[75]

---

71) 이것은 떡갈나무에 기생하는 현화식물(顯花植物)로서 곡기생(槲寄生)을 가리키는 것으로 보인다. 곡기생은 떡갈나무·밤나무 같은 활엽수 위에 기생하는 상록의 작은 관목이다.

72) 여기서 벌레는 수모(水母) 즉 해파리를 가리킨다. 해파리는 새우가 눈 역할을 한다고 여겨졌다. 이 구까지는 모두 영주(永州)의 기후나 물산(物產), 그리고 생활의 특이함을 말하고 있다.

73) 『이아』「석어(釋魚)」에 "자라 가운데 다리가 셋인 것이 내이다[鼈三足, 能]"라고 하였다.

74) 『광운(廣韻)』 권2에 "화는 새 이름인데 꿩과 비슷하다[鷨, 鳥名, 似雉]"고 하였다.

75) '하택거'는 소택(沼澤)지대를 지나기 편하도록 바퀴를 작게 하여 가볍게 만든 간편한 수레를 말한다. 『후한서』「마원전(馬援傳)」에 "내 사촌동생 소유는 항상 내가 강개하여 큰 뜻이 많음을 슬퍼하며 말하기를 '선비는 한 세상 살면서 다만 의식이 족한 것을 취하고 하택거를 타고 관단마를 부리고 군의 하급관리가 되어 분묘를 지키며 마을에서 착한 사람이라고 칭찬을 받으면 되는 것이다'라고 하였다[吾從弟少游常哀吾慷慨多大志, 曰, 士生一世, 但取衣食足, 乘下澤車, 御款段馬, 爲郡掾史, 守墳墓, 鄉里稱善人, 斯可矣]"고 하였

시골 아이들 쓴 죽순을 갖다주고[76]
촌사람들 신 아가위를 보내오네.[77]
애써 지팡이를 짚고 가서
술 대신 차 마시자는 초청에 응하기도 하는데,
도사들은 짧고 거친 털옷을 입고서 나를 부르고
선객(禪客)들은 가사를 걸치고 모였네.
구수한 밥은 고미(菰米)를 찧은 것이요[78]
진귀한 반찬은 오가(五茄)를 잘라 놓은 것이라.[79]
바야흐로 감로(甘露) 마실 것을 기대하면서[80]
다시 유하(流霞)를 들이키고 싶어하네.[81]
집쥐는 뚫린 구멍으로 들락거리고
숲 원숭이는 마음대로 붙잡도록 내버려두네.
봄 저고리는 하얀 모시로 마름질하였고
조회할 때 쓰는 오사모(烏紗帽)는 걸어두었네.
넓고 넓은 하늘의 그물을 누차 탄식하고[82]
세밀한 토끼 그물을 보고 자주 머리를 흔드네.[83]

다. 이 구 아래는 벼슬을 그만두려는 바램을 드러내고 있으며, 친구를 그리워하는 마음으로 맺고 있다.

76) 시골아이들은 '이아(俚兒)'를 번역한 것이다. 이(俚)는 만(蠻)의 별칭이기도 하지만 여기서는 영주 지역의 시골 아이들이란 의미로 파악하는 것이 적절하다.

77) 촌사람들은 '창부(傖父)'를 번역한 것이다. '창(傖)'은 초인(楚人)의 별종(別種)을 가리키기도 하나 여기서는 그냥 영주 지역의 촌사람들로 이해하는 것이 적절하다.

78) 고미는 얕은 물 속에서 사는 줄풀의 열매를 말한다.

79) 오가는 오가피(五加皮)를 말한다.

80) '감로'는 감미로운 이슬을 가리키는데 여기서는 차를 의미한다. 한편 불가에서는 불법(佛法) 열반(涅槃)을 비유하는 말로 사용되기도 하므로 이 구는 작가가 불학(佛學)을 배우고 싶다는 뜻으로 해석하기도 한다.

81) 유하는 전설 가운데 천상(天上)의 신선이 마시는 음료로서 여기서는 미주(美酒)를 의미한다. 이 구는 작가가 신선술(神仙術)을 닦고 싶다는 뜻으로 보기도 한다.

82) 『노자』에 "하늘의 그물은 넓고 넓어, 성글지만 빠뜨리지는 않는다[天網恢恢, 疏而不漏]"라고 하였다. 넓고 넓은 하늘의 그물이란 선악에 대하여 하늘이 반드시 보응한다는 것을 의미한다.

영화와 쇠락은 명협(蓂莢)을 따르고[84]
차고 기움은 하마(蝦蟆)가 변하는 것일 뿐.[85]
길에서는 도랑 가의 버들을 알아보고
성에서는 언덕 위의 피리 소리 듣는다네.[86]
함께 생각하거니와 패옥 버린 곳에는[87]
천기(千騎)가 푸른 인끈을 에워싸고 있으리.[88]

弱歲遊玄圃, 先容幸棄瑕. 名勞長者記, 文許後生誇. 鷃翼嘗披隼, 蓬心類倚麻. 繼酬天祿署, 俱尉甸侯家. 憲府初收迹, 丹墀共拜嘉. 分行參瑞獸, 傳點亂宮鵶. 執簡寧循枉, 持書每去邪. 鸞凰標魏闕, 熊武負崇牙. 辨色宜相顧, 傾心自不譁. 金爐仄流月, 紫殿啓晨椵.

未竟遷喬樂, 俄成失路嗟. 還如渡遼水, 更似謫長沙. 別怨秦城暮, 途窮越嶺斜. 訟庭閑枳棘, 候吏逐麋麚. 三載皇恩暢, 千年聖曆遐. 朝宗延駕海, 師役罷梁溠.

---

83) 『시경』 「주남(周南)」 「토저(兎罝)」에 "세밀한 토끼 그물[肅肅兎罝]"란 구가 있는데 주(周) 문왕(文王) 때에 현명한 인재가 많아서 비록 토끼그물을 치는 촌사람이라 할지라도 그 재주를 쓸 수 있었다는 말이다.

84) '명협'은 고대 전설상의 상서로운 풀로 매월 초하루부터 보름까지는 매일 한 꼬투리가 생기고 16일부터 말일까지는 매일 한 꼬투리가 떨어져서 꼬투리 수로 며칠인지 알 수 있었다고 한다.

85) '하마'는 달에 산다는 전설상의 두꺼비로 보통 달을 가리키는 말로 사용된다.

86) 이 두 구는 유종원 자신의 처지와 심정을 몰래 담고 있다.

87) 『초사』 「구가(九歌)」 「상군(湘君)」 "내 패옥을 강 속에 버리려다 내 패옥을 예포에 남겨두네[捐余玦兮江中, 遺余佩兮澧浦]"에 대하여 왕일(王逸)은 "자신이 비록 방축을 당했지만 늘 임금을 그리는 마음이 있어서 설사 멀리 떠나가고자 하면서도 오히려 패옥을 강가에 두어 임금이 자기를 찾기를 바란다고 말하고 있으니 돌아갈 뜻이 있음을 보인 것이다[言己雖見放逐, 常思念君, 設欲遠去, 猶捐玦佩置於水涯, 冀君求己, 示有還意]"라고 해석하였다. 굴원이 패옥을 버린 예포는 바로 예주로서, 당시 장서가 예주사사로 있었으므로 이렇게 말한 것이다. '함께 생각한다'는 것은 유종원이 유우석과 함께 장서를 생각한다는 말이다.

88) 『사기』 「골계열전(滑稽列傳)」에 "동곽선생(東郭先生)이 이천석에 배수되어 푸른 인끈을 차고 궁문을 나갔다[拜爲二千石, 佩靑緺, 出宮門]"고 하였다. 이 구의 '푸른 인끈은' 예주자사 장서를 가리킨다. '나는 친구를 사랑하지만 연벽지교(連璧之交)엔 부끄럽고'부터 여기까지는 유종원 자신이 영주에 폄적된 이후의 생활과 심정을 써낸 것이다.

京邑搜貞幹, 南宮步渥洼. 世推材是梓, 人仰驥中驊. 欻刺苗人地, 仍逾贛石崖.
禮容垂琿琫, 戎備響鋋鍜. 寵卽郎官舊, 威從太守加. 建旟翻鷙鳥, 負弩繞文蛇.
冊府榮八命, 中闈盛六珈. 肯隨胡質矯, 方惡馬融奢. 褒德符新換, 懷仁道併遮.
俗嫌龍節晩, 朝訝介圭賖. 禹貢輸苞匭, 周官賦秉秅. 雄風呑七澤, 異産控三巴.
卽事觀農稼, 因時展物華. 秋原被蘭葉, 春渚張桃花. 令肅軍無擾, 程懸市禁賈.
不應虞竭澤, 寧復歎棲苴. 蹀躞騶先駕, 籠銅鼓報衙. 染毫東國素, 濡印錦溪砂.
貨積舟難泊, 人歸山倍畬. 吳歈工折柳, 楚舞舊傳芭. 隱几松爲曲, 傾樽石作汙.
寒初榮橘柚, 夏首薦枇杷. 祀變荊巫禱, 風移魯婦髽. 已聞施愷悌, 還覩正奇袤.
慕友慚連璧, 言姻喜附葭. 沉埋全死地, 流落半生涯. 入郡腰恒折, 逢人手盡叉.
敢辭親恥汙, 唯恐長疵瘕. 善幻迷冰火, 齊諧笑柏塗. 東門牛屢飯, 中散蝨空爬.
逸戲看猿鬪, 殊音辯馬撾. 渚行狐作孽, 林宿鳥爲𣩁. 同病憂能老, 新聲厲似姱.
豈知千仞墜, 祇爲一毫差. 守道甘長絶, 明心欲自剄. 貯愁聽夜雨, 隔淚數殘葩.
梟族音常聒, 豺羣喙競呀. 岸蘆翻毒蜃, 磎竹鬪狂犘. 野鶩行看弋, 江魚或共扠.
瘴氛恒積潤, 訛火亟生煆. 耳靜煩喧蟻, 魂驚怯怒蛙. 風枝散陳葉, 霜蔓綖寒瓜.
霧密前山桂, 冰枯曲沼蘧. 思鄉比莊舃, 遯世遇眭夸. 漁舍茨荒草, 村橋臥古槎.
御寒衾用罽, 挹水勺仍椰. 窗蠹惟潛蝎, 甍涎競綴蝸. 引泉開故竇, 護藥插新笆.
樹怪花因槲, 蟲憐目待蝦. 驟歌喉易嗄, 饒醉鼻成皻. 曳捶牽羸馬, 垂蓑牧艾猳.
已看能類鼈, 猶訝雉爲鷨. 誰采中原菽, 徒巾下澤車. 俚兒供苦筍, 傖父饋酸樝.
勸策扶危杖, 邀持當酒茶. 道流徵裋褐, 禪客會袈裟. 香飯春菰米, 珍蔬折五茄.
方期飮甘露, 更欲吸流霞. 屋鼠從穿穴, 林狙任攫拏. 春衫裁白紵, 朝帽掛烏紗.
屢歎恢恢網, 頻搖肅肅罝. 衰榮困蓂莢, 盈缺幾蝦蟆. 路識溝邊柳, 城聞隴上笳.
共思捐佩處, 千騎擁青緺.

홍농공이석덕위재굴어무왕좌관삼세부위대료천감소명인심감열종원찬복상포배하말유헌시오십운이필미지(弘農公以碩德偉材屈於誣枉左官三歲復爲大僚天監昭明人心感悅宗元竄伏湘浦拜賀末由獻詩五十韻以畢微志 : 홍농공께서 큰 덕과 뛰어난 재주를 가지고도 억울하게 누명을 쓰고 3년간 좌천되었다가 다시 대관이 되시니 천자의 감찰하심이 밝게 빛나고 사람들은 마음속으로 감동하여 기뻐하고 있는데 저 유종원은 상수 나루에 숨어 지내는 처지라 축하의 말씀을 올릴 방도가 없어 삼가 시 50운을 바쳐 저의 작은 뜻을 다합니다)[89]

명(命)을 아는 것은 유가(儒家)에서 귀히 여기는 바요[90]
시의(時宜)에 맞음은 성인이 좋게 여기는 바입니다.[91]
마음씀은 은총과 치욕을 똑같이 보고
만물을 대함은 자연스러움에 맡겨야지요.[92]

---

89) 본편은 원화(元和) 7년(812) 가을, 유종원이 홍농공 양빙(楊憑)이 3년간 억울하게 좌천되었다가 다시 복귀하여 대관이 된 것을 축하한 시이다. 시제(詩題)의 홍농공은 양빙을 가리킨다. 양빙은 자가 허수(虛受) 사인(嗣仁)이고 괵주(虢州) 홍농인(弘農人)이다. 원화 4년(809) 경조윤(京兆尹) 양빙은 강서관찰사(江西觀察使)로 있으면서 뇌물을 받은 일과 영녕리(永寧里)에 지은 집이 분에 넘치게 사치스럽다는 등등의 이유로 어사중승(御史中丞) 이이간(李夷簡)에게 탄핵되어 임하위(臨賀尉)로 폄적이 되었다. 그러나 이이간의 탄핵은 다분히 개인적인 원한에서 비롯된 것이었다. 전에 양빙이 강서관찰사로 있을 때 이이간이 어사(御史)로 그곳에 순시를 나간 적이 있었는데 관찰사는 어사의 순속(巡屬)에 해당하였지만 양빙은 이이간을 찾아와 인사하지 않았다. 이를 매우 분하게 여긴 이이간은 결국 조정에 복귀한 양빙이 분에 넘치는 사치생활로 사람들의 구설수에 오르자 이런 여론을 틈타서 양빙을 탄핵하였던 것이다. 시제에 '억울하게 좌천되었다'는 것은 이를 두고 한 말이다. 그 뒤 원화 7년(812) 7월 수왕(遂王) 이유(李宥)가 황태자로 옹립되었고 양빙은 이때 사면되어 다시 낙양(洛陽)으로 돌아와 왕부(王傅)가 되었다. 시에 '간수(澗水)·전수(瀍水)에는 가을빛이 넘실거린다'고 한 것으로 보아 이 시의 저작 시기는 이해 가을로 보는 것이 타당하다. 시제에 '상수(湘水) 나루에 숨어 지내는 처지'라고 밝힌 바와 같이 이때 유종원은 영주사마로 있었다.

90) 『논어』 「요왈(堯曰)」에 "명을 알지 못하면 군자가 될 수 없다[不知命, 無以爲君子也]"라고 하였다.

91) 『예기』 「중용」에 "공자가 말하기를 (…중략…) 군자의 중용이란 군자이면서 시의에 맞는 것이다[仲尼曰 (…중략…) 君子之中庸也, 君子而時中]"라고 하였다.

당신의 선조 양복(楊僕)의 관(關)은 신안(新安) 땅으로 기재되었고[93]
양랑(楊朗)의 봉지(封地)는 임진(臨晉) 마을로 전해지고 있지요.[94]
그대의 걸출한 모습은 표범의 무늬에 견줄만하고
먼 발걸음은 용이 뛰어오르는 것 같습니다.
기상은 팔 천 척 높이 우뚝 솟았고
정신은 백 번 단련한 강철처럼 굳세다고 소문이 났습니다.
순(舜)과 禹(우)처럼 많은 공을 세우셨고
고상한 운치는 복희(伏羲)와 황제(黃帝)를 닮았습니다.
발은 시서(詩書)의 원유(苑囿)에서 노닐었고
필봉(筆鋒)은 한묵(翰墨)의 마당을 내달렸지요.
교우(交友)들은 「소아(小雅)」에서 노래하는 장중(張仲)의 덕을 갖추었고[95]
「노송(魯頌)」에서 노래하는 희공(僖公)처럼 창성(昌盛)하였습니다.[96]
헌부(憲府)에서 처음으로 성가(聲價)가 뛰어[97]
신주(神州)에 그대의 서슬 퍼런 칼날이 돌아다녔지요.[98]

---

92) 처음 4구는 일반적인 논의로써 대의(大意)를 지적해낸 것이다.

93) 『한서』 「무제기(武帝紀)」 "원정 3년 겨울 함곡관을 신안에 옮기고 옛 관을 홍농현으로 삼았다[元鼎三年冬, 徙函谷關於新安, 以故關爲弘農縣]"의 응소(應劭) 주에 "당시 누선장군 양복이 여러 번 큰공을 세웠는데도 관 밖의 사람인 것을 부끄럽게 여겨 글을 올려 동쪽 관을 옮김으로써 집안의 재물을 그 용도에 맞게 공급할 수 있게 해줄 것을 요청하였다. 무제의 생각 역시 광활한 것을 좋아하여 관을 신안에 옮겼으니 홍농으로부터 300리 떨어진 곳이다[時樓船將軍楊僕數有大功, 耻爲關外民, 上書乞徙東關, 以家財給其用度. 武帝意亦好廣闊, 於是徙關於新安, 去弘農三百里]"라고 하였다. 양빙의 조상 양복이 일찍이 신안관에 옮겨 살게 된 것을 말한 것이다.

94) 『양씨보(楊氏譜)』에 "양랑이 진의 장군이 되어 공을 세워 임진군에 봉해졌다[楊朗爲秦將, 有功, 封臨晉君]"라고 하였다.

95) 『시경』 「소아」 「유월(六月)」 "장중효우(張仲孝友)"의 모전(毛傳)에 "장중은 현신이다. 부모에게 잘하여 효도하였고 형제에게 잘하여 우애가 있었다[張仲, 賢臣也. 善父母爲孝, 善兄弟爲友]"라고 하였다.

96) 『시경』 「노송」 「비궁(閟宮)」 서(序)에 "「비궁」은 노(魯) 희공이 능히 주공의 집을 회복할 수 있었음을 칭송한 것이다[閟宮, 頌僖公能復周公之宇也]"라고 하였다. 이 2구는 양빙과 교유한 이들이 모두 뛰어난 인물들이었음을 말한다.

97) 헌부는 어사대(御史臺)를 가리킨다. 이 구는 정원 연간에 양빙이 감찰어사(監察御史)가 된 것을 말한다.

기거사인(起居舍人)으로 있을 때는 기록한 글이 간책(簡策)을 채웠고[99)]
좌사원외랑(左司員外郞)을 맡아서는 조례(條例)와 기강을 갖추었지요.
새벽에 종종걸음칠 때 패옥 소리 급하였고
천자를 가까이 모실 때 향 연기 짙었지요.[100)]
의식을 주관하니 육례(六禮)가 잘 어우러지고[101)]
군대를 논하니 칠병(七兵)의 사기가 올랐지요.[102)]
음악을 합주하여 의용(儀容)있는 봉황을 오게 하였고
제사를 높이어 희생으로 쓰는 양(羊)을 무겁게 하였지요.[103)]
경(卿)의 재목은 주춧돌보다 훌륭하고
공(公)의 그릇은 준엄한 조정에서 우뚝 뛰어났습니다.

고상한 절조를 가진 그대 형교(衡嶠)에 내려갔었고[104)]
온화한 바람이 예장(豫章)에 가득하게 하였습니다.[105)]
사람들은 부모같이 길러줌에 귀의하였고
군(郡)에서는 팔다리 같은 훌륭한 인재를 얻었습니다.
사소한 일에 대하여 누가 유념(留念)하여

---

98) 신주는 경사(京師)를 말한다.

99) 당대에는 기거랑(起居郞) 기거사인(起居舍人)이란 관직이 있어서 옛날 천자의 일을 기록하였던 좌사(左史), 천자의 말을 기록하였던 우사(右史)의 직책을 분담하였다. 양빙은 기거사인을 지냈었다.

100) 아침에 조정에서 조회에 참가하는 것을 말한 것이다.

101) 육례란 관례(冠禮)・혼례(婚禮)・상례(喪禮)・제례(祭禮)・향례(鄕禮)・상견례(相見禮)를 말한다. 이 구는 양빙이 예부낭중(禮部郞中)을 맡은 것을 말한다.

102) 위(魏)대에 처음으로 중병(中兵)・외병(外兵)・기병(騎兵)・별병(別兵)・도병(都兵)의 오병상서(五兵尙書)를 설치하였는데 진(晉)대에는 중병・외병을 각각 좌우(左右)로 나누었으며 후위(後魏)대에 이르러 칠병상서(七兵尙書)를 설치하였다. 이 군제는 수를 거쳐 당대에까지 이어졌다. 이 구는 양빙이 병부낭중(兵部郞中)을 맡은 것을 말한다.

103) 이 두 구는 양빙이 태상시소경(太常寺少卿)을 맡았음을 말한다.

104) 정원 18년(802) 9월 양빙은 태상소경에서 호남관찰사(湖南觀察使)가 되었다. 형교는 형산(衡山)을 말하는데 호남도(湖南道)에 속하는 형주(衡州)에 있었다.

105) 영정(永貞) 원년(805) 11월 양빙은 호남에서 강서관찰사(江西觀察使)로 옮겨갔다. 강서관찰사는 홍주(洪州)를 다스렸는데 예장은 바로 홍주의 군(郡) 이름이다.

불평의 말을 엄격하게 막으려 했던가요?[106]
구슬은 진짜 도둑질한 손님이 없었고[107]
황금은 잘못 가지고 간 사나이가 있었지요.[108]
거북이 인장과 호랑이 부(符)로 앞서 맡긴 직책을 그만두시고[109]
담비꼬리와 황금매미로 장식한 관을 쓰고 옛날처럼 행하셨지요.[110]
형법을 가르치시니 바야흐로 여후(呂侯)를 명한 것 같았고[111]

---

106) 이 두 구는 양빙이 방심하여 이이간(李夷簡)의 원한을 사게 되었음을 말한 것이다. 양빙이 강서관찰사로 있을 때 이이간은 어사로 순시를 나왔다. 강서관찰사는 그의 순속(巡屬)에 해당하였지만 광달(曠達)한 성격의 양빙은 굳이 이이간을 찾아가 인사하지는 않았다. 이 일에 대하여 이이간은 항상 불쾌하게 생각하였다.

107) 『사기』 「장의열전(張儀列傳)」에 "일찍이 초의 재상을 따라 술을 마셨다. 얼마 후에 초의 재상이 구슬을 잃어버리자 문하의 사람들이 장의를 의심하여 '장의는 가난하고 행실이 바르지 못하니 반드시 이 사람이 상군의 구슬을 도둑질했을 것입니다'라고 말하고는 함께 장의를 붙잡아 수백 차례나 매질을 하였다. 장의가 굴복하지 않자 그를 풀어주었다[嘗從楚相飮, 已而楚相亡璧, 門下意張儀, 曰, 儀貧無行, 必此盜相君之璧. 共執張儀, 掠笞數百, 不服, 釋之]"라는 기록이 있다.

108) 『사기』 「만석장숙열전(萬石張叔列傳)」에 "직불의라는 사람은 남양인이다. 낭이 되어 문제를 섬겼는데 같은 관사에 묵고 있던 사람 가운데 고향으로 돌아가겠다고 말한 사람이 있었는데 같은 관사에 묵고 있던 낭(郎)의 금을 잘못 가지고 떠났다. 얼마 후에 금의 주인이 금이 벗어진 사실을 발견하고는 함부로 불의를 의심하였다. 불의는 그런 일이 있었음에 대하여 사죄하고 금을 사서 배상하였다. 그런데 고향으로 돌아가겠다고 말했던 사람이 와서는 금을 돌려주었다. 그러자 전에 금을 잃어버렸던 낭이 크게 부끄러워하였다[直不疑者, 南陽人也. 爲郎, 事文帝, 其同舍有告歸, 誤持同舍郎金去, 已而金主覺, 妄意不疑, 不疑謝有之, 買今償. 而告歸者來而歸金, 而前郎亡金者大慙]"고 하였다. 『구당서』에 의하면 양빙은 성품이 오만하고 아래 사람을 잘 대하지 못하여 그를 원망하는 사람들이 많았다고 한다. 따라서 그의 행동에는 원래 비난받을 점이 있었으며 다만 이이간(李夷簡)이 원한을 품고 그 일을 확대하였을 뿐이다.

109) 위굉(衛宏)의 『한구의(漢舊儀)』에 "승상 열후 장군은 금 인장에 보라색 인끈을 매었고, 중이천석 이천석은 은 인장에 푸른색 인끈을 매었는데 인장 꼭지는 모두 거북이 모양이었다[丞相列侯將軍, 金印紫綬綬, 中二千石二千石, 銀印青綬綬, 皆龜鈕]"고 하였고, 『사기』 「효문본기(孝文本紀)」에는 문제 2년에 "처음으로 군국의 태수와 승상에게 동호부 죽시부를 만들어주었다[初與郡國守相爲銅虎符竹使符]"고 하였다.

110) 『신당서』 「백관지(百官志)」에 "시중 중서령 좌우산기상시는 황금장식이 있었고 매미와 담비꼬리로 장식하였다[侍中中書令左右散騎常侍有黃金璫, 附蟬貂尾]"고 하였다. 당대에는 습관적으로 초선(貂蟬)으로 산시상시(散騎常侍)를 칭하였다. 이 2구는 원화(元和) 2년(807) 양빙이 강서관찰사를 그만두고 소환되어 좌산기상시가 된 것을 말한다.

111) 양빙이 형부시랑(刑部侍郎)에 배수된 것을 말한다. 여후는 주(周) 목왕(穆王)의 신하로

격렬한 곳을 다스리시니 다시 장창(張敞)을 추천한 것 같았지요.[112]
직접 사악한 것을 밝게 제거하시고
또한 도덕을 훌륭하고 강하게 하셨지요.
그대에 대한 존경은 제(齊)에서 석경(石慶) 사당을 세운 것보다 낫고[113]
그대가 베푼 은혜는 소백(召伯)의 감당(甘棠)에 비할 만 합니다.[114]

원한 살 일을 적게 하여도 오히려 분노에 봉착하게 되고
관용을 많이 베풀어도 뜻밖에 강한 이를 거스르기도 하지요.[115]
화염이 완염(琬琰) 같은 백옥을 사르고
매의 공격이 난새와 봉황을 잘못되게 하기도 하지요.[116]
나무를 깎아 세운 관리라도 끝내 대항하기 어렵고[117]
지란(芝蘭)은 불태워도 향기를 바꾸지 않는 법이지요.
먼 곳으로 폄적되어 계령(桂嶺)을 넘으셨고[118]

보후(甫侯)라고도 한다. 사구(司寇)가 되어 목왕의 명에 의하여 하우(夏禹) 속형(贖刑)의 법을 밝혀서 천하에 포고하였으니 오늘날 『서경』에 실려있는 여형(呂刑)이 이것이다.

112) 양빙이 원화 4년(809)에 형부시랑에서 경조윤(京兆尹)으로 옮긴 것을 말한다. 장창은 한(漢) 선제(宣帝) 때 경조윤을 지낸 사람으로 당시 치안이 어지럽고 격렬한 경사 지역을 맡아 잘 다스렸다.

113) 『사기』 「만석장숙열전」에 석경이 "제의 재상이 되자 모든 제나라 사람들이 다 그의 집안에서의 품행을 사모하여 말을 하지 않아도 제나라가 크게 다스려졌다. 그를 위하여 석상사를 세웠다[爲齊相, 擧齊國皆慕其家行, 不言而齊國大治, 爲立石相祠]"라고 하였다.

114) 『시경』 「소남」 「감당(甘棠)」 서(序)에 "「감당」은 소백을 찬미한 것이다. 소백의 가르침이 남국에 밝았다[甘棠, 美召伯也. 召伯之敎, 明於南國]"라고 하였다. 「감당」 시는 향읍(鄕邑)을 돌면서 감당나무 아래에서 소송을 판결해주었던 소백을 사람들이 그리워하며 그 덕을 찬미한 작품이라는 말이다.

115) 이 두 구는 양빙이 이이간에게 득죄(得罪)한 일을 말하고 있다.

116) 이이간이 강서(江西)에서 뇌물을 받은 죄와 기타 불법에 대하여 양빙을 탄핵한 것을 가리킨다.

117) 『한서』 「노온서전(路溫舒傳)」에 "속어에 '땅에다 금을 그어 옥을 만들어도 들어가지 않으려고 의논하고, 나무를 깎아 관리를 세워도 그것에 대항하지 않으려고 한다'는 말이 있다[俗語曰, 畫地爲獄議不入, 刻木爲吏期不對]"고 하였다.

118) 양빙이 원화 4년(809) 이이간의 탄핵으로 경조윤에서 임하위(臨賀尉)로 폄적된 것을 말한다. 임하는 하주(賀州)에 속하였고 광남도(廣南道)에 예속되었다. 계령은 하주에 있

중간에 또 관(官)을 옮겨 여항(餘杭)에서 체류하셨지요.[119]
땅을 돌아보며 비록 조(趙) 땅을 그리워 하기는 했지만[120]
하늘의 뜻을 알고 어찌 광(匡) 사람을 두려워했겠습니까?[121]
논(論)에 있어서는 「제물론(齊物論)」의 허탄(虛誕)함을 싫어하셨고
소(騷)에 있어서 「원유(遠遊)」의 감상(感傷)을 좋아하셨지요.[122]

황상의 은택이 여러 신하들에게 두루 미치니[123]
겹쳐진 광명이 만방을 비추게 되었습니다.[124]
북두성 사이에는 자색(紫色) 기운이 걷히고[125]

는 산 이름이다. 지금의 광서(廣西) 부천(富川) 동쪽 12리에 있으며 호남(湖南) 강화(江華)와 접경지대이다.

119) 양빙이 또 임하에서 항주장사(杭州長史)로 옮긴 것을 말한다. 항주는 바로 여항군이다.

120) 『사기』 「염파인상여열전(廉頗藺相如列傳)」에 "초나라에서 염파가 위나라에 있다는 소식을 듣고 몰래 사람을 시켜 그를 맞아들였다. 염파가 초의 장수가 되어서는 공이 없었고 말하기를 '나는 조나라 사람을 쓰고 싶다'고 하였다[楚聞廉頗在魏, 陰使人迎之. 廉頗一爲楚將, 無功, 曰, 아사용조人]"라고 하였다. 염파는 원래 조나라 장수였는데 노년에 조왕의 신임을 잃고 초나라의 장수를 지냈으나 여전히 조나라를 위해 일하고 싶어하였다.

121) 『논어』 「자한(子罕)」에 "공자가 광에서 두려워하면서 '문왕이 이미 세상을 떠났지만 문화가 오늘날 남아 있지 않는가? 하늘이 이 문화를 없애려 하신다면 뒤에 죽을 이가 이 문화에 참여할 수 없을 것이다. 하늘이 아직 이 문화를 버리지 않으셨으니 광 사람이 나를 어찌할 것인가?'라고 하였다[子畏於匡. 曰, 文王旣沒, 文不在玆乎? 天之將喪斯文也, 後死者, 不得與於斯文也. 天之未喪斯文也, 匡人其如予何?]"라는 기록이 있다.

122) 「원유」는 『초사』의 편명이다.

123) 이 구 이하의 내용은 양빙이 사면을 받아 소환된 일을 적은 것이다.

124) 원화(元和) 7년(812) 수왕(遂王) 유(宥)가 황태자에 올랐을 때 시행된 대사면령에 의해 양빙이 사면된 것을 말한다.

125) 『진서(晉書)』 「장화전(張華傳)」에 "처음에 오가 아직 멸망하기 전에 북두성과 견우성 사이에 늘 자색 기운이 있었다 (…중략…) 오가 평정된 뒤에 자색 기운은 더욱 밝아졌다. 뇌환(雷煥)이 말하기를 '보검의 정기가 위로 하늘에까지 꿰뚫고 있는 것입니다 (…중략…) 예장 풍성에 있습니다'라고 하였다 (…중략…) 장화가 크게 기뻐하고 바로 뇌환을 풍성령으로 보임하였다. 뇌환이 현에 도착하여 옥사의 터를 파서 4장 남짓 깊이로 파 들어가 돌로 된 상자 하나를 얻었는데 빛의 기운이 범상치 않았다. 그 속에는 한 쌍의 검이 있었는데 모두 이름을 새겨 하나는 용천이라 하고 하나는 태아라 하였다. 그날 밤 북두성과 경우성 사이의 기운은 다시 나타나지 않았다[初, 吳未滅也, 斗牛之間, 常有紫氣 (…중략…) 及吳平之後, 紫氣愈明 (…중략…) 煥曰, 寶劍之精, 上徹於天耳 (…중략…) 在豫章豐城 (…중략…) 張華大喜, 卽補煥爲豐城令. 煥到縣, 掘獄屋基, 入地四丈餘, 得一石

대(臺) 위에는 맑은 빛이 나타났습니다.[126)]
복은 심후한 인(仁) 때문에 모이고
요사함은 성덕(盛德)을 따라 축출되었습니다.[127)]
진(秦)의 백성들 밭에서 눈물을 흘리고
주(周)의 선비들 넓은 대로에서 춤을 춥니다.[128)]
채색된 인끈 여전히 쑥을 드리운 듯하고[129)]
화려한 비녀는 다시 지방(脂肪)을 자른 듯 합니다.
정(鼎)을 옮겨놓은 도읍에 거하시면서[130)]
멀리 책을 좋아하는 왕들을 가르치시는데[131)]
푸른 나무들이 에워싼 금곡원(金谷園) 같고[132)]
붉은 노을이 비치는 상양궁(上陽宮) 같습니다.

函, 光氣非常, 中有雙劍, 並刻題, 一曰龍泉, 一曰太阿. 其夕, 斗牛之間氣不復見焉]"라고 하였다. 자색 기운이란 보검의 기운을 말한다. 지하에 묻혀있던 보검이 다시 출토되었다는 것은 억울한 누명이 풀렸다는 것을 비유한 것으로 여기서는 양빙의 누명이 깨끗이 벗겨졌음을 말한다.

126) '대(臺)'가 지칭하는 것이 무엇인지는 분명하지 않다. 어사대(御史臺)로 보는 견해와 삼태(三台)를 가리킨다는 견해가 있는데 삼태를 가리키는 것으로 보아야 위 구와의 대우 관계가 자연스럽다. 삼태는 별 이름으로 태계(泰階)라고도 한다. 고인들은 삼태가 평평하면 음양이 화합하고 비바람이 때에 맞고 풍년이 들고 백성이 편안하게 쉬고 천하가 평온해진다고 여겼다. 또 『진서』 「천문지(天文志)」에는 "사람에게 있으면 삼공이고 하늘에 있으면 삼태라고 한다[在人曰三公, 在天曰三台]"라고 하였다. 맑은 빛이 나타났다는 것은 정치가 청명함을 비유한다.

127) 양빙이 누명을 벗게 된 것은 그의 심후한 인의(仁義)에서 비롯되었고, 그에 대한 참소는 성덕의 시대가 도래하여 사라지게 되었다는 말이다.

128) 장안의 사람들이 양빙이 다시 등용되게 된 것을 기뻐한다는 말이다.

129) 『한서』 「백관공경표(百官公卿表) 상(上)」 '여수(盭綬)'의 안사고(顔師古) 주(注)에서 진작(晋灼)의 말을 인용하여 "여는 풀이름으로 낭야 평창현에서 난다. 쑥과 비슷한데 푸르게 물들일 수 있어서 이것으로 인끈을 명명한 것이다[盭, 草名也, 出琅邪平昌縣, 似艾, 可染綠, 因以爲綬名也]"라고 하였다. 초공(焦贛) 『역림(易林)』에 "이천 석의 관리는 흰 쑥 인끈이다[二千石官, 白艾綬也]"라고 하였다.

130) 『좌전』 환공(桓公) 2년에 "무왕이 상을 이기고 구정을 낙읍으로 옮겼다[武王克商, 遷九鼎於洛邑]"고 하였다. 정을 옮겨놓은 도읍이란 낙양(洛陽)을 말한다.

131) 이 두 구는 양빙이 항주에서 소환되어 낙양에 살면서 제왕부(諸王傅)로 자리를 옮긴 것을 말한다.

132) 금곡원은 진(晉) 석숭(石崇)이 하양(河陽)의 금곡(金谷)에 세운 별관(別館)이다.

손님들에게 주연을 베풀어 한가롭게 창화(唱和)하고
취하여 시원한 바람을 쐬기도 하겠지요.
옛 친구들 여전히 같은 마을에 살고 있고
평상시의 동료들 매번 집에서 회합을 하시며
연못의 용이라 칭송 받던 허소(許劭)와 왕래하고[133)]
얼음 속 잉어도 알아봤던 효자 왕상(王祥)을 조문하겠지요.[134)]
궁문에는 옥루(玉漏) 고요하고[135)]
어로(御路)에는 동타(銅駝)가 황량합니다.[136)]
간수(澗水) 전수(瀍水)에는 가을빛이 넘실거리고[137)]
숭산(嵩山) 소실산(少室山)은 저녁 빛이 어슴푸레합니다.[138)]
모래톱을 따라 노닐면서 다만 즐겁다고 말하고 있으니[139)]

---

133) 『후한서』「곽부허열전(郭符許列傳)」에 "허소는 자가 자장이고 여남 평여인이다. (…중략…) 형 건 역시 이름이 알려졌다. 여남 사람들은 (이들을 가리켜) 평여 연못에 두 마리 용이 있다고 칭찬하였다[許劭字子將, 汝南平輿人也. (…중략…) 兄虔亦知名, 汝南人稱平輿淵有二龍焉]"라고 하였다. 허소는 여기서 양빙의 평생지기인 허맹용(許孟容)과 허사업(許司業)을 가리킨다.

134) 『진서』「왕상전(王祥傳)」에 "왕상은 천성이 지극히 효성스러웠다 (…중략…) 모친이 늘 산 물고기를 원하였는데 때는 날이 추워서 얼음이 얼어 있었다. 왕상은 옷을 벗고 얼음을 뚫고 물고기를 잡으려고 하였는데 얼음이 갑자기 저절로 갈라지더니 한쌍의 잉어가 뛰어올랐다[祥性至孝, (…중략…) 母常欲生魚, 時天寒冰凍, 祥解衣將剖冰求之, 冰忽自解, 雙鯉躍出]"고 하였다. 여기서의 왕상은 당시 낙양에서 상중(喪中)에 있던 친구 왕중서(王仲舒) 사인(舍人)을 가리킨다.

135) 옥루는 물시계를 말한다.

136) 동타는 동으로 주조한 낙타를 말한다. 한편 낙양에는 동타맥(銅駝陌) 혹은 동타가(銅駝街)라는 번화가가 있었는데 한(漢)대에 동타 둘을 주조하여 길 양쪽에 마주보도록 설치하였기 때문에 붙여진 이름이다.

137) 간수·전수는 모두 낙양을 거쳐 흐르는 강 이름이다.

138) 숭산(嵩山)에는 세 봉우리가 있는데 동쪽 봉우리를 태실(太室)이라 하고 서쪽 봉우리를 소실(少室)이라고 한다.

139) 『시경』「빈풍(豳風)」「구역(九罭)」'기러기 날아와 모래톱을 따라 노니네[鴻飛遵渚]'의 정현(鄭玄) 전(箋)에 "기러기는 큰 새로서 오리나 갈매기 같은 작은 새들과 함께 날면서 모래톱에 노니는 것은 옳지 않다는 것이다. 이로써 주공이 지금 평범한 사람들과 더불어 동도의 읍에 사는 것은 그가 있을 곳을 잃은 것이라는 것을 비유하였다[鴻, 大鳥也. 不宜與鳧鷖之屬飛而遵渚, 以喻周公今與凡人處東都之邑失其所也]"고 하였다. 양빙이 지금 동도(東都) 낙양에 거하고 있으므로 이 시구를 인용한 것이다.

스스로 하늘 높이 날아오를 겨를이 없는 것이지요
신령이 내리시어 결국 입조(入朝)하여 천자를 도울 것이고
덕(德)을 심으셨으니 분명하게 드날리게 될 것입니다.

저는 홀로 창인(傖人)의 땅에 버려져[140]
선생님의 담장을 엿보기 어렵습니다.[141]
양가의 교분은 공융(孔融) 이응(李膺)과는 다르지만[142]
오래된 친분은 바로 반악(潘岳) 양조(楊肇)와 같습니다.[143]
세상의 의론(議論)은 장지(張摯)를 배격했고[144]
지금의 여론은 중상(仲翔)을 버렸습니다.[145]

---

140) '창인'이란 거칠고 미개한 사람이란 뜻으로, 위진(魏晉) 이후 강동(江東)에서는 초(楚) 지역 사람을 멸시하여 '창(傖)'이라고 불렀다고 한다. 창인의 땅은 유종원이 폄적된 영주(永州)를 가리킨다. 이 구 이하는 유종원 자신에 대하여 적고 있다.

141) 『논어』「자장(子張)」에 "선생님의 담장은 너무 높아서 그 문을 찾아내어 들어가지 아니하면 그 안에 있는 종묘의 아름다움과 온갖 방들의 다양함을 볼 수가 없다[夫子之牆數仞, 不得其門而入, 不見宗廟之美百官之富]"고 하였다. '선생님의 담장'은 원래 자공(子貢)이 공자보다 못함을 비유적으로 설명하기 위해 말한 것인데 여기서 선생님이란 양빙을 가리킨다.

142) 『후한서』「공융전」에 "공융은 어려서 특이한 재주가 있었고, 10세에 부친을 따라 경사로 갔다. 당시 하남윤 이응은 엄숙하고 자중하여 함부로 손님을 만나지 않았다. 밖에 조심을 시켜 스스로 당대의 명인이거나 양가간 교분이 있는 사람이 아니면 모두 아뢸 수가 없었다. 공융은 그를 만나고 싶었으므로 이응의 문에 가서 문지기에게 "나는 이군과 교분이 있는 집안의 자제입니다"라고 말하였다. 문지기가 그 사실을 전하니 이응이 공융을 집안으로 맞아들여 물었다. "그대의 고명하신 조상께서 우리 집과 오랜 은혜 관계가 있습니까?" 공융이 대답하였다. "그렇습니다. 우리 조상 공자와 당신의 조상 노자 이로군은 함께 노력하고 배워서 서로 사우관계였으니 저와 당신 집안은 여러 세대에 걸쳐 교분을 맺은 관계입니다." 자리에 있던 사람들이 감탄하지 않은 이가 없었다[融幼有異才, 年十歲隨父詣京師. 時河南尹李膺以簡重自居, 不妄接士賓客, 勑外自非當世名人及與通家, 皆不得白. 融欲觀其人, 故造膺門, 語門者曰, 我是李君通家子弟. 門者言之, 膺請融, 問曰, 高明祖父嘗與僕有恩舊乎? 融曰, 然, 先君孔子與君先人李老君同德比義而相師友, 則融與君累世通家. 衆坐莫不歎息]"고 하였다.

143) 반악은 양조의 사위이고, 유종원은 양빙의 동생 양응(楊凝)의 사위였다.

144) 『사기』「장석지열전(張釋之列傳)」에 장석지의 아들 "장지는 자가 장공으로 관직이 대부에 이르렀다가 면직을 당하였는데 집정자들의 비위를 맞출 수 없었으므로 종신토록 벼슬길에 나가지 않았다[張摯, 字長公, 官至大夫, 免, 以不能取容當世, 故終身不仕]"고 하였다.

포승줄에 묶여있는 것이 잘못이라고 말하진 않지만[146]
다만 묶여있는 기간이 긴 것이 원망스럽습니다.
가의(賈誼)가 부(賦)를 쓴 것은 선알(單閼)을 근심했기 때문이요[147]
추양(鄒陽)이 서(書)를 올린 것은 대량(大梁)을 겁냈기 때문입니다.[148]
저의 밝은 마음 어디에서부터 바로잡아야겠습니까?
밝은 세상은 저 같은 거짓 미치광이를 미워합니다.
패옥(佩玉) 울릴 기미 아주 사라져버려
굴원(屈原)의 회사(懷沙)의 일을 잊지 않고 있습니다만[149]
황상의 은덕을 사모하니 감히 어떻게 죽겠습니까?
눈물 흘리며 맑은 상수(湘水)를 바라봅니다.

---

145) 『삼국지』 「오서(吳書)」 「우번전(虞翻傳)」에 "우번은 자가 중상이고 회계 여요인이다. (…중략…) 손권이 기도위로 삼았다. 우번이 자주 왕의 비위를 거스르며 간쟁하니 손권이 기뻐할 수가 없었다. 또 성격이 세속과 어울리지 못하여 많이 비방과 참소를 받았고 이로 인하여 단양 경현으로 좌천되었다[虞翻, 字仲翔, 會稽餘姚人. (…중략…) 孫權以爲騎都尉. 翻數犯顔諫爭, 權不能悅. 又性不協俗, 多見謗毁, 坐徙丹陽涇縣]"고 하였다. 장지와 중상은 모두 유종원 자신을 비유한 것이다.

146) 『논어』 「공야장(公冶長)」에 "선생님이 공야장에 대하여 '사위 삼을 만하다. 비록 감옥에 갇힌 적이 있었으나 그것은 그의 잘못이 아니었다' 말씀하시고 자기의 딸을 그에게 시집보냈다[子謂公冶長, 可妻也. 雖在縲絏之中, 非其罪也. 以其子妻之]"고 하였다.

147) 가의가 폄적지 장사(長沙)에서 지은 「복부(鵩賦)」에 "선알의 해에 복조가 우리 집에 날아들었네[單閼之歲, 鵩集予舍]"라고 하였다. 선알은 세음(歲陰)의 이름으로 묘년(卯年)의 별칭이다.

148) 『사기』 「노중련추양열전(魯仲連鄒陽列傳)」에 "추양이란 사람은 제나라 사람인데 양에 갔다. (…중략…) 양승(羊勝) 등이 추양을 질투하여 양 효왕에게 그를 험담하였다. 효왕이 노하여 감옥에 가두고 그를 죽이려 하였다. 추양은 타향에 와서 참소로 붙잡히게 되자 죽어서 죄를 얻게 될까봐 두려워 옥중에서 서를 올려 말하기를 '저는 충성은 보답을 받지 않음이 없고 믿음은 의심을 받지 않는다고 들었습니다. 저는 늘 그러하다고 생각하였는데 단지 빈말이었습니다. (…중략…)' 서가 양 효왕에게 상주되자 효왕은 사람을 시켜 그를 나오게 하고 마침내 상객을 삼았다[鄒陽者, 齊人也, 遊於梁 (…중략…) 勝等嫉陽, 惡之梁孝王. 孝王怒, 下之吏, 將欲殺之. 鄒陽客遊, 以讒見禽, 恐死而負累, 乃從獄中上書, 曰, 臣聞忠無不報, 信不見疑, 臣常以爲然, 徒虛語耳 (…중략…) 書奏梁孝王, 孝王使人出之, 卒爲上客]"고 하였다.

149) 굴원(屈原)은 조정에서 쫓겨난 뒤 「회사부(懷沙賦)」를 짓고 멱라수(汨羅水)에 투신하였다.

知命儒爲貴, 時中聖所臧. 處心齊寵辱, 遇物任行藏. 闕識新安地, 封傳臨晉鄕.
挺生推豹蔚, 遐步仰龍驤. 榦有千尋竦, 精聞百鍊剛. 茂功期舜禹, 高韻狀羲黃.
足逸詩書圃, 鋒搖翰墨場. 雅歌張仲德, 頌祝魯侯昌. 憲府初騰價, 神州轉耀鋩.
右言盈簡策, 左轄備條綱. 轡切晨趨佩, 煙濃近侍香. 司儀六禮洽, 論將七兵揚.
合樂來儀鳳, 尊祠重餼羊. 卿材優柱石, 公器擅巖廊.

峻節臨衡嶠, 和風滿豫章. 人歸父母育, 郡得股肱良. 細故誰留念, 煩言肯過防.
璧非眞盜客, 金有誤持郎. 龜虎休前寄, 貂蟬冠舊行. 訓刑方命呂, 理劇復推張.
直用明銷惡, 還將道勝剛. 敬逾齊國社, 恩比召南棠.

希怨猶逢怒, 多容競忤彊. 火炎侵琬琰, 鷹擊謬鸞凰. 刻木終難對, 焚芝未改芳.
遠遷逾桂嶺, 中徙滯餘杭. 顧土雖懷趙, 知天詎畏匡. 論嫌齊物誕, 騷愛遠遊傷.
麗澤周羣品, 重明照萬方. 斗間收紫氣, 臺上掛清光. 福爲深仁集, 妖從盛德禳.
秦民啼畎畝, 周士舞康莊. 采綬還垂艾, 華簪更截肪. 高居遷鼎邑, 遙傳好書王.
碧樹環金谷, 丹霞映上陽. 留歡唱容與, 要醉對淸凉. 故友仍同里, 常僚每合堂.
淵龍過許劭, 冰鯉弔王祥. 玉漏天門靜, 銅駝御路荒. 澗瀍秋瀲灩, 嵩少暮微茫.
遵渚徒云樂, 沖天自不遑. 降神終入輔, 種德會明敭.

獨棄傖人國, 難窺夫子牆. 通家殊孔李, 舊好即潘楊. 世議排張摯, 時情棄仲翔.
不言縲紲枉, 徒恨纆徽長. 賈賦愁單閼, 鄒書怯大梁. 炯心那自是, 昭世懶佯狂.
鳴玉機全息, 懷沙事不忘. 戀恩何敢死, 垂淚對淸湘.

수소주배조장사군기도주여팔대사인이견시이십운일수(酬韶州裵曹長使君寄道州呂八大使因以見示二十韻一首: 소주 배조장 사군이 도주 여팔대사에게 부쳐 내게 보여 준 20운의 시 한 수에 화답하다) 병서(幷序)[150]

기쁘게도 소주(韶州) 배자사(裵刺史)가 시를 보내주어 받아 보았다. 그의 시는 가고 되돌아옴이 신기하고 아름다워 아득히 따라갈 수가 없었고 용운(用韻)은 더욱 뛰어났다. 이리하여 나는 그가 쓰고 남은 운을 가지고 시를 지어 이에 화답하였다. 무릇 배자사가 사용한 운자는 전혀 취하지 않았지만 그 운율과 자수(字數)는 같게 하였다.

일찍이 금마문(金馬門)에 나란히 들어갔고[151]
동어(銅魚) 역시 함께 하사 받았네.[152]

---

150) 본편은 소주자사(韶州刺史) 배조장이 도주자사(道州刺史) 여온(呂溫)을 통하여 유종원에게 부쳐온 위로의 시에 대한 화답시이다. 당인(唐人)은 다른 사람의 이름에 관직 이름을 덧붙여 부르기를 좋아하였는데 조장(曹長)은 상서승랑(尙書丞郎) 낭중(郎中)에 대한 호칭이었다. 소주(韶州) 배조장이 누구인지는 미상(未詳)이지만 여온(呂溫)과 같이 출사하였고 조장이라고 호칭한 것으로 보아 예부(禮部)에서 유종원과 같이 근무했던 동료관리 중 한사람이라고 판단된다. 소주(韶州)는 영주(永州)와 가까웠으므로 자주 편지 왕래가 가능하였다. 여팔대사(呂八大使)는 여온(呂溫)을 말한다. 여온의 자는 화광(化光)이고 정원(貞元) 말에 진사에 올랐으며 한림학사(翰林學士) 위집의(韋執誼)와 사이가 좋았다. 여온 역시 유종원과 같이 왕숙문(王叔文)의 총애를 받았으며 8사마(八司馬)에 끼지는 않았으나 8사마와 다를 바 없는 인물이었다. 정원 20년(804) 겨울 공부시랑(工部侍郎) 장천(張薦)을 보좌하여 토번(吐蕃)에 사절로 나갔다가 원화 원년(806)에 돌아와 호부원외랑(戶部員外郎)으로 자리를 옮겼다. 당시 유종원 등 8사마는 왕숙문의 일에 연루되어 모두 폄적되었는데 여온은 사절로 나가 있었기 때문에 화를 면하였다. 원화 3년(808) 10월 균주(均州)자사로 폄적되고 얼마 후에 도주(道州)로 폄적되었으며 원화 5년에 형주(衡州)로 옮겼으니 본편은 원화 4년(809)에 지은 것이 틀림없고 또 시에 '달빛은 얕은 개울에 흔들리고, 바람소리는 마른 억새풀에 부서진다'고 했으니 이해 가을에 지은 것이다.

151) 『사기』「골계열전(滑稽列傳)」에 "금마문이란 관서의 문이다. 문 옆에 동으로 주조한 말이 있어서 금마문이라 했다[金馬門者, 宦署門也. 門傍有銅馬, 故謂之曰金馬門]"라는 구절이 있다. 한(漢)대에는 인재를 뽑을 때 모두 공거(公車)에서 대조(待詔)하였는데 재능이 뛰어난 사람들은 금마문에서 대조하게 하였다.

152) 동어는 동어부(銅魚符)를 말하며 동으로 만든 물고기 모양의 부신(符信)으로 관원이 신분

의산(疑山)에서 푸른 산을 보았고[153)]
정수(湞水)에서 맑은 물굽이를 생각했었지.[154)]
표방한 것은 똑같이 사람들을 놀라게 하였고
맑고 깨끗함은 분명하게 간사함을 비춰 내었네
초거(軺車)를 타고 공근(孔僅)의 일에 참여하였고[155)]
부절(符節)을 가지고 후산(侯狦)을 굴복시켰네.[156)]
태부(太傅) 가의(賈誼)의 문사(文辭)가 오히려 처절하였고[157)]
아이 우번(虞翻)처럼 머리는 아직 희지 않았지.[158)]

을 증명하거나 군대를 동원할 때 사용되었다. 당(唐) 고조(高祖)는 수(隋)에서 사용하던 죽시부(竹使符)를 없애고 은토부(銀菟符)를 하사하였으며 그 뒤 동어부로 바꾸어서 수령을 바꿀 때 이것을 주었다. 이 구는 배조장과 여온이 함께 자사(刺史)가 되었음을 말한다.

153) 의산은 구의산(九疑山)을 말한다. 도주(道州)에 있었다. 『원화군현지(元和郡縣志)』 권39 강남도(江南道) 도주(道州) 연당현(延唐縣)에 "구의산은 현 동남쪽 100리에 있는데 순임금이 묻힌 곳이다. 9개의 산이 비슷하여 행인이 분간하기 어려웠으므로 구의산이라 명명하였다[九疑山在縣東南一百里. 舜所葬也. 九山相似, 行者疑惑, 故爲名]"고 하였다.

154) 정수는 소주(韶州)에 있는 강 이름이다. 『원화군현지(元和郡縣志)』 권34 영남도(嶺南道) 소주(韶州) 곡강현(曲江縣)에 "정수는 현 동쪽 1리에 있다[湞水, 在縣東一里]"고 하였다.

155) 유종원의 자주(自注)에 "소주는 일찍이 반호부를 따라 나가서 세금을 징수하였다[韶州嘗隨潘戶部出征賦]"고 하였다. 반호부는 반맹양(潘孟陽)을 가리킨다. 정원(貞元) 21년(805) 7월 호부낭중(戶部郎中) 반맹양을 탁지염철부사(度支鹽鐵副使)로 삼아 강회(江淮)의 재부(財賦)를 살피게 하였는데 이때 배조장이 그를 따라갔던 것으로 보인다. 공근(孔僅)은 한(漢)대 남양(南陽)의 대야(大冶)였는데 무제(武帝) 때에 정당시(鄭當時)의 천거로 대농승(大農丞)이 되었다. 여기서의 공근은 반맹양을 비유한 것이다. 초거는 한 마리 말이 끄는 가벼운 수레로 사절(使節)이 사용했다.

156) 자주(自注)에 "도주는 옛날 외국에 사절로 나가 마침내 화하(華夏)를 어지럽히는 근심거리를 없앴다[道州昔使絕域, 遂無猾夏之虞]"라고 하였다. 정원 20년(804) 5월 사관수찬비서감(史館修撰秘書監) 장천(張薦)을 입토번조제사(入吐蕃弔祭使)로 삼았는데 여온이 그를 수행하였다. 후산은 흉노 허려(虛閭) 권거선우(權渠單于)의 아들 계후산(稽侯狦)으로 뒤에 호한사선우(呼韓邪單于)에 올라 한(漢)에 신복(臣服)하였다. 후산을 굴복시켰다는 것은 토번(吐蕃)이 당(唐)에 빈복(賓服)하게 되었음을 비유한 것이다.

157) 한(漢) 가의(賈誼)는 장사왕태부(長沙王太傅)로 폄적되어 상수(湘水)를 지나다가 「조굴원부(弔屈原賦)」를 지었다.

158) 우번(虞翻)은 삼국시대 오(吳)나라 사람으로 어려서 학문을 좋아하고 높은 기개가 있었다. 기도위(騎都尉)로 있으면서 손권(孫權)에게 누차 간언을 하였고, 모함에 의하여 단양(丹陽) 경현(涇縣)으로 좌천되고 다시 술로 실수하여 교주(交州)로 폄적되어 그곳에서 제자들을 가르치며 학문에 전념하다 세상을 떠났다. 이 두 구는 배조장과 여온이 모두

마음가짐은 바야흐로 분명하여
사람들이 모함해도 시끄럽게 떠들도록 내버려두었네

성스런 이치가 높이 해와 달처럼 빛나[159)]
문서로 바꾸어 형벌을 낮추었네.[160)]
덕풍(德風)은 해외에까지 전해지고[161)]
화기(和氣)는 인간 세상에 가득 찼네.
이매(魑魅)를 막고 있으니 은혜 오히려 관대하고[162)]
현명한 그대들을 생각하니 눈물이 절로 흐르네.
산 자나 죽은 자 모두 적막하거니와[163)]
영락한 내 신세 요즈음은 형제 없는 홀아비라네.

일찍부터 품은 뜻은 근심을 따라 다 사라졌고
쇠잔한 몸은 장기(瘴氣)에 닿아 마비되었네.
달빛은 얕은 여울에 흔들리고
바람소리는 마른 억새풀에서 부서지네.
바닷가의 풍속은 아직도 풀로 옷을 해 입고
산 속의 오랑캐 둥그렇게 머리를 틀어 올리지 않네.[164)]

남쪽으로 내려갔어도 가의처럼 처절한 문사를 짓지는 않았고 우번처럼 머리가 희지 않았음을 말한다.

159) '성스런 이치'란 시 원문의 '성리(聖理)'를 번역한 것인데 이는 성치(聖治) 즉 황제의 훌륭한 통치를 가리킨다. 고종(高宗) 이치(李治)의 휘(諱)를 피하여 '치(治)'를 '이(理)'로 고친 것이다.

160) 문서(文書)로 바꾼다는 것은 옛날에 무거운 형벌의 경우 공정한 법 집행을 위하여 죄인의 말을 문서로 바꾸어 심사한 것을 말한다. 이 구는 형량을 경감하였다는 뜻으로 여온이 도주(道州)로 폄적된 것을 가리킨다.

161) 덕풍은 군자의 위정지덕(爲政之德)을 가리킨다.

162) 이매는 사람을 해친다는 숲 속의 도깨비이다. 이 구는 유종원이 영주에 폄적된 신세이지만 아직 살아 있으니 천자의 은혜가 오히려 관대하다라는 말이다.

163) 당시 왕숙문(王叔文)과 능준(凌準)은 이미 세상을 떠났다.

164) 산 속의 오랑캐란 영주 토착민들을 가리킨다.

진흙모래에는 독사와 물여우 숨어 있고
풀숲에는 승냥이와 이리가 싸우네.
이런 것들 바라보니 참으로 두렵거니와
하는 일이란 단지 스스로를 즐겁게 하는 것뿐.
가난하여 황무지에서 나는 것을 달게 먹고
갈옷을 걸치며 빛깔 고르지 않은 것도 감사한다네.
멀리서 온 물건으로 푸른 융단을 재단하고
시절의 진미로 흰 꿩을 맛보기도 한다네.
오랫동안 초(楚) 나그네의 패옥(佩玉)을 버려 두었는데
아직 대부(大夫)의 환(環)을 하사하지 않으셨네.[165]
그대들의 특이한 정적(政績)은 다만 우러러 볼 뿐
고매한 발자취는 따라갈 수가 없구려.
공연히 수고하여 초췌한 나를 위로하는데[166]
아름다운 노래 참으로 한아(閑雅)하네.[167]

韶州幸以詩見及, 往復奇麗, 邈不可慕, 用韻尤爲高絶, 余因拾其餘韻酬焉. 凡爲韶州所用者置不取, 其聲律言數如之.

金馬嘗齊入, 銅魚亦共頒. 疑山看積翠, 湞水想澄灣. 標榜同驚俗, 淸明兩照姦. 乘軺參孔僅, 按節服侯狦. 賈傅辭寧切, 虞童髮未鬆, 秉心方的的, 騰口任嚬嚬. 聖理高懸象, 爰書降罰鍰. 德風流海外, 和氣滿人寰. 禦魅恩猶貸, 思賢淚自潸.

165) 『순자(荀子)』 「대략(大略)」에 “결로 사람을 끊고 환으로 끊어진 관계를 되돌린다[絶人以玦, 反絶以環]”고 하였는데 양경(楊倞)의 주(注)에 “옛날 신하가 죄를 지으면 국경에서 방면되기를 기다리며 3년간 감히 떠나지 못하였다. 그에게 환을 주면 돌아오라는 것이고 결을 주면 관계가 끊어졌다는 것이니 모두가 뜻을 보이는 방법이다[古者臣有罪, 待放於境, 三年不敢去, 與之環則還, 與之玦則絶, 皆所以見意也]”라고 하였다.
166) 배조장이 시를 써서 유종원에게 부쳐온 것을 말한다.
167) 마지막 구는 배조장이 부쳐온 시에 화답하는 뜻을 담고 있다.

存亡均寂寞，零落間惸鰥.

夙志隨憂盡，殘肌觸瘴瘝. 月光搖淺瀨，風韻碎枯菅. 海俗衣猶卉，山夷髻不鬟. 泥沙潛虺蜮，榛莽鬪豺獌. 循省誠知懼，安排祇自憪. 食貧甘莽鹵，被褐謝斕斒. 遠物裁青罽，時珍饌白鷴. 長捐楚客珮，未賜大夫環. 異政徒云仰，高蹤不可攀. 空勞慰顦顇，妍唱劇妖嫺.

수누수재장지회남견증지십(酬婁秀才將之淮南見贈之什 : 누수재가 회남으로 가면서 보내온 시에 화답하다)[168]

멀리 버려져 그윽한 고독을 달게 여기고 지냈는데
그 누가 옛 친구를 만나게 될 줄 알았으랴?
아름다운 목소리로 깃 빠진 새 가엽게 여기고[169]
축축한 물거품으로 궁지에 빠진 물고기 위로하였네.
뜻은 곤경에 빠졌으나 정은 오직 옛날 그대로였고
서로를 알아주니 즐거움은 더욱 새로웠네.
유람하면서 가볍게 며칠을 보내기도 하고
취하여 춤도 추었으니 어찌 봄을 슬퍼했겠는가?
풍월(風月) 속에서 즐거움 어찌 뜸하였으랴?
성상(星霜)을 보내며 감정은 더욱 친밀해졌네.

168) 본편은 원화 6년(811) 가을 영주(永州)에서 유종원과 절친하게 지냈던 누수재(婁秀才)가 회남(淮南)으로 떠나면서 지어 보내온 시에 대한 화답시(和答詩)이다. 누수재는 누도남(婁圖南)으로, 당(唐) 초기의 시중(侍中) 누사덕(婁師德)의 증손이다. 일찍이 장안에서 시가로 명성을 날렸으며 학문이 뛰어났지만 출사하지 않고 영릉(零陵)에 와서 은거하였고 그곳에서 유종원과 만나 3년간을 같이 지냈다.

169) 아름다운 목소리란 누도남(婁圖南)을 비유하고 깃 빠진 새란 유종원 자신을 비유한 것이다.

이미 명성을 우환으로 여겼고
또한 도를 이웃으로 삼았네.

기사(機事)는 떨어지는 기와와 나란히 흩어졌고[170]
의심은 먼지를 집는 것에 비할만하네.[171]
고관(高冠)의 노래 내가 기꺼이 불렀고[172]
장협(長鋏)을 노래하면서 그대 가난을 잊었네.[173]
해 저무니 세월의 흐름에 놀라거니와
지금 홀연히 헤어질 때가 되었네.

---

170) 기사(機事)란 교묘하게 꾸미는 일을 말한다. 『장자』「천지(天地)」에 "기계를 가진 사람은 반드시 기사가 있고 기사가 있는 사람은 반드시 기심이 있다[有機械者必有機事, 有機事者必有機心]"라는 말이 있다.

171) 먼지를 집는 것, 즉 습진(拾塵)은 안회(顔回)와 공자의 고사에서 유래한 말로 사실무근의 오해로 말미암아 의심하는 것을 비유한다. 전설에 의하면 공자가 진(陳)·채(蔡) 땅에서 곤궁한 지경에 처하여 7일간이나 밥을 먹을 수가 없었다. 뒤에 안회와 중유(仲由) 두 사람이 쌀을 얻어 밥을 하였는데 안회가 재가 밥에 떨어지는 것을 발견하고 더러워진 밥을 버리는 것이 아깝다고 생각되어 손으로 떠서 먹었다. 자공(子貢)이 멀리서 바라보고는 그가 밥을 몰래 먹은 것으로 오해하여 공자에게 일러바쳤다. 공자는 안회가 이런 일을 할 리가 없다고 말하였다. 뒤에 사실이 밝혀지자 공자는 "나 역시도 이렇게 했을 것이라"고 말했다. 이 고사는 『공자가어(孔子家語)』「안회(顔回)」에 보이는데 『여씨춘추(呂氏春秋)』「임교(任教)」에는 조금 다르게 기재되어 있다. 『여씨춘추』에는 공자가 직접 멀리서 안회가 밥을 먹는 것을 보고 그를 의심하였는데 진상이 밝혀지자 공자는 "믿을 것은 눈인데 눈도 믿을 수 없고, 의지할 것은 마음인데 마음도 의지할 수 없구나. 너희들은 사람을 안다는 것은 정말 쉽지 않다는 것을 기억하라[所信者目也, 而目猶不可信, 所恃者心也, 而心猶不足恃. 弟子記之, 知人固不易矣]"고 하였다고 한다.

172) 고관(高冠)은 굴원(屈原)이 자신의 천성(天性)이 훌륭함을 비유하여 노래한 『초사』「이소(離騷)」에서 빌려온 것이다. 『초사』「이소」에 "나의 관을 높여 우뚝 솟게 하고 나의 패옥을 늘려 아름답게 하였네[高余冠之岌岌兮, 長余佩之陸離]"라고 하였다.

173) '장협(長鋏)'은 장검을 말하는데, 흔히 처지가 곤궁하여 구하는 바가 있는 것을 가리키는 전고(典故)로 사용된다. 이는 전국시대 제인(齊人) 풍훤(馮諼)의 고사에서 유래한다. 풍훤이 가난하여 맹상군(孟嘗君) 문하의 식객으로 있었는데 자신의 신세를 한탄하여 세 번 장검을 타면서 "장검이 돌아왔는데, 밥상에 물고기가 없구나[長鋏歸來乎, 食無魚]", "장검이 돌아왔는데, 외출함에 수레가 없구나[長鋏歸來乎, 出無車]", "장검이 돌아왔는데, 집안을 꾸릴 수가 없구나[長鋏歸來乎, 無以爲家]"라고 노래하였다. 맹상군이 사람을 시켜 그에게 먹을 것과 쓸 것을 주자 풍훤이 다시 노래하지 않았다고 한다. 이 구는 누도남이 풍훤처럼 가난하였으나 전혀 가난에 개의치 않았음을 말한다.

웃으며 즐길 때가 다시 오지 않을텐데
발을 묶고 떠나는 것은 무엇 때문인가?
바닷가에서 넋 잃은 채 이별하면서
하늘가에서 영신(影身)을 위로하네.[174]
다만 서간수(西澗水)에서[175]
적막하니 낚싯줄이나 드리워야겠지.

遠棄甘幽獨, 誰言值故人. 好音憐鎩羽, 濡沫慰窮鱗. 困志情惟舊, 相知樂更新. 浪游輕費日, 醉舞詎傷春. 風月歡寧間, 星霜分益親. 已將名是患, 還用道爲隣. 機事齊飄瓦, 嫌猜比拾塵. 高冠余肯賦, 長鋏子忘貧. 晼晚驚移律, 睽攜忽此辰. 開顔時不再, 絆足去何因. 海上銷魂別, 天邊弔影身. 祇應西澗水, 寂寞但垂綸.

수누수재우거개원사조추월야병중견기(酬婁秀才寓居開元寺早秋月夜病中見寄 : 누수재가 개원사에 우거하며 이른 가을 달밤 병중에 보내온 시에 화답하다)[176]

나그네 고향 그리움이 있어[177]
소상(瀟湘) 가에서 밤에 근심을 일으키네.[178]

174) 영신(影身)은 승려의 사후(死後)의 육신을 말하는데 불가(佛家)에서는 몸을 환영(幻影)으로 보기 때문에 이렇게 부른다. 여기서는 누수재와 넋잃은 이별을 하게 된 유종원 자신을 가리킨다.

175) 서간수(西澗水)는 영주(永州)의 강 이름이다.

176) 본편은 개원사(開元寺)에 우거하고 있던 누수재가 가을 달밤 병상에서 보내온 시에 대한 유종원의 화답시다. 개원사라는 이름의 절은 당(唐)대에는 거의 모든 주(州)에 산재되어 있었으므로 여기서 말하는 개원사의 정확한 소재지는 알 수가 없다. 아마 개원(開元) 연간(713~741)에 지어졌기 때문에 개원사라 명명하였을 것이다.

177) 나그네는 누도남(婁圖南)을 가리킨다.

병들어 거사실(居士室)에 의지해 있으면서도[179]
꿈은 우인(羽人)의 언덕을 맴돌고 있네.[180]
도(道)를 음미하여 멈출 줄 아는 것을 사랑하고[181]
명리(名利)를 버리고 자아를 추구할 줄 아네.
벽은 텅 비어 있는데 잔월(殘月)이 새벽 하늘에 걸려있고
문은 닫혀 있는데 가을 벌레 울어대네.
외람되게 쌍금(雙金)처럼 귀중한 시 보내왔는데[182]
잡패(雜珮) 같은 화답시 찾기 어렵거니와,[183]
푸른 하늘에는 갈 길 없으니[184]
다만 이것이 이별의 근심 돋우네.

客有故園思, 瀟湘生夜愁. 病依居士室, 夢繞羽人丘. 味道憐知止, 遺名得自求. 壁空殘月曙, 門掩候蟲秋. 謬委雙金重, 難徵雜珮酬. 碧霄無枉路, 徒此助離憂.

---

178) 소상(瀟湘)은 소수(瀟水)와 상수(湘水)를 말하는데 모두 영주(永州)에 있었다.

179) 여기서의 거사실이란 개원사의 숙소를 말한다.

180) 우인은 신화에 나오는 나는 신선[飛仙]이다. 『초사』「원유(遠遊)」에 "우인을 따라 단구로 달려가 불사의 고향에 머무네[仍羽人於丹丘兮, 留不死之舊鄕]"라는 구절이 있는데 홍흥조(洪興祖)의 보주(補注)에 "우인은 비선이다[羽人, 飛仙也]라고 되어 있다. 사람이 득도하면 몸에서 날개가 생겨난다고 하여 우인은 도사(道士)를 가리키기도 한다.

181) 『노자(老子)』에 "족함을 알면 욕되지 않고, 멈출 줄을 알면 위태롭지 않다[知足不辱, 知止不殆]"라고 하였다.

182) 쌍금(雙金)은 쌍남금(雙南金), 즉 뛰어난 품질의 황금을 말한다. 장재(張載)의 「의사수(擬四愁)」 시에 "가인께서 나에게 녹기금을 주셨는데 어떻게 쌍남금을 보내드릴까[佳人遺我綠綺琴, 何以贈之雙南金]?"라는 구절이 있다. 여기서는 누수재가 유종원에게 보내준 시를 가리킨다.

183) 잡패(雜珮)는 잡패(雜佩)라고도 하며 허리에 차는 여러 가지 패옥(佩玉)을 가리킨다. 『시경』「정풍(鄭風)」「여왈계명(女曰鷄鳴)」에 "그대가 저를 좋아하심을 아니 여러 가지 패옥을 드리리이다[知子之好之, 雜佩以報之]"라는 구절이 있다. 모전(毛傳)에 의하면 잡패에는 형(珩)·황(璜)·거(琚)·우(瑀)·충아(衝牙) 등이 있었다. 여기서는 누수재가 보내온 시에 대한 유종원의 화답시를 말한다.

184) '갈 길'은 '왕로(枉路)'를 번역한 것이다. 정정본(鄭定本) 세채당본(世綵堂本)에 "왕은 어떤 판본에는 왕으로 되어 있다[枉, 一作往]"고 하였고 손여청(孫汝聽)은 "왕로는 경로와 같다[枉路, 猶徑路]"고 하였다.

초추야좌증오무릉(初秋夜坐贈吳武陵 : 초가을 밤에 앉아서 오무릉에게 보내다)[185]

주룩주룩 비가 대나무 잎을 때리니
펄펄 참새가 수풀에서 놀라 날아오르네.
미인은 상수(湘水) 나루 저 건너에 있는데[186]
밤새 가을 바람이 부는구나.[187]
겹겹이 쌓인 안개는 아득하고
파도는 드넓어 끝이 없다.
그리운데 어찌 거리가 멀다고 하랴마는
즉석에서 그대와 함께 할 수 없구나.
그대는 기이한 음악을 품고 있고
붉은 줄은 마른 오동나무에 팽팽하네.[188]

---

185) 본편은 밤새 불어대는 가을 비바람 소리에 잠을 이루지 못하고 오무릉(吳武陵)이 그리워 그에게 보낸 작품으로, 오무릉의 문재(文才)를 음악적 재주에 비유하여 높이 평가하였다. 오무릉은 신주(信州)인으로 원화(元和) 2년(807)에 진사시험에 합격하였고 원화 3년(808) 영주(永州)로 폄적되었다. 영주에서 그는 먼저 그곳에 폄적되어 와 있던 유종원을 스승으로 여기며 많은 것을 문의하였고, 한편으로는 유종원을 고무하여 「정부(貞符)」·「비국어(非國語)」 등의 작품을 쓰게 하기도 하였다. 시에 "미인은 상수(湘水) 나루 저 건너에 있다"고 한 것으로 보아 당시 오무릉의 거처가 유종원과는 강 하나를 사이에 두고 있었음을 알 수 있다. 이 시의 저작 시기에 대하여는 원화 3년 가을이라는 설과 원화 4년(809) 가을이라는 설이 있다. 유종원이 오무릉에게 보낸 시는 이 작품 이외에 「영릉증이경원시어간오무릉(零陵贈李卿元侍御簡吳武陵)」이 있다.

186) 미인은 오무릉(吳武陵)을 가리킨다. 소수(瀟水)와 상수(湘水)는 영릉(零陵) 성 북쪽에서 합쳐지는데 소수는 동쪽에, 상수는 서쪽에 위치하였고, 영릉의 대부분은 소수 동쪽에 해당한다. 당시 유종원은 소수 동쪽의 용흥사(龍興寺)에 우거(寓居)하고 있었으니 상수 나루 저 건너에 살고 있던 오무릉의 거처는 소수 서쪽에 위치하였음을 알 수 있다.

187) 이 구는 시제(詩題)의 '초추야좌(初秋夜坐)'를 설명하고 있다. 밤새 가을 바람이 불어대니 상수 나루 저 건너에 있는 오무릉을 보고 싶은 생각이 일어 잠을 이루지 못하고 앉아 있다는 말이다.

188) 마른 오동나무란 금(琴)을 가리킨다.

청상(淸商)의 소리 가을 하늘에 격렬하여[189]
물에 비친 달처럼 먼 허공을 넘어가네.
스스로 터득함에 본래 가식이 없고
자연스러움이 정녕 사람의 솜씨는 아니네.
기이한 소리가 질박함에 가려져 있으니
귀먹은 속인이 어떻게 알아듣겠는가?[190]

稍稍雨侵竹, 翻翻鵲驚叢. 美人隔湘浦, 一夕生秋風. 積霧杳難極, 滄波浩無窮. 相思豈云遠, 卽席莫與同. 若人抱奇音, 朱絃縆枯桐. 淸商激西顥, 泛灩凌長空. 自得本無作, 天成諒非功. 希聲閟大樸, 聾俗何由聽.

189) 청상(淸商)의 소리란 금(琴)을 연주하는 소리를 말한다.

190) 이 구에 대한 해석은 구구하다. 오창기(吳昌祺)는 "자연스러운 묘경(妙境)은 속인이 알 바가 아니니 어찌 내가 같아질 수 있겠는가?[天成之妙非俗所知, 豈吾能同乎]"라고 하여 유종원 자신이 속인이라서 오무릉의 자연스러운 묘경에 이를 수 없다는 뜻으로 보았고, 심덕잠(沈德潛)은 "하반부는 금(琴)을 빌려 문재를 비유하였으니 동정란 같은 무리가 알 수 없었다[下半借琴以喩文才, 董庭蘭一輩人, 未能知也]"라고 하여 당시 일부 문인들이 오무릉의 문재를 이해할 수 없었다는 뜻으로 보았고, 고보영(高步瀛)은 "마지막 결구는 감개의 뜻을 나타낸 것으로 오무릉을 비유하고 또한 자신도 비유하였다[末結出感慨之意. 喩武陵, 亦以自喩]"라고 하여 오무릉과 유종원의 재주를 속인들이 알아보지 못함을 말한 것으로 보았다.

신예초사원독선경(晨詣超師院讀禪經 : 새벽에 초사의 선원에 가서 불경을 읽다)[191]

우물물 길어 차갑게 양치질하고
마음 맑게 하며 옷 먼지를 털고는
한가로이 패엽서(貝葉書)를 가지고[192]
동재(東齋)를 걸어나와 읽는다.
참다운 근원은 전혀 취함이 없이
허망한 자취만 세인들은 좇는구나.
남겨진 말씀 조용히 깨달을 수 있기를 바라지만[193]
심성을 닦는 것 어떻게 원숙한 경계에 이를까?
도인(道人)의 집과 뜰은 조용한데[194]
이끼의 푸른빛 깊은 대숲에 이어져 있다.
해는 떠올랐으나 안개와 이슬 남아있어
푸른 소나무가 기름으로 목욕한 듯 하다.
담담히 언설(言說)을 벗어나니
깨달은 희열에 마음이 절로 만족스럽다.

---

191) 본편은 유종원이 아침에 초사(超師)의 선원에 나아가 불경을 읽으면서 느낀 마음과 더불어 초사의 집과 뜰에서 참다운 근원을 발견하고는 자족해하는 내용을 적은 것이다. 초사는 영주의 승려다. 유종원의 「벽력금찬인(霹靂琴贊引)」에 영릉(零陵) 상수(湘水) 서쪽에서 벼락을 맞은 오동나무를 가져다가 금(琴) 셋을 만들었다는 초도인(超道人)의 기록이 있는데 아마 이 시제(詩題)의 초사와 동일 인물일 가능성이 높다. 이 시에서도 "도인(道人)의 집과 뜰은 조용하다"고 하여 초사를 '도인'으로 칭하고 있다.

192) 패엽서(貝葉書)는 불경(佛經)을 가리킨다. 패(貝)는 패다(貝多)를 말하며 범어(梵語) pattra의 한어(漢語) 음역이다. 그 의미는 나뭇잎이다. 고대 인도인은 다라수(多羅樹) 잎에다 경(經)을 썼기 때문에 불경을 패엽서 혹은 패엽경(貝葉經)이라 부른다.

193) 남겨진 말씀이란 불전(佛典)을 말한다.

194) 도인(道人)은 초사(超師)를 가리킨다.

汲井漱寒齒, 淸心拂塵服. 閒持貝葉書, 步出東齋讀. 眞源了無取, 妄跡世所逐. 遺言冀可冥, 繕性何由熟. 道人庭宇靜, 苔色連深竹. 日出霧露餘, 靑松如膏沐. 澹然離言說, 悟悅心自足.

증강화장로(贈江華長老 : 강화 장로에게)[195]

노승의 도기(道機) 무르익어[196]
침묵하거나 말을 하거나 마음 항상 고요하네.
지난해 용릉(舂陵)을 떠나[197]
강물 흐름 따라서 여기서 발길 멈추었네.[198]
방은 텅 빈 채 시자(侍者)도 없고
수건과 신발만이 벽에 걸렸다.
한 그릇 밥에 더 바라는 것이 없고
가부좌를 하고서 문득 밤을 새우네.
바람 부는 창에 성근 대나무 소리내고
덮개 없는 우물에 찬 소나무 물방울 떨어지네.
우연히 도착한 땅에 곧 안거하니
뜰 가득히 방초(芳草)가 우거지네.

---

195) 본편은 도주(道州)를 떠나 영주 용흥사로 와서 수도하던 노승 강화장로의 거처와 주변환경을 묘사함으로써 노승의 덕을 칭송한 작품이다. 강화는 도주의 현(縣) 이름이다. 장로는 본래 석가모니의 상좌(上座)를 말하는데 뒤에는 절의 주지나 덕이 높은 나이 많은 승려에 대한 존칭으로 사용되었다.

196) 도기가 무르익었다는 것은 불교의 도리에 정통하였다는 말이다.

197) 용릉은 도주(道州) 연당현(延唐縣)의 옛 이름이다.

198) 소수(瀟水)는 도주를 관통하여 흘러 영주에 이르러 상수(湘水)와 합쳐진다. 이 구는 강화장로가 용릉을 떠나 물길을 타고 내려와 영주에 머무르게 되었다는 말이다.

老僧道機熟, 默語心皆寂. 去歲別春陵, 沿流此投跡. 室空無侍者, 巾屨唯挂壁. 一飯不願餘, 跏趺便終夕. 風窗疏竹響, 露井寒松滴. 偶地即安居, 滿庭芳草積.

손상인이죽간자채신다견증수지이시(巽上人以竹間自採新茶見贈酬之以詩 : 손상인이 대나무 사이에서 딴 새 찻잎을 보내주어 시로 화답하다)[199]

차나무 상수 대나무에 가리워 있는데[200]
이슬방울 맑은 꽃에 맺혀있네
이곳에 돌아온 설산(雪山)의 나그네[201]
이른 아침에 영묘한 싹을 따서
찌고 볶으며 돌 여울 내려다보는데
지척에 붉은 암벽이 솟아 있네.
둥글고 모난 찻잎 기이한 빛깔로 고운데
규벽(圭璧)처럼 조그만 하자도 없네.[202]
아이를 불러 금정(金鼎)에 넣어 끓이니[203]

---

199) 본편은 손상인(巽上人)이 대나무 숲 사이에서 손수 채집하여 제조한 새 찻잎을 보내온 것에 대하여 고마운 마음을 담아 보낸 시이다. 손상인은 중찬(重巽)으로 당시 영주(永州) 용흥사(龍興寺)에 거주하고 있었다. 본편은 영주에서 지은 것이다.

200) 옛사람들은 죽간차(竹間茶) 즉 대나무 사이에서 자란 차를 가장 좋은 차로 여겼다. 이 구는 바로 대나무 아래에서 자라는 차나무를 말한 것이다.

201) 설산의 나그네는 손상인 즉 중찬을 말한다. 석가모니가 일찍이 설산에서 수행한 적이 있었으므로 부처의 가르침을 따르는 손상인을 설산의 나그네라고 표현한 것이다.

202) 규벽(圭璧)의 출처는 『시경』「위풍(衛風)」「기오(淇澳)」의 "훌륭하신 군자가 있는데, 금과 같고 주석과 같고, 규와 같고 벽과 같으시네[有匪君子, 如金如錫, 如圭如璧]"란 시구로서 원래 군자의 품성이 아름답고 온화하고 순결한 것을 비유하는 말로 사용되었는데 여기서는 새 찻잎을 비유하고 있다.

남은 향이 멀리 그윽한 곳까지 이어지네.
근심을 씻어내어 참된 빛을 발하고
근원으로 돌아가 어둠과 사악을 씻어내니,
바로 감로반(甘露飯)처럼[204]
불사(佛事)가 비야성(毘耶城)에 퍼지는 것 같네.[205]
아, 저 봉래(蓬萊)・영주(瀛洲)의 선객(仙客)들은[206]
유하(流霞)를 귀하게 여기고 있겠지.[207]

芳叢翳湘竹, 零落凝淸華. 復此雪山客, 晨朝掇靈芽. 蒸煙俯石瀨, 咫尺凌丹崖. 圓方麗奇色, 圭璧無纖瑕. 呼兒爨金鼎, 餘馥延幽遐. 滌慮發眞照, 還源蕩昏邪. 猶同甘露飯, 佛事薰毗耶. 咄此蓬瀛侶, 無乃貴流霞.

---

203) 금정(金鼎)이란 황금으로 된 세 발 솥이란 뜻으로, 여기서는 차를 끓이는 솥을 가리킨다.

204) 감로반(甘露飯)이란 치화보살(時化菩薩)이 유마힐(維摩詰)에게 주었다는 밥을 가리킨다. 『유마힐경(維摩詰經)』에 의하면 치화보살(時化菩薩)이 바릿대에 가득 향내나는 밥을 담아 유마힐에게 주니 밥의 향기가 널리 비야리성(毘耶離城) 및 삼천대천세계(三千大千世界)에 퍼졌다고 한다.

205) 불사란 불가(佛家)에서 제불(諸佛)이 중생을 교화하는 일을 가리킨다. 비야성은 유마힐(維摩詰)이 살던 비야리성을 말한다.

206) 봉래(蓬萊)・방장(方丈)・영주(瀛洲)는 신선들이 산다는 바다 가운데의 세 신산(神山)이다.

207) 유하(流霞)는 천상의 신선들이 마시는 음료를 말한다.

영릉증이경원시어간오무릉(零陵贈李卿元侍御簡吳武陵 : 영릉에서 이경 원시어에게 주어 오무릉에게 전하다)[208]

태평성세에는 본디 인재를 경시하여
상수(湘水) 물가에 버려졌네.[209]
밝은 햇빛이 사해(四海)에 가득하니
부싯돌 빛을 어디에 쓰겠나?
깃 빠진 날개로 마른 나무줄기에 모여서
높고 낮은 소리로 서로 슬피 울어댄다.
북쪽 구름 찬바람 토해내니
적막하고 쓸쓸한 늦가을이구나.
군자는 편안함과 여유로움 숭상하나
소인은 언제나 전전긍긍하며 두려워하는 법.
처참한 일 날마다 서로 바라보니
이별의 근심 이로 인해 절로 불어난다.
동이 술은 그럭저럭 마실만하거니와
큰소리로 노래하는 것 정말 부질없는 짓이라네.
안타깝구나, 음률 맞출 줄 아는 이가 없어
아름답게 내 시(詩)를 금(琴)으로 타 내지 못함이.

---

208) 본편은 유종원이 영릉(零陵)에서 이경(李卿) 원시어(元侍御)에게 주어 오무릉(吳武陵)에게 전한 작품으로 영주에 폄적된 자신들의 처지를 동정하고 있다. 영릉은 영주(永州)의 군(郡) 이름이다. 유종원의 「고무담서소구기(鈷鉧潭西小丘記)」에 "이심원 원극기가 당시 함께 유람하였다[李深源元克己時同遊]"는 기록이 있는데, 이경은 이심원(李深源), 원시어는 원극기(元克己)를 말한다. 유종원은 원화 4년(809) 9월 28일에 서산(西山)을 얻었고, 서산을 얻은 뒤 8일이 지나 이심원 원극기와 함께 소구(小丘)를 유람하였으며 얼마 안 있어 또 오무릉과 함께 소구 서쪽의 소석담(小石潭)을 유람하였다. 시에 "북쪽 구름 찬바람 토해내니, 적막하고 쓸쓸한 늦가을이구나"라는 구절이 있으니 이 작품 역시 이 무렵에 지어진 것으로 보인다.

209) 유종원과 이심원·원극기·오무릉 등이 모두 영주 지역에 폄적되어 있음을 말한다.

理世固輕士, 棄捐湘之湄. 陽光竟四溟, 敲石安所施. 鎩羽集枯幹, 低昂互鳴悲. 朔雲吐風寒, 寂歷窮秋時. 君子尙容與, 小人守兢危. 慘悽日相視, 離憂坐自滋. 樽酒聊可酌, 放歌諒徒爲. 惜無協律者, 窈眇絃吾詩.

계위암수렴(界圍巖水簾 : 계위암 폭포)[210]

계위암이 상수(湘水) 물굽이를 빙 둘러서
푸른 절벽이 맑은 물줄기를 에워쌌네.
현천(懸泉)은 찬란하게 발을 이루어[211]
아래로 쏟아 부으며 멈추는 때가 없구나.
운경(韻磬)으로 엉긴 벽옥(碧玉)을 두드리는 것처럼[212]
맑은 소리가 바위 그윽한 데까지 파고드네.
붉은 노을 그 꼭대기에 관(冠)을 씌우니
허공으로의 유람을 상상하게 되네
신령스런 경지 그려낼 수 없고
귀신의 솜씨 참으로 찾아보기 어렵네.
홀연히 옥황상제 알현하는데

---

210) 본편은 원화 10년(815) 유종원이 영주에서 장안으로 소환되어 가는 도중 계위암 아래를 지나면서 쓴 작품으로 계위암 폭포의 절경을 수사적으로 묘사하고 마지막에 소환의 기쁨을 써내고 있다. '계위암이 상수(湘水) 물굽이를 빙 둘렀다'는 구로 보아 계위암이 상수의 언덕에 해당하며 영주로부터 아직 멀지 않은 곳에 있었음을 알 수 있다. 시제(詩題)의 '수렴(水簾)'은 폭포를 말한다.

211) 현천(懸泉)은 높은 데 걸려있는 샘물이란 뜻으로 폭포를 가리킨다.

212) 운경(韻磬)은 금(琴) 이름이다. 당(唐) 이견공(李汧公)이 평소 금(琴)을 좋아하여 항상 오동나무를 베고 옻칠을 해서 금을 만들었는데 많을 때는 수백 장에 이르렀다고 한다. 그 중 뛰어난 것으로 향천(響泉) 운경(韻磬)이 있어 집안의 보배로 삼았다고 전해진다.

상제의 면류관이 앞 술을 드리운 듯 하다.[213]
초(楚)의 신하 옛날에 남쪽으로 쫓겨나[214]
단구(丹丘)로 달려가려는 뜻 있었는데[215]
이제 비로소 내가 북으로 돌아감은
새 조서(詔書)로 묶인 죄인 풀어주었기 때문이라.[216]
참됨을 찾는 일 정말 그리워하나[217]
나라에 허락한 몸이라 지체할 수 없구나.
다시 와서 그윽한 꿈 부치기로 하고
그냥 남겨둔 채 가는 배 재촉하네.

界圍匯湘曲, 青壁環澄流. 懸泉粲成簾, 羅注無時休. 韻磬叩凝碧, 鏘鏘徹巖幽. 丹霞冠其巔, 想像凌虛游. 靈境不可狀, 鬼工諒難求. 忽如朝玉皇, 天冕垂前旒. 楚臣昔南逐, 有意仍丹丘. 今我始北旋, 新詔釋縲囚. 采眞誠眷戀, 許國無淹留. 再來寄幽夢, 遺貯催行舟.

---

213) 폭포의 모습이 면류관의 술이 드리워진 것 같다라는 말이다.

214) 초(楚)의 신하는 굴원(屈原)을 말한다. 『초사』 「구장(九章)」 「섭강(涉江)」에 “남쪽 오랑캐 가운데 나를 알아주는 이 없음을 슬퍼하고, 아침에 강수와 상수를 건너네[哀南夷之莫我知兮, 旦余濟乎江湘]”라는 구절이 있다. 유종원이 폄적되었던 영주는 바로 굴원이 방축되었던 지역이다. 여기서는 유종원 자신을 비유하고 있다.

215) 『초사』 「원유(遠遊)」에 “우인을 따라 단구로 달려가 불사의 고향에 머무네[仍羽人於丹丘兮, 留不死之舊鄕]”이라는 구절이 있다. 이 구는 유종원이 영주에 있을 때 신선술을 배우려는 뜻을 가지고 있었다는 말이다.

216) 원화 10년(815) 유종원이 사면되어 장안으로 돌아가게 된 것을 말한다. 영주에 폄적된 이후 유종원은 자신을 죄인으로 자처하였다. 그는 「답문(答問)」에서 “저는 묶인 죄인입니다. 산림에 도망치고 강과 바다에 숨으려 해도 그 길이 없으니 어디에 제 몸을 둘 수 있겠습니까?[吾縲囚也, 逃山林入江海無路, 其何以容吾軀乎?]”라고 하였다.

217) 참됨을 찾는 일이란 시 원문 ‘채진(采眞)’을 번역한 것이다. 채진은 『장자』 「천운(天運)」에 나오는데 천성을 따르며 자연에 맡기는 삶을 말한다. 도교에서는 신선술을 추구하고 도를 닦는 것을 가리키는 말로 널리 사용된다.

고동문행(古東門行 : 옛 동문의 노래)[218]

한(漢)나라 서른 여섯 장군들[219]
동방의 뇌동(雷動)에 구름 같은 진지(陣地) 가로질렀네.[220]
닭 우는 함곡관(函谷關)에 객(客)은 안개와 같아서[221]
모습은 같으나 마음 다른 사람, 다 셀 수가 없었네.[222]

---

218) 본편은 당시 재상으로 있었던 무원형(武元衡)이 자객에 의해 암살 당한 일을 묘사한 작품이다. 무원형은 원화 8년(813) 3월 문하시랑동중서문하평장사(門下侍郎同中書門下平章事)가 되었고 경사(京師) 정안리(靖安里)에 살았다. 원화 10년(815) 6월 아침 조회를 하러 마을 동문(東門)으로 나가려는데 자객이 어둠 속에서 갑자기 뛰쳐나와 그를 쏘았고 무원형을 시종하던 이들은 모두 도망쳐서 결국 죽음에 이르게 되었다. 유종원은 이해 3월 14일 유주(柳州)로 나갔고, 이 작품은 유주에 도착한 뒤에 그 소식을 전해 듣고서 지은 것이다. 시제의 '동문행(東門行)'은 악부의 옛 제목이다. 동문은 장안(長安)의 성문(城門)이다. 무원형이 마을 동문에서 해를 당하였으므로 유종원이 악부의 옛 제목을 빌려 그 일을 읊은 것이다.

219) 한(漢) 경제(景帝) 3년에 오왕(吳王) 비(濞), 초왕(楚王) 무(戊), 조왕(趙王) 수(遂), 교서왕(膠西王) 앙(卬), 제남왕(濟南王) 벽광(辟光), 치천왕(菑川王) 현(賢), 교동왕(膠東王) 웅거(雄渠)가 반란을 일으키자 경제는 태위(太尉) 주아부(周亞夫)로 하여금 서른 여섯 장군을 이끌고 가서 이를 토벌하게 하였다.

220) 이전에 왕승종(王承宗)이 황명(皇命)을 거절하자 헌종(憲宗)이 노하여 그의 관작(官爵)을 삭감하고 그를 징치(懲治)하였는데 치청(淄青) 노룡(盧龍)이 여러 번 사면을 청하는 표(表)를 올려 그를 용서하고 옛 땅을 다시 돌려준 일이 있었다. 당시 오원제(吳元濟)가 반란을 일으키자 천자의 군대가 그를 토벌하려 하였는데, 왕승종은 이사도(李師道)와 함께 서(書)를 올려 그를 용서해줄 것을 청하였고 여러 가지 간계(姦計)로 군대의 동원을 저지시켰다. 아울러 휘하의 아장(牙將)인 윤소경(尹少卿)을 시켜 이를 중서(中書)에 알리게 하였는데 재상에 대한 불손한 말투에 무원형이 노하여 윤소경을 큰소리로 꾸짖고 내쫓은 사건이 벌어졌다. 여기에 화가 난 왕승종은 이사도와 모의하고 자객을 보내어 무원형을 암살하였다. 시 첫머리에 한(漢) 칠국(七國)의 난을 인용한 것은 무원형의 변고 역시 번진(藩鎭)의 땅을 삭감한데서 비롯된 것임을 말하는 것이다.

221) 이 구는 맹상군(孟嘗君)의 고사를 인용하여 왕승종 이사도가 몰래 자객을 장안으로 들여보낸 것을 말하고 있다. 객(客)은 식객을 말하고, 안개와 같다는 말은 다 셀 수 없을 정도로 많다는 말이다. 『사기』「맹상군열전(孟嘗君列傳)」에 의하면 맹상군이 진(秦)에서 도망하려고 한밤중에 국경 관문인 함곡관(函谷關)에 이르렀다. 당시 관법(關法)에는 새벽닭이 울어야 객(客)을 내보냈는데 아직 닭이 울 시간은 되지 않았고 맹상군은 진나라 군대가 추격해 올 것을 두려워하였다. 그때 식객 중 한 사람이 닭 울음소리를 낼 수가 있어서 무사히 함곡관을 빠져 나올 수 있었다.

붉은 탄환으로 밤에 말하며 전광(電光)을 날렸는데[223)]
거리를 순찰하는 사례(司隷)는 양처럼 잠들었네.[224)]
거리에서 한 번 소리지르자 모든 관리 도망쳐
풍경(馮敬)의 가슴에 비수가 꽂혔네.[225)]
흉악한 무리들 귀 기울여 듣고 몰래 즐거워하고
용감한 신하들은 간떨어져 모두 입을 막았네.
위왕(魏王) 침실에 병부(兵符)를 감추었으니[226)]

---

222) 이 두 구는 맹상군이 식객을 길렀던 일을 빌려서 왕승종 이사도가 반역의 마음을 품고 특이한 재능을 가진 사람들을 수하에 수없이 거두어 양성하였던 사실을 지적한 것이다. 모양은 같으나 마음 다른 사람이란 식객을 가리킨다. 이를 두 마음을 품은 사람, 즉 조정에서 몰래 천자의 군대 동원을 저지하면서 한편으로는 반란을 일으킨 번진(藩鎭)과 사통(私通)한 사람으로 보는 견해도 있으나 취하지 않는다. 아래 구에서 바로 왕승종 이사도가 보낸 자객이 무원형을 암살하는 내용이 이어지기 때문에 조정에 두마음을 품은 신하들이 많다는 해석은 무리가 따른다.

223) 붉은 탄환이란 자객을 말한다. 『한서』 「혹리열전(酷吏列傳)」 「윤상전(尹賞傳)」에 "장안 가운데 간교한 사람들이 점차 많아져 마을 젊은이들이 무리를 이루어 관리를 죽이고 뇌물을 받고 원수를 갚아주었다. 서로 함께 탄환을 집어서 탄궁(彈弓)을 쏘았는데 붉은 탄환을 집은 사람은 무관을 베고 검은 탄환을 집은 사람은 문관을 베었으며 하얀 것을 집은 사람은 죽은 사람의 장례를 주관하였다[長安中姦猾浸多, 閭里少年群輩殺吏, 受賕報仇, 相與探丸爲彈, 得赤丸者斫武吏, 得黑丸者斫文吏, 白者主治喪]"고 하였다. 밤에 말하였다는 것은 무원형이 입조(入朝)하기 위하여 새벽에 정안리 집을 나설 때 자객들이 '촛불을 끄라[滅燭]!'는 소리를 암호로 하여 무원형을 쏘아 죽인 것을 말한다. 전광(電光)을 날렸다는 말은 자객의 칼날에서 섬광(閃光)이 인 것을 가리킨다.

224) 사례(司隷)는 관명(官名)이다. 한 무제 정화(征和) 4년(B.C. 89) 처음으로 사례교위(司隷校尉)를 설치하였는데 군대 천여 명을 이끌고 사술(邪術)로 해를 끼치는 무고(巫蠱)를 체포하고 간교한 이들을 감독하게 하였다. 뒤에 가서 인솔 군대를 해체하고 삼보(三輔)·삼하(三河)·홍농(弘農) 7군(郡)을 살피게 하였고 애제(哀帝) 때에 사례(司隷)로 명칭을 바꾸었다.

225) 한(漢)대 풍경(馮敬)은 풍무택(馮無擇)의 아들로 충직(忠直)으로 이름이 났으며, 어사대부(御史大夫)가 되어 회남여왕(淮南厲王)을 탄핵했다가 자객에게 죽임을 당하였다. 풍경은 무원형을 비유한 것이다.

226) 『사기』 「위공자열전(魏公子列傳)」에 의하면 위(魏) 안리왕(安釐王) 20년에 진(秦) 소왕(昭王)이 조(趙)를 공격하여 한단(邯鄲)을 포위하고 있었다. 당시 안리왕의 배다른 동생 신릉군(信陵君)의 누이는 조나라 평원군(平原君)의 부인이었으므로 여러 번 위왕과 신릉군에게 편지하여 구원병을 요청하였다. 이에 위왕은 장군 진비(晉鄙)로 하여금 십만의 무리를 이끌고 조를 구하게 하였다. 그러자 진왕은 사자를 보내어 위가 조나라에 구원병을 보낼 경우 조를 멸망시키고 위를 공격하겠다고 경고하였다. 위왕은 두려운 생각에 진비의 군대를 멈추게 하고 사태를 관망하였다. 그동안 평원군은 누차 구원병을 요청

자서(子西)가 소매로 가리고 죽은 것은 참으로 무고였네.[227]
수레바퀴 아래서 하루아침에 강(羌)과 호(胡)가 일어났으니[228]
배 안에 있는 적국(敵國)은 추측하던 바가 아니었네.[229]

하였고 신릉군 역시 위왕을 설득했으나 위왕은 허락하지 않았다. 신릉군은 개인적으로 식객들을 모아 진군에 대항하기 위해 조나라로 가는 도중 후영(侯嬴)을 만났다. 후영은 진비의 군대를 움직일 수 있는 병부가 위왕의 침실 내에 있는데 위왕이 총애하는 여희(如姬)가 그것을 훔쳐내올 수 있으며, 여희를 움직이는 방법은 그 선친의 원수를 갚아주는 것이라고 알려주었다. 후영의 도움으로 병부를 손에 넣은 신릉군은 위왕의 명령을 사칭하여 자신을 의심하는 장군 진비를 죽이고 결국 조나라를 구원하였다.

227) 『좌전(左傳)』 애공(哀公) 16년에 보면 초(楚)의 태자(太子) 자목(子木)이 그 사읍(私邑)에서 포학하게 행하여 정나라 사람들이 그를 죽였다. 자목의 아들은 승(勝)이라고 하는데 당시 오(吳)에 있었다. 초의 영윤(令尹)인 자서(子西)가 그를 불러오고자 했는데 엽공(葉公)은 그가 난폭하여 초나라에 해가 될 것이라는 이유로 반대하였다. 그러나 자서는 그를 불러다 오(吳)나라와의 경계에 머물게 하고 백공(白公)으로 삼았다. 백공이 정(鄭)을 치겠다고 하자 자서는 처음에 초나라가 아직 안정되지 않았다는 이유로 거절하였는데 뒷날 다시 요청하자 그것을 허락하였다. 백공이 군대를 아직 일으키기 이전에 진(晉)이 정(鄭)을 공격하였고, 이에 초는 정나라를 구해주고 정과 맹약을 하였다. 이러자 백공은 자서를 원수로 여기고 반란을 일으켜 조정에서 자서와 그의 동생 자기(子期)를 죽이고 초 혜왕(惠王)을 위협하였는데 자서는 소매로 얼굴을 가리고 죽었고 자기는 예장(豫章)나무로 저항을 하다 죽었다. 이 2구는 헌종이 토벌군 동원에 우유부단하였기 때문에 반군들이 그 틈을 타서 간계를 성사시킬 수가 있었으니 무원형의 죽음은 참으로 무고하다는 말이다. 한편 하작(何焯)은 「의문독서기(義門讀書記)」에서 "'위왕 침실에 병부를 감추었다'는 것은 무원형이 군대 동원을 맡고 있으면서도 제 장군들을 동원할 수가 없어서 병사들이 밖에서 늙어가고 변고가 내부에서 일어나 부끄러움을 품고 죽어갔다는 말로 무원형의 지혜가 작은데 계획한 것은 컸음을 깊이 비웃은 것이다. '자서가 소매로 가린 채 죽은 것은 참으로 무고였다'에서 '참으로 무고였다'다는 말은 '어찌 참으로 죄가 없는 것이겠는가?'라는 말이다[魏王臥內符藏兵符, 言元衡旣主用兵, 又不能驅駕諸將, 師老於外, 變作於內, 懷慚入地, 深笑其智小謀大也. 子西掩袂眞無辜, 眞無辜, 言豈眞無辜耶?]"라고 하여 이 두 구가 무원형을 비난한 것으로 보았다.

228) 한 무제(武帝)가 맹수 사냥을 좋아하자 사마상여(司馬相如)가 이를 만류하는 소(疏)를 올렸는데 그 가운데 "지금 폐하께서 험난한 곳을 넘어 맹수를 사냥하는 것을 좋아하십니다만, 졸지에 비상한 재주를 가진 짐승을 만나 안전하지 못한 지역에서 말이 놀라 땅에 떨어져 수레의 먼지를 뒤집어썼는데도 수레를 되돌릴 수 없고 사람이 손을 쓸 수 없는 상황이 되면 비록 오획(烏獲) 봉몽(逢蒙) 같은 이들의 기술도 쓸 수가 없으니 마른나무나 썩은 기둥처럼 모두 어려움에 처하게 될 것입니다. 이는 호(胡)와 월(越)이 수레바퀴 아래서 일어나는 것이요, 강(羌)과 이(夷)가 수레뒤턱나무에 이어지는 격이니 어찌 위태롭지 않겠습니까?"라는 말이 있다. 강(羌)과 호(胡)는 모두 이민족의 명칭이다.

229) 『사기』 「손자오기열전(孫子吳起列傳)」에 의하면 위(魏) 무후(武侯)가 서하(西河)에 배를 띄우고 내려가면서 주위를 돌아보며 "아름답도다, 산하(山河)가 견고하니 이것이 위나

안릉(安陵)에서 누가 숫돌 간 일을 판별해내었으며[230]
한(韓)나라에서 어떻게 심정리(深井里)임을 밝혔던가?[231]
살이 떨어지고 뼈가 끊어졌으니 어떻게 보상하랴?
만금의 총애 넘치는 증여도 흙만 못하리.

漢家三十六將軍, 東方靁動橫陣雲. 雞鳴函谷客如霧, 貌同心異不可數.
赤丸夜語飛電光, 徼巡司隸眠如羊. 當街一叱百吏走, 馮敬胸中函匕首.
兇徒側耳潛惬心, 悍臣破膽皆杜口. 魏王臥內藏兵符, 子西掩袂眞無辜.
羌胡轂下一朝起, 敵國舟中非所擬. 安陵誰辨削礪功, 韓國詎明深井里.
絶臏斷骨那下補, 萬金寵贈不如土.

라의 보배다"라고 말하자 오기(吳起)는 "나라의 견고함은 덕에 있지 험준함에 있는 것이 아닙니다. 임금이 덕을 닦지 않으면 배 안에 있는 사람도 모두 적국이 됩니다"라고 대답하였다고 한다. '추측하던 바가 아니었다'라는 말은 평소 배척한 사람이 아닌데 갑자기 대비하지 않은 데서 나왔다는 말이다.

230) 『사기』「원앙열전(袁盎列傳)」과 『사기』「양효왕세가(梁孝王世家)」에 의하면 원앙이 태후(太后)를 알현하여 양효왕을 후사로 삼지 못하게 설득하자 이에 앙심을 품은 양효왕이 자객을 시켜 안릉 성곽 문 밖에서 원앙을 죽인다. 자객은 원앙을 찌른 검을 버려두고 갔는데 그 검은 새로 숫돌에 간 검이었다. 이에 장안(長安)의 숫돌 가는 장인들을 수소문하여 범인을 색출할 수 있었다.

231) 『사기』「자객열전(刺客列傳)」에 의하면 섭정(聶政)은 하내(河內) 지현(軹縣) 심정리(深井里)사람이었다. 엄중자(嚴仲子)가 한(韓) 애후(哀侯)를 섬겼는데 재상 협루(俠累)와 사이가 벌어지자 섭정에게 예를 갖추어 협루를 죽여줄 것을 부탁하였다. 섭정은 협루를 죽이고 나서 가족이 사건에 연루될 것을 염려하여 신분을 감추기 위해 자신의 얼굴 가죽을 벗기고 눈알을 뽑고 배를 갈라 창자를 터뜨린 채 죽었다. 한나라에서는 시체를 저자에 걸어두고 천금의 현상금을 내걸었으나 아무도 아는 이가 없었다. 그 누나 영(榮)이 이 소식을 듣고 가서 섭정의 신분을 밝히고 시체 옆에서 슬퍼하다 죽었다. 이 2구는 무원형이 죽임을 당하였을 때 처음에는 누가 지시했는지를 알 수가 없었고 관리들도 끝까지 추궁하여 범인을 잡으려 하지 않았는데 뒤에 조서를 내려 현상금을 걸고서야 범인을 밝혀낼 수가 있었음을 말한 것이다.

기위형(寄韋珩 : 위형에게 부치다)[232]

처음 유주(柳州)에 배수되어 동쪽 교외로 나서는데[233]
길가에서 전송하는 이 모두 현량(賢良) 호걸이었네.
고개 돌려 빛나는 이들 보며 옥 같은 많은 사람과 이별하고[234]
홀로 이역(異域)으로 가면서 쑥밭을 통과하였네.[235]
유월의 뜨거운 열기로 입과 코가 메었고[236]
가슴 울리고 어깨 들먹이는 것 피할 수 없었네.
계주(桂州) 서남으로 또 천리를 가는데[237]
이수(灕水)는 돌 어지러웠고 마란(麻蘭)은 높았네.[238]
빽빽하게 야갈(野葛)은 뒤얽혀 해를 가렸고[239]

---

232) 본편은 유종원이 유주자사(柳州刺史)로 있으면서 고생하고 있을 때 위형(韋珩)이 폄적되었다는 소식을 듣고 자신의 처지를 읊어 그를 동정한 작품이다. 위형은 위정경(韋正卿)의 아들이요, 경조윤(京兆尹) 위하경(韋夏卿)의 조카였는데 한유(韓愈)의 문하에서 육참(陸傪)에게 추천된 열 명 중 한사람이었다. 한유는 위형을 통하여 유종원의 글에 대한 칭찬의 글을 써 보낸 적이 있었는데 유종원 역시 그를 통하여 한유를 칭찬하는 글을 보낸 바 있다(「답형시한유상추이문묵사서(答珩示韓愈相推以文墨事書)」 참고). 시에 '신병(神兵)과 묘략(廟略)으로 자주 오랑캐 격파했다'고 한 것으로 보아 이 시의 저작 시기는 배도(裴度)가 오원제(吳元濟)의 반란을 평정한 원화 12년(817) 가을쯤으로 추정된다.

233) 유종원은 원화 10년(815) 3월 유주자사(柳州刺史)에 배수되었다.

234) 옥 같은 많은 사람이란 시 원문의 '군옥(群玉)'을 옮긴 것이다. 진경운(陳景雲)은 군옥이 위형의 자(字)라고 하였는데 이 구의 의미 전개상 길가에서 전송하는 여러 현량(賢良)들이란 의미로 풀이하는 것이 적당하다. 유종원의 「송원론등제후귀근시서(送苑論登第後歸覲詩序)」의 "내가 받아서 거기에 써서 여러 현량들의 오른쪽에 엮었다[余受而書之, 編於群玉之右]"의 '군옥' 역시 여러 현량이란 의미로 쓰였다.

235) 쑥밭이란 시 원문의 '봉호(蓬蒿)'를 옮긴 것으로 거친 들판의 편벽(偏僻)된 곳을 말한다.

236) 유종원은 6월 27일 유주에 도착하였다.

237) 계주에서 유주까지의 거리는 5백 40리이며, 천리라고 한 것은 과장하여 말한 것이다.

238) 이수는 양해산(陽海山)에서 나온 강 이름으로, 바로 계강(桂江)이다. 마란(麻蘭)은 난마산(蘭麻山)을 말하며 난마산은 계주(桂州) 이정현(理定縣)에 있는 산 이름이다.

239) 야갈(野葛)은 구문(鉤吻)을 말하며 상록관목(常綠灌木)으로 덩굴줄기이다. 뿌리와 줄기, 잎에 독이 있다. 호만등(葫蔓藤)·단장초(斷腸草)·대차약(大茶藥)이라고도 한다.

매달린 뱀과 똬리를 튼 독사는 포도와 같았네.
관부(官府)에 이르러 며칠 지냈는데 도적이 들에 가득하여
장년은 묶고 노인은 죽이니 사람들이 울고 또 소리쳤네.
허기진 채 길을 다니고 밤에 앉아 방책을 강구하여
둥둥 북을 두드리며 손수 조종하였네.
기이한 종창이 뼈에 박히어 모양은 화살촉 같고
귀신이 목숨 빼앗기는 가는 터럭 다투는 듯 하였네.[240]
올해 독물(毒物)을 먹어 곽질(霍疾)에 걸렸는데[241]
창과 칼로 가슴을 받치고 배속을 휘젓는 것 같았네.
요즘에는 기력이 떨어져 힘줄과 뼈가 드러나고
창백함이 번져 정수리의 모발까지 가득 찼네.
그대 지금 강직하여 또 쫓겨났으니[242]
사부(辭賦)는 이미 다시 시소(詩騷)의 뜻을 다하였으리.
신병(神兵)과 묘략(廟略)으로 자주 오랑캐 격파했으니[243]
사해는 머잖아 풍파가 잔잔해지리.
성은이 만약 길가의 갈대를 생각하신다면[244]

---

240) 고통으로 언제 죽을지 모르겠다는 심정을 피력한 것이다.

241) 곽질은 곽란(霍亂)을 말한다.

242) '강직하다'는 시 원문의 '골골(矻矻)'을 옮긴 것이다. 『이아(爾雅)』에 "골은 견고하다라는 뜻으로 돌이 단단한 것을 가리킨다[矻, 固也, 石堅也]"고 하였다. '골골'을 『한서』 「왕포전(王褒傳)」 '근골을 수고롭게 하여 종일 피로하네[勞筋苦骨, 終日矻矻]'의 응소(應劭) 주의 "골골은 지극히 피로한 모양이다[矻矻, 勞極貌]"라는 견해를 따른 해석도 있으나, 한유가 위형을 육참에게 추천한 글에 위형의 사람됨을 "뜻은 강직하고 기는 부드럽다[志剛而氣和]"고 한 것으로 보아 여기서의 골골은 강직하다고 보는 것이 옳다.

243) 원화 12년(817) 헌종이 배도(裴度) 이소(李愬)에게 명하여 회서절도사(淮西節度使) 오원제(吳元濟)의 반란을 토벌한 것을 가리킨 것으로 보인다.

244) 『시경』 「대아」 「행위(行葦)」에 "빽빽히 자란 길가의 갈대, 소나 양이 짓밟지 않네[敦彼行葦, 牛羊勿踐履]"란 구절이 있는데 정현(鄭玄)의 전(箋)에 "풀과 만물이 바야흐로 무성하여 결국 사람들에게 쓰임 받게 될 것이다. 이 때문에 주의 선왕이 이 시를 지어 그것을 아낀 것인데 하물며 사람을 아끼지 않겠는가[草物方茂盛, 以其終將爲人用, 故周之先王爲此愛之, 況於人乎]?"라고 하였다. 길가의 갈대를 생각한다는 것은 바로 정전(鄭箋)의 뜻을 인용한 것이다.

십 년 짓밟힌 것은 오래되고 너무 고생한 셈일 터.[245)]
다행히 풀어놓은 그물 따라 새 짐승 들인다면[246)]
목숨 다할 때까지 강해(江海)에서 유유자적하리라.
소원의 말 이루지 못했는데 몸은 더욱 늙어
일어나 동북쪽 바라봄에 마음은 물 출렁이듯 안정되지 않네.[247)]

初拜柳州出東郊, 道旁相送皆賢豪. 迴眸炫晃別羣玉, 獨赴異域穿蓬蒿.
炎煙六月咽口鼻, 胸鳴肩擧不可逃. 桂州西南又千里, 灕水鬪石麻蘭高.
陰森野葛交蔽日, 懸蛇結虺如蒲萄. 到官數宿賊滿野, 縛壯殺老啼且號,
飢行夜坐設方略, 籠銅枹鼓手所操. 奇瘡釘骨狀如箭, 鬼手脫命爭纖毫.
今年噬毒得霍疾, 支心攪腹戟與刀. 邇來氣少筋骨露, 蒼白瀄汩盈顚毛.
君今矻矻又竄逐, 辭賦已復窮詩騷. 神兵廟略頻破虜, 四溟不日淸風濤.
聖恩儻忽念行葦, 十年踐踏久已勞. 幸因解網入禽獸, 畢命江海終遊遨.
願言未果身益老, 起望東北心滔滔.

245) 유종원이 영정 원년(805)에 폄적된 뒤로 이해까지는 13년이 된다.

246) 『사기』 「은본기(殷本紀)」에 “탕임금이 나가서 들을 바라보고 그물을 사면으로 펼쳐놓고는 “천하사방으로부터 모두 내 그물로 들어 오라”고 축원하였다. 탕임금이 “아, 다하였구나!”라고 말하였다. 이에 그 삼면을 제거하고 “왼쪽으로 가고 싶으면 왼쪽으로 가고 오른쪽으로 가고 싶으면 오른쪽으로 가라. 명령을 하지 않아도 내 그물에 들어 오라”고 축원하였다. 제후들이 이를 듣고는 “탕임금의 덕이 지극하여 금수에까지 미쳤다”라고 말하였다[湯出, 見野張網四面, 祝曰 : “自天下四方皆入吾網.” 湯曰 : “嘻, 盡之矣!” 乃去其三面, 祝曰 : “欲左, 左. 欲右, 右. 不用命, 乃入吾網.” 諸侯聞之, 曰 : “湯德至矣, 及禽獸”]”라는 기록이 있다.

247) 동북쪽은 위형이 폄적되어 있는 곳을 가리킨다.

봉화양상서침주추화고이중서하일등북루십운지작의본시운 차용(奉和楊尙書郴州追和故李中書夏日登北樓十韻之作依本詩韻次用 : 양상서 침주자사의 「고 이중서의 「여름날 북루에 올라 지은 십운」의 시를 회상하여 화답하다」에 받들어 화답한 것으로 원래의 시운에 따라 차례로 운을 쓰다)[248]

군루(郡樓)에 남겨진 노래 소리 있는데[249)]
새로 화답한 시는 남금(南金)에 필적하네.[250)]
시가의 경계는 정을 말하여 얻고
사람은 그윽한 꿈을 기약하여 찾아가네
층층의 처마 무더운 더위와는 격리되어
아득한 들판을 마음껏 내려다보네.

---

248) 본편은 침주자사(郴州刺史) 양오릉(楊於陵)이 이미 세상을 떠난 전임 침주자사 이중서(李中書)의 「여름날 북루에 올라 지은 십운[夏日登北樓十韻]」을 회상하여 쓴 화답시에 유종원이 다시 차운(次韻)하여 화답한 작품이다. 시제의 양상서는 양오릉을 가리킨다. 양오릉은 자가 달부(達夫)이며 원화 연간(806~820)에 호부시랑판탁지(戶部侍郎判度支)를 맡고 있었다. 당시 회서(淮西)에 전쟁이 전개되고 있었는데 양오릉은 자신과 가까운 사람을 당등공군사(唐鄧供軍使)로 삼았다. 회서절도사(淮西節度使) 고하우(高霞寓)가 군수품이 제때 공급되지 않는다는 것을 이유로 탁지(度支)에 공문을 보냈지만 양오릉은 공군사를 교체하지 않아 군수품 공급 차질이 여전하였다. 고하우 군대가 누차 패배하자 헌종(憲宗)은 조서를 내려 그를 권고하였고 이에 고하우는 탁지의 군수품 공급이 계속되지 않았음을 상주하였다. 헌종은 노하여 11년(816)에 양오릉을 침주자사로 폄적시켰다. 양오릉이 침주에 도착한 것은 이해 여름이었고, 그가 이미 세상을 떠난 이중서(李中書)의 「여름날 북루에 올라 지은 십운[夏日登北樓十韻]」을 회상하여 쓴 화답시와 유종원의 이 작품은 그 시기에 지어진 것이다. 본전에 의하면 양오릉은 목종(穆宗)조에 이르러 비로소 호부상서(戶部尙書)에 올랐으니 시제에서 상서(尙書)라고 한 것은 아마도 『유종원집』을 편집할 때 고친 것일 것이다. 이중서(李中書)는 이길보(李吉甫)를 말한다. 이길보의 자는 홍헌(弘憲)으로 대종(代宗)조의 어사대부(御史大夫) 이서균(李栖筠)의 아들이다. 덕종(德宗) 정원 연간(785~805)에 침주자사를 역임하였고 헌종 원화 연간에 중서시랑동평장사(中書侍郎同平章事)로 옮겼으며 조국공(趙國公)에 봉해졌다. 원화 9년(814)에 세상을 떠났다.

249) 남겨진 노래 소리는 이길보의 「하일등북루십운(夏日登北樓十韻)」을 말한다.

250) 남금(南金)은 양질의 금을 말한다.

봉황은 떠났으나 아름다운 소리 이어지고
지초(芝草) 불탔으나 향그런 뜻 깊네.251)
헤엄치는 물고기 함포(陷浦)에서 나오고
우는 학은 선잠(仙岑)을 빙빙 도네.252)
바람 불어 삼상(三湘)은 물결치고253)
구름 피어나 만리가 어둑어둑하네.
큰 규모는 덕우(德宇)와 가지런하고254)
아름다운 문사는 사림(詞林)에서 다투네.
고요함은 근심을 분산시키는 방법이고
한가함은 손님 기다리는 마음과 같네.

---

251) 이 두 구의 봉황과 지초는 이길보를 가리킨다. 손여청(孫汝聽)은 봉황이 떠났다는 것은 이길보를 비유한 것이고 지초가 불탔다는 것은 양상서를 비유한 것이라고 했다. 그러나 진경운(陳景雲)『유집점감(柳集點勘)』에 의하면 봉황이 떠났다는 것은 이길보가 관을 떠난 것이요, 지초가 불탔다는 것은 그의 죽음을 슬퍼한 것이다. 육사형(陸士衡)의 「탄서부(歎逝賦)」에 '지초가 불타니 혜초가 탄식하네[芝焚而蕙歎]'란 구절이 있으니 '향그런 뜻이 깊다'는 말은 바로 혜초가 탄식한다는 뜻일 것이다.

252) 진경운(陳景雲)의『유집점감(柳集點勘)』에 의하면 유몽득(劉夢得)의「양시랑(楊侍郎)의「처음 침주에 이르러 군재에서 짓다[初至郴州題郡齋]」에 화답한 시[和楊侍郎初至郴州題郡齋]」에 '성두학립(城頭鶴立)'이란 말이 있는데 그 자주(自注)에 "「소탐전(蘇耽傳)」에 이르기를 '뒤에 변화하여 선학(仙鶴)이 되어 성 동북쪽 모퉁이 누각 위에 머물렀다'라고 하였다. 소탐은 침주 사람이고 시중에 '학이 운다'는 구가 있으니 아마도 소탐의 고사를 인용한 것일 것이다. 이 구로 위 두 구를 비교해보면 위 두 구 역시 침주의 고사와 부합되는 것일 게다. 그러나 출처를 알 수가 없다. 또 '함포(陷浦)' 역시 그 의미가 명확치 않다. 혹 '함(陷)' 자가 잘못되었는지도 모른다. '선잠(仙岑)'은 신선이 사는 산을 말한다.

253) 삼상(三湘)에 대한 견해는 다양하다. 왕사성(王士性)의『광지역(廣志繹)』권4에 의하면 삼상은 총칭하여 상강(湘江)이라고 하는데 영주(永州)를 지나면서 소수(瀟水)가 합쳐지는 곳을 소상(瀟湘)이라 하고 형주(衡州)를 지나면서 증수(蒸水)가 합쳐지는 곳을 증상(蒸湘)이라 하고 상주(常州)를 지나면서 완수(浣水)가 합쳐지는 것을 완상(浣湘)이라고 한다. 왕응린(王應麟)의『소학감주(小學紺珠)』권2에서는 강(江)·상(湘)·완(浣)을 삼상이라고 하였다. 한편 청 도주(陶澍)의『도연명집주(陶淵明集註)』에서는 상수가 소수(瀟水)에서 발원하는 곳을 소상(瀟湘)이라 하고 동정호 능자구(陵子口)에 이르러 자강(資江)과 만나는 곳을 자상(資湘)이라 하고 또 북쪽으로 완수(浣水)와 호수 가운데서 만나는 곳을 완상(浣湘)이라고 한다고 하였다. 당인의 시문 가운데는 습관적으로 삼상을 사용하고 있는데 이는 상수 일대를 널리 가리키는 것으로 이해하는 것이 자연스럽다.

254) 덕우(德宇)는 덕스런 인품, 도량을 말한다.

화류(驊騮)는 먼길을 가야 하니[255)]
제결(鶗鴂)은 서로 침범하지 마라.[256)]
오늘 높은 곳에 올랐는데
아직도 양보음(梁父吟)이 들리네.[257)]

郡樓有遺唱, 新和敵南金. 境以道情得, 人期幽夢尋. 層軒隔炎暑, 迥野恣窺臨. 鳳去徽音續, 芝焚芳意深. 游鱗出陷浦, 唳鶴繞仙岑. 風起三湘浪, 雲生萬里陰. 宏規齊德宇, 麗藻競詞林. 靜契分憂術, 閑同遲客心. 驊騮當遠步, 鶗鴂莫相侵. 今日登高處, 還聞梁父吟.

255) 화류는 주(周) 목왕(穆王)이 천하를 주유(周遊)할 때 탔던 8준마의 하나라고 한다.

256) 「이소(離騷)」에 "제결이 먼저 울어 온갖 풀이 꽃을 피우지 못할까 두렵다[恐鵜鴂之先鳴兮, 使夫百草爲之不芳]"란 구절이 있는데 왕일(王逸)의 주에 "나는 제결이 춘분에 앞서 울어 온갖 풀의 꽃이 시들어 떨어지게 하여 향기를 피울 수 없게 될까 두렵다는 말로, 참언이 먼저 이르러 충실한 인재가 죄를 뒤집어쓰게 되는 것을 비유하고 있다[言我恐鵜鴂以先春分鳴, 使百草華英摧落, 芬芳不得成也. 以喩讒言先至, 使忠實之士蒙罪過也]"라고 하였다. '제결(鵜鴂)'과 '제결(鶗鴂)'은 같으며 두견(杜鵑)이라고도 하는데 전설에 의하면 제결이 울면 모든 꽃이 시들어 떨어진다고 한다.

257) 「양보음(梁父吟)」은 「양보음(梁甫吟)」이라고도 하며, 악부(樂府)의 곡명이다. 제갈량(諸葛亮)이 초야에 묻혀 농사를 지을 때 즐겨 불렀다는 노래로 유명하다. 양보(梁父)는 태산 아래에 있는 산 이름인데 사람이 죽으면 이 산에다 장사지내었으므로 「양보음」은 또한 장가(葬歌)로도 알려지고 있다. 이 구에서 '아직도 「양보음」이 들린다'고 한 것은 아직 재야에 버려진 현인이 있다는 말이니, 이 시에 조정을 풍자하려는 뜻이 포함되어 있는 것 같다.

양상서기침필지시소생본양령경상각사진기공첩헌장구(楊尙書寄郴筆知是小生本樣令更商搉使盡其功輒獻長句 : 양상서께서 침필을 보내주셨는데 이는 소생의 본래 모양으로 다시 헤아려 그 공을 다하게 하려는 것임을 알고 즉시 장구를 지어 바치다)[258]

옥을 잘라 날카로운 송곳으로 묘한 형상을 이루어[259]

구름을 담고 안개를 머금은 채 남명(南溟)에 도착했네.[260]

상서(尙書)는 옛날 이것으로 천자의 조서를 마름질했고[261]

내사(內史)는 이것으로 새로 『도덕경(道德經)』을 썼네.[262]

곡예(曲藝)로 어찌 손익(損益)을 도울 수 있겠는가?[263]

---

258) 본편은 침주자사 양오릉이 침주(郴州)의 특산물인 붓을 보내 준 의도를 파악하고 이에 화답한 작품이다. 시제의 침필(郴筆)은 침주에서 만든 붓을 가리킨다. 이는 소생의 본래 모양이라고 한 것으로 보아 침필의 원형은 본래 유종원에게서 도안이 된 것인데 양오릉이 따로 하나를 만들어 그것을 유종원에게 보내준 것 같다. 장구(長句)는 칠언율시(七言律詩)를 말한다. 저작 시기는 앞의 「봉화양상서침주추화고리중서하일등북루십운지작의본시운차용(奉和楊尙書郴州追和故李中書夏日登北樓十韻之作依本詩韻次用)」과 비슷한 시기이다.

259) 이 구는 침필 제조를 말한 것으로, 옥을 잘라 붓대를 만들고 거기에 날카로운 송곳으로 묘한 형상을 새긴 것을 가리킨다.

260) 옛날에는 서법(書法)을 논할 때 종종 구름(雲)과 안개(霧)를 가지고 비유하였다. 일례로 왕희지(王羲之) 「초서세(草書勢)」에서는 "마치 검은 구름이 항악을 덮은 것 같고 자색 구름이 형산에서 나오는 듯 하다[象烏雲之罩恒嶽, 紫霧之出衡山]"라고 말하였다. '구름을 담고 안개를 머금었다'는 것은 붓이 아직 사용되지 않았음을 말한 것이다. 남명(南溟)은 남해(南海)로, 유주(柳州)를 말한다. 유주가 바다에 가까웠으므로 남명이라고 한 것이다. 이 구는 양오릉이 침필을 보내 준 것을 말한다.

261) 상서(尙書)는 관명(官名)으로 전국시대에 처음 설치되었으며 장서(掌書)라고도 하였다. 상(尙)은 바로 관장한다는 뜻이다. 한(漢)대 이후 상서는 천자의 문서와 조정의 주장(奏章)을 담당하였다.

262) 내사(內史)는 서한(西漢) 초에 제후왕국(諸侯王國)에 설치한 관직으로 민정(民政)을 담당하였는데 수(隋)대에 이르러 폐지되었다. 진(晉) 왕희지(王羲之)가 회계내사(會稽內史)로 있을 때 산음(山陰)에 거위 기르기를 좋아하는 도사가 있었다. 왕희지가 가서 보고는 흡족하게 여기고 그것을 팔라고 하였다. 그러자 도사는 『도덕경(道德經)』을 써주면 거위를 주겠다고 하여 흔쾌히 써주고 거위를 가져왔다는 고사가 있다.

263) 곡예(曲藝)란 보잘것없는 작은 재주란 뜻으로 여기서는 서법(書法)을 가리킨다. '손익을 도울 수 있겠는가?'라는 말은 자신이 국가의 큰 일을 처리할 수 있는 입장에 있지

미천한 말로 다만 향기 퍼뜨리길 바랄 뿐이네.
계양(桂陽)의 달님 밝은 빛 두루 비치시니[264]
붓끝은 응당 바라보는 토끼의 영험을 전하리라.[265]

截玉銛錐作妙形, 貯雲含霧到南溟. 尙書舊用裁天詔, 內史新將寫道經.
曲藝豈能裨損益, 微辭祇欲播芳馨. 桂陽卿月光輝徧, 毫末應傳顧兎靈.

남성전첩욕구강국도령진통풍속고사(南省轉牒欲具江國圖令盡通風俗故事 : 남성에서 첩지를 돌려 강국도를 구비하고자 하여 풍속고사를 모두 보고하게 하다)[266]

성대(聖代)에 봉지(封地)는 해변에까지 다하여
황량한 곳도 오히려 산천을 기록할 수 있었네

못하다 라는 말이다.

264) 계양(桂陽)은 침주(郴州)를 말한다. 『원화군현지(元和郡縣志)』에 의하면 강남도(江南道) 침주(郴州)는 본래 한(漢) 장사국(長沙國)의 땅이었다. 한(漢)이 장사를 나누어 남쪽경계에 계양군을 세워 침현(郴縣)을 다스리고 11현을 거느리게 하였는데, 수(隋)가 진(陳)을 평정하고는 침주(郴州)로 고쳤고 대업(大業) 연간(605~616)에 다시 계양군으로 했다가 무덕(武德) 4년(621)에 침주로 고쳤다. 당시 양오릉은 침주자사로 있었으므로 계양의 달님이란 바로 양오릉을 가리킨다.

265) '바라보는 토끼'란 신화전설상에 달 속에 살고 있다는 음(陰)의 정기(精氣)로 이루어진 토끼를 말하며 바로 '달'을 가리킨다. 달 속에 있는 토끼는 영험하다. 땅 위의 토끼는 달 속의 토끼를 바라보며 새끼를 잉태한다. 그 새끼가 자라서 그 털로 붓이 만들어지므로 붓은 신비스런 영험을 나타낼 수 있다.

266) 본편은 남성(南省)에서 첩지를 내려 강국도(江國圖)를 구비할 목적으로 변방의 지방자사에게 그곳의 풍속고사를 조사하여 보고하게 한 데 대한 유종원의 견해를 밝힌 작품이다. 남성은 상서성(尙書省)을 말하며 당(唐) 상서성이 대명궁(大明宮)의 남쪽에 있었기 때문에 붙여진 이름이다. 강국(江國)은 춘추시대 작은 나라 이름인데, 여기서는 바다에 인접한 궁벽하고 먼 지역을 가리키는 말로 사용되었다. 저작 시기는 유종원이 유주에 있을 때로 추정되나 정확한 시기는 알 수 없다.

「화이도(華夷圖)」상에 처음 기록되었을 것인데[267]
『풍토기(風土記)』 중에는 전혀 전하지 않는구나.[268]
상투를 한 노인에게 이것을 묻기 어렵거니와
누런 띠풀 뒤덮힌 깊은 산 동굴에 감히 머무르겠는가?
남궁(南宮)에서 유속(遺俗)을 구할 뜻이 있다면[269]
『주서(周書)』「왕회편(王會篇)」을 검토하여 보시게나.[270]

聖代提封盡海壖, 狼荒猶得紀山川. 華夷圖上應初錄, 風土記中殊未傳.
椎髻老人難借問, 黃茆深峒敢留連. 南宮有意求遺俗, 試檢周書王會篇.

267) 『구당서(舊唐書)』「덕종기(德宗紀)」에 의하면 정원(貞元) 17년(801) 재상 가탐(賈耽)이 「해내화이도(海內華夷圖)」를 바쳤다고 한다.

268) 『수서(隋書)』「경적지(經籍志)」에 진(晉) 주처(周處)의 『풍토기(風土記)』 3권이 기록되어 있다.

269) 남궁은 상서성을 말한다.

270) 주(周) 무왕(武王)때 사방 먼 곳에 있는 나라들이 귀순해왔는데 주(周)의 사(史)가 그 일을 모아 「왕회편(王會篇)」을 만들었다고 한다. 왕회(王會)란 옛날 제후 사이(四夷) 혹은 번속(藩屬)이 천자에게 조공하러 모이는 것을 말한다. 「왕회편」에는 탕(湯)임금이 제후들에게 각 나라의 형편에 따라서 그 땅에서 생산되는 쉽게 얻을 수 있는 것을 바치게 했다는 기록이 있으니 유종원이 「왕회편」을 언급한 것은 다른 풍자의 뜻이 있을 가능성이 있다.

여호초상인동간산기경화친고(與浩初上人同看山寄京華親故 : 호초상인과 함께 산을 바라보며 경사의 친구에게 부치다)[271]

바닷가 뾰족 솟은 산 칼날 같아서
가을되자 곳곳이 애간장을 끊는구나.
만약 이 몸이 천억 개로 변한다면
흩어져 봉우리 올라 고향 바라보리.

海畔尖山似劍鋩, 秋來處處割愁腸. 若爲化得身千億, 散上峰頭望故鄕.

재지계위암수렴수숙암하(再至界圍巖水簾遂宿巖下 : 다시 계위암 폭포에 이르러 바위 아래서 자다)[272]

초봄에는 오래 못 볼 줄 생각했는데
한여름에 기쁘게도 다시 보게 되었네.[273]

271) 본편은 유주에 찾아온 승려문인 호초상인(浩初上人)과 산을 구경하고 쓴 작품이다. 호초는 장사(長沙) 용안(龍安) 해선사(海禪師)의 제자로 유종원과는 처음 영주에서 알게 되었다. 유종원이 유주자사로 내려오자 다시 그를 찾아온 것이다. 유종원은 「송승호초서(送僧浩初序)」에서 그가 학문이 깊고 담박하여 구하는 것이 없다고 그를 높게 평하였다. 상인(上人)은 불가에서 덕이 높은 이에 대한 존칭이다.

272) 본편은 원화 10년 여름 유종원이 유주자사로 제수되어 나가면서, 그 해 봄 영주에서 장안으로 소환될 때 지난 적이 있었던 계위암(界圍巖)에 다시 도착해서 하룻밤을 묵으며 지은 작품이다. 시에 '한여름에 기쁘게도 다시 보게 되었다'고 하였으니 이 시의 저작 시기는 원화 10년 중하(中夏) 즉 5월에 해당한다.

273) 유종원은 원화 10년 봄 정월에 영주에서 소환되어 경사로 올 때 계위암을 지났고, 이해 3월에 유주자사로 배수되어 나가면서 5월에 다시 이곳을 지나게 되었다.

지금은 식물이 무성하게 자라서
아득히 현포(玄圃)에 다다른 것 같네.[274)]
뜨거운 햇빛에 얼음 드리웠나 의심되고
밝은 대낮에 우뢰 비에 놀라네.
생황 소리 연못가에서 일어나고[275)]
황새와 학은 구름 사이에서 춤을 추네.[276)]
오래 된 이끼는 푸른 나뭇가지에 엉켜있고
무성한 풀은 비취빛 새 날개를 적신다.
공중 가득히 하얀 광채 널려있고
세찬 물결엔 찬 빛이 모여 있는데,
구슬 잠긴 연못 희게 빛나고
패물 버려진 포구 쨍그렁 울어대네.
그윽한 바위는 그림병풍 기대 놓은 듯
초승달은 옥 갈고리 토해 놓은 듯.
밤 서늘한데 별 시내에 가득하니
홀연히 동부(洞府)에서 잠자는가 의심된다.[277)]

發春念長違, 中夏欣再覩. 是時植物秀, 杳若臨玄圃. 歊陽訝垂冰, 白日驚雷雨. 笙簧潭際起, 鸛鶴雲間舞. 古苔凝青枝, 陰草濕翠羽. 蔽空素彩列, 激浪寒光聚. 的皪沉珠淵, 鏘鳴捐珮浦. 幽巖晝屛倚, 新月玉鉤吐. 夜涼星滿川, 忽疑眠洞府.

274) 현포(玄圃)는 곤륜산(崑崙山) 삼각(三角)의 하나인 현포대(玄圃臺)를 말한다.
275) 생황 소리는 물소리를 비유한 것이다.
276) 이 구는 '폭포수가 높은 곳에서 내려오는 모습이 마치 황새나 학이 구름 속에서 춤을 추는 듯하다'라는 말이다. 황새와 학은 모두 빛깔이 하얗다.
277) 동부(洞府)는 신선이 사는 세계를 말한다.

조추부도회기영릉친고(詔追赴都迴寄零陵親故 : 소환 조서를 받고 상경하면서 돌이켜 영릉 친구들에게 부치다)[278]

가는 물고기 작은 연못에서 놀던 일 생각할 때마다
어지러운 근심은 약한 깃털처럼 하늘로 올랐네.
강 언덕 가에는 옛 이정표 수없이 많을 터
차례차례 가면서 보니 이별의 길 멀구나.

每憶纖鱗遊尺澤, 翻愁弱羽上丹霄. 岸旁古堠應無數, 次第行看別路遙.

과형산견신화개각기제(過衡山見新花開却寄弟 : 형산을 지나다 새 꽃이 핀 것을 보고 돌이켜 동생에게 부치다)[279]

고향의 이름난 동산 오래도록 떠나 있었는데
오늘 아침 초 땅의 나무 남쪽 가지에 꽃피었네.[280]

---

278) 본편은 유종원이 조정으로부터 소환 조서(詔書)를 받고 장안으로 가는 도중 영릉(零陵)의 친구들을 다시 생각하고 그들에게 부친 작품이다. 헌종(憲宗)의 소환 조서가 내려진 것은 원화 9년(814) 12월이고, 유종원이 영주를 떠나 장안으로 간 것은 원화 10년(815) 정월이다.

279) 본편은 유종원이 영주를 떠나 장안으로 가는 도중 형산(衡山)에서 새로 핀 매화를 보고 영주에 남아 있던 동생에게 보낸 작품이다. 「제종제종직문(弟從弟宗直文)」을 참고해 볼 때 여기서의 동생이란 유종원의 종제(從弟) 유종직(柳宗直)인 것 같다. 유종직은 유종원이 영주에 폄적되었을 때 함께 있었다. 원화 원년(806) 3월 두 사람은 화암암(華巖岩)에 가서 돌에 이름을 새겼다. 뒤에 유종원이 유주로 폄적되자 다시 그를 좇아갔다가 원화 10년 7월 33세의 나이에 병으로 세상을 떠난다.

280) 대유령(大庾嶺)의 매화는 산 남쪽의 나무에 꽃이 질 때 북쪽의 나뭇가지에 꽃이 핀다

개인 날이라 돌아가는 길 쫓아오기 좋고
바야흐로 봉우리 앞의 기러기 돌아가는 때라네.[281)]

故國名園久別離, 今朝楚樹發南枝. 晴天歸路好相逐, 正是峯前迴雁時.

멱라우풍(汨羅遇風 : 멱라수에서 바람을 만나다)[282)]

남쪽으로 와서 초(楚) 신하의 슬픔 짓지 않으니[283)]
다시 수문(修門)에 들어가는 것 자연 기약이 있네.[284)]
멱라수 길에 부는 봄바람에게 말한다.
파도 일으켜 밝은 때 그르치지 말라고.

南來不作楚臣悲, 重入修門自有期. 爲報春風汨羅道, 莫將波浪枉明時.

고 한다. 이른 봄 매화꽃이 새로 피기 시작하였음을 말한다.

281) 형산의 남쪽에 회안봉(回雁峯)이 있는데, 기러기가 9월에 남쪽으로 날아와 이곳에서 겨울을 나고 이듬해 정월 다시 북쪽으로 돌아간다고 한다고 하여 붙여진 이름이다.

282) 본편은 유종원이 영주에서 장안으로 소환되어 가는 길에 멱라수에 이르러 지은 작품이다. 멱라수는 굴원(屈原)이 투신한 강이다.

283) 초(楚) 신하는 굴원을 가리킨다.이 구는 유종원이 굴원처럼 실의에 빠져 멱라수에 투신하지 않았음을 말한다.

284) 수문(修門)은 초(楚)나라 수도 영(郢)의 성문인데 여기서는 장안의 성문을 가리킨다. 『초사』 「초혼(招魂)」에 "혼이여 돌아오셔서 수문에 드시라[魂兮歸來, 入修門兮]"는 구절이 있는데 왕일(王逸)의 주에 "수문은 바로 영도(郢都)의 성문이다[修門, 郎郢城門]"라고 하였다.

낭주두상원외기유이십팔시견촉행기주필수증(朗州竇常員外寄劉二十八詩見促行騎走筆酬贈 : 낭주 두상 원외의 「유이십팔에게 부친 시」에서 속히 출발하라는 재촉을 받고 급히 화답시를 써서 보내다)[285]

황량한 곳에 던져진 지 일기(一紀)가 다 되어[286]
새로 조서(詔書)가 사립문에 내려왔네.
의심은 장주(莊周)의 꿈에 비할만하고[287]
마음은 소무(蘇武)가 귀환하는 것 같네.[288]
하사하신 환(環)에서 아름다운 소리 남기며[289]
다섯 말이 길 떠나는 수레를 재촉하니,[290]
부럽지 않다, 형양(衡陽)의 기러기들
봄 되어 앞서거니 뒤서거니 날아가는 것이.[291]

---

285) 본편은 낭주자사(朗州刺史) 두상(竇常)이 소환 명령을 받은 유우석(劉禹錫)에게 속히 장안을 향해 출발하라고 재촉하며 보낸 「기유이십팔시(寄劉二十八詩)」에 대하여 유종원이 화답하여 보낸 작품이다. 두상의 자는 중행(中行)이며 원화 7년(812) 겨울 수부원외랑(水部員外郎)에서 낭주자사가 되었다. 유이십팔(劉二十八)은 유우석이다. 유우석과 유종원은 영정혁신의 실패로 함께 폄적되었고, 원화 10년(815) 정월에 함께 장안으로 소환되었다. 본편은 바로 이들이 소환되던 때에 지어진 것이다.

286) 유종원이 영정 원년(805) 영주사마로 폄적된 뒤 원화 10년(815) 장안으로 귀환하기까지는 11년이란 세월이 걸렸다. 일기(一紀)는 12년을 말한다.

287) 장주(莊周)는 장자(莊子)다. 『장자』 「제물론(齊物論)」에 장주가 꿈에 나비가 되었다가 깨어나서는 나비가 장주의 꿈을 꾸는 것인지 장주가 나비 꿈을 꾼 것인지 분간할 수 없었다는 내용이 나온다.

288) 한(漢)대 소무(蘇武)는 흉노(匈奴)에 사신 가서 그곳에 억류되어 돌아오지 못하다가 소제(昭帝)가 등극하고 나서 19년 만에 귀환하였다.

289) 『순자(荀子)』 「대략(大略)」 "결로 사람을 끊고 환으로 끊어진 관계를 되돌린다[絶人以玦, 反絶以環]"고 하였는데 양경(楊倞)의 주(注)에 "옛날 신하가 죄를 지으면 국경에서 방면되기를 기다리며 3년간 감히 떠나지 못하였다. 그에게 환을 주면 돌아오라는 것이고 결을 주면 관계가 끊어졌다는 것이니 모두가 뜻을 보이는 방법이다[古者臣有罪, 待放於境, 三年不敢去, 與之環則還, 與之玦則絶, 皆所以見意也]"라고 하였다. 앞 「수소주배조장사군기도주려팔대사인이견시이십운일수(酬韶州裵曹長使君寄道州呂八大使因以見示二十韻一首)」의 각주 참조.

290) 한(漢)대 태수는 다섯 필의 말이 끄는 수레를 탔다고 한다.

投荒垂一紀, 新詔下荊扉. 疑比莊周夢, 情如蘇武歸. 賜環留逸響, 五馬助征騑. 不羡衡陽鴈, 春來前後飛.

이상불취지역각기상송제공(離觴不醉至驛却寄相送諸公 : 이별 술에 취하지 않은 채 역사에 도착해서 돌이켜 전송해준 여러분에게 부치다)[292)]

많은 주민들 전송하는데 홀로 술이 깨어[293)]
가련하고 적적하게 장정(長亭)에 도착했네.[294)]
형주(荊州)에서 고양(高陽)의 술꾼 같은 짝을 만나지 못하니[295)]
하룻밤 봄추위가 청사에 가득하네.

無限居人送獨醒, 可憐寂寞到長亭. 荊州不遇高陽侶, 一夜春寒滿下廳.

---

291) 형산(衡山) 남쪽의 회안봉에서 겨울을 나고 봄이 되어 북으로 돌아가는 기러기들이 부럽지 않다는 말이다.

292) 본편은 유종원이 영주를 떠나 어느 장정(長亭)에 도착하여 자신을 전송해주었던 영주 주민들을 생각하고 쓴 작품이다.

293) 『초사』 「어부(漁父)」에 굴원이 한 말 가운데 "여러 사람 모두 취하였는데 나 홀로 깨어 있고, 여러 사람 모두 흐린데 나 홀로 맑다[衆人皆醉而我獨醒, 衆人皆濁而我獨淸]"는 구절이 있다.

294) 옛날에는 10리마다 장정(長亭)을, 5리마다 단정(短亭)을 설치하여 길가는 나그네가 머물러 쉴 수 있도록 하였다. 성(城) 가까이 있는 장정은 송별의 장소로 많이 이용되었다.

295) 『사기』 「역생육가열전(酈生陸賈列傳)」에 의하면 역이기(酈食其)는 진류(陳留) 고양향(高陽鄕)사람인데 처음에 패공(沛工)이 군대를 이끌고 진류에 왔을 때 유생(儒生) 차림을 하고 알현을 청하였으나 유생을 만나지 않겠다고 거절당하자 "나는 고양의 술꾼이지 유생이 아니라[吾高陽酒徒也, 非儒人也]"고 말하였다고 한다. 여기에서 유래하여 술을 좋아하고 거리낌이 없는 사람을 가리킬 때 흔히 '고양주도(高陽酒徒)'라고 말한다. 한편 『진서(晉書)』 「산도전(山濤傳)」에는 산간(山簡)이 정남장군(征南將軍)이 되어 형주(荊州) · 상주(湘州) · 교주(交州) · 광주(廣州)의 군대를 관장하러 가서는 매일 그 지역의 호족들과 연못가에서 술을 마셨는데 그 연못을 고양지(高陽池)라 불렀다는 고사가 있다. 이 구에서는 산간의 고사를 인용한 것이다.

북환등한양북원제임천역(北還登漢陽北原題臨川驛 : 북으로 돌아가는 길에 한양 북쪽 높은 들판에 올라 임천역에서 쓰다)[296]

수레 몰아 바야흐로 궁궐로 향하는 길에
고개 돌려 한 번 임천(臨川)을 돌아본다.
많은 보루 나의 수치는 아니지만[297]
계책이 없으니 결국 내 자신이 부끄럽다.
소나무 어지러우니 들 절이 있음을 알겠고
눈이 남아있으니 산의 밭이 기억난다.
슬프다, 나무하고 고기 잡으며 지내던 일
이제 돌아가면 다신 하지 못하겠지.

驅車方向闕, 迴首一臨川. 多壘非余耻, 無謀終自憐. 亂松知野寺, 餘雪記山田. 惆悵樵漁事, 今還又落然.

296) 본편은 장안으로 돌아가는 도중 한양(漢陽) 북쪽 높은 들판에 올라 임천(臨川) 땅을 바라보면서 쓴 작품이다. 한양은 본래 면주(沔州) 한양군(漢陽郡)으로, 무덕(武德) 4년(621) 악주(鄂州) 강하군(江夏郡) 속현(屬縣)으로 바꾸었다. 지금 호남(湖南) 한양(漢陽)에 해당한다.

297) 『예기』 「곡례(曲禮) 상(上)」에 "사방 교외에 보루가 많은 이것은 경대부의 치욕이다[四交多壘, 此卿大夫之辱也]"라는 말이 있다. 보루가 많다는 것은 전쟁이 빈번함을 의미한다. 당시 천자의 군대는 채(蔡)를 토벌하면서 군대를 분산시켜 진격하고 있었는데 한양(漢陽)이 속해 있는 악주(鄂州)는 바로 그 동남쪽을 맡고 있었다. 보루가 많다는 것은 채의 반란군이 아직 평정되지 않았음을 말한다.

부(附)

제순우곤묘(題淳于髡墓 : 순우곤 무덤에서 쓰다)[298)]

유우석(劉禹錫)

살아서는 제의 데릴사위 되고
죽어서는 초의 선현(先賢)이 되었네.
응당 객경(客卿)으로 장사되었으리니
이 때문에 대로변에 임해 있네.
우언(寓言)엔 본래 흥(興)이 많아서[299)]
마음대로 하여도 권모(權謀)에 부합될 수 있었네
내게 한 말 술 있어
그대 무덤 나무 앞에 둔다.

生爲齊贅婿, 死作楚先賢. 應以客卿葬, 故臨官道邊. 寓言本多興, 放意能合權. 我有一石酒, 置君墳樹前.

298) 본편은 유우석이 장안으로 돌아가는 도중 선학역(善謔驛)에 이르러 순우곤(淳于髡)의 묘에 가서 지은 작품이다.

299) 흥(興)은 『시경』 육의(六義)의 하나로, 먼저 다른 사물을 말하여 읊으려는 말을 이끌어내는 일종의 표현수법이다.

선학역화유몽득뢰순우선생(善謔驛和劉夢得酹淳于先生 : 선학역에서 유몽득의 「순우선생에게 술을 따르다」에 화답하다)[300]

물가에서 고니는 벌써 날아갔는데[301)]
정자 가운데서 새 다시 울었네.[302)]
언사는 초(楚)에 사신 감으로 인해 무거워졌고
명성은 제(齊)를 구함으로써 이루어졌네.[303)]
황량한 언덕은 어느새 천년이 지나
우상(羽觴)을 다시 기울이기 어렵네.[304)]

---

300) 본편은 장안으로 돌아가는 도중 선학역(善謔驛)에 이르러 순우곤의 무덤에 올라 지은 유우석의 「순우 선생에게 술을 따르다[酹淳于先生]」 시에 화답한 작품이다. 유몽득은 유우석을 말한다. 「순우 선생에게 술을 따르다[酹淳于先生]」는 앞에 제시한 「순우곤(淳于髡) 무덤에서 쓰다[題淳于髡墓]」 시를 가리키는 것으로 보인다. 선학역은 선성현(宣城縣) 북쪽 30리에 있었는데 순우곤이 고니를 놓아 주었던 곳이라고 한다.

301) 『사기』 「골계열전(滑稽列傳)」에 의하면 제(齊)왕이 순우곤을 시켜 초(楚)에 고니를 바치게 하였는데 순우곤은 읍문을 나가서는 길에서 그 고니를 날려보내고 빈 새장만 가지고 초에 가서 초왕에게 "제왕이 저를 시켜 고니를 바치게 했는데 물가를 지나다가 고니가 목을 말라 하는 것을 차마 보지 못하여 새장에서 나오게 하여 물을 먹였는데 그만 도망가버렸습니다. 내가 자결하려고 했지만 사람들이 우리 왕이 새 한 마리 때문에 인재를 자살하게 하였다고 말할까 두려워 자결하지 못했고, 또 다른 고니를 사서 도망간 고니를 대신할까도 생각했는데 이는 왕을 속이는 일이라 하지 못하였습니다"라고 말하였다. 초왕은 "제에 이처럼 미더운 인재가 있었구나"라고 말하면서 후하게 그에게 하사하여 재물이 고니가 있을 때의 두 배가 되었다고 한다.

302) 제(齊) 위왕(威王)은 은어(隱語)를 좋아하였는데 밤새 술을 마시는 것을 너무 즐겨 경대부에게 정치를 맡겨 나라가 위태로운 지경에 이르렀으나 아무도 간하는 사람이 없었다. 순우곤이 은어로 왕을 설득하여 "나라 안에 큰 새가 있는데 왕의 뜰에 내려앉아 3년간 날지도 않고 울지도 않는데 왕께서는 이 새가 무슨 새인지 아십니까?"하고 묻자 왕은 "날지 않으면 그만이지만 한 번 날면 하늘을 찌르고, 울지 않으면 그만이지만 한 번 울면 사람들을 놀라게 한다"라고 대답하였다.

303) 제(齊) 위왕(威王) 8년에 초가 군대를 일으켜 제를 침공하자 제왕은 순우곤을 조에 보내어 구원병을 요청하였다. 조왕은 그에게 정예군사 십만과 병거 천 승을 주었고 초는 이 소식을 듣고 밤에 군대를 이끌고 도망갔다.

304) 우상(羽觴)은 새 깃털을 꽂은 술잔이라는 설과 참새 형태에 머리 꼬리 날개가 있는 모양을 한 술잔이란 설이 있다.

유령(劉伶)의 오늘 마음은[305)]
다른 시대의 같은 목소리라네.

水上鵠已去, 亭中鳥又鳴. 辭因使楚重, 名爲救齊成. 荒壟遽千古, 羽觴難再傾. 劉伶今日意, 異代是同聲.

조추부도이월지파정상(詔追赴都二月至灞亭上 : 소환 조서를 받고 장안으로 가면서 이월에 파정 가에 이르다)[306)]

십일 년 전 남쪽으로 건너갔던 나그네
사천 리 밖에서 북으로 돌아오는 몸 되었네.[307)]
조서가 따뜻한 봄기운을 따라 이르도록 허락하여
역로(驛路)에 꽃이 피어 곳곳이 새롭구나.

十一年前南渡客, 四千里外北歸人. 詔書許逐陽和至, 驛路開花處處新.

---

305) 유령(劉伶)은 죽림칠현(竹林七賢)의 한사람으로 술을 잘 마신 것으로 유명하다. 유우석의 앞의 시 미련에 "내게 한 말 술 있어 그대 무덤 나무 앞에 둔다"는 구절이 있어 유령으로 유우석을 비유한 것이다.

306) 본편은 영주를 떠나 장안으로 가면서 2월에 파정(灞亭) 가에 이르러 지은 작품이다. 파정은 장안 동쪽의 파교(灞橋) 부근에 있던 정자다.

307) 『통전주군(通典州郡)』 권13에 의하면 영릉군(零陵郡)에서 서경(西京)까지는 3,274리라고 한다.

이서천천금석(李西川薦琴石 : 이서천에게 금석을 드리다)[308]

먼 옛날 악사(樂師) 추기(騶忌)는 금(琴)을 연주하였고[309]
가서 「남풍가(南風歌)」에 조화 이뤄 순(舜)임금 마음을 흡족하게 했지요[310]
이때부터 타산(他山)의 돌도 천고에 중히 여겨지고
은근하게 아름다운 음악을 받들었지요[311]

遠師騶忌鼓鳴琴, 去和南風愜舜心. 從此他山千古重, 殷勤曾是奉徽音.

---

308) 본편은 유종원이 서천절도사(西川節度使) 이이간(李夷簡)에게 금석(琴石)을 선물로 보내며 지은 작품이다. 시제의 이서천은 이이간을 말한다. 원화 8년(813) 정월 이이간은 산남동도절도사(山南東道節度使)에서 서천절도사로 옮겼다가 원화 13년(818) 어사대부(御史大夫)로 소환되었다. 금석은 거문고를 만드는 돌을 말하는데, 유종원의 「여위회남석금천계(與衛淮南石琴薦啓)」의 원주(元注)에는 "당주 즉 유주(柳州)의 용벽탄 아래에서 난다[出當州龍壁灘下]"고 하였다. 따라서 본편은 유종원이 유주에서 그곳의 특산품인 금석을 이이간에게 선물로 보내며 지은 것이니 저작 시기는 원화 10년에서 13년 사이로 추정된다.

309) 『사기』 「전경중완세가(田敬仲完世家)」에 의하면 제(齊)의 추기자(騶忌子)는 금(琴)을 잘 연주하여 위왕(威王)의 총애를 받고 금 연주를 비유로 정치의 이치를 밝힘으로써 뒤에는 제(齊)의 재상으로 발탁된다.

310) 『회남자(淮男子)』 「태족훈(泰族訓)」에 "순이 천자가 되어 오현금을 타면서 「남풍」의 시를 노래하자 천하가 다스려졌다[舜爲天子, 彈五弦之琴, 歌南風之詩, 而天下治]"고 하였다. 남풍에 대하여는 두 가지 설이 있다. 정현(鄭玄)은 "「남풍」은 길러주는 바람으로 부모가 나를 길러주심을 말한 것이다[南風, 長養之風也, 言父母長養己也]"라 했고 왕숙(王肅)은 『공자가어변악(孔子家語辯樂)』에서 "「남풍」은 백성을 양육하는 시다. 그 가사에 '남풍의 훈훈함이여, 우리 백성들의 성냄을 풀어줄 수 있네'라고 하였다[南風, 育養民之詩也. 其辭曰, 南風之熏兮, 可以解吾民之慍兮]"라고 하였다. 이 구에서는 왕숙의 설을 따른 것으로, 이이간이 서천에 가서 정치를 잘하여 백성들을 잘 부양하였음을 말한 것이다.

311) 『시경』 「대아(大雅)」 「사제(思齊)」에 "태사가 아름다운 음악을 이었네[太姒嗣徽音]"라는 구절이 있는데 정현(鄭玄)의 전(箋)에는 "태임의 아름다운 음악을 이었다는 것으로 그 선한 가르침과 명령을 계속 행하였음을 말한다[嗣太任之美音, 謂續行其善教令]"고 하였다. 이 구는 금석을 선물로 보낸 것을 밝혔고 동시에 이이간을 찬미하는 뜻을 담아내고 있다. 이이간의 모함으로 양빙(楊憑)이 좌천되었기 때문에 유종원이 그를 미워하였고 이 시에 그를 풍자한 내용을 담고 있다는 견해도 있으나, 이이간은 양양절도사(襄陽節度使)로 있을 때 영주에 폄적된 유종원을 위문한 적이 있었고, 원화 13년 어사대부(御史大夫) 문하시랑동문하평장사(門下侍郎同門下平章事)로 승진한 이이간에게 유주에서 자신의 어려운 처지를 호소하여 구원을 청하기도 한 점으로 보아 풍자의 뜻으로 보기는 어렵다.

동유이십팔곡여형주겸기강릉이원이시어(同劉二十八哭呂衡州兼寄江陵李元二侍御 : 유이십팔의 「여형주를 애도하다」 시에 화답하여 강릉의 이시어와 원시어에게 함께 부치다)[312)]

형악(衡岳)에 새로 천주봉(天柱峯)이 쓰러지자[313)]
사림(士林)들 초췌해져 울며 서로 만났네.[314)]
단지 문자를 청간(靑簡)에 전하였을 뿐[315)]
공명을 경종(景鍾)에 올리지는 못하였네.[316)]
삼묘(三畝)에 헛되이 빈그릇 걸려있는 방이 남아있고[317)]
구원(九原)에는 아직 집 같은 봉분 기대어 있네.[318)]
아득히 생각해본다, 형주(荊州)에서 인물 논할 때

---

312) 본편은 유우석이 형주자사(衡州刺史) 여온(呂溫)의 죽음을 애도하는 「곡여형주(哭呂衡州)」 시에 대한 화답시로 당시 강릉(江陵)에 폄적되어 있었던 이경검(李景儉)·원진(元稹) 두 사람에게 부친 작품이다. 시제의 유이십팔은 유우석이고, 여형주는 여온이다. 여온에 대하여는 앞의 「수소주배조장사군기도주여팔대사인이견시이십운일수(酬韶州裴曹長使君寄道州呂八大使因以見示二十韻一首)」 시의 각주에 이미 밝혔다. 여온은 원화 6년(811) 8월에 세상을 떠났고 10월 24일에 강릉에 장례를 지냈다. 당시 유우석은 「곡여형주시여방적거(哭呂衡州時予方謫居)」 시를 지었는데 이에 화답한 시가 바로 본 작품이다. 시에 "삼묘(三畝)에 헛되이 빈그릇 걸려있는 방이 남아있고 구원(九原)에는 아직 집 같은 봉분 기대어 있네"라고 하였으니 이 시의 저작 시기는 여온의 장례가 끝난 뒤인 원화 6년 겨울쯤으로 추정된다. 이(李)·원(元) 두 시어(侍御)는 이경검·원진을 말한다. 당시 원진은 감찰어사(監察御史)에서 강릉사조참군(江陵士曹參軍)으로 폄적되었고 이경검 역시 감찰어사(監察御史)에서 강릉연(江陵掾)으로 폄적되어 있었다. 원진에게는 「곡여형주시(哭呂衡州詩)」가 있으니 여온과는 오랜 친구였고, 이경검은 특히 여온과 죽음을 맹세한 친구 사이였다.

313) 형악은 형산(衡山)을 말한다. 형산은 오악(五岳) 가운데 남악(南岳)에 해당하므로 형악이라 부른 것이다. 천주봉은 형산 다섯 봉우리 가운데 하나로 여기서는 여온을 가리킨다.

314) 이 구는 여온의 죽음을 애도하는 사람이 많았음을 말한다.

315) 청간은 죽간(竹簡)을 말하며, 여기서는 청사(靑史) 사서(史書)를 가리킨다.

316) 경(景)은 크다는 뜻이 있으며 따라서 경종은 큰 종을 말한다. 옛날에는 큰 공훈을 세우게 되면 그것을 종에 새겨 넣었다.

317) 삼묘(三畝)는 좁은 땅을 말한다.

318) 진(晉)나라 경대부(卿大夫)의 무덤이 있는 곳이다.

몇 번이나 밤중에 원룡(元龍)을 아까워했을까를.[319]

衡岳新摧天柱峯, 士林顦顇泣相逢. 祇令文字傳靑簡, 不使功名上景鐘.
三畝空留懸磬室, 九原猶寄若堂封. 遙想荊州人物論, 幾回中夜惜元龍.

부(附)
유이십팔시(劉二十八詩 : 유이십팔의 시)[320]

유우석(劉禹錫)

하룻밤 풍상이 옥 같은 지초(芝草)를 시들게 하니
창생의 소망 끊어지고 사림이 슬퍼하네.
부질없이 세상을 구제하고 사람들을 편안하게 할 방책 생각하다가
아들 혼인하고 딸 시집가는 때도 보지 못하였네.
남겨놓은 글 한 상자 태사(太史)에게 돌려보냈고
나그네의 봉분 삼척(三尺)으로 요리(要離)에 가깝네.[321]

---

319) 원룡은 진등(陳登)을 가리킨다. 진등의 자는 원룡이며 광릉(廣陵)태수를 지냈다. 또 여포(呂布)를 공격하는데 공이 있어서 복파장군(伏波將軍)이 더해졌으나 39세에 세상을 떠났다. 뒤에 허사(許汜)와 유비(劉備)가 형주목(荊州牧) 유표(劉表)의 집에서 함께 천하사람에 대하여 논할 때 허사나 유비 모두 진등이 갖춘 문무(文武)와 호걸스런 기개를 높이 평가하면서 그와 같은 인물을 다시 얻지 못함을 안타까워하였다.

320) 본편은 유우석이 형주자사 여온의 죽음을 전해듣고 그를 애도한 작품이다. 원래의 시제는 「곡여형주시여방적거(哭呂衡州時予方謫居)」이다. 저작 시기는 원화 6년(811) 가을과 겨울 사이로 추정된다. 당시 유우석은 낭주사마(朗州司馬)로 좌천되어 지내고 있었다.

321) 요리(要離)는 춘추 말 오(吳)나라의 자객이다. 오 공자 광(光)이 오왕(吳王) 요(僚)를 시해하고서 요리(要離)를 파견하여 위(衛)나라에 나가 있던 요의 아들 경기(慶忌)를 죽이려고 하였다. 요리는 오왕에게 부탁하여 그의 오른 손을 자르고 그의 처자를 죽이게 하고는 죄를 지어 도망친 것으로 위장하고 위에 가서 경기를 만났다. 경기는 기뻐하면서 그와 오로 돌아가 광의 나라를 탈취할 모의를 하였다. 함께 배를 타고 강(江)을 건널 때 요리

북방의 한 해 또 지나갈 것이니
그대 위해 두 번째 비기(碑記)를 펴내리라.

一夜風霜凋玉芝, 蒼生望絶士林悲, 空懷濟世安人略, 不見男婚女嫁時.
遺草一函歸太史, 旅墳三尺近要離, 朔方徙歲行將滿, 欲爲君刊第二碑.

봉수양시랑장인송팔숙습유희증조추남래제빈이수(奉酬楊侍郎丈因送八叔拾遺戲贈詔追南來諸賓二首 : 양시랑장의 「팔숙 습유를 전송하는 편에 장난삼아 소환 조서를 받은 남쪽의 여러 빈객들에게 보낸 시」에 삼가 화답한 시 두 수)[322]

정일(貞一)이 올 때 채전(綵牋)을 보내주시어[323]
한 줄로 돌아오던 기러기 시위에 놀람을 위로하셨네.[324]
한림(翰林)이 적막한데 누가 주인 되시려나?[325]
우는 봉새 응당 일찍 하늘에 오르셔야지.[326]

는 경기의 급소를 찔렀다. 경기는 그의 행동을 의롭게 여겨 석방하여 오에 돌아가게 하였는데 요리는 강릉(江陵)에 이르러 자살하고 만다. 여온의 장지 역시 강릉이었다.

322) 양시랑장은 양오릉(楊於陵)을 가리킨다. 양오릉은 원화 9년(814)에 병부시랑(兵部侍郎)에 제수되었다. 장(丈)은 웃사람에 대한 존칭이다. 팔숙(八叔)은 양귀후(楊歸厚)로, 자는 정일(貞一)이었다. 양오릉의 족숙(族叔)으로 항렬이 여덟 번째 해당하기 때문에 팔숙(八叔)이라 한 것이다. 원화 7년(812) 습유(拾遺)에서 국자주부(國子主簿)로 좌천되었고 그후 외직을 전전하다가 대화(大和) 연간(827~835)에 세상을 떠났다. 그가 양오릉의 전송을 받고 남쪽으로 가면서 소환 명령을 받고 상경하는 유종원 일행과 길에서 만났을 때는 바로 그가 폄적되어 실의한 때였다.

323) 채전은 양오릉이 보낸 시를 말한다.

324) 한 줄로 돌아오던 기러기는 소환명령을 받고 장안으로 돌아오던 유종원 일행을 가리킨다.

325) 한림은 새가 사는 숲을 말한다.

貞一來時送綵牋, 一行歸鴈慰驚弦. 翰林寂寞誰爲主, 鳴鳳應須早上天.

육언(六言 : 육언시)[327]

한 평생 아예 물러나 돌아가 쉬면서
남관(南冠)을 쓰고 죽게 되리라 생각했었지.[328]
공야장(公冶長)처럼 비록 누설(縲紲)에서 풀려났으나[329]
동주(東周)를 가 볼 수는 없구나.[330]

一生判却歸休, 謂著南冠到頭. 冶長雖解縲紲, 無由得見東周.

---

326) 우는 봉새는 양오릉을 비유한다.

327) 본편은 앞 「봉수양시랑장인송팔숙습유희증조추남래제빈이수(奉酬楊侍郎丈因送八叔拾遺戲贈詔追南來諸賓二首)」의 두 번째 작품으로 본다. 그럴 경우 따로 시제를 붙일 필요는 없다. 그래서 『전당시』에는 '육언(六言)'이란 두 글자가 없다.

328) 남관(南冠)은 남방 초인(楚人)이 쓰는 모자라는 뜻으로 보통 죄수를 가리키는 말로 사용된다. 『좌전』 성공(成公) 9년에 진후(晉侯)가 군부(軍府)를 시찰하다 옥에 갇혀있는 초인(楚人) 종의(鍾儀)를 보고서 '남관을 쓰고 묶여있는 자가 누구냐'고 물은 데서 유래한다.

329) 공야장은 공자의 제자로 뒤에 공자의 사위가 되었다. 『논어』 「공야장」에 "공자는 공야장에 대하여 '사위로 삼을 만하다. 비록 감옥에 갇힌 적이 있었으나 그의 죄는 아니었다'고 말하고는 자기 딸을 그에게 시집보냈다[子謂公冶長可妻也, 雖在縲紲之中, 非其罪也. 以其子妻之]"는 구절이 있다. 누설(縲紲)은 감옥에 갇혀 있음을 말한다. 누(縲)는 검은 포승줄, 설(紲)은 묶는다는 뜻이다. 즉 누설은 죄수를 검은 포승줄로 묶는다는 뜻이다.

330) 『논어』 「양화(陽貨)」에 "공자가 말하기를 '대저 나를 부르는 사람이 어찌 공연히 그러했겠느냐? 만약 나를 써주는 사람이 있다면 나는 동주를 경영할 것이다'라고 하였다[夫召我者, 而豈徒哉. 如有用我者, 吾其爲東周乎]"라는 구절이 있다. 이를 참고로 하면 이 구는 아직 자신의 포부를 펼칠 수 없음을 말한 것으로 보인다. 일설에는 동주는 양빙(楊憑)을 가리켜 말한 것이라고 한다. 동주는 낙양(洛陽)을 말하며 당시 양빙은 낙양에 있었다고 한다. 유종원은 양빙의 사위였다.

상산림로유고송왕래작이위명호사자련지편죽성원수기생식감이부시(商山臨路有孤松往來斫以爲明好事者憐之編竹成援遂其生植感而賦詩 : 상산 길가에 지나가다 꺾으면 운이 좋다고 알려진 외로운 소나무가 있는데 호사가가 이를 불쌍히 여겨 대나무를 엮어서 울타리를 만들어줌으로써 마침내 잘 자라게 되었다는 사실에 느낀 바 있어 시를 짓다)[331]

외로운 소나무 푸른 가지 드리우고
넓은 길 옆에 뿌리를 의탁하였네.
험준함으로 자신을 방어하지 못하고[332]
마침내 신명하다 오인 받았네.
다행히 어진 마음 가진 자 만나서
이를 중시하여 울타리 쳐서 보호했네.
아직 반쪽 마음이 남아 있으니
때때로 비와 이슬을 받아들으리.[333]

孤松停翠蓋, 託根臨廣路. 不以險自防, 遂爲明所誤. 幸逢仁惠意, 重此藩籬護. 猶有半心存, 時將承雨露.

331) 이는 유종원이 유주로 가는 길에 지은 작품이다. 시제의 외로운 소나무는 유종원 자신을 비유한 것으로 보인다.

332) 깊고 험준한 산 속에 나서 자라지 못하여 사람들에게 쉽게 가지를 꺾이는 신세임을 말한 것이다.

333) 마지막 두 구는 비록 많이 꺾이긴 했지만 아직 많은 부분이 남아 있으니 결국 비나 이슬의 혜택을 받고 잘 자라게 될 것이라는 말이다.

형양여몽득분로증별(衡陽與夢得分路贈別 : 형양에서 몽득과 길이 나뉘어 시를 써주고 이별하다)334)

십 년 동안 초췌하게 지내다 진경(秦京)에 이르렀는데335)
누가 알았으랴, 거꾸로 영남(嶺南)으로 가게 될 것을.336)
복파(伏波)장군 지난 옛길은 바람 안개 여전하고337)
옹중(翁仲)이 남아있는 터는 초목으로 평평하다.338)
바로 나태하고 산만하여 물의 일으켰으니339)
글로써 한때 명성 얻는 일 그만두리라.
오늘 아침 강에 내려가 이별할 필요 없네.
흐르는 눈물 천 줄기라 곧 갓끈 빨 수 있으니.340)

---

334) 본편은 유종원이 유주자사로 부임해 가는 길에 형양(衡陽)에서 연주자사(連州刺史)로 부임해가는 유우석과 헤어지게 되어 그에게 써 준 작품이다. 형양에서 유종원은 배를 타고 유주에 갔고 유우석은 육로로 연주에 갔다. 몽득은 유우석의 자다.

335) 진경(秦京)은 진의 수도 함양(咸陽)을 말하는데 여기서는 장안을 가리킨다.

336) 원화 10년(815) 2월 유종원은 장안으로 소환되었다가 3월에 다시 유주자사로 나갔다.

337) 복파장군은 동한(東漢) 광무제(光武帝) 때 교지(交阯)의 징측(徵側)·징이(徵貳) 자매의 반란을 평정했던 마원(馬援)을 가리킨다. 복파장군이 지났던 길은 바로 유우석이 지나갈 길을 말한다.

338) 전설에 의하면 진시황이 처음 천하를 아우를 때 어떤 장인이 임조(臨洮)에 나타났는데 그 길이는 5장이요 발자국이 6척이었다. 청동으로 그 사람을 본떠 주조하여 옹중(翁仲)이라고 불렀다(『회남자』「범론훈(氾論訓)」 고유(高誘) 주에 보인다). 이리하여 옹중은 뒤에 동상이나 석상을 가리키는 말로 사용되었다. 여기서는 상수(湘水) 서안(西岸)에 있는 마원의 묘당 앞의 석상을 가리키는 것으로 보인다. 이 구는 유주로 가는 길을 가리킨다.

339) 『구당서』「유우석전」에 의하면 원화 10년 소환되자 재상이 다시 유우석을 낭서(郎署)에 두려고 했다. 그때 유우석은 「유현도관영간화군자(遊玄都觀詠看花君子)」 시를 썼는데 시어에 풍자의 뜻이 있다는 혐의가 있어 집정자들이 불쾌하게 생각하고 다시 파주자사(播州刺史)로 내보내기로 했는데 뒤에 배도(裴度)의 도움으로 연주(連州)자사로 바뀌게 되었다. 이 구는 이러한 일을 가리키는 것일 것이다.

340) 「유자가(孺子歌)」에 "창창의 물이 맑으면 내 갓끈을 빨 수 있다[滄浪之水淸兮, 可以濯我纓]"는 구절이 있다.

十年顦顇到秦京, 誰料翻爲嶺外行. 伏波故道風煙在, 翁仲遺墟草樹平.
直以慵疏招物議, 休將文字占時名. 今朝不用臨河別, 垂淚千行便濯纓.

부(附)

재수연주지형주수유유주증별(再授連州至衡州酬柳柳州贈別 : 다시 연주에 제수받아 형주에 도착하여 유유주의 증별시에 화답하다)[341]

유몽득(劉夢得)

도성을 떠난 지 십 년 만에 부르심에 함께 달려와
상수(湘水) 건너 천리를 동행하다 또 헤어지게 되었네.
두 번 내려가니 황패(黃霸)승상과는 상황이 다르고[342]
세 번 쫓겨났으니 유하혜(柳下惠)에 이름이 부끄럽네.[343]
귀향하려는 바램은 돌아가는 기러기를 따라 다하였고
슬픈 애간장은 바야흐로 애끊는 원숭이를 만나는 때라.
계강(桂江)은 동쪽으로 연산(連山) 아래를 지나가니[344]
서로 바라보고 길게 읊조리며 그리워하는 바가 있으리.

---

341) 본편은 유우석이 앞 유종원의 「형양여몽득분로증별(衡陽與夢得分路贈別)」 시에 화답한 작품이다.

342) 한(漢) 황패(黃霸)는 영천(潁川)태수로 있다가 경조윤으로 부름을 받아 백성들을 동원하여 말이 달릴 수 있는 큰길을 내게 하였는데 군대에 공급하는 물자가 부족하여 다시 영천태수로 되돌아가라는 명을 받았다. 유우석은 처음에 연주(連州)에 폄적되었다가 이제 다시 연주자사로 나가는 것이기 때문에 두 번 내려간다고 말한 것이다.

343) 유하혜는 사사로 있으면서 세 번 쫓겨났다. 유우석은 처음에 연주자사로 폄적되었다가 다시 낭주사마로 폄적되었고 또 연주에 제수된 것이니 세 번 쫓겨난 셈이다.

344) 계강(桂江)은 한(漢)대에는 이수(灕水)라 불렀는데 유주(柳州) 성 밖에 있다. 연산(連山)은 바로 연주이다.

去國十年同赴召, 渡湘千里又分歧. 重臨事異黃丞相, 三黜名慚柳士師.
歸目併隨迴鴈盡, 愁腸正遇斷猿時. 桂江東過連山下, 相望長吟有所思.

중별몽득(重別夢得 : 다시 몽득과 이별하다)[345]

이십여 년 동안 모든 일이 똑같았는데[346]
오늘아침 기로에서 갑자기 동서로 나뉘네.
황은(皇恩)으로 전원에 돌아가게 된다면
만년에 당연히 이웃집 늙은이 되리라.

二十年來萬事同, 今朝岐路忽西東. 皇恩若許歸田去, 晩歲當爲隣舍翁.

345) 본편은 형양에서 이별시를 받은 유우석이 화답시를 주자 유종원이 재차 화답한 작품이다.

346) 정원 9년(793) 유우석은 유종원과 같은 해에 진사에 급제한 이후 정치적으로 같은 집단에 속했으며 승진과 폄적이 대체로 같았다. 본편은 원화 10년(815) 재차 폄적되는 길에 쓴 것으로 급제 이래로 23년이 된다.

부(附)

답(答 : 화답하다)[347]

유몽득(劉夢得)

약관에 함께 장자(長者)의 걱정을 품었는데
갈림길에서 돌이켜보니 모두가 아득하구나.
나란히 밭 갈며 이 몸과 세상을 버릴 수 있다면
누런 머리카락 서로 바라보며 만사를 그만두리.

弱冠同懷長者憂, 臨岐回想盡悠悠. 耦耕若便遺身世, 黃髮相看萬事休.

삼증유원외(三贈劉員外 : 세 번째로 유원외에게 주다)[348]

책을 믿어 스스로를 그르쳤거니와
일을 겪으면서 점차 잘못임을 알았네.
오늘 갈림길에서 이별하면
어느 해에나 그대 돌아오려나?

信書成自誤, 經事漸知非. 今日臨岐別, 何年待汝歸?

347) 본편은 유우석이 앞 유종원의 「중별몽득(重別夢得)」 시에 답한 것이다.
348) 본편은 형주 갈림길에서 유우석에게 준 세 번째 이별시이다. 유원외는 유우석을 말한다.

부(附)

답(答 : 화답하다)[349]

유몽득(劉夢得)

나이는 바야흐로 백옥(伯玉)보다 이른데[350]
원한은 「사수시(四愁詩)」보다 많구나.[351]
수레와 말 버리는 날 기다렸다가
같이 그물 망에서 빠져 나오세.

年方伯玉早, 恨比四愁多, 會待休車騎, 相隨出罻羅.

재상상강(再上湘江 : 다시 상강에 이르다)[352]

잘 있는 상강수에
오늘 아침 또 올라 왔네.

---

349) 본편은 앞 유종원의 「삼증유원외(三贈劉員外)」 시에 화답한 것이다.

350) 백옥(伯玉)은 거원(蘧瑗)의 자이다. 『회남자』 「원도훈(原道訓)」에 "옛날 거백옥은 나이 오십에 사십구 년을 잘못된 것으로 여겼다[故蘧伯玉年五十, 而有四十九年非]"는 구절이 있다. 당시 유우석은 마흔 다섯 살이었고, 유종원은 이보다 두 살이 적었다.

351) 「사수시(四愁詩)」는 장형의 「사수시」를 말한다. 장형은 하간(河間)의 상(相)으로 나가면서 뜻을 얻지 못함에 답답하면서 「사수시(四愁詩)」를 지었다. 그 중에 "내 그리워하는 사람 계림에 있는데, 가서 그를 따르고 싶지만 상수가 깊구나[我所思兮在桂林, 欲往從之湘水深]"이란 구절이 있다. 당시 유종원은 상수에서 배를 타고 남쪽으로 내려가야 했으므로 「사수시」보다 원한이 많다고 한 것이다.

352) 본편은 원화 10년(815) 유주자사로 제수되어 가는 길에 이전의 폄적지 영주 부근의 상강에 이르러 지은 작품이다. 상수(湘水)는 영릉(零陵) 양해산(陽海山)에서 나와 파구(巴丘)에 이르러 강(江)에 흘러 들어간다.

여기서 떠나가면
다시 언제나 돌아올까?

好在湘江水, 今朝又上來. 不知從此去, 更遣幾時回?

청수역총죽천수조운여수종일십이경(淸水驛叢竹天水趙云余手種一十二莖 : 청수역 대나무 숲의 천수 조운여가 손수 심었다는 열두 그루 대나무)[353]

처마 밑 성근 대나무 열 두 그루
양양종사(襄陽從事)가 그윽한 정을 부쳤네.[354]
다만 영륜(伶倫)으로 다시 보게 한다면[355]
암수 한 쌍 봉황 울음소리를 다 묘사해내리라.

簷下疏篁十二莖, 襄陽從事寄幽情. 祗應更使伶倫見, 寫盡雌雄雙鳳鳴.

---

353) 본편은 원화 10년(815) 북으로 소환되어 가는 도중 청수역(淸水驛)에서 천수(天水) 조운여(趙云余)가 심었다는 열두 그루의 대나무를 시제로 한 작품이다. 조운여가 누구인지는 정확치 않다. 천수는 조운여의 군망(郡望)으로 지금의 감숙(甘肅) 천수시(天水市) 서쪽에 해당한다. 시제의 '청수(淸水)'는 '청수(靑水)'로 된 판본도 있다. 또 '운(云)'이 '공(公)'으로 된 판본도 있다.

354) 양양종사(襄陽從事)는 천수 조운여를 말한다.

355) 영륜(伶倫)은 황제(黃帝)의 악관(樂官)으로 악률(樂律)의 창시자로 알려져 있다. 전설에 의하면 영륜은 황제의 명에 의하여 해곡(嶰谷)의 대나무로 퉁소를 만들어 암수 봉황의 울음소리를 듣고 12율(律)을 구별해 내었다고 한다.

장사역전남루감구(長沙驛前南樓感舊 : 장사역 앞의 남루에서 옛날에 대한 감회가 일다)[356]

바다 학과 한 번 이별하여[357]
생사가 갈린 지 이미 삼십 년.[358]
오늘 와서 몇 줄기 눈물 흘리는 것은
홀로 역 남루에 오르기 때문.

海鶴一爲別, 存亡三十秋. 今來數行淚, 獨上驛南樓.

356) 본편은 원화 10년(815) 유주로 부임할 때 장사역에서 과거 이곳에서 헤어졌던 덕공(德公)과의 옛일을 회상하고 그 감회를 적은 작품이다. 이 시의 자주(自注)에는 "옛날 덕공과 여기서 이별하였다[昔與德公別於此]"고 되어 있다. 덕공이 누구인지는 자세하지 않다.
357) 바다 학은 덕공을 가리킨다.
358) 이별한 지 30년 전이 지났다고 하였으니, 유종원이 유주로 부임할 때가 43세였으므로 장사역 앞에서의 이별은 그의 나이 13세 때의 일이다. 당시 그의 부친 유진(柳鎭)은 악악면도단련판관(鄂岳沔都團練判官)을 맡고 있었으니 아마 부친을 따라 상수를 건너 남쪽으로 갔었던 것 같다.

계주북망진역수개죽경지조기류대서용주(桂州北望秦驛手開竹逕至釣磯留待徐容州 : 계주에서 북으로 진역을 바라보며 손수 낚시터에 이르는 대나무 길 만들어놓고 서용주를 기다리다)[359]

그윽한 길 누구를 위해 만들었나?
미인이 성 북쪽에서 오기 때문이라네.[360]
왕사(王事)의 일정에 만약 여가가 생기면
한 번 자릉대(子陵臺)에 올라가 보세.[361]

幽徑爲誰開? 美人城北來. 王程儻餘暇, 一上子陵臺.

---

359) 본편은 유종원이 유주자사로 부임하여 계주(桂州)에서 손수 낚시터로 가는 대나무 길을 만들어놓고 서준(徐俊)을 기다리며 지은 작품이다. 시제의 서용주는 바로 서준이다. 원화 10년(815) 장안령(長安令)이었던 서준(徐俊)은 용관경략사(容管經略使)에 배수되었다. 유종원은 이해 3월 서준보다 먼저 유주자사로 제수되어 부임해갔다. 용주는 용산(容山)이 있어서 명명된 것으로, 천보(天寶) 원년(742) 보녕군(普寧郡)으로 바뀌었다가 건원(乾元) 원년(758) 다시 용주도독부(容州都督部)로 되었고 북류(北流)를 다스렸다. 지금 광서(廣西) 북류현(北流縣)에 해당한다.

360) 『전국책』에 "성북의 서공은 제나라의 미인이었다[城北徐公, 齊國之美麗者也]"라는 말이 나온다. 서준과 성북의 서공은 동성(同姓)이라 이렇게 말한 것일 것이다.

361) 자릉(子陵)은 후한(後漢) 엄광(嚴光)의 자이다. 엄광은 광무제와 함께 교유하며 공부를 하였는데 광무제가 제위에 오르자 이름을 바꾸고 세상에 나타나지 않았다. 광무제가 그의 현명함을 그리워하여 그를 물색하여 간의대부에 제수하였지만 그는 뜻을 굽히지 않고 부춘산(富春山)에서 농사를 지었다. 후대 사람들은 그가 낚시하던 곳을 엄릉뢰(嚴陵瀨)라고 하였다. 이 구의 자릉대는 계주(桂州)의 낚시터를 말한다.

등유주성루기장정봉연사주(登柳州城樓寄漳汀封連四州 : 유주성 누각에 올라 장주 정주 봉주 연주의 네 자사에게 부치다)[362]

성 위의 높은 누각은 광활한 황야에 접해있고
바다 하늘과 근심스런 생각은 바야흐로 아득하구나.
놀란 바람은 부용(芙蓉) 연못 어지럽게 흔들고
촘촘한 빗줄기 벽려(薜荔) 성벽에 빗겨 뿌리네.[363]
고개 위 나무들 겹겹이 천리 바라보는 눈길 막고
강물 흐름은 굽이굽이 구곡간장(九曲肝腸) 같구나.
함께 백월(百越) 땅 문신 새기는 곳에 왔는데[364]
아직도 소식은 한 고을에 막혀 있네.

城上高樓接大荒, 海天愁思正茫茫. 驚風亂颭芙蓉水, 密雨斜侵薜荔牆.
嶺樹重遮千里目, 江流曲似九回腸. 共來百越文身地, 猶自音書滯一鄉.

---

362) 본편은 유주자사에 부임한 뒤 유종원이 자신과 같이 남방 미개한 지역으로 폄적된 장주(漳州)·정주(汀州)·봉주(封州)·연주(連州)의 네 자사(刺史), 즉 한태(韓泰)·한엽(韓曄)·진간(陳諫)·유우석(劉禹錫)을 그리며 그들에게 부친 작품이다. 유종원과 한태(韓泰)·한엽(韓曄)·진간(陳諫)·유우석(劉禹錫)·능준(淩準)·정이(程异)·위집의(韋執誼)는 왕숙문(王叔文) 당에 속하여 영정혁신의 실패로 함께 각지의 사마(司馬)로 폄적되어 갔으므로 세상에서는 이들을 8사마(八司馬)라 부른다. 이 중 능준과 위집의는 폄적지에서 세상을 떠났고 정이는 먼저 소환되었으며 나머지 네 사람은 원화 10년(815) 유종원과 함께 장안으로 소환되었다가 다시 지방의 자사로 나갔다.

363) 벽려(薜荔)는 나무나 담장을 타고 자라는 상록 식물이다. 「이소」 '관벽려지낙예(貫薜荔之落蕊)' 구의 왕일(王逸) 주에 "벽려는 향초이며, 나무를 타고 자란다[薜荔, 香草也, 緣木而生]"라고 하였다.

364) 백월(百越)은 한 종족을 말하는 것이 아니라 남방의 여러 미개한 소수민족을 총칭하는 말이다. 유주를 비롯한 네 자사가 부임한 곳이 모두 남방 백월 지역에 속한다. 유주에는 문신을 새기는 습속이 있었다.

유주기장인주소주(柳州寄丈人周韶州 : 유주에서 장인 주소주에게 부치다)[365]

월(越) 절경(絕境) 외진 성 천만 봉우리[366)]
빈 서재에 말없이 저녁까지 앉아있네.
인문(印文)에 녹 슨 것은 열흘 넘게 쓰지 않아서이고[367)]
벼루상자에 먼지 앉은 것은 종일 덮어두었기 때문이지.
매령(梅嶺)의 찬 안개에 비취새 숨고[368)]
계강(桂江)의 가을 물에는 어용(鰅鱅)이 드러나네.[369)]
어르신께선 원래 스스로 세상 욕심 잊으셨으니
연래(年來)의 초췌한 내 모습 생각하시겠지.

越絕孤城千萬峰, 空齋不語坐高舂. 印文生綠經旬合, 硯匣留塵盡日封.
梅嶺寒煙藏翡翠, 桂江秋水露鰅鱅. 丈人本自忘機事, 爲想年來憔悴容.

---

365) 본편은 원화 11년(816) 가을 유주에서 유종원이 주소주(周韶州)에게 부친 작품이다. 시제의 장인(丈人)은 연장자에 대한 존칭이다. 주소주가 누구인지는 자세하지 않다. 시 마지막 "연래(年來)의 초췌한 모습 생각해본다"는 구절로 보아 이 시의 저작 시기는 유주에 당도한 다음 해 가을로 추정된다.

366) 외진 성은 유주를 말한다. 유주에는 산이 많다.

367) 인문(印文)은 관공서 인장에 새겨진 글자를 말한다. 관공서 인장은 동으로 만들었으므로 오래 사용하지 않아 푸르게 녹이 슬었다는 말이다.

368) 매령은 대유령(大庾嶺)을 말한다. 봉우리 위에 매화가 많아서 매령이라고 부른다. 광동(廣東)과 강서(江西) 경계에 있다.

369) 어용(鰅鱅)은 전설상의 괴이한 물고기로 모양은 물소처럼 생겼다고 한다.

등유주아산(登柳州峨山 : 유주의 아산에 오르다)[370]

황량한 산 가을 대낮에
홀로 올라보니 마음은 아득한데,
어이하랴, 고향 바라보는 곳
서북쪽이 융주(融州)인 것을.[371]

荒山秋日午, 獨上意悠悠. 如何望鄕處, 西北是融州.

득노형주서인이시기(得盧衡州書因以詩寄 : 노형주의 편지를 받고 시를 부치다)[372]

임증(臨蒸)땅은 그래도 무더운 곳이라고 한탄 마오.[373]
가을이면 기러기 몇 줄은 난다고 하니.
임읍(林邑)은 동으로 휘도는데 산은 창끝 같고[374]
장가강(牂牁江)은 남으로 내려가는데 물은 끓는 것 같소.[375]

370) 본편은 가을 대낮에 유주의 아산(峨山)에 올라 고향을 바라보며 지은 작품이다. 아산은 유주성 서쪽에 있는 산으로 아산(鵝山) · 심아산(深峨山)이라고도 한다.

371) 융주(融州)는 유주 서북쪽 30리 되는 곳에 위치하였다.

372) 본편은 유주에서 노형주(盧衡州)의 편지를 받고 그에 응답한 것이다. 노형주가 누구인지는 자세하지 않지만 시의 내용으로 보아 유종원과 가까웠던 동료관리로 추정된다.

373) 임증(臨蒸)은 형주(衡州)의 형양현(衡陽縣)을 말한다. 『원화군현지(元和郡縣志)』 「강남도(江南道)」 「형주(衡州)」에 의하면 형양현은 원래 한(漢) 영현(酃縣) 땅으로 오(吳)에 이르러 임증현을 나눠 설치하였으며 형산군(衡山郡)에 속한다. 현의 동쪽은 상강(湘江)에 의지하였고 북쪽은 증수(蒸水)를 등지고 있다.

374) 임읍(林邑)은 지금 월남과의 접경 지역에 해당한다.

갈대는 바스락거리며 가을 안개 머금었고
귤과 유자는 영롱하게 저녁 햇빛 띠고 있소
백빈주(白蘋洲) 가의 나그네는 아니지만[376]
또한 멀리서 소상(瀟湘)의 안부를 물으려하오.[377]

臨蒸且莫歎炎方, 爲報秋來鴈幾行. 林邑東迴山似戟, 牂牁南下水如湯.
蒹葭淅瀝含秋霧, 橘柚玲瓏透夕陽. 非是白蘋洲畔客, 還將遠意問瀟湘.

답유연주방자(答劉連州邦字 : 유연주의 방자 운의 시에 답하다)[378]

연벽(連璧)은 본래 짝지워 있기 어려운지라[379]
부절(符節) 나누어 조그만 지방의 자사 되었네.
흩어진 구름처럼 이수(灕水)로 내려가고[380]
쪼개진 화살처럼 심강(潯江)으로 올라왔네.[381]

---

375) 장가강(牂牁江)은 남으로 광서(廣西)로 흘러 들어가고 번우(番禺)로 내려가 남해(南海)로 들어간다.

376) 유운(柳惲)이 오흥(吳興)태수 시절에 지은 「강남곡(江南曲)」에 "물가 섬에서 흰 마름을 따는데 봄날 강남에 해가 지네. 동정호에 돌아온 나그네 있는데 소상에서 친구 만났네[汀洲采白蘋, 日落江南春. 洞庭有歸客, 瀟湘逢故人]"라고 하였다. 당시 유종원은 유주(柳州)에 있었으므로 '백빈주(白蘋洲) 가의 나그네는 아니라'고 한 것이다.

377) 소상(瀟湘)은 노형주(盧衡州)를 가리킨다.

378) 본편은 형양(衡陽)에서 유우석과 헤어진 이후 유주에 도착하기까지의 일을 적어서 연주(連州)자사 유우석이 보내준 시에 화답한 작품이다. 저작 시기는 처음 유주에 부임하였을 때로 추정된다.

379) 연벽(連璧)은 나란히 있는 구슬이란 뜻이다. 반악(潘岳)과 하후담(夏侯湛)은 모두 용모가 아름다웠는데 함께 다니기를 좋아하여 당시 사람들이 이들을 연벽이라 불렀다.

380) 이수(灕水)는 계강(桂江)의 다른 이름이다.

381) 심강(潯江)은 유주 북쪽에 있다.

쇠뇌 멘 사람 추위에 떠는 긴꼬리원숭이 울리고
북채 울리는 사람 밤 삽살개 놀라게 하네.
멀리 고을 산 아름다움을 사랑하여
사(謝)태수는 다만 창가에 기대어 있네.[382)]

連璧本難雙, 分符刺小邦. 崩雲下灕水, 劈箭上潯江. 負弩啼寒狖, 鳴桴警夜狵. 遙憐郡山好, 謝守但臨窗.

영남강행(嶺南江行 : 영남에서 강을 타고 가다)[383)]

독기 어린 강 남쪽으로 흘러 구름안개 속으로 들어가고
바라보이는 누런 억새 저 끝이 해변이구나.
산허리에 비 개이니 코끼리 모양의 구름 더해지고
연못 가운데는 해 따뜻해지니 이무기 침 길어지네.
석공(射工)은 기묘한 자세로 지나는 사람 엿보고[384)]
구모(颶母)는 문득 여객선을 놀라게 하네.[385)]
이제부터 걱정스런 일 한두 가지가 아닐 것이니
어찌 백발로 흐르는 세월 기다릴 수 있을까.

---

382) 사(謝)태수는 사령운(謝靈運)을 말한다. 오흥(吳興)태수를 지냈던 사안(謝安)을 가리킨다는 견해도 있으나, 영가(永嘉)태수를 지내며 산수를 마음껏 유람했던 사령운으로 보는 것이 타당하다. 여기서는 유종원 자신을 비유한다.

383) 본편은 유종원이 유주자사로 부임하여 갈 때 유주 가까이 이르러 배를 타고 가면서 열대지방인 그곳의 특수한 환경을 묘사한 작품이다.

384) 석공(射工)은 전설상의 독충(毒蟲)이다.

385) 남해 사람들은 해풍이 사방에서 불어오는 것을 구풍(颶風)이라고 하며, 구풍이 올 때는 무지개 같은 구름 무리가 많아지는데 이것을 구모(颶母)라고 한다.

瘴江南去入雲煙, 望盡黃茆是海邊. 山腹雨晴添象跡, 潭心日暖長蛟涎.
射工巧伺游人影, 颶母偏驚旅客船. 從此憂來非一事, 豈容華髮待流年.

유주동맹(柳州峒氓 : 유주의 동굴 거주민)386)

군성(郡城) 남으로 내려가면 나루터로 통하는데
복장과 말이 달라 가까이 할 수가 없다.
푸른 대 껍질에 소금 싸 동굴로 돌아가는 나그네
녹색 연잎에 밥 싸 가지고 시장 나가는 사람들.
거위 털로 섣달의 추위 막으려 산 털옷 만들고
닭 뼈로 한해 점치고 강의 신에게 제사한다.
근심하며 관사에 나가 이중통역에게 묻다보니
장보관(章甫冠) 내던지고 문신 새기고 싶네.387)

郡城南下接通津, 異服殊音不可親. 青箬裹鹽歸峒客, 綠荷包飯趁虛人.
鵝毛禦臘縫山罽, 雞骨占年拜水神. 愁向公庭問重譯, 欲投章甫作文身.

---

386) 본편은 동굴에 거주하는 유주의 토착민을 묘사한 작품이다.
387) 장보관(章甫冠)은 은(殷)나라 때의 검은 관으로 은의 후손인 송인(宋人)이 썼다고 한다. 『장자』「소요유(逍遙遊)」에 송인이 장보관을 마련해서 월(越) 지방으로 갔는데 월인은 머리를 깎고 문신을 하여 쓸모가 없었다는 고사가 있다.

수서이중승보녕군내지관즉사견기(酬徐二中丞普寧郡內池館卽事見寄 : 서이중승이 보내준 「보녕군내의 지관」 시에 화답하다)388)

원홍(鵷鴻)이 줄지어 날던 옛날 생각하며389)
휑한 지관(池館)에서 향그런 연못 대하고 있네.
지는 해는 붉은 난간 밝히고
번화한 꽃은 깃 달린 술잔에 비치네.
샘물은 창해(滄海) 가까이로 돌아가고
나무는 초산(楚山)에 들어가 크게 자라네.
영예와 비천함은 모두 누가 되니
고향에서 만나기를 서로 기약하자.

鵷鴻念舊行, 虛館對芳塘. 落日明朱檻, 繁花照羽觴. 泉歸滄海近, 樹入楚山長. 榮賤俱爲累, 相期在故鄕.

388) 본편은 서이중승(徐二中丞)이 용주(容州)의 보녕군(普寧郡)내에 있는 지관(池館)을 소재로 하여 쓴 「보녕군내지관즉사(普寧郡內池館卽事)」 시를 보내오자 이에 화답한 작품이다. 서이중승(徐二中丞)은 앞 「계주북망진역수개죽경지조기류대서용주(桂州北望秦驛手開竹逕至釣磯留待徐容州)」 시에 나오는 서용주(徐容州)이다. 지관(池館)은 연못이 구비된 지원(池苑)의 관사(館舍)를 말한다. 시제의 즉사(卽事)는 눈앞의 사물을 제재로 한 시를 말한다.
389) 원홍(鵷鴻)은 질서있게 날아다니는 기러기의 일종으로 조정의 관리를 비유한다. 여기서는 서준과 유종원이 함께 조정에서 근무한 적이 있었음을 말한다.

수가붕산인군내신재송우홍견증이수(酬賈鵬山人郡內新栽松寓興見贈二首 : 가붕산인께서 보내주신 「군내에 새로 소나무를 심고 그 감흥을 적다」에 화답한 2수)390)

무성함과 시듦은 본디 다르거니와
무심(無心)이 바로 자연의 공이라.
싱싱하게 날마다 꽃을 피우니
영화는 언제나 다하려나?
청송(青松)이 골짜기 밑에 버려졌다가
이 뜰 가운데로 옮겨 심겨졌는데,
쌓인 눈은 맑고 빼어남 나타내고
차가운 꽃은 짙푸름을 드러내네.
그윽하고 곧은 품질 오래도록 사모했는데
이것에 의지하여 맑은 바람 맞이하네.

芳朽自爲別, 無心乃玄功. 夭夭日放花, 榮耀將安窮. 青松遺澗底, 擢蒔茲庭中. 積雪表明秀, 寒花助葱蘢. 幽貞夙有慕, 持以延淸風.

390) 본편은 가붕산인(賈鵬山人)이 군내(郡內)에 새로 소나무를 심고 그 감흥을 써서 준 시에 대한 유종원의 화답시다. 가붕산인은 장락(長樂)의 가경백(賈景伯)을 말하며 유종원이 유주자사로 부임한 지 몇 달이 지나서 유주에 왔다가 오래지 않아 다시 남쪽으로 유람을 떠났다. 시제의 '군내'는 유주를 말한다. 시의 저작 시기는 원화 10년(815) 겨울로 추정된다.

기이(其二 : 두 번째 시)

무능하여 항상 문을 닫아 놓았는데
우연히 조용하다고 이름이 났네.
기이한 자태는 먼 산에서 왔는데
홀연 인가(人家)에서 자란 듯 하구나.
굳센 빛깔은 옛 모습 바꾸지 않았으니
향그런 마음 누구와 더불어 빛날까?
시끄럽고 낮은 곳 어찌 편안한 곳이리요?
사물에 맡기는 것도 내 뜻이 아니다.
맑은 운치로 우슬(竽瑟)을 움직이니
이 솔바람 소리와 조화를 이루네.

無能常閉閣, 偶以靜見名. 奇姿來遠山, 忽似人家生. 勁色不改舊, 芳心與誰榮. 喧卑豈所安, 任物非我情. 淸韻動竽瑟, 諧此風中聲.

종류희제(種柳戱題 : 버드나무를 심고 장난 삼아 짓다)[391]

유주(柳州)의 유(柳)자사
유강(柳江) 가에 버드나무 심었네.[392]
담소하던 일 옛일이 되고

---

391) 본편은 유주(柳州)에 있는 유강(柳江) 가에 버드나무를 심고 장난 삼아 지은 작품이다.
392) 유강은 유주(柳州) 마평현(馬平縣) 남쪽 30걸음 되는 곳에 있었다.

세월이 흘러 옛날이 되면,
그림자 드리워 땅을 덮을 것이고
줄기 뻗어 하늘에 치솟으리.
사람 생각하게 하는 나무 심는 것 좋아하면서[393]
전할 만한 은혜와 교화 없는 것 부끄럽네.

柳州柳刺史, 種柳柳江邊. 談笑爲故事, 推移成昔年. 垂陰當覆地, 聳幹會參天. 好作思人樹, 慚無惠化傳.

유주이월용엽락진우제(柳州二月榕葉落盡偶題 : 유주의 이월 용나무 잎 모두 진 것을 보고 우연히 쓰다)[394]

벼슬살이 기분 타향살이 생각 모두 처량한데
반쯤 지난 봄은 가을 같아 정신은 더욱 혼미해진다.
산성에 비 지나가니 온갖 꽃 다 졌고
용나무 잎 뜰에 가득한데 꾀꼬리는 어지럽게 울어댄다.

宦情羈思共凄凄, 春半如秋意轉迷. 山城過雨百花盡, 榕葉滿庭鶯亂啼.

---

393) 『좌전』 정공(定公) 9년에 "『시경』에 이르기를 '싱싱한 팥배나무를 자르지도 베지도 마라, 소백께서 쉬었던 곳이니'라고 하였는데 이는 그 사람을 생각하여 오히려 그 나무까지도 사랑한 것이다[詩云, 蔽芾甘棠, 勿翦勿伐. 召伯所茇, 思其人猶愛其樹]"라는 구절이 있다.

394) 본편은 2월에 비가 내려 용(榕)나무 잎이 다 진 것을 보고 타향에서 벼슬살이 하고 있는 처량한 자신의 신세를 한탄하여 지은 작품이다. 용나무는 열대지방에서 자라는 상록 교목이다.

호초상인견이절구욕등선인산인이수지(浩初上人見貽絶句欲登仙人山因以酬之 : 호초상인께서 절구 「선인산에 오르고 싶다」를 보내주시어 그에 화답하다)[395]

구슬나무 영롱하게 저 건너 안개 낀 산허리에 있는데
병든 뒤로 방외(方外)의 일 많이 어그러졌습니다.[396]
선인산은 부(符) 나눠 가진 나그네에 속하지 않으니[397]
하늘 지르며 석장(錫杖) 날리는 일 일임하겠습니다.[398]

珠樹玲瓏隔翠微, 病來方外事多違. 仙山不屬分符客, 一任淩空錫杖飛.

---

395) 본편은 호초상인이 선인산에 함께 올라갈 것을 바라는 절구를 보내온 것에 대하여 화답한 작품이다. 선인산은 바로 유주 마평현(馬平縣) 서남쪽에 있는 선혁산(仙奕山)으로, 오른쪽 형상이 마치 신선처럼 생겼다하여 붙여진 이름이다.

396) 방외(方外)의 일은 세속을 벗어난 일을 가리키는데, 즉 불사(佛事)를 말한다. 이 구는 호초상인의 불사(佛事)에 오래 참예하지 못함을 말한다.

397) 부(符) 나눠 가진 나그네란 조정에서 파견한 관리를 말하는데 여기서는 유종원 자신을 가리킨다.

398) 석장(錫杖)은 승려의 지팡이를 말한다. 이 구는 호초상인이 혼자 선인산에 오르기를 권한 것이다.

우중증선인산가산인(雨中贈仙人山賈山人 : 비오는 가운데 선인산 가산인에게 부치다)[399]

찬 강에 밤 비 주룩주룩 소리를 내었거니와
새벽 구름은 선인산을 다 가려버렸네.
멀리서도 알겠다, 깊은 곳에서 검은 표범이
진흙 사이에 매인 것을 내려다보며 비웃고 있다는 것을.[400]

寒江夜雨聲潺潺, 曉雲遮盡仙人山. 遙知玄豹在深處, 下笑羈絆泥塗間.

별사제종일(別舍弟宗一 : 동생 종일과 이별하다)[401]

영락하여 망가진 삶이라 갑절이나 암울한데
월(越)의 강가에서 두 줄기 이별 눈물 흘린다.[402]
혼자 몸으로 도성(都城)에서 육천 리를 떠나와
수없이 죽을 뻔하며 황무지에서 지낸 지 열두 해라.[403]

---

399) 본편은 비 내리는 날 선인산(仙人山)의 가산인(賈山人)에게 지어 보낸 작품이다. 가산인은 앞 「수가붕산인군내신재송우흥견증이수(酬賈鵬山人郡內新栽松寓興見贈二首)」에 보이는 가붕산인(賈鵬山人)을 가리킨다.

400) 검은 표범은 가산인을 가리키며, 진흙 사이에 매인 것이란 유종원 자신의 처지를 가리킨다.

401) 본편은 원화 11년(816) 유주에서 강릉(江陵)으로 떠나는 사촌동생 유종일(柳宗一)과 이별하며 지은 작품이다. '사(舍)'는 자신의 집이나 자기보다 아래인 친속을 지칭할 때 쓰는 겸어(謙語)이다.

402) 유주는 월(越) 땅에 속한다.

403) 열두 해란 영정 원년(805) 영주에 폄적된 이후 유주자사로 와 있는 원화 11년(816)까

계령(桂嶺)에 독기 밀려오면 구름은 먹물 같고[404]
동정호에 봄이 다하면 강물은 하늘같으리라.[405]
앞날 알고자 하여 그리움에 꿈을 꾸게 되면
언제나 형문(荊門) 영도(郢都) 숲 안개 낀 곳에 있게 되겠지.[406]

零落殘魂倍黯然, 雙垂別淚越江邊. 一身去國六千里, 萬死投荒十二年.
桂嶺瘴來雲似墨, 洞庭春盡水如天. 欲知此後相思夢, 長在荊門郢樹煙.

지의 기간을 말한다.

404) 계령은 유종원이 머물러 있는 유주 부근의 산 봉우리를 말한다.

405) 동정호는 동생 종일(宗一)이 가는 초(楚)지역을 말한다.

406) 형문은 형주(荊州)의 성문 또는 당시의 형문현(荊門縣)을 말하며, 일설에는 산 이름이라고도 한다. 영(郢)은 춘추시대 초(楚)의 도성이다. 형문과 영은 모두 동생 종일이 가는 강릉을 가리킨다.

봉화주이십이장수침주시랑형강야박득소주서병부당주생황다일봉솔연성편대의지작(奉和周二十二丈酬郴州侍郎衡江夜泊得韶州書幷附當州生黃茶一封率然成篇代意之作 : 주이십이장의 「침주시랑의 「밤에 형강에 정박하며 소주의 편지를 받고 아울러 당주의 생황차 한 봉을 동봉하였으므로 급히 시를 써서 뜻을 대신하다」 라는 시에 화답하여 지은 시」 에 삼가 화답하다)[407)]

산처럼 높이 우러러보는 덕 빛나는데
천로(天路)에는 떠나는 마차 내려가네.[408)]
꿈에 삼도(三刀) 가까운 것 좋아하였는데[409)]
편지는 유감스럽게도 5년이나 주고받지 못했네.
정 엉기어 강의 달은 지고
생각 써내니 봉우리 구름 날아간다.

---

407) 본편은 양오릉(楊於陵)의 「형강에서 밤에 정박하며 소주(韶州)의 편지를 받고 아울러 당주(當州)의 생황차 한 봉을 동봉하였으므로 급히 시를 써서 뜻을 대신하다[衡江夜泊得韶州書幷附當州生黃茶一封率然成篇代意]」라는 시에 주이십이(周二十二)가 화답하여 지은 시가 있었는데 이에 유종원이 다시 화답한 작품이다. 주이십이장(周二十二丈)이 누구인지는 자세하지 않다. 시제에 '장(丈)'이라고 호칭한 것으로 보아 유종원의 존장(尊丈)관리의 하나였을 것이며, '소주'라고 하였으니 소주자사(韶州刺史)를 지낸 것으로 추정된다. 그러나 양오릉 유종원과의 관계는 명확하지 않다. 시제의 '당주'는 주이십이가 자사로 있었던 소주(韶州)를 말하며, '생황'은 생신황(生神黃)이라고도 하는 우황(牛黃)의 일종이다. 양오릉은 원화 연간에 호부시랑(戶部侍郎) 판탁지(判度支)를 역임하였고 회서(淮西)정벌시 군수(軍需)관계에 잘못이 있다고 지적되어 원화 11년(816) 침주(郴州)자사로 폄적되었다. 시에 '천로(天路)에는 떠나는 마차 내려가네'라는 구절이 있는 것으로 보아 이 시의 저작 시기는 양오릉이 처음 침주자사로 폄출(貶黜)될 때로 추정된다. 당시 유종원은 유주자사로 있었다.

408) 천로(天路)는 도성(都城)의 길을 말한다.

409) 진(晉) 왕준(王濬)이 밤에 꿈을 꾸었는데 세 칼이 침실 대들보 위에 매달려 있었고 잠시 후에 또 한 칼이 더해졌다. 왕준이 놀라 깨어서는 마음속으로 아주 불안해하였다. 주부(主簿) 이경(李敬)이 이 말을 듣고 두 번 절하며 "세 칼[三刀]은 주(州)자로서 또 하나가 더해졌으니 명부(明府)께서는 아마도 익주(益州)에 가게 되실 것입니다"라고 축하하였다. 과연 왕준은 익주자사로 옮겨졌다.

사도부(司徒府)에 들어가게 될 것이니
또한 주연(周掾)을 불러 돌아가시라.[410]

丘山仰德耀, 天路下征騑. 夢喜三刀近, 書嫌五載違. 凝情江月落, 屬思嶺雲飛. 會入司徒府, 還邀周掾歸.

은현희비서후기유연주병시맹윤이동(殷賢戲批書後寄劉連州幷示孟崙二童 : 은현의 글씨 뒤에 장난 삼아 비평하여 유연주에게 부치고 아울러 맹·윤 두 아이에게 보이다)[411]

글씨 완성되어 유안서(庾安西)에게 부치고자 하니[412]
종이 뒷면에 응당 수고롭게 손수 써야할 게요.

410) 후한(後漢)의 원안(袁安)이 사도(司徒)가 되자 주영(周榮)을 불러 연(掾)을 삼았다. 여기서 원안은 양오릉을 비유하고, 주연은 유종원 자신을 비유한다.

411) 본편은 유종원이 은현(殷賢)이 보내온 글씨 뒤에 장난 삼아 비평을 하여 연주(連州)자사 유우석에게 부치고 아울러 유우석의 두 아들 맹(孟)·윤(崙) 두 아이에게 보인 작품이다. 이 시의 자주(自注)에 "집에 우군(右軍)의 글씨가 있었는데 종이마다 뒤에 유익(庾翼)이 '왕회계(王會稽)의 6장, 2월 30일에 보았다'고 썼다[家有右軍書, 每紙背庾翼題云 : 王會稽六紙, 二月三十日嘗觀]"라고 하였다. '우군'과 '왕회계'는 우군장군(右軍將軍) 회계내사(會稽內史)를 지냈던 왕희지(王羲之)를 가리킨다. 시제의 은현(殷賢)은 유우석 집안의 자제로 추정된다. 유연주(劉連州)는 유우석이다. 맹(孟)과 윤(崙)은 유우석의 두 아들이다. 유우석이 유종원에게 화답한 시에 '듣건데 곰 꿈을 아직 꾸지 못했다고 하는데, 딸 가운데 누가 위부인(衛夫人)일는지?'라고 한 것은 유종원이 아직 아들이 없음을 놀린 것이다. 한유(韓愈)의 「유자후묘지명(柳子厚墓誌銘)」에 "자후(子厚)는 원화 14년 11월 8일에 세상을 떠났는데 (…중략…) 아들 둘이 있었다. 장남은 주륙(周六)이라 하는데 겨우 4살이었고 막내는 주칠(周七)이라고 하는데 자후가 세상을 떠나고 나서 태어났다"고 하였으니 주륙이 태어난 해는 원화 11년(816)이다. 유우석은 연주자사로 간 것은 원화 10년이므로 이 시와 아래의 유우석과 화답한 시들은 모두 원화 10년(815) 유주자사로 부임한 뒤에 주륙이 태어나기 이전에 지은 것이다.

412) 유안서는 유익(庾翼)을 말한다. 유익은 안서장군(安西將軍)을 역임한 바 있다. 여기서는 유우석을 비유한 것이다.

듣건대 요즈음 자제들께서는
연못가에서 벌써 집 닭을 싫어한다지요.[413)]

書成欲寄庾安西, 紙背應勞手自題. 聞道近來諸子弟, 臨池尋已厭家雞.

부(附)

수유유주가계지증(酬柳柳州家雞之贈 : 유유주의 '집 닭'이라고 하여 보내온 시에 화답하다)[414)]

유몽득(劉夢得)

날마다 연못가에서 작은 병아리들 희롱하고 있으니[415)]
또 「악의론(樂毅論)」을 써서 관노(官奴)에게 건네줄까 생각하네.[416)]

---

413) '연못가에서'는 '임지(臨池)'를 옮긴 것인데 이는 장지(張芝)가 연못가에서 서법(書法)을 배울 때 연못물이 전부 까맣게 되었다는 고사에서 유래한 말로 서법을 배우는 것을 비유하는 말이다. '집 닭'이란 '가계(家鷄)'를 옮긴 것인데, 이는 서법에 뛰어났던 진(晉) 유익(庾翼)이 자신의 서법을 '집닭[家鷄]'에, 왕희지의 서법을 '들꿩[野雉]'에 비유한 데서 온 말로, 전문가의 서법(書法) 기예를 비유하는 말이다.

414) 본편은 유우석이 유종원이 보내온 「은현희비서후기유연주병시맹윤이동(殷賢戲批書後寄劉連州幷示孟崙二童)」 시에 화답한 시이다. 위 시 가운데 유종원은 유우석의 서법을 가리켜 '집 닭'이라고 놀렸다.

415) 작은 병아리란 유우석이 아들 맹(孟)과 윤(崙)을 비유한 말이다. 이 구는 유우석이 날마다 아이들에게 서법을 가르친다는 말이다.

416) 「악의론(樂毅論)」은 저명한 해서(楷書)의 법첩(法帖)으로 삼국(三國) 위(魏)의 하후현(夏侯玄)의 글을 왕희지가 해서로 쓴 것인데 당(唐) 저수량(褚遂良)이 "붓의 기세가 정묘하고 해서의 법칙을 다 갖추었다[筆勢精妙, 備盡楷則]"고 말하여 왕희지 정서(正書)의 제일이라고 평가된다. 한순(韓醇)은 『고훈유집(詁訓柳集)』에서 "저수량(褚遂良)이 지은 「왕우군서목(王右軍書目)」에 정서(正書) 5권 가운데 첫째 「악의론」 44행은 관노(官奴)에게 써준 것이고, 또 행서 58권 중 열아홉 번째에 「관노 작은딸에게 주는 글[與官奴小女書]」이 있다. 이로 보건대 '관노'는 왕희지의 딸이다. 이때 유종원에게는 아직 아들이 없었기 때

유가(柳家)의 새 글자 모양은 원화각(元和脚)이라[417)]
또 모두 생강 싹처럼 굽은 손을 모둔 무리겠지.[418)]

日日臨池弄小雛, 還思寫論付官奴. 柳家新樣元和脚, 且盡薑芽斂手徒.

중증이수(重贈二首 : 다시 두 수를 보내다)[419)]

듣건대 병아리들 거느리고 먹 연못으로 향한다니
유가(劉家)에 또 부자간 일치하지 않는 말이 있겠군요.[420)]

문에 유우석이 이 고사를 인용하여 그를 놀린 것이다"라고 하였다. 그러나 아래 유종원의 「중증이수(重贈二首)」의 첫 번째 시에서 이 구절을 받아 왕희지의 아들 왕헌지(王獻之)의 전고를 사용하고 있는 것으로 보아 관노는 왕희지의 작은 딸이 아니라 왕헌지를 가리키는 것으로 보는 것이 더 타당하다. 유우석은 '관노'로써 자신의 자제를 비유한 것이다.

417) '원화각'이란 '원화의 발'이란 뜻으로 유우석이 유종원의 서법을 희롱한 말이다. 뒤에는 또한 원화 연간에 서법으로 이름이 있었던 유공권(柳公權)의 서법을 가리키는 말로 사용되었다. '각(脚)'은 오른쪽으로 삐친 획인 '날(捺)'을 말하며 '날각(捺脚)'이라고 하는데 서법(書法)을 가리키는 말로 사용되기도 한다.

418) 이 구는 유종원에게 원화각 서법을 배우는 이들이 모두 생강 싹처럼 굽은 양손을 가지런히 하여 맞잡고 인사하는 사람들일 것이란 말이다. 생강 싹은 다섯 손가락으로 붓을 쥐어 굽은 모양을 비유한 것이다.

419) 본편은 앞 유우석의 「수유유주가계지증(酬柳柳州家雞之贈)」에 다시 화답한 작품이다. 첫 번째 시는 유우석 시의 앞 1,2구에 대하여 화답한 것이고, 두 번째 시는 유우석 시의 뒤 3,4구에 대하여 화답한 것이다.

420) 『한서(漢書)』 「초원왕전(楚元王傳)」에는 유향(劉向) 부자의 『춘추(春秋)』 연구에 대한 기록이 있는데 그에 의하면 유흠(劉歆)이 좌구명(左丘明)이 좋아하는 것과 싫어하는 것이 성인과 같았으니 친히 공자를 만난 것이요, 공양(公羊)·곡량(穀梁)은 공자의 칠십 제자 이후의 사람이므로 전해 들은 것과 친히 본 것에 자세함과 간략함이 다르다고 생각하고 이로써 자주 아버지 유향(劉向)을 비난하였지만 유향이 이의를 제기하지 못하였다고 한다. 여기서는 유향(劉向) 부자의 고사를 가지고 유우석 부자간의 의견이 일치하지 않을 것이라고 놀린 것이다.

이제 시험삼아 사람을 보내어 담장에 다가가 물어보니
벌써 "세상 사람들이 어떻게 알겠어요?"라고 말하네요.[421]

聞說將雛向墨池, 劉家還有異同詞. 如今試遣隈牆問, 已道世人那得知.

기이(其二 : 두 번째 시)

세상은 아득하여 진실을 알지 못하니
생강 싹 같은 손들이 모두 가슴 움켜쥔 사람이라 하네요.[422]
만약 유가(柳家)에 자제가 없다고 말하신다면
왕년에 무슨 일로 서빈(西賓)을 부탁했던가요?[423]

世上悠悠不識眞, 薑芽盡是捧心人. 若道柳家無子弟, 往年何事乞西賓.

---

421) 『진서(晉書)』 「왕헌지전(王獻之傳)」에 사안(謝安)이 왕희지(王羲之)의 아들 왕헌지에게 "그대의 글씨는 그대 부친의 글씨와 비교하여 어떤가요?" 하고 물으니 "부친의 옛날 글씨와 지금의 내 글씨는 다릅니다"라고 대답하였다. 사안이 "밖에서의 논의는 그렇지 않던데요"라고 말하자 "남들이 어떻게 알 수 있겠습니까?"라고 대답하였다는 기록이 있다. 여기서는 유우석의 자제들이 유우석의 글씨에 대하여 중시하지 않음을 놀린 것이다.

422) 『장자』 「천운(天運)」에 서시(西施)가 가슴에 병이 있어 눈을 찌푸렸는데 그 마을의 못생긴 여자가 그것을 보고 아름답다고 생각하여 자신의 가슴을 움켜쥐고는 눈을 찌푸리고 다녔다는 이야기가 있다.

423) 서빈(西賓)은 가정교사나 막료에 대한 존칭이다. 옛날에는 손님이 서쪽에 위치하였기 때문에 붙여진 이름이다. 여기서는 유우석이 왕년에 유종원에게 「서도부(西都賦)」를 써 달라고 청했던 일을 가리켜 말한 것이다.

부(附)

답전편(答前篇 : 앞 작품에 답하다)[424]

유몽득(劉夢得)

어린아이의 붓 장난에 성낼 수 없으니
벽 더럽히고 창에 글씨 쓰면 또 열심이라 칭찬한다네.
듣건데 곰 꿈을 아직 꾸지 못했다고 하는데[425]
딸 가운데 누가 위부인(衛夫人)일는지?[426]

小兒弄筆不能嗔, 涴壁書牕且賞勤. 聞彼夢熊猶未兆, 女中誰是衛夫人.

부(附)

답후편(答後篇 : 뒤 작품에 답하다)[427]

유몽득(劉夢得)

지난 날 게으른 장인은 성명을 기록할 뿐이어서[428]
멀리서 힘들게 「서경(西京)」을 써달라 했었지.[429]

---

424) 본편은 유종원의 「중증이수(重贈二首)」의 첫 번째 시에 화답한 작품이다.

425) 곰 꿈이란 득남(得男)을 상징하는 길몽을 말한다.

426) 위부인은 이름이 삭(鑠)이고 자는 무의(茂猗)인데 예서(隸書)에 아주 뛰어났다. 왕희지가 어려서 그에게 사사하여 서법(書法)에 있어서 묘품(妙品)에 들어갔다.

427) 본편은 유종원의 「중증이수(重贈二首)」의 두 번째 시에 화답한 작품이다.

428) 항적(項籍)이 어렸을 때 글씨를 배웠는데 성취가 없자 계부(季父)인 항량(項梁)이 그에게 화를 냈다. 그러자 항적은 글씨란 자기 성명을 쓸 줄 알면 그만이라고 대답하였다고 한다.

요즈음 점점 연못가의 흥취가 있어지니[430]
원상(元常)에게 맞먹고 싶다고 말하려네.[431]

昔日慵工記姓名, 遠勞辛苦寫西京. 近來漸有臨池興, 爲報元常欲抗行.

첩전(疊前 : 앞 작품에 화답하다)[432]

어려서 배우면 새로 먹 연못 물결을 뒤엎거니와
그대 옥 나무에서 가지 흩어지게 한 것 부럽네요.
우리 집에서 흙을 가지고 노는 것은 귀여운 딸뿐인데[433]
부질없이 뜰 앞에 새 발자국 많다고 느낀다오.[434]

小學新翻墨沼波, 羨君瓊樹散枝柯. 在家弄土惟嬌女, 空覺庭前鳥跡多.

---

429) 「서경(西京)」은 「서도부(西都賦)」를 말한다.

430) 연못가의 흥취란 글씨 쓰는 재미를 가리킨다.

431) 원상(元常)은 종요(鍾繇)의 자이다. 왕희지는 자신의 글씨가 종요(鍾繇)와 비교하면 당연히 맞먹고 장지(張芝)에 비교하면 기러기 행렬 같다고 하였다. 이 구는 유우석의 글씨가 유종원에 필적할 만큼 진보가 있었다는 말이다.

432) 본편은 유우석의 「답전편(答前篇)」에 화답한 작품이다. 시제의 '첩(疊)'은 화답한다는 의미이다.

433) 흙을 가지고 논다는 것은 땅에 글씨 연습을 하는 것을 가리킨다.

434) 창힐(倉頡)은 새 발자국을 보고 글자를 고안해냈다고 한다. 여기서의 새 발자국은 유종원의 딸이 땅바닥에 연습 삼아 쓴 글자들을 가리킨다.

첩후(疊後 : 뒤 작품에 화답하다)[435]

사업에는 성취가 없는데 예술에 성취 이루니 부끄럽거니와
남궁(南宮)에서 초안을 잡으며 옛날 이름을 나란히 하였지요.[436]
그대여 화급히 공을 더 들여서
당시 이묘(二妙)의 명성을 얻도록 하시지요.[437]

事業無成耻藝成, 南宮起草舊連名. 勸君火急添功用, 趁取當時二妙聲.

동어사부도기친우(銅魚使赴都寄親友 : 동어사가 경도에 가는 편에 친구에게 부치다)[438]

관산(關山)을 만리 남짓 걷고 걸어[439]
도착했을 때 마을은 온통 폐허였네.

---

435) 본편은 유우석의 「답후편(答後篇)」에 화답한 작품이다.

436) 남궁(南宮)은 상서성(尙書省)을 가리킨다. 유종원은 일찍이 예부원외랑(禮部員外郎)을 지냈었고, 유우석은 둔전원외랑(屯田員外郎)을 지난 바 있는데 모두 상서성 소속이었다.

437) 위관(衛瓘)이 상서령(尙書令)으로 있을 때 상서랑(尙書郎) 색정(索靖)과 함께 초서를 잘 썼으므로 당시 사람들이 이들을 일대이묘(一臺二妙)라고 불렀다.

438) 본편은 유종원이 유주자사로 부임하고서 동어사(銅魚使)가 장안으로 가는 편에 친구에게 부친 작품이다. 시제의 동어사는 동어부(銅魚符)를 받은 사절이란 뜻으로 자사(刺史)를 말한다. 이 시의 자주(自注)에 "영남의 지군에는 강관이 없었고 고전 장전 등은 모두 도부에 부쳐 경사로 보내었다[嶺南支郡無綱官, 考典帳典等, 悉附都府至京]"고 하였으니 여기서의 동어사는 연말에 각 주의 상황을 중앙에 보고하는 사절을 가리키는 것으로 볼 수도 있다.

439) 만리 남짓이란 영주에서 장안까지 4천여 리, 다시 장안에서 유주까지 6천여 리의 거리를 말한다.

작은 고을에 오직 동어사(銅魚使)가 있을 뿐이니[440]
이후로 먼 곳에는 편지도 부칠 수 없겠구나.

行盡關山萬里餘, 到時閭井是荒墟. 附庸唯有銅魚使, 此後無因寄遠書.

한장주서보철상인망인기이절(韓漳州書報徹上人亡因寄二絶 : 한장주가 편지로 철상인의 사망 소식을 전해주어 두 절구를 부치다)[441]

이른 나이에 경화(京華)에서 월(越) 방언으로 시 읊는 것 들었는데[442]
그대 강해(江海)에 있다는 소식 듣고는 친분이 더욱 깊어졌네.
훗날 만약 난정(蘭亭)의 모임을 묘사한다면[443]
고승(高僧) 지도림(支道林)은 그리지 말게나.[444]

---

440) 당(唐)나라 무덕(武德) 초에 태수(太守)를 자사(刺史)로 바꾸고 사(使)라는 호칭을 덧붙이고 절(節)을 지니게 하였으나 실제로는 절(節)은 없었고 다만 동어부(銅魚符)를 나누어 주었을 뿐이다.

441) 본편은 한장주(韓漳州)가 편지로 영철상인(靈澈上人)의 사망 소식을 알려오자 그에게 부친 두 절구이다. 한장주는 장주자사(漳州刺史) 한태(韓泰)를 말한다. 철상인은 영철(靈澈)을 말한다. 영철은 자가 원징(源澄)이고 회계(會稽)인이다. 일찍이 통찰력이 있고 학문을 좋아하여 범부가 되는 것을 원하지 않아 출가하여 영철(靈澈)이라 불렀다. 승려가 되었지만 문학을 좋아하여 월(越)에 옮겨와 살고 있었던 엄유(嚴維)에게서 시를 배웠고 정원 연간(785~805)에 경사(京師)에 가서 문명을 떨쳤다. 승려들이 그것을 싫어하여 유언비어를 날조하였고 이 때문에 죄를 얻어 정주(汀州)에 옮겨졌다가 사면되어 동월(東越)에 돌아갔다. 오월(吳越)의 제후들 가운데는 빈례(賓禮)로 그를 초청한 이들이 많았다. 원화 11년(816) 선주(宣州) 개원사(開元寺)에서 향년 71세로 세상을 떠났다.

442) 영철상인이 월(越) 땅에 속하는 회계(會稽)인이고 월객(越客) 엄유(嚴維)로부터 시를 배웠기 때문에 월 방언으로 시 읊는 것을 들었다고 표현한 것이다.

443) 회계(會稽)에는 아름다운 산수가 있었고 명사들이 많이 거주하였다. 당시 문장으로 이름이 나 있던 손작(孫綽), 이충(李充), 허순(許詢), 지둔(支遁) 등은 동토(東土)에 집을 짓고 왕희지(王羲之)와 교유하였다. 이들은 회계 산음(山陰)의 난정(蘭亭)에서 모임을 갖고 시를 창화한 적이 있었다.

444) 도림(道林)은 지둔(支遁)의 자이다. 지도림은 난정 모임에 참가했었다.

早歲京華聽越吟, 聞君江海分逾深. 他時若寫蘭亭會, 莫畫高僧支道林.

기이(其二 : 두 번째 시)

자주 주옥 같은 글을 소매에서 꺼내어
남겨놓은 시구를 읽으며 홀로 가을 바람에 서있네.
계강(桂江)은 밤낮으로 천리를 흐르는데
뿌리는 눈물 언제 용동(甬東)에 도착할까?[445]

頻把瓊書出袖中, 獨吟遺句立秋風. 桂江日夜流千里, 揮淚何時到甬東.

유주성서북우종감수(柳州城西北隅種甘樹 : 유주성 서북 모퉁이에 황감나무를 심다)[446]

손수 황감 이백 그루를 심었더니
봄 되어 새 잎이 성 모퉁이를 뒤덮었다.
바로 초객(楚客)이 황수(皇樹)를 사랑함과 같은 것이지[447]

---

445) 용동은 월(越)의 지명으로 회계(會稽) 구장현(句章縣) 동해(東海)의 섬에 있다. 즉 지금의 절강(浙江) 주산(舟山)이다.

446) 본편은 유종원이 유주성 서쪽 모퉁이에 황감나무 200그루를 심고 이듬해 봄에 지은 작품이다. 유주에서 지은 것은 분명하나 구체적인 연도는 알 수 없다. 황감(黃甘)은 귤의 일종으로 맛이 매우 달다.

447) 초의 나그네는 굴원(屈原)을 가리킨다. 황수(皇樹)는 바로 귤을 가리킨다. 굴원의 『초사』 「구장(九章)」 「귤송(橘頌)」에 "황천(皇天) 후토(后土)의 아름다운 나무, 귤이 이 땅에 와서 적

형주(荊州)에서 나무 종의 이익을 배운 것 아니다.[448]
어느 해 꽃을 피워 눈같이 날리는 향기 맡고
그 누가 열매를 따면서 드리운 구슬 볼 것인가?
만약 앉아서 숲 이루는 날 기다린다 해도
그 맛은 또한 이 늙은이를 보양할 만하리.

手種黃甘二百株, 春來新葉徧城隅. 方同楚客憐皇樹, 不學荊州利木奴.
幾歲開花聞噴雪, 何人摘實見垂珠. 若敎坐待成林日, 滋味還堪養老夫.

문철상인망기시랑양장(聞徹上人亡寄侍郞楊丈 : 철상인의 사망 소식을 듣고 시랑 양장에게 부치다)[449]

동월(東越)의 고승은 또한 성이 탕(湯)인데[450]
언제 경패(瓊佩)가 명당(鳴璫)에 부딪쳤지요?[451]

응하였네. 명을 받아서는 옮기지 아니하고 남국에서 자라네[后皇嘉樹, 橘徠服兮. 受命不遷, 生南國兮]"라는 구절이 있다. 「귤송」은 굴원이 귤나무를 찬미함으로써 자신의 변함없이 굳은 정조를 비유한 작품이다.

448) 형주(荊州) 양양(襄陽)의 이형(李衡)이란 사람이 감귤 천 그루를 심고는 임종시에 아들에게 "네 엄마가 내가 집안을 일으키는 것을 못마땅하게 여겨 가난하게 지냈다. 그러나 우리 마을에 천 명의 나무 종이 있는데 너에게 의식을 책임 지우지도 않으면서 매년 한 필의 비단을 바칠 것이니 쓸만할 게다"라고 말하였다. 오(吳)나라 말기에는 귤이 자라서 매년 비단 수천 필을 얻었다.

449) 본편은 유종원이 영철상인(靈澈上人)의 사망 소식을 듣고 양오릉(楊於陵)에게 보낸 작품이다. 시제의 철상인(徹上人)은 영철상인을 말하며 양장(楊丈)은 양오릉을 말한다.

450) 송(宋) 혜휴상인(惠休上人)은 속성(俗姓)이 탕(湯)이었다. 영철상인 역시 본성이 탕씨였으므로 '또한 성이 탕이라'고 말한 것이다.

451) 경패(瓊佩)는 옥으로 만든 패(佩)이며, 명당(鳴璫)은 금이나 옥으로 만든 머리 장식인데 흔들려 부딪치면 소리가 나기 때문에 명당이라 한 것이다. 경패는 영철상인을 가리키고, 명당은 양오릉을 가리킨다. 이 구는 양오릉과 영철상인이 서로 아는 사이였음을 말한다.

공화(空花)처럼 한 번 흩어져 있는 곳을 알 수 없으니[452]
누가 금 꽃을 따다 시랑(侍郞)에게 줄는지요?[453]

東越高僧還姓湯, 幾時瓊佩觸鳴璫. 空花一散不知處, 誰采金英與侍郞.

단구수재처견망우여형주서적(段九秀才處見亡友呂衡州書迹 : 단구수재의 거처에서 죽은 친구 여형주의 글씨 흔적을 보다)[454]

평생의 교우 가운데 뜻이 가장 가까웠거니와[455]
형양(衡陽)의 지난 일은 내 분신과 같네.[456]
소매 속에서 홀연 세 줄의 글자를 보고
눈물 닦으며 바라보니 고인이었네.

交侶平生意最親, 衡陽往事似分身. 袖中忽見三行字, 拭淚相看是故人.

---

452) 공화(空花)는 바로 공화(空華)로, 병든 자의 눈에 나타나는 꽃 모양의 허상을 가리키며 불가(佛家)에서 복잡한 망상을 비유하는 말로 사용한다.

453) 금 꽃은 국화를 가리킨다. 시랑은 양오릉을 말한다. 탕혜휴(湯惠休)의 「포조(鮑照) 시랑(侍郞)에게 보내다[贈鮑侍郞]」 시 첫 부분에 "옥 가지에 금 꽃, 푸른 잎에 보랏빛 줄기[玳枝兮金英, 綠葉兮紫莖]"라는 구절이 있다. 이 구는 여전히 영철상인을 탕혜휴에 비유하여 그의 죽음을 애도하고 있다.

454) 본편은 유종원이 단구수재(段九秀才)의 거처에서 이미 타계한 친구 여형주(呂衡州)가 남긴 시구를 보고 그 감회를 읊은 작품이다. 단구수재는 단홍고(段弘古)이고 여형주는 여온(呂溫)이다. 이들 세사람은 일찍이 친교가 깊었다. 여온은 「답단수재(答段秀才)」·「송단구수재귀예주(送段九秀才歸澧州)」를 남겼고, 『유종원집』에는 「제단홍고문(祭段弘古文)」·「처사단홍고묘지(處士段弘古墓誌)」가 전한다. 여온은 원화 6년(811) 8월에 세상을 떠났다.

455) 시 원문의 '侶'는 '呂'의 잘못이라고 보는 견해도 있다. 이 경우 '여온(呂溫)과 교유한 평생'으로 옮겨야 할 것이다.

456) 형양(衡陽)은 형주(衡州)의 치소(治所)로, 지금의 호남(湖南) 형양시이다.

유주기경중친고(柳州寄京中親故 : 유주에서 경사의 친구에게 부치다)[457]

임읍산(林邑山)이 독기 가득한 바다로 이어지는 가을
장가수(牂牁水)는 군(郡) 앞으로 흐르네.[458]
그대가 멀리서 용성(龍城) 땅을 묻는다면[459]
북으로 곧장 삼천리를 가면 금주(錦州)가 있다네.[460]

林邑山聯瘴海秋, 牂牁水向郡前流. 勞君遠問龍城地, 正北三千到錦州.

종목곡화(種木槲花 : 목곡화를 심다)[461]

상원(上苑)에서는 해마다 아름다운 경치를 읊조렸는데[462]
지금은 영락(零落)하여 하늘가에 있구나.
다만 오래도록 용성(龍城) 태수를 해야 할 것이니

---

457) 본편은 유주에서 장안의 친구에게 부친 작품이다. 구체적인 저작 시기는 분명하지 않다.

458) 임읍산(林邑山)과 장가수(牂牁水)는 「득로형주서인이시기(得盧衡州書因以詩寄)」의 주에서 이미 설명하였다.

459) 용성(龍城)은 유주를 가리킨다. 『구당서』 「지리지」에 의하면 영남도(嶺南道) 유주(柳州)는 천보(天寶) 원년(742)에 용성군(龍城郡)으로 고쳤다가 건원(乾元) 원년(758)에 다시 유주로 하였다. 한편 『원화군현지(元和郡縣志)』에 의하면 유주가 관할하는 다섯 현 가운데 하나가 용성(龍城)이다.

460) 금주(錦州)는 강남서도(江南西道)에 속하며 장안까지는 3천 5백 리이다.

461) 본편은 유주에서 목곡화(木槲華)를 심고 감흥을 적은 것이다. 시에 '다만 오래도록 용성(龍城) 태수를 해야 할 것이라'고 했으니 유주에서 지은 것은 분명한데 구체적인 저작 시기는 알 수 없다.

462) 상원(上苑)은 금원(禁苑), 즉 궁원(宮苑)을 말한다.

뜰 앞에 목곡화를 많이 심어야겠지.

上苑年年占物華, 飄零今日在天涯. 祇應長作龍城守, 剩種庭前木槲花.

적앵도증원거사시재망선정남루여주도사동처(摘櫻桃贈元居士時在望仙亭南樓與朱道士同處: 앵도를 따서 원거사에게 보내는데 지금 망선정 남루에서 주도사와 함께 지낸다)[463]

바닷가의 붉은 앵도를 그리운 이에게 보내는데
누각에 거하고 게다가 신선을 바라보는 때로구나.[464]
봉래(蓬萊)의 선객(仙客)이 만약 방문한다면[465]
선도(仙桃) 훔친 어린아이는 아닐 거네.[466]

海上朱櫻贈所思, 樓居況是望仙時. 蓬萊羽客如相訪, 不是偸桃一小兒.

---

463) 본편은 유종원이 앵도를 따서 망선정(望仙亭) 남루(南樓)에서 주도사(朱道士)와 함께 지내고 있는 원거사(元居士)에게 보내며 지은 것이다. 원거사와 주거사가 누구인지는 자세하지 않다. 아마 유종원과 교유관계에 있으며 주도사와 함께 선도(仙道)를 신봉하던 인물이었던 것 같다.

464) 『사기』「봉선서(封禪書)」에 '선인은 누각에 거하길 좋아한다[仙人好樓居]'는 공손경(公孫卿)의 말이 있다. 이 구는 지금 원거사가 망선정 남루에 살고 있음을 말한다.

465) 봉래(蓬萊)·방장(方丈)·영주(瀛洲)는 신선들이 산다는 바다 속의 삼산(三山)이다.

466) 『한무제내전(漢武帝內傳)』 및 『한무고사(漢武故事)』에는 동방삭(東方朔)이 서왕모(西王母)의 선도(仙桃)를 세 번 훔쳤다는 고사가 나온다. 마지막 2구는 선인(仙人)들이 원거사와 주도사를 방문하게 되면 이 앵도를 볼 것인데 그들은 동방삭처럼 선도를 훔치는 사람들은 결코 아닐 거라는 말이다.

수조시어과상현견기(酬曹侍御過象縣見寄 : 조시어가 상현을 지나며 보내준 시에 화답하다)[467]

파액산(破額山) 앞엔 벽옥 같은 물 흐르는데[468]
소인(騷人)은 멀리 목란(木蘭) 배를 멈추었네.[469]
봄바람에 소상(瀟湘)의 생각 끝이 없어
빈화(蘋花) 따고 싶지만 마음대로 안되네.[470]

破額山前碧玉流, 騷人遙駐木蘭舟. 春風無限瀟湘憶, 欲採蘋花不自由.

---

467) 본편은 조시어(曹侍御)가 상현(象縣)을 지나며 보내준 시에 유종원이 화답한 것이다. 조시어가 누구인지 자세하지 않다. 상현은 유주의 속현(屬縣)으로 지금 광서(廣西) 상주현(象州縣)이다. 시는 유주에서 지어진 것은 분명하나 정확한 저작 시기는 알 수 없다.

468) 『일통지一統志』에 의하면 파액산(破額山)은 황주부(黃州府) 황매현(黃梅縣) 서북쪽 40리에 있다. 그러나 황주와 상현은 거리가 너무 멀다. 시제에 조시어가 상현을 지나면서 이 시를 유종원에게 부친 것으로 되어 있으므로 파액산은 상현 부근에 있는 산이라고 보는 것이 자연스럽다.

469) 소인(騷人)은 시인을 말하며 여기서는 조시어를 가리킨다. 목란 배는 목란으로 만든 배란 뜻으로, 배에 대한 미칭(美稱)이다.

470) 빈(蘋)은 마름이라 하는 수초의 일종이다. 유운(柳惲)의 「강남곡(江南曲)」에 "물가 섬에서 흰 마름을 따는데 봄날 강남에 해가 지네. 동정호에 돌아온 나그네 있는데 소상에서 친구 만났네[汀洲采白蘋, 日落江南春. 洞庭有歸客, 瀟湘逢故人]"라고 하였다. 이 두 구는 유운의 「강남곡」의 시의(詩意)를 빌려온 것이다. 즉 조시어를 만나러 가고 싶지만 관직에 매여 있어 마음대로 갈 수 없음을 말한 것이다.

제43권 고금시(古今詩)

법화사석문정실삼십운(法華寺石門精室三十韻 : 법화사 석문정실에서 지은 30운의 시)[1)]

감정에 구속되면 우울병을 일으키는 법이라
뜻을 넓혀서 고상(高爽)한 곳에 기탁하고,
이름 있는 스님을 간절히 그리워하여
동쪽 봉우리 아침저녁으로 바라보았다.
처음에 비구름이 개인 것을 기뻐하였는데

1) 본편은 유종원이 영주 법화사(法華寺)의 석문정실(石門精室)에 가서 불도에 의지하여 자신의 답답한 심정을 풀어보고자 하는 마음을 묘사한 작품이다. 법화사는 영릉현(零陵縣) 동산(東山)에 있었다. '석문정실'은 '석문정사(石門精舍)'로 된 판본도 있으며 법화사 남쪽 모퉁이 절벽 아래에 있었다.

초목이 무성하여 더욱 즐거웠고,
길을 같이 하는 사랑하는 동생 있어서[2)]
초목을 헤치며 마음껏 즐거워했다.
소나무 계곡에 깊숙이 들어가고
돌 잔도(棧道)를 타고 기어오르는데,
여라(女蘿)와 칡은 층진 지붕에 얽혀있고
이끼는 절의 편액에까지 침범하였다.
빽빽한 숲은 서로 마주하여 솟아 있고
깎아지른 절벽은 가지런히 쌍으로 널찍하다.
가파른 계곡 물은 울창한 초목에서 나오고
험준한 언덕은 출렁이는 물에 임해있어,
지맥이 끊기었나 잠시 의심하였는데
아득히 하늘 사다리 나 있는 것 같다.
절의 구조물은 뭇 절벽을 덮고
빙 돌아서 만상(萬象)을 몰아가니,[3)]
소겁(小劫)은 눈 깜짝할 시간도 되지 못하고[4)]
대천세계가 손바닥에 있는 듯하다.
공(空)을 체득하여 조화의 본원을 얻고
유(有)를 바라보며 자잘한 생각을 잊는다.

시끄러운 번뇌는 눈에놀이에게 시달린 것이요
두려워 움추린 것은 도깨비에게 지친 것이다.
한 촌(寸)을 더 나아가 정녕 무엇을 구하겠는가?

---

2) 동생이란 유종직(柳宗直)을 말한다.
3) 유종원의 「영주법화사신작서정기(永州法華寺新作西亭記)」에는 "법화사는 영주에 있는데 가장 높은 곳에 자리잡고 있다[寺居永州, 地最高]"고 하였다.
4) 겁(劫)은 불가(佛家)의 시간단위이다. 구체적인 기간에 대하여는 설이 많다. 『법원주림(法苑珠林)』 권3 시절(時節)에서는 1소겁이 8천만만억백천8백만년이라고 하였다.

팔 척(尺)은 곧아야지 구부릴 바가 아니다.[5)]
기이한 곳을 찾아와 아득히 먼 곳을 바라보고
묘한 곳에 도달하여 맑은 소리를 듣는다.
바야흐로 지금 사리를 깨달아
정신이 열리니 옛날과는 다르다.
이런 유람이 만약 이어지지 않는다면
호연지기를 과연 누가 기를 것인가?
도(道)는 기이하니 참으로 바라는 바요
명성은 손님이라 내가 기댈 바가 아니다.
높이 나는 것은 외부의 도움을 빌려야 하나
고개 숙여 조용히 있으면 내면이 밝아진다.
쨍그렁 예스런 풍도에 예를 표하는 이가[6)]
결국 바로 나와 뜻을 같이 하는 사람이다.
몸을 숨기어 명리의 고삐와 사슬을 버리고
세상을 떠나 속세의 먼지를 사절하련다.
오래도록 품은 뜻 헛된 수고에 불과하니

---

5) 『맹자』 「등문공(滕文公) 하」에 "한 척을 구부려 여덟 척을 곧게 한다는 것은 이익으로 말한 것이다[枉尺而直尋者, 以利言也]"라는 구절이 보인다. 이 구는 편법을 사용하지 말고 정도(正道)를 걸어가야 함을 말한 것이다.

6) '쨍그렁'은 시 원문 '감이(鑑爾)'를 옮긴 것이다. '감이(鑑爾)'는 '갱이(鏗爾)'로 된 판본도 있다. 『논어』 「선진(先進)」에 ""점아, 너는 어떻게 하겠느냐?" 하시자 슬 타는 소리가 가늘어지더니 쨍그렁 소리를 내며 슬을 밀어 젖혀두고 일어나서 대답하였다. "저는 세 사람이 말한 것과는 다릅니다." 공자께서 말씀하셨다. "무얼 신경 쓰느냐? 각자 자기 뜻을 말하는 것에 지나지 않는데." 증점이 말하였다. "늦은 봄에 봄옷이 만들어지면 갓 쓴 이 대여섯 사람과 동자 예닐곱 명과 기수에서 목욕하고 무에서 바람쐬다가 시를 읊으면서 돌아오겠습니다." 공자는 아 하고 감탄하시면서 "나는 점과 같이 하겠다"고 하셨다[點, 爾何如? 鼓瑟希, 鏗爾, 舍瑟而作, 對曰, 異乎三子者之撰. 子曰, 何傷乎? 亦各言其志也. 曰, 莫春者, 春服旣成, 冠者五六人, 童子六七人, 浴乎沂, 風乎舞雩, 詠而歸. 夫子喟然嘆曰, 吾與點也]"는 기록이 있다. 쨍그렁은 바로 증점(曾點)이 슬(瑟)을 밀어 젖혀둘 때 냈던 소리를 말한다. 이 구는 공자의 다른 제자와는 달리 정치에 뜻을 두지 않고 선왕의 도를 따르려고 한 증점의 예스런 풍도에 동의한다는 말이다.

남의 뒤를 쫓아가면서 장차 무엇을 본받으랴?

오래 머무르니 어느새 황혼이라
아쉬움에 먼 땅을 바라본다.
햇빛 받으며 기러기 나란히 날아가고
뒤집히는 구름 속에 물결은 출렁인다.
서로 다른 풍속이 어지럽게 모여있는데
고향 가는 길은 아득하고 또 넓구나.
객지에 있는 나무 떠다니는 것 두려워하고
떨어져 있는 깃발은 흔들리는 것에 지쳤다.
옛사람은 뜻에 어긋남을 탄식했는데
출세와 은거, 지금 벌써 두 가지라.
어떻게 돌아갈 바를 기약하랴?
부처님께 남겨진 상이 있으니.
그윽한 오솔길 한 자도 되지 않고
빈방은 한 자 정도 수용할 만 한데,
미묘한 말씀 참으로 전할만 하여[7]
아침저녁으로 내 이마 조아린다.

拘情病幽鬱, 曠志寄高爽. 願言懷名緇, 東峯旦夕仰. 始欣雲雨霽, 尤悅草木長. 道同有愛弟, 披拂恣心賞. 松谿窈篠入, 石棧夤緣上. 蘿葛綿層甍, 莓苔侵標牓. 密林互對聳, 絶壁儼雙敞. 壍峭出蒙籠, 墟嶮臨滉瀁. 稍疑地脈斷, 悠若天梯往. 結構罩羣崖, 迴環驅萬象. 小劫不逾瞬, 大千若在掌. 體空得化元, 觀有遺細想. 喧煩困蟣蠓, 跼蹐疲魍魎. 寸進諒何營, 尋直非所枉. 探奇極遙矚, 窮妙閱淸響. 理會方在今, 神開庶殊曩. 茲游苟不嗣, 浩氣竟誰養. 道異誠所希, 名賓匪余仗.

7) 미묘한 말씀이란 부처의 가르침을 말한다.

超攄藉外獎, 俛默有內朗. 鑑爾揖古風, 終焉乃吾黨. 潛軀委韁鎖, 高步謝塵坱.
蓄志徒爲勞, 追蹤將焉倣.
淹留値頹暮, 眷戀睇遐壤. 映日雁聯軒, 翻雲波泱漭. 殊風紛已萃, 鄕路悠且廣.
羈木畏漂浮, 離旌倦搖蕩. 昔人歎違志, 出處今已兩. 何用期所歸, 浮圖有遺像.
幽蹊不盈尺, 虛室有函丈. 微言信可傳, 申旦稽吾顙.

유조양암수등서정이십운(遊朝陽巖遂登西亭二十韻 : 조양암에 갔다가 마침내 서정에 올라 지은 20운의 시)[8)]

폄적되어 버려졌으니 은자(隱者)와는 달라
산에 오르는 것도 먼 교외가 아니다.
생각하는 바는 답답함 누그러뜨리려는 것이니
어찌 백이(伯夷) 소보(巢父)와 견주겠는가?[9)]
높은 바위는 맑은 강을 굽어보고
깊숙한 동굴엔 신령스런 이무기 숨어있네.
확 트인 바위는 맑은 햇빛 맞아들여서
휘돌아 숲 나뭇가지 끝에 모여 있네.
서정(西亭)이 그 꼭대기에 지어져
솟은 처마는 높은 하늘에 맞닿아 있네.

8) 본편은 유종원이 조양암(朝陽巖)에 갔다가 서정(西亭)에 올라 그곳에서 바라본 경치와 자신의 감회를 묘사한 작품이다. 조양암은 영릉현(零陵縣) 서남쪽에 있는 바위인데, 원결(元結)에 의해서 명명되었다. 원결이 영태(永泰) 2년(766) 공무로 영주(永州)에 들렀다가 그 성곽 가운데 기이한 물가 바위가 있는 것에 이끌리어 배를 정박시키고 찾아 나서서 바위와 동굴을 발견하였는데 그것이 동쪽으로 향하고 있어서 조양암이라고 이름하였다고 한다. 서정(西亭)은 유종원이 세운 법화사 서정을 말한다.

9) 백이(伯夷)는 은(殷)나라 주(紂)왕 때의 은자이고, 소보(巢父)는 요(堯)임금 때의 은자이다.

등뒤로 쳐다보니 별들이 일어나고
아래로 바라보니 비구름 교차하네.
내 고향 땅 아닌 것이 애석하구나
청묘(菁茆)로 뒤덮이게 할 수 있는데.[10)]

어려서 장강(長江) 가를 떠났거니와[11)]
세상 벼슬은 함곡(函谷) 효산(崤山)을 숭상했다.[12)]
고향 별장은 바로 풍천(灃川)이었는데[13)]
몇 이랑의 논밭은 다 비옥했다.
누대와 관각(館閣)은 산언덕에 모여 있었고
연못은 깊은 웅덩이와 소통하였네.
때마침 벼슬에 대한 미련이 생겨
드디어 산림의 조소를 남기게 되었네.
기박한 몸 참으로 쓸모가 없었고
하찮은 일에 변변찮은 재주 다했다.
갇혀 지내는 것 정말로 당연하거니와
깊은 부끄러움 이미 오랫동안 품었네.
뜰 정리하여 쑥을 심었는데
창 틈에는 갈거미가 매달려 있네.
믿을 만한 산천 유람을 좋아하는 객이
조각배 타고 긴 삿대 저어 찾아오면,
흐르는 물 떠 마시니 맑은 술에 견줄 만하고
들나물 뜯어서 좋은 안주 대신한다.

---

10) 청묘(菁茆)는 초(楚)의 향초로 제사에 사용하는 술을 거르는데 썼다고 한다.
11) 유종원은 어려서 부친을 따라 오(吳)에 가서 생활했던 적이 있다. 유종원의 부친은 4년간 선성령(宣城令)에 있었다.
12) 장안에 들어가 입사(入仕)한 것을 말한다.
13) 풍천(灃川)은 장안에 있는 물 이름이다.

도에 맞으면 높은 언론 펴고
즐기기는 해도 악기는 사용하지 않는다.
소요(逍遙)하면서 어둡고 답답함을 물리치고
담박한 생활로 시끄러운 소리 없앤다.
새벽닭은 나를 속이지 아니하니
비바람 쳐도 닭 울음소리 들린다.
다시 오래도록 한가함 기약하여
집안의 주방을 가져다 옮기련다.

謫棄殊隱淪, 登陟非遠郊. 所懷緩伊鬱, 豈欲肩夷巢. 高巖瞰淸江, 幽窟潛神蛟. 開曠延陽景, 迴薄攢林梢. 西亭構其巓, 反宇臨呀哮. 背瞻星辰興, 下見雲雨交. 惜非吾鄕土, 得以蔭菁茆.
羈貫去江介, 世仕尙函崤. 故墅卽灃川, 數畝均肥磽. 臺館集荒丘, 池塘疏沈坳. 會有圭組戀, 遂貽山林嘲. 薄軀信無庸, 瑣屑劇斗筲. 囚居固其宜, 厚羞久已包. 庭除植蓬艾, 隟牖懸蠨蛸. 所賴山水客, 扁舟枉長梢. 挹流敵淸觴, 掇野代嘉肴. 適道有高言, 取樂非絃匏. 逍遙屛幽昧, 澹薄辭喧呶. 晨雞不余欺, 風雨聞嘐嘐. 再期永日閑, 提挈移中庖.

상구관소상이수소회(湘口館瀟湘二水所會 : 상구관의 소수와 상수 두 물줄기가 만나는 곳)[14]

구의산(九疑山)은 깊고 경사져 물살이 세차고
임원령(臨源嶺)은 굽이져 빙 돌아 흐르네.[15]
두 물줄기 합쳐져서 텅 빈 광야에 들어가니
맑은 물은 바람과 우레를 정지시켜 놓은 듯.
높은 상구관(湘口館)은 구름 위로 솟았고
위태로운 누각은 산굽이를 내려보고 있네.
오늘 아침에서야 비로소 날이 맑게 개여
가는 구름도 모두 깨끗이 걷혔네.
하늘은 가을, 해는 한 가운데 떠 있고
강물은 푸르러 티끌조차 없구나.
아득히 어부의 노래 소리 들리고
끼룩끼룩 날아가는 기러기 울음소리 애처롭네.
경치 좋으니 어찌 즐겁지 않겠는가 마는
근심으로 심란하여 참으로 어찌하기 어렵네.
높은 곳에 올라 스스로 마음 풀어보려 하나
더욱 더 멀리 고향 생각 일어나는구나
돌아가는 물 흐름은 빠르고도 넓은데
물에 뜬 배는 물길 따라 오르내리는 것 끊겼네.

14) 본편은 소수(瀟水)와 상수(湘水) 두 물줄기가 만나는 상구관(湘口館)에서 바라본 경치와 감흥을 묘사한 작품이다. 소수와 상수는 모두 영주(永州) 경내에 있으니 상구관 역시 영주에 소재하고 있었음이 분명하다.

15) 구의산(九疑山)과 임원령(臨源嶺)에서 소수(瀟水)와 상수(湘水)의 물줄기가 흘러나오는 것을 말한다.

九疑瀯傾奔, 臨源委縈迴. 會合屬空曠, 泓澄停風雷. 高館軒霞表, 危樓臨山隈.
茲辰始澂霽, 纖雲盡褰開. 天秋日正中, 水碧無塵埃. 杳杳漁父吟, 叫叫羈鴻哀.
境勝豈不豫, 慮分固難裁. 升高欲自舒, 彌使遠念來. 歸流駛且廣, 汎舟絶沿洄.

등포주석기망횡강구담도심형사대향령산(登蒲洲石磯望橫江口潭島深迥斜對香零山 : 포주 석기에 올라 강 입구를 가로지르는 못과 섬이 깊고 멀고 경사진 것을 바라보고 향령산과 마주하다)[16]

남모르는 근심에 긴 밤 시달리다
안개를 무릅쓰고 강변 나루에 나왔다.
원숭이 울음소리 점점 뜸해지는데
바위에 올라 맑은 물결을 감상한다.
해 떠오르고 물가는 조용한데
맑은 물은 수정처럼 끝이 없다.
공중의 햇빛은 높이 나는 새들 뒤집고
물에 잠긴 경치는 고기 비늘 비춘다.
두 강이 모여 서쪽으로 달려가는데
괴이하니 땅 보물이 잠기어 있는 듯.
외로운 산이 북쪽에 우뚝 솟았는데[17]

---

16) 본편은 영주에 있을 때 유종원이 포주(蒲洲) 석기(石磯)에 올라 강 입구를 가로지르는 못과 섬이 깊고 멀고 경사진 것을 바라보고 또 멀리 향령산(香零山)을 마주보며 지은 작품이다. 시제에 혹시 다른 지명이 포함되어 있을 가능성도 있으나 현재로서는 확인할 방법이 없어 잠시 이렇게 옮기기로 한다. 포주(蒲洲)는 영릉현 동남쪽 6리 포강(浦江)가에 있었다. 향령산은 영릉현 동쪽 소수(瀟水) 가운데 있는데 산 가운데서 자라는 초목은 봄이 되면 모두 아름다운 향기를 내뿜는다고 한다.
17) 이 구는 바로 향령산(香零山)을 묘사한 것이다.

삼엄하고 시원스러워 신령이 살고 있는 듯.
휘돌아 흐르는 못 물이 간혹 움직이면
섬들도 흔들리는가 의심스럽네.
도기를 만드는 흙 여기서 채취하고
창포와 고기가 서로 더불어 이웃하였네.[18]
정말 아름답지만 편안한 곳은 아니라서
매여있는 마음으로 여러 번 배회하였네.
맺힌 감정 정말로 풀 만하고
울적한 마음도 이내 펴져서
높이 노래부르며 집에 돌아오거니와
스스로를 속이는 것 기뻐할 바가 아니라네.

隱憂倦永夜, 凌霧臨江津. 猿鳴稍已疏, 登石娛淸淪. 日出洲渚靜, 澄明晶無垠. 浮輝翻高禽, 沈景照文鱗. 雙江匯西奔, 詭怪潛坤珍. 孤山乃北時, 森爽棲靈神. 洄潭或動容, 島嶼疑搖振. 陶埴玆擇土, 蒲魚相與鄰. 信美非所安, 羈心屢逡巡. 糺結良可解, 紆鬱亦已伸. 高歌反故室, 自調非所欣.

18) 창포는 돗자리를 만들 수 있고 또 여린 순은 식용으로 사용된다. 이 구는 창포를 뜯는 사람과 물고기를 잡는 사람이 이웃하고 있다는 뜻이다.

남간중제(南澗中題 : 남간 가운데서 짓다)[19]

가을 기운 남간에 모여 있어
정오의 때에 홀로 거닐었다.
회오리바람 쏴 하고 한 번 부니
숲 그림자 오래도록 어지럽다.
처음 왔을 때 얻은 것이 있는 듯 하여
점점 깊이 들어가 드디어 피로도 잊었다.
짝 잃은 새 깊은 계곡에서 울어대고
차가운 마름은 잔물결에 춤춘다.
경성을 떠나니 혼도 이내 떠돌아
사람들 생각에 눈물만 부질없이 떨어진다.
외롭게 살다보니 쉽게 감상에 젖고
길을 잃고 보니 마음에 맞는 일도 적다.
의기소침은 대체 무슨 까닭인가?
방황은 오직 자신만이 알 뿐이다.
누가 뒤에 올 사람일는지?
마땅히 이 마음 알아주리라.

秋氣集南磵, 獨遊亭午時. 迴風一蕭瑟, 林影久參差. 始至若有得, 稍深遂忘疲.

19) 본편은 남간(南澗)에서 지은 것이다. 남간은 석간(石澗)을 말한다. 석간이 남쪽에 있었으므로 남간이라고 한 것이다. 유종원이 영주에서 쓴 유기(遊記)의 경로는 조양암(朝陽巖)에서 시작하여 동남쪽으로 강물을 따라가 원가갈(袁家渴)에 이르렀고, 원가갈에서 서남쪽으로 백보를 채 가지 않은 곳이 석거(石渠)이며, 석거가 끝나는 곳이 석간(石澗)이다. 이 시의 저작 시기는 「석간기(石澗記)」와 같은 것으로 추정된다. 「석거기(石渠記)」에 의하면 유종원이 석거를 얻은 것은 원화 7년(812) 10월 19일이므로 이 시도 이쯤에 쓰여졌을 것이다.

羈禽響幽谷, 寒藻舞淪漪. 去國魂已游, 懷人淚空垂. 孤生易爲感, 失路少所宜. 索寞竟何事, 徘徊祇自知. 誰爲後來者. 當與此心期.

유석각과소령지장오촌(遊石角過小嶺至長烏村 : 석각에 유람하고 작은 고개를 넘어 장오촌에 이르다)[20]

뜻이 편안하면 부귀를 기약하지 않거니와
도가 남아 있으니 어찌 구차하게 살겠는가?
오래도록 봉사(封事) 올리는 것 잊었거니와[21]
하늘에 오르는 건 더욱 비웃는다.[22]
쫓겨나 상수(湘水) 포구에서 벼슬살이하니
흔들리는 마음 매달린 깃발보다 심하다.
처음에는 세속 의론에 빠진 것 놀랐고
마지막엔 하늘의 형벌에서 도망하고자 하였다.
세월이 걱정과 두려움 줄여주겠고
거칠고 게으르니 전송하고 영접하는 일 적어지리.
유람은 내가 좋아하는 것 같으니
잠시 다시 내 마음을 펼 수 있으리.
석각산(石角山)에서 그윽한 발걸음 내딛어

---

20) 본편은 유종원이 영주 석각산(石角山)에서 시작하여 작은 고개를 넘어 장오촌(長烏村)에 이르기까지 유람하면서 본 경치와 작가의 감흥을 묘사한 작품이다. 석각산은 영릉현 동북 10리에 있는데 산에는 작으면서도 깊은 동굴이 있으며, 10여 개의 작은 돌 봉우리가 연속되면서 기묘하게 솟아 있어 그림과 같다.
21) 봉사(封事)는 밀봉한 주장(奏章)을 말한다. 옛날에는 신하들이 상주문을 올릴 때는 누설을 방지하기 위하여 검은 주머니로 봉하였기 때문에 봉사라 이름하였다.
22) 하늘에 오르는 것이란 선도(仙道)를 배우는 것을 말한다.

장오촌(長烏村)까지 멀리 가기로 하였다.
돌계단 빙 돌아가는데 울창한 수목이 길을 끊고
날 저무는데 차가운 내는 맑기만 하다.
광야에서 바라보니 행인은 드물고
때때로 들 황새 울음소리 들린다.
바람 부는 대나무는 멀리 강변을 덮고 있고
서리 맞은 벼는 평평한 산가에 있다.
잠시 세상사 틈에 끼여 있었더니
더욱 몸과 세상이 가볍다는 것을 알겠다.
농사 일 참으로 즐길 만 하거니와
총애 받는 일 정말 허영이라네.
큰 나무 있는 저곳에 고향 남아 있으니
간절히 그리는 마음 과연 진심이라네.
사지가 전답으로 돌아가면
야망을 버리고 동쪽 언덕에서 밭 갈리라.

志適不期貴, 道存豈偸生. 久忘上封事, 復笑昇天行. 竄逐宦湘浦, 搖心劇懸旌. 始驚陷世議, 終欲逃天刑. 歲月殺憂慄, 慵疏寡將迎. 追遊疑所愛, 且復舒吾情. 石角恣幽步, 長烏遂遐征. 磴迴茂樹斷, 景晏寒川明. 曠望少行人, 時聞田鸛鳴. 風篁冒水遠, 霜稻侵山平. 稍與人事間, 益知身世輕. 爲農信可樂, 居寵眞虛榮. 喬木餘故國, 願言果丹誠. 四支反田畝, 釋志東皋耕.

여최책등서산(與崔策登西山 : 최책과 서산에 오르다)[23)]

고요한 초산(楚山)에 학 울어대고
새벽의 가을 강에는 물안개 끼어있네.
소매 맞잡고 높은 다리 건너
구불구불 돌아서 숲의 끝을 나왔네.
서쪽 봉우리에서 멀리 눈길 닿는 데까지 바라보는데
터럭 끝까지도 모두 분명하구나.
중첩된 구의산(九疑山)은 높은데
아득한 동정호(洞庭湖)는 작기만 하다.
멀리 하늘과 땅 사이에 뻗어 있으면서
높이 만상의 밖으로 솟아 있구나.
햇빛은 잔잔한 물결에 떠있고
멀리서 불어오는 바람은 찬 대나무에 스친다.
폄적 생활에 무엇에 익숙해지겠는가?
점점 어지러운 일 쫓는 것 싫어지네.
사는 것 서미(胥靡)처럼 버렸고[24)]
목숨은 팽갱(彭鏗)의 요절과 같네.[25)]

---

23) 본편은 유종원이 최책(崔策)과 서산(西山)에 올라 경치를 바라보면서 자신의 유배지에서의 괴롭고 근심스런 심경을 묘사한 작품이다. 최책은 자가 자부(子符)이고 유종원의 자부(姊夫) 최간(崔簡)의 동생으로 여러 차례 과거에 실패하였다. 원화 7년(812) 영주에 와서 잠시 머무르다가 영주를 떠났다. 시에 '새벽의 가을 강에는 물안개 끼어 있다'고 하였으니 이 시의 저작 시기는 원화 7년 가을로 추정된다. 서산은 영릉현(零陵縣) 서쪽 강 건너 2리 되는 곳에 있으며 조양암(朝陽巖)에서 황모령(黃茅嶺) 북쪽에 이르기까지 길게 몇 리를 뻗어 있는 산이다.

24) 서미(胥靡)는 고대 노역에 복무하거나 형벌을 받은 사람을 말한다. 『장자』 「경상초(庚桑楚)」에 "서미는 높은 곳에 올라도 두려워하지 않는데 생사를 버렸기 때문이다[胥靡登高而不懼, 遺生死也]"라는 말이 있다.

25) 유향(劉向)의 『열선전(列仙傳)』에 의하면 팽조(彭祖)는 은(殷)나라 대부로, 성은 전(籛)이

어려움에 빠져 자빠지고 넘어지니
몽매하여 미묘한 일에도 겁을 낸다.
친애하는 이들 소원하게 하는 일 아니라면
누가 심신을 근심스럽게 하겠는가?
우연히 여기 산수에 숨어서
새와 물고기 관찰할 수 있으니
그대 바라건대 오래도록 머물러
나의 슬픈 창자 얽힌 것 풀어주게나.

鶴鳴楚山靜，露白秋江曉. 連袂渡危橋，縈迴出林杪. 西岑極遠目，毫末皆可了. 重疊九疑高，微茫洞庭小. 迴窮兩儀際，高出萬象表. 馳景泛頹波，遙風遞寒篠. 謫居安所習，稍厭從紛擾. 生同胥靡遺，壽等彭鏗夭. 蹇連困顚踣，愚蒙怯幽眇. 非令親愛疏，誰使心神悄. 偶茲遁山水，得以觀魚鳥. 吾子幸淹留，緩我愁腸繞.

구법화사서정(構法華寺西亭 : 법화사 서정을 짓다)[26]

초 땅의 남쪽 끝에 유배되니
산과 강은 험난하기 짝이 없네.
걸어서 가장 높은 절에 올라

고 이름은 갱(鏗)인데 하(夏)에서 은나라 말기까지 800여 세를 살았다. 『장자』「제물론」에 "천하에 가을 터럭 끝보다 큰 것이 없으니 태산도 작은 것이요, 어려서 죽은 아이보다 오래산 이가 없으니 팽조도 요절한 것이다[天下莫大於秋毫之末, 而大山爲小, 莫壽於殤子, 而彭祖爲夭]"라는 구절이 있다.

26) 본편은 유종원이 영주에서 법화사(法華寺) 서쪽에 정자를 짓고서 거기서 바라보이는 경치와 자신의 감회를 묘사한 작품이다.

쓸쓸함에 거칠고 완고한 마음을 맡기네.
서쪽 처마 밑의 산세는 가파르니
인간 세상을 엿보려는 것 같고,
도리어 그윽한 계곡에 있는 듯 한데
수풀이 우거져서 올라갈 수 없구나.
아이들에게 마음껏 베어 내게 하고
집을 지어 절벽을 가로지르니,
확 트이어 청탁(淸濁)이 갈라진 듯 하고
바람에 나부끼어 구름 사이로 오르는 듯 하다.
먼 산들은 많은 이마를 모아놓은 듯하고[27)]
맑은 강물은 깨끗한 물굽이를 안고 있다.
저녁 햇빛 처마에 비쳐 떨어지고
잠자러 오는 새는 나를 향해 돌아온다.
연꽃에는 아름다운 빛깔 넘치고
운당(篔簹)에는 뚜렷한 반점이 남아 있다.[28)]
정신이 풀어지니 매였다는 생각 물리치고
뜻이 편안하여 유약한 몸도 잊었네.
버림받고 쫓겨나 오래도록 여위었는데
지금에서야 비로소 얼굴을 펴게 되었네.
즐거운 마음 오래 머물기 어려운 것은
이별 생각 일어나서 막아버리기 때문이지.
북쪽을 바라보니 사랑하는 이들 떨어져 있고
남쪽을 쳐다보니 만이(蠻夷)가 섞여 있네.

---

27) 뭇 산들이 서정(西亭)을 향해 모여있는 것 같다라는 말이다.
28) 운당(篔簹)은 대나무의 일종으로 왕대를 말한다. 『이물지(異物志)』에 의하면 운당은 물가에서 자라고 길이는 수장(數丈), 둘레는 1자 5~6촌, 한 마디 길이가 예닐곱 자에서 일장(一丈)이라고 한다.

이런 생각일랑 버려 두고 다시 말하지 말자
잠시 순간의 한가로움에 맡길 수 있도록.

竄身楚南極, 山水窮險艱. 步登最高寺, 蕭散任疏頑. 西垂下斗絶, 欲似窺人寰. 反如在幽谷, 榛翳不可攀. 命童恣披翦, 葺宇横斷山. 割如判清濁, 飄若昇雲間. 遠岫攢衆頂, 澄江抱清灣. 夕照臨軒墮, 棲鳥當我還. 菡萏溢嘉色, 篔簹遺清斑. 神舒屏羈鎖, 志適忘幽孱. 棄逐久枯槁, 迨今始開顔. 賞心難久留, 離念來相關. 北望間親愛, 南瞻雜夷蠻. 置之勿復道, 且寄須臾閑.

하야고열등서루(夏夜苦熱登西樓 : 여름 밤 더위에 괴로워하다 서쪽 누각에 오르다)[29]

열기에 괴로워하다 한밤중에 일어나
홀로 옷을 걸치고 누각에 올랐다.
산택(山澤)에는 더운 기운이 엉기어 있고
은하수에는 밝은 빛이 잠기어 있다.
뜨거운 태양은 젖은 이슬 말리고
들은 조용히 위세 떨치던 바람 그쳤다.
그늘진 우물에서 길어 올린 물도 끓인 물 같고
겹 문을 여니 부뚜막에서 불 때는 것 같다.
난간에 기대어 오래도록 서성이니
흐르는 땀 주체할 수 없구나.

---

29) 본편은 여름날 밤, 무더위에 지쳐 잠을 이루지 못하고 더위를 피하여 누각에 올라 지은 작품이다.

화육(化育)의 뜻 판별하기 어려워
고개 들어 북두칠성에게 호소해본다.
정녕 고야자(姑射子)가 아니니[30]
조용히 이겨내기를 어찌 바랄 수 있으랴?[31]

苦熱中夜起, 登樓獨褰衣. 山澤凝暑氣, 星漢湛光輝. 火晶燥露滋, 野靜停風威. 探湯汲陰井, 煬竈開重扉. 憑欄久徬徨, 流汗不可揮. 莫辯亭毒意, 仰訴璿與璣. 諒非姑射子, 靜勝安能希.

각쇠(覺衰 : 쇠함을 느끼다)[32]

오래 전부터 늙음이 오리라고 알았으나
이렇게 빨리 쳐들어오리라고는 생각지 않았다.
금년은 아직 쇠약하지 않아야 마땅한데
조금씩 벌써 찾아와 버렸네.
이가 빠지니 머리털도 짧아지고
바삐 갈려면 힘도 부치는구나.

30) 『장자』 「소요유(逍遙遊)」에 "막고야(藐姑射) 산에 신인(神人)이 살고 있는데 피부는 얼음과 같고 처녀처럼 아름다웠다 (…중략…) 큰 가뭄에 금석(金石)이 녹아 흐르고 토산(土山)이 불타오르는데도 뜨거워하지 않았다"는 구절이 있다. 이 구의 고야자(姑射子)는 막고야 산의 신인을 말한다.

31) 이 구는 조용히 앉아서 더위를 이겨낼 수 없다는 말이다. 『노자』에 "고요함은 더위를 이긴다[靜勝熱]"라는 구절이 있다.

32) 본편은 어느 날 갑자기 느끼게 된 작가 자신의 노쇠함에 대한 생각을 묘사한 시이다. 유종원은 「여소한림면서(與蕭翰林俛書)」·「기허경조맹용서(寄許京兆孟容書)」·「여양경조빙서(與楊京兆憑書)」 등의 작품에서 노쇠함에 대한 탄식을 하고 있는데 이 작품들은 모두 원화 4년(809)에 지어졌다. 따라서 이 시의 저작 시기는 원화 4년 봄으로 추정된다.

이를 탄식하여 무엇하겠는가?
반드시 나를 상심시키지는 못하리.
팽조(彭祖)와 노담(老聃)이 어디 있는가?
주공(周公)과 공자도 벌써 죽었다.
예로부터 성인은 오래 산다 하지만
아무도 지금까지 살아남지 못했다.
다만 바라는 것은 좋은 술 얻어
늘 친구들과 함께 마시는 것.
지금은 봄이 저물어가는 때라,
복사 오얏나무가 울창한 녹음을 만들어낸다.
햇빛 비치니 하늘은 바야흐로 푸르고
아득히 돌아가는 기러기 지저귄다.
문 나서서 친한 친구 불러
지팡이 짚고 서산의 숲에 올라간다.
높이 노래하여 자신을 유쾌하게 할 수 있으니
「상송(商頌)」에 여음이 남아있는 듯하네.[33]

久知老會至, 不謂便見侵. 今年宜未衰, 稍已來相尋. 齒疏髮就種, 奔走力不任. 咄此可奈何, 未必傷我心. 彭聃安在哉, 周孔亦已沉. 古稱壽聖人, 曾不留至今. 但願得美酒, 朋友常共斟. 是時春向暮, 桃李生繁陰. 日照天正綠, 杳杳歸鴻吟. 出門呼所親, 扶杖登西林. 高歌足自快, 商頌有遺音.

33) 『장자』 「양왕(讓王)」에 증자(曾子)가 위(衛)나라에 있을 때 "찢어진 신을 끌고서 「상송(商頌)」을 읊으니 소리가 사방 천지에 가득 퍼져서 마치 금석악기로 연주해낸 것 같았다"는 구절이 있다.

유남정야환서지칠십운(遊南亭夜還叙志七十韻 : 남정에 놀러 갔다가 밤에 돌아와 뜻을 써낸 70운의 시)[34)]

일찍부터 산수를 숭상하는 생각을 품어
마음 내키는 대로 여기저기 돌아다녔다.
중간에 벼슬살이에 묶이어
십 년을 부질없이 근심하며 지냈네.[35)]
밖으로는 굽혀서 세속의 길을 따르면서
내심으론 걸출한 인물이 되고 싶었는데,
나아가려 하나 낭묘(廊廟)의 그릇이 부족했고[36)]
물러나려 해도 향곡(鄕曲)의 호걸은 아니었네.[37)]
하늘의 명은 바꿀 수 없거니와
귀신의 질책에 어디로 도망가랴?
재난이 과연 나에게 다가왔으니
액운은 마땅히 받아들여야 할 바라.
신명(神明)은 진실로 드넓은데

34) 본편은 남정(南亭)에 놀러 갔다가 밤에 돌아와 자신의 생각을 써낸 작품이다. 시에 '민(岷)의 흉악범 이미 체포했다'고 한 것은 원화 원년(806) 9월 유벽(劉闢)을 사로잡은 것을 말하며, '오(吳)의 오랑캐도 벌써 격멸했다'는 것은 원화 2년(807) 10월 절서(浙西)의 이기(李錡)를 사로잡아 11월에 그를 죽이고 12월에 절서 지역을 완전히 평정한 것을 말한다. 또 시에 '중간에 벼슬살이에 묶이어 10년을 부질없이 근심하며 지냈다'고 하였는데 유종원이 처음 관직에 오른 것은 정원 14년(798) 박학굉사과(博學宏詞科)에 합격하여 집현전서원정자(集賢殿書院正字)에 배수된 것이니 이로부터 10년 뒤는 원화 3년(808)에 해당한다. '강은 텅 비어 가을달만 높다'고 한 것으로 보아 이 시의 저작 시기는 원화 3년(808) 가을로 추정된다.

35) 유종원은 정원 14년(798) 박학굉사과(博學宏詞科)에 합격하여 집현전서원정자(集賢殿書院正字)가 된 뒤로 원화 3년(808)까지 10년의 시간이 흘렀다는 말이다.

36) 낭묘(廊廟)는 궁전에 있는 집과 태묘(太廟)를 말하는데, 조정을 가리킨다. 낭묘의 그릇이란 조정의 중임(重任)을 맡을 만한 능력이나 그런 능력을 가진 사람을 말한다.

37) 향곡(鄕曲)은 향리(鄕里)를 말한다.

사람들은 입으로 부질없이 떠드는구나.

산수 아름다운 곳으로 쫓겨났으니
마음껏 「이소(離騷)」를 노래해야지.
옛날의 기약을 다시 가슴에 품고
여유롭게 가벼운 배를 몰아가네.
빈 관각(館閣)은 산 성곽을 등지고
앞 들창은 강 언덕을 마주하였네.
중첩되어 나루터가 열리고
돌 많은 등성이가 구불구불 뻗어있네.
푸른 섬들이 넘실대는 물에 떠있어
처음엔 산을 지고 있다는 신령스런 오(鼇)인가 의심했네.[38)]
무성한 숲엔 회오리바람 부딪친 흔적 남아있고
강가의 돌과 자갈은 거센 파도를 맞이하네.
광활하고 깨끗하게 날이 개어
나무꾼들이 멀리서 서로 부르네.
맑은 못에는 물에 잠긴 갈매기들 솟아오르고
절벽에는 매달린 원숭이들 뛰어오르네.
사슴 우니 들에서 풀 뜯는다는 증거이고[39)]
물고기 즐거워하니 사람이 호(濠)를 쳐다보는 것이겠지.[40)]
혼자 감상하는 것 참으로 슬픈 일이나

---

38) 오(鼇)는 전설상 바다에서 산을 지고 있다는 큰 자라 혹은 큰 거북을 말한다.

39) 『시경』 「소아」 「녹명(鹿鳴)」에 "메에메에 사슴들이 울며 들의 다북쑥 뜯네[呦呦鹿鳴, 食野之苹]"란 구절이 있다. 사슴들이 울면서 들의 다북쑥을 뜯고 있다는 것은 친구와 즐겁게 지냄을 비유한 것이다.

40) 『장자』 「추수(秋水)」에 장자와 혜자(惠子)가 호수(濠水)의 교량에서 물고기가 헤엄치는 것을 구경하면서 물고기가 즐거워하고 있다고 말한 고사가 나온다. 이 2구는 친구를 그리워하는 감정을 은근히 나타내고 있다. 그리하여 다음 구에서 '혼자 감상하는 것이 슬프다'라고 표현한 것이다.

잠시의 즐거움 정녕 기릴 만하네.

계속 머물러 난간에 기댄 채
술병의 탁주를 기울이네.
턱을 움직여 마름 나물을 먹고
손을 빼어 방게 다리를 잡네.
쌀밥을 지으면서 솥을 바라보고
신선한 횟감에 냄새 맡으며 칼을 잡네.
들 채소가 광주리에 가득 찼는데
연못의 풀도 제법 섞여 있네.
아득히 그리워하네, 노 젓던 늙은 어부
휘파람 불며 술지게미 먹으라고 읊었던 일을.[41)]
물러나 생각해보네, 오릉(於陵)의 진중자(陳仲子)
세 번이나 벌레 먹은 오얏을 삼켰던 것을.[42)]
이런 처세 방식은 함께 하기 어려우니
깊은 근심을 어디에 감출 것인가?

굽이진 물가에 기러기 슬피 울고
둥근 섬에는 난초와 칡꽃이 시들었네.
저녁 해는 서쪽 봉우리로 돌아가고
강물은 북으로 도도히 흘러가네.

---

41) 『초사』 「어부」에 어부가 굴원(屈原)에게 '성인은 사물에 막히지 아니하고 세상과 더불어 살아가는 법이라면서 세상사람들이 다 취했으면 그들과 함께 술지게미를 먹고 그들이 마시던 술을 마시지, 어째서 혼자 고고하게 행동하여 쫓겨났는가'라는 질책을 하고 노를 저으며 떠나갔다는 고사가 나온다.

42) 『맹자』 「등문공(滕文公) 하」에 의하면 오릉(於陵)에 살던 진중자가 삼일간 굶다가 우물가에 있는 오얏나무에서 벌레 먹은 열매를 따서 세 번 삼키고서야 기운을 차릴 수 있었다고 한다.

배회하다 드디어 어둑해지고
멀리 불빛은 이어진 배를 밝혀주네.
나뭇잎 떨어져 차가운 산 고요하고
강은 텅 비어 가을달만 높구나.
소매 추스르고 돌아가는 무리 타일러
수영 잘하는 이, 손에 잡은 것 조심시키네.
얕은 곳에서는 긴 노를 거두었고
깊은 곳에서는 가벼운 삿대를 물리치네.
시야가 확 트인 곳에서는 깊은 낚싯대를 잡고
슬프게 노래하며 뱃전을 두드리네.
강 중간쯤 와서는 마음껏 가도록 놔두니
천천히 흘러 마치 허공을 나는 것 같네.
떠내려가다 마침내 멈추는 곳에 정박하니
들바람이 저절로 불어오네.
시냇물 급하여 놀란 고기들이 뛰어오르고
산길 거친 곳에선 굶주린 짐승들이 짖어대네.

문에 들어서면 구속된 삶을 살아야하니[43)]
처량하고 슬퍼지고 울적해짐이 싫네.
은사(隱士) 사모하는 마음 아직 잊지 않았는데
사람 그리워하면서 헛되이 머리 긁네.
안으로 살펴보니 가진 것이 없고
덕은 가볍기가 기러기 깃털보다 심하네.
명성을 훔쳐 오래 자신을 속이고
봉록을 높이니 정말 탐욕이라 해야겠네.

43) 이 구 이하는 작가의 생각을 묘사하고 있다.

소에 대해 물으며 종에 피 바르는 것을 슬퍼하고[44]
돼지에 대해 말하며 우리에 다가가는 것에 놀라네.[45]
길이 도필리(刀筆吏)에서 도망하려 하는데[46]
어찌 장부 다루는 관리를 바라겠는가?

중흥의 시대에 만물이 순조로와
땅을 분봉(分封)하고 활과 화살 하사했네.
민(岷)의 흉악범 이미 체포했고[47]
오(吳)의 오랑캐도 벌써 격멸했네.[48]
방어는 방숙(方叔) 소호(召虎)보다 훌륭하고[49]
계책의 밝음은 이윤(伊尹) 고요(皐陶)보다 넉넉하네.[50]
산을 헤치며 목화(木禾)있는 곳까지 이르고[51]

---

44) 『맹자』「양혜왕(梁惠王) 상」에 보면 제(齊) 선왕(宣王)이 소를 끌고 지나가는 것을 보고는 소가 어디로 가는가 물었는데, 소를 잡아서 그 피로 새로 주조한 종에 발라 틈새를 메우려고 한다고 대답하자, 소의 두려워하는 모습을 차마 보지 못하겠다고 하면서 양으로 바꾸게 했다는 고사가 보인다.

45) 『장자』「달생(達生)」에 보면 제사를 주관하는 축종인(祝宗人)이 예복을 입고 돼지우리에 다가가서 돼지를 설득하여 "너는 어째서 죽음을 겁내는가? 내가 삼 개월 동안 잘 먹여주고 열흘간 조심시키고 사흘간 정결히 하고 흰 띠 풀을 깔아주었다가 네 엉덩이를 조각한 제기 위에 올려놓으려고 하는데, 너는 하겠느냐?"라고 말하였다는 고사가 보인다.

46) 도필리(刀筆吏)는 문서를 관장하는 관리를 말한다. 옛날에는 죽간(竹簡)에다 글을 썼는데 잘못 쓴 글자는 칼을 가지고 깎아내고 다시 썼다. 도필(刀筆)은 고대의 서사도구였다.

47) 민(岷)은 촉(蜀)의 산 이름이다. 원화 원년(806) 9월 성도(成都)를 수복하고 서천(西川)의 유벽(劉闢)을 사로잡은 것을 말한다.

48) 원화 2년(807) 10월 윤주대장(潤州大將) 장자량(張子良)·이봉선(李奉僊) 등이 절서(浙西)의 이기(李錡)를 사로잡아 11월에 죽인 것을 말한다.

49) 방숙(方叔)·소호(召虎)는 주(周) 선왕(宣王) 때의 명장이다. 왕명에 의하여 방숙은 북으로 험윤(玁狁)을 정벌하고 남으로 형만(荊蠻)을 정벌하였으며, 소호는 강한(江漢)을 따라로 출정하여 회이(淮夷)를 토벌하였다.

50) 이윤(伊尹)과 구요(咎繇) 즉 고요(皐陶)는 고대의 명신(名臣)이다. 이윤은 탕(湯)임금을 보좌했고, 고요는 순(舜)임금을 보좌했다. 이 두 구는 조정에 인재가 있음을 찬미한 것이다.

51) 산을 헤친다는 것은 산림 초목을 헤치고 가서 길을 통하게 했다는 말이다. 『산해경』「해내서경(海內西經)」에 의하면 목화(木禾)는 곤륜산(崑崙山)에 있다는 곡식으로 크기는 40척에 크기는 다섯 아름이라고 한다. 이 구는 광활한 영토가 서쪽으로 곤륜산까지 이

바다를 달려서 반도(蟠桃)를 넘었네.52)
월상(越裳)의 꿩이 다시 진상되고53)
서려(西旅)의 오(獒)가 다시 돌아왔네.54)
좌우에 회화나무와 가시나무 마주서고55)
종횡으로 기러기와 염소가 벌리어 섰네.56)
삼벽(三辟)에는 모두 사유(赦宥)함이 있으니57)
중생에게 고루 은혜가 베풀어지네.58)

어떻게 하면 황상(皇上)을 받들고
용서받아 하늘의 속박을 풀 수 있을까?
돌아가 진심으로 고향의 친척들을 위로하고
힘들여 쑥대 가득한 밭을 개간하리.
호(鄠) 두(杜)에 집터를 정하고59)

어짐을 말한다.

52) 『사기』 「오제본기(五帝本紀)」에 보면 전욱(顓頊)은 서쪽으로 유사(流沙)에 이르고 동쪽으로 반목(蟠木)에까지 이르렀다고 한다. 반도(蟠桃)란 동해상의 도색산(度索山)에 있다는 복숭아나무로 크기가 삼천리나 된다고 한다. 이 2구는 당 중흥의 위세가 멀리까지 떨쳤음을 말한 것이다.

53) 『후한서』 「남만서남이열전(南蠻西南夷列傳)」에 의하면 월상(越裳)은 교지(交阯) 남쪽에 있는 나라로 흰 꿩을 바쳤다고 한다.

54) 오(獒)는 개 이름이다. 이 2구는 변방의 나라에서 다시 와서 조공하였음을 말한 것이다.

55) 『주례』에 의하면 왼쪽 9그루의 가시나무에는 고(孤)·경(卿)·대부(大夫)가 위치하고 오른쪽 9그루의 가시나무에는 공(公)·후(侯)·백(伯)·자(子)·남(男)이 위치하고 맞은편 3그루의 회화나무에는 삼공(三公)이 위치하였다. 이 구는 조정에서 좌우에 삼공구경(三公九卿)이 질서정연하게 배열하고 있음을 말한 것이다.

56) 『주례』에 의하면 폐백(幣帛)으로 경은 염소를 잡았고 대부는 기러기를 잡았다. 이 2구는 조정의 관리들을 말한 것이다.

57) '삼벽(三辟)'의 '벽(辟)'은 법(法)을 말한다. 『좌전』 소공(昭公) 6년에 "하(夏)나라에서 정치가 어지러워지자 우형(禹刑)을 만들었고, 상(商)나라에서 정치가 어지러워지자 탕형(湯刑)을 만들었으며, 주(周)나라에서 정치가 어지러워지자 구형(九刑)을 만들었다. 삼벽(三辟)이 일어난 때는 모두 말세였다"라는 기록이 있다.

58) 『구당서』 「헌종기(憲宗紀)」에 의하면 원화 3년(808) 정월 군신들이 예성문무황제(睿聖文武皇帝)라는 존호(尊號)를 올렸고 천하를 크게 사면하였다.

풍수(灃水) 노수(澇水) 사이에서 밭을 일구리.[60)]
반계(磻谿)는 남은 터 가까이에 있고[61)]
아방궁(阿房宮) 터도 옛 도랑에 연이어 있네.
명모(螟蟊)는 친히 불태울 것이고[62)]
도근(荼菫)도 내 기꺼이 제거하려네.[63)]
배가 고파 식사하니 밭가는 것 기약하고
추우면 옷 입으니 누에치는 것 기다리리.
정강이 뼈 덮으면 충분히 따뜻해지니
배를 채우고서 어찌 다시 탐욕을 부리랴?
기령풀과 띠풀로 만든 옷이 편안한데[64)]
누가 메조 밥과 기름진 고기를 부러워하랴?
숲에서는 주살로 참새와 메추라기를 잡고
못에서는 미꾸라지와 도어(魛魚)를 잡으려네.[65)]
만상을 관찰하며 흰 신발을 찬미하고[66)]
『시경』을 펼쳐서는 「간모(干旄)」를 사양하리.[67)]

---

59) 호(鄠)·두(杜)는 장안의 현(縣) 이름이다.

60) 풍수(灃水)는 호현(鄠縣) 동남쪽 종남산(終南山)에서 나와 북으로 흘러서 위수(渭水)로 들어가고, 노수(澇水)는 호현 북쪽에서 나와 감수(甘水)로 흘러들었다가 여러 지류로 나뉘어 위수로 흘러 들어간다.

61) 반계(磻谿)는 태공망(太公望)이 낚시하였다는 시내로 종남산에서 시작하여 북으로 흘러 위수로 들어간다. 지금 섬서(陝西) 보계현(寶鷄縣) 동남쪽에 있다.

62) 명(螟)과 모(蟊)는 벼 해충이다.

63) 도(荼)와 근(菫)은 모두 잡초 이름이다.

64) 기령풀과 띠풀로 만든 옷이란 거친 옷을 말한다.

65) 도어(魛魚)는 칼처럼 생긴 작은 물고기를 말한다.

66) 『역(易)』「이(履)」에 "흰 신발로 가니 허물이 없다. 상에 이르기를 흰 신발이 가는 것은 홀로 원하는 바를 행하는 것이다[素履往, 無咎. 象曰, 素履之往, 獨行願也]"라고 하였다. 이에 대하여 왕필은 "신발의 도는 화려함을 싫어하기 때문에 희면 허물이 없는 것이다[履道惡華, 故素乃無咎]"라고 하였다. 여기서 '흰 신발'이란 바로 소박하고 담백하게 자신을 지켜나가는 처세 태도를 비유하고 있다.

67) 『시경』「용풍(鄘風)」「간모(干旄)」 서(序)에 "「간모」는 선을 좋아하는 것을 찬미한 것이다. 위문공의 신하들 가운데는 선을 좋아하는 이가 많아서 현자들이 선한 도를 가지고

바야흐로 고라니와 사슴 무리에 의탁하려는데
감히 기기(騏驥)와 구유를 같이 쓸 수 있으랴?[68]
미천한데 처하니 혼탁함이 없고
곤궁함을 고수하니 과도한 즐거움은 없으리.
급히 달려서 세속의 속박과 결별하고
즐거움으로 인생의 시달림을 대신하려네.
여러 해 헛되이 나라의 도적(圖籍)을 짊어졌고
역사(役事)를 일으키면 달려가 큰북을 쳤지.
눈이 어두어져 흐릿하던 형상도 끊기고
귀가 웅웅거려 시끄러운 소리도 그쳤네.
이제 남은 명도 다하리니
부귀는 내 편이 아니라네.
장사(長沙)에서는 얽어 맨 것을 슬퍼했고[69]
한음(漢陰)에서는 길고(桔槔)를 비웃었지.[70]
진실로 땅을 치는 마음을 펼 수만 있다면[71]

즐겁게 고하였다[干旄, 美好善也. 衛文公臣子多好善, 賢者樂告以善道也]"고 하였다. 유종원은 당시 폄적되어 있었던 죄인의 신분이었기 때문에 간모(干旄)를 사양한다고 한 것이다.

68) 기기(騏驥)는 준마(駿馬)를 가리키는데, 여기서는 높은 벼슬에 있는 사람들을 비유한 것이다.

69) 가의(賈誼)가 장사왕태부(長沙王太傅)로 폄적되어 와서는 장사가 지대가 낮고 습하여 오래 살지 못할 것을 알고 슬퍼하며 「복부(鵩賦)」를 지어 자신을 위로하였는데 거기에 "대저 재앙과 복이란 것이 새끼줄을 얽어 맨 것과 무엇이 다르랴[夫禍之與福兮, 何異糾纆]?"라는 구절이 있다.

70) 길고(桔槔)는 우물에서 물을 길을 때 사용하는 도구이다. 『장자』「천지(天地)」에 보면 자공(子貢)이 한음(漢陰)을 지나면서 한 노인이 우물에서 힘들게 물동이로 물을 긷는 모양을 보고 길고를 만들어 쓸 것을 권하였다가 오히려 노인에게 기계(機械)가 있으면 기교부릴 일[機事]이 생기고 기교 부릴 일이 있으면 결국 기교 부리려는 마음[機心]이 생긴다고 들었기 때문에 이것이 부끄러워 기계를 사용하지 않는 것이라며 비웃음을 당하는 고사가 나온다.

71) 왕충(王充)의 『논형(論衡)』「예증(藝增)」에 보면, 요임금 시대에 백성들이 일이 없어 오십 먹은 백성이 길에서 땅을 치고 있었는데 그것을 본 사람이 "크도다, 요임금의 덕이여!"라고 말하자, 땅을 치던 사람이 "나는 해 뜨면 일어나고 해가 지면 쉬면서 우물을

기교부리는 일은 가을 터럭처럼 사라지리.

바다 안개 자욱하니
월(越) 땅의 바람 비린내로 넘쳐나네
어찌 다만 이매(魑魅)에게 쫓기겠는가?[72]
두려운 것은 훈표(焄蔍)와 나란히 하는 것이라네.[73]
知罃(지영)은 자루 속을 생각하였고[74]
범숙(范叔)은 솜옷을 잊지 못하였지.[75]
이런 사람들 기대할 수 없으니
강개하여 헛되이 근심에 젖을 뿐이네.

夙抱丘壑尙, 率性恣遊遨. 中爲吏役牽, 十祀空悁勞. 外曲徇塵轍, 私心寄英髦. 進乏廊廟器, 退非鄕曲豪. 天命斯不易, 鬼責將安逃. 屯艱果見凌, 剝喪宜所遭.

파서 마시고 밭을 갈아서 먹고 있으니 요임금이 나에게 무슨 힘이 되는가?"라고 말하였다는 고사가 있다. '땅을 치는 마음'이란 제왕의 힘에 의지하지 않으려는 마음을 말한다.

72) 이매(魑魅)는 사람을 해치는 숲속의 도깨비를 말한다.

73) 훈표(焄蔍)의 표(蔍)는 본주(本注)에 호(蒿)와 같다고 하였다. 훈(焄)은 제사할 때 제물에서 나는 냄새를 말하며 호(蒿)는 제물에서 증기가 나오는 모양이다. 따라서 훈표(焄蔍)와 나란히 한다는 것은 죽음을 의미한다.

74) 知罃(지영)이 초(楚)에 잡혀 있을 때에 정(鄭)나라 상인이 그를 자루 속에 넣어서 탈출시키려고 하였다. 그러나 이 계획이 실행에 옮겨지기 전에 초나라 사람이 지영을 돌려보냈다. 뒤에 정나라 상인이 진(晉)에 갔는데 지영은 그 사람을 좋게 보고 실제로 자신을 탈출시켜 준 은인처럼 대해 주었다는 고사가 『좌전』 성공(成公) 3년에 보인다.

75) 숙(叔)은 범저(范雎)의 자이다. 범저는 위(魏)나라 사람으로 처음에 위 중대부(中大夫) 수고(須賈)를 섬겼다. 수고가 제에 사신으로 갔을 때 범저가 수행하였는데 범저가 변론을 잘한다는 소문을 들은 제왕이 금과 소고기와 술을 보내주자 수고는 범저가 위나라의 기밀을 제에 알려준 대가라고 생각하고 귀국하여 재상에게 이 사실을 보고하였다. 매를 맞아 거의 죽음에 이르렀다가 가까스로 탈출한 범저는 장록(張祿)으로 이름을 바꾸어 진(秦)에 들어가 재상이 되었다. 뒤에 진이 위를 친다는 소문을 들은 위에서는 수고를 진에 사신으로 보냈다. 이 소문을 들은 범저는 허름한 옷을 입고 수고를 찾아간다. 그가 진의 재상이란 사실을 전혀 몰랐던 수고는 추위에 떠는 범저를 동정하여 두터운 솜옷을 한 벌 주었는데 나중에 범저가 이 솜옷을 준 일을 기억하고 수고를 죽이지 않았다는 고사가 『사기』 「범저채택열전(范雎蔡澤列傳)」에 보인다.

神明固浩浩, 衆口徒嗷嗷.

投跡山水地, 放情詠離騷. 再懷曩歲期, 容與馳輕舠. 虛館背山郭, 前軒面江皐. 重疊間浦溆, 邐迤驅巖嶅. 積翠浮澹灩, 始疑負靈鼇. 叢林留衝飈, 石磔迎飛濤. 曠朗天景霽, 樵蘇遠相號. 澄潭湧沈鷗, 半壁跳懸猱. 鹿鳴驗食野, 魚樂知觀濠. 孤賞誠所悼, 暫欣良足褒.

留連俯櫺檻, 注我壺中醪. 朵頤集芰實, 擢手持蟹螯. 炊稻視爨鼎, 鱠鮮聞操刀. 野蔬盈傾筐, 頩雜池沼毛. 緬慕鼓枻翁, 嘯咏哺其糟. 退想於陵子, 三咽資李螬. 斯道難爲偕, 沉憂安所韜.

曲渚怨鴻鵠, 環洲彫蘭䓊. 暮景迴西岑, 北流逝滔滔. 徘徊遂昏黑, 遠火明連艘. 木落寒山靜, 江空秋月高. 斂袂戒還徒, 善游矜所操. 趣淺戢長枻, 乘深屛輕篙. 曠望援深竿, 哀歌叩鳴艚. 中川恣超忽, 漫若翔且翺. 淹泊遂所止, 野風自颼颼. 澗急驚鱗奔, 蹊荒飢獸嗥.

入門守拘縶, 悽戚憎鬱陶. 慕士情未忘, 懷人首徒搔. 內顧乃無有, 德輶甚鴻毛. 名竊久自欺, 食浮固云叨. 問牛悲釁鐘, 說彘驚臨牢. 永遁刀筆吏, 寧期簿書曹. 中興遂羣物, 裂壤分韃櫜. 岷凶旣云捕, 吳虜亦已鏖. 扞禦盛方虎, 謨明富伊咎. 披山窮木禾, 駕海逾蟠桃. 重來越裳雉, 再返西旅獒. 左右抗槐棘, 縱橫羅雁羔. 三辟咸肆宥, 衆生均覆燾.

安得奉皇靈, 在宥解天弢. 歸誠慰松梓, 陳力開蓬蒿. 卜室有鄠杜, 名田占灃澇. 磻谿近餘基, 阿城連故濠. 螟蛑願親燎, 荼堇甘自薅. 飢食期農耕, 寒衣俟蠶繰. 及肝足爲溫, 滿腹寧復饕. 安將蒯及管, 誰慕粱與膏. 弋林敺雀鷃, 漁澤從鮪魛. 觀象嘉素履, 陳詩謝干旄. 方託麋鹿羣, 敢同騏驥槽. 處賤無溷濁, 固窮匪淫慆. 踉蹌辭束縛, 悅懌換煎熬. 登年徒負版, 興役趨伐鼛. 目眩絶渾渾, 耳喧息嘈嘈. 茲焉畢餘命, 富貴非吾曹. 長沙哀糺纆, 漢陰嗤桔槔. 苟伸擊壤情, 機事息秋毫. 海霧多蓊欝, 越風饒腥臊. 寧唯迫魑魅, 所懼齊君薫. 知罃懷褚中, 范叔戀綈袍. 伊人不可期, 慷慨徒忉忉.

위도안(韋道安 : 위도안)[76]

도안(道安)은 본래 유학(儒學)을 공부한 선비였지만
자못 활과 칼 솜씨로 이름을 날렸다.
이십 세에 태항산(太行山)에 놀러갔다가[77]
저물 무렵 울부짖는 소리 들었다.
급히 달려가 알아보니
화려한 갓끈 드리운 노인이 있었다.
"나는 전임 자사(刺史)로서
실직하고 서경(西京)에 돌아와
우연히 도적들을 만나서
털 오라기 하나 남은 것이 없습니다.
재물이야 아까울 것은 아니지만
두 딸이 다 어여쁜데
허둥지둥 끌려갔으니
그 누가 생사를 알겠습니까?
이에 여기서 목숨을 끊어

---

76) 본편은 위도안(韋道安)이란 무명 인물의 행적을 기린 작품이다. 위도안은 서사호절도사(徐泗濠節度使) 장건봉(張建封)의 막하에 있던 무명의 무사로 불의를 참지 못한 사람이었다. 정원 16년(800) 장건봉이 세상을 떠나자 그 부하들이 반란을 일으켜 장건봉의 아들 장음(張愔)을 조정의 인준도 없이 유후(留后)로 추대하자 이에 분개하여 위도안은 자결하였는데 이때 유종원은 집현전서원정자(集賢殿書院正字)로 있었다. 『유종원집』에는 위도안과 관련되어 「조문흡위도안전(曹文洽韋道安傳)」이란 제목이 실려있는데 그 글은 전하지 않는다. 조문흡은 의성군절도사(義成軍節度使) 요남중(姚南仲)의 아장(牙將)으로 감군(監軍) 설영진(薛盈珍)이 정무영(程務盈)을 장안에 보내어 요남중에 대하여 모함하여 보고하자 그를 죽이고 표(表)를 지어 요남중의 억울함을 풀어주고 자살하였다. 이 사건도 정원 16년의 일이다. 따라서 본편은 정원 16년 위도안의 죽음을 전해 듣고 그의 의로운 죽음을 추모하여 지은 것으로 추정된다.

77) 태항산(太行山)은 지금 하남(河南) 산서(山西) 경계에 있다.

더 이상 새벽길을 가는 일 그만두겠습니다."
이 말 듣자마자 높은 의기 치솟아
눈 부릅뜨고 간담 두근거리며,
활을 메고 도적들이 간 곳을 물어
날랜 동작으로 험준한 산을 넘어갔다.
도적들이 찬 시냇가 그늘에서
둘러서서 다투고 있는 것을 발견하고는
화살 하나로 적의 괴수 맞추어 죽이니
잔당들은 소리지르며 놀라 두려워했다.
번갈아가며 묶으라고 명령하여
검은 새끼줄로 서로 꼼짝 못하게 묶었다.
저 아가씨들은 오래도록 정신을 빼앗겨
칼날 아래서 죽기만을 기다리고 있었다.
도안은 물러서서 직접 손대지 않고
일깨워 아버지를 따라가라고 하였다.
물건들 수습하여 자신의 어깨에 메고
길을 돌아 앞길로 빨리 걸어갔다.
밤이라 부싯돌을 부딪쳐 불을 켜니
산림은 대낮처럼 밝았다.
아버지와 딸이 다시 얼싸안으니
피눈물이 어지러이 섞여 흐른다.
머리 조아리고 재물을 바치겠다고 하고
딸을 주어 장인 사위 관계 되고 싶다고 했으나
도안은 옷을 털고 떠나갔으니
의를 중히 여기고 이(利)는 정녕 가볍게 여긴 것이다.
군사(軍師)의 혼인은 예로부터 병폐로 여겼거니와
두 성을 합치는 데는 무력을 쓰는 것이 아니다.[78]

그 이후로 유술(儒術)에 종사하여
십 년 뒤에 능력을 드러내게 되었다.
강개한 장서주(張徐州)[79]
붉은 저택에서 선봉 깃발 드날리니,
몸을 던져 원하는 바를 얻고자
말을 몰고서 왕성(王城)을 나갔다.[80]
원문(轅門)에 기이한 용사 섰는데[81]
회수(淮水)에 가을 바람 불었다.
군후(君侯)가 이미 세상을 떠나자[82]
휘하의 사람들 서로 기울었네.
그 아들을 세워 왕명에 항거하니[83]
쇠북소리 사방 들판에서 울렸다.
군대의 반란을 막을 수도 없고
절개 어기는 일에 가담할 바도 아니어서,

---

78) 『좌전』 환공(桓公) 6년에 보면 제후(齊侯)가 문강(文姜)을 정(鄭)나라 태자 홀(忽)에게 시집보내려 하였는데 홀이 이를 거절하였다. 사람들이 그 까닭을 묻자 홀(忽)은 "사람마다 짝이 있는데 대국(大國)인 제나라는 내 짝이 아니다"고 하였다. 뒤에 홀이 군사를 이끌고 북융(北戎)의 침략으로 곤경에 처한 제(齊)를 구하자 제후는 다시 문강을 홀에게 시집보내려 했다. 재차 거절하는 홀에게 사람들이 까닭을 묻자 "제나라에 일이 없을 때도 혼인하려 하지 않았는데, 이제 임금의 명령으로 제나라의 어려움을 구하기 위해 달려왔다가 혼인하여 돌아간다면 이는 군대 때문에 혼인한 것이니 사람들이 나에 대하여 뭐라 하겠는가?"라고 하였다.

79) 장서주(張徐州)는 정원 4년(788) 서주자사(徐州刺史) 겸 어사대부(御史大夫) 서사호절도사(徐泗濠節度使)에 제수된 장건봉(張建封)을 말한다.

80) 위도안은 정원 13년(797) 10월 서주(徐州)자사 장건봉(張建封)이 장안에 내조(來朝)하였을 때 그를 따라 함께 서주(徐州)로 돌아갔음을 말한 것이다.

81) 원문(轅門)은 옛날 제왕이 순수(巡狩)하거나 사냥을 나가서 머무르는 곳에 수레로 울타리를 하고 출입하는 곳에 수레 두 대를 세워서 서로 마주보게 하여 만든 문을 말하는데 여기서는 장서주의 관서(官署)를 가리킨다.

82) 원화 16년(800) 6월 장건봉이 세상을 떠난 것을 말한다.

83) 장건봉이 죽자 부하들이 그의 아들 장음(張愔)을 유후(留后)로 세워 반란을 일으킨 것을 말한다.

머리 쳐들고 스스로 칼로 목을 베었으니
의를 돌아봄에 그 누가 몸을 생각하랴?

열사는 죽음을 잊지 않으니
죽는 것은 충정에 달려 있다.
아아, 권세를 따르는 사람들은
위세 당당하게 아직도 영화를 좇는구나.
내 노래는 죽음을 애도함이 아니고
애도하는 것은 지금 세상의 인정이다.

道安本儒士, 頗擅弓劍名. 二十遊太行, 暮聞號哭聲. 疾驅前致問, 有叟垂華纓.
言我故刺史, 失職還西京. 偶爲羣盜得, 毫縷無餘贏. 貨財足非恡, 二女皆娉婷.
蒼黃見驅逐, 誰識死與生. 便當此殞命, 休復事晨征. 一聞激高義, 眥裂肝膽橫.
挂弓問所往, 趫捷超崢嶸. 見盜寒磵陰, 羅列方忿爭. 一矢斃酋帥, 餘黨號且驚.
麾令遞束縛, 纆索相拄撐. 彼姝久褫魄, 刃下俟誅刑. 却立不親授, 諭以從父行.
捃收自擔肩, 轉道趨前程. 夜發敲石火, 山林如晝明. 父子更抱持, 涕血紛交零.
頓首願歸貨, 納女稱舅甥. 道安奮衣去, 義重利固輕. 師婚古所病, 合姓非用兵.
朅來事儒術, 十載所能逞. 慷慨張徐州, 朱邸揚前旌. 投軀獲所願, 前馬出王城.
轅門立奇士, 淮水秋風生. 君侯旣即世, 麾下相敧傾. 立孤抗王命, 鐘鼓四野鳴.
橫潰非所壅, 逆節非所嬰. 擧頭自引刃, 顧義不顧形.
烈士不忘死, 所死在忠貞. 咄嗟徇權子, 翕習猶趨榮. 我歌非悼死, 所悼時世情.

곡연주능원외사마(哭連州凌員外司馬: 연주 능원외사마를 애도하다)[84]

폐기되고 쫓겨나 사람들에게 버림받더니
마침내 귀신에게도 속임을 당하였네.[85]
인재는 얻기 어렵다는데 그렇지 아니한가?[86]
끝내 큰 걱정 만나고 말았구나.[87]
능인(凌人)은 옛날에 씨(氏)를 받아[88]
오대(吳代)에 영웅스런 자태를 과시했다.[89]
적막한 부춘(富春)의 강물
영기(英氣)는 바야흐로 여기에 있었으니,[90]

---

84) 본편은 연주사마(連州司馬) 능준(凌準)의 죽음을 애도하여 지은 작품이다. 능준은 왕숙문 당에 연루되어 연주사마로 폄적되었으며 원화 원년(806) 11월 경 연주에서 세상을 떠났다. 본편은 「고연주원외사마능군권조지(故連州員外司馬凌君權厝誌)」의 내용과 거의 일치한다. 유종원은 원화 7년(812) 황태자의 옹립을 계기로 능준이 특별 사면되어 장안으로 귀장(歸葬)될 때도 「고연주원외사마능군묘후지(故連州員外司馬凌君墓後誌)」를 썼다. 시제의 원외(員外)는 도관원외랑(都官員外郎)을 가리킨다. 도관원외랑은 형부상서(刑部尙書)의 속관(屬官)인 도관(都官)의 원외랑으로 죄수들의 노역과 기록을 관장하였다.

85) 능준(凌準)이 폄적을 당한 뒤에 모친이 세상을 떠났고 두 동생도 이어서 죽었으며 이를 지나치게 슬퍼한 능준 자신도 또한 얼마 후에 시력을 잃고 세상을 떠난 것을 가리킨다.

86) 『논어』 「태백(泰伯)」에 "공자께서 '인재는 얻기 어렵다. 그렇지 아니한가?'라고 말씀하셨다[子曰, 才難, 不其然乎]"라는 구절이 있다.

87) 큰 걱정이란 죽음을 말한다. 『노자』에 "나에게 큰 걱정이 있는 까닭은 내게 몸이 있기 때문이다. 나에게 몸이 없다면 내가 또 무얼 걱정하겠는가[吾所以有大患者, 爲吾有身, 及吾無身, 吾又何患]?"라는 말이 있다.

88) 『주례(周禮)』 「춘관(春官)」 「능인(凌人)」에 "능인은 얼음을 관장한다[凌人 掌冰]"는 기록이 있다. 이 구는 능성(凌姓)의 유래를 말한 것으로 옛 관직에서 씨(氏)를 받아 관명(官名)을 씨로 삼은 것을 가리킨다.

89) 『삼국지』 「오서(吳書)」 「능통전(凌統傳)」에 의하면 능통은 자가 공적(公績)이고 오군(吳郡) 여항인(餘杭人)이었다. 손권(孫權)이 강하(江夏)를 칠 때 선봉으로 큰 전공을 세워 승열도위(承烈都尉)가 되었고 주유(周瑜) 등과 오림(烏林)에서 조공(曹公)을 격파하고 조인(曹仁)을 쳐서 교위(校尉)로 옮겨졌다. 비록 군대에 있었지만 친히 현사(賢士)들을 접대하는데 재물을 가볍게 여기고 의(義)를 중히 여기어 국사(國士)의 기풍이 있었다.

90) 부춘(富春)은 진(晉) 간문제(簡文帝) 정태후(鄭太后)의 휘(諱)를 피하여 부양(富陽)으로 바뀌었다. 능준은 부양인이다. 이 2구는 부양 능씨 집안이 쇠락하여 명성을 떨친 이가 없다가 바로 능준에게 영기가 집중되었다는 말이다.

여섯 학문을 참으로 하나로 꿰어[91]
정묘한 의미를 다 밝혀내었고,
십 년 넘게 저술을 하여
깊고 그윽한 뜻을 추구하지 않음이 없었다.[92]
조정에서 고문(高文)을 펼 때는
만 자가 파도 달리는 듯했다.[93]
기실(記室)로 서부(西府)에 출정하니
큰 모략은 그 기이함이 빛났고,[94]
가벼운 수레로 동월(東越)로 내려가
여러 고을에서 피로에 지친 백성들 소생시켰다.[95]
빙빙 돌던 능강(凌江)의 새
날아와 한림(翰林)의 나뭇가지에 깃들었네.[96]

---

91) 여섯 학문이란 육예(六藝), 즉 『시(詩)』, 『서(書)』, 『예(禮)』, 『악(樂)』, 『역(易)』, 『춘추(春秋)』를 말한다.

92) 유종원의 「고연주원외사마능군권조지(故連州員外司馬凌君權厝誌)」에 의하면 능준은 『한후춘추(韓後春秋)』 20여 만 자를 지었고 또 『육경해위인문집(六經解圍人文集)』을 지었으나 완성하지는 못했다. 또 『구당서』 「왕숙문전(王叔文傳)」에는 능준이 『빈지(邠志)』 2권을 지었다고 하였다.

93) 「고연주원외사마능군권조지(故連州員外司馬凌君權厝誌)」에 의하면 능준은 "20살 때 글로 승상에게 벼슬을 구하여 승상이 듣고 그의 문장력을 시험하였는데 하루에 만 자를 써서 숭문관교서랑(崇文館校書郎)으로 발탁하였다"고 한다.

94) 기실(記室)은 관명(官名)으로 동한(東漢) 때 설치되었으며 장(章)·표(表)·서(書)·기(記)·문(文)·격(檄) 등의 기록을 관장하였다. 후대에는 기실독(記室督)·기실참군(記室參軍) 등으로 불리기도 하였다. 여기서는 절도사부(節度使府)에서 문서를 담당했던 장서기(掌書記)를 가리킨다. 서부(西府)는 경원절도사부(涇原節度使府)를 말한다. 지금 감숙(甘肅) 경천현(涇川縣)에 치소가 있었으며 장안 서쪽에 해당하기 때문에 서부라고 하였다. 덕종(德宗) 건중(建中) 4년(783) 10월 경원절도사 요영언(姚令言)이 반란을 일으켰을 때 능준은 빈녕절도사(邠寧節度使) 한유괴(韓遊瓌)의 장서기(掌書記)로 출정하여 반란군을 토벌하는 데 공을 세웠다.

95) 능준은 절동염사판관(浙東廉使判官)이 되어 피로에 지친 백성들을 위로하고 구휼하였으며 탐관오리를 색출해내어 관리들로부터 존경과 사랑을 받았다. 동월(東越)은 절동(浙東)을 말한다.

96) 이 2구는 능준이 절동에서의 공적으로 소환되어 한림학사(翰林學士)가 된 것을 말한 것이다.

효문(孝文)께서 활과 검을 남기시어[97]
안팎이 바야흐로 위태롭고 의심스러울 때,
큰 목소리로 유조(遺詔)를 재촉하였으니
명(命)을 정함은 그의 진술에서 비롯되었다.[98]
복역 죄수들은 관서에서 숙연했고[99]
세금 거두는 일에 관리로 참여했다.[100]

오강(烏江) 가에 태수로 나가다가[101]
연로하여 황수(湟水) 가로 좌천되었다.[102]
고당(高堂)이 고향에서 돌아가시자[103]
장례와 제사는 죄인으로 묶이어 참여하지 못했고,
둘째와 셋째가 이어서 세상을 떠났어도[104]
미친 듯이 울부짖은 것은 오직 아이들뿐이었네.
한 집안에 이미 주인이 없어졌으니

97) 이 구는 덕종(德宗)의 죽음을 말한 것이다. 덕종의 시호는 덕종신무효문황제(德宗神武孝文皇帝)이다. 활과 검을 남겼다는 것은 황제의 죽음을 의미한다. 『사기』「봉선서(封禪書)」에 의하면 황제(黃帝)가 용을 타고 신선이 되어 하늘로 올라갔는데 군신들이 붙잡고 올라가려고 하여 황제의 활이 떨어졌다고 한다. 또 유향(劉向)의 『열선전(列仙傳)』「황제(黃帝)」에 의하면 황제를 교산(橋山)에 장사지내고 나서 산이 무너졌는데 관은 텅 비고 검만이 남아있었다고 한다.

98) 정원 21년(805) 정월 덕종(德宗)이 죽자 가까운 신하들이 논의하여 3일간 비밀로 하였다가 유조(遺詔)를 내리자고 하였다. 그때 능준 등이 이런 조치에 항의하여 다음날 덕종의 죽음을 발표하게 되었다.

99) 능준이 도관원외랑(都官員外郎)을 역임한 것을 말한 것이다. 도관원외랑은 형부(刑部)에 속하며 죄수들을 관리하는 일을 담당한다.

100) 능준이 국가 재정 담당 관서인 탁지(度支)에 참여하여 세금 징수와 물자 조달을 담당한 것을 말한 것이다.

101) 영정 원년(805) 9월 능준이 왕숙문 당에 연루되어 화주(和州)자사로 나간 것을 말한 것이다. 오강(烏江)은 화주(和州)를 말한다.

102) 능준은 영정 원년 9월에 화주자사로 폄적되어 부임하는 길에 11월 다시 연주사마치동정원(連州司馬置同正員)으로 좌천되었다. 황수(湟水) 가는 연주(連州)를 말한다.

103) 고당(高堂)은 부모를 가리키는 말인데 여기서는 능준의 모친을 가리킨다.

104) 능준의 두 동생이 계속해서 죽은 것을 말한 것이다.

한갓 살아 남아 무슨 소용 있으랴?
소리 높여 다만 하늘을 불러보지만
신이란 것이 무엇인지 누가 알겠는가?
울기를 다하니 눈은 보이지 않았고
신장이 상하니 발은 지탱도 못했다.
갑자기 죽어 뜨거운 황무지에 버려지니
노비들이 영당(靈堂)을 지키고 있다.
평생 나라의 견책을 짊어졌으니
해골도 감히 사사로이 할 수 없고,
관을 덮었어도 질책은 피하지 못하여
외로운 깃발 찬바람에 엉기어 있다.105)

옛날 처음 서로 만났을 때를 생각해보니
오장육부까지 그대가 알아주었다.
벼슬에 나아감에 나란히 선택되었고
실각함에 똑같이 잘못이 지적되었다.
본래 인의(仁義)로 구제하려 했는데
이제 뭇 사람에게 비웃음을 당하는구나.
이름 없어지고 끝내 시험받지도 못할 것이니
세상의 의론 어찌 의지할 수 있으랴?
편안히 죽으면 모든 걱정 없어지고
구차하게 살면 만가지 근심 생겨난다.
아홉 번 떠나는 내 혼을 돌아보거니와106)

---

105) 깃발은 혼번(魂幡)을 말한다. 혼번은 상을 당했을 때 망자의 혼을 부르거나 영구를 인도하기 위하여 사용된 깃발로 장방형이며 아래로 늘어뜨렸다.

106) 『초사』 「구장」 「추사(抽思)」에 "영으로 가는 길 머니, 혼이 하루 밤에도 아홉 번이나 떠나가네[惟郢路之遼遠兮, 魂一夕而九逝]"라는 구절이 있다.

그대와 더불어 각각 어디로 갈 것인가?
내 노래 참으로 내 자신을 비통해하는 것이지
그대를 위하여 슬퍼하는 것만은 아니다.

廢逐人所棄, 遂爲鬼神欺. 才難不其然, 卒與大患期. 凌人古受氏, 吳世夸雄姿.
寂寞富春水, 英氣方在斯. 六學誠一貫, 精義窮發揮. 著書逾十年, 幽賾靡不推.
天庭掞高文, 萬字若波馳. 記室征西府, 宏謀耀其奇. 輶軒下東越, 列郡蘇疲羸.
宛宛凌江羽, 來棲翰林枝. 孝文留弓劍, 中外方危疑. 抗聲促遺詔, 定命由陳辭.
徒隸肅曹官, 征賦參有司.
出守烏江滸, 老遷湟水湄. 高堂傾故國, 葬祭限囚羈. 仲叔繼幽淪, 狂叫惟童兒.
一門旣無主, 焉用徒生爲. 擧聲但呼天, 孰知神者誰. 泣盡目無見, 腎傷足不持.
溘死委炎荒, 臧獲守靈帷. 平生負國譴, 駭骨非敢私. 蓋棺未塞責, 孤旐凝寒颸.
念昔始相遇, 腑腸爲君知. 進身齊選擇, 失路同瑕疵. 本期濟仁義, 今爲衆所嗤.
滅名竟不試, 世義安可支. 恬死百憂盡, 苟生萬慮滋. 顧余九逝魂, 與子各何之.
我歌誠自慟, 非獨爲君悲.

단휴사산인지우지(旦攜謝山人至愚池: 새벽에 사산인과 우지에 이르다)[107]

새로 머리 감고 가벼운 두건으로 바꿔 쓰니
새벽 연못에 바람과 이슬이 상쾌하다.
스스로 세속을 벗어나 살려는 뜻과 화합하였거니와

---

107) 본편은 새벽에 사산인(謝山人)과 함께 우지(愚池)에 가서 지은 작품이다. 유종원의 「우계시서(愚溪詩序)」에 의하면 우지는 우계(愚溪)에 있는 연못이다. 유종원은 영주의 염계(冉溪)를 자신을 닮았다며 우계로 개명했으며 그 주변의 언덕·연못·샘·개울·정자 등등에 역시 우(愚)자를 붙여서 명명했다. 우계(愚溪)는 원화 5년(810)에 지었으니 본편은 원화 6년 가을경에 지은 것으로 추정된다. 산인(山人)은 산중에 은거하는 은자(隱者)를 말한다.

하물려 은자(隱者)와 함께 감에랴![108]
노을 흩어지니 뭇 산들 아득하고
하늘 높은데 몇 마리 기러기 울어댄다.
기심(機心)일랑 권력자에게 넘기고[109]
애오라지 희황(羲皇)의 마음을 따르리.[110]

新沐換輕幘, 曉池風露淸. 自諧塵外意, 況與幽人行. 霞散衆山迥, 天高數雁鳴. 機心付當路, 聊適羲皇情.

독각(獨覺 : 혼자 깨어나다)[111]

깨어나니 창문은 텅 비어 있고[112]
드문드문 빗소리 들리는 새벽이다.
흥겨운 유락(遊樂) 늦어진 것 원망스럽고
세속의 일로 어수선함에 놀란다.
세상 경영하는 마음에 대해 묻거니와
옛사람 중에 그 누가 완전히 이해했던가?

覺來窗牖空, 寥落雨聲曉. 良游怨遲暮, 末事驚紛擾. 爲問經世心, 古人誰盡了.

108) 은자는 사산인을 말한다.
109) 기심(機心)은 기교를 부리려는 마음, 교사(巧詐)한 마음을 말한다.
110) 희황(羲皇)은 복희씨(伏羲氏)를 말한다. 복희씨 시대에는 사람들이 근심 걱정없이 살았다고 전해진다. 도연명(陶淵明)은 스스로를 희황상인(羲皇上人)이라고 불렀다. 이 구는 복희씨 시대의 사람들처럼 걱정없이 한가롭게 살고 싶다는 말이다.
111) 본편은 비오는 새벽에 혼자 잠에서 깨어나서 자신의 심경을 묘사한 작품이다.
112) 창문이 텅 비었다는 것은 온갖 꽃이 다 시들어버렸다는 말이다.

수춘봉경자(首春逢耕者 : 이른봄에 밭가는 사람을 만나다)[113]

남쪽 초땅은 봄 징후가 일러
한기 남아 있는데 벌써 풀들이 자란다.
토양은 기름지고 들판도 풀리니
칩거하던 벌레들 다투어 활동한다.
아직 교외에까진 봄경치 이어지지 않았는데
농부들은 앞서서 밭갈이한다
숲 속에서는 그윽한 새 지저귀고
연못에는 새 샘이 맑게 흐른다.
농사는 참으로 평소 힘쓸 바이나
묶인 죄인이라 평생 막혀 있구나.
고향 연못은 아마 황폐하여 매몰되고
남겨놓은 밭도 가시덤불 무성하겠지.
은거하고 싶지만 이미 매여있고
공을 도모하여도 결국 성과 없으리.
애오라지 농부와 말하면서
완곡하게 이런 마음 펴 본다.
그리운 듯 농기구 어루만지며
고개 돌려보니 안개구름 끼었구나

南楚春候早, 餘寒已滋榮. 土膏釋原野, 百蟄競所營. 綴景未及郊, 穡人先耦耕. 園林幽鳥囀, 渚澤新泉清. 農事誠素務, 羈囚阻平生. 故池想蕪沒, 遺畝當榛荊. 慕隱既有繫, 圖功遂無成. 聊從田父言, 款曲陳此情. 眷然撫耒耜, 迴首煙雲橫.

---

113) 본편은 영주(永州) 농촌의 조춘(早春) 풍경과 밭가는 사람을 만나 이야기하면서 고향에 가지 못하는 자신의 답답한 마음을 달래보려는 심경을 묘사한 작품이다.

계거(溪居 : 시냇가에 살다)[114)]

오랫동안 관직에 매여 있다가
다행히 이 남방 미개한 땅에 쫓겨왔다.
한가하게 농부의 채마밭에 이웃하니
우연히도 산림을 배회하는 나그네 같네.
새벽에 밭을 갈아 이슬 내린 풀 뒤엎고
밤에는 노를 저어 계곡 바위 울려댄다
오고 가도 만나는 이 없어
푸른 초(楚) 하늘에 길게 노래 부른다.

久爲簪組累, 幸此南夷謫. 閑依農圃鄰, 偶似山林客. 曉耕翻露草, 夜榜響溪石. 來往不逢人, 長歌楚天碧.

하초우후심우계(夏初雨後尋愚溪 : 여름 비 내린 뒤에 우계를 찾다)[115)]

부슬부슬 내리던 비 막 개어
홀로 맑은 시내 구비 둘러본다.
지팡이 가져다 거친 샘 짚어도 보고
허리띠 풀어 새로 자란 대나무 감아도 본다.

---

114) 본편은 영주 염계(冉溪) 가에 집을 짓고 지낼 때 지은 작품이다.
115) 본편은 여름날 비가 그친 뒤에 우계(愚溪)를 찾은 자신의 행동과 심경을 묘사한 작품이다.

깊은 생각하는 건 또 무슨 일인가?
적막함은 정말로 바라던 바인데.
다행히 여기는 분주한 마음 식힐 수 있어
휘파람불며 노래하니 찌는 더위도 잠잠해지네

悠悠雨初霽, 獨繞淸溪曲. 引杖試荒泉, 解帶圍新竹. 沉吟亦何事, 寂寞固所欲. 幸此息營營, 嘯歌靜炎燠.

부(附)
상우계삼수(傷愚溪三首 : 우계를 슬퍼하는 시 3수)[116)]

유몽득(劉夢得)

시냇물 아득한데 봄은 절로 오고
초당에 주인 없는데 제비 날아 돌아오네.
발 너머엔 다만 뜰 가운데 풀만 보이는데
한 그루 산 석류 여전히 피어있네.

溪水悠悠春自來, 草堂無主燕飛回. 隔簾唯見中庭草, 一樹山榴依舊開.

---

116) 본편은 유종원 사후 우계(愚溪)가 황폐하여 더 이상 옛 모습을 간직하고 있지 않다는 소식을 전해듣고 이를 슬퍼하여 지은 작품이다. 『유몽득집(劉夢得集)』에 수록된 「상우계시삼수(傷愚溪詩三首)」의 인(引)은 다음과 같다. "자후가 영주에 적거할 때 아름다운 땅을 얻어 초당을 짓고 채소를 심었으며 연못을 만들고 정자를 지어 우계라고 이름 붙였다. 자후가 죽은 지 3년이 지나서 영릉을 다녀온 스님 한 분이 내게 '우계는 더 이상 옛날 같은 모습이 없다'고 말해주었다. 스님의 말을 듣고는 슬픔을 스스로 주체할 수 없어 마침내 들은 바를 가지고 7언시를 지어 한스러움을 부쳐본다[子厚之謫永州, 得勝地, 結茆樹蔬, 爲沼沚, 爲臺榭, 目曰愚溪. 子厚歿三年, 有僧遊零陵, 告余曰, 愚溪無復曩時矣. 一聞僧言, 悲不能自勝, 遂以所聞爲七言以寄恨]"라고 하였다.

기이(其二 : 두 번째 시)

초성(草聖)의 글씨 몇 줄 깎아지른 절벽에 남아있고
목노(木奴) 천 그루는 이웃집에 속해버렸네.[117]
다만 고을 문의 '통덕(通德)' 방(榜)만 보이고[118]
저녁 빛 적막한데 나무꾼 수레 나오네.

草聖數行留斷壁, 木奴千樹屬鄰家. 唯見里門通德榜, 殘陽寂歷出樵車.

기삼(其三 : 세 번째 시)

버들 문 대나무 골목은 한들한들 남아있는데
들풀과 푸른 이끼 나날이 많아지네
비록 이웃에 피리 불 줄 아는 이 있으나
산양(山陽)의 옛 동료 다시 누가 들르랴?[119]

柳門竹巷依依在, 野草青苔日日多. 縱有鄰人解吹笛, 山陽舊侶更誰過!

---

117) 목노(木奴)는 귤나무를 가리킨다.

118) 방(榜)은 편액(匾額)을 말한다. 이 구는 유종원이 쓴 마을 입구 문에 걸려 있는 편액의 '통덕(通德)'이란 글씨만이 눈에 들어온다는 말이다.

119) 산양(山陽)은 위진(魏晉) 교체기에 혜강(嵇康)·상수(向秀) 등이 거처하며 죽림(竹林)의 교유를 한 곳으로 옛 성은 지금 하남성(河南省) 수무현(修武縣) 지경에 있다. 진(晉) 상수(向秀)가 산양(山陽)의 옛 집을 지나며 이웃사람이 피리를 부는 것을 듣고는 죽은 친구 혜강·여안(呂安)이 생각나서 『사구부(思舊賦)』를 지었는데 이후 '산양의 피리'라는 말은 옛 친구를 그리워하는 전고로 사용되었다.

입황계문원(入黃溪聞猿 : 황계에 들어 원숭이 울음소리 듣다)[120)]

계곡 길 구불구불 천리나 되는데
애처로운 원숭이 어디서 울어대나?
외로운 신하 눈물 이미 다했는데
헛되이 애끊는 소리 내는구나.

溪路千里曲, 哀猿何處鳴. 孤臣淚已盡, 虛作斷腸聲.

120) 본편은 황계(黃溪)에 들어가 원숭이 울음소리를 듣고 자신의 신세에 대한 감개를 묘사한 작품이다. 유종원의 「유황계기(遊黃溪記)」는 원화 8년(813) 5월 16일 황계에 놀러갔다가 돌아와 쓴 것이므로, 이 시 역시 이때 지어진 것으로 추정된다. 그러나 유종원은 그해 가을 영주자사 위표(韋彪)가 황계(黃溪) 황신사(黃神祠)에 가서 기우제(祈雨祭)를 지낼 때 그를 수행했고, 그때 쓴 시가 바로 이 시 뒤에 있는 「위사군황계기우견소종행지사하구호(韋使君黃溪祈雨見召從行至祠下口號)」이다. 따라서 이 시가 그때 지어졌을 가능성도 배제할 수 없다. 황계는 영릉현 동쪽 70리에 있었는데 구의산(九疑山)의 서쪽 경계에 해당한다. 계곡물은 양명산(陽明山 : 지금 영릉현 동쪽 100리에 있음)에서 나와 복전산(福田山)을 거쳐 북으로 기양현(祁陽縣)에 이르러 백수(白水)와 합쳐져 상수(湘水)로 들어간다.

위사군황계기우견소종행지사하구호(韋使君黃溪祈雨見召從行至祠下口號 : 위사군 황계기우제에 부름을 받아 따라 가서 사당 아래에 이르러 입에서 나오는 대로 읊조리다)[121]

뜨거운 햇빛이 농사를 그르치니
선량한 장관은 밭일을 염려한다.
새벽달 나즈막한데 줄지어 말 타고 나가니
울리는 피리소리 푸른 허공을 넘어간다.
점차 나무꾼 길 다하여
멀리 들판의 농가에 멈춘다.
계곡 입구엔 차가운 물이 깨끗하고
숲 속 사당엔 고목이 성글다.
향 피우는데 가을 안개 눅눅하고
옥 바치는데 새벽 해 막 떠오른다.
향기 배어들어 무당이 보응을 말하는데
정성이 예물에 넘쳐나니,
은혜로운 바람 예전처럼 풀 쓰러뜨리고
영험한 비 수레를 따를 것이라 하네.
죄 기다리는 나는 참된 관리 아니라
초청서 받들기가 오히려 부끄러웠네.

---

121) 본편은 유종원이 영주(永州)자사 위표(韋彪)의 부름을 받고 황계(黃溪) 황신사(黃神祠)에서 거행되었던 기우제(祈雨祭)에 따라갔다가 즉흥적으로 지은 작품이다. 시제의 위사군(韋使君)은 위표를 말하며, 구호(口號)는 시의 표제(標題) 용어인데 입에서 나오는 대로 읊조리다라는 뜻이다. 남조(南朝) 양(梁) 간문제(簡文帝)의 「앙화위위신투후순성구호(仰和衛尉新渝侯巡城口號)」 시에 처음 보이며 이후 시인들이 이를 답습하여 사용하였다. 시에 '향 피우는데 가을 안개 눅눅하다'라고 하였으니 본편은 원화 8년(812) 가을에 지은 것이다.

驕陽愆歲事, 良牧念菑畬. 列騎低殘月, 鳴笳度碧虛. 稍窮樵客路, 遙駐野人居. 谷口寒流淨, 叢祠古木疏. 焚香秋霧濕, 奠玉曉光初. 肸蠁巫言報, 精誠禮物餘. 惠風仍偃草, 靈雨會隨車. 俟罪非眞吏, 翻慚奉簡書.

교거세모(郊居歲暮 : 교외에 살며 세모를 맞다)[122]

산 성곽을 등지고 은거하니
세모를 맞아 외롭고 쓸쓸함에 놀란다.
들판 멀리서 나무꾼 노래 소리 들려오고
뜰은 비어 있는데 타는 불똥 떨어진다.[123]
세상의 분주함은 일 따라 멀어지고
마음의 즐거움도 해를 따라 엷어진다.
묵묵히 정말 무엇을 해야 할는지?
헛되이 금년이 되고 작년이 되는구나.

屛居負山郭, 歲暮驚離索. 野迥樵唱來, 庭空燒燼落. 世紛因事遠, 心賞隨年薄. 默默諒何爲, 徒成今與昨.

---

122) 본편은 영주에서 세모를 맞아 홀로 고향을 떠나 외롭고 쓸쓸하게 유배생활을 하고 있는 자신의 신세를 묘사한 시다.
123) 영주 지역에는 화전이 많다. 이 구에서 불똥이 떨어진다는 것은 화전에 불을 지른 것을 가리킨다.

추효행남곡경황촌(秋曉行南谷經荒村 : 가을날 새벽 남곡으로 가는 길에 황량한 마을을 지나다)[124)]

늦가을 서리 이슬 무겁게 내렸는데
새벽에 일어나 그윽한 계곡 걷는다.
누런 나뭇잎 시내 다리를 덮고
황량한 마을엔 고목뿐이구나.
차가운 꽃 드문드문 피어 슬쓸하고
그윽한 샘물 가늘게 끊겼다 이어지네.
기심(機心)은 오래 전에 벌써 잊었는데[125)]
무슨 일로 사슴을 놀라게 하는지?

杪秋霜露重, 晨起行幽谷. 黃葉覆溪橋, 荒村唯古木. 寒花疏寂歷, 幽泉微斷續. 機心久已忘, 何事驚麋鹿.

우후효행독지우계북지(雨後曉行獨至愚溪北池 : 비 내린 뒤 새벽에 걸어서 홀로 우계 북지에 이르다)[126)]

간밤의 구름 모래 섬에 흩어지고
새벽 해는 마을을 환히 밝힌다.

---

124) 본편은 가을날 새벽 남곡(南谷)으로 가는 길에 황량한 마을을 지나면서 지은 작품이다. 남곡은 자세하지 않으나, 남간(南澗)에 있는 계곡으로 추정된다.

125) 기심(機心)은 기교를 부리려는 마음, 교사(巧詐)한 마음을 말한다.

126) 본편은 비 내린 뒤 혼자 새벽길을 걸어서 우계(愚溪) 북지(北池)에 가서 지은 작품이다. 우계 북지는 「우계시서(愚溪詩序)」에서 말하는 우지(愚池)로 추정된다.

키 큰 나무 맑은 못 가에 서있는데
바람 부니 밤새 맺힌 빗방울 떨궈낸다.
내 마음 마침 아무 일 없어
우연히 이런 풍경과 주인 손님 되었다.

宿雲散洲渚, 曉日明村塢. 高樹臨淸池, 風驚夜來雨. 予心適無事, 偶此成賓主.

중야기망서원치월상(中夜起望西園値月上 : 한밤에 일어나 서원을 바라보는데 마침 달이 떠오르다)[127]

깨어나니 많은 이슬방울 떨어지는 소리 들려
문을 열고 서원을 내려다본다.
차가운 달 동쪽 봉우리에 솟아
서늘하게 성긴 대나무 뿌리를 비춘다.
바위샘 물소리 멀리서 더욱 크게 울리고
산새는 때때로 한 번씩 울어댄다.
기둥에 기댄 채 마침내 아침 되니
이 적막함은 무엇으로 표현하랴?

覺聞繁露墜, 開戶臨西園. 寒月上東嶺, 泠泠疏竹根. 石泉遠逾響, 山鳥時一喧. 倚楹遂至旦, 寂寞將何言.

---

127) 본편은 한밤중에 잠에서 깨어나 마침 달이 떠오르는 서원(西園)을 바라보며 지은 작품이다. 시에 '차가운 달 동쪽 봉우리에 솟았다'고 하였는데 유종원의 「유주산수근치가유자기(柳州山水近治可游者記)」에 의하면 유주의 동쪽에는 산이 없다고 하였으니 본편은 영주에서 지은 것이 분명하다.

영릉춘망(零陵春望 : 영릉에서 봄 경치 바라보다)[128]

평평한 들판에 봄 풀 푸르고
저녁 꾀꼬리 먼 숲에서 운다.
햇빛은 소상(瀟湘) 가에 비치고
구름은 구루(岣嶁) 고개에서 끊겼다.[129]
신선의 수레는 바랄 수 없거니와
세상의 길도 맡을 것이 아니다.
정 엉기어 부질없이 우러러보는데
만리 창오(蒼梧)의 들판 어둑하다.[130]

平野春草綠, 晩鶯啼遠林. 日晴瀟湘渚, 雲斷岣嶁岑. 仙駕不可望, 世途非所任. 凝情空景慕, 萬里蒼梧陰.

---

128) 본편은 영릉(零陵)에서 봄 경치를 바라보며 지은 작품이다.

129) 구루(岣嶁)는 형산(衡山)의 별명이다.

130) 『산해경(山海經)』「해내경(海內經)」에 의하면 남방에 창오(蒼梧)의 언덕과 창오의 못이 있고 그 가운데 구의산(九疑山)이 있다고 한다. 이 곳은 순(舜)임금이 장사된 곳으로 장사(長沙) 영릉(零陵) 경계에 있었다. 즉 고대에는 구의산(九疑山) 일대를 통칭하여 창오(蒼梧)라고 하였다. 한당(漢唐)에서 설치한 창오군(蒼梧郡)은 지금 광서(廣西)에 해당하며 장사 영릉과는 맞지 않는다. 따라서 이 시구의 만리창오(萬里蒼梧)는 구의산 일대를 가리키는 것으로 보아야 한다. 이 2구는 폄적되어 은거도 출세도 할 수 없는 입장에서 복잡한 심정으로 옛날 순임금을 사모하여 그가 묻힌 창오의 들판을 바라본다는 말이다.

종최중승과노소부교거(從崔中丞過盧少府郊居 : 최중승을 따라 노소부가 사는 교외에 들르다)[131]

상수(湘水) 언덕에 우거하니 사방에 이웃 없지만
세상 그물 얽기 어려워 늘 스스로 소중히 여기네
한가한 뜰에 약초 심어 국로(國老)를 맞아들이고[132]
빈방에서 술 동이 열어 현인(賢人)을 만나네.[133]
샘물 휘돌아 흐르는 얕은 바위는 높은 버들에 기대고
길 구불구불 난 늘어진 등나무 사이로 푸른 대 보이네.
오금희(五禽戲)를 아주 잘한다는 말 들었는데[134]
문을 나서니 갈매기 더욱 서로 친하네.[135]

---

131) 본편은 최중승(崔中丞)을 따라 노소부(盧少府)가 사는 교외에 들러 지은 작품이다. 최중승은 원화 9년(814) 봄에 영주자사로 부임한 최능(崔能)이다. 유종원은 이듬해 정월 장안으로 소환령을 받고 영주를 떠났으므로 이 시의 저작 시기는 원화 9년 봄에서 여름으로 넘어갈 때쯤으로 추정된다. 노소부가 누구인지는 확실하지 않다. 당인(唐人)은 현령(縣令)을 명부(明府)라 불렀고 현승(縣丞)을 찬부(贊府)라고 하였으며 현위(縣尉)를 소부(少府)라고 하였다.

132) 백약의 해독제로 쓰이는 감초(甘草)는 일명 국로(國老)라고 한다. 국로란 빈사(賓師)를 말하며 약재에 있어서 감초는 빈사의 위치에 해당한다고 해서 붙여진 이름이다. 이 구는 뜰에 키우는 약재 가운데 감초가 있다는 뜻이지만, 한편 국로는 최중승을 가리키는 것이기도 하다.

133) 『위지(魏志)』 「서막전(徐邈傳)」에 "취객들 사이에서는 술이 맑은 것을 성인이라 하고 탁한 것을 현인이라 한다"는 선우보(鮮于輔)의 말이 있다. 이 구에서 현인은 탁주를 가리키는 것이지만 동시에 유종원 자신이 청류(淸流)가 아니라는 겸사(謙辭)이기도 하다.

134) 오금희(五禽戲)는 화타(華佗)가 잘하였다는 도인(導引)체조의 하나로, 오금은 호랑이[虎] · 사슴[鹿] · 곰[熊] · 원숭이[猨] · 새[鳥]를 말한다.

135) 『열자』 「황제편(黃帝篇)」에는 갈매기를 좋아하는 어떤 사람이 매일 바닷가에 나가서 갈매기들과 지내고 돌아왔는데 어느 날 갈매기 한 마리만 잡아 가지고 오라는 아버지의 부탁을 받고 바닷가에 나가자 갈매기들이 그에게 내려오지 않았다는 고사가 있다. 이 고사는 기심(機心)이 있는 사람에게는 갈매기가 내려오지 않는다는 의미로 많이 인용되는데, 이 구에서 갈매기 더욱 서로 친하다라는 말은 노소부에게 기심이 전혀 없음을 말한 것이다.

寓居湘岸四無鄰, 世網難嬰每自珍, 蒔藥閑庭延國老, 開罇虛室値賢人.
泉迴淺石依高柳, 逕轉垂藤間綠筠. 聞道偏爲五禽戲, 出門鷗鳥更相親.

하주우작(夏晝偶作 : 여름 낮에 우연히 짓다)[136]

남주(南州)의 찌는 더위에 술에 취한 듯
북쪽 창문 열어 놓고 안석에 기대 곤히 잤네.
정오에 혼자 깨어나니 아무 소리 없는데
산동(山童)이 대나무 저편에서 차 절구 두드린다

南州溽暑醉如酒, 隱机熟眠開北牖. 日午獨覺無餘聲, 山童隔竹敲茶臼.

우청지강도(雨晴至江渡 : 비 개어 강 나루에 나가다)[137]

강 비 막 개어 멀리 걸어볼 생각으로
해질 무렵 홀로 우계(愚溪) 나루로 향했다.
나루터에 물 빠져 촌길 드러났는데
어지러이 부목(浮木)들이 높은 나무에 걸려 있다.

江雨初晴思遠步, 日西獨向愚溪渡. 渡頭水落村逕成, 撩亂浮槎在高樹.

136) 본편은 무더운 여름 낮잠에서 깨어나 지은 작품이다. 저작 시기는 자세하지 않다.
137) 본편은 비 개어 우계(愚溪) 나루에 나가 비 온 뒤의 풍경을 묘사한 작품이다.

강설(江雪 : 강에 눈 내리다)[138]

산이란 산에 새 한 마리 날지 않고
길이란 길에 사람 자취 사라졌다.
외로운 배에 도롱이 입고 삿갓 쓴 늙은이
홀로 눈 내리는 추운 강에서 낚시한다.

千山鳥飛絶, 萬徑人蹤滅. 孤舟蓑笠翁, 獨釣寒江雪.

염계(冉溪 : 염계에서)[139]

어렸을 때 힘을 다해 공후(公侯) 되길 바래어
나라에 헌신하고 다시 자신을 위해 도모하지 않았다.
풍파에 한 번 넘어져 만리 밖에 떠나오니
큰 뜻은 와해되고 헛되이 묶인 죄인 되었다.
묶인 죄인 늙도록 다른 일도 없으니

---

138) 본편은 눈 내리는 강의 풍경을 묘사한 작품이다.

139) 본편은 염계(冉溪)에서 자신의 과거를 회상하며 염계에 거처를 정하려는 자신의 심정을 써낸 작품이다. 염계는 영주 영릉현 서남쪽에 있던 계곡이다. 유종원은 염계를 자신과 닮아 있다고 하여 우계(愚溪)로 개명하고 원화 5년(810) 11월에는 우계 동남쪽에 집을 지어 그곳에 거처하였다. 이 시에서는 '상수 서쪽 염계 땅에 집터 장만하기 바란다'고 하였으니 아직 우계로 거처를 옮기기 이전이다. 또 유종원은 원화 4년(809) 9월 28일 법화사(法華寺) 서정(西亭)에 앉아서 바라보다가 비로소 서산(西山)의 기이함을 남다르게 생각하여 깊숙한 곳까지 찾아갔고 상강을 건너고 염계를 따라서 고무담(鈷鉧潭)・소석담(小石潭)・소구(小丘) 등의 승경(勝景)을 발견하게 되었으니 염계에 집터를 정하고자 했던 생각은 당연히 이때 했던 것이다. 그러므로 이 시의 저작 시기는 원화 4년(809) 겨울에서 원화 5년(810) 여름 사이로 추정된다.

바라건대 상수 서쪽 염계 땅에 집터 장만하고,
물러나 수장후(壽張侯) 번경공(樊敬公)을 배워[140]
남원에 옻나무 심고 그릇 이루어지기 기다리리.

少時陳力希公侯, 許國不復爲身謀. 風波一跌逝萬里, 壯心瓦解空縲囚.
縲囚終老無餘事, 願卜湘西冉溪地. 却學壽張樊敬侯, 種漆南園待成器.

법화사서정야음(法華寺西亭夜飮 : 법화사 서정에서 밤에 술을 마시다)[141]

기수(祇樹)의 석양이 드는 정자에서[142]
함께 삼매주(三昧酒)를 기울였네.[143]
안개 어둑한데 물은 계단에 이어졌고
달은 밝아 꽃 그림자 창을 덮는다.
술동이 앞에서 취하는 것 싫어하지 말게
서로 바라보니 아직 백발도 아닌데.

140) 수장후(壽張侯) 번경공(樊敬公)은 동한(東漢)의 번중(樊重)을 말한다. 수장후에 봉해지고 시호는 경(敬)이다. 그는 일찍이 기구를 만들고자 하여 먼저 가래나무와 옻나무를 심었는데 당시 사람들은 이를 비웃었다. 그러나 오랜 세월이 지나서 그 나무들을 사용하게 되었고 옛날에 비웃던 이들이 다 와서 그에게 빌리기를 구하였다고 한다.

141) 본편은 법화사(法華寺) 서정(西亭)에 벗들과 함께 모여 밤에 술을 마시며 지은 작품이다. 시의 본주(本注)에는 "주(酒)자 운(韻)을 얻어서 시를 지었다[賦得酒字]"고 하였다. 이 시의 서문에 해당하는 「법화사서정야음부시서(法華寺西亭夜飮賦詩序)」에 의하면 이날 밤 법화사 서정에 모두 8명의 문인이 모여 술을 마셨으며, 그 중 원극기(元克己)의 제안으로 각자 시를 짓기로 하고 유종원이 서(序)를 쓴 것이다. 그때 사용한 운자가 주(酒)자 운이다.

142) 기수(祇樹)는 기수급고독원(祇樹給孤獨園)의 약칭으로 석가모니가 사위국(舍衛國)에 가서 설법을 할 때 잠시 거처하던 곳이다. 여기서는 법화사를 가리킨다.

143) 삼매주(三昧酒)는 번뇌를 잊게 해 준다는 술을 말한다. 삼매는 불가에서 잡념을 없애 심신이 편안하게 된 경지를 말한다.

祇樹夕陽亭, 共傾三昧酒. 霧暗水連堦, 月明花覆牖. 莫厭罇前醉, 相看未白首.

희제석문장로동헌(戲題石門長老東軒 : 석문장로의 동헌에서 장난 삼아 짓다)[144]

석문장로(石門長老)의 일생은 꿈과 같거니와
숲을 이룬 전단목(栴檀木) 손수 심으신 바라.[145]
시간이 흘러 찰나 사이에 옛 사람이 아니니
만번 『묘법연화경(妙法蓮花經)』 외운들 누구 위해 쓸 것인가?
이제 칠십이라 절로 세속일 잊혀지고
탐욕도 애욕도 모두 잊고 근력도 쇠미해졌지만,
동헌으로 나가 봄 들판일랑 바라보지 마시오.
꽃피고 해 솟아 꿩이 모두 날고 있을 테니.[146]

石門長老身如夢, 旃檀成林手所種. 坐來念念非昔人, 萬偏蓮花爲誰用.
如今七十自忘機, 貪愛都忘筋力微. 莫向東軒春野望, 花開日出雉皆飛.

---

144) 본편은 석문정실(石門精室)의 장로(長老)에게 장난 삼아 지어 바친 작품이다. 석문정실(石門精室)은 영주 법화사(法華寺) 남쪽 모퉁이 절벽 아래에 자리하고 있었다.

145) 전단목(栴檀木)은 향나무의 일종이다.

146) 제(齊)나라 선왕(宣王) 때 처사(處士) 독목자(犢沐子)는 나이 70에 아내가 없었는데 들에 나가 나무를 하다가 꿩 암수가 서로 따르며 나는 것을 보고서는 마음이 동하여 금(琴)을 타면서 노래하여 자신의 신세를 슬퍼하였다고 한다.

묘첨하시재죽(茆簷下始栽竹: 띠풀 처마 아래에 처음으로 대나무를 심다)[147]

독기 품은 띠풀로 지붕을 이었는데
무더위는 늘 피부를 파고든다.
마침 심하게 다리 붓는 병이 있으니
찌는 듯 답답한 날씨 어찌 견뎌내랴?
다행히 동쪽 이웃이 내게 일러주기를
대나무를 심어 시원한 바람 맞아들이란다.
선뜻 내 생각과 맞아
삽을 메고 서쪽 바위 밑으로 나갔다.
초(楚)의 토양에는 괴이한 돌들이 많아
캐내다 보니 힘이 벌써 부치네.
강바람은 홀연히 저녁을 알려주고
수레를 끌며 돌아오는데 뒤에서 불어오네.
시원하게 먼 나루를 지나
바람에 나부끼며 그윽한 뜰에 옮겨졌네
곧은 뿌리 길이 견고하기를 바라며
그대에게 찬 샘물을 부어준다.
밤 창문 마침내 닫지 않게 되었으니
깃 부채 어찌 다시 집으랴?
맑고 서늘하게 짙은 이슬 모이니
베개와 대자리 시원함 벌써 알겠다.
거미들은 빽빽한 대 잎에 거미줄 치고
새벽 새들은 먼 가지에서 쉬네.

147) 본편은 유종원이 영주에서 무더위에 지쳐 있을 때 이웃의 권고로 대나무를 캐어다 집 뜰에 심어놓고 대나무의 자질을 찬미하여 지은 작품이다.

어찌 이 어지럽고 시끄러운 사이에서
거듭 마음으로 편안함을 걱정하랴?
그대의 우뚝 솟은 자질 가상하구나,
멀리서부터 그윽한 기약 버렸으니.
들에 덩굴 풀은 보이지 않고
무성하게 화려한 자태 드러내는구나.
정녕 추위 능가하는 성질 없다면
어찌 청산과 헤어졌으랴!

瘴茆葺爲宇, 溽暑恒侵肌. 適有重膇疾, 蒸鬱寧所宜. 東鄰幸導我, 樹竹邀涼颸. 欣然愜吾志, 荷鍤西巖垂. 楚壤多怪石, 墾鑿力已疲. 江風忽云暮, 輿曳還相追. 蕭瑟過極浦, 旖旎附幽墀. 貞根期永固, 貽爾寒泉滋. 夜窗遂不掩, 羽扇寧復持. 淸泠集濃露, 枕簟凄已知. 網蟲依密葉, 曉禽棲迴枝. 豈伊紛囂間, 重以心慮怡. 嘉爾亭亭質, 自遠棄幽期. 不見野蔓草, 蓊蔚有華姿. 諒無凌寒色, 豈與靑山辭.

종선령비(種仙靈毗 : 선령비를 심다)[148]

곤궁하고 누추하여 스스로 보양도 못하는데
남방의 독기는 매우 성가시고 걱정스럽다.
한겨울에도 서리나 싸락눈 내리지 않고

148) 본편은 영주에서 다리 통증에 시달리던 유종원이 몸을 보양하기 위하여 선령비(仙靈毗)라는 약초를 캐어다 뜰에 심고서 병이 쾌유하기를 바라는 심정을 묘사한 작품이다. 선령비는 음양곽(淫羊藿)을 말한다. 음양곽은 기력을 돕고 뜻을 강하게 하고 근골을 견고하게 하는데 약효가 있다고 한다.

저녁 무렵에도 남풍이 따뜻하다.
지팡이 짚고 마당가로 내려가
발꿈치를 끌어도 문까지 가지 못하니,
문에 들 밭 담당하는 관리가 있어
불쌍한 나의 영혼을 위로하면서
말하기를 "한 가지 영험있는 약초가
가까이 상서원(湘西原)에 있는데,[149]
이를 복용하면 열흘이 차지 않아
절름발이도 모두 뛰어다닌다" 한다.
웃고 손뼉을 치면서 관리에게 다가가
나를 위해 그 뿌리를 캐어다 달라 했다.
무성하여 마침내 마당을 채우고
꽃은 높이 어느새 벌써 활짝 피었다.
새벽에 일어나 스스로 캐어 말리고
절구질하느라 밤새 시끄러웠다.
신령스런 조화가 내장을 다스리거니와
병은 근원부터 치료하는 것이 귀하다.
싸고 덮어서 속에 쌓인 안개를 몰아내고
펼쳐 내어 나머지 열을 내쳐 버려야지.

기이한 약효가 만약 나타난다면
어찌 다시 난손(蘭蓀)을 사용하랴?[150]
나는 기인의 방술에 대해 들었는데
한 번 호흡으로 한밤중까지 살 수 있고,

---

149) 상서원(湘西原)은 지명으로 영주에 있다.
150) 난손(蘭蓀)은 창포(菖蒲)를 말한다. 창포는 맛이 맵고 따뜻하며 독이 없어 풍습(風濕)등으로 인한 관절통에 약효가 있다고 한다.

깊이 깊이 숨을 쉴 수 있으면
호흡이 발꿈치까지 돌아간다 하네.
나는 거칠고 분방하니 참으로 따라하기 어려워
잠시 약으로 병을 치료하려는 거라네.
마비환자는 일어나기를 잊지 않거니와[151]
곤궁한 사람이 무얼 더 말하랴?
신이시여, 내 발 보살피시어
어린애처럼 뛰어다니게 하소서!

窮陋闕自養, 癘氣劇囂煩. 隆冬乏霜霰, 日夕南風溫. 杖藜下庭際, 曳踵不及門.
門有野田吏, 慰我飄零魂. 及言有靈藥, 近在湘西原. 服之不盈旬, 蹩躠皆騰騫.
笑抃前卽吏, 爲我擢其根. 蔚蔚遂充庭, 英翹忽已繁. 晨起自採曝, 杵臼通夜喧.
靈和理內藏, 攻疾貴自源. 擁覆逃積霧, 伸舒委餘暄.
奇功苟可徵, 寧復資蘭蓀. 我聞畸人術, 一氣中夜存. 能令深深息, 呼吸還歸跟.
疎放固難效, 且以藥餌論. 痿者不忘起, 窮者寧復言. 神哉輔吾足, 幸及兒女奔.

종출(種朮 : 삽주뿌리를 심다)[152]

한가로움 지키며 보양식물 복용을 일삼아
동산(東山) 모퉁이에서 삽주뿌리를 캐는데,[153]

151) 『사기』 「한왕신전(韓王信傳)」에 "마비환자는 일어나기를 잊지 아니하고, 눈먼 사람은 보기를 잊지 않는다[痿人不忘起, 盲者不忘視]"라는 구절이 있다.

152) 본편은 보양 효능이 있는 약초인 삽주뿌리를 집안에 옮겨 심고 지은 작품이다. 유종원은 원화 4년(809), 5년(810) 사이에 몸 보양을 목적으로 약초재배에 열심이었다. 본편은 아마 그때쯤 지어진 것으로 추정된다.

동산은 깊고 또 막혀 있어
피곤하고 지쳐 지나기가 걱정스럽다.
사람들에게 조심시켜 영묘한 뿌리 캐어내고
흙을 돋우어 천지의 화기를 보호했다.
너를 계곡 아래 바위에서 옮기어
우리 마당 가운데 잔디에 심었는데,
흙이 기름지니 검은 액이 촉촉하고
소나무 이슬이 번성한 가지에 떨어진다.
남동쪽에서 스스로 밭을 형성하여
빙 둘러 어지럽게 서로 벌리어있다.
새벽에 산보할 때 고운 빛깔 아름답고
밤에 잠잘 때 그윽한 향기 물씬 풍긴다.
근심을 만나도 만약 즐거워할 수 있다면
누가 기타의 것을 알 수 있으랴?
대나무를 불때어 향그런 잎 먹으니
어찌 쑤시는 병이나 역병을 걱정하리요?
혜초(蕙草) 심는 노래에 마음이 끌리고[154]
고사리 캐는 노래도 좋아하니[155]
졸(拙)함을 깨달아 자족함을 달게 여기면서도

---

153) 동산(東山)은 영주성 동쪽 모퉁이에 있는 산 이름이다.

154) 혜초 심는 노래란 굴원(屈原)의 「이소(離騷)」를 가리킨다. 「이소」에 "나는 이미 구원(九畹)의 난초를 재배하였고 또 백묘(百畝)의 혜초를 심었네[余旣滋蘭之九畹兮, 又樹蕙之百畝]"라는 구절이 있다.

155) 고사리 캐는 노래란 백이(伯夷)·숙제(叔齊)가 수양산(首陽山)에 은거하면서 불렀다는 채미가(採薇歌), 즉 "저 서산에 올라 고사리를 캐자. 폭력으로 폭력을 바꾸고도 그것이 잘못인 줄 모르네[登彼西山兮, 採其薇矣. 以暴易暴兮, 不知其非矣]"를 가리킨다. 한편 친구를 그리는 작품인 『시경』 「소남(召南)」 「초충(草蟲)」에도 "저 남산에 올라 고사리를 캐네. 군자를 만나지 못하니 내 마음 슬프네[陟彼南山, 言采其薇, 未見君子, 我心傷悲]"라는 구절이 있다.

맑은 물을 쳐내면서 같은 물결임을 부끄러워한다.[156]
선표(單豹)처럼 잠시 속을 다스리는데
높은 문은 또한 어찌하랴?[157]

守閑事服餌, 採術東山阿. 東山幽且阻, 疲苶煩經過. 戒徒斸靈根, 封植閟天溫. 違爾澗底石, 徹我庭中莎. 土膏滋元液, 松露墜繁柯. 南東自成畝, 繚繞紛相羅. 晨步佳色媚, 夜眠幽氣多. 離憂苟可怡, 孰能知其他. 爨竹茹芳葉, 寧慮瘵與瘥. 留連樹蕙辭, 婉娩採薇歌. 悟拙甘自足, 激淸愧同波. 單豹且理內, 高門復如何.

종백양하(種白蘘荷 : 백양하를 심다)[158]

그릇 속 벌레 변화하여 역질(疫疾)이 되니
남방 풍속에서 많이 신으로 받드네.[159]

---

156) 이 구는 겉으로는 혜초(蕙草) 심는 노래나 고사리 캐는 노래를 부른 이들의 삶을 본받아 살려 하지만 결국 유속(流俗)에 혼동되어 버린 자신의 삶이 부끄럽다는 말이다.

157) 『장자』「달생(達生)」에 "노나라에 선표(單豹)라는 사람이 있었다. 바위 사이에 살면서 물을 마시고 백성들과 이익을 함께 하지 않아 나이 70이 되어서도 여전히 어린아이의 얼굴이었는데 불행히도 굶주린 호랑이를 만나 호랑이에게 잡아먹혔다. 장의(張毅)라는 사람은 부귀한 사람들이 사는 높은 문에 주렴을 매단 집에 가보지 않음이 없었으나 나이 40에 속에 열병이 있어 죽었다. 선표는 그 속을 잘 보양했지만 호랑이가 그 밖을 먹었고, 장의는 그 밖을 잘 보양했으나 병은 그 속을 공격했다"는 고사가 전한다.

158) 본편은 고독(蠱毒)을 다스린다는 백양하(白蘘荷)를 심고 남방 미개한 땅에서 고독의 해를 입지 않으려고 근신하는 자신의 심경을 묘사한 작품이다. 양하(蘘荷)는 양초(蘘草) 복저(覆葅) 복조(葍蒩)라고도 하며 생강과에 속하는 다년생 초본식물이다. 여름 가을에 꽃이 피는데 꽃은 백색 혹은 담황색이다. 뿌리는 생강과 비슷하며 약용으로 쓰이는데 고독(蠱毒)을 다스리는 것으로 알려져 있다.

159) 그릇[皿] 속 벌레[蟲]란 고(蠱)를 말한다. 고는 전설상 인공적으로 길러낸 독충으로 사람에게 들어가 병을 일으켜 해를 입힌다고 한다. 중국 남방에서는 그릇 속에 온갖 해로운 벌레들을 함께 집어넣고 서로 잡아먹게 하여 마지막까지 살아남은 것을 남겨서 고로

원한을 품으면 매번 극심한 독을 쓰니
부를 도모함은 어진 행위가 아니구나.[160]
채소와 과일 먼 곳으로부터 이르면
술잔에 술 가득 채워 진설(陳設)하고,[161]
단 것은 가운데가 반드시 쓰다고 말하니
어떻게 그 진실을 알 수 있을까?
화려하고 깨끗하게 겉을 꾸미는 일은
더욱 중원 사람에게 해가 되거니와,
돈이 해를 불러올까 두려워하여
배고픔이 닥칠수록 더 멈칫거리네.

쫓겨나 숨어 지내며 항상 두려워하고
고향을 그리면서 더욱 비통해했네.
서씨(庶氏)에게 가초(嘉草)가 있었는데
공(攻)으로 제거하는 일은 오래 전에 사라졌네.[162]

삼았다. 살아남은 것이 뱀이면 사고(蛇蠱)라 하고 이라면 슬고(蝨蠱)라고 하여 신으로 받들었는데 고의 주인은 이 고를 이용한 사술(邪術)을 써서 원한이 있는 사람을 죽였다. 이것을 고술(蠱術)이라고 한다. 고는 음식을 따라 사람의 뱃속에 들어가서는 그 오장을 먹는다고 하는데, 사람이 죽으면 그 죽은 사람의 재산은 고 주인의 집으로 귀속되었다. 고술은 집안 대대로 자손에게 이어졌으며 어떤 경우는 여자가 시집갈 때 시집에 전해지기도 했다. 유종원이 영주에 있을 당시에 남방지역에는 고술이 아직 남아있었던 것 같다.

160) 고의 주인이 고술을 써서 다른 사람의 재산을 빼앗는 행위가 어질지 못한 방법이란 말이다.

161) 고에 대한 제사 행위를 말한다.

162) 『주례』「추관(秋官)」「서씨(庶氏)」에 "서씨는 독고(毒蠱)를 제거하는 것을 관장하는데 공설(攻說)로 제거하고 가초(嘉草)로 향기가 배어들게 한다[庶氏掌除毒蠱, 以攻說禬之, 嘉草攻之]"고 하였다. 이에 대한 정현(鄭玄)의 주에는 "'공설'은 기도 이름이다. 그 신에게 기도하여 떠나가기를 구하는 것이다. '가초'는 약물인데 그 모습에 대해서는 듣지 못했다. '공지(攻之)'란 연기를 쐬어 향기가 배어들게 한다는 말이다[攻說, 祈名, 祈其神, 求去之也. 嘉草, 藥物, 其狀未聞. 攻之, 謂燻之]"라고 하였다. 『주례』「춘관」「대축(大祝)」에 의하면 대축(大祝)은 귀신에게 기도하여 재앙을 제거하기를 바라는 여섯가지 제사인 육기(六祈)를 관장하였는데 그 가운데 다섯 번째가 공(攻)이고 여섯 번째가 설(說)이다. 공

염제(炎帝)가 남긴 신령한 책에[163]
이것이 특히 진귀하다고 말하였네.
기구(崎嶇)한 처지에 이것을 얻으니
이것에 의탁하여 내 몸 보전할 수 있으리.
푸른 나무 그늘에 여기저기 심어놓고
마음 끌리는 대로 바라보리라.

皿蟲化爲癘, 夷俗多所神. 銜猜每腊毒, 謀富不爲仁. 蔬果自遠至, 盃酒盈肆陳. 言甘中必苦, 何用知其眞. 華潔事外飾, 尤病中州人. 錢刀恐賈害, 飢至益逡巡. 竄伏常戰慄, 懷故逾悲辛. 庶氏有嘉草, 攻禬事久泯. 炎帝垂靈編, 言此殊足珍. 崎嶇乃有得, 託以全余身. 紛敷碧樹陰, 眄睞心所親.

신식해석류(新植海石榴 : 새로 해석류를 심다)[164]

약한 묘목 한 자도 못되나
멀리 뜻은 봉영(蓬瀛)에 머물러 있다.[165]
달 차가운데 빈 계단은 밝고

설(攻說)은 아마 북을 울리며[攻] 독고(毒蠱)의 죄를 성토하여[說] 그것을 쫓아내려는 의식이었던 것 같다. 유종원은 주대(周代) 서씨가 사용한 가초가 백양하(白蘘荷)라고 생각했던 것으로 보인다. 이 2구는 가초를 태워 연기를 쐬는 치료 방법은 아직 남아있지만, 기도로 독고(毒蠱)를 제거하는 치료 의식은 이미 전하지 않는다는 말이다.

163) 염제(炎帝)는 신농씨(神農氏)를 말하며 『본초경(本草經)』을 지었다고 전해진다.

164) 본편은 새로 해석류(海石榴)를 심고 감흥을 적은 작품이다. 『태평광기(太平廣記)』 권490에 의하면 신라(新羅)에는 해홍(海紅)과 해석류(海石榴)가 많았다. 석류에 해(海)자가 붙은 것은 아마 바다를 건너온 것이기 때문일 것이다. 영주에서 지은 시이다.

165) 봉영(蓬瀛)은 바다 가운데의 신산(神山)인 봉래(蓬萊)·영주(瀛洲)를 말한다. 해석류는 바다에서 왔다고 하여 붙여진 이름이므로 이렇게 말한 것이다.

그윽한 꿈에 채색 구름 피어난다.
더러운 흙에 구슬 같은 나무 우뚝하고
이끼 가운데 경옥 같은 꽃 꽂혀있는 듯.
향내나는 뿌리에 아름다운 빛깔 가두었으니
가는 세월에 누굴 위해 피어날 것인가?

弱植不盈尺, 遠意駐蓬瀛. 月寒空堦曙, 幽夢綵雲生. 糞壤擢珠樹, 莓苔插瓊英. 芳根閟顏色, 徂歲爲誰榮.

희제계전작약(戲題堦前芍藥 : 장난 삼아 섬돌 앞의 작약에 대해 쓰다)[166]

모든 꽃이 시절과 함께 시드는데
고운 꽃 오늘 새벽에 아름답구나.
기울어진 붉은 꽃송이 짙은 이슬에 취하고
아리따운 자태는 남은 봄을 붙잡아두었네.[167]
홀로 감상하며 하루가 저무는데
훈훈한 바람에 자주 흔들리네.
밤 창가에 꽃향기 부드러우니
조용히 누워 서로 친함을 알겠다.
진수(溱水)와 유수(洧水)로 보내 드리고 싶지만[168]

166) 본편은 장난 삼아 섬돌 앞에 아름답게 피어있는 작약(芍藥)을 즐기는 작가의 심경을 묘사한 작품이다. 여기서의 작약은 모란(牡丹)을 말한다. 당대 궁중에서는 작약을 모란이라고 불렀다. 모란은 늦봄에 꽃이 핀다. 시 마지막 구에 '아득하구나, 남국(南國)의 사람'이라고 했으니 본편은 영주에서 지은 것이다.
167) 작약은 늦봄에 피기 때문에 남은 봄을 붙잡아두었다고 말한 것이다.

아득하구나, 남국(南國)의 사람이여![169)]

凡卉與時謝, 姸華麗玆晨. 欹紅醉濃露, 窈窕留餘春. 孤賞白日暮, 暄風動搖頻. 夜窗藹芳氣, 幽臥知相親. 願致溱洧贈, 悠悠南國人.

시견백발제소식해석류수(始見白髮題所植海石榴樹 : 처음으로 흰머리를 발견하고는 심어 놓은 해석류 나무에 대해 쓰다)[170)]

몇 년간 흙을 북돋아 나무를 심으며 꽃을 사랑하였는데
아름다운 꽃과 붉은 얼굴은 결국 같지가 않네.
이제부터 초봄에 하던 일 거론하지 말고[171)]
고목이 노쇠한 늙은이와 마주하고 있다고 간주하자.

幾年封植愛芳叢, 韶艶朱顔竟不同. 從此休論上春事, 看成古木對衰翁.

---

168) 『시경』「정풍(鄭風)」「진유(溱洧)」에 "진수와 유수는 넘실대는데 (…중략…) 남자와 여자 희희덕거리며 서로 장난치고, 작약을 주네[溱與洧, 方渙渙兮 (…중략…) 維士與女, 伊其相謔, 贈之以芍藥]"라는 구절이 있다.

169) 남국(南國)은 강남(江南)지역을 말하며 여기서는 강남도(江南道)에 속한 영주를 가리킨다.

170) 본편은 작가가 처음으로 흰머리가 난 것을 발견하고 자신이 심어놓은 해석류(海石榴) 나무를 소재로 하여 노쇠해져 가는 자신에 대한 탄식을 써낸 작품이다.

171) 초봄에 하던 일이란 나무를 심고 가꾸는 일을 말한다.

식령수목(植靈壽木 : 영수목을 심다)[172]

흰 꽃이 찬 강물에 비치는데
들로 나가려는 내 마음에 쏙 든다.
앞에 달려가 장로에게 묻고서
거듭 멋있는 이름에 기뻐한다.
순탄하지 못하면 쉬 노쇠하지만
한참 강할 때야 경영을 사절하는 법.[173]
감히 치장(齒杖) 하사 기대하겠는가?[174]
애오라지 잠시 한 줄기 옮겨 심는다.
다발 진 꽃수염은 안에서 빼어남을 다투고
나뉜 꽃방은 밖에서 꽃망울 펼친다.
연한 가지 금새 되 심으니
굳센 마디는 늘 마주하여 생겨난다.
돌아보며 감상하니 발은 피로를 모르겠고
점차 발걸음이 가볍게 느껴지는데,
어찌 이 나무를 베어내어
걷는데 도움되게 할 수 있으랴?

白華鑒寒水, 怡我適野情. 前趨問長老, 重復欣嘉名. 蹇連易衰朽, 方剛謝經營.

---

172) 본편은 다리가 불편했던 유종원이 지팡이를 만드는 재목인 영수목(靈壽木)을 옮겨다 심고 그 아름다운 모습을 감상하면서 기뻐하는 심경을 묘사한 작품이다. 영수목은 대나무와 비슷하여 마디가 있고 길이는 8~9척을 넘지 않으며 둘레가 3~4촌(寸) 정도여서 지팡이의 재목으로 적당하다.

173) 『시경』「소아」「북산(北山)」에 "정력이 왕성하여 사방을 경영하네[旅力方剛, 經營四方]"이란 구절이 있다. 여기서는 이 시구의 뜻을 반대로 사용한 것이다.

174) 치장(齒杖)은 왕이 노인에게 하사하는 지팡이를 말한다. 한(漢)대 공광(孔光)과 당(唐)대 이정(李靖)은 모두 만수장(萬壽杖)을 하사 받은 바 있다.

敢期齒杖賜, 聊且移孤莖. 叢萼中競秀, 分房外舒英. 柔條乍反植, 勁節常對生. 循翫足忘疲, 稍覺步武輕. 安能事翦伐, 持用資徒行.

자형양이계십여본식영릉소주정사(自衡陽移桂十餘本植零陵所住精舍: 형양에서 계수 10여 그루를 옮겨와 영릉의 내가 살고있는 정사에 심다)[175]

쫓겨난 관리 남쪽 변방으로 와 보니
맑은 상수가 신령스런 산악을 감싸고 흐른다.[176]
새벽에 갈대 무성한 강 언덕에 오르자
서리 내린 경치에 어지럽고 흐린 안개 걷힌다.
여기저기서 그윽한 계수를 얻었는데
향내나는 밑둥이 손아귀에 꽉 차 기쁘다.
불태워 밭을 갈아 연기 불똥에 시달리고
땔감 베어내어 오래도록 꺾이고 다쳤다.
길가의 나무도 또한 원하지 않는데
하물며 멀고 아득한 산 고개임에랴.[177]
광주리에 그곳 흙으로 북돋우고
난작(鸞鷟)이 서식하기를 기대해본다.[178]
청량궁(清涼宮)까지 길 멀지만[179]

175) 본편은 유종원이 형양(衡陽)에서 화전이나 땔감 채취로 시달리던 계수(桂樹) 10여 그루를 캐어다가 자신이 살고 있던 용흥사(龍興寺)에 심고 그 감회를 적은 작품이다. 시제의 정사(精舍)는 영주 용흥사(龍興寺)를 말한다. 유종원은 영주에 도착하여서 처음에는 이 절에서 지냈고 뒤에 4,5년이 지나서 우계(愚溪)에 집을 마련하여 살았다.

176) 신령스런 산악은 형산(衡山)을 말한다. 형산은 오악(五岳) 중 남악(南岳)에 해당한다.

177) 당시 영주 사람 중 아무도 계수나무의 가치를 알아보지 못했다는 말이다.

178) 난(鸞)과 작(鷟)은 모두 봉황의 일종이다.

한바탕 비가 배움 없는 이들을 깨우쳐,[180]
남인들 비로소 진중하게 여기니
나 아니면 누가 먼저 알았으리.
향기로운 뜻 전할 수 없거니와
뜨거운 마음만 절로 넘쳐흐르네

謫官去南裔, 淸湘繞靈岳. 晨登蒹葭岸, 霜景霽紛濁. 離披得幽桂, 芳本欣盈握. 火耕困烟燼, 薪採久摧剝. 道旁且不顧, 岑嶺況悠邈. 傾筐壅故壤, 棲息期鸞鷟. 路遠淸涼宮, 一雨悟無學. 南人始珍重, 微我誰先覺. 芳意不可傳, 丹心徒自渥.

상안이목부용식용흥정사(湘岸移木芙蓉植龍興精舍 : 상수 언덕에서 목부용을 옮겨 용흥정사에 심다)[181]

아름다움이 있으면 자신을 가릴 수 없으니
어찌 외로운 뿌리 지킬 수 있으랴?
물 맑은 상수의 서쪽 언덕에

---

179) 청량궁(淸涼宮)은 달을 말한다. 신화전설상에서 달에는 맑고 텅 비고 넓고 차가운 궁이 있다고 하여 그것을 청량궁이라 명명하였다. 여기서는 당시 유종원이 거주하고 있던 용흥사(龍興寺)를 비유한다. 계수는 원래 달에 있는 나무로 알려졌기 때문에 달을 가리키는 청량궁으로 용흥사를 비유한 것이다.

180) 이 구는 의미가 분명하지 않은 면이 있다. 형산에서 멀리 떨어진 용흥사에 계수를 옮겨 심었지만 이식 초기에는 잎이 생기가 나지 않아 사람들이 신통치 않은 나무로 여겼는데 한바탕 비가 내리자 계수가 활기를 되찾아 계수의 가치를 몰랐던 사람들로 하여금 그 진가를 깨닫게 하였다는 말인 것 같다. 시 원문의 '무학(無學)'은 배움이 없는 사람들 즉 다음 구의 남인(南人)을 가리킨다.

181) 본편은 상수(湘水) 언덕에서 목부용(木芙蓉)을 옮겨 용흥정사(龍興精舍)에 심고 목부용에 자신을 기탁하여 감회를 묘사한 작품이다.

가을이 되자 바람과 이슬 많아지는데.
고운 그림자 찬 강물과 이별하여
농염한 꽃이 앞 창문에 버려졌네.
연꽃과는 정말로 섞이기 어려워[182)]
오히려 여기 높은 언덕에서 자란다.

有美不自蔽, 安能守孤根. 盈盈湘西岸, 秋至風露繁. 麗影別寒水, 穠芳委前軒. 芰荷諒難雜, 反此生高原.

조매(早梅 : 이른 매화)[183)]

이른 매화 높은 나무에서 피어
멀리 푸른 초(楚) 하늘 비치네.
북풍 불자 밤 향기 흩날리고
많은 서리 새벽 깨끗한 꽃에 촉촉하다.
만리에 있는 친구에게 보내고 싶지만
아득히 산수가 가로막고 있구나.
차가운 꽃 곧 시들어 떨어지면
무엇으로 먼 나그네 위로할까?[184)]

---

182) 『초사』 「초혼(招魂)」에 "부용이 피어나기 시작하는데 연꽃과 섞여있구나[芙蓉始發, 雜芰荷些]"라는 구절이 있다. 「초혼」에서의 부용은 물에 자라는 부용이고, 이 시에서 말하는 부용은 목부용(木芙蓉)이기 때문에 '정말로 섞이기 어렵다'고 말한 것이다.

183) 본편은 일찍 핀 매화를 노래한 작품이다.

184) 육개(陸凱)의 「증범엽시(贈范曄詩)」에 "매화 꺾어 역 사신을 만나 농두에 있는 친구에게 부친다. 강남에 가진 것 없어 애오라지 나뭇가지 하나의 봄을 보낸다[折梅逢驛使, 寄

早梅發高樹, 迴映楚天碧. 朔吹飄夜香, 繁霜滋曉白. 欲爲萬里贈, 杳杳山水隔. 寒英坐銷落, 何用慰遠客.

남중영귤유(南中榮橘柚 : 남방 가운데 귤 유자 무성하다)[185]

귤과 유자 곧은 자질 품고서
이 무더운 지방에 명을 받았다.
빽빽한 숲에 붉고 푸르게 빛나고
세모에도 남은 향기 풍긴다.
다른 바람은 맑은 한수(漢水)를 한계로 하여
날리는 눈발이 고향에 막혀 있다.
나뭇가지 잡고 무엇을 탄식하리?
북으로 웅(熊)과 상(湘)을 바라본다.[186]

橘柚懷貞質, 受命此炎方. 密林耀朱綠, 晚歲有餘芳. 殊風限淸漢, 飛雪滯故鄕. 攀條何所歎, 北望熊與湘.

與隴頭人. 江南無所有, 聊贈一枝春]"라고 하였다.

185) 본편은 남방의 귤과 유자가 계절에 관계없이 무성한 모습을 보고 고향을 그리는 심경을 묘사한 작품이다. 시제는 사현휘(謝玄暉)의 「수왕진안(酬王晉安)」 시의 "남방 가운데 귤 · 유자 무성하니, 기러기 날아가는 것 어찌 알랴[南中榮橘柚, 寧知鴻雁飛]?"의 시구에서 가져온 것이다.

186) 웅(熊)과 상(湘)은 산 이름이다. 『사기』「오제본기(五帝本紀)」에 황제(黃帝)가 "남으로 강(江)에 이르고 웅상(熊湘)에 올랐다"는 구절이 있는데 이에 대하여 『사기정의(史記正義)』에서는 『괄지지(括地志)』를 인용하여 "웅이산(熊耳山)은 상주(商州) 낙현(洛縣) 서쪽 10리에 있는데 제(齊) 환공(桓公)이 여기에 올라 한번 강한(江漢)을 바라보았다. 상산(湘山)은 일명 편산(艑山)이라고도 하는데 악주(岳州) 파릉현(巴陵縣) 남쪽 18리에 있다"고 하였다.

홍초(紅蕉 : 붉은 파초)[187]

늦게 핀 꽃이 세모를 만났는데
푸른 윤기에 붉은 빛 머금어
이 정양(正陽)의 빛깔로[188]
조용히 맑은 서리 압도하네.
먼데서 온 물건이라 세상에서 귀중히 여기는 바이나
나그네 마음 홀로 아리네.
석양이 질 무렵 수풀 끝 바라보는데
슬프게도 남아 있는 꽃 없네.[189]

晩英値窮節, 綠潤含朱光. 以玆正陽色, 窈窕凌淸霜. 遠物世所重, 旅人心獨傷. 回暉眺林際, 戚戚無遺芳.

---

187) 본편은 남국(南國)에서 세모에도 싱싱한 파초(芭蕉)를 보고 고향을 떠나온 자신의 괴로운 심경을 묘사한 작품이다. 파초는 일명 파저(芭苴) 감초(甘蕉)라고도 한다.

188) 정양(正陽)은 음력 4월을 말한다.

189) 시 원문의 '척척(戚戚)'은 '색색(摵摵)'으로 된 판본도 있다. 색색(摵摵)은 낙엽이 지는 소리이며 이 경우 '다 떨어지고 남아 있는 꽃 없네'로 번역된다.

손공원오영(巽公院五詠 : 손공의 사원에서 다섯 장소를 노래하다)[190]

1) 정토당(淨土堂)

결습(結習)은 본디 시작이 없거니와[191]
탐닉에 빠져 고(苦)의 근원을 다하다가
흘러 다니던 형체 금세(今世)에 이르러
비로소 삼공문(三空門)을 깨우친다.[192]
화려한 집에 청정한 지역을 여니
불상은 빛나고 번화하다.
맑고 상쾌하게 뭇 향을 태우며
미묘한 법언(法言)을 노래한다.
머리 조아리며 스님에게 부끄러운 것은
아득히 진세(塵世)의 어둠을 사절하기 때문이네.

結習自無始, 淪溺窮苦源. 流形及茲世, 始悟三空門. 華堂開淨域, 圖像煥且繁. 淸冷焚衆香, 微妙歌法言. 稽首媿導師, 超遙謝塵昏.

---

190) 본편은 손상인(巽上人)이 거처하던 사원(寺院)의 다섯 장소, 즉 정토당(淨土堂)·곡강당(曲講堂)·선당(禪堂)·부용정(芙蓉亭)·고죽교(苦竹橋)를 각각 5언 10구로 읊은 연시(聯詩)이다. 손공(巽公)은 중손(重巽)으로 영주 용흥사(龍興寺)에 거처하던 승려이다. 『유종원집』에는 또한 「송손상인서(送巽上人序)」가 있다.

191) 결습(結習)은 본래 불가(佛家)에서 번뇌(煩惱)를 가리키는 말이다. 오래도록 쌓여서 제거하기 어려운 습관을 가리키기도 한다. 불교에서는 중생(衆生)이라든가 법(法)이라든가 세간(世間)의 일체가 모두 시작이 없다고 말한다. 만약 시작이 있으면 처음이 있고 처음이 있으면 인(因)이 없게 된다. 인(因)이 없으면 불교의 연기론(緣起論)은 성립되지 않는다. 시작이 없어야 인(因)이 있게 된다.

192) 삼공문(三空門)이란 삼해탈문(三解脫門)을 말한다. 『지도론(智度論)』에 "열반성에는 삼문이 있는데 이른바 공 무상 무작이다. (…중략…) 이 법을 행하여 해탈을 얻으면 무여열반에 이르는데 이런 까닭에 해탈문이라고 한다[涅槃城有三門, 所謂空, 無相, 無作. (…중략…) 行此法得解脫, 到無餘涅槃, 以是故名解脫門]"고 했다. 삼공문이란 즉 해탈에 이르는 세 가지 문을 말하는데 바로 공문(空門) 무상문(無相門) 무작문(無作門)을 가리킨다.

2) 곡강당(曲講堂)

적멸(寂滅)은 본래 단상(斷相)이 아니니[193]
문자가 어찌 떠날 수 있으리요.
곡당(曲堂)은 무엇 때문에 설치하였나?[194]
고사(高士)가 이곳에 계시기 때문이지.
거룩한 침묵을 말에 부쳐 선포하니
분별이 바로 무지(無知)라네.
중(中)으로 달려감이 바로 공(空)이요 가(假)이니[195]
명(名)과 상(相)은 누구와 더불어 기대하랴?[196]
깨달은 바를 듣는 것을 끊고

---

193) 적멸(寂滅)은 범어(梵語) 열반(涅槃)의 의역(意譯)이다. 『유마힐소설경불국품(維摩詰所說經佛國品)』에 "일체의 법(法)이 모두 적멸임을 안다"고 하였는데 주(注)에는 "조(肇)가 말하기를 '상(相)을 떠났으므로 적멸이라고 한다'고 하였다"고 되어 있다. 열반은 고요하여 일체의 상(相)을 떠났으므로 적멸이라 한다는 말이다. 한편 지의(智顗) 『마하지관(摩訶止觀)』 권1에서는 "생사(生死)가 바로 열반이며 증명할 만한 멸(滅)은 없다. (…중략…) 순일하게 실상(實相)이며 실상 외에 다시 다른 상(相)은 없다"고 하였다. 유종원은 천태종(天台宗)을 받들었으므로 실상설(實相說)을 견지하여 적멸이 본래 단상(斷相)이 아니라고 말한 것이다.

194) 곡당은 곡강당을 말한다.

195) 용수(龍樹)의 『지도론(智度論)』에는 "인연에서 법(法)이 생겨나는데 이것을 공상(空相)이라 부르고, 또한 가명(假名)이라 부르고, 중도(中道)라고 말한다"고 하였다. 수(隋) 지의(智顗)는 이것을 발휘하여 천태종(天台宗)을 창시하였는데 그의 『마하지관』 권6에서는 "삼체(三諦)가 다 충족되는 것은 오직 일심(一心)에 달려 있다. (…중략…) 무엇이 공(空)인가? 모두 연(緣)에서 생겨나는데 연에서 생겨나니 바로 생(生)이 없는 것이다. 생이 없으니 바로 공(空)이다. 무엇이 가(假)인가? 주(主)도 없고 생(生)도 없으니 이것이 가(假)이다. 무엇이 중(中)인가? 법성(法性)을 벗어나지 않고 모든 것이 나란하니 바로 중이다. 마땅히 일념(一念)이 바로 공(空)이요, 가(假)요, 중(中)이란 것을 알아야 한다. (…중략…) 삼체가 다르지만 단지 일념(一念)일 뿐이다"라고 말하였다. 중도(中道)와 공(空), 가(假)는 일심(一心)에서 본다면 원융무애(圓融無礙)하여 비록 셋이지만 하나이고 비록 하나이지만 셋이라는 말이다.

196) 귀로 들을 수 있는 것을 명(名)이라 하고 눈으로 볼 수 있는 것을 상(相)이라 한다. 불교에서는 만물에 모두 명과 상이 있는데 모두 허망하고 실제가 아니라고 생각한다. 보통사람은 언제나 이 헛된 명과 상을 분별하여 여러 가지 미혹을 일으키게 된다.

뜻을 잊고 애오라지 사유하려네

寂滅本非斷, 文字安可離. 曲堂何爲設, 高士方在斯. 聖默寄言宣, 分別乃無知. 趣中卽空假, 名相與誰期. 願言絶聞得, 忘意聊思惟.

3) 선당(禪堂)

땅에 청묘(菁茆)를 엮어 세우니[197]
둥글게 허백(虛白)을 안았네.[198]
산중의 꽃 그윽한 문에 떨어지는데
그 안에 기심(機心) 잊은 선객(禪客) 있네.[199]
유(有)를 언급하나 본래 취하려 함이 아니오,
공(空)을 관조하나 해석은 기다리지 않네.
만뢰(萬籟)가 다 연(緣)으로 생기니[200]
아득히 시끄러운 가운데 고요하구나.
심(心)과 경(境)이 본래 동일하여 구분이 없거니와
새 날아가니 남은 흔적 없구나.

發地結菁茆, 團團抱虛白. 山花落幽戶, 中有忘機客. 涉有本非取, 照空不待析. 萬籟俱緣生, 窅然喧中寂. 心境本同如, 鳥飛無遺跡.

---

197) 청묘(菁茆)는 초(楚) 지역에서 많이 나는 띠풀의 일종이다.

198) 허백(虛白)은 『장자』 「인간세」에 “텅 빈 방에서 깨끗함이 생겨나네[虛室生白]”에서 유래한 말로 마음이 깨끗하고 욕심이 없는 것을 말한다. 여기서는 선당(禪堂)을 가리킨다. 이 구는 사방 주위의 푸른 산이 둥글게 청정한 선당을 둘러싸고 있다는 말이다.

199) 기심을 잊은 선객은 중손(重巽)을 말한다.

200) 만뢰(萬籟)는 각종 자연의 소리를 말한다. 불교에서는 삼라만상이 모두 연(緣)으로 말미암아 생겨난다고 본다.

4) 부용정(芙蓉亭)

새 정자 붉은 난간을 굽어보고
아름다운 나무엔 부용이 피었네.
맑은 향기 새벽바람 타고 멀리 퍼지고
영롱한 색채의 찬이슬 짙게 드리웠네.
말쑥하게 인간 세상에 나와
낮고 높은 가운데 다른 모습이 많구나.
일찍이 색공(色空)의 비유를 들었거니와[201]
조물주는 누가 공교하다고 여길는지?
가을달에 마음이 끌려 편안한데
아득히 산사의 종소리 들려오네.

新亭俯朱檻, 嘉木開芙蓉. 淸香晨風遠, 溽彩寒露濃. 瀟洒出人世, 低昂多異容. 嘗聞色空喩, 造物誰爲工. 留連秋月晏, 迢遞來山鍾.

5) 고죽교(苦竹橋)[202]

높은 다리 그윽한 길에 이어지고
빙 돌아 성근 숲을 뚫고 가네.
죽순 껍질 뚫고 나와 쓴 마디를 나누고
가벼운 대껍질은 텅 빈속을 감싸네.

---

201) 색공의 비유란 『반야바라밀다심경』의 "색이 바로 공이요, 공이 바로 색이다[色卽是空, 空卽是色]"라는 가르침을 말한다.

202) 고죽(苦竹)은 대의 일종으로 흰 것과 자주색의 두 가지가 있다. 크기는 작지만 마디는 다른 대나무보다 길다. 4월중에 죽순이 나는데 맛이 써서 식용으로는 맞지 않는다.

머리 숙여 졸졸 흐르는 물 바라보고
고개 들어 쏴쏴 대 바람 소리 듣네.
들쭉날쭉한 안개 속에서 해는 지는데
조잘조잘 산새들은 울어대네.
참으로 나루터에 쓰임이 없으니
깃들임에 남은 그늘 있구나.

危橋屬幽徑, 繚繞穿疎林. 迸籜分苦節, 輕筠抱虛心. 俯瞰涓涓流, 仰聆蕭蕭吟. 差池下煙日, 嘲哳鳴山禽. 諒無要津用, 棲息有餘陰.

매우(梅雨 : 매우)[203]

매실이 때맞춰 오는 비 맞이하니
어둑어둑 때는 늦은 봄이다.
근심은 초(楚) 땅의 원숭이 밤 울음에 깊어지고
꿈은 월(越) 땅의 닭 새벽 울음에 끊어진다.
바다 안개는 남쪽 끝으로 이어지고
강 구름은 북쪽 나루를 어둡게 한다.
흰 옷 이제 다 바랬지만
천자 계신 경사의 먼지 때문은 아니다.[204]

203) 본편은 매우(梅雨)가 내리는 늦봄에 영주에서의 근심스럽고 답답한 심경을 묘사한 작품이다. 매우란 매실이 익을 즈음인 사오월경에 오래도록 내리는 비를 말한다.

204) 육기(陸機)의 「위고언선증부(爲顧彦先贈婦)」 시에 “경사 낙양에는 풍진이 많아 흰 옷이 검게 되었네[京洛多風塵, 素衣化爲緇]”라는 구절이 있다.

梅實迎時雨, 蒼茫值晩春. 愁深楚猿夜, 夢斷越雞晨. 海霧連南極, 江雲暗北津. 素衣今盡化, 非爲帝京塵.

영릉조춘(零陵早春 : 영릉의 이른 봄)[205)]

봄에게 묻는다. 이제 여기서 가면
며칠이면 진(秦) 땅의 평원에 도착하겠나?[206)]
그 편에 고향 돌아가는 꿈을 부쳐
은근히 옛 동산에 들어가고 싶다.

問春從此去, 幾日到秦原. 憑寄還鄕夢, 慇懃入故園.

전가삼수(田家三首 : 농가에서 지은 시 세 수)[207)]

새벽 밥 먹고 맡은 일을 따라서
소를 몰아 동쪽 길로 향하네.
닭이 우니 마을 골목 밝아오고

205) 본편은 영릉(零陵)에서 이른 봄에 고향 그리는 마음을 묘사한 작품이다. 영릉현은 영주의 치소(治所)이다.
206) 진(秦) 땅의 평원은 장안을 말한다.
207) 본편은 영주에서 농가를 소재로 하여 농민들의 고달픈 삶에 대한 동정과 소박한 농촌 풍경을 묘사한 작품이다.

밤 풍경은 저녁 밭으로 돌아가네.[208]
탁탁 땅을 파니 농기구에서 소리나고
휙휙 까마귀와 새매 날아오네.
이처럼 근력을 다해 일하여
수확을 가지고 한 해를 다하려는데
모두 바치고 요역(徭役)을 돕고는[209]
애오라지 빈집에 가서 잠을 잔다.
자손들은 날마다 자라나는데
대대로 또 다시 그러하겠지.

蓐食徇所務, 驅牛向東阡. 雞鳴村巷白, 夜色歸暮田. 札札耒耜聲, 飛飛來烏鳶.
竭茲筋力事, 持用窮歲年. 盡輸助徭役, 聊就空自眠. 子孫日已長, 世世還復然.

기이(其二 : 두 번째 시)

울타리 너머로 모닥불 피워놓고
농사 이야기로 사방 이웃 모인 저녁,
마당가에서 가을 벌레 울어대고

---

208) '저녁 밭'은 시 원문의 '모전(暮田)'을 옮긴 것인데 그 의미가 불분명하다. 이 구에 대하여 밤 풍경이 드리우는 저녁에 밭에서 농사일을 마치고 돌아오는 것으로 번역한 경우가 있는데 이것은 문법적으로 무리가 있고 위 구와 아래 구와의 연결도 매끄럽지 않다. '모전'은 『당시별재(唐詩別裁)』에는 '묘전(墓田)'으로 되어 있는데 어느 것이 옳은지는 확인할 방법이 없다. 이 구의 의미는 아마도 새벽 먼 들녘에 아직 남아있는 밤 풍경이 날이 밝아오면서 점점 사라지고 있는 것을 묘사한 것 같다.

209) 요역(徭役)은 농민 성인 남자가 일정한 기간 내에서 혹은 특수한 상황하에서 부담해야 하는 노역(勞役)이다. 일반적으로 역역(力役) · 군역(軍役) · 잡역(雜役)이 있다. 이 구는 농사의 수확을 전부 세금으로 바치고 또 노역에도 동원되었다는 말이다.

성긴 삼대는 바야흐로 쓸쓸하다.
누에친 실 모두 세금으로 바쳤고
베틀은 하릴없이 벽에 기대어 있다.
고을의 관리 밤에 지나가니
닭과 수수로 자리를 마련한다.
각각 말하기를 "상관 엄하시고
공문에 독촉과 문책이 많네."
"동쪽 마을에서 납세기일 늦어진 것은
수레바퀴가 진흙에 빠졌기 때문인데
관청에서는 정상 참작 용서가 없이
매질을 하여 아주 어지러웠지."
"힘써 세금 납부 신중히 하라
살은 정말 아껴야 할 것이다."
금년에 신임 관리를 맞이하는데
다만 전임의 발자취를 따를까 두렵다.

籬落隔煙火, 農談四鄰夕. 庭際秋蟲鳴, 疎麻方寂歷. 蠶絲盡輸稅, 機杼空倚壁. 里胥夜經過, 雞黍事筵席. 各言官長峻, 文字多督責. 東鄉後租期, 車轂陷泥澤. 公門少推恕, 鞭扑恣狼籍. 努力慎經營, 肌膚眞可惜. 迎新在此歲, 唯恐踵前跡.

기삼(其三 : 세 번째 시)

옛길에 질려(蒺藜)풀 우거져[210]
옛 성 모퉁이를 둘러싸고 있네.

여뀌 꽃은 둑 언덕을 덮었고[211]
못의 물은 차갑고도 맑다.
이때는 수확이 끝나
지는 해에 나무꾼과 목동이 많다.
바람은 높은데 느릅나무 버드나무는 성글고
서리 짙게 내리니 배와 대추 익는다.
행인은 갈까 머물까 망설이는데[212]
들새는 다투어 잠자리에 들고,
늙은 농부는 웃으며 염려해준다.
"어두우니 들판 길을 삼가시게.
금년에는 다행이 약간 풍년이 들었으니
된 죽과 묽은 죽일망정 싫어하지 마시게."[213]

古道饒蒺藜, 縈迴古城曲. 蓼花被堤岸, 陂水寒更淥. 是時收穫竟, 落日多樵牧. 風高楡柳疎, 霜重梨棗熟. 行人迷去住, 野鳥競棲宿. 田翁笑相念, 昏黑慎原陸. 今年幸少豐, 無厭饘與粥.

---

210) 질려(蒺藜)는 납가새를 가리킨다. 줄기는 지면에 나란하고, 꽃은 작고 노란색이며, 잎은 가늘고 씨는 삼각의 가시가 있다.

211) 여뀌는 물가나 물 속에서 자라는데 꽃은 작고 담황색 혹은 백색이다.

212) 행인은 유종원 자신을 말한다.

213) 이 3구는 늙은 농부가 유종원에게 밤길을 무리해서 가지 말고 하룻밤 묵고 가라고 권하는 말이다.

행로난삼수(行路難三首 : 「행로난」 세 수)[214]

그대여 보지 못했는가?

과보(夸父)가 해를 쫓아가려 하여 우연(虞淵)을 엿보고[215]

북해(北海)를 건너고 곤륜(崑崙)을 뛰어넘어

하늘을 헤치고 은하수를 건너고 항망(沆漭)을 벗어나[216]

빠르게 좌우의 성신(星辰)을 지나치다가

순식간에 힘이 다하여 길에서 목말라 죽으니

여우 쥐 벌 개미들이 다투어 뜯어먹은 것을.

북방의 정인(竫人)은 키가 아홉 치인데[217]

입 벌리고 손뼉을 치며 다시 웃고 떠들기까지 하면서

---

214) 본편은 「행로난(行路難)」이란 악부시 제목을 빌려 자신의 처지를 우의적(寓意的)으로 표현한 작품이다. 「행로난」은 악부 잡곡가사(雜曲歌辭) 이름으로 대부분 세상살이의 어려움과 이별의 정감을 내용으로 하고 있다. 원래는 민간가요였었는데 후에 문인들이 이를 모방한 작품을 짓게 되어 악부에 편입되었다. 세 편의 시는 각각 풍자하는 바가 있다. 첫 번째 시는 지나친 욕심은 패가망신하는 법이니 만족할 줄 아는 생활을 해야 한다는 것으로 이것은 자신에 대하여 말한 것이다. 두 번째 시는 인재를 기르지 않고 함부로 대하면 유사시에 후회막급하게 될 것이라는 뜻으로 유종원 자신과 동료들이 일시에 폄출(貶黜)된 것을 말한 것이다. 세 번째 시는 만물은 때가 있어서 아무리 훌륭한 것이라 해도 때가 지나면 쓸모 없게 되고 다시 그 시대에 맞는 새로운 것이 요긴하게 쓰인다는 내용으로 자신이 과거에 조정에서 활동하다가 지금은 폄적되어 버려져 있음을 자위하는 것이다.

215) 과보(夸父)는 해를 쫓아서 우곡(隅谷) 가에까지 이르렀는데 갈증이 나서 하(河)와 위(渭)를 다 들이마시고도 부족하여 북으로 대택(大澤)으로 가다가 중간에 죽은 신인(神人)이다. 『열자(列子)』 「탕문(湯問)」의 장담(張湛) 주에 "우곡(隅谷)은 우연(虞淵)으로 해가 들어가는 곳이라"고 하였다.

216) 항망(沆漭)은 망망한 운기(雲氣)를 말한다. 이 구는 은하수를 넘어 우주의 밖으로 나간 것을 말한다.

217) 정인(竫人)은 중국 고대 신화 전설중의 난쟁이다. 『산해경』 「대황동경(大荒東經)」의 "동해(東海) 밖에 소인국이 있는데 정인(靖人)이라고 한다"라는 구절에 대한 곽박(郭璞)의 주에 "'『시함신무(詩含神霧)』에 동북쪽 끝에 크기가 아홉 치인 사람이 있다'고 하였는데 아마 이 소인을 말하는 것일 게다. 정(靖)은 정(竫)이라고 된 경우도 있는데 음이 같다"라고 하였다.

쩝쩝대며 물을 마시고 쌀알을 먹었지만
생사는 또한 족히 타고난 수명을 다하였다.
눈 부릅뜨고 큰 뜻을 올려보아 조금 성취했지만
자녀로 하여금 슬프고 가엾게 하였구나.

君不見, 夸父逐日窺虞淵, 跳踉北海超崑崙. 披霄決漢出沆漭, 瞥裂左右遺星辰.
須臾力盡道渴死, 狐鼠蜂蟻爭噬吞. 北方竫人長九寸, 開口抵掌更笑喧.
啾啾飮食滴與粒, 生死亦足終天年. 睢盱大志小成遂, 坐使兒女相悲憐.

기이(其二: 두 번째 시)

우형(虞衡)은 도끼로 천산(千山)을 물색하며[218]
관명(官命)에 따라 말뚝과 서까래 감 벌채하네.
깊은 숲에서 땅에 베어놓고 열에서 하나를 취하여
백 마리 소가 멍에를 이으니 양 끌채 부러진다.
만 아름 천 길이나 하는 나무가 길을 방해하니
동서로 넘어진 채 산불에 불탄다.
남은 것이라고는 터럭 하나도 보호받지 못하니
짓밟힌 산골짜기에 무엇이 남아 있을 수 있겠는가?
많은 재목들 성장하기도 전에 형체가 벌써 요절하여
빈 바위와 산봉우리만 우뚝 솟아 있다.
백량대(柏梁臺)에 천재 나고 무고(武庫)가 불타자[219]

218) 우형(虞衡)은 산림을 관장하는 관리를 말한다. 구체적으로는 우(虞)는 산택(山澤)을 관장하였고 형(衡)은 산림(山林)을 관장하였다.

목장(木匠)과 석공(石工)들 이리처럼 뒤돌아보며 슬퍼하고 억울해한다.[220]
그대여 보지 못했는가?
남산의 동량(棟梁)이 갈수록 적어지는 것을.
재목 아끼고 길러내자고 누가 다시 거론할 것인가!

虞衡斤斧羅千山, 工命採斫杙與椽. 深林土剪十取一, 百牛連鞅摧雙轅.
萬圍千尋妨道路, 東西蹶倒山火焚. 遺餘毫末不見保, 躪躒磵壑何當存.
羣材未成質已夭, 突兀崪豁空巖巒. 栢梁天災武庫火, 匠石狼顧相愁寃.
君不見, 南山棟梁益稀少, 愛材養育誰復論.

기삼(其三 : 세 번째 시)

날리는 눈이 길을 끊고 얼음은 다리를 이루는데
제후의 집 조각한 옥으로 장식한 방엔 숯불 타오른다.
서린 용은 불빛을 토하는데 호랑이는 입을 벌렸고
곰은 쭈그리고 앉고 표범은 뛰어오르며 다투어 오르내린다.[221]
모인 봉우리와 수많은 벼랑이 붉은 빛을 내고[222]
붉은 노을 비춰빛 안개는 기이한 향기 흩뜨린다.
미인이 사방으로 밝은 귀걸이를 돌리니

219) 백량대(柏梁臺)는 한 무제(武帝)가 세운 누대 이름으로 태초(太初) 원년(B.C. 104) 11월에 백량대(柏梁臺)에 화재가 났다. 진(晉) 혜제(惠帝) 원강(元康) 5년(295) 윤10월 여러 대에 걸쳐 보물로 여겨져 왔던 무고(武庫)가 불탔다.

220) 이리처럼 뒤돌아본다는 것[狼顧]은 이리가 걸을 때 항상 뒤를 돌아보면서 불의의 습격에 대비하는 것을 말하는데 사람이 뒤가 켕기거나 두려움이 있는 것을 비유한다.

221) 용・호랑이・곰・표범은 모두 숯의 모양을 가리킨다. 옛날에는 숯을 가루내어 짐승 모양으로 만들어 썼다.

222) 봉우리와 벼랑으로 불타는 숯이 쌓여 있는 모습을 비유적으로 표현한 것이다.

눈 산과 얼음 계곡에 태양이 비치는 듯 하다.
별 자리는 달려서 멈추질 못하니
어느새 쌍 제비가 무지개 대들보에 둥지를 틀었다.
바람불고 이슬 내리는 누대에 광채가 피어나
식은 재 팽개치니 삼성(參星)과 상성(商星)처럼 멀다.[223)]
왕성한 때 한번 가버리면 귀한 것 도리어 천해지니
도죽(桃竹)으로 만든 대자리와 창포부채를 어찌 당해내랴?

飛雪斷道冰成梁, 侯家熾炭雕玉房. 蟠龍吐耀虎喙張, 熊蹲豹躑爭低昂.
攢巒叢崿射朱光, 丹霞翠霧飄奇香. 美人四向迴明璫, 雪山冰谷晞太陽.
星躔奔走不得止, 奄忽雙燕棲虹梁. 風臺露榭生光飾, 死灰棄置參與商.
盛時一去貴反賤, 桃笙葵扇安可當.

문적전유감(聞籍田有感 : 적전 소식을 듣고 감회가 일다)[224)]

천자의 적전에 며칠 안 있어 황여(皇輿)가 내려간다는데[225)]
장사(長沙)에 체류한 채 또 한해가 다하는구나.[226)]

---

223) 삼성(參星)은 서쪽에 있고 상성(商星)은 동쪽에 있는 별인데 하나가 뜨면 하나는 져버려 영원히 서로 만나지 못한다고 한다.

224) 본편은 영주에서 천자가 적전(籍田) 의식을 거행할 것이라는 소식을 전해듣고 감회를 묘사한 작품이다. 적전(籍田)은 자전(藉田)이라고도 하는데, 천자나 제후가 백성의 힘을 빌려 경작했던 밭을 말한다. 봄에 농사를 시작하기 전에 천자나 제후가 친히 농기구를 잡고 자전에서 밭을 가는 의식을 행함으로써 권농(勸農)의 뜻을 보여주었던 것이다. 유종원의 「여양회지서(與楊誨之書)」와 「여양회지제이서(與楊誨之第二書)」에 의하면 원화 5년 10월 헌종(憲宗)이 이듬해 5월 16일 동쪽 교외에서의 적전(籍田)의 의식을 행할 것이라는 조서를 내렸는데 이 당시 유종원도 이 소식을 전해 들었다. 시에 '장사(長沙)에 체류한 채 또 한해가 다한다'고 하였으니 이 시의 저작 시기는 원화 5년(810) 11월로 추정된다.

225) 황여(皇輿)는 천자의 수레를 말한다.

선실(宣室)에서 희사(釐事)에 대하여 물을 까닭이 없으니[227]
주남(周南) 어느 곳에서 완성한 책을 맡길까?[228]

天田不日降皇輿, 留滯長沙歲又除. 宣室無由問釐事, 周南何處託成書.

기오사(跂烏詞 : 외발 까마귀의 노래)[229]

성 위에 해 뜨자 뭇 까마귀 날아올라
까악까악 다투어 해를 향해 뻗어있는 가지로 가네.
털 다듬고 날개 펼치며 어울려서 즐거워하는데
너 홀로 넋이 나가 있으니 지금 무얼 하려 하는지?

---

226) 가의(賈誼)가 장사왕태부(長沙王太傅)로 폄적되었던 고사를 인용하여 유종원 자신이 영주에 폄적되어 있음을 비유한 것이다.

227) 선실(宣室)은 미앙전(未央殿) 앞의 정실(正室)로 황제가 재계(齋戒)하는 곳이었다. 희(釐)는 귀신에게 제사하고 남은 고기를 말한다. 희사(釐事)란 귀신과 관련된 일을 말한다. 『사기』 「굴원가생열전(屈原賈生列傳)」에 의하면 가의(賈誼)가 장사왕태부로 있은 지 3년이 지나서 다시 천자의 부름을 받았다. 그때 효문제는 마침 희(釐)를 받고 선실(宣室)에 앉아 있었는데 귀신의 일에 감동이 되어 귀신의 근본에 대하여 가의에게 물었다고 한다.

228) 주남(周南)은 당대 낙양(洛陽)을 말한다. 「태사공자서(太史公自序)」에 의하면 주남(周南)에 체류하고 있던 태사공(太史公)이 사마천(司馬遷)의 손을 잡고 울며 말하기를 "오늘 천자께서 태산에 봉(封)제사를 드리는데 내가 따라 갈 수 없었으니 이것이 명(命)인가보다. 내가 죽으면 너는 반드시 태사(太史)가 되어 내가 쓰려고 했던 바를 잊지 말라"고 하였다. 원화 5년 10월 헌종(憲宗)이 이듬해 5월 16일 동쪽 교외에서의 적전(籍田)에 대한 조서를 내리고 유사(有司)에게 의주(儀注)를 수찬(修撰)하라고 명령하였다. 당시 유종원은 영주에 있었으므로 태사공이 주남(周南)에 체류하며 천자를 따라갈 수 없었던 것에 자신을 비유한 것이다. 이 구는 자신이 적전(籍田) 의식(儀式)에 대한 책을 완성한다 해도 태사공이 주남에 체류하였던 것처럼 영주에 폄적되어 있으니 어떻게 황제에게 바칠 수 있겠는가라는 말이다.

229) 본편은 유종원이 외발로 뛰어다니는 까마귀에 자신을 빗대어 처음 영주에 폄적된 뒤의 감회를 써낸 작품이다.

설마 높은 것을 사모하여 밝은 해에 가까이 갔다가
세 발 까마귀가 너를 투기하여 병나게 한 것인가?[230]
아니면 배가 고파 울며 길가를 가다가
생선과 고기를 탐내어 사람에게 해를 입었는가?
작은 꼬리털과 외발로 관목과 풀 섶에 내려와
입으로 낮은 가지 물고 겨우 뛸 수 있구나.
그래도 진흙길 돌아보며 개미떼를 대비하고
대들보나 기둥을 올려다보며 참새와 제비 막는구나.
좌우 사방이 날카롭기가 칼과 같아서
몸 솟구쳐 보지만 세를 잃어 높이 오르지 못하네.
지리(支離)와 무지(無趾)도 오히려 스스로 벗어났으니[231]
힘써 낮게 날며 후환을 피하라.

城上日出羣烏飛, 鵶鵶爭赴朝陽枝. 刷毛伸翼和且樂, 爾獨落魄今何爲.
無乃慕高近白日, 三足妬爾令爾疾. 無乃飢啼走路旁, 貪鮮攫肉人所傷.
翹肖獨足下叢薄, 口銜低枝始能躍. 還顧泥塗備螻蟻, 仰看棟梁防燕雀.
左右六翮利如刀, 踊身失勢不得高. 支離無趾猶自免, 努力低飛逃後患.

230) 세 발 까마귀는 신화전설상의 해 가운데 살고 있다는 새이다.

231) 지리(支離)는 지리소(支離疏)를 가리키는데 『장자』 「인간세(人間世)」에 의하면 몸이 기형이라 세상에 도움이 되지 못하고 앉아서 구호품으로 생활했던 사람이다. 무지(無趾)는 숙산무지(叔山無趾)를 가리키며 『장자』 「덕충부(德充符)」에 의하면 형벌에 의해 발이 잘린 사람이다.

농응사(籠鷹詞 : 새장 속 매의 노래)[232]

쏴쏴 불어대는 찬바람에 된서리 날리는데
매는 위로 치솟아 새벽 햇빛을 뒤집는다.
구름과 안개 가르고 무지개 끊으며
벼락 번개 치듯 평평한 언덕을 스쳐 지나간다.
굳센 날개는 휙하니 가시를 자르며
아래로 토끼 한 마리 낚아채어 망망한 하늘로 날아오른다.
발톱에 묻은 털, 입에 묻은 피에 뭇 새들 도망가고
홀로 서서 사방을 돌아보며 때때로 격앙된다.
뜨거운 바람 무더위가 갑자기 이르면
깃털이 빠지니 스스로 꺾이어 몸을 숨긴다.
풀 속의 살쾡이와 쥐도 근심거리가 되어
하룻밤에도 열 번을 돌아보며 놀라고 슬퍼한다.
다만 바라는 것은 가을바람 다시 빌려서
만가지 짐 벗어버리고 구름 사이를 나는 것뿐.

凄風淅瀝飛嚴霜, 蒼鷹上擊翻曙光. 雲披霧裂虹蜺斷, 霹靂掣電捎平岡.
砉然勁翮剪荊棘, 下攫狐兎騰蒼茫. 爪毛吻血百鳥逝, 獨立四顧時激昂.
炎風溽暑忽然至, 羽翼脫落自摧藏. 草中狸鼠足爲患, 一夕十顧驚且傷.
但願淸商復爲假, 拔去萬累雲間翔.

232) 본편은 여름 새장 속에 갇혀 지내는 매에 빗대어 자신의 처지에 대한 감회를 써낸 작품이다. 위 「기오사」와 같은 시기에 지어진 것으로 보인다. 사냥용 매는 여름에는 털이 빠져 새장에서 보내고 가을이 되면 새장에서 나와 사냥을 시작한다.

방자고사(放鷓鴣詞 : 자고를 놓아주며 부른 노래)[233]

초(楚) 월(越) 땅에 맛있고 또 기름진 새가 있는데
조잘거리며 스스로 자고(鷓鴣)라고 이름하였네
중개자를 따라 먹이를 얻으며 다시 걱정하지 않다가[234]
몰래 기계가 펴져서 그물에 걸렸네.
깃털 망가진 채 새장에 갇히게 되었는데
놀랍게도 연기 불 활활 타오르는 주방이었네.
솥 앞에는 작약으로 여러 가지 맛을 맞추고
요리사는 팔을 걷어올리고 좌우로 살피네.
제왕(齊王)은 떨며 지나가는 소를 차마 보지 못했고[235]
간자(簡子) 역시 한단(邯鄲)의 비둘기를 놓아주었지,[236]
두 사람은 득의(得意)했음에도 오히려 이것을 생각하였는데
하물며 내가 만리에서 외로운 죄인이 되었음에랴?
새장을 부술 테니 날개를 펼쳐 마땅히 멀리 날아가고
같은 무리가 서로 불러도 돌아보지 말라.

楚越有鳥甘且腴, 嘲嘲自名爲鷓鴣. 徇媒得食不復慮, 機械潛發罹罝罦.
羽毛摧折觸籠籞, 煙火煽赫驚庖廚. 鼎前芍藥調五味, 膳夫攘腕左右視.

---

233) 본편은 멀리 영주에 폄적되어 와 있는 자신의 신세를 생각하면서 그물에 걸린 자고(鷓鴣) 새에 대하여 동병상련(同病相憐)의 정을 느끼고 풀어주면서 자신의 감회를 써낸 작품이다.

234) 여기서 중개자란 새 사냥을 할 때 사냥감을 유인하기 위해 쓰는 길들인 새를 말한다.

235) 『맹자』 「양혜왕(梁惠王)」에 보면 제(齊) 선왕(宣王)이 대청에 앉아 있는데 소를 끌고 지나가는 사람이 있어 어디로 가는 것인가 물었더니 그 소를 죽여서 종에 피를 바르려고 한다고 하였다. 그러자 왕은 소가 떨면서 가는 모습이 마치 죄 없이 사지(死地)로 끌려가는 것 같아 차마 보지 못하겠으니 놓아주라고 했다.

236) 『열자(列子)』 「설부(說符)」에 보면 한단(邯鄲)의 백성 중 하나가 정월 초하루에 간자(簡子)에게 비둘기를 바치자 간자는 크게 기뻐하고 후하게 상을 내려주었다. 객이 그 까닭을 묻자 간자는 정월 초하루에 방생을 하여 은혜가 있음을 보여주려는 것이라 하였다.

齊王不忍觳觫牛, 簡子亦放邯鄲鳩. 二子得意猶念此, 況我萬里爲孤囚.
破籠展翅當遠去, 同類相呼莫相顧.

귀배희(龜背戲 : 거북이 등 놀이)[237]

장안의 새로운 놀이 궁중에서 나와
시끌벅적 처음에 왕후의 집에서 성행했다.
옥판에 좌르르 떨어지는 황금 엽전은
깨끗하여 마치 무늬 거북이 가을 하늘에 반짝이는 듯.
팔방에 위치 정하고 신묘한 괘를 여는데
육갑(六甲)은 가지런히 위아래로 나란하다.
던지고 변화하여 옮겨가지만 현묘한 기교는 낮아
별 흐르고 노을 터지듯 서로 들쭉날쭉하다.
사분오열(四分五裂)된 형세는 끝나지 않고
나옴은 없고 들어감만 있으니 누가 알 수 있으랴?
갑자기 흩어져서 있을 곳이 없음에 놀라다가
순식간에 벌려 놓으니 이내 전과 같아진다.
부질없이 만사는 차고 기욺이 있다고 말하면서
아침 내내 한 번 던져 승부를 가린다.
수문(修門)의 상기(象棋) 더 이상 귀하게 여기지 않고[238]

---

237) 본편은 장안에 새로 성행하는 거북이 등 놀이를 소재로 당시 사회를 풍자한 작품이다. 저작 시기는 장안에 있을 때로 추정된다. 거북이 등 놀이의 구체적인 놀이 방식은 알 수 없지만 도박의 일종으로 생각되며, 말판이 거북이 등 모양이었으므로 거북이 등 놀이[龜背戲]라고 이름 붙인 것 같다.

238) 『초사』 「초혼(招魂)」에 "혼이여 돌아오셔서 수문으로 들어오시라[魂兮歸來, 入修門些]"는

위(魏)궁의 장렴(粧奩)도 세상에서 버림받았다.[239)]
어찌 상서로운 바탕에 기이한 문채를 빛내어
천 세로써 우리 임금 장수하기 바라는 것만 하겠는가?[240)]
묘당(廟堂)의 수건 상자는 내 사모하는 것이 아닌데[241)]
돈만 아는 아녀들이 부질없이 분분하구나.

長安新技出宮掖, 喧喧初徧王侯宅. 玉盤滴瀝黃金錢, 皎如文龜麗秋天.
八方定位開神卦, 六甲離離齊上下. 投變轉動玄機卑, 星流霞破相參差.
四分五裂勢未已, 出無入有誰能知. 乍驚散漫無處所, 須臾羅列已如故.
徒言萬事有盈虛, 終朝一擲知勝負. 脩門象棋不復貴, 魏宮粧奩世所棄.
豈如瑞質耀奇文, 願持千歲壽吾君. 廟堂巾笥非余慕, 錢刀兒女徒紛紛.

구절이 있는데 왕일(王逸)의 주에 "수문은 영의 성문이다[修門, 郢城門也]"라고 하였다. 또 "곤폐와 상기에 육박이 있네[菎蔽象棊, 有六簙些]"라는 구절에 대한 왕일의 주에 "잔치가 끝나고 다시 육박을 펼쳐놓은 것으로 곤폐로 산가지로 삼고 상아로 바둑돌을 만드니 아름답고 또 훌륭하다는 말이다[言宴樂既畢, 乃設六簙, 以菎蔽作箸, 象牙爲棊, 麗而且好也]"라고 하였다. 홍흥조(洪興祖)의 『초사보주(楚辭補注)』에서는 포굉(鮑宏)의 『박경(博經)』을 인용하여 "바둑돌 열두 개를 사용하는데 여섯은 하얗고 여섯은 검다[用棊十二枚, 六白, 六黑]"라고 하였다. 이로 보아 상기는 오늘날의 장기와는 다른 고대 바둑의 일종으로 보인다. 현재 통행되고 있는 장기는 만당 우승유(牛僧孺)가 만들었다고 한다.

239) 장렴(粧奩)은 여자의 화장품을 담는 상자를 말하는데 여기서는 장렴희(粧奩戲)를 말한다. 『세설』「교예(巧藝)」에 의하면 바둑알 튕기기는 처음 위(魏) 궁내의 장렴희(粧奩戲)에서 시작되었는데 문제(文帝)는 이 놀이를 특히 잘하였다고 하였다.

240) 거북은 천년을 산다고 전해진다.

241) 이 구는 『장자』「추수(秋水)」에 나오는 신귀(神龜)의 우언(寓言)을 인용하고 있다. 장자가 복수에서 낚시를 하고 있었는데 초(楚)왕이 두 대부를 보내어 장자를 정사(政事)에 참여시키려는 뜻을 전하였다. 그러자 장자는 "나는 초나라에 신령한 거북이 있다고 들었습니다. 죽은 지 이미 삼천 년인데 초왕께서는 그것을 수건으로 싸고 상자 속에 넣어서 묘당 위에 보관하고 있다고 하더군요. 이 거북이 죽어서 뼈를 남기어 존귀하게 되기를 바라겠습니까? 살아서 진흙탕 속에서 꼬리를 끌기를 바라겠습니까?"라고 물으니 두 대부는 "살아서 진흙탕 속에서 꼬리를 끌기를 원할 것입니다"라고 대답하였다. 그러자 장자는 "가십시오. 나는 진흙탕 속에서 꼬리를 끌 것입니다"라고 하였다.

문황리(聞黃鸝 : 꾀꼬리 울음소리 듣다)[242]

아침저녁으로 소쩍새 소리 지겹게 들리더니
뜻밖에 홀연히 꾀꼬리 우는소리가 난다.
한 번의 소리에 초(楚)강 굽이에서 꿈 끊기고[243]
눈 가득 고향 동산의 봄 경치가 들어온다.
천리 끝까지 바라보아도 산과 하천은 없고
보리 싹 하늘에 잇닿아 푸른 물결 출렁이네.
왕기(王畿)는 근본을 우대하고 부역도 적어[244]
공무 한가롭고 술이 익으면 많이도 다녔지.
지금쯤 맑은 안개 가장 깊은 곳에는
집 남쪽 골목 북쪽에서 서로 말하는 소리 아득하겠지.
햇빛 받으며 날아서 멀리 곤명지(昆明池)을 건너고[245]
바람 타고 날아올라 비스듬히 세류영(細柳營) 쳐다보았지.[246]
나는 지금 천만 산중에 잘못 떨어져[247]
창인(傖人)과 같은 신세라 돌아갈 생각 못하는데[248]

---

242) 본편은 남방에서 듣기 어려운 꾀꼬리 울음소리를 듣고 고향을 그리는 간절한 심정을 묘사한 작품이다.

243) 초(楚)강 굽이는 영주를 말한다.

244) 왕기(王畿)는 도성 주변을 말한다. 근본을 우대한다는 것은 농민을 우대한다는 말이다. 옛날에는 농업을 근본으로 공상(工商)을 말업(末業)으로 여겼다.

245) 곤명지(昆明池)는 한(漢) 무제(武帝) 원수(元狩) 3년에 장안 서남(西南) 교외에 판 못으로 주위가 40리나 되었다. 한(漢)에서 신독국(身毒國)으로 사신을 보냈는데 곤명국(昆明國)에서 가둔 일이 발생하자 이를 정벌하려고 하여, 곤명국(昆明國)에 있는 전지(滇池)를 본따 곤명지를 만들고 수전(水戰)을 연습하였다고 한다.

246) 세류영(細柳營)은 한 문제(文帝) 때 주아부(周亞夫) 장군이 주둔하던 곳이다. 경조부(京兆府) 함양현(咸陽縣) 서남쪽 20리에 있었다. 이 2구는 과거 꾀꼬리가 날던 모습을 회상한 것이다. 제5구에서 여기까지는 장안의 모습을 회상한 것이다.

247) 천만 산중은 영주를 말한다. 영주에는 산이 많았다.

248) 창인(傖人)은 초인(楚人)의 별종이다.

고향의 새 어인 일로 또한 여기까지 날아와[249]
나로 하여금 뽕나무 가래나무 그리는 마음 일게 하는가?[250]
소리 멈추고 날개 돌려 돌아가는 길 서두르게나.
서쪽 숲 검은 오디가 돌아가면 익었을 테니.

倦聞子規朝暮聲, 不意忽有黃鸝鳴. 一聲夢斷楚江曲, 滿眼故園春意生.
目極千里無山河, 麥芒際天搖青波. 王畿優本少賦役, 務閑酒熟饒經過.
此時晴煙最深處, 舍南巷北遙相語. 翻日迥度昆明飛, 凌風邪看細柳翥.
我今誤落千萬山, 身同傖人不思還. 鄉禽何事亦來此, 令我生心憶桑梓.
閉聲迴翅歸務速, 西林紫椹行當熟.

249) 꾀꼬리는 북방에 많이 보이므로 고향의 새라고 한 것이다.

250) 『시경』 「소아」 「소변(小弁)」에 "뽕나무와 가래나무도 반드시 공경하네[維桑與梓, 必恭敬止]"이란 구절이 있는데 주희(朱熹)는 『시집전(詩集傳)』에서 "뽕나무와 가래나무는 옛날 5묘(畝)의 집에서 담 아래 심었는데 이를 자손에게 남겨주어 누에를 치고 가구를 만들게 하였다"고 하였다. 뽕나무와 가래나무는 고향을 가리킨다.

혼홍려댁문가효백저(渾鴻臚宅聞歌效白紵 : 혼홍려 댁에서 노래를 듣고 「백저」를 모방하다)[251]

비취 휘장 양쪽에서 말아 올리자 경성(傾城) 미인 나오는데[252]
용천(龍泉) 보검 칼집에서 빼어 서리 달에 밝은 듯 하여라.
붉은 입술 굳게 다물고 조용히 아무 소리 없다가
금황(金簧) 옥경(玉磬)이 궁중에서 울려 나니
아래에 잠긴 가을 대화(大火)가 태청(太淸)을 격동시키고[253]
하늘 높이 땅 멀리 밝은 태양에 엉기는 듯 한데,
찰랑거리는 깃 술잔 무슨 일로 기울이는가?

翠帷雙卷出傾城, 龍劍破匣霜月明. 朱脣掩抑悄無聲, 金簧玉磬宮中生.
下沉秋火激太淸, 天高地迥凝日晶. 羽觴蕩漾何事傾

---

251) 본편은 유종원이 혼홍려(渾鴻臚)의 집에서 가기(歌妓)가 부르는 노래소리를 듣고 옛날 「백저(白紵)」를 모방하여 지은 악부시이다. 저작 시기는 영주로 폄적되기 이전 장안에서 지은 것으로 추정된다. 혼홍려(渾鴻臚)는 혼회(渾鐬)를 가리킨다. 홍려(鴻臚)는 관서명(官署名)이다. 『주례』에 대행인(大行人)이란 관직이 있었는데 진(秦)과 한(漢) 초에는 전객(典客)이라 불렀고 경제(景帝) 6년에 대행령(大行令)이라 이름을 바꾸었으며 무제(武帝) 태초(太初) 원년에 대홍로(大鴻臚)라고 개칭하였다. 빈객을 접대하는 일을 관장하였고 동한 이후에 대홍로는 주로 조제예의(朝祭禮儀)를 도왔다. 북제(北齊)에서는 처음으로 홍려시(鴻臚寺)를 설치하였고 당에서 사빈시(司賓寺)로 바꾸었다. 장관은 경(卿) 혹은 정경(正卿)이라 부르고 부관은 소경(少卿)이라 불렀다. 「백저」는 악부시의 제목으로 오(吳)의 무곡(舞曲)이다. 지금 전하는 「백저」는 모두 7언으로 되어 있지만 구수(句數)는 각기 다르다. 남조 송(宋) 포조(鮑照)의 「백저무가사(白紵舞歌辭) 및 「백저곡(白紵曲)」은 모두 6수인데 5수가 7언 7구로 되어 있다. 따라서 유종원은 포조의 악부시를 모방한 것으로 보인다.

252) 경성(傾城)은 절세가인을 말한다. 이연년(李延年)의 노래에 "북방에 가인이 있는데 당대에 견줄 데 없이 우뚝 섰네. 한 번 돌아보면 성을 기울게 하고 두 번 돌아보면 나라를 기울게 하네[北方有佳人, 絶世而獨立. 一顧傾人城, 再顧傾人國]"라고 한 데서 유래한 말이다.

253) 대화(大火)는 28수(宿) 중의 하나인 심수(心宿)를 말한다. 하력(夏曆) 5월에 정남방(正南方)에 보이는 것이 가장 높고 가을이 되면 서쪽으로 치우쳐 점점 낮아진다고 한다. 태청(太淸)은 원기(元氣)가 맑은 것을 말하는데 보통은 하늘을 가리킨다.

양백화(楊白花 : 양백화)[254]

양백화는
바람 불자 강수(江水)를 건너.
갑자기 궁궐의 나무로 빛을 잃게 하고[255]
천만리에 봄빛 흔들거리게 하였네.
아득한 새벽 햇살 장추궁(長秋宮)에 비취고[256]
슬픈 노래 끊이지 않는데 성에 까마귀 날아오르네.

楊白花, 風吹渡江水. 坐令宮樹無顏色, 搖蕩春光千萬里.
茫茫曉日下長秋, 哀歌未斷城鴉起.

어옹(漁翁 : 늙은 어부)[257]

늙은 어부 밤에 서암(西巖)에 기대어 자고[258]
새벽에 맑은 상수 물 길어오고 초죽(楚竹)을 사르네.

---

254) 본편은 양백화(楊白花)의 고사를 소재로 한 영사시(詠史詩)이다. 양백화는 양화(楊華)를 가리킨다. 양화는 본명이 백화(白花)이며 무도(武都) 구지(九池)사람이었다. 부친 대안(大眼)은 위(魏)의 명장이었다. 양화는 키가 훤칠하고 얼굴이 잘생겨서 위(魏) 호태후(胡太后)의 사랑을 받았다. 양화는 자신에게 화가 미칠 것을 두려워하여 부친의 죽음을 계기로 부하들을 거느리고 남쪽 양(梁)으로 도망가서는 화(華)로 개명하였다. 태후는 그를 잊지 못하여 「양백화가(楊白花歌)」를 지어 궁인으로 하여금 밤낮으로 부르게 했다고 한다.
255) 이 구는 태후(太后)가 초췌하게 되었음을 말한 것이다.
256) 장추궁(長秋宮)은 태후(太后)가 거처하는 곳이다.
257) 본편은 영주에서 늙은 어부의 모습을 그려낸 작품이다.
258) 서암(西巖)은 영주 서쪽 상수(湘水) 부근의 서산(西山)을 가리킨다.

안개 사라지고 해 떴어도 사람은 보이지 않고
어기여차 한 소리에 산수는 푸르다.
하늘 끝 돌아보며 중류로 내려가는데
바위 위로 무심하게 구름이 뒤따른다.

漁翁夜傍西巖宿, 曉汲淸湘燃楚竹. 烟銷日出不見人, 欸乃一聲山水淥.
迴看天際下中流, 巖上無心雲相逐.

음주(飮酒 : 술을 마시다)[259]

오늘 아침 즐거움이 적어
일어나자마자 앉아서 맑은 술 동이 열었다.
술잔을 들어 먼저 땅에 따르는 것은[260]
나에게 남겨주어 걱정 번뇌 몰아내게 했기 때문이다.
금새 마음이 저절로 달라지고
갑자기 천지가 따스해짐을 느낀다.
연이어진 산들이 흐릿하게 변하고
푸른 강물도 안온함을 품고 있다.
울창한 남쪽 성곽 문,
수목이 어찌 그리도 무성한가?
시원한 그늘 스스로를 가릴 수 있거니와

259) 본편은 유종원이 영주에 있을 때 술로 우울한 기분을 풀어낸 것을 묘사한 작품이다.
260) 이 구의 자주(自注)에 "술을 만든 사람에게 먼저 술을 따른 것이다[始爲酒者也]"라고 하였다.

저녁 내내 아름다운 말소리 들린다.
흠뻑 취했어도 다시 사양하지 말라.
쓰러져 누우면 향기로운 난초 있으니.
저, 진(晉)・초(楚)의 부자들[261]
이런 멋 반드시 간직했던 것은 아니리라.

今日少愉樂, 起坐開清樽. 擧觴酹先酒, 遺我驅憂煩. 須臾心自殊, 頓覺天地暄. 連山變幽晦, 淥水函晏溫. 藹藹南郭門, 樹木一何繁. 清陰可自庇, 竟夕聞佳言. 盡醉無復辭, 偃臥有芳蓀. 彼哉晉楚富, 此道未必存.

독서(讀書 : 책을 읽다)[262]

깊숙한 곳에 잠겨 세상일은 사절하고
구부려 묵묵히 당우(唐虞)를 엿본다.[263]
위아래로 고금(古今)을 살펴보니
기복(起伏)은 천만갈래라.
즐거운 일 만나면 간혹 절로 웃음 짓고
슬픈 일 느끼면 또한 탄식한다.
청백색 책 갑이 각각 풀리어 흩어지니

261) 『맹자』 「공손추(公孫丑)」에 "진(晉)・초(楚)의 부자는 따라갈 수가 없다"는 구절이 있다.
262) 본편은 영주에서의 독서 생활을 묘사한 작품이다. 영주에서 유종원은 산수를 유람하지 않으면 집안에서 독서생활로 대부분의 시간을 보냈다. 이때에 그는 『열자(列子)』, 『문자(文子)』, 『논어』, 『귀곡자(鬼谷子)』, 『안자춘추(晏子春秋)』, 『항창자(亢倉子)』, 『갈관자(鶡冠子)』, 『양자(揚子)』 등을 읽고 그에 대한 논변(論辯) 및 주소(注疏)를 하였고 『국어(國語)』를 읽고는 그에 대하여 철저한 비판을 가한 「비국어(非國語)」 67편의 역작도 남겼다.
263) 당(唐)은 요(堯)임금, 우(虞)는 순(舜)임금을 말한다.

앞뒤가 서로 넘나든다.
열병(熱病)이 마음을 어지럽히니
나날이 지난날과는 달라져서,
글을 볼 때는 잠시 명료하다가도
책을 다 읽으면 멍하니 아는 게 없는 것 같다.
저녁 내내 누구와 말하겠는가?
다만 서적과 더불어 함께 할 뿐이다.
피곤이 심해지면 다시 드러눕고
깊이 잠을 자고서 다시 깨어나며,
하품하고 팔다리를 펴기도 하면서
시문을 읊조리니 마음이 절로 유쾌해진다.
뜻을 얻어 그 합당함에 나아가려는 것이지
세간의 학자가 되려는 것은 아니다.
도가 다하면 곧 입을 다물고
한산하게 죄인의 구속을 던져버리니,
약삭빠른 이는 나를 졸렬하다 하고
지혜로운 이는 나를 우둔하다고 한다.
서적은 자신을 기쁘게 할 수 있으니
어찌 부지런히 수고할 필요가 있을까?
네 육 척의 몸을 귀하게 여기고
명리(名利)에 쫓기지 말라.

幽沉謝世事, 俛默窺唐虞. 上下觀古今, 起伏千萬途. 遇欣或自笑, 感戚亦以吁. 縹帙各舒散, 前後互相逾. 瘴痾擾靈府, 日與往昔殊. 臨文乍了了, 徹卷兀若無. 竟夕誰與言, 但與竹素俱. 倦極更倒臥, 熟寐乃一蘇. 欠伸展肢體, 吟咏心自愉. 得意適其適, 非願爲世儒. 道盡卽閉口, 蕭散捐囚拘. 巧者爲我拙, 智者爲我愚. 書史足自悅, 安用勤與劬. 貴爾六尺軀, 勿爲名所驅.

감우이수(感遇二首 : 신세에 대한 감회를 적은 시 2수)[264]

가을에 서늘한 기운 동하니
놀란 까마귀 북쪽 숲에서 울어댄다.
둥지를 트는데 어찌 본성을 달리하랴?
마른 가지에 내려앉아 어떻게 맡길 수 있으랴?[265]
기러기는 날아가 돌아오지 않고[266]
구오(勾吳)는 막히고 또 깊기만 하네.[267]

---

264) 본편은 영주에서 자신의 신세를 돌아보며 감회를 적은 작품이다. 시 가운데 태자(太子)의 보위 문제와 관련된 고사를 많이 인용한 것으로 보아 순종(順宗)이 태자로 있을 때 동궁시독(東宮侍讀)이었던 왕숙문(王叔文)과의 관계를 중심으로 자신의 신세를 되돌아본 것으로 보이며 따라서 왕숙문이 사사(賜死)된 뒤에 지어진 작품으로 추정된다.

265) 춘추(春秋) 진(晉) 헌공(獻公)의 총애를 받던 여희(驪姬)는 태자인 신생(申生)을 죽이고 자신의 아들인 해제(奚齊)를 태자의 자리에 앉히려 하였다. 이때 여희의 사주를 받은 우시(優施)는 이극(里克)의 마음을 회유하기 위해 함께 술을 마시고 "한가하고 편안함을 가까이 하지 못하니 까마귀만도 못하구나. 남들은 모두 무성한 나무에 모여있는데 나만 홀로 마른 나뭇가지에 내려앉았네[暇豫之吾吾, 不如鳥烏. 人皆集於苑, 己獨集於枯]"라고 노래하였다. 이극이 웃으며 "무엇이 무성한 나무이고 무엇이 마른 나뭇가지인가?"라고 묻자 우시는 "그 어머니가 임금의 부인이고 그 아들이 임금이니 무성한 나무라고 하지 않을 수 있겠는가? 그 어머니가 이미 죽었고 그 아들은 또한 비방을 받고 있으니 마른 나뭇가지라고 하지 않을 수 있겠는가? 마른 나뭇가지는 장차 상함이 있을 것이네"라고 말하였다. 『국어』「진어(晉語) 2」에 나오는 고사다. 여기서 무성한 나무란 여희의 아들 해제를 비유하고 있고 마른 나뭇가지는 신생을 비유하고 있다. 이 구에서 마른 나뭇가지에 내려앉는다는 것은 순종(順宗)이 태자로 있을 때 환관들에 의해 내선(內禪)을 강요받은 것을 비유한 것으로 보인다.

266) 한(漢) 고조(高祖)가 척부인(戚夫人)을 위하여 여후(呂后)의 아들인 태자를 바꾸려 하였으나 유후(留侯) 장량(張良)의 계책에 의해 여후는 고조가 인정하는 4명의 노인을 태자 주위로 불러들였다. 이러자 고조는 태자를 바꾸는 것이 어렵다고 하면서 척부인을 위해 다음과 같은 초가(楚歌)를 불렀다. "기러기가 높이 날아 일거에 천리를 가네. 날개 이미 나아가 사해를 가로질렀네. 사해를 가로질렀으니 어찌하랴! 주살이 있다해도 어디에 쓰랴?[鴻鵠高飛, 一擧千里. 羽翮已就, 橫絶四海. 橫絶四海, 當可奈何. 雖有矰繳, 尙安所施]" 이 내용은 『사기』「유후세가(留侯世家)」에 나온다. 이 구는 순종(順宗)이 태자로 있을 당시 동궁시독(東宮侍讀)으로 있었던 왕숙문(王叔文)이 영정혁신 직후 쫓겨나 사사된 것을 슬퍼한 것으로 보인다.

267) 『사기』「오태백세가(吳太伯世家)」에 "태백(太伯)이 형만(荊蠻)으로 도망가서 스스로 구

헛되이 탄식하며 날마다 술에 빠졌고
구슬로 치는 북에는 기이한 소리가 났었지.[268)]
동해 오래도록 출렁거리고
남풍이 이미 세차게 불어와,[269)]
푸른 하늘 저물게 하고
작은 별은 달을 슬퍼한다.
뭇 사람 마음은 간리(姦利)를 좋아하여
진귀한 보물 차지한다면 천금도 버린다.
위태로운 뿌리 한 번 떨치면
날카로운 도끼 서로 와서 찾는다.
옷을 걸치고 한밤중에 일어나니
신세에 대한 느낌에 눈물 옷깃에 가득하다.
엷은 서리 뭇 사람들이 다 밟지만
누가 세한(歲寒)의 마음 생각하겠는가?[270)]

오(勾吳)라고 불렀다"고 하였는데 『집해(集解)』에는 송충(宋忠)의 말을 인용하여 "구오(勾吳)는 태백(太伯)이 처음에 살던 땅 이름이다"라고 하였다. 구오(勾吳)는 형만(荊蠻) 땅을 가리키며 여기서는 영주를 비유한 것으로 보인다.

268) 이 구는 『한서』 「왕상사단부희전(王商史丹傅喜傳)」에 나오는 사단(史丹)이 태자를 보필한 고사를 인용하고 있다. 원제(元帝)는 부소의(傅昭儀)와 그의 아들 정도공왕(定陶共王)을 총애하여 태자를 여러 차례 바꾸려고 하였다. 태자의 모친 왕황후(王皇后)는 이미 원제의 총애를 잃었고 태자도 주색(酒色)에 빠져 있을 때였다. 원제는 병에 걸리자 음악에 마음을 두어 전(殿) 아래에 비고(鼙鼓)를 설치하고 난간 위에서 동(銅) 구슬을 북에 던졌는데 그 소리가 장엄한 북의 절도에 맞았다. 당시 음악을 아는 후궁이나 좌우 신하들 가운데 오직 정도왕(定陶王) 만이 이것을 따라할 수 있었고 원제는 자주 그가 재목이라고 칭찬하였다. 이런 상황에서 사단은 끝까지 태자를 보필하여 제위를 계승하게 하였으니 그가 바로 성제(成帝)이다.

269) 남풍(南風)은 진(晉) 혜제(惠帝)의 가황후(賈皇后)의 휘(諱)로 이 구는 가황후의 고사를 인용한 것으로 보기도 한다. 『진서』 「혜가황후전(惠賈皇后傳)」에는 당시 낙양에 유행했던 가요에 "남풍이 뜨겁게 황사를 불어오네[南風烈烈吹黃沙]"라는 구절이 보인다.

270) 세한(歲寒)의 마음이란 한겨울에도 변하지 않는 소나무처럼 곤경에 처해도 변함이 없는 곧은 절조를 가리킨다.

西陸動涼氣, 驚烏號北林. 栖息豈殊性, 集枯安可任. 鴻鵠去不返, 勾吳阻且深. 徒嗟日沈湎, 丸鼓騖奇音. 東海久搖蕩, 南風已駸駸. 坐使青天暮, 小星愁太陰. 衆情嗜姦利, 居貨捐千金. 危根一以振, 齊斧來相尋. 攬衣中夜起, 感物涕盈襟. 微霜衆所踐, 誰念歲寒心.

기이(其二 : 두 번째 시)

떠오르는 해 차가운 들판을 비추는데
갈가마귀 잡초 가운데서 날아오르네.
조잘거림에 남은 즐거움이 있고
서쪽 언덕 모퉁이로 날아가 춤추네.
회오리바람 조만간 불어와
낙엽이 썩은 풀뿌리에 떨어지면,
깃들이던 곳도 의지할 수 없고
새매도 종횡으로 날아오리.

旭日照寒野, 鸒斯起蒿萊. 啁啾有餘樂, 飛舞西陵隈. 迴風旦夕至, 零葉委陳荄. 所棲不足恃, 鷹隼縱橫來.

영사(詠史 : 역사를 노래하다)[271]

연(燕)나라에 황금대(黃金臺) 있어[272]
멀리 망제군(望諸君)을 이르게 하니,[273]
강하고 원망스런 나라 꾹 참고 섬기어
삼 년 만에 기이한 공훈을 세웠다.[274]
아득히 강토를 넓혀 다스리는데
동해엔 뜬구름이 가득하였다.
어찌 세상의 인정 달라지고
아름다운 곡식 갑자기 불탈 줄 알았으랴?[275]
금석(金石)을 버리게 하였으니[276]
누가 벌레 같은 무리 돌아보겠는가?
풍파 홀연히 아무도 모르게 일어나니
여한(餘恨)이 남아 마음은 어지러웠다.
어찌 후사를 잘 도모하지 못했는가?
몰래 결탁했다는 말은 들을 바가 아니었다.
충성을 함에 안으로 자신을 돌아보지 않는다고
안자(晏子) 역시 글에 남기고 있다.[277]

---

271) 본편은 연(燕)의 훈신(勳臣)이었던 악의(樂毅)의 고사를 세재로 한 영사시(詠史詩)이다.

272) 황금대는 역수(易水) 동남쪽 10리에 있다. 연(燕) 소왕(昭王)은 천금을 황금대 위에 두고 천하의 인재를 불러들였다고 한다.

273) 망제군은 악의(樂毅)를 말한다. 악의는 자신을 낮춰 천하의 인재를 초빙하였던 연(燕) 소왕(昭王)에게 가서 연을 위하여 큰공을 세운다. 그러나 뒤에 혜왕(惠王)이 즉위하고 모함을 받게 된 악의는 조(趙)로 갔고 조에서는 그를 관진(觀津)에 봉하여 망제군(望諸君)이라 불렀다.

274) 악의(樂毅)가 제(齊)의 70여 성을 격파한 것을 말한다.

275) 소왕(昭王)이 죽고 평소 악의를 좋아하지 않던 혜왕(惠王)이 즉위하자 제(齊)의 전단(田單)은 이를 이용한 간계를 써서 혜왕으로 하여금 악의를 소환하고 기겁(騎劫)으로 대체하게 한 것을 말한다.

276) 금석(金石)은 금석같이 변하지 않는 충정(忠貞)을 말한다.

燕有黃金臺, 遠致望諸君. 嗛嗛事强怨, 三歲有奇勳. 悠哉闢疆理, 東海漫浮雲. 寧知世情異, 嘉穀坐熇焚. 致令委金石, 誰顧蠢蠕羣. 風波歘潛構, 遺恨意紛紜. 豈不善圖後, 交私非所聞. 爲忠不內顧, 晏子亦垂文.

영삼량(詠三良 : 세 현신을 노래하다)[278]

관리가 되어 현명한 임금을 만나니
돌아보는 눈에 광채가 흘렀다.
온 마음으로 힘을 다 바치고
세 발 솥처럼 벌려 서서 사방에 과시했다.[279]
정성스럽게 충성과 신의 다하니
은덕과 의리는 서리처럼 깨끗하였다.
살았을 때 참으로 한 몸이었으니
죽어서 어찌 나뉜단 말인가?
장렬한 몸 깊숙한 무덤에 갇히고
맹렬한 뜻 누런 관속에 채워졌다.
순장(殉葬)은 『예(禮)』에서 비난하는 바인데[280]

---

277) 안자(晏子)는 제(齊) 영공(靈公)·장공(莊公)·경공(景公)을 섬겼던 안영(晏嬰)을 말한다. 『안자춘추(晏子春秋)』를 남겼다.

278) 본편은 진(秦) 목공(穆公)이 세상을 떠나자 그와 같이 순장된 세 현신(賢臣)을 찬미하고 동시에 이들을 순장시킨 강공(康公)을 비난한 뜻을 밝힌 작품이다. 『좌전』 문공(文公) 6년에 의하면 진 목공이 죽자 자거씨(子車氏)의 세 아들 엄식(奄息)·중행(仲行)·침호(鍼虎)가 따라 죽었는데 모두 진(秦)의 현신이었다. 나라 사람들이 그를 슬퍼하고 그를 위하여 「황조(黃鳥)」를 지었다고 한다.

279) 이 구는 세 현신을 말한 것이다.

280) 『예기』 「단궁(檀弓) 하」에 의하면 진자거(陳子車)가 위(衛)에서 죽자 그의 처와 집안의 대부들이 순장을 의논하였는데 진자항(陳子亢)이 "순장을 하는 것은 예가 아니라"고 말

하물며 그 현신(賢臣)을 쓰다니.
패업(霸業)의 기초 무너져 떨치지 못하니
진(晉) 초(楚)는 더욱 세를 확장하였다.
병들었을 때의 명령은 본디 어지러운 것이라고
위씨(魏氏)의 말에 밝게 드러나 있는데,[281]
사악함을 좇아 그 아비를 욕되게 하였으니
나는 저 미치광이를 성토하고 싶다.[282]

束帶値明后, 顧盼流輝光. 一心在陳力, 鼎列夸四方. 款款効忠信, 恩義皎如霜. 生時亮同體, 死沒寧分張. 壯軀閉幽隧, 猛志填黃腸. 殉死禮所非, 況乃用其良. 覇基弊不振, 晉楚更張皇. 疾病命固亂, 魏氏言有章. 從邪陷厥父, 吾欲討彼狂.

영형가(詠荊軻 : 형가를 노래하다)[283]

연(燕)과 진(秦)이 양립할 수 없음에
태자는 벌써 대비하였으니,
천금으로 단계(短計)를 받들어

하였다고 한다.

281) 위무자(魏武子)에게 총애하는 첩이 있었는데 아들이 없었다. 무자가 병에 들자 자식 과(顆)에게 자신이 죽으면 반드시 그녀를 재가시키라고 명하였는데, 병이 심해지자 반드시 자신과 함께 순장시키라고 말하였다. 위무자가 죽자 과는 그 첩을 재가시키면서 "병이 심하면 판단이 어지러워진다. 나는 선친의 맑은 정신이었을 때의 명령을 따른 것이라"고 말하였다. 이 고사는 『좌전』 선공(宣公) 15년에 보인다.

282) 미치광이란 진(秦) 목공(穆公)의 아들 강공(康公)을 말한다.

283) 본편은 연(燕) 태자 단(丹)의 부탁으로 진왕(秦王)을 죽이려 시도했던 형가(荊軻)의 고사를 읽고 그 감회를 써낸 작품이다. 형가에 관련된 고사는 『사기』 「자객열전」에 자세하다.

비수 품은 형경(荊卿)을 보내는 것이었다.[284)]

한해가 다 가도록 하고자하는 대로 따랐는데[285)]

군대의 형세는 장차 도륙을 당할 참이었다.[286)]

미언(微言)이 그윽한 분노를 격발하여

성난 눈으로 연(燕)의 도성을 떠났다.

북풍이 역수(易水)를 요동시키는데

술잔을 흔들며 앞으로 먼길을 달려나갔다.

머리를 담아 오랜 원수를 가져오고

밭을 바치려 판도(版圖)를 펼치는데[287)]

번쩍 번갯불이 빛났지만

장악한 것은 바른 사내가 아니었네.[288)]

처음 시작은 얼마나 예리하였던가?

결국 일에 임하여 머뭇거려서

긴 무지개 해를 토하고[289)]

창졸간에 도리어 죽임을 당하였다.

검을 어루만지며 버럭 크게 노하니

바람과 벼락이 부르짖음을 도왔다.[290)]

자애로운 아버지 자식의 머리 베는데

미친 듯이 도망쳐도 몸 둘 곳이 없었다.[291)]

---

284) 형경(荊卿)은 형가를 말한다.

285) 태자 단이 진왕을 제거할 것을 허락한 형가에게 그가 원하는 대로 극진히 대접한 것을 말한다.

286) 당시 진의 군대에 의하여 연의 군대가 점점 패퇴하고 있던 현실을 말한다.

287) 형가는 당시 진에서 금(金) 천금과 읍(邑) 만가의 현상금을 내걸었던 번어기(樊於期)장군의 머리와 연(燕) 독항(督亢)의 지도를 가지고 가서 진왕을 만날 수 있었다.

288) 이 2구는 형가가 연(燕) 독항(督亢)의 지도 속에 숨겨 갔던 비수를 가지고 진왕을 죽이지 못한 것을 말한 것이다.

289) 추양(鄒陽)의 「옥중상양효왕서(獄中上梁孝王書)」에 "옛날 형가가 연 단의 뜻을 사모하니 밝은 무지개가 해를 관통하였다"라는 기록이 있다.

290) 형가로부터 죽임을 당할 뻔했던 진왕이 노한 모습을 말한 것이다.

성을 평정하여 칠족을 멸하고
대관(臺觀)은 모두 불타고 더렵혀졌다.
처음에는 우환이 그칠 것을 기대했는데
졸지에 재앙의 밑둥을 건드리고 말았구나.
진의 황제는 본래 속이고 폭력적이어서
경우가 제(齊) 환공(桓公)과는 달랐는데
어찌하여 조말(曹沫)을 본받았는가?[292]
참으로 용감하긴 했지만 어리석었다고 생각한다.
세상에 전하는 것은 옛날 오류가 많아
태사공(太史公)은 하무저(夏無且)에게서 확인하였다.[293]

燕秦不兩立, 太子已爲虞. 千金奉短計, 匕首荊卿趨. 窮年徇所欲, 兵勢且見屠. 微言激幽憤, 怒目辭燕都. 朔風動易水, 揮爵前長驅. 函首致宿怨, 獻田開版圖. 炯然耀電光, 掌握罔正夫. 造端何其銳, 臨事竟趑趄. 長虹吐白日, 蒼卒反受誅. 按劍赫憑怒, 風雷助號呼. 慈父斷子首, 狂走無容軀. 夷城芟七族, 臺觀皆焚汚. 始期憂患弭, 卒動災禍樞. 秦皇本詐力, 事與桓公殊. 奈何效曹子, 實謂勇且愚. 世傳故多謬, 太史徵無且.

291) 연왕(燕王)이 태자 단의 목을 베어 진에 바침으로써 진의 침공을 막으려 한 것을 말한다.

292) 조말(曹沫)은 노(魯) 장공(莊公)을 섬겼다. 제 환공이 노와 가(柯)에서 회맹할 때 조말은 비수를 들고 제(齊) 환공(桓公)을 위협하여 빼앗아갔던 노나라 땅을 되돌려 줄 것을 요구하여 승낙을 받아내었다. 제 환공은 노하여 그 약속을 지키지 않으려 했지만 결국은 관중(管仲)의 권고를 따라 불의의 약속을 지킴으로써 패자의 지위를 지켜나갔다.

293) 『사기』 「자객열전」에는 공손계공(公孫季功) 동생(董生)이 진왕 암살 현장에 있었던 하무저(夏無且)와 교유를 하여 형가가 진왕을 죽이려는 장면을 상세히 전해 들어 알고 있었고 사마천(司馬遷)은 그들에게서 직접 그 내용을 전해들은 것이라고 기록하고 있다.

엄역부장진해(掩役夫張進骸 : 역부 장진의 유골을 묻어주다)[294)]

살고 죽는 것이 아득하니
하나의 기(氣)가 모였다 흩어지는 것이요,
우연히 와서 희노애락에 분분하다가
홀연히 이내 다시 사라지는 것이다.
역부라고 누가 천하다 욕할 것이며
귀한 신분이라고 해서 신기한 것 아니다.
하루아침에 숨 끊어지면
썩어서 예쁘고 추함도 없게 된다.
평생 마구간에서 부지런히 일했고
꼴을 썰면서도 피곤하다 말하지 않았다.
이미 죽으니 작은 관 내주어
그를 동산(東山) 밑에 장사지냈는데
어쩌랴, 산이 무너지고 여울이 흘러
씻기고 부서져 길모퉁이로 나온 것을.
앙상하게 온갖 뼈 드러났는데
어지럽게 흩어져 다시 지탱할 수 없구나.
종자가 다행히 나에게 알려주어
그를 돌아보니 눈물나고 슬퍼진다.

---

294) 본편은 역부(役夫) 장진(張進)의 유골을 다시 묻어주면서 감회를 적은 작품이다. 시제의 역부(役夫)는 천한 일을 맡아 하는 사람이다. 장진에 대하여는 자세하지 않다. 시에 '은혜가 만물에 미치게 하는 일은 우리 소관이 아니라'고 한 것은 이 시가 영주에서 지어졌음을 시사한다. 영주에 있을 때 유종원의 신분은 원외사마치동정원(員外司馬置同正員)이었는데 당의 제도하에서 원외관(員外官)은 공무에 참여할 수 없었다. 또 '그를 동산(東山) 밑에 장사지냈다'고 하였는데 동산(東山)은 영주의 산 이름이므로 영주에서의 작품으로 추정된다.

고양이나 호랑이도 맞아들여 제사지내고[295]
개나 말이 죽어도 덮개나 천으로 덮어준다.
우두커니 서서 너의 영혼 위로하지만
어찌 또 이렇게 하는 것을 알겠는가?
삼태기와 삽으로 실어다가 매장하고
도랑을 파서 그 높은 봉분을 보호했다.
내 마음 편안함을 얻었으나
그대가 알아주리라 여기지는 않는다.
뼈를 묻는 것은 춘령(春令)에 속하는데[296]
지금이 마침 그 시기이다.
은혜가 만물에 미치게 하는 일은 우리 소관이 아니고,
애오라지 잠시 그대를 사사로이 돌아보았을 뿐이다.

生死悠悠爾, 一氣聚散之. 偶來紛喜怒, 奄忽已復辭. 爲役孰賤辱, 爲貴非神奇.
一朝纊息定, 枯朽無妍媸. 生平勤皁櫪, 剉秣不告疲. 旣死給槥櫝, 葬之東山基.
奈何値崩湍, 蕩析臨路垂. 髐然暴百骸, 散亂不復支. 從者幸告余, 睠之涓然悲.
猫虎獲迎祭, 犬馬有蓋帷. 佇立唁爾魂, 豈復識此爲. 畚鍤載埋瘞, 溝瀆護其危.
我心得所安, 不謂爾有知. 掩骼著春令, 玆焉適其時. 及物非吾輩, 聊且顧爾私.

295) 이는 영묘(迎猫)와 영호(迎虎)를 말한 것이다. 옛날에는 납월(臘月)에 농사가 끝난 뒤 고양이 신이나 호랑이 신을 맞아들여 제사를 지냈는데 여기에는 들쥐나 멧돼지를 잡아먹어 농작물을 보호해주기를 기원하는 뜻이 담겨 있다.
296) 『예기』 「월령(月令)」에 의하면 맹춘(孟春)의 달에 마른 뼈와 썩은 살을 묻는다고 하였다.

성시관경운도시(省試觀慶雲圖詩 : 성시에서 「경운도」를 보고 지은 시)[297]

채색 베풀어 막 형상을 이루니
오색 구름이 국도(國都)에 나타나네.
궁정에 은밀한 축복 열리어
백관은 훌륭한 계모(計謨)를 칭찬하네.
해를 감싸 곤룡포에 의지하고
상서로운 구름이 어로(御爐)에 가깝다.
높이 솟아 한만(汗漫)에 이어지고[298]
멀리 바라보니 허무(虛無)에 접하는데,
흰 비단 찢듯 영화로운 광채 발하고
꽃이 피 듯 상서로운 빛깔 펼쳐지네.
항상 요(堯)임금 덕과 짝하리니
오색구름 드리워 하도(河圖)를 대신하네.

設色初成象, 卿雲示國都. 九天開祕祉, 百辟贊嘉謨. 抱日依龍袞, 非煙近御爐. 高標連汗漫, 向望接虛無. 裂素榮光發, 舒華瑞色敷. 恒將配堯德, 垂慶代河圖.

---

297) 본편은 유종원이 상서성(尙書省) 예부(禮部)에서 실시하는 성시(省試)에 참가하여 「경운도(慶雲圖)」를 보고 지은 작품이다. 경운(慶雲)이란 경운(卿雲)이라고도 하며 오색구름을 가리키는데 옛날에는 이것을 상서로운 징조로 여겼다.
298) 한만(汗漫)은 광대하여 끝이 없음을 말한다.

춘회고원(春懷故園 : 봄에 고향 동산을 그리워하다)[299]

구호(九扈)새 우는 것 이미 늦으니[300]
초(楚) 고을은 농사가 한창인 봄이다.
아득히 고향의 못물은
부질없이 동산에 물댈 사람 기다리겠지.[301]

九扈鳴已晩, 楚鄕農事春. 悠悠故池水, 空待灌園人.

299) 본편은 영주에서 농사가 한창인 봄에 고향인 장안에 있는 동산을 그리워하며 지은 작품이다.
300) 구호(九扈)는 농사철을 알리는 철새 이름이다.
301) 동산에 물댄다는 것은 은퇴하여 고향에 돌아가 사는 것을 의미한다.

제44권 「비국어(非國語) 상(上)」

비국어서(非國語序 : 「비국어 서」)

좌구명(左丘明)의 『국어』는 그 문장이 심원하고 탁월하여 참으로 사람들이 대대로 끊임없이 좋아하는 책이다. 그러나 그 관점은 황당무계한 것이 많아 성인의 도에 맞지 않는다. 나는 세상의 학자들이 그 문채(文彩)에 빠져서 시비를 따지는 것을 잃어버릴까 두려워하거니와 이렇게 되면 중용(中庸)을 거쳐 요순(堯舜)의 도에 들어갈 수 없다. 이러한 도리에 입각하여 「비국어」를 지었다.

左氏國語, 其文深閎傑異, 固世之所耽嗜而不已也. 而其說多誣淫, 不概於聖. 余懼世之學者溺其文采而淪於是非, 是不得由中庸以入堯舜之道. 本諸理, 作非國語.

멸밀(滅密 : 밀을 멸하다)[1)]

공왕(恭王)[2)]이 경수(涇水) 가에서 유람하고 있을 때 밀(密)[3)]의 강공(康公)이 시종을 들었는데 세 여자가 첩이 되고자 그에게 찾아왔다. 강공의 어머니가 강공에게 말했다. "꼭 왕께로 그 여자들을 데려가거라. 사람들이 아름다운 모습으로 네게 시집오는 것을 무슨 덕으로 감당하겠느냐? 미천한 사람이 좋은 물건을 가지고 있으면 결국 반드시 망하는 법이다." 그러나 강공은 여자들을 바치지 않았다. 1년 후에 공왕은 밀을 멸하였다.

반박하여 말한다. 강공의 모친이 정말로 현명한가? 그렇다면 마땅히 황음(荒淫)하여 분수를 잃었다고 그 자식을 훈계했어야지 어째서 운명론을 가지고 그에게 겁을 주었는가? 또 덕이 큰 이후에 감당할 수 있다고 했는데 세 여자가 첩이 되고자 찾아온 것을 받아들인 사람의 덕이란 과연 어떠한 것인가? 만약 '그들을 받아들이지 말라'고 말했다면 옳다. 자식을 가르치는데 여자를 바쳐 왕에게 아첨하라 하였으니 바른 것이 아니다. 좌구명은 '밀을 멸하였다'는 말로 강공 모친의 말이 옳음을 증명하고 있는데 취할 가치가 없다.

恭王遊於涇上, 密康公從, 有三女奔之. 其母曰 : "必致之王. 衆以美物歸汝, 何德以堪之? 小醜備物, 終必亡." 康公不獻. 一年, 王滅密.

非曰 : 康公之母誠賢耶? 則宜以淫荒失度命其子, 焉用懼之以數? 且以

---

1) 본 편은 밀(密) 강공의 이야기 속에서 신분에 걸맞지 않는 욕심은 화를 자초한다는 세상사의 이치를 설파한 강공의 어머니가 현명하다는 기존의 평가에 대하여 자식을 바른 도리로 훈도하지 못한 어머니라는 점에서 그녀는 현명하지 못했다고 반박한 글이다. 강공의 어머니의 전기는 한(漢) 유향(劉向)의 『열녀전(列女傳)』「현명류(賢明類)」에도 실려 있다. 본 편 이하 「성성주(城成周)」까지의 내용은 『국어』「주어(周語)」에 나온다.

2) 공왕은 주(周)의 제6대 왕으로 목왕(穆王)의 아들 이호(伊扈)이다. 재위 기간은 B.C. 950~935년이다.

3) 밀은 제후국의 하나로 지금의 하남(河南) 밀현(密縣) 동남쪽에 있었다.

德大而後堪, 則納三女之奔者, 德果何如? 若曰"勿受之", 則可矣. 敎子而媚王以女, 非正也. 左氏以滅密徵之, 無足取者.

부적(不藉 : 적전의 의례를 행하지 않다)[4]

선왕(宣王)은 천무(千畝)에서 적전의 의례를 행하지 않았다.[5] 괵(虢) 문공(文公)이 "장차 어떻게 복을 구하고 사람을 부리겠습니까?"라고 간하였지만 왕은 듣지 않았다.[6] 39년(B.C. 789)에 천무(千畝[7])에서 싸웠는데 왕의 군대는 강씨(姜氏)의 융(戎[8])에게 크게 패하였다.

반박하여 말한다. 옛날에 반드시 천무에서 적전의 의례를 행하려 했던 것은 예(禮)의 장식이었다. 그 의식에 대하여 "나 천자까지도 몸소 밭을 간다"라든가 또 "나는 적전의 수확을 가지고 천지 종묘를 받들겠다"고 말한다면 그 예를 보존하는 것이 참으로 좋은 것이다. 그러나 그 의식이 농사를 권하기 위함이라면 때에 맞게 백성을 부려 그들의 노동력을 빼앗지 않고 절약하여 그 재물을 소진하지 않고 그 있는 것과 없는 것을

---

4) 본 편은 주(周) 선왕(宣王)이 융(戎)에게 패한 것은 적전제(藉田制)의 폐지 때문이라는 서술에 대하여 적전제의 존재 유무가 패전의 원인이 아니라 적전제의 본래 취지를 살리지 못한 정치가 그 근본 원인임을 밝힌 글이다. 제목의 '적(藉)'이란 빌린다는 뜻으로 '적전'이란 백성의 힘을 빌려 경작하는 밭을 의미한다.

5) 선왕은 주(周) 선왕(B.C. 828~782 재위)을 말한다. 주나라의 제도에 의하면 천자는 천무의 밭을 경작하고 제후는 백 무를 경작하도록 되어 있었다. 무(畝)는 지적의 단위로 사방 6척(尺)을 1보(步)라 하고 100보는 1무가 된다.

6) 괵(虢)은 서주 때의 소국(小國)으로 지금 산서성(山西省) 평륙현(平陸縣) 일대에 있었다. 문공은 주 문왕의 동생인 괵숙(虢叔)의 후손으로 괵 땅을 다스렸다. 여왕(厲王)에서 체(彘)에 이르기까지 적전의 의례가 폐지되었는데 선왕이 즉위하여 다시 옛 제도를 따르지 않았으므로 괵 문공이 간한 것이다.

7) 천무는 지금의 산서성(山西省) 개목현(介木縣) 남쪽에 있던 지명이다.

8) 융은 중국 고대 서부에 거주하던 소수민족이었다.

소통시키고 마을사람들을 화목하게 하는 것이 더 낫다. 그렇게 하면 양식이란 본디 사람에게 가장 시급한 것이라 권하지 않아도 권하는 것이 된다. 경칩이 되면 밭을 갈고 때에 맞춰 내리는 비에 파종하고 싹이 크게 자라 김을 매고 열매가 잘 익어 수확할 수 있으니 커다란 창고에 양식이 가득하고 노인이나 어린아이가 부양되며 조세는 공평하면서 무겁지 않고 그것을 보관하여 넉넉하고 견고하게 된다. 이렇게 되면 삼추(三推)의 도[9]가 보존되든 없어지든 상관없이 언제나 나라를 다스릴 수 있다. 이러한 것을 도모하지 않고 "나는 다만 이 의식으로써 농사를 권장하겠다"고 한다면 참으로 옳지 않다. 지금 『국어』의 작가가 "장차 어떻게 복을 구하고 사람을 부리겠는가?"라고 하였는데 복을 구하는 것은 내 말대로 행하여 크게 덕을 베푸는 것보다 못하고, 사람을 부리는 것은 내 말대로 행하여 백성들이 즐거워하며 기꺼이 충성을 다하게 하는 것보다 못하다. 융에게 패하였다고 하면서 적전의 의례를 행하지 않은 것을 끌어다가 그것에 붙여놓았으니 무슨 괴이한 것인들 갖다 붙이지 못하겠는가? 또 "천무에서 싸웠다"고 말한 것에 대하여 나는 더욱 부끄럽게 여긴다.

宣王不藉千畝. 虢文公諫曰: "將何以求福用人?" 王不聽. 三十九年, 戰于千畝, 王師敗績于姜氏之戎.

非曰: 古之必藉千畝者, 禮之飾也. 其道若曰: 吾猶耕云爾. 又曰: 吾以奉天地宗廟. 則存其禮誠善矣. 然而存其禮之爲勸乎農也, 則未若時使而不奪其力, 節用而不殫其財, 通其有無, 和其鄕閭, 則食固人之大急, 不勸而勸矣. 啓蟄也得其耕, 時雨也得其種, 苗之猥大也得其耘, 實之堅好也得其穫, 京庾得其貯, 老幼得其養, 取之也均以薄, 藏之也優以固, 則三推之道存乎亡乎, 皆可以爲國矣. 彼之不圖, 而曰我特以是勸, 則固不可. 今

---

9) 삼추의 도는 고대 제왕이 친히 밭을 가는 의례를 말한다. 천자는 매년 정월에 친히 적전에 나가 쟁기를 잡고 세 번 왔다 갔다 하여 권농의 뜻을 보였으므로 이 의식을 삼추라고 한다.

爲書者曰 : "將何以求福用人?" 夫福之求, 不若行吾言之大德也; 人之用, 不若行吾言之和樂以死也. 敗于戎, 而引是以合焉, 夫何怪而不屬也? 又曰"戰于千畝"者, 吾益羞之.

삼천진(三川震 : 삼천의 지진)[10]

유왕(幽王) 2년(B.C. 780), 서주(西周) 삼천 유역에 모두 지진이 일어났다. 백양보(伯陽父)[11]가 말하기를 "서주는 장차 망하겠구나! 천지의 기운은 그 질서를 잃지 않는다. 만약 그 질서를 잃었다면 백성이 어지럽힌 것이다. 양의 기운이 밑에 깔려 나올 수 없고 음의 기운이 그것을 눌러서 위로 솟아오를 수 없으면 여기서 지진이 일어나는 것이다. 지금 삼천에 실제로 지진이 일어났으니 이는 양의 기운이 그 올바른 자리를 잃고 음의 기운에 눌린 것이다. 양의 기운이 그 자리를 잃고 음의 기운 밑에 눌려 있으니 수원(水源)이 반드시 막힐 것이며, 수원이 막히면 나라가 반드시 망할 것이다. 나라가 망한다면 10년을 넘지 않을 것이니 수의 마지막이기 때문이다. 하늘로부터 버림을 받으면 그 마지막인 10년을 넘지 못한다"[12]라고 하였다. 이해[13]에 삼천이 마르고 기산(岐山)[14]이 붕괴되었다.

10) 본 편은 자연 재해를 나라의 흥망과 밀접한 관계가 있는 것으로 파악한 고대의 재이관(災異觀)에 대하여 비판한 글이다. 삼천(三川)은 기산(岐山)에서 발원한 경수(涇水) · 위수(渭水) · 낙수(洛水)를 말한다.

11) 백양보는 주(周)의 대부로 태사(太史)의 지위에 있었다. 유왕이 태자 의구(宜臼)를 폐하고 포사(褒姒)의 아들 백복(伯服)을 세우려 하자 그는 재앙이 일어날 것이라고 단언했다.

12) 원문의 '기(紀)'는 마지막을 말한다. 위소(韋昭)의 주(注)에 "수는 1에서 시작하여 10에서 끝난다. 10이 되면 바뀌기 때문에 마지막이라고 한 것이다[數起於一, 終於十, 十則更, 故曰紀也]"라고 하였다.

13) B.C. 771년을 가리킨다.

14) 기산은 산 이름으로 지금 섬서성(陝西省) 기산현(岐山縣) 북쪽에 있었다.

이에 유왕이 죽임을 당하고 주는 동으로 옮겨갔다.[15]

반박하여 말한다. 산천이란 다만 천지간의 자연물일 뿐이다. 음과 양이란 기(氣)이면서 천지 사이에 떠도는 것이다. 스스로 움직이고 스스로 멈추며 스스로 솟고 스스로 흐르니 이것이 어떻게 우리와 의논하겠는가? 스스로 부딪치고 스스로 마르며 스스로 무너지고 스스로 이지러지니 이것이 어떻게 우리를 위해서 베풀겠는가? 음양은 본래 밀고 당기는 바가 있는데 그것을 인식한다는 것은 막히지 않았으면 미혹된 것이다. 무릇 솥에 불을 때서 밥을 지을 때는 반드시 물이 끓고 김이 가득하게 하여 각종 식물을 문드러지게 한다. 물을 끌어들여 밭고랑에 물을 댈 때는 반드시 물살을 급하게 하여 밭에 있는 흙이나 돌을 망가뜨린다. 이런 것은 다만 익숙한 농부가 하는 일인데도 오히려 물체에 있어 변화를 일으킬 수 있다. 하물며 천지는 끝이 없고 음양은 무궁한데 그 가운데 가득 차고 뒤얽혀 있어 어떤 것은 만나고 어떤 것은 흩어지며 어떤 것은 빨아들이고 어떤 것은 불어내는 것이 마치 수레바퀴나 베틀과 같은 것임에랴! 그 누가 그것을 알 수 있겠는가? 또 "수원이 막히면 나라가 반드시 망한다" "사람에게 재물이 부족하면 망하는 것 말고 무엇을 기대하겠는가?"[16]라고 말하였는데 이 또한 내가 알지 못하는 바이다. 그가 말하는 것은 하늘의 일인가? 아니면 사람의 일인가? 만약 하늘의 일이라고 한다면 내가 이미 앞에서 진술하였다. 사람의 일이라고 한다면 재물이 부족하여 망하게 된 것에 다른 원인은 없겠는가? 그런데도 이것이 하천의 허물이라고 말하다니! 또 "하늘로부터 버림을 받으면 그 마지막인 10년을 넘지 못한다"고 말하였는데 이는 더욱 지나친 말이다. 나는 이런 견해들을 받아들이지 못하겠다.

幽王二年, 西周三川皆震. 伯陽父曰 : "周將亡矣! 夫天地之氣, 不失其序; 若過其序, 民亂之也. 陽伏而不能出, 陰迫而不能蒸, 於是有地震. 今

---

15) B.C. 770년 주 평왕(平王)이 낙양(洛陽)으로 천도한 것을 가리킨다.

16) 이 역시 백양보의 말이다.

三川實震, 是陽失其所而鎭陰也. 陽失而在陰, 源必塞. 源塞, 國必亡. 若國亡, 不過十年, 數之紀也. 夫天之所棄, 不過其紀." 是歲也, 三川竭, 岐山崩. 幽王乃滅, 周乃東遷.

非曰 : 山川者, 特天地之物也. 陰與陽者, 氣而遊乎其間者也. 自動自休, 自峙自流, 是惡乎與我謀? 自鬪自竭, 自崩自缺, 是惡乎爲我設? 彼固有所逼引, 而認之者不塞則惑. 夫釜鬲而爨者, 必涌溢蒸鬱以糜百物; 畦汲而灌者, 必衝盪濆激以敗土石. 是特老圃者之爲也, 猶足動乎物, 又況天地之無倪, 陰陽之無窮, 以澒洞轇轕乎其中, 或會或離, 或吸或吹, 如輪如機, 其孰能知之? 且曰 : 源塞, 國必亡. 人乏財用, 不亡何待? 則又吾所不識也. 且所謂者天事乎? 抑人事乎? 若曰天者, 則吾旣陳於前矣; 人也, 則乏財用而取亡者, 不有他術乎? 而曰是川之爲尤! 又曰天之所棄, 不過其紀. 愈甚乎哉! 吾無取乎爾也.

요민(料民 : 호구 조사)[17]

선왕(宣王)이 태원(太原)에서 호구 조사를 하려고 하자 중산보(仲山父)[18]가 간언하였다. "호구를 조사해서는 안됩니다. 옛날에는 호구를 조사하지 않고서도 백성이 얼마나 되는지 알았습니다. 왕께서는 적전(藉田)에서 친히 경작하는 전례를 보이시고, 밭을 갈고 한가할 때에 봄 사냥을 하시고, 김매고 수확하는 전례 역시 적전에서 행하시고, 이미 추수가 끝난 후에 가을 사냥을 하시고, 농사일이 모두 끝났을 때에 겨울 사냥을 하십니

17) 본 편은 선왕(宣王)의 호구조사가 서주(西周) 멸망의 원인으로 파악한 『국어』 저자의 관점을 반박한 글이다.
18) 주 선왕의 대부이다.

다. 이러한 행사로 모두 백성의 수를 충분히 알 수 있는데 또 무슨 조사를 하십니까? 백성이 적다고 말하지 않으면서 대대적으로 호구조사를 행한다면 이는 백성이 적은 것을 드러내는 것이요, 일하기를 싫어하는 것입니다. 정사를 펼침에 백성이 적은 것을 보이시면 제후들이 피할 것이요, 백성을 다스림에 일하기를 싫어하면 조세를 거두고 정령을 시행할 수가 없습니다. 또 까닭 없이 호구를 조사하는 것은 하늘이 싫어하는 바이니, 정사에 해악이 되고 후손에게도 이롭지 못합니다." 왕은 결국 호구조사를 하였고, 유왕(幽王)에 이르러 서주(西周)는 멸망하였다.

반박하여 말한다. 내가 일찍이 말하였거니와 성인의 도는 기이한 것을 궁구하여 신령하다 하지 않고 하늘을 끌어다가 높다 하지 않는다. 그런 까닭에 공자는 괴이한 일과 귀신에 대하여 말하지 않았다. 군자가 그 임금에게 간하는 것은 도(道)로써 해야 하고 속이는 것으로 해서는 안되며, 그 임금을 현명하게 하는데 힘쓰고 그 임금을 어리석게 해서는 안 된다. 그 임금을 속여 어리석게 한다면 신하노릇을 한 것이 아니다. 중산씨가 참으로 맡은 일을 잘 처리하였다면 조사를 하지 않아도 정확한 통계가 갖추어져 있어 호구조사는 정사를 번거롭게 하는 것이었을 터이니 잠시 그러한 사실을 말하였으면 그만인데 또 어째서 '백성이 적은 것을 드러내는 것이요, 일하기를 싫어하는 것'이라고 말하였겠는가? 하물며 전혀 터무니없이 후손에게까지 연루시키고 있음에랴! 신비하고 괴이하며 어리석고 황당한 사설(邪說)에 미혹되어 이것으로써 유왕의 멸망을 증명하였으니, 이는 유왕이 정의에 어긋나고 정도를 어지럽혀서 멸망하게 된 것이 아니라 선왕이 호구조사를 한 것 때문에 서주(西周)에 재앙을 불러왔다는 말이 된다. 중산씨가 이렇게까지 터무니없었겠는가? 아마도 좌씨가 의도적으로 이 사람을 모함한 것이리라. 이런 견해를 어떻게 취하겠는가?

宣王料民于太原, 仲山父諫曰 : "民不可料也, 夫古者不料民而知其少多. 王治農于藉, 蒐于農隙, 耨獲亦於藉, 獮於既烝, 狩於畢時, 是皆習民數也, 又何料焉! 不謂其少而大料之, 是示少而惡事也. 臨政示少, 諸侯避之. 治民惡事, 無以賦令. 且無故而料民, 天之所惡也, 害於政而妨於嗣." 王卒料之. 及幽王, 乃廢滅.

非曰 : 吾嘗言, 聖人之道, 不窮異以爲神, 不引天以爲高, 故孔子不語怪與神. 君子之諫其君也, 以道不以誣, 務明其君, 非務愚其君也. 誣以愚其君則不臣. 仲山氏果以職有所協, 不待料而具, 而料之者政之尨也, 姑云爾而已矣, 又何以示少惡事爲哉? 況爲大妄以誘乎後嗣! 惑于神怪愚誣之說, 而以是徵幽之廢滅, 則是幽之悖亂不足以取滅, 而料民以禍之也. 仲山氏其至于是乎? 蓋左氏之嗜誣斯人也已! 何取乎爾也?

신강우신(神降于莘 : 신에 신령이 강림하다)[19]

주 혜왕 15년, 신(莘)에 신령이 강림하였다. 혜왕이 내사(內史) 과(過)에게 "지금 이는 무슨 신인가?" 물으니 "옛날 소왕(昭王)께서 방(房)[20]의 여자를 취하여 방후(房后)라고 불렀는데 사실은 패덕하여 단주(丹朱)[21]와 사통하였습니다. 단주는 몸을 의지하여 그녀를 배필로 하고 목왕(穆王)을 낳았는데 사실은 주(周)의 자손에게 임하시어 화와 복을 내리신 것입니다. 신령은 전일(專一)하여 멀리 옮겨다니지 않습니다. 만약 이렇게 본다면 아마도 이는 단주의 신령일 것입니다"라고 대답하였다. 왕이 "누가 이 신령을 맞아들이겠는가?"라고 말하니 "괵(虢) 땅에서일 것입니다"라고

19) 본 편은 신(莘) 땅에 내려온 신령에 대하여 주 혜왕과 내사 과(過) 사이에 이루어진 대화가 현실성이 없고 터무니없음을 반박한 글이다. 신(莘)은 괵(虢) 땅으로 지금의 하남(河南) 섬현(陝縣)에 있는 초원을 가리킨다.

20) 방(房)은 지금 하남 수평(遂平) 땅에 있던 제후국이다.

21) 단주는 요(堯)의 아들이라고 하는데 여기서는 단주의 신령을 가리킨다.

대답하였다. 왕이 "그렇다면 어떻게 되겠는가?"라고 말하니 "신이 듣건대, 도가 있는 사람이 신령을 만나면 복을 만났다고 말하고 음란한 사람이 신령을 만나면 재앙을 만났다고 말합니다. 지금 괵의 국왕은 어리고 음란하니 장차 망할 것입니다"라고 대답하였다. 왕은 "우리가 어찌 해야 하는가?"라고 물으니 "태재(太宰)[22]를 파견하여 태축(太祝)[23] 태사(太史)[24]로 하여금 이(狸)씨 성을 가진 이들[25]을 거느리고 가축과 곡물 옥과 비단을 제물(祭物)로 받들어 신령에게 바치게 하십시오. 그러나 복을 비는 일은 없도록 하십시오"라고 대답하였다. 왕이 "괵은 얼마나 오래 버티겠는가?"라고 말하니 "옛날 요임금은 5년마다 백성들을 순방하였습니다. 지금 그 후손이 나타났으니 신령의 나타남은 그 기한을 넘지 못할 것입니다. 이렇게 본다면 5년을 넘지 않을 것입니다"라고 대답하였다.

반박하여 말한다. 힘이 족한 자는 사람에게서 취하고 힘이 부족한 자는 신령에게서 취한다. 이른바 족함이란 도에 있어서의 족함을 말하는데 요임금과 순임금이 이러한 경우이다. 주 왕조는 본디 신령으로 시작하였는데 하물며 그 징조야 더할 나위 있겠는가? 저 신(莘)에서 우는 것은 정기(精氣)가 피어올라 슬픈 기분이 들게 하지만 요귀(妖鬼)의 천한 것이다. 천자가 이것에 대하여 묻고 경(卿)이 이것에 대하여 대답을 하였으니 참으로 어처구니가 없다. 그런데 더욱 황당한 것은 함부로 시일을 단정하고 아무런 근거가 없이 그것을 단주신령이라고 한 것이다. 그리하여 또 방후의 악덕과 단주신령이 사통하여 목왕을 낳았고, 괵 땅에 내려와 주(周)의 자손을 순방한 것이라고 말하였고, 이리하여 마침내 단주의 후예들을 이끌고 가서 그에게 제사하게 하였다. 또 요임금은 5년마다 백성들을 순방하였는데 지금 그 후손이 나타났으니 괵이 멸망하는 것은 5년을

22) 태재는 주나라 육경의 우두머리로 백관을 통솔하며 왕가(王家)의 내외 사무와 제사를 관장하였다.

23) 주 왕조에서 제사 기도를 관장하던 관리인 축관(祝官)의 우두머리이다.

24) 주 왕조에서 전적과 사서(史書)를 관장하던 관리이다.

25) 전설에 의하면 이(狸)씨 성은 단주(丹朱)의 후손이라고 한다.

넘지 않을 것이라 말하였다. 이렇게 책을 썼으니 몇 구절 보지 않아도 현실에 맞지 않는 황당함이 분명히 드러난다.

周惠王十五年, 有神降于莘. 王問於內史過曰: "今是何神也?" 對曰: "昔昭王娶於房, 曰房后, 實有爽德, 協于丹朱. 丹朱馮身以儀之, 生穆王焉. 實臨周之子孫而禍福之. 夫神壹, 不遠徙遷. 若由是觀之, 其丹朱之神乎?" 王曰: "其誰受之?" 對曰: "在虢土." 王曰: "然則何爲?" 對曰: "臣聞之, 道而得神, 是謂逢福; 淫而得神, 是謂貪禍. 今虢少荒, 其亡乎!" 王曰: "吾其若之何?" 對曰: "使太宰以祝史帥狸姓, 奉犧牲粢盛玉帛往獻焉, 無有祈也." 王曰: "虢其幾何?" 對曰: "昔堯臨民以五, 今其胄見, 神之見也, 不過其物. 若由是觀之, 不過五年."

非曰: 力足者取乎人, 力不足者取乎神. 所謂足, 足乎道之謂也, 堯舜是矣. 周之始, 固以神矣, 況其徵乎? 彼鳴乎莘者, 以焄蒿悽愴, 妖之淺者也. 天子以是問, 卿以是言, 則固已陋矣. 而其甚者, 乃妄取時日, 莽浪無狀, 而寓之丹朱, 則又以房后之惡德與丹朱協, 而憑以生穆王, 而降于虢, 以臨周之子孫, 於是遂帥丹朱之裔以奉祠焉; 又曰堯臨人以五, 今其胄見, 虢之亡, 不過五年. 斯其爲書也, 不待片言而迂誕彰矣!

빙노(聘魯 : 노나라를 방문하다)[26]

주 정왕(定王) 8년(B.C. 599)에 유강공(劉康公)[27]을 파견하여 노(魯)나라를 방문하게 하였다. 노나라의 대부들에게 예물을 나누어주었는데 계문자(季文子) 맹헌자(孟獻子)는 검소하였고 숙손선자(叔孫宣子) 동문자가(東門子家)는 사치스러웠다. 귀국하자 왕이 노나라의 대부 가운데 누가 현명한가 물었다. "계문자 맹헌자는 노나라에서 오래 살 것이고, 숙손선자 동문자가는 망하게 될 것입니다. 가문은 망하지 않는다 해도 몸은 반드시 벗어나지 못할 것입니다"라고 대답하였다. 왕이 "얼마나 걸리겠는가?"라고 묻자 "동문자가의 지위는 숙손보다 못한데 교만하고 사치스러우니 두 임금을 섬길 수는 없습니다. 숙손선자의 지위는 계문자나 맹헌자보다 못한데 또한 교만하고 사치스러우니 세 임금을 섬길 수는 없습니다. 만약 그들 모두가 일찍 세상을 떠난다면 그래도 괜찮겠지만 만약 오래 동안 살면서 해악을 저지른다면 그 가문은 반드시 망할 것입니다"라고 대답하였다.

반박하여 말한다. 교만하고 사치스런 것은 그 덕이 악하니 그들이 사망할 가능성은 충분하다. 그러나 어떻게 사망의 시간이 빠르고 늦음을 기필할 수 있겠는가? 설령 시간을 기필할 수 있다고 해도 또 어떻게 그 임금이 천수를 누리는 것과 요절하는 것을 기필할 수 있겠는가? 만약 두 임금이 천수를 누리고 세 임금이 요절한다면 오래 동안 살면서 해악을 저지르는 사람의 수명은 어떻게 해서 기준을 삼을 것인가?

---

26) 본 편은 노(魯)나라 대부들의 검소함과 사치스러움을 기준으로 그들이 언제 죽을 것인가를 예언한 유강공(劉康公)의 견해를 반박하여 사치스러움이 멸망의 원인이 된다고 인정할 수 있어도 누가 먼저 멸망할건가에 대해서는 사람이 확정할 수는 없고, 멸망의 순서를 인정할 수 있다 해도 그가 섬기는 임금을 1대 2대로 한정하는 것은 불가능하다는 것을 밝힌 글이다.

27) 유(劉)는 기내(畿內)의 봉국(封國)이고, 강공(康公)은 주 정왕(定王)의 경사(卿士) 왕계자(王季子)이다.

定王八年, 使劉康公聘於魯. 發幣於大夫, 季文子孟獻子皆儉, 叔孫宣子東門子家皆侈. 歸, 王問魯大夫孰賢? 對曰 : "季孟其長處魯乎! 叔孫東門其亡乎! 若家不亡, 身必不免." 王曰 : "幾何?" 對曰 : "東門之位不若叔孫而泰侈焉, 不可以事二君. 叔孫之位不若季孟而亦泰侈焉, 不可以事三君. 若皆蚤世, 猶可, 若登年以載其毒, 必亡."

非曰 : 泰侈之德惡矣, 其死亡也有之矣, 而孰能必其時之蚤暮耶? 設令時之可必, 又孰能必其君之壽夭耶? 若二君而壽, 三君而夭, 則登年載毒之數如之何而准?

숙손교여(叔孫僑如 : 숙손교여)[28]

주 간왕(簡王) 8년, 노(魯) 성공(成公)이 내조(來朝)하려고 함에 숙손교여로 하여금 먼저 방문하여 내조 소식을 알리게 하였다. 숙손교여는 왕손열(王孫說)[29]을 만나 더불어 대화를 나누었다. 왕손열이 간왕에게 말하기를 "노나라 숙손교여가 온 것은 필시 특별한 일이 있어서일 것입니다. 그가 조현(朝見)하며 바치는 예물은 적은데 말로는 아첨하고 있으니 아마도 주(周)에 사신 오기를 자청한 것 같습니다. 만약 자청하였다면 반드시 하사품을 바랄 것입니다. 노나라의 집정자는 숙손교여의 세력이 강한 것을

28) 본 편은 노나라 숙손교여를 못마땅하게 여긴 공손열이 주 간왕에게 하사품을 내리지 말라고 말한 것에 대하여 비판한 글로 숙손교여가 예의에 맞지 않게 행동했다면 징벌을 내려야겠지만 그렇지 않다면 노나라의 사신에게 경의를 표하여 하사품을 주는 것이 옳다는 점과, 숙손교여의 교만과 사치, 탐욕과 난폭함에 대하여 미워하는 것은 좋지만 얼굴 생김새로 그를 평가하는 것은 크게 잘못되었다는 점을 지적하였다. 숙손교여는 앞 편에 나온 숙손선자로 노(魯)의 대부이다.

29) 왕손열은 주 대부이다.

두려워하여 마음에 들지는 않았지만 뒤에 그를 파견한 것입니다. 또 그 얼굴의 모습이 위는 네모지고 아래는 날카로워 남과 충돌하기를 좋아하는 사람이 분명하니 왕께서는 하사품을 내리지 마십시오. 만약 탐욕스럽고 난폭한 사람이 와서 그 원하는 것을 채워간다면 이는 선한 이에게 상 주는 것이 아닙니다"라고 하였다.

반박하여 말한다. 제후가 왔을 때 왕이 하사품을 내리는 것은 그 사람에게 재화를 주는 것이 아니라 그 나라를 예우하는 것이다. 만약 숙손교여가 와서 예의와 예물에 있어 법도에 맞지 않았다면 죄를 지은 것이니 왕의 입장에서 그를 징벌함에 누가 불가하다고 하겠는가? 만약 힘으로 어찌할 수 없는데 잠시 하사품을 내리지 않으면서 저 탐욕스럽고 난폭한 사람을 징벌할 수 없다면 그에게 주는 것이 낫다. 이제 왕손열은 왕으로 하여금 거꾸로 제후를 속이고 그가 파견한 경(卿)을 멸시하게 하였으니 이는 참으로 노나라에 원한을 사는 것이요, 반드시 주나라에 복이 되는 것도 아니다. 또 숙손교여를 미워하는 것이 교만하고 사치스럽고 탐욕스럽고 난폭하기 때문이라면 옳다고 할 수 있지만, 위가 네모지고 아래가 날카로운 얼굴 생김새가 천자에게 죄를 짓는 이유는 되지 못한다.

簡王八年, 魯成公來朝, 使叔孫僑如先聘且告. 見王孫說, 與之語. 說言于王曰: "魯叔孫之來也, 必有異焉. 其享覲之幣薄而言諂, 殆請之也. 若請之, 必欲賜也. 魯執政唯强, 故不懽焉, 而後遣之. 且其狀方上而銳下, 宜觸冒人, 王其勿賜. 若貪陵之人來而盈其願, 是不賞善也."

非曰: 諸侯之來, 王有賜予, 非以貨其人也, 以禮其國也. 苟叔孫之來, 不度於禮, 不儀于物, 則罪也. 王而刑之, 誰曰不可? 若力之不能而姑勿賜, 未足以懲夫貪凌者也, 不若與之. 今使王逆詐諸侯而蔑其卿, 苟興怨於魯, 未必周之福也. 且夫惡叔孫者, 泰侈貪凌則可矣, 方上而銳下, 非所以得罪於天子.

극지(郤至 : 극지)[30)]

진(晉)나라가 언(鄢)에서 초(楚)나라와 싸워 승리를 거두고 극지로 하여금 주(周)나라에 전승의 기쁜 소식을 보고하게 하였다. 아직 보고를 하기 전에 왕숙간공(王叔簡公)[31)]이 그에게 술을 대접하여 서로 호감을 갖게 되었다. 다음날 왕숙자(王叔子)는 조정에서 그를 칭찬하였다. 극지는 소(邵) 환공(桓公)[32)]을 만나자 그와 더불어 이야기를 하였고, 소공(邵公)은 이러한 사실을 선(單) 양공(襄公)[33)]에게 보고하여 "왕숙자가 온계(溫季)를 칭찬하여 반드시 진나라의 상국(相國)이 될 것이라 하면서, 진나라의 상국이 되면 틀림없이 제후들의 지지를 얻을 것이므로 반드시 먼저 그를 이끌어주어야 진나라에 우리편을 심어둘 수가 있다고 여러 군자에게 권하고 있습니다"라고 말하였다. 양공은 "속담에 '칼이 그 목에 있다'는 말이 있는데 이는 극지를 두고 한 말이 아니겠는가! 군자는 스스로를 칭찬하지 않는다. (…중략…) 『태서(太誓)』에 '백성이 바라는 바는 하늘이 반드시 따른다'고 하였다. 왕숙이 극지를 바랐으니 그를 따르지 않을 수 있겠는가?"라고 말하였다. 극지는 귀국하여 다음 해에 난으로 죽었고[34)] 백여(伯輿)의 옥(獄)[35)]이 발생하게 되자 왕숙진생(王叔陳生)[36)]은 진(晉)으로 도망쳤다.

---

30) 본편은 극지에 대한 선(單) 양공(襄公)의 혹평에 대하여 극지는 훌륭한 대부였으나 불행히도 종족과 형제들의 사치와 오만 등으로 인하여 살해되고 멸망한 것이라고 반박하고 아울러 왕숙(王叔)이 극지를 바랐기 때문에 똑같은 운명에 처하게 될 것이라는 선 양공의 예언에 대하여는 미신으로 반박할 가치조차 없다고 비평하고 있다. 극지는 진(晉)나라의 경(卿)으로 자는 온계(溫季)이다.

31) 왕숙간공은 주(周)의 대부로 왕숙진생(王叔陳生)이다.

32) 소 환공은 왕(王)의 경사(卿士)이다.

33) 선 양공은 정왕(定王)의 경사(卿士)로 이름은 조(朝)이다.

34) 극지의 일족이 진(晉) 여공(厲公)에게 살해당한 사건은 『국어』 「진어(晉語)」와 『좌전』 성공(成公) 17년에 자세하다.

35) '백여의 옥'이란 노(魯) 양공(襄公) 10년, 왕숙간공과 주(周) 대부 백여 사이에 벌어진 정권 투쟁에서 주왕(周王)이 백여를 지지하고 왕숙간공이 패소(敗訴)한 것을 가리킨다.

36) 왕숙간공을 말한다.

반박하여 말한다. 극지가 스스로를 자랑한 것에 대하여 선자(單子)[37]가 책망한 것은 마땅하다. 이 때문에 극지가 정백(鄭伯)을 놓아주고 초왕(楚王)을 예우하고 초의 군대를 쫓아낸 일을 열거하면서 모두 간사한 일로 여겼는데 이는 뒷사람들이 그의 패배를 이용하여 사후에 덧붙여 놓은 것이다. 좌구명이 『진어(晉語)』에서 극지가 투구를 벗고 초왕에게 예를 행한 일을 언급하면서 "용감하면서 예를 알았다"고 말한 것은 이 견해와 다르니 나는 어느 것을 취해야 할까? 극지는 참으로 훌륭한 대부였지만 불행하게도 그의 종족은 사치하고 오만하였고 형제들은 선한 행동을 하지 못하였다. 그러나 지혜가 두루 미치지 못하고 강함을 제어하지 못하여, 진(晉) 여공(厲公)의 포학무도함을 만나고 중상모략으로 여공의 총애를 받은 신하가 사실을 날조함으로써 그의 재산을 차지하려 하여 마침내 재앙에까지 이르게 된 것이다. 나는 일찍이 이에 대하여 안타까워한 적이 있다. 지금 붓을 잡은 이들은 그가 재앙에 이르렀다는 사실 때문에 반드시 그의 죄악을 찾아내어 후세에 퍼트리려고 한다. 그런즉 큰 죄악을 저지르고도 요행히 천수를 누린 사람은 정말로 가리운 것이다. 세상 사람들의 정이 본디 그런 것인가? 그 마지막에 "왕숙이 극지를 바랐으니 그를 따르지 않을 수 있겠는가?"라고 하였는데 이런 논조는 참으로 반박할 가치조차 없다.

晉旣克楚于鄢, 使郤至告慶于周. 未將事, 王叔簡公飮之酒, 相說也. 明日, 王叔子譽諸朝, 郤至見邵桓公, 與之語. 邵公以告單襄公曰 : "王叔子譽溫季, 以爲必相晉國, 相晉國必大得諸侯, 勸二三君子必先導焉, 可以樹." 襄公曰 : "人有言曰兵在其頸, 其郤至之謂乎! 君子不自稱也. 在太誓曰 : 民之所欲, 天必從之. 王叔欲郤至, 能勿從乎?" 郤至歸, 明年死難. 及伯輿之獄, 王叔陳生出奔晉.

非曰 : 單子罪郤至之伐當矣. 因以列數舍鄭伯下楚子逐楚卒, 咸以爲姦,

37) '선자'는 선양공을 말한다.

則是後之人乘其敗追合之也. 左氏在晉語言免胄之事, 則曰"勇以知禮", 於此焉而異, 吾何取乎? 郤氏誠良大夫, 不幸其宗侈而亢, 兄弟之不令, 而智不能周, 强不能制, 遭晉厲之淫暴, 讒嬖竊構以利其室, 卒及於禍. 吾嘗憐焉! 今夫執筆者以其及也, 而必求其惡以播於後世, 然則有大惡幸而得終者, 則固掩矣. 世俗之情固然耶? 其終曰 : 王叔欲郤至, 能勿從乎? 斯固不足議也已.

가릉지회(柯陵之會 : 가릉의 회맹)[38]

가릉의 회맹에서 선(單) 양공(襄公)이 진(晉) 여공(厲公)[39]을 만났는데 그 눈길은 먼 곳을 향했고 걸음걸이는 높았다. 진(晉) 극기(郤錡)[40]를 만났는데 그의 말투는 사나웠다. 극주(郤犨)[41]를 만났는데 그의 말은 허망하였다. 극지(郤至)를 만났는데 그의 말은 자기 자랑으로 가득했다. 제(齊)나라의 국좌(國佐)[42]를 만났는데 그의 말은 거리낌이 없었다. 노(魯) 성공(成公)이 선 양공을 만나자 진나라의 비난과 극주가 올린 참언(讒言)에 대하여 언급하였다.[43] 선자(單子)가 말하기를 "진나라에 장차 난리가 일어나 그

38) 본편은 선 양공이 가릉의 회맹에서 진(晉) 여공과 극(郤)씨들, 제(齊) 국자(國子)의 언행이 법도에 맞지 않고 방자한 것을 보고서 그들이 망할 것이라고 예견한 것을 비판한 글이다. 가릉은 정(鄭)나라 서쪽 지명이다. B.C. 574년 진 여공은 가릉에서 제(齊)·노(魯) 등의 제후를 소집하여 회맹을 하고 정(鄭)나라를 정벌하는 것에 대하여 상의하였는데 이를 가릉의 회맹이라고 한다.

39) 진 여공은 진 경공(景公)의 아들로 이름은 주포(州蒲)이다.

40) 극기는 진의 경(卿)으로 극극(郤克)의 아들 구백(駒伯)이다.

41) 극주는 진의 경으로 극기의 족부(族父)이자 보양(步揚)의 아들 고성숙(苦成叔)이다.

42) 국좌는 제의 경으로 국귀보(國歸父)의 아들 국무자(國武子)이다.

43) 진(晉)이 정(鄭)을 징벌할 때 여공이 노(魯)나라에 군대의 출병하여 지원해줄 것을 요구하였으나 국내 사정으로 인하여 제때에 군대를 파견하지 못하였다. 이에 극주는 여

군주와 세 극(郤)씨가 재난을 당할 것입니다"라고 말하였다. 노후(魯侯)가 "감히 여쭙겠는데 이것이 하늘의 뜻입니까? 아니면 사람 때문입니까?"라고 말하자 "제후를 규합하는 것은 국가의 대사입니다. 그 군주가 회맹의 자리에서 걸음걸이와 말투, 보고 듣는 것에 반드시 모두 허물이 없어야 덕을 알 수 있는 것입니다. 진후(晉侯)는 두 가지가 어긋났으니[44] 저는 이 때문에 이렇게 말하는 것입니다. 지금 극백(郤伯)[45]은 말이 사납고 숙(叔)[46]은 허망하고 계(季)[47]는 자기자랑만 늘어놓고 있습니다. 사나우면 사람을 업신여기고, 허망하면 사람을 속이고, 자기자랑만 일삼으면 다른 사람을 가리게 되니 누가 그것을 참을 수 있겠습니까? 비록 제(齊)의 국자(國子)[48]라 할지라도 또한 장차 그들과 함께 화를 당할 것입니다. 어지러운 나라에서 벼슬하고 있으면서 남김없이 말하기를 좋아하여 다른 사람의 허물을 드러내는 것은 원망을 부르는 근본입니다"라고 대답하였다. 주(周) 간왕(簡王) 12년, 진 여공은 극기 극주 극지 세 사람을 죽였다. 13년, 진 여공은 시해를 당하였고, 제나라 사람은 국무자(國武子)를 죽였다.[49]

반박하여 말한다. 이 다섯 사람은[50] 비록 모두 죽임을 당하였지만 선자가 예측했던 것처럼 필연적으로 그렇게 된 것은 아니다. 그런데 제후를 규합하는 것이 국가의 대사이며 여기에서 존망을 관찰한다고 말하였다. 만약 이러하다면 선자는 결과적으로 무(巫)나 사(史)인 것이다. 눈길이

공에게 노 성공이 고의로 군대를 파견하지 않은 것이라 참언을 올렸고 진 여공은 노하여 가릉의 회맹에서 노 성공을 만나려 하지 않았다. 노 성공은 이것을 두려워하여 선양공과 이 일을 상의한 것이다.

44) 걸음걸이 · 말투 · 보는 것 · 듣는 것의 네 가지 가운데 진 여공이 보는 것과 걸음걸이가 잘못되었음을 가리킨다.

45) 극백은 극기(郤錡)를 말한다.

46) 숙(叔)은 고성숙(苦成叔) 즉 극주를 말한다.

47) 계(季)는 온계(溫季) 즉 극지를 말한다.

48) 국자는 국좌를 말한다.

49) 제의 경극(慶克)이 영공(靈公)의 모친 성맹자(聲孟子)와 사통하자 국좌가 여러 차례 경극을 문책하였다. 이것이 원인이 되어 성맹자는 영공에게 국좌를 참소하였고 국좌는 죽임을 당하였다.

50) 진 여공 · 극기 · 극주 · 극지 · 제 국좌를 말한다.

먼 곳을 향하고 걸음걸이가 높은 사람, 말이 사나운 사람, 허망한 말을 하는 사람, 자기 자랑을 하는 사람, 남김없이 다 말하는 사람이 모두 반드시 죽어야 한다면 죽어야 할 사람이 너무 많다. 말이 허망하기 때문에 마땅히 죽어야 한다고 말한다면 선자의 말은 허망함이 심한데도 어째서 홀로 화를 당하지 않은 것일까?

柯陵之會, 單襄公見晉厲公視遠步高. 晉郤錡見, 其語犯; 郤犨見, 其語迂; 郤至見, 其語伐; 齊國佐見, 其語盡. 魯成公見, 言及晉難及郤犨之譖. 單子曰: "晉將有亂, 其君與三郤其當之乎?" 魯侯曰: "敢問天道乎, 抑人故也?" 對曰: "夫合諸侯, 民之大事也. 其君在會, 步言視聽必皆無謫, 則可以知德矣. 晉侯爽二, 吾是以云. 今郤伯之語犯, 叔迂, 季伐. 犯則陵人, 迂則誣人, 伐則掩人, 其誰能忍之? 雖齊國子亦將與焉. 立於淫亂之國, 而好盡言以招人過, 怨之本也." 簡王十二年, 晉殺三郤. 十三年, 晉侯弑. 齊人殺國武子.

非曰: 是五子者, 雖皆見殺, 非單子之所宜必也. 而曰合諸侯, 人之大事, 於是乎觀存亡. 若是, 則單子果巫史矣. 視遠步高犯迂伐盡者, 皆必乎死也, 則宜死者衆矣! 夫以語之迂而曰宜死, 則單子之語, 迂之大者, 獨無謫邪!

진손주(晉孫周 : 진의 공손 주)[51]

진(晉)의 공손(公孫)인 담(談)의 아들 주(周)가 주(周)나라로 갔다.[52] 선 양공은 이리하여 경공(頃公)에게 다음과 같이 말하였다. "반드시 진나라의 주(周)와 잘 지내야 한다. 그는 장차 진나라의 군주가 될 것이다. 그의 행동에는 문덕(文德)이 있다. 문덕이 있으면 천지의 축복을 받는다. 천지가 축복하는 사람은 최소한 나라를 계승하게 될 것이다. 경(敬)은 문덕의 받듦이고, 충(忠)은 문덕의 성실이고, 신(信)은 문덕의 감쌈이고, 인(仁)은 문덕의 사랑이고, 의(義)는 문덕의 절제이고, 지(智)는 문덕의 수레이고, 용(勇)은 문덕의 장수이고, 교(敎)는 문덕의 베풂이고, 효(孝)는 문덕의 근본이고, 혜(惠)는 문덕의 자애이고, 양(讓)은 문덕의 소재인데, 이 열 한 가지를 이 사람이 모두 가지고 있다. 하늘의 6과[53] 땅의 5는[54] 영원불변의 수이다. (…중략…) 성공(成公)[55]이 돌아가게 되자 진나라에서 그 일에 대하여 점을 쳤다고 나는 들었다. 건(乾)괘를 만나고 변하여 비(否)괘에 이르렀는데 괘사에 '짝을 이루기는 하지만 끝까지 가지는 못하리니 세 번 주(周)에서 임금이 나올 것이라'고 하였다. 한 번은 벌써 가버렸고 뒤는 누구일지 모르겠지만 그 두 번째는 이 사람이 틀림없다. 또 성공이 태어날 때 그의

---

51) 본편은 선 양공이 진나라 주(周)의 덕을 열한 가지로 나열하고 그것이 천지의 수에 들어맞는다고 말한 것은 덕의(德義)에 부합되지 않는 말이며, 아울러 점괘나 꿈을 증거로 주가 군주가 될 것을 예견한 것은 잘못이라고 비난한 글이다.

52) 담(談)은 진 양공(襄公)의 손자 혜백(惠伯) 담이다. 주(周)는 담의 아들로 진 도공(悼公)의 이름이다. 헌공(獻公)이 제공자(諸公子)를 국내에 두지 못하게 한 여희(驪姬)의 참소를 받아들인 뒤로 진의 공족(公族)은 국외로 떠돌게 되었다. 그리하여 주(周) 역시 주나라에 가서 선 양공을 섬긴 것이다.

53) 하늘에 있다는 육기(六氣), 즉 음(陰)·양(陽)·풍(風)·우(雨)·회(晦)·명(明)을 말한다.

54) 땅에 있다는 오행, 즉 금(金)·목(木)·수(水)·화(火)·토(土)를 말한다.

55) 진(晉)의 성공을 가리킨다. 광왕(匡王) 6년(B.C. 706) 진의 폭군 영공(靈公)이 재상 조둔(趙盾)을 죽이려다 반대로 조둔에게 죽임을 당하였다. 이리하여 진은 공자 흑둔(黑臀)을 주(周)에서부터 맞아들였으니 이가 바로 성공이다. 성공은 진 문공(文公)의 서자(庶子)였다.

어머니가 꿈을 꾸었는데 신(神)이 검은색으로 그의 엉덩이에 그리고 '진나라를 차지하게 하여 삼대 후에 환(驩)의 자손에게 줄 것이다'라고 말하였다. 그리하여 그를 흑둔(黑臀)이라 이름붙인 것이다. 지금이 그 두 번 째이다. 진 양공을 환(驩)이라 하거니와 사람은 그의 자손이다. 게다가 훌륭한 덕을 갖추고 효성스럽고 공손하기까지 하니 이 사람이 아니면 누구이겠느냐? 반드시 서둘러 진나라의 공자와 잘 지내야 할 것이다. 그는 장차 군주의 중임을 맡게 될 것이다." 경공이 그렇게 하겠다고 대답하였다.

반박하여 말한다. 선자는 진나라 주(周)의 덕을 열 한 가지로 열거하고서 천지의 수에 합치한다고 말하고 있으니 어찌 덕의(德義)에 부합되는 말이겠는가? 또 괘와 꿈을 증거로 하여 그것에 갖다 붙인 것은 모두 취할 가치가 없다.

晉孫談之子周適周. 單襄公以告頃公曰 : "必善晉周, 將得晉國. 其行也文, 能文則得天地. 天地所祚, 小而後國. 夫敬, 文之恭也; 忠, 文之實也; 信, 文之孚也; 仁, 文之愛也; 義, 文之制也; 智, 文之輿也; 勇, 文之帥也; 教, 文之施也; 孝, 文之本也; 惠, 文之慈也; 讓, 文之材也. 此十一者, 夫子皆有焉. 天六地五, 數之常也." 云云. "成公之歸也, 吾聞晉之筮之也, 遇乾之否, 曰 : 配而不終, 君三出焉. 一旣往矣, 後之不知, 其次必此. 且成公之生也, 其母夢神規其臀以黑, 曰 : 使有晉國, 三而畀驩之孫. 故名之曰黑臀. 於今再矣. 晉襄公曰驩, 此其孫也, 而令德孝恭, 非此而誰? 必早善晉子, 其當之也." 頃公許諾.

非曰 : 單子數晉周之德十一, 而曰合天地之數, 豈德義之言邪? 又徵卦夢以附合之, 皆不足取也.

곡낙투(穀洛鬪 : 곡수와 낙수가 싸우다)[56]

영왕(靈王) 22년, 곡수와 낙수가 싸우듯 세차게 흘러 왕궁을 허물어뜨리려 하였다.[57] 왕이 그것을 막으려 하자 태자 진(晉)이 그렇게 하지 말라고 간하였다. 왕은 결국 그것을 막아버렸다. 경왕(景王)[58]에 이르러 총애하는 사람들이 많아져 어지러움이 여기에서 생겨나기 시작하였다. 경왕이 세상을 떠나자 왕실이 크게 혼란스러웠다. 정왕(定王)[59]에 이르러 왕실은 드디어 쇠락하였다.

반박하여 말한다. 곡수와 낙수에 대한 견해는 「삼천진(三川震)」과 같다. 하늘이 장차 왕궁을 허물어뜨리려고 하는데 막지 않으면 왕의 죄가 크니 어떻게 선왕의 나라를 지키겠는가? 그것을 막은 것은 참으로 옳은 것이다. 저 어린아이가 시끄럽게 떠들어댄 것을 또 기록할 가치가 있었는가? 왕실이 혼란스럽고 쇠락하는 것은 덕에 달려 있는데 또 어찌 곡수 낙수의 싸움을 그 징조로 삼으려고 하였는가?

靈王二十二年, 穀洛鬪, 將毁王宮. 王欲壅之, 太子晉諫. 王卒壅之. 及景王, 多寵人, 亂於是乎始生. 景王崩, 王室大亂. 及定王, 王室遂卑.

非曰 : 穀洛之說, 與三川震同. 天將毁王宮而勿壅, 則王罪大矣, 奚以

---

56) 본편은 곡수와 낙수가 범람하는 것을 막아 왕궁을 지켜낸 주 영왕의 판단이 옳음을 밝히면서 태자 진의 견해가 삼천(三川) 지역에 일어난 지진을 멸망의 징조로 보았던 「삼천진(三川震)」에서의 견해와 같이 잘못되었다고 비난한 글이다.

57) 영왕은 주 왕조 제 23대 천자로 이름은 대심(大心)이다. 이 구는 곡수와 낙수가 범람하여 합쳐 흘러 서로 싸우듯 세차게 흘러 왕궁을 허물어뜨릴 기세임을 말한다.

58) 경왕은 영왕의 아들로 이름은 귀(貴)이며 태자 진(晉)의 동생이다. 재위 기간은 B.C. 544~520년이었다.

59) 정왕(定王)은 경왕(頃王)의 아들이며 영왕(靈王)의 조부로, 본문에서 정왕(定王)이라고 말한 것은 잘못이다. 정왕은 정왕(貞王)으로 해야 한다. 정왕(貞王)의 이름은 개(介)이고 경왕(敬王)의 아들이다. 이때 대신들이 정치를 좌지우지하였으므로 왕실이 쇠락하였다고 할 수 있다.

守先王之國? 壅之誠是也. 彼小子之譊譊者, 又足記耶? 王室之亂且卑, 在德, 而又奚穀洛之鬥而徵之也?

대전(大錢 : 대전)[60]

경왕(景王)이 대전을 주조하려 하자 선(單) 목공(穆公)이 말하였다. "안됩니다. (…중략…) 먼저 하는 것이 좋은데 준비하지 않는 것을 게으르다 말하고, 뒤에 해도 좋은데 먼저 하는 것을 일러 재앙을 부르는 것이라고 합니다."

반박하여 말한다. 옛날부터 지금까지 화폐에 대하여 말한 사람은 많다. 이것은 하나로 개괄할 수가 없고 그 시대의 성쇠에 따라서 그 경중을 따져야 한다. 화폐 가치가 가벼우면 물건의 가치가 올라가고 물건의 가치가 올라가면 농민은 팔 것이 없게 되니 모두 해가 된다. 이런 점에서 말한다면 어느 쪽이 유리하겠는가? 화폐가치가 무거운 것이 유리하다고 하겠다. 그러면 농민에게 해가 되는 것은 어찌할 것인가? 세금을 돈으로 거두지 않고 세금으로 납부할 삼베나 비단의 숫자를 제정한다면 농민은 해를 입지 않을 것이다. 돈으로 세금을 거둔다면 삼베나 비단을 많이 내다 팔아야 되므로 손해가 된다. 대전을 병폐로 여긴 것에 대하여 나는 주나라의 시대상황이 어떠하였는지 알지 못하지만, 그들이 '재앙을 불러올 것이라'고 말한 것에 대해서는 들어보지 못하였다. 좌구명은 또

---

60) 본편은 경왕(景王)의 대전(大錢) 주조를 반대한 소 목공의 견해가 다양한 시대 상황을 반영하지 못한 측면이 있음을 지적하고, 단순히 대전을 주조하였다는 이유만으로 재앙을 불러온다는 식의 좌구명의 서술 방식을 비판한 글이다. 대전(大錢)은 큰 화폐 즉 액면 가치가 큰 화폐를 말한다. 옛날에 전(錢)은 '천(泉)'이라고 하였다. 돈과 샘물은 막힘 없이 흘러 소통해야 한다는 면에서 그 의미가 통한다.

내전(內傳)[61]에서 "왕은 아마 마음의 병으로 죽을 것이다"[62]라고 말하였거니와 그가 쓴 책은 모두 이와 유사하다.

景王將鑄大錢. 單穆公曰 : "不可. 可先而不備, 謂之怠; 可後而先之, 謂之召災."

非曰 : 古今之言泉幣者多矣. 是不可一貫, 以其時之升降輕重也. 幣輕則物價騰踊, 物價騰踊則農無所售, 皆害也. 就而言之, 孰爲利? 曰 : 幣重則利. 曰 : 奈害農何? 曰 : 賦不以錢, 而制其布帛之數, 則農不害; 以錢, 則多出布帛而賈, 則害矣. 今夫病大錢者, 吾不知周之時何如哉? 其曰"召災", 則未之聞也. 左氏又於內傳曰 : "王其心疾死乎?" 其爲書皆類此矣.

무역(無射 : 무역)[63]

왕이 무역을 주조하려 하였는데, 선 목공이 "안됩니다"라고 말하였다.

반박하여 말한다. 종이 커서 악률에 조화되지 않아 음악에 쓸모가 없다면 왕이 잘못 만든 것이다. 선 목공의 말에 "입이 맛을 받아들이고 귀

61) 고대 경학가들은 경의(經義)를 해석한 책을 '내전'이라 하고, 넓게 사례를 인용하거나 본의를 추론 연역한 책을 '외전'이라 하였다. 여기에서의 '내전'은 『춘추』의 내전, 즉 『좌전』을 말한다. 이에 대하여 『국어』를 외전이라 불렀다.

62) 『좌전』 소공(昭公) 21년에 나오는 구절이다. 경공이 무역종을 주조하려 하자 악과 주구가 재앙을 불러올 것이라 여겨 "경왕은 마음의 병을 얻어 죽을 것이다"라고 말하였다.

63) 본편은 선 목공과 영(伶) 주구(州鳩)의 음악관을 비판한 글로, 음악이 조화로우면 천지자연도 조화되어 생산이 증가하고 신과 사람이 융화되어 태평을 이루지만, 음악이 어지러우면 그 반대로 재해가 일어난다고 하는 고래의 종교적 음악관에 대하여 반박하고 있다. 그러나 음악이 사회의 풍속도덕을 변혁시키는 힘은 없다고 하면서 풍속을 변화시키는 효과를 부정한 것은 지나친 감이 있다. 무역(無射)은 고대 음악 12율 가운데의 하나인데 여기서는 주 경왕(景王)이 주조한 종의 명칭을 가리킨다.

가 소리를 받아들여 소리와 맛이 기를 생성시키는데, 기가 입에 있으면 말이 되고 눈에 있으면 눈이 밝아진다. 말로써 호령을 분명하게 펼치고 눈이 밝음으로써 때에 맞는 행동을 하니, 호령으로 정치를 이루고 행동으로 생산을 증식시킨다. 정치가 이루어지고 생산이 증식되는 것은 즐거움의 극치이다. 만약 보는 것과 듣는 것이 조화롭지 못하여 귀울림이나 어지럼증이 있으면 맛있는 것을 먹어도 맛을 알지 못하고, 맛을 알지 못하면 기가 흩어지고, 기가 흩어지면 조화롭지 못하게 된다. 이리하여 광패한 말이 생겨나고 현혹된 눈이 생겨나고 쉽게 바뀌는 명령이 생겨나고 잘못된 제도가 생겨나서 명령을 공포하여도 지켜지지 않고 형법과 정령이 어지럽게 제멋대로 행해지게 된다"라고 하였다. 영(伶)[64] 주구(州鳩)는 또 "음악으로써 재화를 증식한다"고 하였고 또 "사람을 흩어지게 하고 귀신을 노하게 한다"고 하였다. 아! 어찌 이렇게 종에 대하여 완벽함을 요구하는가? 나는 이 때문에 의심쩍게 생각하며 믿지 못한다. 혹자는 "(음악이) 풍속을 바꾼다는 것에 대하여 어떻게 생각하는가?"라고 묻는다. 성인이 정치를 안정시키고 나서 풍속이 조화롭게 오래 지속되는 것이 자신의 가르침에서 말미암은 것이라는 것을 알았고 이리하여 음악을 만들어 그것을 표현하게 하였는데, 후대의 학자가 그것을 기술하여 풍속을 바꾸는 현상을 알 수 있게 된 것이지, 음악이 풍속을 바꿀 수 있었던 것은 아니다. 또 "음악이 사람을 교화시킬 수 없다면 성인은 어째서 음악을 만들었을까?"라고 묻는 사람이 있다. 음악의 내원은 사람의 감정으로부터 나온 것이지 애초에 성인이 만든 것이 아니다. 성인은 사람의 감정이 음악을 벗어날 수 없다고 여겼으므로 정령(政令)의 아름다움을 표현하여 그것을 음악 가운데 존재하게 하였다. 이것이 성인이 음악에 가탁한 것이다. 이렇게 하여 만물이 도가 아닌 것이 없고 정령은 잊어서는 안 된다는 것을 밝혔다. 맹자는 "지금의 음악은 옛날 음악과 같다" "백성

64) 영(伶)은 음악을 맡은 관리이다.

들과 더불어 음악을 함께 하면 천하를 통치할 수 있다"고 하였다. 나는 다만 맹자만이 음악을 알았다고 생각한다.

王將鑄無射, 單穆公曰: "不可."

非曰: 鍾之大不和於律, 樂之所無用, 則王妄作矣. 單子詞曰: "口內味, 耳內聲, 聲味生氣. 氣在口爲言, 在目爲明. 言以信名, 明以時動. 名以成政, 動以殖生. 政成生殖, 樂之至也. 若視聽不和, 而有震眩, 則味入不精. 不精則氣佚, 氣佚則不和. 於是有狂悖之言, 有眩惑之明, 有轉易之名, 有過慝之度. 出令不信, 刑政放紛." 而伶州鳩又曰: "樂以殖財." 又曰: "離人怒神." 嗚呼! 是何取於鍾之備也? 吾是以怪而不信. 或曰: 移風易俗則何如? 曰: 聖人旣理定, 知風俗和恒而由吾敎, 於是乎作樂以象之. 後之學者述焉, 則移風易俗之象可見, 非樂能移風易俗也. 曰: 樂之不能化人也, 則聖人何作焉? 曰: 樂之來, 由人情出者也, 其始非聖人作也. 聖人以爲人情之所不能免, 因而象政令之美, 使之存乎其中, 是聖人飾乎樂也. 所以明乎物無非道, 而政之不可忘耳. 孟子曰: "今之樂猶古之樂也." "與人同樂, 則王矣." 吾獨以孟子爲知樂.

율(律: 음율)[65]

왕이 영(伶) 주구에게 음율에 대하여 물으니 주구는 다음과 같이 대답하였다.

---

65) 본편은 음악과 천하의 치란을 연계시킨 주구(州鳩)의 관점에 대하여 반박한 것이다. 무왕이 은을 칠 때에 점성술에 의거하여 칠율(七律)에 따른 음악을 연주하였다고 하는 설화를 공격하여 성인을 중상하는 것이라 하였다.

반박하여 말한다. 음율이란 음악의 근본이다. 기(氣)가 사물에 도달하여 무릇 소리가 생겨나는 것은 음율을 근본으로 한다. 주구의 말에 "율려(律呂)를 바꾸지 않으면 사악한 사물이 없는 법입니다. (음악이) 평화로우면 오래가고, 오래되어 고정되면 순수해지고, 순수하여 분명해지면 끝이 나고, 끝났다가 반복되면 즐거우니 이렇게 해서 정치를 완성하는 것입니다"라고 하였는데 나는 이러한 관점에 동의하지 않는다. 주구는 또 말하기를 "희씨(姬氏)는 천원(天黿)에서 나왔는데[66] 이는 태강(大姜)의 조카가 의탁한 신입니다. 세성(歲星)은 주(周)의 분야(分野)에 있었습니다.[67] 달은 농상(農祥)에 있었는데 후직(后稷)이 다스린 것이었습니다.[68] 무왕은 이것들을 합쳐 사용하려고 하였던 것입니다[69]"라고 하였거니와 이것 역시 성인을 크게 속인 것이다. 또 "무왕이 이칙(夷則)으로 진(陣)의 형세를 완성하고 황종(黃鐘)으로 군대를 배치하고 태주(太簇)로 명령을 반포하고 무역(無射)으로 법을 반포하며 백성에게 재물을 베풀어주었습니다"라고 하였는데 나는 이것이 어디에서부터 왔는지를 알고 있다. 그것은 바로 태무(大武)의 음악이다. 주구가 우매한데도 그가 전하는 것을 믿고 무왕이 음율을 사용했다고 여기고 있는 것이다. 공자는 빈모가(賓牟賈)가 태무를 말한 것에 대하여 말하기를 "태무는 처음에 북쪽에서 나오고, 두 번째 곡에서는 상조(商調)를 없애고, 세 번째 곡에서는 남쪽으로 가고, 네 번째

---

66) 희씨(姬氏)는 주(周)의 성(姓)이다. 천원(天黿)은 바로 12성차의 현효(玄枵)로 제(齊)의 분야이다. 주(周) 문왕(文王)의 조모(祖母)인 태강(大姜)은 봉백릉(逢伯陵)의 후손으로 제나라 여자였으므로 희씨가 천원에서 나왔다고 한 것이다.

67) 분야(分野)란 성차(星次)와 대응하는 지역을 말한다. 옛날에는 12성차의 위치로 지면(地面)의 주(州) 국(國)의 위치를 나누어 대응시켰는데, 천문으로 말하자면 분성(分星)이라 하고 지면으로 말하자면 분야(分野)라고 한다. 세성은 순화(鶉火)에 있었으며 순화는 주의 분야이다.

68) '농상(農祥)'은 방성(房星)을 말하는데 방성이 새벽에 바르게 되면 농사를 시작하기 때문에 농상이라고 한다. 후직이 온갖 곡식을 파종하였으므로 농상은 후직이 다스린 것이라고 한 것이다.

69) 무왕은 오위(五位), 즉 세(歲)・월(月)・일(日)・성(星)・신(辰)과 세 가지, 즉 봉공이 신에 의지한 것, 주의 분야가 있는 것, 후직이 다스린 것을 합쳐서 음율을 창조했다는 말이다.

곡에서는 남쪽 나라가 강역(疆域)이 되고, 다섯 번째 곡에서는 주공(周公)은 왼쪽에 소공(召公)은 오른쪽에 나누고, 여섯 번째 곡에서는 다시 원래 위치로 돌아가는데 이로써 천자를 높이어 좌우에서 동령(銅鈴)을 진동하며 사방을 치고 나라 가운데에 위엄을 떨치는 것이다"라고 하였으니 이것은 태무가 반영하는 내용이다. "오른 무릎은 땅에 대고 왼 무릎을 들다" "오래도록 자리에 서 있다" 등은 모두 태무의 동작형태이다. 이칙 황종 태주 무역은 태무의 음율 변화인 것이다.

王問律於伶州鳩, 對曰 : 云云.

非曰 : 律者, 樂之本也, 而氣達乎物, 凡音之起者本焉. 而州鳩之辭曰 : "律呂不易, 無奸物也. 和平則久, 久固則純, 純明則終, 終復則樂, 所以成政." 吾無取乎爾. 又曰 : "姬氏出自天黿, 大姜之姪所憑神也. 歲在周之分野. 月在農祥, 后稷之所經緯也. 武王欲合是而用之." 斯爲誣聖人亦大矣. 又曰 : "王以夷則畢陳, 黃鍾布戎, 太簇布令, 無射布憲, 施舍於百姓." 吾知其來之自矣, 是大武之聲也. 州鳩之愚, 信其傳, 而以爲武用律也. 孔子語賓牟賈之言大武也, 曰 : "武始自北出, 再成而滅商, 三成而南, 四成而南國是疆, 五成而分周公左召公右, 六成復綴, 以崇天子, 夾振之而四伐, 盛威於中國." 則是大武之象也. "致右憲左", "久立於綴", 皆大武之形也. 夷則黃鍾太蔟無射, 大武之律變也.

성성주(城成周 : 성주에 성을 쌓다)[70]

유문공(劉文公)과 장홍(萇弘)이 성주에 성을 쌓고자 하여 진(晉)에 알렸다.[71] 위헌자(魏獻子)가 정사를 맡아보고 있었는데 장차 제후를 규합하려고 하였다.[72] 위표혜(衛彪傒[73])가 선목공(單穆公)을 만나 "장홍은 제대로 죽지 못할 것입니다! 장홍은 반드시 머지않아 재앙을 만날 것이고 위헌자 역시 그럴 것입니다. 만약 하늘의 복을 얻는다면 그 자신에게만 재앙이 미칠 것입니다. 유문공 같은 이는 자손들에게 정말로 재앙이 있을 것입니다"라고 말하였다. 이해 위헌자는 불에 타 죽었고, 주(周) 경왕(敬王) 28년에 장홍은 피살되었으며, 정왕(定王) 때에 이르러 유씨 가문이 멸망하였다.

반박하여 말한다. 표해가 말한 하늘이 무너뜨린다는 설에 대하여 내 친구 화광(化光)은 성주(城周)에 명(銘)을 썼고[74] 그 뒤에 우사암(牛思黯)은 「송충(頌忠)」을 지었는데[75] 여기에서 장홍의 충성을 자세하게 다루고 있으니 학자들은 그것을 찾아보면 될 것이다. "자신에게만 재앙이 미칠 것이다", "머지않아 재앙을 만날 것이다"와 같은 견해는 무(巫)같이 항심(恒心)이 없는 자의 말로 사후에 그것을 덧붙인 것이다.

---

70) 본편은 주(周) 경왕(敬王) 10년 성주(成周)에 성을 건축하려 했던 고사에 대하여 유종원이 친구 여온(呂溫)이 지은 「고동주성명(古東周城銘)」 등을 인용하여 장홍(萇弘)의 충성을 찬미하고 표혜(彪傒)의 잘못된 견해를 공격하고 있다.

71) 주(周) 경왕(敬王) 10년의 일이다. 유문공은 왕의 경사 유권(劉卷)이다. 장홍은 주의 대부 장숙(萇叔)이다. 왕자조가 난을 일으켜 노(魯) 소공(昭公) 23년 여름에 왕성(王城)으로 침입해 들어오자 경왕은 유(劉)로 옮겨갔다. 가을에 경왕은 적천(狄泉)에 있었는데 적천은 성주(成周)의 성으로 주의 묘소가 있는 곳이었다. 노 소공 26년 4월 경왕의 군대가 패하여 활(滑)로 옮겨갔다. 10월에 진(晉)이 그를 구원하여 왕은 성주에 들어갔고 자조는 초(楚)로 도망갔다. 그러나 자조의 잔당이 아직 왕성에 많이 남아 있어서 경왕이 그를 두려워하였으므로 장홍이 성주에 성을 건축하고자 하였던 것이다.

72) 위헌자는 진(晉)의 정경(正卿)으로 위강(魏絳)의 아들 서(舒)이다. 제후를 규합하여 성주에 성을 쌓고자 한 것이다.

73) 위표혜는 위(衛)의 대부이다.

74) 화광은 여온(呂溫)의 호이며, 「고동주성명(古東周城銘)」을 썼다.

75) 사암(思黯)은 우승유(牛僧孺)의 자이다.

劉文公與萇弘欲城成周, 告晉. 魏獻子爲政, 將合諸侯. 衛彪傒見單穆公曰 : "萇弘其不沒乎! 萇叔必速及, 魏子亦將及焉. 若得天福, 其當身乎! 若劉氏, 則子孫實有禍." 是歲, 魏獻子焚死. 二十八年, 殺萇弘. 及定王, 劉氏亡.

非曰 : 彪傒天所壞之說, 吾友化光銘城周, 其後牛思黯作訟忠, 萇弘之忠悉矣, 學者求焉. 若夫"當身" "速及"之說, 巫之無恒者之言也, 追爲之耳.

문전(問戰 : 전쟁에 대해 묻다)[76)]

장작(長勺)의 전투에서 조귀(曹劌)가 장공(莊公)에게 무슨 까닭으로 전쟁하는가 물었다.[77)] 장공이 "크든 작든 소송은 반드시 실제 상황에 근거하여 처리해야 한다"고 말하였고 조귀는 "일전을 치르는 것이 좋겠습니다"라고 말하였다.

반박하여 말한다. 조귀의 물음과 장공의 대답은 모두 거의 전쟁 승패의 근본을 아는 것 같다. 그러나 '신령은 풍성한 제물을 요구한다', '제물이 풍성하지 않으면 신이 복을 내리지 않는다'는 말은 크게 잘못된 것이다. 바야흐로 두 나라의 존망을 다투고 백성들의 운명을 결정짓는 마당

76) 본편은 장작(長勺)의 전투에서 조귀(曹劌)와 장공(莊公)이 신의 축복 여하에 따라서 전쟁의 승패가 결정된다는 내용의 대화를 나누었다는 사실에 대하여 의심하고 전쟁이란 실제 상황에 근거하여 지혜롭게 대처하는 것이 가장 중요하다는 것을 주장한 글이다. 본편 이하는 「노어(魯語)」에 관련된 부분이다.

77) 노(魯) 장공(莊公) 10년(B.C. 684) 제(齊)나라가 노나라를 침범하자 장작(長勺)에서 노나라 군대가 제나라 군대를 물리쳤다. 이는 중국 고대 역사상 약한 나라가 강한 나라에 승리한 전투 가운데의 하나다. 장작은 춘추시대 노나라 지명이다. 조귀는 춘추시대 노나라 사람이다. 「비국어」 원문의 엄공(嚴公)은 노 장공이다. 동한 때 명제(明帝) 유장(劉莊)의 휘(諱)를 피하여 '장(莊)'을 '엄(嚴)'으로 고친 것이다.

에 실제에 힘쓰지 않고 신명의 도를 묻는다면 일이 매우 위태롭게 될 것이다. 이미 장공의 소송 판단에 대하여 묻고는 경솔하게 '일전을 치르는 것이 좋겠다'고 말하였는데 이 역시 물음이 너무 간단하다는 허물이 있다. 만약 장공의 덕이 제후를 품을 수 있다면 전쟁을 하지 않으면 그만이거니와 이미 전쟁에까지 진행된 상황에서 다만 소송의 판결을 전쟁의 조건으로 삼고 있으니 나는 그것을 믿지 못하겠다. 고귀의 말은 응당 이렇게 말했어야 했다. "임금님의 신하 가운데 모의를 하여 적을 제압할 수 있는 사람이 누구입니까? 군대를 이끌고 가서 국난에 목숨을 바칠 자가 몇 사람입니까? 사졸 가운데 숙련된 사람은 얼마나 됩니까? 병기나 장비의 견고함과 예리함은 어떠합니까? 앞다투어 지형을 점령하고 상류를 차지하여 유리한 위치에서 적을 끌어들일 곳은 어디입니까?" 그런 다음에서야 전쟁에 대하여 말할 수 있는 것이다. 만약 한가지로 장공의 말만을 듣고 그것에 의지하여 전쟁을 한다면 나라의 사직을 잘못되게 하지 않는 경우란 거의 없을 것이다. 신포서(申包胥)가 전쟁에 대하여 한 말이 적당하거니와 그의 말은 「오어(吳語)」 가운데 있다.[78]

長勺之役, 曹劌問所以戰於嚴公. 公曰 : "小大之獄, 必以情斷之." 劌曰 : "可以一戰."

非曰 : 劌之問洎嚴公之對, 皆庶乎知戰之本矣. 而曰夫"神求優裕於饗", "不優, 神不福也". 是大不可. 方鬪二國之存亡, 以決民命, 不務乎實, 而神道焉是問, 則事幾殆矣. 旣問公之言獄也, 則率然曰"可以一戰", 亦問略之尤也. 苟公之德可懷諸侯, 而不事乎戰則已耳; 旣至於戰矣, 徒以斷

78) 신포서는 춘추시대 초나라의 대부였다. 그는 "전쟁이란 지혜를 근본으로 하거니와 인자함은 그 다음이고 용기는 그 다음이다. 지혜롭지 못하면 백성의 지극함을 알지 못하여 천하의 많고 적음을 잴 수가 없다. 인자하지 못하면 삼군과 배고픔과 수고로움의 재난을 함께 할 수가 없다. 용기가 없으면 의심스러운 것을 판단하여 큰 계책을 펼 수가 없다[夫戰, 智爲本, 仁次之, 勇次之. 不智, 則不知民之極, 無以銓度天下之衆寡; 不仁, 則不能與三軍共飢勞之殃; 不勇, 則不能斷疑, 以發大計]"고 하였다.

獄爲戰之具, 則吾未之信也. 劌之辭宜曰 : 君之臣謀而可制敵者誰也? 將而死國難者幾何人? 士卒之熟練者衆寡? 器械之堅利者何若? 趨地形得上游以延敵者何所? 然後可以言戰. 若獨用公之言而恃以戰, 則其不誤國之社稷無幾矣. 申包胥之言戰得之, 語在吳篇中.

제희공(躋僖公 : 희공을 높이다)[79)]

하보불기(夏父弗忌)가 종백(宗伯)이 되어 증(蒸) 제사를 지낼 때 희공을 높이려 하였다.[80)] 전금(展禽)[81)]이 말하기를 "하보불기에게 반드시 재앙이 있을 것이다", "만약 혈기가 강하고 굳세다면 장차 천수를 누리고 총애를 받으며 세상을 떠날 수 있을 것이지만 비록 천수를 누리고 죽는다해도 재앙이 없지는 않을 것이다"고 하였다. 그를 장사지낼 때 불이 나서 연기가 위로 치솟았다.

반박하여 말한다. "재앙이 있을 것이다." 이하는 사사(士師)가 마땅히 할 말이 아니거니와 이는 우리 조상을 중상(中傷)한 것이다.[82)]

夏父弗忌爲宗, 蒸, 將躋僖公. 展禽曰 : "夏父弗忌必有殃. 若血氣强固,

79) 본 편은 겨울 제사를 지내면서 희공의 위패를 높인 하보불기(夏父弗忌)에 대하여 재앙을 받을 것이라고 한 유하혜의 말이 실제 유하혜가 할 수 있는 말이 아니라 『국어』 편집자가 유하혜를 중상한 것이라고 반박한 글이다.

80) 하보불기는 노 대부이다. 종백은 나라의 제사의 예를 관장하였다. 증 제사는 겨울에 지내는 제사를 말한다. 하보불6
기가 희공의 위패를 민공의 위에 올려놓고 제사하고자 한 것이다.

81) 춘추시대 노 대부 전획(展獲)은 자가 계(季), 금(禽)이었으며 일찍이 사사관(士師官)을 지냈다. 식읍(食邑)이 유하(柳下)였고 시호는 혜(惠)였으므로 그를 전금(展禽)·유하계(柳下季)·유사사(柳士師)·유하혜(柳下惠) 등으로 불렀다.

82) 여기서 사사와 우리 조상이란 유하혜를 가리킨다.

將壽寵得沒. 雖壽而沒, 不爲無殃." 其葬也, 焚, 烟徹其上.

非曰 : 由"有殃"以下, 非士師所宜云者, 誣吾祖矣.

거복(莒僕 : 거나라 복)[83]

거(莒)나라의 태자 복(僕)이 기공(紀公)을 죽이고[84] 그 나라의 보물을 가지고 노(魯) 선공(宣公)에게 의탁하러 왔다. 선공은 하인에게 편지를 가지고 가서 계문자(季文子)에게 명하여 그를 접대하도록 하였는데 이혁(里革)[85]이 하인을 만나서는 그 편지의 내용을 바꾸었다. 다음날 유사가 선공에게 복명을 하였다. 선공이 이 일에 대하여 추궁하자 하인은 이혁이 편지 내용을 바꾸었다고 대답하였다. 선공은 이혁을 잡아들였고 이혁은 다음과 같이 대답하였다. "법령을 파괴하는 사람을 '적(賊)'이라 하고 적(賊)을 숨겨주는 사람을 '장(藏)'이라 합니다. 보물을 훔치는 사람을 '궤(宄)'라 하고, 궤(宄)의 재물을 사용하는 사람을 '간(姦)'이라 합니다. 임금으로 하여금 '장'과 '간'이 되게 하는 사람을 쫓아내지 않으면 안됩니다. 신하 가운데 임금의 명을 어긴 사람을 죽이지 않으면 안됩니다." 그러자 선공은 "과인이 참으로 탐욕을 부렸소. 그대의 죄가 아니오"라고 말하고 그를 풀어주었다.

반박하여 말한다. 이혁은 올곧게 행동하였다! 그러나 그가 한 행동이

83) 본편은 국정을 책임진 임금과 신하의 할 도리란 관점에서 인정에 치우친 노 선공과 지나치게 곧았던 이혁의 일 처리에 대하여 비판한 글이다. 거(莒)는 춘추시대 제후국 이름으로 지금 산동성 거현(莒縣)에 있었으며 B.C. 431년 초(楚)나라에 멸망당하였다.

84) 거나라의 기공(紀公)에게는 복과 계타(季佗)라는 두 아들이 있었는데 먼저 복을 태자로 삼았다가 뒤에 계타를 총애하여 복을 폐출시키자 복이 원한을 품고 기공을 시해했다.

85) 이혁은 노 선공 때의 대부이다.

어찌 하인으로 하여금 들어가 선공에게 간하도록 하는 것보다 잘한 것이겠는가? 선공이 이혁을 놓아준 것은 훌륭한 일이다! 그러나 하인이 임금의 명령을 가지고 길을 가다가 만난 사람에 의해 명령이 바뀌었는데도 이 사람을 놓아주고 벌하지 않았으니 명령을 집행할 길이 없게 되었다. 만약 임금이 합리적으로 명령을 내렸는데 간사한 신하를 만나 명령이 바뀐다면 어떻게 하겠는가?

莒太子僕殺紀公, 以其寶來奔. 宣公使僕人以書命季文子, 里革遇之而更其書. 明日, 有司復命, 公詰之, 僕人以里革對. 公執之, 里革對曰 : "毁則者爲賊, 掩賊者爲藏, 竊寶者爲宄, 用宄之財者爲姦. 使君爲藏姦者, 不可不去也; 臣違君命者, 不可不殺也." 公曰 : "寡人實貪, 非子之罪也." 乃舍之.

非曰 : 里革其直矣! 曷若授僕人以入諫之爲善? 公之舍革也美矣! 而僕人將君命以行, 遇一夫而受其更, 釋是而勿誅, 則無以行令矣. 若君命以道而遇奸臣更之, 則何如?

중손타(仲孫它 : 중손타)[86)]

계문자(季文子)[87)]에게는 비단옷을 입은 첩이 없었고 곡식을 먹는 말이 없었는데 중손타가 그것의 잘못을 지적하였다. 계문자는 이 일을 맹헌자(孟獻子)에게 알렸고 맹헌자는 그를 7일간 가두었다. 이 이후로 자복(子服)의 첩은 옷이 칠승(七升)의 베를 넘지 않았고[88)] 말에게 먹이는 것은 해를

86) 본편은 중손타가 사치의 잘못을 고칠 수는 있었지만 그것이 지나쳐 중용의 도리에 맞지 않음을 지적한 글이다. 중손타는 맹헌자(孟獻子)의 아들 자복타(子服它)이다.

87) 계문자는 계손행보(季孫行父)로 노 선공(宣公)·성공(成公)의 재상을 지냈다.

입은 잡초를 넘지 않았다.

반박하여 말한다. 중손타는 잘못을 고칠 수 있는 사람이었다고 말할 수 있다. 그러나 아버지가 살아 계시는데 검소하고 사치하는 것을 오로지 자신에게서 결정하려 한 것은 왜일까? 칠승의 베는 대공(大功)의 상복(喪服)에 다는 헝겊인데 뜻밖에 그것을 사용하여 옷을 만들었으니 중용에 맞지 않는다.

季文子無衣帛之妾, 無食粟之馬, 仲孫它諫. 文子以告孟獻子, 孟獻子囚之七日. 自是子服之妾, 衣不過七升之布, 馬餼不過稂莠.

非曰 : 它可謂能改過矣. 然而父在焉, 而儉侈專乎己, 何也? 七升之布, 大功之縗也, 居然而用之, 未適乎中庸也已.

분양(羵羊 : 분양)[89]

계환자(季桓子)[90]가 우물을 파다가 토기로 만든 장군을 얻었는데 그 안에 양이 있었다. 사람을 시켜 중니(仲尼)에게 "내가 우물을 파다 개를 얻었는데 이것이 무엇입니까?"라고 묻자, 중니는 "내가 들은 바로는 양입니다"라고 하였다.

반박하여 말한다. "군자는 자신이 모르는 일에 대하여는 의심을 품은 채 말하지 않는 법이다." 공자라고 어떻게 사물의 괴이한 형상을 궁구할

---

88) 베의 실 80가닥을 승(升)이라 하는데 고대 조복(朝服)은 15승이었으므로 '칠승(七升)의 베'란 거친 베를 말한다.

89) 본편은 공자가 땅의 요괴인 분양에 대하여 언급하였다는 국어의 기록이 공자에 대한 중상이라고 반박한 글이다. '분양'은 땅의 요괴를 말한다.

90) 계환자는 노(魯)의 집정자로 계평자(季平子)의 아들 사(斯)이다.

수 있겠는가? 이는 틀림없이 성인을 중상하는 것이다. 역사서에 땅이 갈라져 개가 나왔다고 기록된 경우가 있거니와[91] 근년에 경조(京兆)의 두제(杜濟)는 우물을 파다가 토기로 만든 장군을 얻었는데 그 가운데 개가 있어 그것을 황하에 던지니 용으로 변화하였다.

季桓子穿井, 得土缶, 中有羊焉. 使人問仲尼曰 : "吾穿井獲狗, 何也?" 仲尼曰 : "以丘所聞者, 羊也."

非曰 : "君子於所不知, 蓋闕如也." 孔氏烏能窮物怪之形也? 是必誣聖人矣. 史之記地坼犬出者有之矣. 近世京兆杜濟穿井獲土缶, 中有狗焉. 投之于河, 化爲龍.

골절전차 고시(骨節專車 楛矢 : 수레에 꽉 차는 뼈마디와 호목으로 만든 화살)[92]

오나라가 월나라를 쳐서 회계(會稽)를 무너뜨리자 뼈가 출토되었는데 그 마디가 수레에 꽉 찼다. 오자(吳子)[93]는 사신을 파견하여 노나라를 우호 방문하게 하고 중니에게 그것에 대하여 물었다. 중니는 "내가 듣건대 옛날 우임금이 여러 신하를 회계의 산에 소집하였을 때 방풍씨(防風氏)가 늦게 도착을 하자 우임금이 그를 죽여 사람들에게 보였다고 합니다. 그

---

91) 『진서(晉書)』 「오행지(五行志)」에 의하면 융안(隆安) 초에 보국장군(輔國將軍) 손무종(孫無終)이 기양(旣陽)에 살고 있었는데 땅속에서 개의 울음소리를 들었다. 얼마 후 땅이 갈라지고 두 마리 개가 나왔는데 모두 흰색이었으며 암수 한 마리씩이었다. 그것을 가져다가 길렀지만 모두 죽었다. 뒤에 무종은 환현(桓玄)에게 죽임을 당하였다고 한다.

92) 본편은 공자가 수레에 꽉 차는 뼈마디와 호목(楛木)으로 만든 화살 등에 대하여 변별할 수 있었던 능력을 들어 공자의 뛰어남을 말한 「노어(魯語)」의 저작 태도를 비판한 글이다.

93) 오자는 오왕 부차를 가리킨다.

뼈의 마디가 수레에 꽉 찼다고 했으니 이것이 큰 것일 것입니다"라고 하였다. 중니가 진(陳)에 있을 때 매가 진후(陳侯)의 정원에 날아와 죽었다. 호목으로 만든 화살이 관통해 있었는데 석제 화살촉이었고 그 길이는 한 자 여덟 치였다. 진혜공(陳惠公)은 사람을 시켜 중니가 묵고 있던 집으로 매를 가지고 가서 물어보게 하였다. 중니는 "매는 먼 곳에서 날아왔습니다. 이것은 숙신씨(肅愼氏[94])의 화살입니다"라고 말하였다.

반박하여 말한다. 좌구명은 노나라 사람이다. 어떤 이는 공자를 섬겼다고 말하고 있으니 성인의 훌륭한 말씀을 들은 것이 틀림없을 텐데 「노어(魯語)」를 지음에 어째서 또한 그 중대한 것을 인용하여 써서 세상의 법으로 만들지 않았을까? 지금 바로 큰 뼈나 석제 화살촉 등을 판별한 것을 가지고 기이하다고 여기고 있으니 그가 성인을 이해한 것은 또한 표면적이다. 이런 말은 참으로 성인이 부끄러워 하는 것이다. 공자는 "내가 어려서 비천하였기 때문에 여러 비천한 일을 잘할 수 있게 되었다"고 한 바 있다.

吳伐越, 隳會稽, 獲骨節專車. 吳子使好來聘, 且問之仲尼. 仲尼曰: "丘聞之, 昔禹致羣臣於會稽之山, 防風氏後至, 禹殺而戮之. 其骨節專車, 此爲大矣." 仲尼在陳, 有隼集于陳侯之庭而死. 楛矢貫之, 石砮, 其長尺有咫. 陳惠公使人以隼如仲尼之館問之. 仲尼曰: "隼之來也遠矣, 此肅愼氏之矢也."

非曰: 左氏, 魯人也. 或言事孔子, 宜乎聞聖人之嘉言, 爲魯語也, 盍亦徵其大者, 書以爲世法? 今乃取辨大骨石砮以爲異, 其知聖人也亦外矣. 言固聖人之恥也. 孔子曰: "丘少也賤, 故多能鄙事."

94) 숙신씨는 북쪽 오랑캐의 나라이다.

경폐(輕幣 : 예물을 가볍게 하다)[95]

천하의 제후들은 환공이 자신을 위하여 행동하지 않는다는 것을 알았다. 그렇기 때문에 제후들은 그에게 귀순하였다. 환공은 제후들이 자신에게 귀순한 것을 알았다. 그 때문에 그들이 내조할 때 가져오는 예물은 가볍게 하고 그들에게 주는 답례를 후하게 했다. 이리하여 천하의 제후들은 피폐한 말을 예물로 하고 삼 실로 짠 직물을 옥 받침으로 하고 사슴 가죽 4장을 바쳤다. 제후의 사절은 빈 자루로 와서 끈으로 묶은 채 가득 싣고서 돌아갔다.

반박하여 말한다. 환공이 만약 천하의 쇠락을 위문하고 제후의 땅을 지켜줄 수 있어서 탐욕스럽고 난폭한 이들이 꺼려하여 복종하고 오랑캐가 움츠리고 숨어버려, 임금이 나라를 다스릴 수 있고 사람들이 편안하게 살수 있게 되었다면, 비록 제후에게서 세금을 거둔다 해도 즐겁게 그에게 귀순할 것이니 또 어떻게 제어하겠는가? 온 나라의 재화를 가지고 천하를 이롭게 하여 사귀었다고 하는데 만약 이렇다면 조그만 제나라 백성들이 어떻게 족히 천하를 받들었겠는가? 자기 백성도 견디지 못하는데 또 어떻게 천하를 이롭게 하는 일을 할 수 있겠는가? 만약 자기 나라의 재화를 다 쓰고 자기 백성들을 수고롭게 하고 자기 군대를 동원하여 천하로부터 패자의 이름을 샀다면 또 어떻게 인의(仁義)가 있겠는가? 나는 환공이 패자가 되기 위해서 이렇게 잘못된 방법을 쓰지는 않았다고 생각한다.

天下諸侯知桓公之非爲已動也, 是故諸侯歸之. 桓公知諸侯之歸已也, 故使輕其幣而重其禮. 故天下諸侯罷馬以爲幣, 縷綦以爲奉, 鹿皮四箇. 諸侯之使, 垂橐而入, 稛載而歸.

---

95) 본편은 제후가 제(齊)에 보내는 공물은 줄이고 제에서 제후에게 주는 것은 많게 한 제 환공의 정책에 대하여 비판한 글이다. 본편에 인용된 부분은 「제어(齊語)」에 보인다.

非曰：桓公之苟能弔天下之敗，衞諸侯之地，貪强忌服，戎狄縮匿；君得以有其國，人得以安其堵，雖受賦於諸侯，樂而歸之矣，又奚控焉？悉國之貨以利交天下，若是耶，則區區齊人，惡足以奉天下？己之人且不堪矣，又奚利天下之能得？若竭其國，勞其人，抗其兵，以市伯名於天下，又奚仁義之有？予以爲桓公之伯不如是之弊也.

복(卜 : 점복)[96]

헌공(獻公)이 여융(驪戎)을 치는 것에 대하여 점치게 하니 사(史)인 소(蘇)가 점을 치고서 말하였다.[97] "이길 수는 있으나 불길합니다."[98]

반박하여 말한다. 점복은 세간의 군더더기 기예로서 도(道)에는 쓸모가 없는 것이다. 성인이 그것을 사용한 것에 대하여 나는 감히 비난하지는 않겠다. 그러나 성인이 사용한 것은 아마도 무지한 백성을 부리기 위해서였지 늘 사용하여 신뢰여부를 검증하고자 한 것은 아니었을 것이다. 그런데 후대에 어리석고 사악한 사람이 그것을 신격화하여 늘 사용하면서 신뢰여부를 검증함으로써 도리어 대사를 그르치게 되었다. 요컨대 사(史)의 점복은 도(道)에 해를 끼치는 것은 많고 이로운 것은 적으니 그것을 사용하지 않아도 좋다. 좌구명이 무(巫)에 현혹되고 더욱 그것을 신령

96) 본편은 점복으로 길흉을 판단하는 미신 행위를 비난한 글이다. 본편 이하는 「진어(晉語)」에 나오는 내용이다.

97) 헌공은 진 헌공을 말하며 이름은 궤저(詭諸)이다. 여융(驪戎)은 주대(周代) 서쪽에 있던 부족이다. 사(史)는 점복(占卜) 제사 기사(記事) 등을 맡은 관리이다. 소(蘇)는 사의 이름이다.

98) 「진어」에는 진 헌공이 여융을 격파하고 여희(驪姬)를 빼앗아 옴으로써 진나라의 재난이 시작되었음을 기록하고 있다.

하고 괴이한 것으로 여겨 애초에 견강부회함으로써 이런 말을 만들었으니 그것을 믿지 않아도 좋다.

獻公卜伐驪戎, 史蘇占之曰 : "勝而不吉."

非曰 : 卜者, 世之餘伎也, 道之所無用也. 聖人用之, 吾未之敢非. 然而聖人之用也, 蓋以驅陋民也, 非恒用而徵信矣. 爾後之昏邪者神之, 恒用而徵信焉, 反以阻大事. 要言, 卜史之害於道也多, 而益於道也少, 雖勿用之可也. 左氏惑於巫而尤神怪之, 乃始遷就附益以成其說, 雖勿信之可也.

곽언(郭偃 : 곽언)[99]

곽언이 말하였다. "입은 삼신(三辰)과 오행(五行)의 문이다. 이러므로 참언하는 입에서 비롯된 재난은 세 임금이나 다섯 임금을 넘지 않는다."

반박하여 말한다. 이런 말을 가지고 살펴보면 어리석은 거짓임을 알 수 있다.

郭偃曰 : "夫口, 三五之門也. 是以讒口之亂, 不過三五."

非曰 : 擧斯言而觀之, 則愚誣可見矣.

---

99) 본편은 자의적인 숫자 풀이로 역사적 사실을 해설한 곽언의 견해가 어리석은 거짓에 불과하다고 비난한 글이다. 곽언은 진의 대부 복언(卜偃)이다. 이름에서 알 수 있듯이 점성술과 점복에 통달한 사람인 듯하다.

공자신생(公子申生 : 공자 신생)[100]

신생이 말하였다. "명을 버리는 것은 불경이요, 명령을 만드는 것은 불효이다. 아버지가 총애하는 사람을 이간질하면서 아버지가 준 것은 좋게 여기는 것은 불충이고, 다른 사람을 폐하고 자신을 완성시키는 것은 부정(不貞)이다.[101]

반박하여 말한다. 신생은 불경 · 불효 · 불충 · 부정 이 네 가지에 대하여 모두 잘 이해하고 있었다. 옛날의 유자 가운데 그것을 잘 설명한 것이 있으므로 나의 말은 생략한다.

申生曰 : "棄命不敬; 作令不孝; 間父之愛而嘉其貺, 有不忠焉; 廢人以自成, 有不貞焉."

非曰 : 申生於是四者咸得焉. 昔之儒者, 有能明之矣, 故予之辭也略.

---

100) 본편은 신생(申生)이 불경 불효 불충 부정에 대하여 설명한 것을 제시하고 그가 이 네가지의 뜻을 잘 이해하고 있었음을 칭찬한 글이다. 「비국어」 가운데 반박이나 비난의 내용이 없는 것은 이 조목뿐이다. 신생은 진(晉) 헌공(獻公)의 태자였다.

101) 헌공이 신생을 축출하고 여희의 아들 해제(奚齊)를 태자로 옹립하려고 하자 여러 신하가 일을 도모하라고 부추겼을 때 신생이 한 말이다.

호돌(狐突 : 호돌)[102]

헌공이 태자로 하여금 동산(東山)을 치게 하였는데[103] 호돌이 전차를 몰았다. 직상(稷桑)[104]에 이르자 적인(翟人)이 나와 저항하였다. 신생이 싸우려고 하자 호돌은 "안됩니다"라고 간언하였다. 신생은 "주군께서 나를 보낸 것은 나를 좋아해서가 아니라 내 마음을 떠보려고 한 것이다. 싸우지 않고 돌아가면 내 죄는 무거워진다. 내가 싸우다 죽는다 해도 이름은 날리게 될 것이다"라고 말하였다. 마침내 싸움을 하여 직상에서 적인을 물리치고 돌아왔지만 중상하는 말이 더욱 심하게 일어났다. 호돌은 문을 닫아버리고 밖으로 나오지 않았다. 군자는 이에 대해 "사려가 깊었다"고 말하였다.

반박하여 말한다. 옛날의 이른바 '사려가 깊다'는 것은 친척보좌의 지위에 있으면 군주를 정도를 걷게 하고, 그렇지 않으면 죽음으로 그것을 계속하여서 자신의 의(義)가 있어야 할 곳을 잃지 않는 것을 말한다. 지금 호돌은 지위로는 전차몰이였고, 친척으로 말하자면 외조부이다. 신생이 밖에 나갈 때 따르지 않은 적이 없다가 그가 장차 패망할 것을 목도하게 되자 그 문을 닫아버리고 말았으니 간사한 사람이다. 그런데도 '사려가 깊었다'라고 한다면 군주를 섬기는 일에 권면할 길이 없게 된다. 비정(丕鄭)[105]은 "군주가 나의 마음이라"고 말하였고 이극(里克)[106]은 "중립

---

102) 본편은 태자 신생의 동산(東山) 정벌에 따라가 충언을 하고, 귀국 후 신생에 대한 중상모략이 심해지자 두문불출하였던 호돌의 언행에 대하여 '사려 깊었다'고 한『국어』의 평가가 잘못되었다고 반박한 글이다. 호돌은 진의 대부로, 호언(狐偃)의 아버지이자 공자 중이(重耳)의 외조부인 백행(伯行)이다.

103) 헌공 17년 태자 신생을 축출하고자 하여 그 명분을 확보하고자 동산을 정벌하게 한 것이다.

104) 직상은 고락씨(皐落氏) 거주지역이다. 정확한 장소는 알려져 있지 않다.

105) 비정은 진의 대부이다.

106) 이극은 진 대부 이계자(里季子)이다.

을 지키겠다"고 하였거니와 진(晉)에 훌륭한 신하가 없었기 때문에 신생이 끝내 화를 면할 수 없었던 것이다.

公使太子伐東山, 狐突御戎. 至於稷桑, 翟人出逆. 申生欲戰, 狐突諫曰 : "不可." 申生曰 : "君之使我非歡也, 抑欲測吾心也. 不戰而反, 我罪滋厚; 我戰雖死, 猶有名焉." 果戰, 敗翟于稷桑而反, 讒言益起. 狐突杜門不出. 君子曰 : "善深謀."

非曰 : 古之所謂善深謀, 居乎親戚輔佐之位, 則納君於道; 否則繼之以死, 唯己之義所在莫之失之謂也. 今狐突, 於位, 則戎禦也; 以親, 則外王父也. 申生之出, 未嘗不從, 覩其將敗而杜其門, 則姦矣! 而曰"善深謀", 則無以勸乎事君也已. 丕鄭曰 : "君爲我心." 里克曰 : "中立." 晉無良臣, 故申生終以不免.

괵몽(虢夢 : 괵공의 꿈)[107]

괵공이 꿈에 묘당에 있었는데 얼굴에 흰 수염이 나고 호랑이 손톱을 한 신령이 큰 도끼를 잡고 서쪽 모퉁이 아래에 서 있었다. 괵공이 깨어나서는 국인(國人)[108]으로 하여금 꿈에 대하여 축하하게 하였다.[109] 주지

107) 본편은 괵공의 꿈과 괵국의 멸망에 대하여 나라의 멸망은 꿈으로 아는 것이 아니라 정치에 의한 것이라고 반박한 글이다.

108) 국인이란 춘추시기 국도(國都)에 거주하던 사람을 통칭한다. 춘추시대 국인은 국사를 논의하는 권리가 주어졌고 동시에 군역과 부역에 대한 의무가 있어서 각국의 군대는 대부분 국인이 주력을 이루었다.

109) 「진어」에 의하면 괵공은 자신의 꿈이 괵의 멸망을 예시하는 것이라는 사(史)의 해몽을 무시하고 국인으로 하여금 길몽이라고 축하하게 하였다.

교(舟之僑)가 그 가족에게 이 일을 알리며 "사람들이 괵이 오래가지 못할 것이라고 말해왔는데 나는 이제서야 그것을 알게 되었다"라고 말하고 그의 가족을 이끌고 괵을 떠나 진으로 갔다.

반박하여 말한다. 괵은 소국인데 교만하여 대국의 진노를 불렀다. 정치가 부패하고 인심은 어지러운데 하양(夏陽)을 잃고도 두려워하지 않고 오히려 군대를 동원하고 무력을 남용하여 그 원한을 키워나갔다. 이른바 스스로 그 근본을 뽑아버린 것이니 멸망하는 것이 마땅하지 않다고 누가 말하겠는가? 또 그 멸망이 어찌 꿈과 관련이 있겠는가? 주지교가 정말로 현명한 자인가? 그렇다면 그 정치를 보고 괵을 떠날 수 있었을 것인데, 꿈 때문에 떠나갔으니 내가 그를 비웃는 것이다.

虢公夢在廟, 有神面白毛虎爪, 執鉞立于西阿之下. 公覺, 且使國人賀夢. 舟之僑告諸其族曰: "衆謂虢不久, 吾今知之." 以其族行, 適晉.

非曰: 虢, 小國也而泰, 以招大國之怒, 政荒人亂, 亡夏陽而不懼, 而猶用兵窮武以增其讎怨, 所謂自拔其本者. 亡, 孰曰不宜? 又惡在乎夢也? 舟之僑誠賢者歟? 則觀其政可以去焉. 由夢而去, 則吾笑之矣.

동요(童謠 : 동요)[110]

헌공이 복언(卜偃)에게 물어 "괵을 공격하는 것은 무슨 달이 좋겠는가?"라고 말하니 "동요에 나와 있는데 병자(丙子)의 새벽이라고 합니다"라고 대답하였다.

110) 본편은 동요를 근거로 괵을 공격하는 날짜를 추정한 복언(卜偃)을 비난하며 동요는 믿을 것이 못된다고 반박한 글이다.

반박하여 말한다. 동요는 근거로 삼을 수 없는 것으로 군자는 말하지 않는다.

獻公問於卜偃曰 : "攻虢何月也?" 對曰 : "童謠有之, 曰丙之辰."
非曰 : 童謠無足取者, 君子不道也.

재주공(宰周公 : 재주공)[111]

규구(葵丘)에서 회맹할 때[112] 헌공(獻公)이 회합에 가는 도중에 재주공을 만났다. "주군께서는 회합에 나가지 않아도 됩니다. 제후(齊侯)는 장차 은혜 베푸는 것을 빚을 내어주는 것처럼 하여 이것도 제대로 하지 못할 텐데 진(晉)을 바로잡을 겨를이나 있겠습니까?"라고 말하였다. 이에 헌공은 되돌아왔다. 재공(宰孔)이 말하기를 "진 헌공은 장차 죽게 될 것이다. 거대한 곽산(霍山)으로 성을 삼고 분천(汾川)·황하(黃河)·속수(涑水)·회수(澮水)로 해자를 삼고 융적(戎狄)의 백성이 실제로 그것을 둘러싸고 있거니와 이렇게 거대한 땅에서 만약 그 도에 어긋난 것을 제거한다면 누가 그 나라를 두렵게 할 수 있겠는가?"라고 하였다. 이해 헌공이 세상을 떠났다.

---

111) 본편은 진 헌공과 관련된 재주공의 언행을 비난한 글이다. 그 내용은 첫째 제후가 패자의 회합에 참가하는 것은 대의명분을 위하여 모이는 것인데 제 환공이 진을 정벌할 여유가 없을 것이라는 이유로 재주공이 진 헌공의 회합 참가를 막은 것은 옳지 않다. 둘째 진의 강대함으로 볼 때 어떤 나라도 위협이 될 수 없다고 한 것은 힘을 앞세운 정책으로 도의를 높인 것이 아니니 중국의 도라 할 수 없다. 셋째 헌공이 정신을 잃고 한번 밖으로 나가 죽게 될 것이라는 예견은 전혀 믿을 수 없는 것이다. 재주공은 왕의 경사 재공(宰孔)이다. 총재(冢宰)로 식읍이 주(周)에 있었으므로 재주공이라고 한 것이다.

112) 계구의 회맹은 노 희공(僖公) 9년(B.C. 651) 제 환공이 소집하였다. 계구는 지금의 하남 난고현(蘭考縣) 동쪽에 있었다.

반박하여 말한다. 무릇 제후가 패자와 회합을 갖는 것은 소국의 경우 본래 그 힘을 두려워하여 그 보호를 바라는 것이요, 대국의 경우 마땅히 의에 합치되는가를 살펴서 의에 합치되면 회합에 가서 이로써 천자를 높이고 백성을 화목하게 하는 것이다. 지금 재주공이 진 헌공을 되돌아가게 하고서 "진을 바로잡을 겨를이나 있겠는가?"라고 말하였으니 이것은 내가 말하는 도리가 아니다. 또 "이렇게 거대한 땅에서 만약 그 도에 어긋난 것을 제거한다면 누가 그 나라를 두렵게 할 수 있겠는가?"라고 말한 것은 힘에 의지하고 의에 힘쓰는 것이 아니니 중원지역의 도는 아니다. (재주공은 헌공이) 만약 한번 그 도를 잃고 밖으로 나가면 반드시 죽을 것으로 생각하였고, 책을 편집한 사람이 또 따라서 그것을 증명하고 있으니 취할 수 있겠는가?

葵丘之會, 獻公將如會, 遇宰周公, 曰: "君可無會也. 夫齊侯將施惠出責, 是之不果, 而暇晉是皇." 公乃還. 宰孔曰: "晉侯將死矣. 景霍以爲城, 而汾河涑澮以爲淵, 戎狄之民實環之, 汪是土也, 苟違其違, 誰能懼之?" 是歲, 獻公卒.

非曰: 凡諸侯之會霸主, 小國, 則固畏其力而望其庥焉者也; 大國, 則宜觀乎義, 義在焉則往, 以尊天子, 以和百姓. 今孔之還晉侯也, 曰"而暇晉是皇", 則非吾所陳者矣. 又曰"汪是土也, 苟違其違, 誰能懼之?" 則是恃乎力而不務乎義, 非中國之道也. 假令一失其道以出, 而以必其死, 爲書者又從而徵之, 其可取乎?

순식(荀息 : 순식)[113)]

이극이 해제를 죽이려 하자 순식은 "나에게는 죽음이 있을 뿐이다. 선군께서 나에게 신하(는 어떻게 군주를 섬겨야하는가)에 대하여 물으실 때 나는 충정(忠貞)이라고 대답하였다"고 말하였다. 해제를 죽이자 순식은 그를 따라 죽으려고 하였다. 어떤 사람이 "(죽는 것보다는) 그 동생을 옹립하고 그를 보좌하는 것이 낫습니다"라고 말하였다. 순식은 탁자(卓子)를 옹립하였다. 이극이 또 탁자를 죽이자 순식은 그를 따라 죽었다. 군자는 (순식에 대해) "식언하지 않았다"고 하였다.

반박하여 말한다. 대저 '충(忠)'이란 말은 '가운데[中]'라는 뜻이다. '정(貞)'이란 말은 '바르다[正]'라는 뜻이다. 순식이 한 행동에는 이런 것이 있었는가? 군주의 미혹됨에 참여하여 적장자를 물리치고 바르지 않은 사람을 옹립하였으니 '치우치지 않고 가운데 바른 것[中正]'과는 거리가 멀다. 혹자는 "대저 자신의 죽음을 아끼지 아니하고 군주를 위해 죽겠다는 약속을 어기지 않았다. 이렇게 행동했는데 그대는 그를 비난하는가?"라고 말하는데 "그대는 도랑에서 스스로 목을 맨 사람이면 다 충정이라고 생각하는가?"라고 묻겠다. 혹자는 "좌씨(左氏)와 곡량자(穀梁子)는 모두 식언하지 않았다고 하였다. 식언하지 않았으니 그렇다면 미덥게 행동했다고 볼 수 있는가?"라고 말하는데 "또한 그렇게 볼 수 없다. 치우치지 않고 가운데서 바르지 못하고 그 말을 반복하는 것은 어지럽힌 것이니 어떻게 미덥게 행동했다고 할 수 있겠는가?"라고 대답하겠다. "공보(孔父)와 구목(仇牧), 이 두 사람은 순식과 같은 부류인가?" "같은 부류가 아니다."

---

113) 본편은 순식의 죽음에 대하여 식언하지 않았다고 한 『국어』 저자의 평가에 반박한 글이다. 『유종원집』 가운데 보이는 「여원요주론춘추서(與元饒州論春秋書)」에서 "내가 일찍이 「비국어」 60여 편을 지었는데 그 중 1편은 순식 때문에 쓴 것이다"라고 하였거니와 그 내용 역시 본편의 논지와 같다. 순식은 태자 해제의 부육관(傅育官)이었다.

"같은 부류가 아니라면 『춘추(春秋)』는 어떻게 된 것인가?" "『춘추』에서 같은 부류로 본 것은 죽음으로 충정을 보이지 못하는 사람들을 자극하려는 것이었다.[114] 공자는 말하기를 '그 나아감을 칭찬해주고 그 지나간 것은 비호하지 않는다'고 하였다. 『춘추』에서 허지(許止)에게 죄를 씌운 것은 그의 진정에 대해 꾹 참고 말하지 않은 것이다.[115] 공보와 구목을 순식과 같은 부류로 취급한 것 역시 그러하니 모두 성인의 본심이 아니다. 허지에게 억울한 누명을 씌움으로써 자식노릇을 하지 못한 재앙에 대해 경고하고 순식을 칭찬함으로써 구차하게 죽음을 면한 자의 죄악을 책망하면서 그 진정에 대해서는 꾹 참(고 쓰지 않)은 것이다. 나는 『춘추』의 본 뜻을 말하고 있는데 그대는 그 문장을 검증하려 하니 또한 벗어난 것 아닌가? 그러므로 무릇 『춘추』를 이해하는 자는 마땅히 나의 의견에 수긍할 것이다. 이것을 일러 도를 믿는다고 하는 것이다.

里克欲殺奚齊, 荀息曰 : "吾有死而已. 先君問臣於我, 我對以忠貞." 旣殺奚齊, 荀息將死之, 人曰 : "不如立其弟而輔之." 荀息立卓子. 里克又殺卓子, 荀息死之. 君子曰 : "不食其言矣."

非曰 : 夫忠之爲言, 中也; 貞之爲言, 正也. 息之所以爲者有是夫? 間君之惑, 排長嗣而擁非正, 其於中正也遠矣. 或曰 : "夫已死之不愛, 死君之不欺也. 抑其有是, 而子非之耶?" 曰 : "子以自經於溝瀆者擧爲忠貞也歟?" 或者 : "左氏穀梁子皆以不食其言, 不食其言, 然則爲信可乎?" 曰 : "又不

---

114) 『춘추』의 환공(桓公) 2년에는 송독(宋督)이 그 임금 여이(與夷)와 그 대부 공보(孔父)를 시해한 것을 기록하였고, 장공(莊公) 12년에는 송만(宋萬)이 그 임금 첩(捷)과 대부 구목(仇牧)을 시해한 것을 기록하였고, 희공(僖公) 10년에 이르러서는 이극(里克)이 그 임금 탁(卓)과 대부 순식을 시해한 것을 기록하였는데 그 필법이 모두 같다.

115) 『춘추』에는 소공(昭公) 19년 허(許)의 세자 지(止)가 그 임금 매(買)를 시해하였다고 하였는데 이에 대한 『좌전』의 기록은 다음과 같다. "허도공(許悼公)이 학질에 걸렸는데 5월에 태자의 약을 마시고 죽자 태자는 진(晉)으로 도망갔다. 『춘추』에는 '그 임금을 시해하였다'고 기록하였는데 군자는 '마음과 힘을 다하여 임금을 섬겼으니 약물을 바치지 않았어도 좋았다'고 하였다."

可. 不得中正而復其言, 亂也, 惡得爲信?" 曰 : "孔父仇牧, 是二子類耶?" 曰 : "不類." 曰 : "不類, 則如春秋何?" 曰 : "春秋之類也, 以激不能死者耳. 孔子曰 : 與其進不保其往也. 春秋之罪許止也, 隱忍焉耳. 其類荀息也亦然, 皆非聖人之情也. 枉許止以懲不子之禍, 進荀息以甚苟免之惡, 忍之也. 吾言春秋之情, 而子徵其文, 不亦外乎? 故凡得春秋者, 宜是乎我也. 此之謂信道哉!"

第45권「비국어(非國語) 하(下)」

호언(狐偃 : 호언)[1]

이극이 탁자를 죽이고 나서 도안이(屠岸夷[2])를 보내어 중이(重耳)에게 알리고 "그대는 어째서 귀국하지 않습니까?"라고 말하였다. 구범(舅犯)은 "안됩니다"라고 말하였다. 진(秦) 목공(穆公)이 공자 칩(縶)을 보내어 중이를 위문하고 "때를 놓쳐서는 안됩니다"라고 말하였다. 구범은 "안됩니다"라고 말하였다.[3]

반박하여 말한다. 호언이 중이를 위하여 도모한 것은 또한 사리에 맞

---

1) 본편은 호언이 공자 중이의 귀국을 막은 것을 비난한 글이다. 호언은 진(晉) 문공(文公) 중이(重耳)의 외삼촌으로 자는 자범(子犯)이다. 구범(舅犯)으로도 불렸다.

2) 도안이는 진(晉) 대부이다.

3) 처음에 이극과 진 목공이 중이에게 알리고 나서 또 양(梁)에 있는 공자 이오에게 알리게 하였다. 중이는 구범의 말을 듣고 귀국하지 않았고 이오는 기예(冀芮)의 말을 듣고 귀국하였으니 이가 혜공(惠公)이다.

지 않는다. 나라가 비어있는데도 귀국할 줄을 몰라 이오(夷吾)같이 어리석고 위태로운 사람이 함부로 집정하게 하여 사직을 하마터면 잃을 뻔하였다. (호언은) 헛되이 많은 말을 하였으나 취할 만한 것은 없다. 또 중이는 형이고, 이오는 동생이다. 중이는 현명하고, 이오는 어리석다. 동생이면서 어리석은데도 귀국하여 오히려 천수를 누릴 수 있었으니 형이면서 현명한 이가 또 무엇을 두려워할 것인가? 진(晉)나라로 하여금 (왕위 계승이) 순탄치 못하게 하여 많은 혼란을 불러오고, 백성이 복을 입지 못하고, 형제들이 승냥이와 이리가 되어 서로 세상에서 피하였던 것은 호언의 실책으로 말미암은 것이다. 그리고 중이는 처음에 어찌할 바를 몰라 제후국으로 떠돌아다니다가 몰래 큰 이익을 축적함으로써 그 동생이 죽기를 바랐으니 이는 무슨 마음인가? 근근히 귀국할 수 있었을 뿐인데 나라는 이로써 패자가 되었으니 이런 복은 우연일 뿐이지 계책으로 얻은 것이 아니다. 만약 중이가 일찍 이극과 태백(泰伯)의 말을 따라 귀국하였다면 나라는 지난날의 재앙이 없었을 것이며 형제의 우애도 보전될 수 있었을 것이니 이는 명분이 확정되었기 때문이다. 이와 같다면 제후의 본보기가 될 수 있었을 것이니 또 어찌 천하에 멸시와 조소를 당하였겠는가?

里克旣殺卓子, 使屠岸夷告重耳曰 : "子盍入乎?" 舅犯曰 : "不可." 秦穆公使公子縶弔重耳曰 : "時不可失." 舅犯曰 : "不可."

非曰 : 狐偃之爲重耳謀者, 亦迂矣. 國虛而不知入, 以縱夷吾之昏殆, 而社稷幾喪. 徒爲多言, 無足采者. 且重耳, 兄也; 夷吾, 弟也. 重耳, 賢也; 夷吾, 昧也. 弟而昧, 入猶可終也; 兄而賢者, 又何慄焉? 使晉國不順而多敗, 百姓之不蒙福, 兄弟爲豺狼以相避於天下, 由偃之策失也. 而重耳乃始倀倀焉遊諸侯, 陰蓄重利, 以幸其弟死, 獨何心歟? 僅能入, 而國以霸, 斯福偶然耳, 非計之得也. 若重耳早從里克秦伯之言而入, 則國可以無嚮者之禍, 而兄弟之愛可全, 而有分定焉故也. 夫如是, 以爲諸侯之孝, 又何戮笑於天下哉?

여인송(輿人誦 : 사람들의 노래)[4)]

혜공이 귀국하여서는 안팎으로 (토지와 재물을 주기로) 한 약속을 저버렸다. 사람들이 그것을 노래하여 "나라를 얻고서는 익숙해져서 예사로 여기니 마침내 재앙을 만날 것이요, 밭을 잃고도 훈계를 받아들이지 않으니 재난이 일어날 것이다"라고 하였다. 얼마 되지 않아서 이극과 비정(丕鄭)이 살해되고[5)] 혜공은 한(韓)에서 패하여 포로로 잡혔다. 곽언(郭偃)은 "잘 된 일이다! 사람들의 입은 재앙과 축복의 문이다"라고 말하였다.

반박하여 말한다. 혜공 이극 비정의 행위에 재앙과 재난이 닥친 것은 당연한데 또 어째서 사람들의 입을 신격화했는가? 그가 재앙과 축복의 문이라고 말한 것은 더욱 황당하다.

惠公入而背內外之賂. 輿人誦之曰 : "得之而狃, 終逢其咎; 喪田不懲, 禍亂其興." 旣, 里丕死, 公隕於韓. 郭偃曰 : "善哉! 夫衆口, 禍福之門也."

非曰 : 惠公里丕之爲也, 則宜咎禍及之矣, 又何以神衆口哉? 其曰"禍福之門", 則愈陋矣.

---

4) 본편은 혜공(惠公)의 행위에 대한 사람들의 노래 때문에 혜공에게 재앙이 이르렀다고 보고 사람들의 말을 신격화한 곽언(郭偃)을 비난한 글이다.

5) 혜공이 귀국한 다음 해(B.C. 650) 이극과 비정을 죽였다.

장공세자(葬恭世子 : 공세자를 장사지내다)[6]

혜공이 공세자를 파내어 개장하는데 썩은 냄새가 관 밖에까지 났다. 나라 사람들이 이것에 대하여 이렇게 노래하였다. "14년의 세월이 흐르면 후사가 끊어지리. 적공자(翟公子)[7] 같은 분이라면 우리는 그에게 의지하리. 나라를 진무(鎭撫)[8]하여 천자의 보필이 되소서." 곽언이 말하였다. "14년이 지나면 군주의 태자가 죽을 것이기에 그 숫자가 사람들에게 알려진 것이다. 공자 중이가 귀국할 것이기에 그 혼백이 백성에게 나타난 것이다. 만약 귀국한다면 반드시 제후의 패자가 되어 그 빛이 백성들에게 빛날 것이다."

반박하여 말한다. 사람들이 정치의 선악을 말할 때 채용할만한 것이 있는 경우는 그 이해관계 때문인데 또 어떻게 군주의 태자가 14년 뒤에 죽을 것이라는 것과 중이가 패자가 된다는 것을 알 수 있겠는가? 이는 호사가가 사후에 날조한 것으로 반드시 곽언이 증명할 수 있었던 것은 아니다. 하물며 냄새 때문에 불려진 것임에랴![9]

惠公出恭世子而改葬之, 臭達於外. 國人頌之曰 : "歲之二七, 其靡有徵兮. 若翟公子, 吾是之依兮; 安撫國家, 爲王妃兮." 郭偃曰 : "十四年, 君之冢嗣其替乎? 其數告於人矣. 公子重耳其入乎? 其魄兆於人矣. 若入, 必霸於諸侯, 其光耿於民矣."

---

6) 본편은 14년 뒤에 혜공의 후사가 끊긴다는 것과 중이가 패자가 된다는 것은 사람들의 노래가사로 예상할 수 없는 것이라고 하면서 곽언의 예언 기사를 비난한 글이다. 공(恭)은 태자 신생(申生)의 시호로 공세자(共世子)라고도 한다.

7) 적공자는 적 땅에 있는 공자 즉 중이를 말한다. '적(翟)'은 '적(狄)'과 같다.

8) 「진어(晉語)」에는 '진무(鎭撫)'로 되어 있는데 「비국어」에는 '안무(安撫)'로 되어 있다. 이는 유종원이 아버지 유진(柳鎭)의 휘를 피하여 '진'을 '안'으로 바꾸었기 때문이다.

9) 원문의 '시(是)'는 '취(臭)'로 된 판본도 있는데 이것이 문리에 더 가깝다.

非曰：衆人者言政之善惡，則有可采者，以其利害也. 又何以知君嗣二七之數與重耳之伯? 是好事者追而爲之，未必偃能徵之也，況以是故發耶!

살이극(殺里克 : 이극을 죽이다)[10]

혜공이 이극을 죽이고 나서 후회하며 "기예(冀芮)가 과인으로 하여금 사직의 중진을 잘못 죽이게 하였다"고 말하였다. 곽언이 그 말을 듣고 말하였다. "깊이 고려하지 않고 간한 것은 기예이고, 살피지 않고 죽인 것은 군주이다. 깊이 고려하지 않고 간한 것은 불충함이요, 살피지 않고 죽인 것은 불길함이다. 불충하면 군주의 벌을 받고 불길하면 하늘의 재앙을 만난다. 군주의 벌을 받으면 사형을 당하지만 하늘의 재앙을 만나면 후사가 없다."

반박하여 말한다. 기예가 이극을 모함하여 죽였으니 그 불길함은 당연히 혜공보다 크다. 그런데 그 말을 달리하여 군주의 벌과 하늘의 재앙으로 배합하였으니 모두 이른바 견강부회한 것들이다.

惠公旣殺里克而悔之，曰："芮也使寡人過殺社稷之鎭." 郭偃聞之曰："不謀而諫者，冀芮也，不圖而殺者，君也. 不謀而諫不忠，不圖而殺不祥. 不忠受君之罰，不祥罹天之禍. 受君之罰死戮，罹天之禍無後."

非曰：芮之陷殺克也，其不祥宜大於惠公. 而異其辭，以配君罰天禍，皆所謂遷就而附益之者也.

---

10) 본편은 곽언을 비난한 글이다. 기예가 이극을 모함하여 죽인 행위는 혜공보다 불길한데 곽언이 그것을 분석하여 기예는 군주의 벌을 받고 혜공은 하늘의 재앙을 만나게 된다고 한 것은 어떤 근거도 없는 것이라고 반박하였다.

획진후(獲晉侯 : 진후를 사로잡다)[11]

진(秦) 목공(穆公)이 귀국하는 길에 왕성(王城)에 이르러서는[12] 대부를 모아놓고 모의하여 말하였다. "진(晉)의 군주를 죽이는 것과 축출하는 것, 함께 귀국하는 것과 진(晉)으로 돌려 보내는 것 가운데 어느 것이 이로운가?" 공자칩(公子縶)은 "죽이는 것이 이롭습니다"라고 말하였고 공손지(公孫枝)는 "안됩니다"라고 말하였다. 공자칩은 이렇게 말하였다. "나는 공자 중이가 그를 대신하여 왕이 되게 하고자 합니다. 진(晉) 군주의 무도함을 들어보지 않은 사람이 없고, 공자 중이의 인덕을 모르는 사람이 없습니다. 무도한 자를 죽이고 도를 갖춘 사람을 세우는 것이 인(仁)입니다." 이에 공손지가 말하였다. "한 나라의 군사를 욕보이고[13] 또 '우리가 도를 갖춘 사람을 들이어 너희에게 군림하도록 하겠다'고 한다면 부당하지 않겠습니까? 혜공을 돌려보내고 진(晉)과 평화조약을 맺는 것이 나을 것입니다. 그를 복위시키되 그 적자를 인질로 하여 아들과 아비가 교대로 진(秦)에 머무르게 하면 나라에 해가 없을 것입니다."

반박하여 말한다. 태백(泰伯)[14]이 천하에 패자가 되지 못한 것은 공손지의 말 때문이다. '도를 갖춘 사람을 들이어 너희에게 군림하도록 하겠다'고 말하는 것이 어째서 부당한가? 공자칩이 혜공을 죽이라고 한 것은 과단성은 있지만 어진 행위는 아니다. 그가 중이를 세우라고 한 것은 의로우면서도 순리에 맞다. 당시에는 천하의 군주 가운데 아무도 주(周)를 높이 받들 수 없었으니 주를 높이 받들 수 있다는 것은 대국이 패자가 되는 기초였다. 만약 목공이 진 혜공을 붙잡고 나서 주왕(周王)에게 알려

11) 본편은 진(秦)의 목공(穆公)이 패자가 될 수 없었던 이유를 설명하면서 진 혜공의 처리에 대한 공손지(公孫枝)의 견해를 비판한 글이다.

12) 진(晉) 혜공 5년에 진(秦)의 군대가 진(晉)을 침략하여 진후(晉侯)를 사로잡아 귀국하였다. 왕성은 진(秦)의 지명이다.

13) 진(秦)이 진(晉)을 침략하여 패배를 안겨준 것을 가리킨다.

14) 태백은 진 목공을 가리킨다.

"진 이오가 무도하다는 것을 듣지 못한 사람이 없고 중이가 어질다는 것을 알지 못하는 사람이 없습니다. 거기에다 또 (임금의 자리에 오른) 순서도 맞지 않아서 그를 토벌하여 붙잡았습니다"라고 말하고, 이리하여 왕명으로 이오를 축출하고 중이를 옹립하면서 모두 제후에게 알려 "내가 악한 이를 토벌하고 어진 이를 나아가게 한 것은 이미 천자로부터 명을 받은 것이다. 나는 공정한 도리를 천하에 널리 행할 것이다"라고 하였다면 천하의 제후 가운데 무도한 이들은 두려워했을 것이며 덕을 갖춘 이들은 모두 엄숙하게 공경하고 기쁘게 추대하여 진(秦)을 패자로 받들었을 것이다. 주 왕실은 비록 쇠락하였지만 아직 그래도 왕명이니 목공을 제후들의 패자로 삼는다고 명한다면 누가 감히 복종하지 않겠는가? 대저 이와 같이 하지 않았으니[15] 진(秦)이 부끄러워할 바는 또한 크다고 하겠다. 지극히 공정한 도리를 버린 채 찾을 줄을 모르고 잠시 남의 아비와 자식을 떼어놓고 하동(河東)의 재화를 요구하려고 하였으니 큰 것을 버리고 작은 것에 힘쓰며, 의를 저버리고 이익을 좇아감이 심하였다. 패자가 될 수 없었던 것은 이 때문이었다!

秦穆公歸, 至於王城, 合大夫而謀曰:"殺晉君與逐出之, 與以歸與復之, 孰利?" 公子縶曰:"殺之利." 公孫枝曰:"不可." 公子縶曰:"吾將以重耳代之. 晉之君無道莫不聞, 重耳之仁莫不知. 殺無道, 立有道, 仁也." 公孫枝曰:"恥一國之士, 又曰余納有道以臨汝, 無乃不可乎? 不若以歸, 要晉國之成, 復其君而質其適子, 使子代父處秦, 國可以無害."

非曰:秦伯之不霸天下也, 以枝之言也. 且曰"納有道以臨汝", 何故不可? 縶之言殺之也, 則果而不仁; 其言立重耳, 則義而順. 當是時, 天下之人君莫能宗周, 而能宗周者則大國之霸基也. 向使穆公旣執晉侯, 以告于王曰:"晉夷吾之無道莫不聞, 重耳之仁莫不知, 且又不順, 旣討而執之

15) 하작(何焯) 교본(校本)에는 원문의 '부(夫)' 아래에 '불(不)'자가 덧붙어있는데 이렇게 보면 글의 흐름이 자연스럽다.

矣." 於是以王命黜夷吾而立重耳, 咸告于諸侯曰 : "吾討惡而進仁, 旣得命于天子矣, 吾將達公道於天下." 則天下諸侯無道者畏, 有德者莫不皆知嚴恭欣戴而覇秦矣. 周室雖卑, 猶是王命, 命穆公以爲侯伯, 則誰敢不服? 夫如是, 秦之所耻者, 亦大矣. 棄至公之道, 而不知求, 姑欲離人父子, 而要河東之賂, 其舍大務小違義從利也甚矣. 覇之不能也以是夫!

경정(慶鄭 : 경정)[16]

정축(丁丑)일에 경정을 죽이고서야 (진의 혜공은) 강(絳)으로 들어갔다.[17]

반박하여 말한다. 경정이 잘못하여 혜공을 사로잡히게 하였으니 죄는 죽어도 좋다. 그러나 그의 뜻에는 취할만한 점이 있다. 앉아서 형벌을 기다리고 있었으니 능히 그를 사면해주었더라면 그를 써서 얻는 것이 또한 컸을 것이다. 진(晉)의 군주로서 이런 방법을 쓰지 못하였다니 슬프구나! 혜공 이오(夷吾)와 같은 사람에 대하여 또 무슨 비판을 하겠는가?

丁丑, 斬慶鄭, 乃入絳.

非曰 : 慶鄭誤止公, 罪死可也, 而其志有可用者. 坐以待刑, 而能舍之, 則獲其用亦大矣. 晉君不能由是道也, 悲夫! 若夷吾者, 又何誅焉?

---

16) 본편은 경정의 죽을죄는 인정하면서도 도망가지 않고 형벌을 기다린 태도를 칭찬하며 혜공이 경정을 은혜로 사면해주는 것이 더 나았을 것이라고 비판하고 있다. 경정은 진(晉)의 대부이다.

17) 혜공 6년, 진(秦)이 진(晉)에 쳐들어와 진(晉)의 군대가 궤멸되고 혜공의 전차는 진흙탕에 빠져 움직이지 못하였다. 혜공은 큰소리로 경정을 불러 "나를 태우라!"고 하였다. 그때 경정은 "진 목공의 은혜를 저버리고 도의를 배반하며 길한 점괘를 따르지 않으셨는데 어찌 저의 전차에 타려고 하십니까? 제 전차는 공의 도피를 도와줄만한 것이 못됩니다"라고 말하였다. 이리하여 혜공은 진(秦)에 포로로 잡혀가게 되었다. 뒤에 진(秦)이 혜공을 돌려보내자 혜공이 진에 돌아와 경정을 죽인 것이다. 강(絳)은 진(晉)의 도성이다.

걸식어야인(乞食於野人 : 시골사람에게 걸식하다)[18]

문공(文公)이 적(狄)에 있은 지 12년이 지나서 제(齊)로 가려고 하였다. 도중에 오록(五鹿)[19]을 지나게 되었는데 (배가 고파서 시골사람에게 음식을 구걸하였다.) 시골 사람이 흙덩이를 집어서 그에게 주었다. 공자 중이가 노하여 그 사람을 채찍질하려고 하자 자범이 말하였다. "하늘이 내리신 것입니다. 사람이 흙을 바쳐 복종하는데 또 무엇을 구하시겠습니까? 12년이면 반드시 이 땅을 얻을 것입니다. 이 땅을 차지하게 되는 것은 아마도 무신(戊申)일일 것입니다."

반박하여 말한다. 이것은 자범이 한 말이 아니고 후대의 호사가가 날조한 것이다. 만약 오록의 사람들이 흙덩이를 바쳐서 12년 뒤에 위(衛)나라의 땅을 차지하게 되었다고 한다면 내시 주(疇)가 초자(楚子)에게 흙덩이로 베개를 만들어 주어[20] 12년 후에 다시 초나라를 얻게 되었던가? 이것은 어째서 빼놓고 언급하지 않고 유독 이 일만 기재한 것일까? 무신일이라고 말한 것은 더욱 기괴하게 여길 만하다.

文公在狄十二年, 將適齊, 行過五鹿, 野人擧塊以與之. 公子怒, 欲鞭之. 子犯曰 : "天賜也. 人以土服, 又何求焉? 十有二年, 必獲此土. 有此其以戊申乎?"

非曰 : 是非子犯之言也, 後之好事者爲之. 若五鹿之人獻塊, 十二年以有衛土, 則涓人疇枕楚子以塊, 後十二年其復得楚乎? 何沒而不云也, 而獨載乎是? 戊申之云, 尤足怪乎!

---

18) 본편은 오록(五鹿)의 시골사람이 진(晉) 문공에게 흙덩이를 바친 일에 대하여 자범(子犯)이 예언한 것을 비난한 글이다.

19) 오록은 위(衛)나라 땅으로 지금의 하남 복양(濮陽) 동북쪽이다.

20) 「오어(吳語)」에 의하면 초(楚) 영왕(靈王)이 산림 속을 헤매다가 내시 주(疇)를 만나 왕은 그의 무릎을 베고 땅에서 잠을 잤다. 왕이 잠들자 주는 흙덩이로 왕에게 베개를 만들어주고 그를 떠났다.

회영(懷嬴 : 회영)[21]

진백(秦伯)이 다섯 여자를 (중이에게) 시집보냈는데 회영도 거기에 끼어 있었다.[22]

반박하여 말한다. 중이가 회영을 받아들인 것은 부득이한 것이었다. 중이의 뜻은 장차 종묘 사직을 지키는 것이었으므로 회영을 받아들이는 것을 거부하면 그것을 이루지 못할까 두려워한 것이다. 그가 취하려는 것은 큰 것이었으므로 임시방편을 수용한 것이니 옳다고 하겠다. 진백은 대국으로써 인의(仁義)를 행하여 제후와 사귀어야 하는데 이에 예가 아닌 방법을 행하여 사람에게 강요하였으니 어찌 서융(西戎)의 유풍(遺風)을 익힌 것이 아니겠는가?

秦伯歸女五人, 懷嬴與焉.

非曰 : 重耳之受懷嬴, 不得已也. 其志將以守宗廟社稷, 阻焉, 則懼其不克也. 其取者大, 故容爲權可也. 秦伯以大國行仁義交諸侯, 而乃行非禮以强乎人, 豈習西戎之遺風歟?

---

21) 본편은 진 목공이 회영을 중이에게 시집보낸 것에 대하여 서융(西戎)의 유풍이라고 비난한 글이다. 회영은 자어(子圉)의 아내였다. 자어는 진(晉) 혜공 이오의 아들로 진(秦)에 인질로 있다가 도망하여 귀국하여 회공(懷公)이 되었기 때문에 회영이라고 부른 것이다.

22) 진 문공 중이가 진(秦)에 들렀을 때 진 목공이 그에게 여자들을 시집보낸 것이다.

서(筮 : 시초 점)[23]

공자가 친히 시초로 점을 치면서 말하기를 "바라는 것은 진(晉)나라를 차지하는 것입니다"라고 하였다. 그리하여 정(貞)은 준(屯)괘, 회(悔)는 예(豫)괘를 얻었는데 모두 8이었다.[24] 서사(筮史)가 점괘를 풀어 모두 "불길하다"고 말하였는데 사공계자(司空季子)는 "길하다"고 하였다.

반박하여 말한다. 중이는 비록 외국에 있었지만 진나라에서는 본래 그를 추대하여 군주로 삼고자 했다. 또 하물며 이오가 죽고 자어가 어리석고 멍청하게 안에서 지키고 있음에랴? 진(秦) 초(楚)와 같은 대국이 중이를 도와주고 있고 대부 같은 강력한 귀족들이 모두 그에게 문호를 개방하고 있는데 또 점을 쳐서 이것을 물으니 이것은 말(末)을 쫓은 것이다. 계자는 박식하여 말을 많이 하였으나 모두가 도에는 합치하지 않는 것이다. 그런데 또 어째서 그것을 기재하였는지!

公子親筮之, 曰 : "尙有晉國." 得貞屯悔豫皆八. 筮史占之, 皆曰 : "不吉." 司空季子曰 : "吉."

非曰 : 重耳雖在外, 晉國固戴而君焉, 又況夷吾死, 圉也童昏以守內, 秦楚之大以翼之, 大夫之强族皆啓之, 而又筮焉是問, 則末矣. 季子博而多言, 皆不及道者也, 又何載焉!

---

23) 본 편은 중이가 시초 점을 쳐서 진나라를 차지할 수 있는지를 알아본 것에 대하여 비난한 글이다.

24) 이 구에 대한 해석은 상세하지 않다. 『역』에서 정(貞)은 내괘(內卦) 회(悔)는 외괘(外卦)를 말한다. 준괘는 진하(震下 : ☳) · 감상(坎上 : ☵)의 괘이고, 예괘는 곤하(坤下 : ☷) · 진상(震上 : ☳)의 괘이다. 내괘가 준괘이고 외괘가 예괘라는 말은 아마도 점을 쳐서 처음 얻은 괘가 준괘이고 다음 괘가 예괘라는 말인 것 같다. 즉 준의 변괘에서 초효 5효는 양에서 음으로 변하고 4효는 음에서 양으로 변하여 예괘가 된다. 역에서 사용하는 수는 6 · 7 · 8 · 9 네 가지인데 6은 노음(老陰) 7은 소양(少陽) 8은 소음(少陰) 9는 노양(老陽)으로 이중 6과 9는 가변적인 것이고 7과 8은 불변하는 것이다. 중이가 얻은 준괘는 숫자로 표시하면 9 · 8 · 8 · 6 · 9 · 8이고 예괘는 6 · 8 · 8 · 9 · 6 · 8이므로 모두가 8이라는 것은 8이 우세를 점하고 있다는 의미일 것이다.

동인(董因 : 동인)[25]

동인이 황하에서 진 문공을 맞이하였다. 문공이 그에게 "내가 성공하겠소?"라고 물으니 "태세성(太歲星)이 대량(大梁)에 나타났습니다"라고 대답하였다.[26]

반박하여 말한다. 진후(晉侯)의 귀국은 인사가 구비되었는가에서 결정되는 것이다. 동인이 말한 것은 생략해도 좋다. 대화(大火) 실침(實沈)에 대해 말한 것[27]은 불필요한 것이다.

董因迎公於河, 公問焉, 曰 : "吾其濟乎?" 對曰 : "歲在大梁."
非曰 : 晉侯之入, 取於人事備矣, 因之云可略也. 大火實沉之說贅矣.

명관(命官 : 관리 임명)[28]

서(胥)·적(籍)·호(狐)·기(箕)·난(欒)·극(郤)·백(柏)·선(先)·양설(羊舌)·동(董)·한(韓) 등의 씨족[29]이 실제로 조정의 관직을 맡았고, 희성(姬姓)[30]

25) 본편은 진 문공이 귀국하여 군주의 자리에 오를 수 있는가에 대하여 점성술에서 그 근거를 찾은 동인의 견해를 비판한 글이다. 동인은 진(晉)나라 대부이다.

26) 태세성은 목성(木星)을 말하며, 태세성이 대량에 있다는 것은 큰 일을 성취할 것을 상징한다.

27) 대화 실침은 옛날 하늘의 한 구역을 가리킨다. 『국어』의 기록에 의하면 동인은 중이에게 그가 출분하던 그해 태세성이 대화 구역에 나타났는데 이것은 중이의 불리함을 상징하는 것이었고, 작년에 태세성은 대량 구역에 나타났고 금년에 또 실침 구역에 나타났는데 이것은 큰 일을 성취할 것을 상징하는 것이라고 말하였다. 실침은 춘추전국시대에는 진(晉)나라 사람이 거처하는 위치로 정해졌다.

28) 본편은 진(晉)의 관리임명이 능력에 근거하지 않고 성씨의 친소에 따라 결정된 것에 대하여 비판한 글이다.

가운데 우수한 인재들이 궁중의 관직을 맡았으며, 이성(異姓)의 능력 있는 사람들이 지방의 관직을 맡았다.

반박하여 말한다. 관리의 임명은 능력에 근거해야 하는가? 아니면 성씨에 근거해야 하는가? 문공이 장차 패업(霸業)을 이루려고 하는데 이러한 폐습을 바꾸어 천하의 인재를 등용할 줄 모르고 성씨의 친소에 따라 관직의 원근을 결정하였으니 합리적이지 못하다. 장군 대부가 반드시 구성(舊姓) 귀족에서 나와야 한다면 혹시라도 마땅한 사람이 없어도 구성 귀족 출신을 써야 하겠는가? 이족(異族)에서 나와서는 안 된다고 할 때 혹시라도 적당한 사람이 있어도 그를 버려야 하겠는가? 이런 상황으로 보아 진나라의 정치가 어떠했던가 알 수 있겠다.

胥籍狐箕欒郤柏先羊舌董韓, 實掌近官. 諸姬之良, 掌其中官. 異姓之能, 掌其遠官.

非曰 : 官之命, 宜以材耶? 抑以姓乎? 文公將行霸, 而不知變是弊俗, 以登天下之士, 而擧族以命乎遠近, 則陋矣. 若將軍大夫必出舊族, 或無可焉, 猶用之耶? 必不出乎異族, 或有可焉, 猶棄之耶? 則晉國之政可見矣.

창갈(倉葛 : 창갈)[31]

주(周) 양왕(襄王)이 소숙(昭叔)의 난을 피하여 정(鄭) 땅 범(氾)에 거하고 있었다.[32] 진 문공이 양왕을 맞이하여 성주(成周)에 들어가게 하였고 마침

29) 서(胥)・적(籍)・호(狐)・기(箕)・난(欒)・극(郤)・백(柏)・선(先)・양설(羊舌)・동(董)・한(韓)의 11족은 진의 구성(舊姓)이다.

30) 희성(姬姓)은 진(晉)의 동성(同姓)이다.

31) 본편은 「주어(周語)」에 이미 나온 창갈의 말을 어째서 다시 반복하고 있는가 비난한 글이다. 창갈은 양번(陽樊) 사람이다.

내 겹(郟)에서 안정하게 되었다. 영왕은 문공에게 남양(南陽)에 속한 양번(陽樊)·온(溫)·원(原)·주(州)·형(陘)·치(絺)·서(鉏)·찬모(攢茅)의 밭을 하사하였다.[33] 양(陽) 사람들이 불복하자 문공은 그들을 포위하고 그 백성들을 죽이려 하였다. 창갈이 소리질러 말하였다. "당신께서 왕의 결함을 도우신 것은 예에 따르신 것입니다. 양 사람들은 당신의 덕을 잘 몰라 감히 명령을 받아들이지 못하는 것인데 그들을 죽이려 하시니 예(禮)에 맞지 않는 것이 아니겠습니까?" 문공은 "이는 군자의 말이다"라고 말하고 양 사람들을 풀어주었다.

반박하여 말한다. 「주어(周語)」에서 이미 말하고서 또 힘들게 다시 말하여 그 문장을 달리하였는데 혹시 다른 뜻이 있는가? 다른 뜻이 없다면 (좌구명이) 늙어서 착각한 것인가?

周襄王避昭叔之難, 居於鄭地氾. 晉文公迎王入于成周, 遂定之于郟. 王賜公南陽陽樊溫原州陘絺鉏攢茅之田. 陽人不服, 公圍之, 將殘其民. 倉葛呼曰 : "君補王闕, 以順禮也. 陽人未狎君德而未敢承命, 君將殘之, 無乃非禮乎?" 公曰 : "是君子之言也." 乃出陽人.

非曰 : 於周語既言之矣, 又辱再告而異其文, 抑有異旨耶? 其無乎, 則耄者乎?

---

32) 주 양왕의 이름은 정(鄭)으로 재위기간은 B.C. 651~619년이다. 소숙은 양왕의 동생으로 양왕의 후(后)와 사통하였다. 왕후는 외씨(隗氏)로 적인(狄人)이다. 양왕이 왕후를 폐위하자 소숙을 지지하던 대신들은 적인의 군대를 빌려 주를 쳤으며 이에 양왕이 도망쳐 나온 것이다. 범은 지금 하남성 양성현(襄城縣) 남쪽에 있었다.

33) 남양은 지역 이름으로 대체로 지금 하남 신향(新鄉) 일대에 해당한다. 양번 등 8읍은 모두 남양에 속한다.

관상(觀狀 : 모습을 살피다)[34)]

문공이 자신의 모습을 살폈던 일을 응징하려고 정(鄭)나라를 쳤다. 정나라 사람이 유명한 보물로써 평화조약을 맺으려 하였지만 문공은 허락하지 않았다. 정나라 사람은 (문공의 요구에 따라) 첨(詹)을 진(晉)에 내주었고 진나라 사람은 그를 삶아 죽이려 하였다. 첨이 말하였다. “하늘이 정나라에 재앙을 내려 함부로 모습을 살피게 하고 예(禮)를 버리고 친족과 벌어지게 하였습니다.”

반박하여 말한다. 진 문공의 모습을 살핀 것은 조(曹)나라이다. 지금 정(鄭)에 대하여 엉터리로 문공의 모습을 살폈다고 말하고 있으니 이는 (좌구명이) 근거 없는 소리를 많이 하고 또 늙어서 착각하였기 때문에 이런 지경에까지 이른 것이다. 『국어』의 주석가가 “정나라가 조나라를 본받았다”고 하였는데 이는 사사로이 지어낸 말로서 그 잘못을 덮을 수는 없다.

文公誅觀狀以伐鄭. 鄭人以名寶行成, 公弗許. 鄭人以詹與晉, 晉人將烹之, 詹曰 : “天降禍鄭, 使淫觀狀, 棄禮違親.”

非曰 : 觀晉侯之狀者, 曹也. 今於鄭胡言之, 則是多爲誣者且耄, 故以至乎是. 其說者云 : “鄭效曹也.” 是乃私爲之辭, 不足以蓋其誤.

---

34) 본편은 진 문공이 과거 제후국을 떠돌아다닐 때 조(曹) 공공(共公)이 문공의 갈비뼈가 하나로 이어져 있다는 소문을 확인하려고 그의 벗은 모습을 살폈던 일을 정나라 토벌 구실로 내세운 좌구명의 국어 기록이 잘못되었다고 비판한 글이다. 유종원은 『국어』 주석가들의 “정나라가 조나라를 본받았다”는 설명은 믿을 수 없는 것으로 보고 있으나 「진어」에 정(鄭)나라의 첨(詹)이 명백하게 “함부로 모습을 살폈다”고 밝히고 있어 정나라에서도 중이 벗은 모습을 살핀 일이 있었다고 볼 수도 있을 것 같다.

구기(救饑 : 기근 구제)[35)]

진(晉)나라에 기근이 들었다. 문공이 기정(箕鄭)[36)]에게 "기근을 구제하는 것은 무엇으로 하는가?"라고 묻자 "믿음입니다"라고 대답하였다. 문공이 "어디에 믿음이 있어야 하는가?"라고 물으니 "군주의 마음에 믿음이 있고 이름에 믿음이 있고 정령(政令)에 믿음이 있고 일에 믿음이 있어야 합니다"라고 대답하였다.

반박하여 말한다. 믿음이란 정치의 불변의 법칙으로 잠시라도 그것을 떠날 수 없으니 어찌 다만 기근을 구제할 뿐이겠는가? 기정의 말은 사리에 맞지 않는다. 대저 사람의 곤란함은 조석간의 짧은 시간 안에 있는 것이지만 믿음은 해와 달의 긴 시간 속에서 행해져 효과를 거두는 것이다. 이는 도의 일정함이요, 변통을 아는 임기응변이 아니다. 그가 "창고에서 나가는 것을 들어오는 것과 같게 한다"고 말했으면 좋았을 텐데 이렇게 사리에 맞지 않게 말한 것은 어째서인가? 혹자는 "당시 믿음이 충분하지 않았기 때문에 이렇게 말하여 문공을 격려한 것이다. 믿음은 역참(驛站)보다도 빠르니 그대는 어째서 그것이 사리에 맞지 않는다고 여기는가?"라고 말한다. 대저 큰 믿음은 명령을 떠나있고 그렇기 때문에 믿음은 사계절처럼 변함없이 계속되어 영구히 견고한 것이라고 말하는 것이다. 만약 일시적인 믿음이라면 이른바 신복(信服)할 수 없는 것이다. 기정이 믿음이라고 말한 목적이 문공을 격려하는데 있었다면 괜찮지만 믿음이 기근을 구제하는 최선의 방법이라고 생각했다면 기근 구제 정책에 있어서는 아직 미진하다.

---

35) 본편은 기근을 구제할 수단을 묻는 문공에게 믿음이라고 말한 기정(箕鄭)의 답변이 사리에 맞지 않는다고 비판한 글이다. 즉 기근의 구제란 당장 효과를 볼 수 있는 정책수단이 필요한데 믿음은 변함없이 계속되어야 하는 것으로 임시변통의 정책과는 거리가 멀다는 관점에서 기정의 주장은 기근 구제 정책으로 적절치 못하다는 것이다.

36) 기정은 진(晉) 대부이다.

晉饑, 公問於箕鄭曰 : "救饑何以?" 對曰 : "信." 公曰 : "安信?" 對曰 : "信於君心, 信於名, 信於令, 信於事."

非曰 : 信, 政之常, 不可須臾去之也, 奚獨救饑耶? 其言則遠矣. 夫人之困在朝夕之內, 而信之行在歲月之外. 是道之常, 非知變之權也. 其曰"藏出如入"則可矣, 而致之言若是遠焉, 何哉? 或曰 : "時之信未洽, 故云以激之也. 信之速於置郵, 子何遠之耶?" 曰 : 夫大信去令, 故曰信如四時恒也, 恒固在久. 若爲一切之信, 則所謂未孚者也. 彼有激乎則可也, 而以爲救饑之道, 則未盡乎術.

조선자(趙宣子 : 조선자)[37]

조선자가 한헌자(韓獻子)를 영공(靈公)에게 추천하여 사마(司馬)에 임명하였다.[38] 하곡(河曲)의 전투에서 조맹(趙孟)은 사람을 시켜 그 수레로 군대의 대열을 어지럽혔는데 헌자가 잡아서 그를 처형하였다.[39]

반박하여 말한다. 조선자가 한헌자에게 화를 내지 않고 또한 그의 능력을 칭찬한 것은 참으로 당연하다. 그러나 사람을 시켜 그 수레로 군대의 대열을 어지럽혀서 그를 함정에 빠뜨리고 처형당하는데까지 이르게

37) 본편은 자신이 추천한 한헌자의 공평무사한 일처리를 시험하기 위하여 수하의 사람을 시켜 일부러 군율을 어기게 함으로써 그를 죽음에 이르도록 한 조선자의 인명 경시 행위를 비판한 글이다. 조선자는 조둔(趙盾)으로 조최(趙衰)의 아들이다. 조맹(趙孟)이라고도 한다. 당시 진(晉) 중군(中軍)의 장수로 재상의 지위에 있었다.

38) 한헌자는 한궐(韓厥)이다. 한만(韓万)의 현손(玄孫)이며 자여(子輿)의 아들이다. 영공은 양공(襄公)의 아들 이고(夷皐)로 재위기간은 B.C. 620~607년이다. 사마는 군율(軍律)을 관장하는 대부이다.

39) 「진어」의 내용에 의하면 조선자는 자신이 사마로 추천한 한헌자가 공정하게 군율을 집행하는가를 시험하기 위하여 일부러 자기 수하의 사람을 시켜 군대 대열을 어지럽힌 것이다.

한 것은 사람의 죽음을 너무 가볍게 본 것이다! 그 사람이 무슨 죄로 이런 처벌을 받았는가? 맹자는 말하기를 "무고한 사람 하나를 죽여 천하를 얻는 일을 군자는 하지 않는다"고 하였는데 이 사람이 맹자가 말한 무고한 사람이 아니겠는가? 혹자는 "(『국어』 원문의) '육(戮)'은 모욕이란 뜻으로 반드시 죽인 것은 아니다"라고 말한다. 비록 모욕을 당한 것이라 해도 군자의 도리라고 할 수는 없다. 이것을 제외하고는 살펴볼 방법이 없었던가? 나는 사마가 죽음으로 그를 처벌하였을 것이라고 염려된다.

趙宣子言韓獻子於靈公, 以爲司馬. 河曲之役, 趙孟使人以其乘車干行, 獻子執而戮之.

非曰 : 趙宣子不怒韓獻子而又褒其能也, 誠當. 然而使人以其乘車干行, 陷而至乎戮, 是輕人之死甚矣! 彼何罪而獲是討也? 孟子曰 : "殺一不辜而得天下, 君子不爲." 是所謂無辜也歟? 或曰 : "戮, 辱也, 非必爲死." 曰 : 雖就爲辱, 猶不可以爲君子之道. 舍是其無以觀乎? 吾懼司馬之以死討也.

벌송(伐宋 : 송나라를 치다)[40]

송나라 사람이 소공(昭公)[41]을 죽이자 조선자가 군대를 동원하여 송나라를 토벌할 것을 청하면서 말하였다. "이는 천지를 위반하고 인륜법칙에 위배되는 일로 하늘이 반드시 그들을 징벌할 것입니다. 진나라는 제

40) 본편은 제후들의 맹주로서 진(晉)이 군주를 시해한 송(宋) 문공(文公)을 토벌한 것은 정당한 행위로 볼 수 있지만 조선자(趙宣子)가 송 토벌 근거로 제시한 하늘의 징벌에 관한 견해에 대하여는 역사적으로 그 근거를 찾을 수 없다고 반박한 글이다.

41) 소공은 송나라 소공으로 이름은 저구(杵臼)이다. B.C. 619년 즉위하여 B.C. 611년 동생 문공(文公)에게 피살되었다.

후들의 맹주인데 하늘을 대신하여 벌하지 않으면 장차 재앙이 이를까 두렵습니다."

반박하여 말한다. 제후의 맹주로서 군주를 시해한 이를 토벌하는 것은 마땅하다. 그러나 저 하늘에 대하여 내가 어떻게 하늘이 좋아하는 것과 미워하는 것을 알 수 있으며 그것을 증명할 겨를이 있겠는가? 옛날에 군주를 죽이고 권력을 탈취한 사람 중에는 송나라 사람보다 더한 경우도 있었다. 그러나 장수하면서 편하고 즐겁게 산 사람을 이루 다 헤아릴 수가 없으니 하늘의 징벌이란 어떤 것인가? 조선자가 한 일은 옳지만 그가 한 말은 쓸만한 점이 없다.

宋人殺昭公, 趙宣子請師以伐宋. 曰:"是反天地而逆民則也, 天必誅焉. 晉爲盟主而不修天罰, 將懼及焉."

非曰:盟主之討殺君也, 宜矣. 若乃天者, 則吾焉知其好惡而暇徵之耶! 古之殺奪有大於宋人者, 而壽考佚樂不可勝道, 天之誅何如也? 宣子之事則是矣, 而其言無可用者.

서예(鉏麑 : 서예)[42]

영공(靈公)이 포학하여 조선자는 누차 간언하였다. 영공은 그를 미워하게 되어 서예를 보내 그를 죽이려 하였다. (서예가) 새벽에 (조선자의 집에) 가 보니 이미 침실의 문이 열려 있었는데 (조선자는) 조복을 갖추어

42) 본편은 나라의 중진 조선자를 죽이라는 진(晉) 영공(靈公)의 명을 어기고 의로운 죽음을 택한 서예의 행동은 칭찬하면서도 단지 조선자의 작은 공경을 목격한 것 때문에 그를 죽이지 않은 서예의 판단력에 대하여는 비판한 글이다. 서예는 역사(力士)의 이름이다.

입고 조정에 나가려다가 시간이 아직 일러서 잠시 앉아 졸고 있었다. 서예는 물러 나와 탄식하며 "조맹은 공경하고 있구나! 공경을 잃지 않는 사람은 나라의 중진이다. 나라의 중진을 죽이는 것은 불충하는 것이요, 명을 받고도 수행하지 않는 것은 신의를 저버리는 것이다"라고 말하고 정원의 홰나무에 부딪쳐 죽었다.

반박하여 말한다. 서예가 죽은 것은 잘한 일이다. 그러나 조선자는 정무를 훌륭하게 처리하였고 군주에게 정직하게 간하였으며 사직을 지켜 낸 것이 오래였건만 서예가 어째서 그런 소문은 듣지 못하고 잠시 조는 모습을 보고서 현명하다고 생각하였는지? 이는 그 큰 것은 알지 못하고 그 작은 것을 현명하다고 본 것이다! 만약 그가 잠시 조는 것을 보지 못하였다면 진실로 그를 죽였을 것이다. 이는 조선자가 큰 덕은 용서받지 못한 반면 작은 공경으로 화를 모면한 경우이다. 서예가 고지식하게 그를 죽이고 잘못을 후회하였다면 현명하다고 쓸 수 있었겠는가?

靈公虐, 趙宣子驟諫. 公患之, 使鉏麑賊之. 晨往, 則寢門辟矣, 盛服將朝, 早而假寐. 麑退而歎曰: "趙孟敬哉! 夫不忘恭敬, 社稷之鎭也. 賊國之鎭不忠, 受命而廢之不信." 觸庭之槐而死.

非曰: 麑之死善矣. 然而趙宣子爲政之良, 諫君之直, 其爲社稷之衛也久矣, 麑胡不聞之, 乃以假寐爲賢耶? 不知其大而賢其小歟! 使不及其假寐也, 則固以殺之矣. 是宣子大德不見赦, 而以小敬免也. 麑固賊之悔過者, 賢可書乎?

기사(祈死 : 죽기를 기도하다)[43]

언릉(鄢陵)에서 돌아오자 범문자(范文子)는 그의 종(宗)과 축(祝)에게 말하였다. "군주가 교만 방자함에도 공적을 이루었으니 나는 (장차 일어날 재난에) 연루될까 두렵다. 나의 종과 축이여, 나를 위해 죽게 해달라고 기도해 달라. 재난에 앞서 벗어날 수 있도록." 여공(厲公) 7년 여름, 범문자가 죽었다.[44]

반박하여 말한다. 죽음의 빠르고 늦음이 종과 축에게 달려 있다면 누군들 좋은 종과 축을 택하여 오래 살기를 기도하지 않겠는가? 범문자가 죽기를 기도하여 그렇게 되었다는 것은 또한 매우 황당한 말이다.

反自鄢, 范文子謂其宗祝曰 : "君驕泰而有烈, 吾恐及焉. 凡吾宗祝爲我祈死, 先難爲免." 七年夏, 范文子卒.

非曰 : 死之長短而在宗祝, 則誰不擇良宗祝而祈壽焉? 文子祈死而得, 亦妄之大者.

---

43) 본편은 범문자(范文子)가 죽기를 기도해서 죽게 되었다는 「진어」의 기록이 매우 황당한 것이라고 비판한 글이다.

44) 언릉은 정(鄭)나라 땅이다. 범문자는 범섭(范燮)이다. 진(晉) 여공(厲公) 6년, 진이 정을 치자 초(楚)가 정을 구하러 왔다. 대부는 싸우려 하였고 범문자는 그것을 반대하였다. 난무자(欒武子)는 그의 말을 듣지 않고 초와 싸워 대승을 거두었다. 이에 범문자는 언릉에서 돌아온 뒤 재난이 닥칠까 두려워 죽기를 기도한 것이다. 종(宗)은 종족의 제사를 맡은 관리이며, 축(祝)은 제사예의와 신에 대한 기도를 맡은 관리다.

장어교(長魚矯 : 장어교)[45]

장어교가 극지(郤至)·극기(郤錡)·극주(郤犨)를 죽이고 나서 난서(欒書)와 중행언(中行偃)을 위협하였다. 진 여공이 말하기를 "하루아침에 세 경(卿)을 죽여 대중에게 보였으니 더는 죽이지 말라"고 하였다. (장어교가) 대답하여 말하기를 "어지러움이 내부에 있는 것을 '귀(宄)'라 하고 외부에 있는 것을 '간(姦)'이라고 합니다. '귀'를 막는 데는 덕(德)을 사용하고 '간'을 막는 데는 형(刑)을 사용합니다. 지금 정사를 다스리는데 내부가 어지러우니 덕이라고 말할 수 없습니다. 재앙을 제거하는데 강력한 신하를 회피하니 형이라고 말할 수 없습니다. 덕과 형이 서지 못하면 간과 귀가 함께 옵니다. 신은 약하여 참고 기다릴 수가 없습니다"라고 하였다. 이리하여 적(狄)으로 도망갔다. 3개월이 지나 여공은 피살되었다.

반박하여 말한다. 여공은 폭군이었고 장어교는 난신(亂臣)이었다. 만약 난서와 중행언을 죽였다면 여공의 적은 더욱 많았을 것이니 그들을 다 죽일 수 있겠는가? 지금 좌구명은 화려한 언사를 많이 사용하여 장어교의 말을 드러내고 그 효과를 증명하여, 마치 장어교가 기미(幾微)를 알았던 사람이라고 말하는 것같이 하였으니 미혹됨이 심하다.

長魚矯既殺三郤, 乃脅欒中行, 公曰 : "一旦而尸三卿, 不可益也." 對曰 : "亂在內爲宄, 在外爲姦. 御宄以德, 御姦以刑. 今治政而內亂, 不可謂德; 除鯁而避强, 不可謂刑. 德刑不立, 姦宄並至. 臣脆弱, 不能忍俟也." 乃奔狄. 三月, 厲公殺.

非曰 : 厲公, 亂君也; 矯, 亂臣也. 假如殺欒書中行偃, 則厲公之敵益衆, 其尤可盡乎? 今左氏多爲文辭, 以著其言而徵其效, 若曰矯知幾者然, 則惑甚也夫.

---

45) 본편은 장어교를 대단한 현자처럼 묘사한 것은 잘못이라고 좌구명을 비난한 글이다. 장어교는 진 여공의 측근이다.

육복(戮僕 : 말몰이꾼을 죽이다)[46]

진(晉) 도공(悼公) 4년, 제후들을 계구(雞丘)에서 회합하게 하였다. 위강(魏絳)이 중군사마(中軍司馬)를 맡았는데 공자 양간(揚干)이 곡량(曲梁)에서 대열을 어지럽히자 위강이 그 말몰이꾼을 죽였다.[47]

반박하여 말한다. 말몰이꾼은 명령을 받은 자이다. 대열을 어지럽힌 죄는 공자에게 있다. 공자가 높은 신분이라고 해서 징벌하지 못하고 명령을 받은 자가 죽었으니 바른 형 집행이 아니다. 가령 후세의 많은 사람이 이렇게 하여 무고한 사람을 해친 경우 그 까닭을 물으면 위강의 선례에 따른 것이라고 말하고 있으니 또한 너무 심하지 아니한가? 그런즉 위강은 의당 어떻게 해야 했을까? 공자를 잡아두고 군주의 명을 청했어야 했다.

晉悼公四年, 會諸侯於雞丘. 魏絳爲中軍司馬. 公子揚干亂行於曲梁, 魏絳斬其僕.

非曰 : 僕, 稟命者也. 亂行之罪在公子. 公子貴, 不能討, 而稟命者死, 非能刑也. 使後世多爲是以害無罪, 問之, 則曰魏絳故事, 不亦甚乎! 然則絳宜奈何? 止公子以請君之命.

46) 본편은 위강(魏絳)이 공자 양간(揚干)의 죄를 대신하여 그 말몰이꾼을 죽인 것은 바른 형 집행이 아니고 마땅히 양간을 잡아 군주의 명을 청했어야 한다고 비판한 글이다.

47) 공자 양간은 도공의 동생이었다. 곡량은 진(晉)의 지명으로 계구(雞丘)의 동북에 해당한다.

숙어생(叔魚生 : 숙어가 태어나다)[48]

숙어가 태어나자 그 어머니가 그를 살펴보고는 "반드시 뇌물 때문에 죽겠구나"라고 말하였다. 양식아(楊食我)가 태어나자 숙향(叔向)의 어머니가 그 울음소리를 듣고는 "종국에는 양설씨(羊舌氏)의 종족을 멸망시키겠구나"라고 말하였다.[49]

반박하여 말한다. 군자는 다른 사람에 대하여 그 말을 듣고 그 행동을 관찰하기는 하지만 그래도 그 사람의 화복(禍福)에 대하여 말할 수는 없다. 왜냐하면 그에게 행운이 있기도 하고 불행이 생길 수도 있기 때문이다. 지금 갓난아이의 모습과 목소리로 그가 장래 어떻게 사망할 것인가 단정하고 있는데 이것은 무엇을 근거로 한 것인가? 혹시 귀신의 일로 그것을 판단한 것인가? 그렇다면 그 판단은 반드시 현명한 것은 아니다. 이는 글로 써서 후세에 보여줄 만한 가치는 없다.

叔魚生, 其母視之曰 : "必以賄死." 楊食我生, 叔向之母聞其號也, 曰 : "終滅羊舌氏之宗."

非曰 : 君子之於人也, 聽其言而觀其行, 猶不足以言其禍福, 以其有幸有不幸也. 今取赤子之形聲, 以命其死亡, 則何耶? 或者以其鬼事知之乎? 則知之未必賢也. 是不足書以示後世.

---

48) 본편은 갓난아이의 모습과 목소리로 그 미래를 점치는 것을 현명한 것으로 묘사한 「진어」의 기록 태도를 비난한 글이다. 숙어는 진(晉) 대부 양설부(羊舌鮒)의 자(字)로 숙향(叔向)의 동모제(同母弟)이다.

49) 양식아는 숙향의 아들 백석(伯石)이다. 양(楊)은 숙향의 영지(領地)이다. B.C. 514년에 기오(祁午)의 아들 기영(祁盈)이 어지러운 가문을 처벌하려 하자 그 중 한 사람이 진의 경에게 뇌물을 바쳐 기영의 집안을 멸족시켰는데, 양식아는 기영과 한 파벌이었기 때문에 양설씨 집안도 멸족의 화를 당하고 말았다.

축난영(逐欒盈 : 난영을 축출하다)[50]

평공(平公) 6년(B.C. 552), 기유(箕遺)와 황연(黃淵)·가보(嘉父)가 난을 일으켰으나 성공하지 못하고 죽었다. 평공은 이리하여 여러 반군들을 쫓아내었다. 양필(陽畢)은 "주군께서는 현인의 후손 가운데 나라에 일정한 지위를 갖고 있던 자를 골라 그들을 세우시고, 또한 제멋대로 행동하며 주군을 배신하여 나라를 어지럽힌 자들의 후손을 골라 제거하십시오"라고 말하였다. 기오(祁午)와 양필을 곡옥(曲沃)으로 보내어 난영을 축출하였다.[51]

반박하여 말한다. 그 당시에 징벌하지 못하였는데 그 후손이 무슨 죄인가? 난영은 처음에 훌륭한 대부였고 공을 세웠으며 죄를 짓지 않았다. 양필은 그의 아버지가 군주를 시해하였다는 이유로 그 종족에게 죄를 뒤집어씌우고 하루아침에 그들을 축출함으로써 그들이 격분하여 반란을 일으키는 데까지 이르도록 한 것이다. 또 군주가 재난을 두려워하고 반란을 징벌하려 한다면 자신의 덕행을 늘리고 나라의 정치를 잘 닦아나가야 할 것이다. 그러면 반군들이 순종할 것이다. 이와 반대로 한다면 순종하던 이들이 반란을 일으킬 것인데 하물며 그 후손 가운데 죄가 없는 사람이야 더할 나위가 있겠는가?

平公六年, 箕遺及黃淵嘉父作亂, 不克而死, 公遂逐羣賊, 陽畢曰 : "君掄賢人之後, 有常位於國者而立之; 亦掄逞志虧君以亂國者之後而去之." 使祁午陽畢適曲沃, 逐欒盈.

---

50) 본편은 양필(陽畢)이 난영을 축출한 것이 부당하여 내란을 유발시켰다고 비난한 글이다.

51) 기유·황연·가보는 모두 진 대부로 난영의 일당이었다. 난영은 염(黶)의 아들이요 서(書)의 손자이다. 난서(欒書)는 여공 8년에 여공을 시해하고 도공을 옹립하였다. 그렇기 때문에 양필이 난영을 나라를 어지럽힌 자의 후손으로 여기고 그를 제거한 것이다. 양필은 진 대부이다.

非曰 : 當其時不能討, 後之人何罪? 盈之始, 良大夫也, 有功焉, 而無所獲其罪. 陽畢以其父殺君而罪其宗, 一朝而逐之, 激而使至乎亂也. 且君將懼禍懲亂耶? 則增其德而修其政, 賊斯順矣. 反是, 順斯賊矣, 況其胤之無罪乎?

신성(新聲 : 새로운 음악)[52]

평공(平公)이 새로운 음악을 좋아하자 사광(師曠)이 말하였다. "공실(公室)이 장차 쇠미해질 것인가? 주군의 밝으심에 쇠미의 조짐이 보인다."[53]

반박하여 말한다. 귀와 음악과의 관계는 입과 맛과의 관계와 같다. 만약 새로운 맛을 좋아하여도 또한 장차 쇠미해질 것인가? 음악에 대한 견해는 「무역(無射)」 편에서 나는 이미 말한 바 있다.

平公說新聲, 師曠曰 : "公室其將卑乎? 君之明兆於衰矣."

非曰 : 耳之於聲也, 猶口之於味也. 苟說新味, 亦將卑乎? 樂之說, 吾於無射旣言之矣.

---

52) 본편은 음악과 정치와의 인과관계 그리고 예언 등의 모순에 대하여 비판한 글이다.

53) 사광은 진(晉)나라 수석 악사(樂師) 자야(子野)이다. 진나라 평공이 좋아한 것은 유행가곡이었고 사광은 정통의 음악가였으므로 이런 탄식을 하게 된 것 같다.

사안(射鷃 : 메추라기를 쏘다)[54]

평공이 메추라기를 쏘았지만 죽지 않았으므로 어린아이 양(襄)을 시켜서 잡게 하였으나 놓치고 말았다. 평공은 노하여 그를 붙잡아 죽이려 하였다. 숙향은 "주군께서는 반드시 그를 죽이십시오. 옛날 우리 선군 당숙(唐叔)께서는 도림(徒林)에서 물소를 쏘았는데 한 발의 화살로 죽여 그 가죽으로 큰 갑옷을 만드셨습니다. 지금 주군께서는 우리 선군을 계승하셨는데 메추라기를 쏘아 죽이지 못하고 그것을 잡지도 못하였으니 이는 우리 주군의 치욕을 널리 알리는 것입니다. 주군께서는 반드시 속히 그를 죽여 멀리 소문이 퍼지지 않도록 하십시오." 평공은 얼굴에 부끄러운 빛이 돌더니 서둘러 그를 풀어주었다.

반박하여 말한다. 양설자(羊舌子)[55]는 그 주군이 현명한지 어리석은지 생각해보았을까? 만약 어리석다면 그의 말을 따라 사람을 죽였을 것이다. 현명한 사람은 본래 이치로 깨우칠 수 있는 법인데 어째서 반대로 선군이 한 일을 끌어다가 그를 부끄럽게 하였는가? 이로 인하여 평공은 더욱더 다른 사람이 자신의 잘못을 간하게 하지 않으려고 하였다.

平公射鷃不死, 使豎襄搏之, 失. 公怒, 拘將殺之. 叔向曰 : "君必殺之. 昔吾先君唐叔射兕于徒林, 殪, 以爲大甲. 今君嗣吾先君, 射鷃不死, 搏之不得, 是揚吾君之耻者也. 君其必速殺之, 勿令遠聞." 君忸怩于顔, 乃趣舍之.

非曰 : 羊舌子以其君明暗何如哉? 若果暗也, 則從其言, 斯殺人矣. 明者固可以理諭, 胡乃反徵先君以耻之耶? 是使平公滋不欲人諫己也.

---

54) 본편은 평공(平公)의 현명 여부를 고려하지 않고 선군과의 비교를 통해 주군을 부끄럽게 만든 숙향의 간언 방법이 잘못되었음을 비난한 글이다.

55) 양설자는 숙향을 가리킨다.

조문자(趙文子 : 조문자)[56)]

진후자(秦后子)가 도망하여 오자 조문자가 말하였다.[57)] "공자께서 우리 고을에서 욕을 보시는 것은 틀림없이 무도함을 피해서일 것입니다." 그러자 "무도한 일이 있었습니다"라고 대답하였다. 조문자는 "(秦의 군주가) 여전히 오래갈 수 있을까요?"라고 묻자 "나라가 무도한데도 곡물이 풍작을 이루고 있으니 다섯 해를 넘기지 않는 경우란 드물 것입니다"라고 대답하였다. 조문자가 해를 살펴보면서 말하였다. "아침이 저녁에 미치지 못할텐데 누가 5년을 기다릴 수 있겠습니까?" 진후자는 "조맹(趙孟)은 장차 죽을 것이다. 나태하고 그럭저럭 되는대로 살아가는 것이 심하니 죽음이 그에게 미치지 않는다면 반드시 큰 재앙을 만날 것이다"라고 말하였다.

반박하여 말한다. 죽음과 큰 재앙은 그럭저럭 되는 대로 살아갈 때 반드시 생기는 것은 아니다. 그럭저럭 살아가는 사람은 스스로 그럭저럭 살아가는 것이고 죽는 사람은 스스로 죽는 것이다. 저 큰 재앙 같은 것은 죄악을 저지른 경우가 아니라면 불행하여 만나는 것이니 그럭저럭 되는대로 사는 것과는 관계가 없다. 좌구명이 『좌전』에서 "군주가 그럭저럭 되는대로 살면 반드시 죽는다"고 한 것 역시 황당한 말이다.

秦后子來奔, 趙文子曰 : "公子辱於敝邑, 必避不道也." 對曰 : "有焉." 文子曰 : "猶可以久乎?" 對曰 : "國無道而年穀和熟, 鮮不五稔." 文子視日, 曰 : "朝不及夕, 誰能俟五?" 后子曰 : "趙孟將死矣. 怠偸甚矣. 非死逮之, 必有大咎."

---

56) 본편은 그럭저럭 되는 대로 산다는 것은 죽음이나 큰 재앙과는 전혀 상관이 없다고 하여 진후자의 조문자의 미래에 대한 예언을 부정한 글이다.

57) 진후자는 진(秦) 경공(景公)의 모제(母弟)인 침(鍼)으로, B.C. 541년 진(晉)에 망명하였다.

非曰：死與大咎，非儈之能必乎爾也．儈者自儈，死者自死．若夫大咎者，非有罪惡，則不幸及之，儈不與也．左氏於內傳曰："人主儈必死．" 亦陋矣．

의화(醫和 : 의사 화)[58]

평공이 병이 나자 진(秦) 경공(景公)은 의사 화(和)를 보내어 그를 진료하게 하였다. 조문자가 "의사가 나라까지 치료할 수 있습니까?"라고 물으니 "최고의 의사는 나라를 치료할 수 있고 그 다음 의사는 사람을 치료할 수 있습니다. 이것이 본래 의사의 임무입니다"라고 대답하였다. 조문자가 "주군께서는 얼마나 오래 살 수 있을까요?"라고 말하니 "만약 제후들이 복종한다면 3년을 넘기지 못할 것이요, 복종하지 않아도 10년을 넘지 못할 것입니다. 이 기한을 넘기면 진의 재앙이 될 것입니다"라고 대답하였다.

반박하여 말한다. 화는 망령된 사람이다. 진찰하고 침이나 뜸 같은 전문적인 의료기술에 힘쓰지 않고 경솔하게 국가의 대사를 논하였으니 그 직분을 떠나 큰소리를 떠벌린 것은 참으로 들을 만한 가치가 없다. 그는 진(晉)의 군주에 대하여 "제후들이 복종한다면 3년을 넘기지 못할 것이요, 복종하지 않아도 10년을 넘지 못할 것이라"고 말하였다. 무릇 의사가 취할 바는 영위(榮衛)[59]가 맥박의 상태에 합치되게 하는 데에 있다. 그런

58) 본편은 의사의 본분을 잊고 국가의 대사를 논하며 진(晉) 군주의 수명은 제후들의 복종과 반비례한다고 터무니 없는 논리를 편 의사 화(和)를 비난한 글이다. 화(和)는 명의(名醫) 이름이다.

59) '영위'는 영위(營衛)라고도 하는데 인체 중의 영기(營氣)와 위기(衛氣)를 말한다. 영과 위 두 기는 전신에 퍼져 영기는 인체의 영양 조절을, 위기는 각 기관의 보호 작용을 한다.

즉 제후들이 복종하면 영위가 흩어지고 맥박의 상태가 어지러워져 그 죽음을 재촉하고, 복종하지 않으면 영위가 조화되고 맥박의 상태가 고르게 되어 그 수명을 연장시키는 것인가?

平公有疾, 秦景公使醫和視之. 趙文子曰: "醫及國家乎?" 對曰: "上醫醫國, 其次疾人, 固醫官也." 文子曰: "君其幾何?" 對曰: "若諸侯服, 不過三年; 不服, 不過十年. 過是, 晉之殃也."

非曰: 和, 妄人也. 非診視攻熨之事, 而苟及國家, 去其守以施大言, 誠不足聞也. 其言晉君曰: "諸侯服, 不過三年; 不服, 不過十年." 凡醫之所取, 在榮衛合脉理也, 然則諸侯服, 則榮衛離脉理亂, 以速其死; 不服, 則榮衛和脉理平, 以延其年耶?

황웅(黃熊 : 누런 곰)[60]

진후(晉侯)[61]가 누런 곰이 침전(寢殿)의 문으로 들어오는 것을 꿈꾸었다. 자산(子産)이 말하였다. "곤(鯀)이 우산(羽山)에서 죽임을 당하자 누런 곰으로 변하여 우연(羽淵)으로 들어갔는데 이가 바로 하(夏)에서 제사한 조상입니다."[62]

반박하여 말한다. 곤이 하(夏)의 제사를 받은 것은 그가 우(禹)의 아버

60) 본편은 진 평공의 꿈에 대한 자산의 해몽에 대하여 병들어 정신이 혼미한 상태에서 기이한 꿈을 꾸는 것은 자연스러운 일로 무슨 신기하게 여길 것이 없다고 반박한 글이다.

61) 진 평공을 말한다.

62) 전설에 의하면 하우(夏禹)의 아버지 곤은 요임금 때에 숭백(崇伯)에 봉해졌는데 치수를 잘하지 못하여 우산에서 순(舜)에 의해 처형되었다가 사후에 누런 곰으로 변하여 물 속으로 들어갔다고 한다.

지이기 때문이지 곰이라서가 아니다. 곰이라는 설은 호사가들이 만들어 낸 것이다. 무릇 사람이 병이 들면 혼백이 동요하여 기(氣)가 출렁이고 시각과 청각이 분산되어 잠을 잘 때 괴이한 꿈을 꾸지 않는 사람이 없는데 무슨 신기할 게 있는가?

晉侯夢黃熊入於寢門, 子產曰: "鯀殛于羽山, 化爲黃熊以入于羽淵, 實爲夏郊."

非曰: 鯀之爲夏郊也, 禹之父也, 非爲熊也. 熊之說, 好事者爲之. 凡人之疾, 魄動而氣蕩, 視聽離散, 於是寐而有怪夢, 罔不爲也, 夫何神奇之有?

한선자우빈(韓宣子憂貧: 한선자가 가난을 걱정하다)[63]

한선자가 가난을 걱정하니 숙향이 축하하며 말하였다. "난무자(欒武子)는 일졸(一卒)의 밭도 없었지만[64] 형을 집행함에 허물이 없어서 재난을 벗어날 수 있었다.[65] 환자(桓子)에 이르러 교만하고 사치스러웠으니 마땅히 재난을 당해야 했지만 난무자의 공덕에 의지하여 그 자신은 무사히 삶을 마칠 수 있었다. 회자(懷子)에 이르러서는 환자의 행위를 고치고 난무자의 덕행을 실천하기는 했지만 환자가 저지른 죄로 인하여 초(楚)로

63) 본편은 숙향(叔向)의 난씨(欒氏) 일가에 대한 평가가 옳지 않고 이에 대한『국어』의 전후 기록도 일치하지 않음을 비판한 글이다.

64) 난무자는 난서(欒書)로 진(晉)의 정경(正卿)이었다. 일졸(一卒)은 100인을 가리키며 '일졸의 밭'이란 상대부(上大夫)의 봉록전에 해당한다. 난서는 경이었으므로 응당 일려(一旅) 즉 500인의 경지를 봉록전을 가지고 있어야 하지만 그는 상대부의 봉록전에도 미치지 못하였다.

65) 난무자는 여공을 죽인 적이 있거니와, 숙향의 견해에 의하면 마땅히 재난을 당했어야 했지만 집이 가난하고 덕이 높고 공이 커서 재난을 벗어날 수 있었다.

망명하였다."[66]

반박하여 말한다. 숙향은 가난을 편안하게 여길 만하다고 말하였는데 참으로 그러하다. 그러나 그가 난서의 덕에 대하여 말한 것은 사실과 달라 믿을 수 없다. 아랫사람이 윗사람을 거스른 것을 형을 집행한다고 말할 수 있는가?[67] 앞에서 난서가 "여공(厲公)을 죽여 그 집을 넉넉하게 하였다"고 말하더니 지금에 와서는 "일졸의 밭도 없다"고 말하고 있다. 앞에서는 "난씨가 진나라를 속인 것이 오래되었다"고 말하여 난서의 죄를 가지고 난영을 축출한 이유로 삼고 지금에 와서는 "환자가 저지른 죄로 인하여 초로 망명하였다"고 말하고 있으니 내가 어느 것을 믿어야 될까? 또 사람의 선악을 모두 그 선인에게 연계시켜 본인은 힘쓸 바가 없게 되는데도 이러한 것을 간책(簡策)에 남겨둔다면 이는 가르침을 폐지하는 것이다.

韓宣子憂貧, 叔向賀之曰: "欒武子無一卒之田, 行刑不疚, 以免於難. 及桓子驕泰奢侈, 宜及於難, 而賴武子之德, 以沒其身. 及懷子改桓之行, 修武子之可以德, 而離桓子之罪, 以亡于楚."

非曰: 叔向言貧之可以安, 則誠然; 其言欒書之德, 則悖而不信. 以下逆上, 亦可謂行刑耶? 前之言曰: 欒書"殺厲公以厚其家", 今而曰: "無一卒之田"; 前之言曰: "欒氏之誣晉國久矣", 用書之罪以逐盈, 今而曰: "離桓之罪, 以亡于楚", 則吾惡乎信? 且人之善惡, 咸繫其先人, 己無可力者, 以是存乎簡策, 是替教也!

---

66) 회자는 난영(欒盈)이고 그의 부친 환자는 난염(欒黶)이다. 난염은 범선자(范宣子)의 딸 숙기(叔祁)를 아내로 맞았는데 숙기는 다른 사람과 사통하고는 당시 집정대신이었던 아버지에게로 가서 아들이 반란을 모의한다고 고발하였다. 그리하여 회자는 초로 망명하게 된다.

67) 난서가 여공을 시해한 것을 말한다.

위고(圍鼓 : 고성을 포위하다)[68]

중항목자(中行穆子)[69]가 군대를 인솔하여 적(翟)을 토벌하러 가서 고성을 포위하자 고성 안의 어떤 사람이 반란을 일으켜 성을 바치려 하였으나 목자는 받아들이지 않았다. 그리고 다음과 같이 말하였다. "반란을 일으켜 성을 바치려고 하는 사람은 반드시 우리에게서 보상을 받으려 할 것이다. 성을 지키면서 두 가지 마음을 품는 것은 가장 간사한 행동이다."

반박하여 말한다. 반란을 일으켜 성을 바치고 투항하는 것에는 세 가지 경우가 있다. 포악함을 피하여 덕 있는 사람에게 귀순하는 경우, 힘이 꺾이어 죽음을 아까워하는 경우, 그리고 상도(常道)와 반대로 하여 이익을 얻으려는 경우가 그것이다. 포악함을 피하여 덕 있는 사람에게 귀순하는 경우는 그를 보호해주고 덕이 그를 오게 할 수 있었다고 말해야 할 것이다. 힘이 꺾이어 죽음을 아까워하는 경우는 그에게 죽지 않을 길을 터주고 힘이 그를 더할 수가 있었다고 말해야 할 것이다. 이런 경우는 모두 받아들여야 한다. 상도와 반대로 하여 이익을 얻으려는 경우는 덕과 힘이 그에게 미친 것이 아니니 군자는 받아들이지 않는다. 중항목자는 "반란을 일으켜 성을 바치려고 하는 사람은 반드시 우리에게서 보상을 받으려 할 것이다"라고 말하였는데 이 사람이 앞의 두 가지 경우에 해당되지 않는다는 것을 어떻게 알겠는가?

中行穆子帥師伐翟, 圍鼓. 鼓人或請以城畔, 穆子不受, 曰 : "夫以城來者, 必將求利於我. 夫守而二心, 姦之大者也."

---

68) 본편은 반란을 일으켜 성을 바치며 투항하는 경우 받아들여야 하는 경우와 그렇지 않은 경우가 있다고 하면서 중항목자가 반란을 일으켜 성을 바치고 투항하려는 고성 사람의 정황을 제대로 살피지 않고 그 투항을 받아들이지 않은 것에 대하여 비판한 글이다. 고성(鼓城)은 백적(白翟)의 별읍(別邑)으로 지금 하북성 진현(晉縣)에 해당한다.

69) 중항목자는 진(晉)의 경(卿) 중항오(中行吳)이다. 중항언(中行偃)의 아들로 순오(荀吳)라고도 한다. 목자는 시호이다.

非曰：城之畔而歸己者有三：有逃暴而附德者，有力屈而愛死者，有反常以求利者. 逃暴而附德者庥之，曰：德能致之也；力屈而愛死者，與之以不死，曰：力能加之也. 皆受之. 反常以求利者，德力無及焉，君子不受也. 穆子曰："夫以城來者，必將求利於我." 是焉知非嚮之二者耶?

구오(具敖：구산과 오산)[70]

범헌자(范獻子)[71]가 노(魯)를 방문하여 구산(具山)·오산(敖山)에 대하여 물었더니 노나라 사람들은 그 산이 있는 마을 이름으로 대답하였다. "구산과 오산이 아니었던가요?" "선군이신 헌공(獻公)과 무공(武公)의 휘(諱)이기 때문입니다."[72] 범헌자가 귀국하여 다음과 같이 말하였다. "사람이 배우지 않으면 안 된다. 내가 노(魯)에 가서 그들의 두 휘(諱)를 말하여 웃음거리가 된 것은 바로 배우지 않았기 때문이다.

반박하여 말한다. 제후의 휘는 나라마다 수십 개가 있어 오히려 그 본국에서도 지켜지지 않았으니 다른 나라의 대부가 그것을 불렀다고 해서 그것을 부끄러워 할 필요는 없다. 노나라에 대부 공손오(公孫敖)가 있었지만 노나라의 군주와 신하들 가운데 아무도 그것을 책잡아 이름을 고치라고 한 사람이 없었는데 또 어째서 시골사람들이 구산과 오산을 말하지 않아야 하는가?

---

70) 본편은 범헌자(范獻子)가 노나라를 방문하여 구산과 오산을 묻는 과정에서 노 헌공과 무공의 휘를 직접 부른 것을 부끄러워 한 것에 대하여 반박한 글이다. 구산은 지금 산동성 몽음현(蒙陰縣) 동북에 있고, 오산은 몽음현 서북에 있다.

71) 범헌자는 범선자의 아들 사앙(士鞅)이다.

72) 헌공의 이름은 구(具)이고 백금(伯禽)의 증손이다. 무공의 이름은 오(敖)이고 헌공의 아들이다.

范獻子聘於魯, 問具山敖山, 魯人以其鄉對. 曰 : "不爲具敖乎?" 曰 : "先君獻武之諱也." 獻子歸, 曰 : "人不可以不學. 吾適魯而名其二諱, 爲笑焉, 唯不學也."

非曰 : 諸侯之諱, 國有數十焉, 尙不行於其國, 他國之大夫名之, 無慚焉可也. 魯有大夫公孫敖, 魯之君臣莫罪而更也, 又何鄙野之不云具敖?

동안우(董安于 : 동안우)[73)]

하읍(下邑)의 전투[74)]에서 동안우는 많은 공을 세웠다. 조간자(趙簡子)가 그에게 상을 주려 하였으나 사양하며 "지금 하루아침에 미친 병에 걸렸는데 반드시 너에게 상을 주겠노라고 말씀하신다면 이는 미친 병에 걸려서 상을 받는 것이니 상이 없는 것이 더 낫습니다"라고 말하고 서둘러 나갔다. 이리하여 상 주려는 계획을 철회하였다.

반박하여 말한다. 공을 세워 상을 받는 것은 계승할 만한 도리이다. 군자는 비록 상을 받고 싶지 않아도 또한 반드시 그것을 받아야 할 것이다. 지금 동안우가 도망하여 자신의 깨끗함을 드러낸다면 상을 받는 사람은 반드시 부끄러워 할 것이다. 상을 받는 자가 부끄러워하면 공을 세우는 것이 느슨해질 것이요, 나라는 쇠약해질 것이다. 군자의 행위는 언제나 나라를 위해 도모하여야 한다. 나는 참으로 동자(董子)의 깨끗함을 좋아하지 않는다. 그의 말은 마치 원망하는 듯하니 더욱더 옳지 않다.

---

73) 본편은 하읍의 전투에서 많은 공을 세우고도 상을 받기를 거부한 동안우의 언행이 옳지 않다고 비판한 글이다. 동안우는 조간자(趙簡子)의 가신(家臣)이다.

74) 하읍의 전투는 B.C. 479년 진(晉)의 내란으로 조간자가 진양(晉陽)에서 포위되었던 전쟁을 말한다. 하읍은 진(晉)의 도읍을 가리킨다.

下邑之役, 董安于多. 簡子賞之, 辭曰: "今一旦爲狂疾, 而曰必賞汝, 是以狂疾賞也, 不如亡." 趣而出, 乃釋之.

非曰: 功之受賞也, 可傳繼之道也. 君子雖不欲, 亦必將受之. 今乃遁逃以自潔也, 則受賞者必耻. 受賞者耻, 則立功者怠, 國斯弱矣. 君子之爲也, 動以謀國. 吾固不悅董子之潔也. 其言若懟焉, 則滋不可.

축융(祝融: 축융)[75]

사백(史伯)이 말하였다.[76] "여(黎)는 고신씨(高辛氏)의 화정(火正)이었는데[77] 하늘의 빛을 빛나게 하고 땅의 덕을 두텁게 하여 사해를 밝게 비췄던 까닭에 축융[78]이라 이름하였습니다. 그 공적은 위대한 것이었습니다. 무릇 천지의 대공(大功)을 이룩한 사람은 그 자손이 번영하지 않은 적이 없었으니 우(虞)·하(夏)·상(商)·주(周) 등이 그 예입니다. 그들의 후손은 모두 왕공(王公)·후백(侯伯)[79]이 되었습니다. 축융도 역시 천지의 광명을 밝혀서 오곡과 재목(材木)을 윤택하게 자라나게 하였습니다. 그 후손인 팔성(八姓)[80] 가운데 주나라 때에 후백이었던 사람은 없습니다만, 전대(前

75) 본편은 축융의 공적이 그 자손의 번영을 가져왔다면 요순의 자손은 어떻게 된 것인가 라고 하면서 큰 공적을 이룩한 사람은 반드시 그 자손이 번영한다는 사백의 말을 비판한 글이다. 본편 이하는 「정어(鄭語)」에 나오는 내용이다.

76) 사백은 주(周) 선왕(宣王)과 유왕(幽王) 때의 태사(太史)로 이름은 영(潁)이다.

77) 고신씨는 신화시대의 제곡(帝嚳)이다. 화정은 불을 관장하는 장관이다.

78) '축융'의 '축'은 처음이란 뜻이고 '융'은 밝다라는 뜻이다. 그러므로 축융의 의미는 처음으로 밝았다, 처음으로 광명을 얻다라는 뜻이다.

79) 후백은 제후의 장자(長者) 즉 패자(覇者)를 말한다.

80) 팔성은 축융의 후손의 여덟 가지 성, 즉 기(己)·동(董)·팽(彭)·독(禿)·운(妘)·조(曹)·짐(斟)·미(芈)이다.

代)에 정사(政事)를 처리하는 것을 보좌한 사람으로 곤오(昆吾)[81]는 하(夏)나라의 후백이 되었고 대팽(大彭)[82]과 시위(豕韋)[83]는 상(商)나라의 후백이 되었습니다. 주나라 때에는 후백을 지낸 사람이 나오지 않았거니와 축융의 자손 가운데 흥성할 이는 미성(芈姓) 가운데서 나올 것입니다.[84]"

반박하여 말한다. 우(虞)[85]·순(舜)은 지극하였고 또 그 자손 우막(虞幕)[86]이 그 지극함을 거듭하여 그는 온화한 바람을 들을 줄 알아 만물의 생장을 완성하고 즐거워하였다. 그러나 그 후손은 끝내 진멸되었고, 주(周) 무왕(武王)이 진(陳)으로 그들을 계승하게 하였지만 얼마가지 않아서 멸망하고 말았다. 요(堯)의 때에 축융은 이름이 나지 않았다. 축융의 후손 가운데 곤오·대팽·시위는 대대로 하(夏)와 상(商)에서 후백을 지냈는데 지금 사백은 또 "주(周)에서는 후백을 지낸 사람이 없었다"고 말하고 반드시 초(楚)에서 흥성할 자가 나올 것이라고 하였다. 그렇다면 요(堯)·순(舜)은 반대로 족히 그 후손을 보우(保佑)할 수 없다는 말인가? 이런 까닭에 무릇 성대함이 후손에게까지 미친다고 말하는 것은 모두 취하지 말아야 할 것이다.

史伯曰:"夫黎, 爲高辛氏火正, 以淳燿敦大, 天明地德, 光照四海, 故命之曰祝融. 其功大矣! 夫成天地之大功者, 其子孫未嘗不彰, 虞夏商周是也. 其後皆爲王公侯伯. 祝融亦能昭顯天地之光明, 以生柔嘉材者也. 其後八姓, 於周未有侯伯. 佐制物於前代者, 昆吾爲夏伯矣, 大彭豕韋爲商伯矣. 當周未有, 融之興者, 其在芈姓乎?"

---

81) 곤오는 축융의 손자이고 육종(陸終)의 장자로 기성(己姓)이었으며 이름은 번(樊)이다.
82) 대팽은 육종(陸終)의 셋째 아들로 이름은 전(籛)이다. 대팽에 봉해져 또 팽조(彭祖)라고도 한다. 은말(殷末)에 이르러 700여 세가 되었어도 노쇠하지 않았다고 한다. 팽성(彭姓)의 시조다.
83) 시위는 팽성(彭姓)의 한 갈래이다.
84) 미는 초(楚)의 성이다.
85) 우(虞)는 순(舜)의 선조의 나라 이름이다.
86) 우막은 순의 자손 우사(虞思)이다.

非曰 : 以虞舜之至也, 又重之以幕, 能聽協風以成樂物生, 而其後卒以殄滅. 武王繼之以陳, 覆墜之不暇. 堯之時, 祝融無聞焉. 祝融之後, 昆吾大彭豕韋, 世伯夏商. 今史伯又曰 : "於周未有侯伯", 必在楚也. 則堯舜反不足祐耶? 故凡言盛之及後嗣者皆勿取.

포신(褒神 : 포 땅의 신)[87]

정(鄭) 환공(桓公)이 "주나라가 장차 쇠망하겠는가?"라고 물으니 사백이 다음과 같이 대답하였다. "아마 반드시 망할 것입니다. 지금의 유왕(幽王)은 고명한 현신들을 멀리 버리고 참언을 일삼는 간특하고 우매한 이들을 좋아하며 현인들을 싫어하고 어리석고 완고한 자들을 가까이 하고 있습니다. 「훈어(訓語)」에 '하나라가 쇠미해지자 포(褒) 땅 사람들의 신이 두 마리 용으로 변하여 왕정을 살폈다'는 말이 있습니다. 하늘이 이 요녀를 낳도록 한 지가 이토록 오래되었고 그 해독은 아주 큽니다. 신(申) 증(繒) 서융(西戎)이 바야흐로 강성해지고 있는데 왕은 태자를 죽이고 백복(伯服)을 태자로 세우려 하고 있습니다. 반드시 (신에 도망간 태자를 내놓으라고) 신(申)에게 요구하겠지만 신은 내어주지 않을 것이고 그러면 틀림없이 신을 칠 것입니다. 만약 주나라가 신을 치면 증(繒)과 서융이 힘을 합쳐 주를 칠 것이고 주는 지켜내지 못할 것입니다."

반박하여 말한다. 사백이 유왕이 고명한 현신들을 멀리 버리고, 참언을 일삼는 간특하고 우매한 이들을 좋아하여 어리석고 완고한 자들을

87) 본편은 유왕(幽王)이 군자를 멀리하고 소인들을 가까이하였기 때문에 주(周)가 멸망하게 될 것이라고 본 것은 옳지만 포 땅의 신이 재앙을 불러왔다고 한 것에 대하여는 군자가 할 말이 아니라고 비판한 글이다. 포는 지금의 섬서 포성(褒城)이다.

가까이 하고, 태자를 축출하여 서융 신 증을 화나게 한 이런 정황에서 주나라가 반드시 쇠망할 것이라고 판단한 것은 옳다. 그러나 포 땅의 신이 재앙을 불러왔다고 말하는 것은 괴이한 것을 좋아하는 이들이 만들어낸 것으로 군자가 할 말은 아니다.

桓公曰:"周其弊乎?" 史伯對曰:"殆於必弊者也. 今王棄高明昭顯, 而好讒慝暗昧, 惡角犀豐盈, 而近頑童窮固. 訓語有之, 曰:夏之衰也, 褒人之神化爲二龍, 以伺于王庭. 天之生此久矣, 其爲毒也大矣. 申繒西戎方强, 王欲殺太子以成伯服, 必求之申, 申人弗畀, 必伐之. 若伐申, 而繒與西戎會以伐周, 周不守矣."

非曰:史伯以幽王棄高明顯昭, 而好讒慝暗昧, 近頑嚚窮固, 黜太子以怒西戎申繒, 於彼以取其必弊焉可也; 而言褒神之流禍, 是好怪者之爲焉, 非君子之所宜言也.

기기(嗜芰 : 마름을 좋아하다)[88]

굴도(屈到)[89]는 마름 열매를 즐겨 먹었다. 그가 죽음에 임박했을 때 종로(宗老)[90]에게 경계하며 말하였다. "만약 나에게 제사를 올릴 때에는 반드시 마름으로 하게나." 굴도가 죽고 종로가 마름을 바치려 하자 굴건(屈

88) 본편은 나라의 예에 의거하여 아버지가 즐겨 먹던 마름을 제사에 올려 달라는 유언을 무시한 굴건(屈建)의 처사가 잘못되었다고 반박한 글이다. 마름은 주로 남방에서 나며 크기는 어린아이 주먹만하고 맛은 밤과 비슷한 열매이다. 본편 이하는 「초어(楚語)」에 나오는 내용이다.

89) 굴도는 초(楚)의 경(卿) 자석(子夕)으로 굴탕(屈蕩)의 아들이다.

90) 종로는 가족 제사의 예(禮)를 관장하는 사람이다.

建[91]이 그것을 치우라고 명하며 "나라의 군주에게는 소를 잡아 바치고 대부에게는 양을 잡아 올리며 사(士)에게는 돼지와 개로 제사를 바치고 서인(庶人)에게는 구운 생선으로 제사를 올리는데 제기의 말린 고기와 절인 고기는 윗사람이든 아랫사람이든 모두 올린다. 진기하고 이상한 것은 올리지 않고 잡다하게 벌여 놓지도 않는 법이다. 선친께서 개인적인 욕심 때문에 나라의 전례(典禮)를 그르치려 하시겠느냐?"라고 말하였다. 이리하여 마름을 제사에 올리지 않았다.

반박하여 말한다. 집안의 이치는 은혜가 의리를 덮는 법이다. 아버지와 아들은 은혜가 지극한 사이이니 마름을 올리는 것은 의리에 어긋나는 것이 아니다. 굴건이 예(禮)의 지엽적인 것을 가지고 그 아버지의 유언을 잔인하게 저버렸으니 나는 감히 그가 현명한 사람이라고 말할 수 없다. 만약 양을 제물로 바치고서 대나무 제기에 마름을 올렸다면 이는 정말 잘못이 될 수가 없다. 『예기』에서 재계(齋戒)에 대하여 말하기를 "돌아가신 분이 좋아하셨던 것을 생각하라"고 하였는데 굴건은 어찌하여 그것을 생각하지 않았는가? 또 (굴건이 아버지의 유언을) 어기는 것이 나라의 전례에 맞는 것이라고 말하였는데 나는 이것이 반역이라 생각한다.

屈到嗜芰. 將死, 戒其宗老曰 : "苟祭我, 必以芰." 及祥, 宗老將薦芰, 屈建命去之, 曰 : "國君有牛享, 大夫有羊饋, 士有豚犬之奠, 庶人有魚炙之薦. 籩豆脯醢, 則上下共之. 不羞珍異, 不陳庶侈, 夫子其以私欲干國之典?" 遂不用.

非曰 : 門內之理恩掩義, 父子, 恩之至也, 而芰之薦不爲愆義. 屈子以禮之末, 忍絶其父將死之言, 吾未敢賢乎爾也. 苟薦其羊饋, 而進芰於籩, 是固不爲非. 禮之言齋也, 曰 : "思其所嗜." 屈建曾無思乎? 且曰違而道, 吾以爲逆也.

91) 굴건은 굴도의 아들 자목(子木)이다.

사(祀 : 제사)[92]

왕이 말하기를 "제사는 그만둘 수 없는 것인가?"라고 하니 다음과 같이 대답하였다. "제사는 효행을 밝히고 인민을 번식시키고 국가를 위무(慰撫)하고 백성을 안정시키는 수단이므로 폐지할 수가 없습니다. 대저 인민은 기운이 방종하게 되면 멈추고 멈추게 되면 막히고 막힌 것이 오래되면 떨쳐 일어나지 못하니 가축이나 농작물이 번식하지 못하게 됩니다"라고 대답하였다.[93]

반박하여 말한다. 제사는 선왕이 교화를 보조하던 수단으로 그것을 신비화할 필요까지는 없다. 지금 제사가 '효행을 밝히는 것'이라고 말하는 것은 긍정할 수 있지만 '인민을 번식시키다' 이하는 모두 취할 가치가 없다.

王曰 : "祀不可已乎?" 對曰 : "祀所以昭孝息民撫國家定百姓, 不可以已. 夫民氣縱則底, 底則滯, 滯久不振, 生乃不殖."

非曰 : 夫祀, 先王所以佐敎也, 未必神之. 今其曰"昭孝"焉, 則可也; 自"息民"以下, 咸無足取焉爾.

---

92) 본편은 제사는 선왕의 교화 보조 수단이었으므로 효행을 밝히는 수단으로 볼 수는 있어도 그것을 신비화하는 것은 잘못이라고 비판한 글이다.

93) 초소왕(楚昭王)이 묻고 초평왕(楚平王)의 아들 자기(子期)가 대답한 것이다.

좌사의상(左史倚相 : 좌사 의상)[94]

왕손어(王孫圉)가 진(晉)을 방문하여 정공(定公)이 그에게 주연을 베풀었다. 조간자(趙簡子)가 패옥을 울리며 시중을 들면서 왕손어에게 물어[95] "초나라의 백형(白珩)[96]이 아직 있습니까? 그것이 보물이 된 지 얼마나 되었습니까?"라고 말하자 "그것을 보물로 여긴 적은 없습니다. 초나라에서 보물로 여기는 바로는 관역보(觀射父)[97]가 있습니다. 또 좌사 의상이 있는데 위아래사람으로 하여금 귀신의 환심을 사게 하고 귀신의 바라고 바라지 않는 것을 잘 따름으로써 귀신이 초나라에 원통한 마음을 갖지 않도록 할 수 있습니다"라고 대답하였다.

반박하여 말한다. 왕손어가 초나라의 보물을 말하여 군자가 백형보다 귀하다는 것을 알게 한 것은 옳다. 그러나 그가 의상의 덕에 대하여 말한 것은 어떠한가? 참으로 의상의 도가 이와 같다면 망령된 박수무당일 뿐인데 또 어떻게 보물로 여기겠는가? 이는 적국에 자랑할 만한 것이 아니다.

王孫圉聘於晉, 定公饗之. 趙簡子鳴玉以相, 問於王孫圉曰 : "楚之白珩猶在乎? 其爲寶也幾何矣?" 對曰 : "未嘗爲寶. 楚之所寶者, 曰觀射父, 又有左史倚相, 能使上下說於鬼神, 順道其欲惡, 使神無有怨痛於楚國."

非曰 : 圉之言楚國之寶, 使知君子之貴於白珩可矣, 而其云倚相之德者則何如哉? 誠倚相之道若此, 則覡之妄者, 又何以爲寶? 非可以夸於敵國.

---

94) 본편은 왕손어가 진에 가서 초나라의 보물이라고 자랑한 좌사 의상이 박수무당에 불과하다고 비판한 글이다. 좌사는 관직명으로 내사(內史)를 말한다.

95) 왕손어는 초의 대부이다. 정공은 진(晉) 경공(頃公)의 아들로 이름은 오(午)이며 재위기간은 B.C. 511~475년이다. 조간자는 조앙(趙鞅)이다.

96) 백형은 백옥(白玉)으로 만든 패옥(佩玉)이다. 형(珩)은 허리에 차고 걸으면 울리는 경(磬) 모양의 옥이다.

97) 관역보는 초의 대부이다.

오운(伍員 : 오운)[98]

오운이 검으로 자살하였다.[99]

반박하여 말한다. 오자서는 오나라의 가까운 친족이 아니다. 처음에 그는 합려(闔閭)와 도로써 사귀었기 때문에 합려가 그 계책을 따랐던 것이다. 지금 부차(夫差)와는 이미 견해가 일치하지 않아 의견을 말하게 되면 참언하는 사람들이 승리하였으니 나라를 구할 수가 없었다. 이런 상황이었으니 오나라를 떠나는 것이 옳았다. 국외로 나가서는 자식을 다른 사람에게 부탁하고 또 들어와서는 바로 자살을 하였으니 이는 참으로 내가 이해할 수 있는 바가 아니다. 그런즉 오자서는 정말 독한 사람이었다.

伍員伏劍而死.

非曰 : 伍子胥者, 非吳之暱親也. 其始交闔閭以道, 故由其謀. 今於嗣君已不合, 言見進則讒者勝, 國無可救者. 於是焉, 去之可也. 出則以孥累於人, 而又入以即死, 是固非吾之所知也. 然則員者果很人也歟?

---

98) 본편은 오자서가 오와 가까운 친족이 아니면서도 오왕 부차와 견해가 일치하지 않는 상황에서 오를 떠나지 않고 자살이라는 극단적인 방법을 택한 오자서의 행위를 비판한 글이다. 오운은 초 대부 오사(伍奢)의 아들 오자서(伍子胥)이다. 본편은 「오어(吳語)」에 보인다.

99) 오자서는 오왕 부차를 섬겼다. 오왕이 군대를 일으켜 월왕 구천을 치자 구천 역시 군대를 일으켜 맞아 싸우다가 평화조약을 맺을 것을 요청하였다. 부차가 월의 평화조약을 허락하려 하자 오자서는 그것의 부당함을 간하였으나 부차는 듣지 않았다. 부차는 또 크게 군대를 동원하여 제(齊)를 치려고 하였는데 오자서는 또 군대가 없는 틈을 타서 월의 군대가 습격해올 것을 이유로 반대하였다. 부차는 오자서의 말을 듣지 않고 군대를 동원하여 애릉(艾陵)에서 제의 군대를 격파하고 돌아와 오자서를 추궁하였고 이에 오자서는 검을 풀어놓고 "내가 차마 병을 핑계로 물러나 살아남아서 왕께서 몸소 월에 사로잡히는 것을 볼 수가 없으니 먼저 죽겠습니다"라고 말하고 자살하였다. 그 후 월은 결국 오를 멸망시켰다.

발(跋)[100]

유선생은 말한다. 송(宋)나라 · 위(衛)나라 · 진(秦)나라는 모두 제후 가운데 걸출한 국가였다. 좌구명이 홀시하여 빠뜨리고 그들의 사료를 기록하지 않은 것은 잘못된 것이다. 오(吳)나라와 월(越)나라의 사적은 다른 것이 없으므로 하나의 국가로 처리했어도 다 개괄할 수가 있었는데 오히려 두 편으로 나누어 억지로 서로 중복되게 하였으니 무릇 그 번잡하고 늘어진 것이 심히 많거니와 이치에 어긋나고 정도를 벗어나서 힘써 그 말을 많게 하였다. 내 글을 읽는 사람은 그것을 유추해 낼 수 있을 것이다. 「월어(越語)」의 하편은 더욱 기발하고 그 일이 잡다하니 아마도 좌구명의 손에서 나온 것이 아닌 것 같다. 나는 지금에서야 화려한 글이 멀리까지 유행할 수 있다는 사실을 알게 되었다. 그렇게 용속(庸俗)하고 이치에 어긋난 기괴한 말인데 그것을 화려한 무늬와 아름다운 소리로 꾸미어 후세 사람들의 귀를 울리고 눈을 어지럽히니 독자들 가운데 아무도 그것을 비난하는 사람이 없고 도리어 그것이 경(經)에 가깝다고 말한다. 그런즉 글을 아는 사람이 정말 조심하지 않을 수 있겠는가? 아! 내가 그 옳지 못한 것을 제거하여 세상의 잘못을 바로잡았는데 모두 67편이다.

柳先生曰 : 宋衛秦, 皆諸侯之豪傑也. 左氏忽棄不錄其語, 其謬耶? 吳越之事無他焉, 擧一國足以盡之, 而反分爲二篇, 務以相乘, 凡其煩蕪曼衍者甚衆, 背理去道, 以務富其語. 凡讀吾書者, 可以類取之也. 越之下篇尤奇峻, 而其事多雜, 蓋非出於左氏. 吾乃今知文之可以行於遠也. 以彼庸蔽奇怪之語, 而黼黻之, 金石之, 用震耀後世之耳目, 而讀者莫之或非, 反謂之近經, 則知文者可不愼耶? 嗚呼! 余黜其不臧, 以救世之謬, 凡六十七篇.

---

100) 『유종원집』에는 원래 제목이 붙어있지 않지만 44권 첫머리에 「비국어 서」가 있으므로 본편을 「발」로 보는 것이 자연스러울 것 같아 역자 임의로 「발」이라고 명명한 것이다.

외집(外集) 상권(上卷) 부문지(賦文誌)

피사간금부(披沙揀金賦 : 모래에서 금 고르기)[1]

모래란 물건은 오물을 마치 부유물처럼 보고, 금이란 보석은 아래에 있는 것을 부끄러워한다. 금의 자질이 가라앉아 있으면 5재(五材)도 결손이 있을 때가 있고,[2] 빛을 내게 되면 6부(六府)가 갖추어진다.[3] 그렇다면

1) 본편은 내용상 불요불급한 현학적 전고(典故)가 많고 의미가 순통하지 못한 부분이 적지 않은 것으로 보아, 초기 작품임이 분명하다. 손주(孫注)에서 "유의경(劉義慶)은 『세설신어』에서 '육사형(陸士衡)의 글은 모래에서 금을 고르는 것처럼 왕왕 보석이 보인다[陸士衡文如披沙揀金, 往往見寶]'고 했다. 종영(鍾嶸)의 『시품』에서도 같은 말이 보인다. 「외집」에 수록된 부(賦) 세 수는 모두 정원 5년(789) 이후 진사에 응시할 때 쓴 것이다"라고 했다.

2) 『좌전』에서 '하늘이 5재(材)를 만들어 백성이 함께 일용하는데, 하나라도 없으면 안 되니, 누가 병(兵)을 없앨 수 있는가?'라고 했다.

3) 『서경』에서 6부(府)란 '수(水)·화(火)·금(金)·목(木)·토(土)·곡(穀)'이라고 했다.

그릇이 될 보배를 가지고 있으면 반드시 기다려야 하니, 신중히 선택될 날이 오면 또 다른 무엇이 필요하겠는가? 규장(珪璋)과 어울리므로 그 귀함을 취하는 것이니, 어찌 진흙과 같은 무리가 되겠는가!

모래에서 가려내고 고르면, 이에 보석이 나타난다. 끼었던 잡티를 말끔히 씻어내 살피고, 휘황한 빛깔을 감별한다. 모래에 섞여 움직일수록 더욱 드러나고, 깊이 잠길수록 빛이 나며, 검은 물을 들이려 해도 물들지 않고,[4] 단단하고 아름답다.[5]

비록 깊이 잠겨 숨었어도,[6] 누구든 찾으면 가진다. 흐릿흐릿 혼탁한 바탕을 걷어내면 번쩍번쩍 남다른 광채가 나타난다. 오랫동안 어둠 속에 묻혀 드러나지 않았지만, 본래 역시 발견되기를 기다렸거늘,[7] 처음에는 몰랐지만 나중에는 손에 넣었으니,[8] 어찌 이제 전처럼 나를 버리겠는가![9]

숨어 있을 때는 흐릿흐릿 섞여 있고 드넓은 물 속에 가라앉아, 꽃다운 자태를 감춰 스스로를 보전하고 화광동진(和光同塵)하니, 지극한 도(道)에 합치된다. 알아주는 이를 만나면 번쩍번쩍 빛이 나고 휘황찬란하여, 그 안에서 아름다운 바탕이 빛나고 밝은 길도 어두운 듯하니, 저 현도(玄道)와 합치된다.

만약 고개 숙여 주워서 버리지 않으면, 정말로 끝없이 아름다움을 발산할 것이다. 덮으려고 해도 빛이 나서,[10] 장차 번쩍번쩍 바탕을 드러낼 것이니, 찾지 않으면 어떻게 얻겠는가,[11] 결국 훤히 빛을 발하리니.

더러운 진흙탕에서 건져 올린 것을 보면, 아주 적은 양이 쌓였어도, 맑은 빛이 부서져 다투어 나오고, 참된 바탕이 빛나서 특히 남다르다. 못

---

4) 『논어』에서 '不日白乎? 涅而不緇'를 전고로 삼았다.
5) 『시경』에서 '旣堅旣好'를 전고로 삼았다.
6) 『시경』에서 '潛雖伏矣, 亦孔之昭'를 전고로 삼았다.
7) 『좌전』에서 '寡君將君是望, 敢不稽首!'를 전고로 삼았다.
8) 『역』에서 '先迷, 後得主利'를 전고로 삼았다.
9) 『시경』에서 '將安將樂, 棄予如遺'를 전고로 삼았다.
10) 『좌전』에서 '或求名而不得, 或欲蓋而名彰'을 전고로 삼았다.
11) 『좌전』 소공(昭公) 27년 '上國有言曰, 不索何獲'을 전고로 삼았다.

이 자루 속에 있는 것이 그 빛에 견줄 만하고,[12] 검을 흙으로 문질러 뿜는 남다른 광채가 그 빛에 견줄 만하다.[13] 쓰면 그 효과를 발휘하니, 이것이 훌륭한 것이요, 찾으면 반드시 구할 수 있으니, 또한 기쁘지 않은가!

어찌 유독 떠오르는 해에 잘 보여 그 빛을 받고, 기나긴 은하수 맑은 빛을 띠었는가! 진주에서 뿜어낸 듯 하얀 빛이, 마치 금방 조개에서 진주를 따낸 듯하다. 하늘의 수많은 별처럼 반짝여, 마치 구름이 방금 걷힌 듯하다. 그러므로 주(周)나라 때 덕에 비유하여, 「기창(岐昌)」이란 시로 노래했고, 육기(陸機)의 글이 이에 견줄 만하여, 소명태자가 『문선』에 실었다.

만약 그렇다면, 모래를 고르는 효과를 말하고 금을 가려내는 효과를 밝힐 만하다. 훌륭한 장인은 아무리 멀어도 좋은 값을 주고 구하려고 찾아올 것이다. 문질러 닦아서 더욱 빛이 나게 하여, 바구니 가득 학문을 어찌 사양할 것인가![14] 씻으면 더욱 더 맑아지니, 어찌 땅에 떨어지면 금석 소리가 날만한 재질을 부끄러워하겠는가![15] 객 중에서 보석을 구하여 캐기를 바라는 사람이 있을 때, 이 글이 있으면 좋으리라.

沙之爲物兮, 視汙若浮, 金之爲寶兮, 恥居下流. 沉其質兮, 五材或闕, 耀其光兮, 六府以修. 然則抱成器之珍, 必將有待, 當愼擇之日, 則又何求? 配珪璋而取貴, 豈泥滓而爲儔!

披而擇之, 斯焉見寶. 盪浸淫而顧眄, 指炫熀而探討. 動而愈出, 幽以郎

12) 조(趙) 평원군(平原君)이 '현자가 세상에 있는 것은 마치 못이 자루 속에 있는 것과 같아서, 그 끝이 금방 드러난다'고 했다.

13) 뇌환(雷煥)이 풍성검(豐城劍)을 얻어, 남창(南昌) 서쪽 산 밑의 흙을 갖다가 문지르고, 검과 흙을 장화(張華)에게 주었다. 장화는 남창 흙이 화음(華陰) 흙만 못하다고 생각하여, 뇌환에게 답하는 편지와 화음 흙 1근을 뇌환에게 보내, 뇌환이 검을 문지르자, 뛰어난 명검이 되었다고 한다.

14) 한나라 때 위현(韋賢)이 "자식에게 바구니 가득 황금을 남겨주는 것은 자식에게 경서 하나 가르치는 것만 못하다"라고 했다.

15) 진(晉) 손작(孫綽)은 자가 흥공(興公)으로, 「천태산부(天台山賦)」를 지어 범영기(范榮期)에게 보여주면서 "이 부를 땅에 던지면 필시 금석 소리가 날 것입니다"라고 했다고 한다.

明, 涅而不淄, 旣堅且好.

潛雖伏矣, 獲則取之. 翻混混之濁質, 見熠熠之殊姿. 久暗未彰, 固亦將君是望; 先迷後得, 孰謂棄予如遺!

其隱也, 則雜昏昏, 淪浩浩, 晦英姿兮自保, 和光同塵兮, 合於至道; 其遇也, 則散奕奕, 動融融, 煥美質兮其中, 明道若昧兮, 契彼玄同.

儻俯拾而不棄, 諒致美於無窮. 欲蓋而彰, 將炯爾而見素; 不索何獲, 遂昭然而發蒙.

觀其振拔汙塗, 積以錙銖, 碎淸光而競出, 耀眞質而特殊. 錐處囊而纖光乍比, 劍拭土而異彩相符. 用之則行, 斯爲美矣; 求而必得, 不亦說乎!

豈獨媚旭日以晶熒, 帶長川之淸淺. 皎如珠吐, 疑剖蚌之乍分; 粲若星繁, 似流雲之初卷. 是以周德思比, 而岐昌卽詠; 陸文可侔, 而昭明是選.

若然者, 可以議披沙之所託, 明揀金之所裁. 良工何遠, 善價爰來. 拂以增光, 寧謝滿籯之學; 汰之愈朗, 詎慚擲地之才. 客有希採掇於求寶之際, 庶斯文之在哉!

영장일부(迎長日賦 : 길어지는 해를 맞이하며)[16]

천제(天帝)에게 제물을 올리고 천지(天地)에 제사를 지내려면, 반드시 시초(蓍草)로 좋은 날을 잡아 해를 맞이했다. 인(寅)의 달 정월이 시작되면, 경칩이 오기를 기다렸다가 의식을 펼쳤고,[17] 묘(卯)의 달이 시작되면, 희

16) 본편은 새해 들어 낮이 길어지기 시작하는 날에 천자가 교외로 나가 해맞이 의식을 거행한 것을 노래한 것이다. 역시 장안 시절 쓴 것으로, 전고가 많고 의미가 난해하다.

17) 『좌전』 환공(桓公) 9년, '경칩에 교제(郊祭)를 지낸다'고 했다. 경칩은 건인(建寅)의 달이다.

생(犧牲)을 이용해 길일과 짝하게 했다. 얼얼하게 웅크렸던 겨울의 기운을 보내고, 훈훈하게 피어나는 양춘의 기운을 맞아들였다. 겨울에 사랑스러운 햇볕을 나누어 쬐며,[18] 인(寅)의 달 새 해가 찾아오길 기다렸다. 우(虞)의 고전을 살펴서, 빠르지도 않고 느리지도 않게, 하(夏)의 시령을 행하며, 정성을 다하여 합일되게 했다.

풍상(馮相)이 일을 맡았으니,[19] 그 내용이 「소정(小正)」에 기록되어 전해진다. 상춘(上春)에 맞춰 의식을 준비하여, 반드시 시작이 되게 하고, 중춘(仲春)에 앞서 일을 행하니, 그러므로 (맞아들인다는 뜻의) '영(迎)'이라고 한다.

이때 숙경(淑景)이 열리기 시작하고, 숨어 있던 양기가 서서히 열린다. 사시(四時)의 첫 번째를 맞이하여, 삼대(三代)에 통용된 예(禮)를 적용한다. 깊이 숨은 것을 탐색하여 교사(郊祀)의 원신(元辰)을 찾고, 온고지신하여 국가의 대통을 바로잡는다.

예전의 관례를 으뜸으로 삼아, 후왕의 의표를 세우는 것이다. 가죽 모자 쓰고 제단에 임하니,[20] 토규(土圭)에 비치는 해 그림자 길어지고,[21] 태단(泰壇) 의식이 끝나니,[22] 옥루(玉漏) 소리 점점 길어진다.[23] 밝디 밝은 순

---

18) 『좌전』 문공(文公) 7년, "가계(賈季)가 '조쇠(趙衰)는 겨울의 해이고, 조순(趙盾)은 여름의 해이다'라고 했다"는 내용의 주석에서 '겨울의 해는 사랑스럽고, 여름의 해는 두렵다'고 했다.

19) 『주례』 「춘관(春官)」 「풍상씨(馮相氏)」, '겨울 여름에는 해로, 봄과 가을에는 달로, 사시의 순서를 구분한다.'

20) 「교특생(郊特牲)」에서 '제사 지내는 날, 왕은 가죽 모자를 쓰고 제사 보고를 들으니, 웃사람을 존중함을 백성에게 보이는 것이다'라고 했다.

21) 『주례』에서 '토방씨(土方氏)가 토규의 법을 관장하여, 해 그림자가 비치게 한다'고 했다. 주석에 따르면, 해 그림자는 하지에는 1척 5촌, 동지에는 1장 3척으로, 양자 사이에서 변하면서 날이 길고 짧아진다고 했다.

22) 『예기』에서 '태단에서 장작을 태우며 하늘에 제사를 지낸다'고 했다. 『광아(廣雅)』에서 '원구(圓丘)·태단은 하늘에 제사를 지내는 곳이고, 방구(方丘)·태절(泰折)은 땅에 제사를 지내는 곳이다'라고 했다.

23) 장형(張衡) 『누수전혼천의제(漏水轉渾天儀制)』에서 '구리로 그릇을 만들어 두겹으로 겹쳐 놓고, 맑은 물을 채우고, 밑에 각각 구멍을 뚫은 다음, 흐르는 물을 옥규(玉虯) 입으로 토해내서 두 주전자로 들어가게 하니, 오른쪽이 밤의 시각을 나타내고, 왼쪽이 낮

수한 빛으로 변하고, 밝디 밝은 청광(晴光)으로 흘러, 옥 같은 그림자 비로소 한데 녹아들어, 아름다운 경치 비로소 성궐(城闕)에 모여들고, 둥근 그 모양은 여전히 빨리 가서, 기우는 햇살은 강장(康莊)에 머무른 적이 없다.

이를 통해, 길어지는 해를 맞이하는 의식은 사실 모든 왕의 마음에 공통된 것이요, 남교(南郊)의 자리를 선정하는 것은 양사(陽事)에서 통용한 것임을 알 수 있다.

그러므로 상(上)·하(下)의 사이를 알 수 있고, 천(天)·인(人)의 교왕을 알 수 있고, 조두(俎豆)에는 떠오르는 빛이 동탕하고, 포모(苞茅)에도 은미한 햇빛이 퍼지는 것이다. 금석에도 두루 퍼지고, 도(陶)·포(匏)에도 빛이 비친다. 괴이하구나 하늘의 시간을 따르지 않고서도 진백(秦伯)은 오히려 태치(泰畤)를 자랑했고,[24] 일관(日官)이 직분을 잃고서도 진후(晉侯)는 하교(夏郊)의 예를 계속 이어 행하였다.[25]

해를 맞이하면 (자연의 섭리를) 어기는 것이 없게 되리라.[26] 오래도록 빛을 비추어주리니, 하루에 삼사(三舍)를 물러났다는 얘기를 어찌 믿으리오.[27] 빛을 연장하는 것도 가능할 듯하니, 해가 다시 중천으로 온다는 것

의 시각을 나타낸다'라고 했다.

24) '치(畤)'는 천지신명에게 제사를 올리는 재터이다. 여기서는 진후(秦侯)가 태치(泰畤)를 지었다고 했는데, 『진본기(秦本紀)』와 『봉선서(封禪書)』를 살펴보면, 진 양공(襄公)이 서치(西畤)를 지어 백제(白帝)를 제사했다. 문공(文公)이 부치(鄜畤)를 짓고, 선공(宣公)이 밀치(密畤)를 짓고, 영공(靈公)이 오양(吳陽) 상치(上畤)를 지어 황제(黃帝)를 제사하고, 하치(下畤)에서 염제(炎帝)를 제사하고, 헌공(獻公)이 휴치(畦畤)를 지어 백제를 제사했다. 이를 보면 태치를 지은 경우는 없다. 한무제 원정(元鼎) 때에 이르러 비로소 태치를 지어 태일(太一)을 제사하였으니, 태치는 한나라 때 지은 것이다. 따라서 여기서 "진이 태치를 자랑스러워했다"는 것은 오류인 듯하다.

25) 『좌전』 소공 7년, 정자산(鄭子産)이 진(晉)에 초빙을 받았는데 진후(晉侯)에게 병이 났다. 한선자(韓宣子)가 객을 접대하며 "저희 왕께서 병이 난 것이 이제 석달로서, 지금 꿈에 누런 곰이 침실 문으로 들어왔는데, 이게 무슨 귀신이오?"라고 물었다. "옛날 요(堯)가 곤(鯀)을 우산(羽山)에서 이겨, 그 귀신이 누런 용으로 변하여 우연(羽淵)으로 들어가니, 사실상 하교(夏郊)는 삼대(三代)에 제사를 올렸다"고 하였다.

26) '어기는 것이 없게 되리라'라고 풀이한 부분의 중화서국 판본 원문은 '則無爲者'지만 아무래도 순통하지 않아, '爲'는 '違'로 보아야 한다고 주석에서 밝힌 다른 판본의 견해를 따랐다.

이 거짓이라고 하리오.[28] 자연은 의식에 응하여 복을 많이 내려줄 것이요, 순정한 복을 내릴 것이다. 예절과 의식에 인간과 신명이 모두 알맞게 어우러지고, 이족과 중국에 정삭(正朔)의 관습이 두루 퍼지게 되었다.

이제 우리 왕께서 옛 예의를 거듭 새롭게 이행하시어 천지의 조화에 짝하게 되었다. 진곡(酳穀)의 적절한 의식에 응하여 수없는 성과를 거두게 되었다. 교사(郊祀)를 거행한 것에 대한 응보가 거듭 이어지리라. 그렇다면 길어지는 해를 맞이하여 제사하는 일을 우(虞)·하(夏)에 견준다 해도 무엇이 부족하리오!

惟饗帝以事天, 必推策以迎日. 寅方肇建, 俟啓蟄以展儀; 卯位將初, 爰用牲而協吉. 送烈烈之凝氣, 導遲遲之陽律. 猶分可愛之輝, 式佇寅賓之質. 稽之虞典, 期匪疾而匪徐; 行以夏時, 契惟精而惟一.

職在馮相, 事傳小正. 符上春以備儀, 必修其始; 先仲春而有事, 故謂之迎.

時也淑景初延, 幽陽潛啓. 當四時之首位, 用三代之達禮. 探賾索隱, 得郊祀之元辰; 極往知來, 正邦家之大體.

事冠前古, 儀標後王. 皮弁乍臨, 土圭之影猶積; 泰壇既罷, 玉漏之聲漸長. 變熙熙之純曜, 流杲杲之晴光, 璧影始融, 麗景才凝於城闕; 輪形尙疾, 斜暉未駐於康莊.

是知迎長日之儀, 實王心之所共; 兆南郊之位, 乃陽事之所用.

故可以知上下之際, 見天人之交, 動浮光於俎豆, 散微照於苞茅. 周流金石, 暉照陶匏. 異乎天紀不修, 秦伯尙矜其泰畤; 日官失職, 晉侯徒繼乎

27) 『회남자』에 나오는 말로, 노양(魯陽)이 한(韓)과 전투를 벌여 한창 진행 중인데 날이 저물려고 하여, 창을 휘두르자 해가 '삼사(三舍)' 물러났다고 했다. '사(舍)'는 고대 거리 단위이다.

28) 『한서』에 나온다. 문제 때 신원평(新垣平)이 "제가 징후를 살피니 해가 다시 중천에 뜰 듯합니다"라고 말했는데, 조금 있자 해가 다시 중천에 있어서, 연호를 바꾸어 17년을 원년으로 했다고 한다.

夏郊.

於以迎之, 則無爲者. 委照將久, 豈三舍之足憑; 延光可期, 胡再中之云假! 自然應以繁祉, 錫之純嘏. 禮儀允洽於人神, 正朔克周於戎夏.

今我后再新古禮, 與天地相參. 應戩穀之宜, 受之千億; 奉郊祀之報, 至於再三. 然則迎長日恭祀事, 並虞夏而何慚!

기리고부(記里鼓賦 : 기리고)[29]

기묘하다. 이정고(里程鼓)를 설치한 건, 천읍(天邑)에 제도(制度)를 널리 퍼뜨린 것이다. 대례(大禮)가 적시에 행해지는 것을 도와 행해졌고, 성대한 위용을 찬양하여 세우고자 하여 이에 세워졌다. 그 모습을 보니, 3천 병사의 위의(威儀)를 지킬 수 있고,[30] 그 소리를 조절하니, 하루 50리 길행(吉行)을 표시할 수 있다.[31] 화(和)·난(鸞) 방울을 함께 매달아 사용하고,[32] 지남차를 겸했으되 더 빠르다. 교제의 의식이 진설되고, 봉선의 예식이 집행되면, 천리 길·한 자·한 치 거리를 셀 수 있고, 사방을 헤아려 모든 예의 의식이 모인다. 화산(華山) 들판에서 다섯 번을 치면 안개가 덮였음을 알 수 있고, 남산 남쪽에서 백 번을 치면 우레 소리가 미치는

---

29) 본편은 '이정고[記里鼓]'를 소재로 한 사부이다. '記里鼓'는 '記里車'라고도 한다. 운행한 거리를 알려주는 북을 설치한 수레를 말한다. 1리 또는 10리를 지날 때마다 북을 치는 나무 인형 장치를 설치한 수레이다. '이정표(里程標)'란 말에 근거하여, 역문에서는 일단 '이정고(里程鼓)라고 했다.

30) 『예기』에서 '예의(禮儀) 3백, 위의(威儀) 3천이 그 사람을 기다린 연후에 행해진다'고 했다.

31) 「가연지전(賈捐之傳)」에서 '난기(鸞旗)가 앞에 있고, 부속 수레가 뒤에 있어, 길행(吉行)하여 하루에 50리를 간다'고 했다.

32) 『좌전』 환공 2년, '錫鸞和鈴, 昭其聲也.' 주석에서 '영(鈴)은 말 이마에 있고, 난은 재갈에 있고, 화는 가름대에 있다'고 했다.

곳을 알 수 있다.

앞선 성인이 만들어, 후대 제왕이 따라서 만들었다. 옛 기기를 구해 그 현묘한 이치를 찾아서, 총명한 지혜를 운용하여 새로운 것을 만들었다. 저 훌륭한 장인의 관상을 보면, 도를 모르는 사람과 물론 전혀 다르고, 이정고에 설치된 이 나무 인형을 보면, 길을 잃은 사람과 물론 다르다. 발걸음 가지런하여 흐트러짐 없고, 멀고 가까운 차이 있어도 순서에 틀림이 없다. 큰 길을 따르니, 예전(禮典)과 어긋남이 없고, 큰 소리 들으니, 시간의 순행에 바로 들어맞는다.

비록 길은 구불구불하고 땅은 험하기도 하고 평탄하기도 하지만, 본디 잘 적응하여 실수가 없어서, 조그만 기미도 잘 알아서 대처한다. 살펴보며 북을 치며, 장정(長亭)과 단정(短亭)을 구분하고,[33] 빠르지도 않고 느리지도 않아, 지혜가 있는지 없는지 충분히 구분할 수 있다.[34]

그 기묘한 것을 보면, 누가 그 미세한 것까지 추측할 수 있나? 그 운행을 보면, 어찌 그 개폐(開閉)를 알 수 있나! 소리는 쇠미해지지 않아 알맞은 정도를 얻고, 울림은 우렁차고 절제가 있다.

이에 용을 달아 길을 잡게 하여, 이에 하늘로 길 잡아 선회한다. 동혼의(銅渾儀)와 다르지만 또한 자미성(紫微星) 자리에 함께 할 수 있고, 옥루(玉漏)의 모양과 다르지만 또한 황도(黃道) 하루 길을 갈 수 있다. 만물에 주도면밀한 지혜로 이것을 설치하고, 극히 깊은 예지로 이것을 연구했다. 번쇄한 소리로 두둥두둥 울리는 걸 비루하게 여기고, 촉박한 박자로 타닥타닥 울리는 걸 비루하게 여긴다.

신묘한 설계를 사람이 했건만, 빼어난 구상은 신이 내려준 듯하다. 때

33) 유자산(庾子山) 「애강남부(哀江南賦)」에서 '十里五里, 長亭短亭'이라고 했는데, '5리마다 단정 하나 있고 10리마다 장정 하나 있다'는 말이다.

34) 『세설신어』에 나온다. 위(魏) 무제(武帝)가 조아(曹娥)의 비석을 지나는데, 비석 뒷면에 「黃絹幼婦外孫齏臼」라고 되어 있었다. 양수(楊脩)가 해설을 해주었는데, 위무제는 30리 길을 가고 나서야 그 뜻을 깨달았다. 위무제는 탄식하며 '내 재능이 경보다 못하네. 지혜가 있고 없는 것이 30리 차이가 나니 말일세'라고 했다.

가 되어 북을 치니, 지금까지 옛 법도를 따른다. 작동하는 것이 항상 변함이 없으니, 옛날의 문물과 맞아떨어진다.

이로 인해 황제의 거리가 바르게 되고, 황제의 도로가 흥성해진다. 공손히 나서서 성대한 위엄을 떨치고, 건(乾) 괘에 응하여 성인의 길을 연다.

우리 군왕께서 이를 통해 문물을 비추고 명성을 퍼뜨리시어, 평소에 어긋남 없으니 시행해도 된다. 좋은 먹을 가져오고 좋은 붓을 골라 기록함이 마땅하여, 감히 먼저 아시(雅詩) 세 수를 쓰고 부(賦)를 바쳐서, 만국의 칭송의 말을 앞으로 선도하기 바라노라.

異哉鼓之設也, 佩制度於天邑. 佐大禮於時行卽行, 贊盛容而立之斯立. 觀其象, 可以守威儀之三千; 節其音, 可以表吉行之五十. 配和鸞以入用, 並司南而爲急. 若乃郊薦之儀旣陳, 封禪之禮攸執, 經千里之分寸可候, 度四方而禮容是集. 施五擊於華山之野, 知霧氣已籠; 用百發乎南山之陽, 識雷聲所及.

先聖有作, 後王式遵. 啓玄機以求舊, 運巧智而攸新. 相彼良工, 自殊昧道之士; 眷茲木偶, 應異迷途之人. 齊步武而無佚, 差遠近而有倫. 遵大路, 罔愆乎禮典; 聽希聲, 克正於時巡.

雖道有環回, 地分險易, 固善應而莫實, 諒知機而有爲. 載考載擊, 所辨於長亭短亭; 匪疾匪徐, 足分乎有智無智.

觀其妙矣, 孰測其微細? 觀其徼矣, 詎知其啓閉! 音不衰而得度, 響其鏜而有制.

於以翊龍御, 於以引天旋. 異銅渾之儀, 亦可敍紫微之星次; 殊玉漏之制, 而能涉黃道之日躔. 周物之智斯設, 極深之幾是硏. 鄙繁音之坎坎, 陋促節之闐闐.

妙出人謀, 思由神假. 時然後擊, 贊賞典於今茲; 動惟其常, 契同文於古者.

由是皇衢以正, 帝道斯盛. 恭出震以成威, 膺御乾而啓聖.

我后得以昭文物, 展聲明, 不愆於素, 可擧而行. 宜乎騁墨妙, 呈筆精, 固敢先三雅而獻賦, 庶將開萬國之頌聲.

오자(吾子 : 그대)[35]

“그대가 왔으니, 그대에게 여유있는 것을 다른 사람에게 주려고 하는가?” “그렇습니다.” “만약 자네를 등용한다면 충과 효를 다하게 할 수 있을까?” “아닙니다. 무릇 충성을 다하는 자가 없어서 충성이 보이는 것이고, 효도를 다하는 자가 없어서 효도가 들리는 것으로, 충성이 보이지 않아서 모두가 충성스럽고, 효도가 들리지 않아서 모두가 효성스러워, 소리없이 드러나고 멀찌감치 파급되어 자기도 모르게 이미 혼연일체가 된 것에 어찌 견주겠습니까!”

曰 : “吾子來也, 以有餘而欲及人乎?” 曰 : “然.” “若用子而能使竭忠孝乎?” 曰 : “否. 夫無忠而忠見, 無孝而孝聞, 曷若使不見而忠, 無聞而孝, 肅然已出, 熙然已及, 夫已也渾然矣乎!”

35) 본편은 궐문(闕文) 즉 ‘앞뒤의 내용이 누락된 글’이다. 따라서 현존하는 내용 부분만 임시로 번역해볼 뿐, 전편의 의미는 알 수 없다. 양웅(揚雄)의 『법언(法言)』에 「오자편(五子篇)」이 있는데, 이 글이 궐문이어서, 관계가 있는지 또한 알 수 없다.

유수전(劉叟傳 : 유노인 전기)[36)]

노(魯)나라에 유(劉)노인이 있었는데, 용을 부리는 기술이 있다면서 노공(魯公)을 찾아갔다. 유노인이 말했다. "1년 내내 비가 오지 않으면, 소출이 있을 수 없고 수입도 있을 수 없습니다. 백성은 퀭하여 하늘만 보고 있고, 경사대부는 지혜가 바닥나서, 산천에 굿을 하고 신명에 기도하며 비를 바라지만, 전혀 응답하지 않습니다. 소신이 이 용을 한 자 너비의 땅에 던져놓으면, 얼마 지나지 않아 상하(上下)에서 우레가 치고 동서(東西)에서 우레가 쳐서, 이에 먼저 바람이 앞서고, 구름이 피어오르고, 이어 비가 내립니다. 폐하께서 원하시는대로, 한 읍에 충분히 비가 오게 할 수도 있고, 한 나라에 충분히 비가 오게 할 수도 있고, 천하에 충분히 비가 오게 할 수도 있습니다." 노공은 "이 용이 그렇게 신통한가? 그렇다면 이건 과인의 나라에서는 감히 쓸 수 없네"라고 했다. 유노인이 말했다. "소신이 듣기로, 비바람을 피하고 추위와 더위를 제어하려면 마땅히 아직 춥거나 덮지 않을 때 미리 대비해야 한다고 합니다. 그러므로 일이 닥친 이후 도움을 청하는 것보다는 아직 닥치지 않았을 때 먼저 대비하는 것이 낫습니다." 이에 노공은 유노인을 머물게 하고 용을 받아들였다. 다음해 과연 크게 가뭄이 들어, 유노인더러 용을 내보내라고 명하니, 과연 비가 많이 왔다.

魯有劉叟者, 嘗以御龍術進於魯公. 劉叟曰 : "歲不雨, 無以出終無以入. 民枯然視天, 卿士大夫絶智, 謀山川、禱神祇以祈, 皆不應. 臣投是龍於尺地之內, 不踰晷, 雷浮上下, 雷浮東西, 於是先之以風, 騰之以雲, 從

36) 본편은 용을 마음대로 부리는 신통한 재주를 지녔다는 유노인이라는 사람의 전기이다. 내용 자체가 허무맹랑하고 전편의 구도 또한 어설픈 것으로 보아, 유종원이 쓴 다른 전기와 비교해볼 때, 유종원이 쓴 것이 확실한지 의문이다.

之以雨. 如君之意, 欲一邑足之, 欲一國足之, 欲天下足之." 魯公曰 : "斯龍也其神乎? 是則寡人之國非敢用." 劉叟曰 : "臣聞避風雨, 禦寒暑, 當在未寒暑乎? 是故事至而後求, 曷若未至而先備." 於是魯公止劉叟而內龍. 明年, 果大旱, 命劉叟出龍, 果大雨.

하간전(河間傳 : 하간 전기)[37)]

하간(河間)은 음탕한 부인으로, 성(姓)을 밝히고 싶지 않아서, 출생지로 대신 호칭한다. 처음 부인이 친척 마을에서 살 때는 현명하고 지조가 있었다. 본래 시집가기 전부터 친척들의 난잡한 행동을 싫어하여, 그들과 동류인 것이 부끄러워, 홀로 깊이 틀어박혀 가위질 · 마름질 · 침선 · 매듭 등을 익혔다. 시집을 간 이후로 시아버지가 없이 홀로 시어머니 봉양하는 것에 매우 정성을 다했고, 일찍이 문 밖 일을 말한 적이 없었다. 또한 남편의 손님과 친구 중 가깝게 지내는 자들을 예의와 공경을 다해 접대했다.

그 일족 무리 중 추행을 일삼는 자가 "하간을 어떻게 해볼까?"라고 모의하자, 그보다 심한 자가 "꼭 망가지게 해봐야겠어"라고 했다. 이에 모의하여 수레 여러 대를 동원하여 하간 집을 찾아가, 함께 놀자고 초대하면서, 또한 미사여구를 동원하여 "우리 마을에 하간이 살면서부터, 친척 마을 사람들이 밤낮으로 엄격하게 수양하여, 조그만 것 하나라도 안 좋은 행실이 있으면 알려질까 두려워합니다. 이제 옛 잘못을 고쳐 서로 본받으며 예절을 지키고 싶어하고, 아침 저녁으로 만나 모범으로 삼아 바

37) 본편은 문인이 쓴 전기로서는 보기 드물게 여인의 음탕한 행위를 표현하면서 적나라한 언어와 묘사를 동원했다. 이로 인해 많은 비난을 받기도 했고, 역으로 전기의 새로운 지평을 열었다면서 호평을 받기도 했던 문제작 중 하나이다.

라보며 스스로 경계로 삼고자 합니다"라고 말했다. 하간은 굳이 사양하면서 가려 하지 않았다. 시어머니가 노하여 "지금 사람들이 좋은 말로 찾아와 새 신부를 맞이하여 모범으로 삼고자 하는데, 어찌 그리 강하게 거절하느냐?"라고 하자, 하간은 사양하면서 "여자의 도리를 들었는데, 곧고 순종하고 조용하고 바른 것을 예로 삼으라고 했습니다. 이렇게 화려한 수레에 머리 장식 반짝이며 여럿이 나와서 소란하게 떠들면서, 마시고 먹고 보고 즐기는 것은 여자가 할 일이 아닙니다"라고 했다. 시어머니가 강권하기에, 이에 그들을 따라 놀러 갔다. 시장을 지나가는데 혹자가 말하길 "시장에서 조금 남쪽으로 가면 절이 나오는데, 국가 최고 장인 오노인이 예전에 동남쪽 벽에 그림을 그렸는데, 매우 괴이하다오. 하인을 먼저 보내 길을 열게 하고, 들어가 보면 되지요"라고 했다. 관람이 끝나자, 빈객의 자리로 이끌고 가, 장막과 침상의 한 켠에 먹을 것을 준비했다. 그때 어떤 남자의 기침 소리가 들리자, 하간은 깜짝 놀라, 맨발로 달려 나와, 시종을 불러 마차에 타고 돌아갔다. 며칠을 울고 나서, 더욱 굳게 외부와 왕래를 끊고, 친척들과 왕래하지 않았다. 친척 마을에서 이에 다시 찾아와 사과하면서 "하간 부인이 그렇게 황급히 돌아간 것은 앞에 누군가 있었기 때문인 듯하오만, 그걸로 우리를 탓하시는 것인지요? 지난번에 기침을 한 자는 조리사일 뿐입니다"라고 하여, "몇몇 사람들이 문에서 웃던데, 이들은 어찌 된 사람들이오?"라고 묻자, 친척들은 이 말을 듣고 물러났다.

한 해가 지나서, 이에 감히 다시 부르러 와, 시어머니에게 부탁하여, 기필코 그녀를 데리고 함께 가, 결국 풍개주 서쪽 절 두 연못 사이로 들어가, 난간을 두드려 몰려나온 물고기·자라 등에게 먹이를 주니, 하간이 한 번 웃음을 내비쳤고, 무리들은 이에 기뻐했다. 조금 있다 또한 식사 장소로 데리고 들어갔는데, 휘장이나 장막 없이 텅 비고 복도가 탁 트여서, 하간은 이에 들어가는 걸 허용했다. 이에 앞서, 나쁜 청년 무리더러 북쪽 창 밑 벽에 숨어 있게 하고, 주렴을 내리고, 여인더러 진성(秦

聲)을 공연하도록 하여, 다리 뻗고 앉아 관람했다. 조금 있다, 벽 밑에 숨었던 자들이 나와서 외모가 잘 생기고 성기가 큰 사람을 뽑아서 하간을 상대하게 하니, 이에 그 자가 하간을 껴안았다. 하간이 소리치고 울자, 여종이 옆에서 붙잡았으나, 혹자는 살살 꼬드기고, 혹자는 욕을 하고 비웃었다. 하간이 자기를 껴안은 사람을 살짝 돌아보니 외모가 아주 잘 생겼고, 좌우에서 나쁜 짓 하는 자들은 이미 마음먹은대로 할 수 있게 되어, 콧숨을 씨익씨익 쉬니, 마음이 동요하지 않을 수 없어, 대항하던 힘이 점차 풀어져서, 그 자는 다행히 한 번 일을 치를 수 있었다. 이로 인해 안아서 방에 들여놓으니, 하간은 울음을 거두고 매우 흡족해 하면서, 예전에 느끼지 못한 것을 느낀 것을 스스로 다행이라고 여겼다. 해가 기울 무렵, 먹을 것이 준비되어, 그 무리가 식사하라고 불렀다. "나는 안 먹겠소"라고 했다. 해가 저물려고 하여, 수레를 준비하여 돌아가야 한다고 주의를 주었는데도 하간은 "나는 돌아가지 않겠소. 반드시 이 사람과 함께 죽겠소"라고 하여, 친척들이 도리어 큰 고민에 빠져, 부득이하여 함께 밤을 보냈다. 남편이 말을 타고 데리러 와도 만날 수가 없었는데, 좌우에서 힘써 제지하여, 다음 날에야 돌아가기로 했다. 정부를 붙잡고 크게 울며, 팔 깨물고 서로 맹세를 한 연후에야 수레에 올랐다.

집에 돌아오자, 남편이 보기 싫어 눈을 감고 "내가 병이 심하군요"라고 했다. 온갖 것을 다 주어도 결국 먹지 않았다. 좋은 약을 해 먹여도 손을 내저었다. 가슴이 콩당콩당 항상 마치 높은 기둥에 걸린 현 같았다. 남편이 가까이 오기만 하면 욕을 하면서, 끝내 한 번도 눈을 뜨지 않고, 갈수록 더 미워하여, 남편의 걱정이 말이 아니었다. 며칠이 지나자 "내가 병이 들어 죽을 것 같은데, 약으로 고칠 수 있는 게 아니니, 나를 위해 귀신을 불러서 병마가 나가게 해주세요, 하지만 꼭 밤에 해야 해요"라고 했다. 남편은 하간이 병이 든 때부터 말하는 것이 실성한 사람 같았으며, 그녀의 마음을 기쁘게 해줄 수 있는 것이라면 무엇이든 못할 것이 없다고 생각했다. 당시 황제가 밤에 제사 올리는 것을 매우 싫어했지만, 남편은 피할 것이 없었다. 굿을 할 장비를 늘어놓자, 하간은 동네 사람더러 자기 남편이 귀신을 불러 굿을 하려고 한다고 고발하게 하여, 상하 관리들이 실상을 조사한 다음 태형으로 죽이게 되었다. 숨이 넘어가면서도 "내가 부인을 저버렸구나! 내가 부인을 저버렸구나!"라고 했다. 하간은 매우 기뻐하며, 복상도 하지 않고, 정을 통한 정부를 문을 열고 불러들여 벌거벗고 어울리며 끝없이 음행을 즐겼다.

그렇게 1년이 지나, 음행을 즐기던 자의 기력이 쇠하자, 더욱 싫증을 느껴서, 이에 그를 쫓아냈다. 장안(長安) 건달들을 불러들여 밤낮으로 문안에서 교접하였는데, 그래도 성에 차지 않았다. 또 서남쪽 모퉁이에 주막을 차려 놓고, 자기는 주루 위에 있으면서 은밀히 살피고, 작은 문을 뚫고, 여자 시종더러 먹을 것을 들이도록 했다. 술 마시러 오는 모든 사람 중 코 큰 사람, 젊고 건장한 사람, 얼굴이 잘 생긴 사람, 취중에 희롱을 잘 하는 사람을 모두 올라오게 하여 교접했다. 교접하면서도 문틈을 엿보며, 한 남자라도 놓칠까 염려했고, 그래도 날마다 신음하고 걱정하며 부족하다고 여겼다. 그렇게 10여 년을 보내더니, 골수가 말라버리는 병으로 죽었다. 이로부터 친척 마을에서는 비록 사악한 행위를 일삼는 자라 해도 하간이라는 이름만 들었다 하면 모두 코를 막고 이맛살을 찌푸리며 입에 담고 싶어하지 않았다.

유선생은 말하노라. "천하의 인물 중 수양을 잘 한 사람으로, 하간처럼 처음에 아내와 며느리 노릇을 잘 한 사람이 있는가? 천하에서 친구끼리 서로 사모하고 바라보며 지내야 한다고 말하는 사람 중, 하간처럼 그 남편과 다정하게 지낸 사람이 있는가? 하간은 일단 포악한 자로부터 몸을 버려, 진정으로 그 쾌락을 맛보게 되면서, 돌아와서는 남편을 마치 도적이나 원수처럼 적대시하여, 차마 그 얼굴을 한 번도 쳐다보지 않고, 마침내 계략을 꾸며 죽이고도 전혀 슬퍼하는 기색이 없었다. 그렇다면 무릇 인정과 애정을 가지고 서로를 사랑하고 사귀는 것에 사악한 이익이 파고들지 않을 수 있을까? 역시 은혜라는 것은 믿기 어려운 것임을 충분히 알겠다! 친구 사이가 이러니, 하물며 군신의 사이는 어떠하겠는가? 더욱 두려운 것이다! 나는 이로 인해 개인적으로 이 글을 적었다.

河間, 淫婦人也, 不欲言其姓, 故以邑稱. 始婦人居戚里, 有賢操. 自未嫁, 固已惡羣戚之亂尨, 羞與爲類, 獨深居爲翦製縷結. 旣嫁, 不及其舅, 獨養姑, 謹甚, 未嘗言門外事. 又禮敬夫賓友之相與爲肺腑者.

其族類醜行者謀曰 : "若河間何?" 其甚者曰 : "必壞之." 乃謀以車衆造門, 邀之遨嬉, 且美其辭曰 : "自吾里有河間, 戚里之人日夜爲飭厲, 一有小不善, 惟恐聞焉. 今欲更其故, 以相效爲禮節, 願朝夕望若儀狀以自惕也." 河間固謝不欲. 姑怒曰 : "今人好辭來, 以一接新婦來爲得師, 何拒之堅也?" 辭曰 : "聞婦人之道, 以貞順靜專爲禮. 若夫矜車服, 耀首飾, 族出讙鬧, 以飮食觀游, 非婦人宜也." 姑强之, 乃從之游. 過市, 或曰 : 市少南入浮圖祠, 有國工吳叟始圖東南壁, 甚怪. 可使奚官先辟道乃入觀. 觀已, 延及客位, 具食帷牀之側. 聞男子欬者, 河間驚, 跣走出, 召從者馳車歸. 泣數日, 愈自閉, 不與衆戚通. 戚里乃更來謝曰 : "河間之遽也, 猶以前故, 得無罪吾屬耶? 向之欬者, 爲膳奴耳." 曰 : "數人笑於門, 如是何耶?" 羣戚聞且退.

期年, 乃敢復召, 邀於姑, 必致之, 與偕行, 遂入隮隥州西浮圖兩池間, 叩檻出魚鼈食之, 河間爲一笑, 衆乃歡. 俄而, 又引至食所, 空無帷幕, 廊廡廓然, 河間乃肯入. 先, 壁羣惡少於北牖下, 降簾, 使女子爲秦聲, 倨坐觀之. 有頃, 壁者出宿選貌美陰大者主河間, 乃便抱持河間. 河間號且泣, 婢夾持之, 或諭以利, 或罵且笑之. 河間竊顧視持己者甚美, 左右爲不善者已更得適意, 鼻息咈然, 意不能無動, 力稍縱, 主者幸一遂焉. 因擁致之房, 河間收泣甚適, 自慶未始得也. 至日仄, 食具, 其類呼之食. 曰 : "吾不食矣." 且暮, 駕車相戒歸, 河間曰 : "吾不歸矣. 必與是人俱死." 羣戚反大悶, 不得已, 俱宿焉. 夫騎來迎, 莫得見, 左右力制, 明日乃肯歸. 持淫夫大泣, 齧臂相與盟而後就車.

既歸, 不忍視其夫, 閉目曰 : "吾病甚." 與之百物, 卒不食. 餌以善藥, 揮去. 心怦怦恒若危柱之絃. 夫來, 輒大罵, 終不一開目, 愈益惡之, 夫不勝其憂. 數日, 乃曰 : "吾病且死, 非藥餌能已, 爲吾召鬼解除之, 然必以夜." 其夫自河間病, 言如狂人, 思所以悅其心, 度無不爲. 時上惡夜祠甚, 夫無所避. 旣張具, 河間命邑人告其夫召鬼祝詛, 上下吏訊驗, 笞殺之. 將死, 猶曰 : "吾負夫人! 吾負夫人!" 河間大喜, 不爲服, 闢門召所與淫者, 倮逐爲荒淫.

居一歲, 所淫者衰, 益厭, 乃出之. 召長安無賴男子, 晨夜交於門, 猶不慊. 又爲酒壚西南隅, 己居樓上, 微觀之, 鑿小門, 以女侍餌焉. 凡來飮酒, 大鼻者, 少且壯者, 美顔色者, 善爲酒戲者, 皆上與合. 且合且窺, 恐失一男子也, 猶日呻呼懵懵以爲不足. 積十餘年, 病髓竭而死. 自是雖戚里爲邪行者, 聞河間之名, 則掩鼻蹙頞皆不欲道也.

柳先生曰 : 天下之士爲脩潔者, 有如河間之始爲妻婦者乎? 天下之言朋友相慕望, 有如河間與其夫之切密者乎? 河間一自敗於强暴, 誠服其利, 歸敵其夫猶盜賊仇讎, 不忍一視其面, 卒計以殺之, 無須臾之戚. 則凡以情愛相戀結者, 得不有邪利之猾其中耶? 亦足知恩之難恃矣! 朋友固如此, 況君臣之際, 尤可畏哉! 余故私自列云.

쟁곽사묘지(箏郭師墓誌 : 쟁의 명인 곽사 묘지)[38]

곽사(郭師)의 이름은 무명(無名)이요, 자는 없다. 부친은 상(爽)으로, 운중(雲中) 대장을 지냈다. 무명은 태어나면서 음악에 뛰어나, 13현을 연주할

38) 본편은 쟁(箏)의 명인 곽사(郭師)의 묘지이다. 마지막 지문의 내용으로 보아, 원화 12년(817) 9월 16일 쓴 것이다. 또한 역시 마지막 지문의 내용으로 보아, 이 날 장례를 치른 듯하다. 당시 유종원은 유주에 있었다. 유우석이 당시 이걸 받아보고 느낌을 서술한 글이 유우석 문집에 전한다.

줄 알았다.[39] 그 연주는 하늘의 솜씨를 홀로 타고나서, 7율 35조(調)를 다루는 것이 정밀하고 섬세하고 그윽하고 은미하고, 손톱과 손가락을 운용하고 손바닥을 움직이며 응용하여, 목성(木聲)·사성(絲聲)이 고르게 제대로 나오게 하고, 소리의 굴절과 펴짐을, 배우는 자들이 제대로 알 수가 없었다. 젖을 뗄 때부터 훈채를 가까이 하지 않았고, 이리하여 불도를 사모했다. 부모가 세상을 떠나자, 형제를 버리고 스스로 삭발하고 승복 입고 대주(代州) 청량산(淸涼山)으로 들어갔다가, 또한 남쪽으로 초(楚) 지역으로 왔다가, 우연히 예전에 연주하던 악기와 마주치자, 어루만지고 연주해보지 않을 수 없었다.

오왕(吳王) 주(宙)가 복주(復州) 자사로 있는데,[40] 혹자가 이 사실을 알려, 데리고 들어가, 억지로 연주하게 하니, 주는 음악을 안다고 알려졌던 인물이라, 손뼉을 치고 뛸 듯이 기뻐하며 신기하게 여겼다. 마침 주가 하주(賀州)로 폄적되어, 결국 그를 따라갔다. 천성이 술을 좋아하여, 그만 둘 수 없어서, 머리를 기르고 황로술을 수련했다. 도주(道州) 자사 설백고(薛伯高)가 주에게 편지를 보내, 반드시 곽사를 보내달라고 청하여, 도착하자 함께 기거했다. 설백고는 포야(褒邪) 사람으로, 그의 음악을 좋아하여, 좋은 대목에 이르면 스스로 박자를 맞추었다. 문지기더러 그가 드나드는 것을 잘 살피라고 했다. 측백(仄柏)만 먹고, 곡류를 먹지 않았다. 3년이 지나자, 변복을 하고 구의산 총사(叢祠)로 달아나 숨어 살면서 쟁 연주가 더욱 좋아졌고, 친척을 만나도 달가워하지 않았다. 마침내 갑자기 불어난 물을 타고 작은 배를 띄워 구루산(岣嶁山)으로 내려가, 도록(道籙)을 구하

---

39) 완우(阮瑀)의 「箏賦」에서, '쟁(箏)은 길이가 6척으로, 6률에 어울리게 했다. 현은 12개로, 12시(時)를 본떴고, 주(柱)는 높이가 세 치로, 삼재(三才)를 본떴다'고 했다. 『당사(唐史)』에서, '쟁은 본래 진성(秦聲) 악기로, 체제는 슬(瑟)과 같은데 현이 적다'고 했다. 경방(京房)에서 5음의 기준을 만들며, 슬과 같은데 13현인 것이 바로 쟁이다. 현재 아악·청악에서 쟁은 모두 12현이고, 다른 악기는 모두 13현이다. 곽사가 연주를 잘 했던 것은 13현이었던 듯하다.

40) 태종의 아들이 오왕 각(恪)이고, 각의 아들이 곤(琨)이고, 곤의 아들이 지(祗)고, 지의 아들이 헌(巘)이고, 헌의 아들이 주로, 모두 대를 이어 왕이 되었다.

려 했는데, 마침 구양사(歐陽師)가 세상을 떠나서 결국 전수받지 못했다. 장계(張誠)가 영남의 부사로 오게 되어, 또한 강권하여 함께 지냈다. 장계가 죽게 되자, 여기 내가 있는 곳으로 오게 되었다. 그때는 이미 골수병에 걸렸으나, 여전히 하루에 너댓 곡을 연주했다. 며칠 있으니 더욱 위독해졌다. 병에 걸린 이후 스스로 노래를 만든 적이 있다. 죽은 지 사흘 만에 이 주(州) 북쪽 봉우리 서쪽에 장사지냈다. 지문은 다음과 같다.

운주(雲州)에서 태어나, 유주(柳州)에서 세상을 떠나니, 향년 50이요, 골수에 병이 걸려, 하늘이 내려준 소리 이제 그치게 되었다. 정유년 가을도 이미 깊어,[41] 둥근 달 기우는 것이 이때부터 시작되네.[42] 마음은 불도를 닦고 생김새는 도사이라, 어진 사람 있거들랑 나를 애처로이 여겨 버리지 말고 묻어주기를 바란다.

郭師名無名, 無字. 父爽, 雲中大將. 無名生善音, 能鼓十三絃. 其爲事天姿獨得, 推七律三十五調, 切密邃靡, 布爪指, 運掌擥, 使木聲絲聲均其所自出, 屈折愉繹, 學者無能知. 自去乳, 不近葷肉, 以是慕浮圖道. 旣失父母, 卽棄去兄弟, 自髡緇入代淸涼山, 又南來楚中, 然遇其故器, 不能無撫弄.

吳王宙刺復州, 或以告, 乃延入, 强之, 宙號知聲音, 抃蹈以爲神奇. 會宙貶賀州, 遂以來. 性愛酒, 不能已, 因縱髮爲黃老術. 薛道州伯高抵宙以書, 必致之, 至與坐起. 伯高, 褒邪人也, 嗜其音, 至善處, 輒自爲擊節. 敎閽管謹視出入. 餌仄柏, 不食穀. 三年, 變服遁逃九疑叢祠中, 披取之益善, 親遇, 終不屑. 卒乘暴水入小船, 下峋嶁山, 求道籙, 會歐陽師死, 不果受. 張誠副嶺南, 又强與偕. 誠死, 至是抵余. 時已得骨髓病, 日猶鼓音四五行. 居數日, 益篤. 旣病, 自爲歌. 死三日, 葬州北崗西. 志其詞曰:

41) 원화 12년(817) 계추임을 말한다.
42) 음력 9월 16일을 말한다.

雲州生, 柳州死, 年五十, 病骨髓, 天與之音今止矣. 丁酉之年秋旣季, 月闕其團於是始. 心爲浮圖形道士, 仁人我哀埋勿棄.

조수재군묘지(趙秀才羣墓誌 : 수재 조군 묘지)[43)]

정영(程嬰)이 돌보고 공손저구(公孫杵臼)가 죽음으로써 조씨(趙氏)의 유일한 혈육이 생존하였고,[44)] 천수(天水) 읍에서 왕후세가가 되었다. 조군(趙羣)의 자는 용성(容成)으로, 그 뒤를 이은 후손이며, 조부 아무개 부친 아무개는 서로 이어 벼슬을 했다. 어허 수재는 무엇이 그리 급했는가? 공손한 외모에 기예도 배우기 시작했었다. 적수(赤水) 여인에게 장가들어 친척의 인연을 맺었거늘, 남쪽으로 합포(合浦)까지 와서 갑자기 멀리서 모였다. 원화 경인년(810)에 영혼을 영원히 보내는데, 나이를 물으니 서른하고도 넷이라. 인부가 영구 메고 돌아갈 때는 경칩이라, 소수(瀟水) 상수(湘水) 만나는 곳 벌판에 임시로 모셔둔다. 젊은 아내 울부짖고 어린 딸도 울고, 화답하는 사람들도 처량하게 한숨쉬고 행인들도 슬퍼한다. 처음 교분 추억하고 요절을 가련히 여겨 이 돌에 새긴다.

---

43) 본편은 조군(趙羣)이라는 사람의 묘지이다. 내용으로 보아, 영주에서 알게 되어 친하게 지내던 사람이었던 듯하다.

44) 조씨는 춘추시대 때 진(晉)을 섬겼는데, 경공(景公) 3년에 이르러, 대부 도안가(屠岸賈)가 조삭(趙朔)·조동(趙同)·조괄(趙括)·조영제(趙嬰齊)를 죽여 일족을 멸했다. 조삭의 처는 성공(成公)의 누나로, 유복자가 있어, 공의 궁으로 달아나 숨었다. 조삭의 식객 중 공손저구라는 자가 있었다. 공손저구가 조삭의 친구 정영(程嬰)에게 "어찌 죽지 않는가?"라고 묻자, 정영은 "조삭의 부인이 유복자를 가지고 있는데, 만약 다행히 아들이면 내가 받들어 키우겠다"라고 했다. 나중에 과연 아들을 낳았다. 도안가가 색출하자, 정영과 공손저구가 모의하여, 이에 다른 사람의 아이를 데려다가, 공손저구더러 업고 숨게 했다. 장수들이 결국 공손저구를 색출해내 죽였다. 정영은 조씨의 진짜 후손과 함께 산속으로 숨었다. 15년이 지나, 경공이 병에 걸렸기에 점을 치니 '大業之後不遂者爲祟'라고 했다. 이에 조씨 고아와 정영을 부르고, 옛날의 전읍을 조씨에게 그대로 주었다.

嬰, 臼死信孤乃立, 王侯世家天水邑. 羣字容成系是襲, 祖某父某仕相及. 嗟然秀才胡伋伋? 體貌之恭藝始習. 娶於赤水禮猶執, 南浮合浦遽遠集. 元和庚寅神永戢, 問年二紀益以十. 僕夫返柩當啓蟄, 瀟湘之交瘞原隰. 稚妻號叫幼女泣, 和者悽欷行路悒. 追初憫夭銘茲什.

태부이경외부마숙지(太府李卿外婦馬淑誌: 태부 이경의 외부 마숙의 지문)[45]

성은 마(馬)요, 자는 숙(淑)으로, 광릉에서 태어났다. 모친은 유씨(劉氏)로, 객창(客倡)이다. 마숙의 부친은 총(摠)으로, 마숙을 잉태시키고 세상을 떠나, 그래서 마숙은 남강(南康)의 가기(歌伎)가 되었다. 이군(李君)이 목주(睦州) 자사로 있던 중 광포한 도적을 비난하다가 모함을 당하여, 좌천을 당하여 순주(循州)로 가게 되어,[46] 지나던 중 만났다가 사모하여, 외부(外婦)로 맞아들여 함께 남해 근처에 가서 살았다. 영주로 옮겨오게 되었는데,[47] 영주의 시인 중 이군의 친구가 많아, 날마다 술을 들고 찾아갔다. 현을 튕겨 새 음악을 연주하고 박자에 맞추어 노래 부르는 것을 들으면, 그 소리에 감동하지 않는 사람이 없고 그 용모가 아름답다 하지 않는 사

45) 본편은 이른바 이목주(李睦州)와 함께 살았던 가기 마숙의 지문이다. 이목주에게 보내는 편지로 「여이목주논복기서(與李睦州論服氣書)」(제32권)가 있는데, 이목주의 이름이나 자는 미상이다. 그러나 이목주가 데리고 살았던 가기에게까지 지문을 써준 것으로 보아, 필시 유종원과 매우 두터운 관계였던 듯하다. 원화 5년(810), 유종원은 그때 이목주와 영주에 있었기 때문에, 본문에서 '상수 동쪽에서 세상을 떠났다'고 했다. 지문 역시 이때 쓴 것이다. 『한서』에서 '제(齊) 도혜왕(悼惠王)의 모친은 고조(高祖)가 평민이었을 때 외부(外婦)이다'라고 한 것에 대해 안사고(顔師古)가 '밖에서 따로 정을 통했다는 뜻이다'라고 풀이하여, 이로부터 '외부(外婦)'라는 말을 썼다.

46) 이씨가 목주자사로 있던 중, 원화 2년(807) 이기(李錡)의 모함을 당하여 죄를 얻어, 순주로 폄적되었다.

47) 그 후 대사면을 내려, 이씨는 영주로 옮기게 되었다.

람이 없어, 거처도 멀고 이름도 욕을 당한 처지를 잊게 되어, 이렇게 마숙을 만난 것을 다행으로 여겼다. 원화 5년(810) 5월 19일, 병이 누적되어 상수(湘水) 동쪽에서 세상을 떠나, 동쪽 봉우리 북쪽 언저리에 장례를 지내니, 향년 스물넷이다. 명문은 다음과 같다.

용모 아름답고 재주 뛰어난데, 따뜻하고 편안함에 은은히 근심이 서렸다. 아름다운 모습 멀리 가버리니 어디서 찾을까! 상수 물가에서 함께 비파 뜯으며, 영혼의 소리 영원히 이어지리.

氏曰馬, 字曰淑, 生廣陵. 母曰劉, 客倡也. 淑之父曰揔, 旣孕而卒, 故淑爲南康謳者. 李君爲睦州, 詆狂寇見誣, 左官爲循州錄, 過而慕焉, 納爲外婦, 偕竄南海上. 及移永州, 州之騷人多李之舊, 日載酒往焉. 聞其操鳴絃爲新聲, 撫節而歌, 莫不感動其音, 美其容, 以忘其居之遠而名之辱, 方幸其若是也. 元和五年五月十九日, 積疾卒於湘水之東, 葬東崗之北垂, 年二十四. 銘曰:

容之丰兮藝之功, 隱憂以舒和樂雍. 佳冶彫殞逝安窮! 諧鼓瑟兮湘之滸, 嗣靈音兮永終古.

외집(外集) 하권(下卷) 표계(表啓)

위문무백관청복존호표 6수(爲文武百官請復尊號表 6首 : 문무백관이 존호를 복구하기를 청하는 표 6수)[1)]

신 등이 아뢰옵니다. 신이 삼가 선대의 성세(盛世)와 역대의 영명한 군주를 살펴보건대, 모두 홍명(鴻名)을 지니고 명호(明號)를 높여서, 혹은 그 덕망에 어울리고, 혹은 그 공적에 어울리게 하였으니, 이를 통해 밝은 빛

---

1) 본편은 「위경조부청복존호표삼수(爲京兆府請夏尊號表三首)」(제37권) 및 「위기로등청복존호표이수(爲耆老等請夏尊號表二首)」(제37권)와 관련이 있는 표(表)이다. 덕종 건중 원년(780) 정월 정묘 초하루, 신하들이 '성신문무황제(聖神文武皇帝)'라는 존호를 올렸다. 그러나 흥원 원년(784) 정월 계유 초하루, 조정 안팎에서 올리는 글에서 '성신문무'라는 존호를 쓰지 말라는 조서를 내렸다. 이에 정원 19년(803), 신하들이 '성신문무'라는 존호를 다시 쓰도록 해달라고 청하는 표를 연달아 올렸다. 앞에서 언급한 제37권의 표 다섯 수는 유종원이 남전위(藍田尉)로 있을 때 쓴 것이라고 주석에서 밝혔는데, 이 여섯 수는 그 전에 쓴 것으로 보인다.

을 선양하고 순수한 덕망이 훤히 드러나게 하여 멀리까지 보여주려고 했기 때문입니다. 어둑어둑하여 빛이 나지 않는다면, 후손들이 어떻게 볼 수 있겠습니까? 선양하지 않고 덮어 가린다면 신하들의 죄입니다.

엎드려 생각하건대 황제 폐하께서는 바른 대통을 통해 즉위하시어, 성인의 업적을 잇고 원대한 계획을 전수받으시고, 하늘로부터 고명(高明)한 풍모를 타고나고 땅으로부터 넓고 두터운 덕망을 타고나셨습니다. 교화의 근본을 단정히 하시고, 형벌과 예법의 중용을 제정하시어, 성망이 팔구(八區)를 진동시키고, 위엄이 육합(六合)에 더해졌습니다. 현묘한 조화를 운용하여, 통하지 않는 것이 없고, 묵묵히 안정시키는 공을 이루어, 그 누구도 헤아릴 수 없어, 이로 인해 영광스럽게도 성신문무(聖神文武)라는 존호가 상응했습니다.[2] 그 후 비록 반란의 액운을 만났지만,[3] 이제 창성의 시절을 보게 되었으니, 진정 우리 폐하의 무위(武威)로 깨끗이 정리하신 것이건만, 그래도 여전히 스스로를 탓하고 겸양하시어, 자기에게 죄를 돌리는 정의를 따르려 하시고, 백성을 사랑하는 어짐을 밝히려고 하십니다. 신하들은 위로 성상의 마음을 따라서, 겸양의 덕망을 이루시게 하였지만, 그러나 물러나서는 크나큰 두려움을 품고, 이는 폐하의 모든 공을 덮어가리는 것이라고 생각하여, 지금까지 5년이 되도록, 마치 얼음 골짜기에 떨어진 것 같았습니다.[4] 이제 바야흐로 모든 자리가 다스려지고, 모든 공적이 결실을 맺고, 백성들이 이로 인해 모두 화목하고, 풍속 또한 크게 변하였습니다. 군대를 파견하고 독려하여, 변방이 침범당하는 근심거리가 없고, 강역의 경계를 분명히 정하여, 토지를 겸병하는 환난이 없습니다. 사해가 한결같이 편안하고, 만물이 무럭무럭 번창하고, 형벌을 가벼이 함으로써 억울해하지 않는 명성이 넘치고, 탈세한 사람을 잡아도 몰수는 하지 않는 혜택을 입습니다. 서쪽에서는 풍년이라는 보고

2) 건중 원년(780) 정월, '성신문무황제'라는 존호를 올린 것을 말한다.
3) 흥원 원년(784) 정월, 주차(朱泚)의 반란으로 존호를 폐지했다.
4) 정원 5년(789) 10월, 존호를 회복할 것을 백관이 주청했는데, 허락하지 않았다.

가 올라오고, 남쪽에서는 수성(壽星)이 보이는 상서로운 현상이 자주 나타나고, 영험이 여러 번 거듭 내려오고, 하늘의 은혜가 응답을 합니다. 어찌 굳이 스스로를 낮추시어 성대한 밝은 덕을 덮어가리는 것이 마땅하겠습니까? 숭고한 존호를 예전처럼 회복하시기를 원합니다. 하물며 신 등은 폐하의 공평하고 밝은 다스림을 직접 받들었고, 보살펴주신 은혜를 오래 입은지라, 훌륭하신 덕이 밝게 드러나지 않는 것이 부끄럽고, 장차 죄를 짓게 될까 두렵사옵니다.

엎드려 생각하건대 폐하께서 옛 제도를 다시 따르시고, 만민의 마음을 굽어 살피시는 것이야말로, 천지신명과 내외 신민이 진정 원하는 바입니다. 신 등은 지극히 떨리고 간절한 심정을 가눌 길이 없습니다.

臣等言 : 臣竊觀前代之盛, 列辟之英, 咸保鴻名而崇明號, 或配其德, 或昭其功, 蓋所以揚耿光, 彰淳懿而示遠也. 其有暗然不耀, 後嗣何觀? 蔽而不揚, 羣臣之罪.

伏惟皇帝陛下由正統而臨祚, 承聖緖而受圖, 禀高明之姿於天, 侔博厚之德於地. 端敎化之本, 制刑禮之中, 聲震八區, 威加六合. 運玄造之化, 靡有不通; 成陰騭之功, 莫之能測, 是用光膺聖神文武之號. 其後雖逢阨運, 今睹昌期, 誠我武之掃淸, 猶自咎而抑損, 同罪己之義, 明愛人之仁. 羣臣等上順聖心, 以成恭德, 而退懷大懼, 謂掩全功, 五年於玆, 若墜冰谷. 方今百職皆理, 庶績其凝, 人用咸和, 俗惟丕變. 陳師鞠旅, 無犯塞之虞; 畫界分疆, 無專地之患. 四海寧一, 萬類蕃滋, 薄刑溢不寃之聲, 逋賦蒙勿收之惠. 西成有穰歲之報, 南極見壽星之祥, 靈貺屢加, 天恩允答. 豈宜固爲菲薄, 以掩盛明? 尊號之崇, 願復如舊. 况臣等親奉平明之理, 久蒙覆露之恩, 恥德美之不彰, 憂罪戾之將及.

伏惟陛下復循舊典, 俯徇羣情, 誠天地神祇內外臣庶之所望也. 臣等無任屛營悃懇之至.

제이표(第二表 : 두 번째 표)[5]

신 등이 아뢰옵니다. 신 등이 이전에 조회당에 배알하여 표(表)를 올려, 존호를 회복할 것을 엎드려 청했습니다만, 회신하신 교지를 받들어 보니, 저희의 간절한 소원이 이루어지지 않아서, 전전긍긍하며, 크나큰 바람을 어쩌지 못했습니다. 신 등이 엎드려 생각하건대 폐하의 칭호를 존숭하여 풍성한 덕망을 밝히는 것은 중고(中古) 시대로부터 실로 상등의 의례가 되었으며, 우리 조종에 이르기까지 이 전례(典禮)에 응하지 않은 경우가 없었습니다.

엎드려 생각하건대 황제 폐하께서는 널리 운용되는 덕을 지니시고, 은미한 것까지 비추는 어짐을 크게 하시어, 어두운 곳을 밝게 비추시고, 먼 곳에 위무(威武)를 보이셨습니다. 폐하의 혜택이 미치는 범위는 참으로 팔방에 두루 뻗치었고, 영명한 성망이 선양되는 것은 천고의 세월을 뛰어넘음이 마땅합니다. 그럼에도 불구하고 오랫동안 자신을 억눌러 겸양의 도리만 지키시니, 일에 결손이 있어서 준수되지 않고, 예에 결손이 있어서 완비되지 못했습니다. 사사로이 자기에게 주지 않는 것, 이런 것이 지극히 공정한 것이라고 신 등은 또한 생각하고 있습니다. 찬미하는 내용이 있어도 감히 사양하지 않고, 비난하는 내용이 있어도 감히 은폐하지 않고, 반드시 근거에 의하여 민심을 따르는 것입니다. 민심을 따르고, 또한 중고의 전례(典禮)에 맞게 하려고 하는 것, 이는 모두 성인의 일입니다. 또한 허황하여 실질을 잃으면 휘황하게 과장하여 속이는 것이고, 실질이 있으되 꾸미지 않으면 질박 간략하여 고루해집니다. 따라서 제왕의 법도는 윤식의 도움을 받게 되며, 제왕은 넓히고 높이는 것에 힘쓰게 됩니다. 장차 해와 달이 밝게 빛나는 이치를 본받고, 천지의 광대함에 짝하

---

5) 본편은 앞의 표에 이은 두 번째 표이다.

고, 멀리서도 보고 듣게 하고, 선대의 규모를 겸해야 합니다. 그런 다음 그 모든 공을 드러내면, 최선을 다한 것이라고 하게 됩니다. 바야흐로 지금 폐하께서 제위에 계시고 신하들이 조정에 있는데, 그 크신 존호를 드러내지 않아 성대한 전례(典禮)에 누락이 있게 해서는 안됩니다. 많은 훌륭하신 점이 밝게 빛나게 하지 못하고 또한 옛 의례를 이어받지 못한다면, 신 등은 지금은 부끄러움을 뒤집어쓰게 되고 나중에는 죄를 얻게 될 것이라, 실로 크나큰 두려움이니, 감히 끝까지 권하지 않겠습니까? 존호를 높이는 것은 저희의 의견을 따라주시기 바라옵니다.

엎드려 생각하건대 폐하께서 저희의 충정을 굽어 살피시고, 저희의 성의를 받아들여주신다면, 신 등만 은혜를 받는 것이 아니라, 온 천하가 매우 다행으로 여길 것입니다. 간절하고 절박하기 짝이 없는 심정을 어쩔 줄 모르겠습니다. 삼가 죽음을 무릅쓰고 거듭 조회당에 알현하여 표를 올려 간청하옵니다. 신 등은 참으로 간절하고 참으로 절박하옵기에, 머리 조아리고 또 조아립니다. 삼가 말씀 올립니다.

臣等言 : 臣等前詣朝堂上表, 伏請復加尊號, 奉被還旨, 未遂懇誠, 拳拳顒顒, 不勝大願. 臣等伏以崇明號, 昭盛德, 爰自中古, 實爲上儀, 以至於我祖宗, 莫不膺玆典禮.

伏惟皇帝陛下有廣運之德, 弘照微之仁, 燭幽以明, 威遠以武. 惠澤之被, 誠浹洽於八方; 英聲之揚, 宜越軼於千古. 而乃久爲抑損, 以守謙恭, 事有曠而不遵, 禮有缺而未備. 臣等又以爲不私與己, 是謂至公. 有美之而莫敢辭, 有非之而莫敢隱, 必推於物, 而順於人. 旣以徇於羣心, 又思叶於中典, 此皆聖人之事也. 且夫虛而失實, 則誇曜而誣; 質而不華, 則朴略而固. 所以王度資於潤飾, 帝者務於恢崇. 將以法日月之昭明, 配天地之廣大, 聳遠方之觀聽, 兼前代之規模. 然後表其全功, 謂之盡善. 不可以方當陛下臨位, 羣臣在廷, 而使鴻名不彰, 盛典猶闕. 旣無以光昭衆美, 又無以丕承舊儀, 則臣等蒙恥於今, 獲罪於後, 實爲大懼, 敢忘盡規? 尊號之崇, 願從羣議.

伏惟陛下俯迴宸睠, 察納愚誠, 不惟臣等受恩, 天下幸甚. 無任區區懇迫之至. 謹昧死重詣朝堂, 奉表固請以聞. 臣等誠懇誠勸, 頓首頓首, 謹言.

제삼표(第三表 : 세 번째 표)[6]

신 등이 아뢰옵니다. 지난번 두 번째 표를 올려, 존호를 더하실 것을 청했는 바, 실로 공과 덕이 모두 뛰어나고, 전례(典禮)에도 마땅히 부합되는 것이었습니다만, 그러나 제대로 말씀을 드리지 못해, 마음을 움직이지 못했고, 비록 어리석으나마 저희의 정성을 다했건만, 폐하의 마음을 아직 돌리지 못했습니다. 신 아무개 등은 참으로 두려워, 머리 조아리고 또 조아립니다.

신 등이 삼가 『백호통(白虎通)』을 살펴보니, "호(號)란 공(功)의 외표(外表)이다"라고 했습니다. 신농(神農)은 근면하게 농사일을 가르친 공이 있고, 수인(燧人)은 화식(火食)의 잇점을 갖다 준 공이 있고, 복희(伏羲)는 오행을 바로잡고, 축융(祝融)은 삼황(三皇)의 공을 이었기에,[7] 사람들이 그와 같은 호칭을 만들어, 그들이 한 일을 찬미했습니다. 그 후 역대 제왕이 흥성한 이래 우리 영광스러운 조종에 이르기까지, 모두 민심을 따르고 옛 길을 따라서, 비록 공이 많고 적은 것은 모두 달랐지만, 공을 드러내고 덕을 밝혔던 건 한결같았습니다. 신 등은 이에 나라의 전적을 따르고, 상고로부터

6) 본편은 앞의 표에 이은 세 번째 표이다.

7) 『백호통』 내용에 따르면, "축융(祝融)이라고 한 것은 무엇 때문인가? 축(祝)은 속(屬)이다. 융(融)은 속(續)이다. 삼황의 도를 이어 잘 행할 수 있었기 때문에 축융이라고 했다"고 했다.

전해진 문헌에서 채집하고, 민가로부터 민심을 살피고, 부서(符瑞)로부터 하늘의 뜻을 보아, 감히 청을 올리고자, 거듭 표를 올려 마음을 밝혔습니다. 예전에도 시운(時運)에 곤경이 있다 해도 때가 되면 순리대로 돌아가곤 하였는데, 폐하께서는 성탕(成湯)이 자기를 탓한 것을 떠올리시고,[8] 주(周) 선왕(宣王)이 근신한 것을 생각하시어,[9] 존호를 없애서 호칭하지 않게 하여, 명백한 경계를 내려서 스스로 근신하셨습니다. 덕으로 하늘에 응하시고, 공손함으로 만민에 보이시고, 사방 이민족에게 알려지게 하시고, 천지와 종묘에 고하셨습니다. 이 때문에 모두 폐하의 뜻을 알아, 의(義)를 흠모하고 인(仁)에 귀의했고, 폐하의 정성에 깊이 감격하여, 영험이 통하여 순조로운 통치를 도왔습니다. 이제 군주와 신하가 덕을 함께 하고, 상하가 마음이 어우러지고, 백관의 자리가 모두 정비되고, 대소 관리들이 차례대로 늘어서고, 예의와 법전이 분명하게 완비되고, 교화가 널리 행해지고, 사방 강역 안이 즐겁고 편안한 세상이 되었습니다. 천하가 한결같이 편안하고, 사민(四民)이 저마다 생업을 지키고, 만물이 즐겁게 살아가고, 상서로운 보응 및 징조와 신물(神物) 및 영험이 초목으로 나타나고 별자리에 드러나고 있습니다. 그럼에도 인수(仁壽)가 아직 이르지 않고 지극한 교화가 여전히 막혀 있다는 이유를 들어, 결국 기록에 남길만한 덕망과 정성으로 하여금 아직 존호가 따르지 않게 했습니다. 천지신명에 알리지 않고 세상에 보여주지 않으면, 폐하께서 난국을 타개하신 것을 장차 어떻게 알겠습니까? 폐하께서 이루신 것을 장차 어떻게 드러내겠습니까? 아래로는 사방에 위엄을 떨칠 수 없고, 위로는 구묘(九廟)에 알릴 수가 없으니, 이것이 존호가 없으면 안되는 첫 번째 이유입니다. 순후(淳厚)한 옛적의 지극한 교화를 멀다 하여 추념하지 않고, 열조(烈祖)의 성대한 의례를 폐기하여 잇지 않게 되니, 이것이 존호가 없으면 안되는 두 번째 이유입니다. 많은 관리들, 종

8) 『좌전』에서 "우왕 · 탕왕은 자기를 탓함으로써, 그 흥성이 왕성했다"고 했다.
9) 『시』에서 "「운한(雲漢)」은 잉숙(仍叔)이 선왕을 찬미한 것이다. 선왕이 재난을 만나 두려워서, 근신하며 수행하며 재난이 사라지게 하려고 했다"고 했다.

실 친속들, 서방 원로들, 태학 제생들, 황관(黃冠)을 쓴 도사들, 가사를 입은 승려들, 수많은 무리가 대궐에 엎드려, 열흘이 넘도록 길을 가득 메워 청하건만, 그래도 민심을 따르지 않고, 대중의 의론을 어기게 되는 것이니, 이것이 존호가 없으면 안되는 세 번째 이유입니다. 겸공비양(謙恭卑讓)의 뜻을 지키기 위해 광대홍원(光大弘遠)한 뜻을 소홀히 하니, 신 등은 참으로 비록 지극히 어리석지만, 크나큰 잘못이라고 생각합니다. 엎드려 생각하건대 항상 변함없이 오래 지속되는 덕은 곧음 하나일 뿐이며, 애초에 지녔던 정의는 선(善) 중에서도 으뜸입니다. 모든 것을 함께 아우르고 덮고 감싸주니, 하늘이 큰 것이요, 청정하고 현묵(玄默)하니, 도(道)의 작용이 묘한 것입니다. 예지가 만물에 두루 미치니, '성(聖)'이라고 호칭하지 않을 수 없으며, 오묘한 심산을 헤아릴 수 없으니, '신(神)'이라고 호칭하지 않을 수 없으며, 인의(仁義)를 실천하고 법전을 수찬하고 시(詩)·송(頌)을 노래하고 문장을 살피시니, '문(文)'이라고 호칭하지 않을 수 없으며, 융적을 물리치고 폭도를 제거하고 변방의 군사가 정리되고 금위의 부대가 기강이 잡히니, '무(武)'라고 호칭하지 않을 수 없어서, 당요(唐堯) 시절 성·신·무·문의 덕과 합치됩니다.

신 등이 삼가 건부(乾符)를 살피니, 옛 전적에 합치되고, 덕망과 은택이 미치는 넓이가 합치되고, 공적과 업적의 높이가 일치되어, 감히 만번이라도 죽음을 무릅쓰고, '정원대도성신문무황제(貞元大道聖神文武皇帝)'라는 존호를 엎드려 올리고자 하옵니다. 신 등은 정성을 다하여, 공동 교감으로부터 나온 것이어서, 돌이킬 수 없사오며, 하늘을 움직일 수 있다고 믿습니다. 황공하고 간절함이 지극함을 어쩔 줄 모르겠습니다. 삼가 다시 조회당에 나가 알현하여, 표를 받들어 굳게 청하는 바입니다. 신 아무개 등은 참으로 황공합니다. 머리 조아리고 또 조아립니다.

臣等言 : 前再上表, 請加尊號, 實以功德俱茂, 典禮宜崇, 然而不能鋪陳, 無以動宸, 愚誠雖竭, 天鑒未迴. 臣某等誠恐誠懼, 頓首頓首.

臣等謹按白虎通曰："號者, 功之表也." 神農有敎田事之勤, 燧人有興火食之利, 伏羲正五始, 祝融績三皇, 人爲之名, 以美其事. 其後帝王之盛, 洎我祖宗之明, 咸因人心而順古道, 雖損益咸異, 而表功明德一也. 臣等是以遵有國之令典, 採上古之遺文, 察人心於謳謠, 觀天意於符瑞, 敢以爲請, 累表陳誠. 曩者運丁艱難, 時或順動, 陛下思成湯之罪己, 念周宣之側身, 去徽號而不稱, 垂炯戒而自儆. 應天以德, 示人以恭, 聞於蠻貊戎夷, 告於天地宗廟. 是故咸知陛下之志, 慕義而歸仁; 潛感陛下之誠, 通靈而助順. 今者君臣同德, 上下叶心, 百職畢修, 庶官以序, 禮法明具, 敎化流行, 方內歡康. 天下寧一, 四人遵業, 萬類樂生, 嘉應休徵, 神物靈貺, 形於草木, 著於星辰. 而辭之以仁壽未臻, 至化猶鬱, 遂使德誠可紀, 名號未崇. 不告於明神, 不示於殊俗, 將何以知陛下之戡難? 將何以表陛下之致? 下無以威於四方, 上無以報於九廟, 其不可一也. 淳古之至化, 邈而不追; 烈祖之盛儀, 廢而不績, 其不可二也. 庶正羣官, 宗室支屬, 西土耆長, 太學諸生, 黃冠之倫, 緇衣之侶, 萬衆伏闕, 彌旬織路, 而乃不從人心, 以違公議, 其不可三也. 守謙恭卑讓之志, 忽光大弘遠之圖, 臣等誠雖至愚, 以爲大謬. 伏以常久之德, 貞夫一也; 元始之義, 善之長也; 幷包覆露, 天之大也; 淸淨玄默, 道之妙也. 睿智之周物, 不可以不稱夫聖也; 妙算之無方, 不可以不稱夫神也; 行仁義, 修典法, 歌詩頌, 考文章, 不可以不稱夫文也; 却戎狄, 翦暴逆, 邊兵之整, 禁衛以嚴, 不可以不稱夫武也, 而合於唐堯乃聖乃神乃武乃文之德.

臣等謹稽之乾符, 叶於古典, 侔德澤之廣, 配功業之崇, 昧冒萬死, 伏請上尊號曰貞元大道聖神文武皇帝. 臣等竭其精誠, 發於交感, 無以迴日, 其能動天. 無任屛營悃懇之至. 謹復詣朝堂, 奉表固請以聞. 臣某等誠惶誠恐, 頓首頓首.

제사표(第四表 : 네 번째 표)[10)]

신 등이 아뢰옵니다. 작년 9월,[11)] 세 번 대궐에 나아가 표를 올려, 다시 존호를 올릴 것을 청하여, 비록 간절함을 다했지만, 정성이 통하지 않았습니다. 또한 자꾸 성상의 귀를 어지럽히는 것이 될까 염려하여, 이로 인해 중단하여, 커다란 소원을 이루지 못했고, 신하들의 마음이 편안하지 못했습니다. 신 아무개 등은 참으로 간절하오니, 머리 조아리고 또 조아립니다.

신 등은 창성하는 시운을 만나, 일찍부터 청명한 조정에 도열하여, 문아하고 밝은 정치를 직접 보고, 성인의 빼어난 발자취를 이을 수 있었습니다. 또한 일찍이 사서(史書)를 통해 예전의 사례를 살펴보고, 예관(禮官)을 통해 예로부터 전해지는 의례를 살펴보았는 바, 홍명(鴻名)과 존호(尊號)의 영예를 보존하고 무공(茂功)과 성덕(盛德)의 훌륭함을 밝히는 것은 모두 훌륭하신 조종들이 물려준 법이요 여러 대에 걸쳐 이루어진 규범이어서, 자손은 마땅히 이어받아야 하고, 신하는 마땅히 받들어 거행해야 하는 것입니다. 폐하께서는 성인의 업적을 이어 만민에게 임하시고, 훌륭한 법전을 따라 중용으로 다스리시니, 또한 공경대신들의 청을 굽어 살피시어, '성신문무'라는 존호를 받아들이심이 마땅한 줄 아옵니다. 폐하께서는 중도에 화란(禍亂)이 있었다는 이유로 특별히 존호를 깎아서 스스로 경계로 삼으시니, 일시적 조치로서는 적절하다 할 수 있어, 참으로 공손의 덕을 행하신 것입니다. 이제 결국 처음의 생각을 바꾸어 존호를 회복하려고 하시 않으시어, 선조의 전례를 폐지하는 것에 오로지 뜻을 두신 듯하니, 폐하께서는 어찌 이것을 생각하지 않으시는지요? 그런 즉 신 등은 실로 두려울 뿐이니, 비록 폐하의 뜻을 따르고자 하여도, 그러면

10) 본편은 앞의 표에 이은 네 번째 표이다.

11) 정원 5년(789)이다.

선조의 법전은 어떻게 되는 것인지요?

엎드려 생각하건대 폐하께서는 노심초사하신 끝에 깊이 자신을 책망하시어, 축사(祝史)에게 명하여 천지에 고하게 하시고, 규폐(圭幣)를 진설하여 조종에 알리시고, 신하들에게 반포하시고, 백성들에게 들리게 하셨습니다. 이리하여 원래부터 보우의 복을 내리게 하고, 감동과 기쁨의 성의가 오게 하고, 모두 화목하여 마음을 합하게 하고, 있는 힘을 다해 일을 하도록 할 수 있었습니다. 신묘한 조화가 완성되고, 곤경과 위난이 구제되고, 도적과 역적이 사라지고, 강포한 무리가 귀순했습니다. 후위(侯衛)들은 지키는 직분을 잘 받들어 이행하고, 이적들은 조정을 찾아와 따르는 빈객이 되고, 군대를 동원할 일이 일어나지 않고, 변경 지역이 동요하지 않아서, 법령과 제도가 사해에서 한결같고, 공물과 부세가 구주(九州)에서 이행되고 있습니다. 시절과 기후가 어긋나는 경우가 생기면 반드시 깊이 생각하여 안으로 반성을 하여, 황상의 마음이 백성을 어여삐 여겨, 결국 교감을 이루어 통하였습니다. 음양이 조화를 이루어 바람과 비가 때맞춰 오고, 해마다 곡식이 잘 익어 재물의 쓰임이 풍족해지고, 상서로운 징조가 자주 나타나고, 복된 보응이 누차 이르렀습니다. 이는 모두 천지와 조종이 영험과 복지를 내려주어 폐하의 뜻이 이루어지게 한 것으로, 응답하지 않고 양해하지 않는 허물은 없음을 밝힌 것입니다. 폐하께서는 마땅히 하늘의 뜻을 잇고 신명의 마음을 기쁘게 하시어, 성대한 의식을 더욱 이행하여 다시 존호를 추가하시어, 하늘이 밝게 응답한 예를 높이시고, 회복한 공적을 드러내셔야 합니다. 그럼에도 폐하께서 인수(仁壽)가 아직 이르지 않았다거나 지화(至化)가 여전히 막혀 있다는 이유를 들어 사양하신다면, 이는 마치 만족스럽지 않다는 마음을 품어서 천지와 조종에 요구하는 것처럼 보여서, 비록 원래 겸양의 의도가 있으셨다고 하지만, 저희가 이렇게 거듭 청하는 의의에 맞지 않습니다. 또한 호(號)는 그 유래가 오래 되었으니, 수인(燧人)·신농(神農)이란 호는 각각 그들의 공적을 드러낸 것이고, 탕(湯)은 무공으로 인해 무왕(武王)이라고 했고, 우리 조종에 이르러서는 옛 도를 숭상하여 새로운 법을 만들었습니다. 폐하께서 오로지 사양만 하며 겸양의 미덕을 지키려고 하신다면, 황왕(皇王)께서 앞에서 부끄러울 것이요, 조종들이 뒤에서 기쁘지 않을 것입니다. 그런데 황제의 덕이 옳고 그름의 판별은 본디 귀착점이 있을 것이오만, 나라의 법전의 조문이 달랐다 같았다 하면 나중에 지키기 어렵게 될 것입니다. 또한 폐하께서는 본래 경계로 삼으셔서 공경함을 보이려고 한 것으로, 진정한 겸양의 덕입니다. 지금 선왕의 도이니 감히 본받지 않을 수 없고, 열조의 가르침이니 감히 계승하지 않을 수 없는 것 또한 겸양의 덕의 큰 것입니다. 만약 홀로 자신의 입장을 지켜서 대중의 논의를 저버리고, 조그만 양보를 고집해서 큰 법규를 소홀히 하고, 신하와 백성의 마음을 어기고, 조종의 전례를 폐기한다면, 이는 바로 폐하의 공경의 덕을 잃는 것이며, 또한 그저 폐하의 모든 공을 감추는 것입니다. 신 등은 비록 참으로 지극히 어리석지만, 그래서는 안된다고 삼가 생각하옵니다. 이에 감히 나라의 법전을 살펴보고, 경전의 뜻을 참고하여, '정(貞)'은 일의 줄기요 '원(元)'은 선(善)의 으뜸이라는 의미를 취하여, 성모(聖謨)와 신화(神化)의 성대함과 문덕(文德)과 무공(武功)의 숭고함에 짝하게 하고, 기년(紀年)의 훌륭한 명칭과 조화를 이루고, 예전의 미칭을 따라서, 개원(開元) 때 이야기처럼 삼가 만번의 죽음이라도 무릅쓰고 정원성신문무황제(貞元聖神文武皇帝)의 존호를 올리고자 하옵니다.

엎드려 생각하건대 폐하께서 흔쾌히 생각을 돌리시고, 모두의 마음을 굽어 살펴 따르시면, 그 후 성덕(聖德)이 밝게 드러나고, 현공(玄功)이 무성하게 드러나서, 후대에 풍성한 아름다움을 고양시키고 지극히 맑음을 본받을 수 있게 되면, 이것이 신하들이 바라는 바입니다. 지극히 간절하고 절박함을 어쩌지 못하겠습니다. 삼가 표를 받들어 대궐로 알현하여, 받아주시기를 간청하옵니다. 신 등은 참으로 간절하오며, 머리 조아리고 또 조아립니다.

臣等言：去年九月，三度詣闕上表，請復上尊號，悃悃雖竭，精誠莫通. 又懼於累塵聖聽，是用中輟，大願未畢，羣心靡寧. 臣某等誠勤誠懇，頓首頓首.

臣等生逢昌運，早列清朝，獲覩文明，繼跡聖俊. 亦嘗考前載於史氏，訪遺儀於禮官，至於保鴻名尊號之榮，昭茂功盛德之美，皆烈祖之垂法，爲累代之成規，子孫之所宜丕承，臣下之所宜崇奉. 陛下纂聖緖而臨下，遵令典以制中，則亦俯從公卿大夫之請，光膺聖神文武之號. 間者陛下以禍亂之故，特貶損以自儆，以從一時之宜，信爲恭也. 今乃欲遂變更而不復，以廢先祖之典則若專焉，豈陛下或未之思? 然臣等實以爲懼，雖欲行陛下之志，奈先祖之典法何?

伏惟陛下因於憂勞，深自咎責，命祝史告於天地，陳圭幣祠於祖宗，布於羣臣，聞於兆庶. 固能降開祐之福，致感悅之誠，咸和以叶心，盡瘁而畢力. 弼成神造，康濟艱難，寇逆掃除，暴强擾順. 侯衛奉守屏之職，夷狄爲來庭之賓，兵戎不興，邊鄙不聳，文軌同於四海，貢賦修於九州. 至若時候將愆，必惟思而內省；皇情微軫，遂交感而潛通. 陰陽和而風雨時，年穀熟而財用足，休祥數見，福應屢臻. 此皆天地祖宗垂靈錫祉，以成陛下之志，明無不答不享之咎也. 陛下宜承天意，以悅神心，增修盛儀，再加明號，崇昭報之禮，表恢復之功. 而辭以仁壽未臻，至化猶鬱，則若尙懷不足，以要天地祖宗，雖有固讓之勤，而非重請之義. 且夫號者其來尙矣，燧人、神農各旌其事，湯以其武而曰武王，迨我祖宗崇尙古道，垂著新法. 陛下獨爲辭讓，以守謙冲，則皇王將有愧於前，祖宗將不悅於後. 而帝德是非之辯，固有所歸；國典異同之文，後難以守. 且陛下本爲炯誡，以示敬恭，誠謙德也. 今以先王之道而不敢不法，烈祖之訓而不敢不承，又謙德之大也. 若乃守獨善而遺公議，執小讓而忽宏規，違臣庶之心，廢祖宗之典，乃所以失陛下之恭德，又徒以掩陛下之全功. 臣等誠雖至愚，竊所不取. 輒敢徵之國典，酌於經義，取夫貞者事之幹，元者善之長，以配聖謨神化之盛，文德武功之崇，叶紀年之嘉名，遵舊號之美稱，以如開元故事，謹冒萬死，請上尊號曰貞元聖神文武皇帝.

伏惟陛下沛然迴慮, 俯徇羣情, 然後聖德之光昭, 玄功之茂著, 後代得揚盛美而鑑至淸, 是羣臣之願也. 不勝懇迫之至. 謹奉表詣闕, 固請以聞. 臣等誠勤誠懇, 頓首頓首.

제오표(第五表 : 다섯 번째 표)[12)]

신 기(頎) 등이 아뢰옵니다.[13)] 신 등은 폐하의 존호가 아직 회복되지 않았기 때문에 누차 표를 올려 말씀드렸습니다만, 내리신 교지를 삼가 받자오니, 겸공(謙恭)을 굳게 지키신다고 말씀하셨습니다. 신 등은 위로는 천지의 신령을 받고, 다음으로는 조종의 전법(典法)을 받들고, 경전의 뜻을 열거하여 옛 것을 따르고, 민심을 따르고 때를 따른 것이었습니다. 많은 말을 올렸지만 저희의 입장을 제대로 밝히지 못했고, 정성을 다하였지만 받아들여지지 못해, 미덕이 성대하건만 오히려 가려지고, 법도가 미비하건만 정비되지 않아서, 저희의 죄과가 염려스러워, 참으로 이러지도 저러지도 못할 처지입니다. 신 아무개 등은 참으로 황공하기 짝이 없어, 머리 조아리고 또 조아립니다.

신 아무개 등이 엎드려 생각하기에 선왕의 도는 대중(大中)으로 인하여 오래 지속될 수 있었고, 근고(近古)의 교화는 문(文)이 충만하여 더욱 밝게 드러났습니다. 그렇다면 삼가하고 겸양하며 공손의 미덕을 지키는 건 중용의 도를 세워 법을 남기는 것만 못하고, 질박함을 표방하며 예를 간략히 차리는 것은 문(文)을 밝게 하여 조화를 빛내는 것만 못합니다. 하물

12) 본편은 앞의 표에 이은 다섯 번째 표이다.
13) 우기(于頎)를 말한다.

며 때에 따라 문(文)과 질(質)이 다르며, 이에 따라 국가에 제도가 있습니다. 어찌 단지 한 왕의 법만 있겠습니까? 본래 삼대의 문화를 만나보면, 그 규모가 참으로 크고 멀리 퍼졌던 것입니다. 폐하께서 선조들의 가르침을 이어받아 후대 성인들을 위해 원대한 계획을 남겨주려 하신다면, 마땅히 선왕의 제도를 실천하고 계승해야 하니, 어찌 변경하고 폐지할 수 있겠습니까? 신 등이 또한 조서를 삼가 읽어보니, "먼 옛날 지혜로운 왕을 생각해보면, 수인・신농・은탕(殷湯) 때부터 그런 일이 있었다"고 하셨고, 또한 "전훈(典訓)에 따르면, 대종・숙종・현종 그 이상으로는 그런 의례가 있었다"고 하셨고, 또한 "경계하는 것은 자만이요, 숭상하는 것은 겸손이라, 정성으로 잘 지켜서 시종일관 기약하리"라고 하셨습니다. 신 등이 생각하기에, 너무 큰 이름을 버리고 깎아내리고 낮추는 것은 겸손의 시작이요, 옛 제도를 따라 이어받는 것은 겸손의 최종입니다. 아주 잠깐 사이라도 예에 어긋난 적이 없으니, 정성으로 지키신 것이요, 경건하고 공손하되 고집에 빠지지 않았으니, 경계가 가득한 것입니다. 또한 "허황하게 미화하고 과장되게 수식하는 것을 감당할 수 없다"고 말씀하셨습니다. 엎드려 생각하건대 황제폐하께서 백성을 돌보는 마음, 하늘을 움직인 덕, 치세가 이르게 한 문교(文教), 난리를 평정한 무공 등은 송성(頌聲)에 훤히 드러나고 사서(史書)에 빛을 발합니다. 위로는 그 실상이 있어서, 허황하게 미화하는 혐의가 없고, 아래로는 정성을 다하여, 과장되게 수식하는 위선이 없습니다. 또한 "모두가 마음을 하나로 하는 데 힘쓰고, 함께 모든 정치를 안정되게 하자"고 말씀하셨습니다. 예전에 공경대부가 좌우에서 모시면서, 혹자는 따르며 소나 말을 막고, 혹자는 창칼을 지니고, 모두 함께 힘을 합하는 정성을 보였고, 마음이 떠나는 이간된 모습이 없었습니다. 지금 4악(四岳)의 군후(羣后), 9토(九土)의 방국, 밖으로는 번진으로부터 안으로는 종실에 이르기까지, 머리 허연 노인이나 푸른 옷깃 유생이나, 한결같은 말로 존호를 건의하거나, 존호가 회복되지 않음을 멀리에서까지 항의하여, 모두가 한마음을 보입니다. 모든 인재가 적소에 등용되고, 모든 직분이 잘 정비되고, 봉화가 일어나 백성이 놀라게 하는 일이 없고, 전쟁이 사라지고, 다리를 자르고 자자(刺字)를 행하는 형벌이 쓰이지 않고, 송사가 사라지고, 육기(六氣)가 조화를 이루어 바람비가 때에 맞고, 5곡이 풍성하여 창고가 가득하니, 정치가 편안한 것입니다. 참으로 교화로 말미암아 태평세월이 이른 것이로, 마땅히 황상께 존호를 올려드려야 하니, 어찌 요(堯)·우(禹)에 뒤지겠습니까? 마땅히 존호를 더하여, 공을 이루신 것을 드러내야 합니다. 폐하께선 비록 사양하시지만, 신 등은 그 이유를 알 수가 없습니다.

또한 조령을 받들어 보니, 저희더러 더 이상 표를 올리지 말라고 하셨습니다. 군주와 부모는 한가지이며, 신하와 자식은 한가지이고, 『춘추』 대의에 따르면, 부친의 명이 있다고 해도 조부의 명을 거역해서는 안되기에, 신 아무개 등은 선제의 전례에 따라 폐하의 조서를 어겨, 삼가 만 번 죽음을 무릅쓰면서, 예전처럼 존호를 회복하시길 엎드려 청하옵니다. 황공하고 간절하기 짝이 없습니다.

臣頎等言 : 臣等伏以尊號未復, 累具陳請, 伏奉詔旨, 固守謙恭. 臣等上授天地神靈, 次奉祖宗典法, 列經義而順古, 因人心以從時. 詞繁而不能陳明, 誠竭而未蒙察納, 德美盛而猶蔽, 憲度缺而莫修, 罪戾是憂, 冰炭交集. 臣某等誠惶誠恐, 頓首頓首.

臣某等伏以先王之道, 由大中而可久; 近古之化, 以彌文而益彰. 然則守謹而爲恭, 不如立中而垂法; 表樸而略禮, 不如文明而化光. 況於文質異時, 而國家自有制度. 豈直爲一王之法? 固以遇三代之文. 其於規模, 信爲弘遠. 陛下嗣訓先祖, 貽謀後聖, 當踐修以纂承, 寧變更而廢墜? 臣等又伏讀詔書曰 : "遐想哲王, 則自燧人、神農、殷湯之時, 有其事也." 又曰 : "欽若典訓, 則自代宗、肅宗、玄宗而上, 有其儀也." 又曰 : "所誡者滿, 所尙者謙, 守之以誠, 期於終始." 臣等以爲, 去鴻名而貶損, 謙之始也; 遵舊典而奉承, 謙之終也. 造次而未嘗違於禮, 守之以誠也; 敬恭而無或陷於專, 所誡者滿也. 又曰:“虛美崇飾, 所不敢當.” 伏惟皇帝陛下恤人之心, 動天之德, 致理之文教, 戡亂之武功, 著於頌聲, 光於史氏. 上有其實, 無虛美之嫌; 下盡其誠, 非崇飾之僞. 又曰:“勉一乃心, 共康庶政.” 曩者公卿大夫侍御攜僕, 或從扞牧圉, 或備持戈矛, 蓋有同力之誠, 而無離德之間. 今者四岳羣后, 九土庶邦, 外自藩維, 內及宗室, 黃髮耆老, 青衿諸儒, 或僉以同辭, 或遠而抗疏, 一心之效也. 羣材序進, 百職交修, 烽燧不驚, 兵戎以息, 鑽鑿不用, 獄訟以衰, 六氣和而風雨時, 五穀昌而倉廩實, 庶政之康也. 誠由教化, 以致雍熙, 自當冠於皇王, 寧復謝於堯、禹? 宜加明號, 以表成功. 陛下雖以爲辭, 臣等未知其說.

又伏奉詔旨, 令臣等斷表. 伏以君親一致, 臣子一例, 而春秋之義, 不以父命辭王父命, 臣某等得遵先帝之典以陛下之詔, 謹昧冒萬死, 伏請復上尊號如前. 不勝惶懼懇迫之至.

제육표(第六表 : 여섯 번째 표)[14]

신 기(頎) 등이 아뢰옵니다. 신 등이 이번 달 7일 표를 올렸고, 어제 15일 조서를 내리셨습니다만, 사양하신다는 뜻이 더욱 굳으셨습니다. 신 등은 폐하의 성덕(盛德)에서 겸양이 넘치는 것에 감동합니다만, 그러나 옛 전례(典禮)가 폐지되지 않을까 하는 근심이 없을 수 없습니다. 폐하의 눈과 귀를 자꾸만 번거롭게 하는 건 아닌지 두렵습니다만, 그러나 내심으로는 참으로 간절하고 절박하기 짝이 없는 심정을 품고 있습니다. 진퇴양난이라 어쩌면 좋을지 모르겠습니다. 신 아무개 등은 참으로 황공하

14) 본편은 앞의 표에 이은 여섯 번째 표이다.

기 짝이 없어, 머리 조아리고 또 조아립니다.

신 아무개 등이 엎드려 생각하건대 일을 처리하는 데는 중용의 입장을 취하는 것을 소중하게 여기고, 명(名)은 실(實)보다 과장되는 것을 싫어합니다. 일단 중용을 얻으면, 이를 변화시켜 바름을 잃으면 안되고, 실상이 있으면, 굳이 피하면서 겸양을 지킬 필요는 없습니다. 하물며 조종의 규범과 예의 및 국가의 전장(典章)과 제도 측면에서 폐하께서는 가르침이 높고 도가 구비되고 덕이 넓고 교화가 빛을 발하시는데, 어찌 스스로를 폄하하고 낮추시고, 소략하고 간략하게 자처하려고 하시는지요? 옛날 한(漢) 선제(宣帝)께서 원제(元帝)께 "우리 한(漢)에도 우리 제도가 있다"고 말씀하셨고, 제갈공명은 주군에게 "함부로 스스로를 하찮게 대하시면 안됩니다"라고 말했습니다. 이전 사서에 상세히 기록되어 있으니, 폐하께서 깊이 생각해보시기 바랍니다. 신 등은 또한 작은 겸양을 실천하는 현명함에 집착하면 적절하고 합당한 선(善)을 얻을 수 없고, 존호로써 공경하는 것을 그만 두면 변법개정의 권위를 채울 수 없다고 생각합니다. 폐하께서 이를 행하려 하시니, 장차 무엇을 지키시려고 하시는지요? 엎드려 생각하건대 고조께서 밝은 명을 받으신 이래로 역대를 통하여 성덕(聖德)으로 이으셨고, 폐하에 이르러 또한 무(武)와 문(文)이 서로 이어 거듭 빛나고 성대한 미덕을 지니셨으니, 덕을 이어받지 않았다고 할 수 없습니다. 성인의 자태를 지니시고, 지극히 신묘한 조화와 어울리시어, 환난을 없애고 이적을 제어한 무공이 있으시고, 예악을 다듬고 법도를 제정한 문치가 있으셔서, 실상이 부합되지 않는다고 할 수 없습니다. 몇 년 이래 대중의 교화가 두터워지고, 사람들은 법을 어기는 일이 드물고, 관리는 법령을 마음대로 주무르지 않아, 감옥이 비려고 하고, 형구가 쓰이지 않아, 사람들이 모두 선을 향하여 나아간다고 할 수 있으니, 어찌 풍속이 아직 구습의 잔재를 이기지 못했다고 하십니까? 그러나 만약 존호를 계속 사양하려 하신다면, 저희는 까닭을 모르겠습니다. 하물며 존호의 훌륭함에 대해 폐하께서 이미 처음에는 받아들이셨고, 존호를 없앤 것은 나라의 환난으로 말미암은 것이었고, 복구하는 것은 평안한 시절을 맞이하였기 때문이거늘, 단지 잘못을 벌하는 것만 보이시고 공을 드러내지 않으시니, 천하가 태평해진 것을 어떻게 알게 할 수 있겠습니까? 종묘가 다시 이어지게 된 것을 어떻게 알게 할 수 있겠습니까? 이는 폐하의 본뜻이 아닌 듯하니, 다만 선조가 남긴 의례를 스스로 바꾸려고만 하시는 것일 따름입니다. 나라 안의 신하들이 산천을 다니며, 주상의 은혜에 보답할 것을 생각하고, 국치를 설욕할 것을 맹세하고, 또한 묵은 분함을 털어내고자 하고, 그간의 노고를 드러내려고 하는데, 폐하께서는 오히려 홍명(鴻名)을 감추려 하시고, 이 일이 성사되도록 하려 하지 않으시니, 이러한 일들에 만약 미진함이 있으면, 기뻐하지 않을 것입니다. 만약 폐하께서 허물을 자책하시는 마음이 아직 가시지 않으셨다면, 신하들이 폐하를 제대로 모시지 못한 죄 역시 마땅히 사라지지 않을 것입니다. 장차 어떻게 폐하의 은혜를 받아들일 수 있겠습니까? 장차 어떻게 폐하의 작위와 포상을 받을 수 있겠습니까? 군왕이 아직도 자책하시는 마음을 품고 계신데, 신하들만 영예를 차지한다면, 아래 사람들 마음이 반드시 깊이 꺼림칙할 것입니다. 또한 만고의 후대에 보여줄 수 없고, 사이(四夷)에 위엄을 떨칠 수 없어, 모두 원대한 계획이 되지 못하며 또한 대사를 그르칩니다.

신 등은 이 몇 가지를 생각할 때마다 한스러워서 스스로 편안히 있을 수가 없어, 삼가 만번의 죽음이라도 무릅쓰고, 거듭 조령을 어기고, 다시 존호를 받으실 것을 엎드려 청하여, 이전 표와 내용을 같이 합니다. 엎드려 바라옵건대 황제폐하께서는 '선인의 덕을 이어 무념을 수양한다'는 말을 생각하시고, 자신의 입장을 굽히고 남의 말을 들어주는 뜻을 고려하시어, 다시 대전에 부응하시고, 모두의 마음을 굽어 따르시어, 다음 달 태청궁 태묘를 방문하시어 상제에 교사를 지낼 때 고하시기를 실로 신 등은 지성으로 바라며, 그러신다면 실로 신 등의 크나큰 행운이옵니다. 황공하고 간절함을 어쩔 수가 없습니다. 삼가 다시 조회당에 나가 표를 받들어 올리며 간청하옵니다.

臣頎等言：臣等今月七日所上表，昨十五日下詔旨，加辭讓愈固．臣等感謙沖於盛德，而私有舊典隳廢之憂；懼煩瀆於聖聽，而內懷微誠懇迫之切．進退兢惕，不知所措．臣某等誠惶誠恐，頓首頓首．

臣某等伏以事貴擧其中，名惡浮於實．得其中，不宜變之而失正；有其實，不必避之以爲恭．況於祖宗之矩儀，國家之典制，陛下教尊道備，德博化光，奚取於貶損而自卑，樸略而太簡者也？昔漢宣帝謂元帝曰："我漢家亦自有制度．" 諸葛孔明誡其主曰："不宜妄自菲薄．" 前史載之詳矣，幸陛下思之．臣等又以爲執小讓之賢，不足以方得宜合度之善；去鴻名之敬，不足以補變法改作之專．陛下行之，將何所守？伏以高祖受其明命，歷代承以聖德，至陛下又有下武繼文重熙累盛之美，不可謂德之不嗣也；躬上聖之姿，合至神之化，有戡禍亂、制夷狄之武，修禮樂垂憲度之文，不可謂實之不孚也．比年以來，俗化斯厚，人少犯法，吏無舞文，獄犴將空，梏拲不用，可謂人皆向善，豈曰俗未勝殘？然若辭之，所未寤也．況於尊號之美，陛下已受於初，去之卽由於艱虞，復之宜因於康靖，徒示其罰，不旌其功，何以知區宇之削平？何以知宗廟之紹復？似非陛下之本意，但自欲改先祖之遺儀耳．內之臣庶，跋履山川，思報主恩，誓雪國恥，亦欲攄其宿憤，表其成勞，陛下猶掩鴻名，罔窮其事，則此等如有未盡，不以爲歡．倘陛下以自咎責之心，尙或未弭，則羣臣不能匡輔之罪，亦當未除．將何以蒙陛下之恩私？將何以受陛下之爵賞？君猶含垢，臣以偸榮，羣下之情，必深反側．又無以示於萬古，無以威於四夷，皆非遠圖，且乖大體．

臣等懷此數者，悢悢而不能自安，謹昧冒萬死，重違詔旨，伏請復上尊號，以如前表．伏惟皇帝陛下思聿脩無念之言，顧屈己從人之義，再膺大典，俯徇羣情，因來月謁太淸宮太廟，郊祀上帝，遂以告祠，實臣等之至誠，實臣等之厚幸．不勝惶懼懇迫之至．謹復詣朝堂，奉表固請以聞．

급대회의호부상서반굉우청개소상존호가봉도자고기문여후표(及大會議戶部尙書班宏又請改所上尊號加奉道字故其文如後表 : 대회의 때 전에 올린 존호를 고쳐서 '봉도'라는 두 글자를 첨가할 것을 호부상서 반굉이 다시 청하며 올린 표)[15]

예지가 만물에 두루 미쳐서 통하지 않는 것이 없으니, '성(聖)'이라고 호칭하지 않을 수 없으며, 오묘한 심산이 자취가 없어서 헤아릴 수 없으니, '신(神)'이라고 호칭하지 않을 수 없으며, 인의(仁義)를 실천하고 법전을 수찬하고 시(詩)·송(頌)을 노래하고 문장을 살피시니, '문(文)'이라고 호칭하지 않을 수 없으며, 융적을 물리치고 폭도를 제거하고 변방의 군사가 정리되고 금위의 부대가 기강이 잡히니, '무(武)'라고 호칭하지 않을 수 없어서, 당요(唐堯) 시절 성·신·무·문의 덕과 합치됩니다. 널리 쉬지 않고 은택이 미치어 만물이 자라고, 공적을 양보하여 자만하지 않아서 만물의 조화가 이루어져서, 『서(書)』에서 "봉약천도(奉若天道)"의 뜻에 합치됩니다. 신 등이 삼가 건부(乾符)를 살피니, 옛 전적에 합치되고, 덕망과 은택이 미치는 넓이가 합치되고, 공적과 업적의 높이가 일치되어, 감히 만번이라도 죽음을 무릅쓰고, '성신문무봉도황제(聖神文武奉道皇帝)'라는 존호를 엎드려 올리고자 하옵니다.

伏以睿智之周物而靡不通, 不可以不稱夫聖也; 妙算之無方而莫能測, 不可以不稱夫神也; 行仁義, 修典法, 歌詩頌, 考文章, 不可以不稱夫文也; 攘却戎夷, 戡翦暴逆, 邊兵以整, 禁衛以嚴, 不可以不稱夫武也, 而合於唐堯乃聖乃神乃武乃文之德. 博施不息, 而萬物以生; 推功不宰, 而萬

15) 본편은 앞에 나온 「제삼표(第三表)」의 일부와 거의 같은 내용으로, 다만 올리는 존호만 '정원대도성신문무황제'에서 '성신문무봉도황제'로 고쳤다. 반굉은 위주(衛州) 급(汲) 사람이다. 정원 5년(789) 2월, 호부시랑에서 호부상서로 임명되었다.

化以成, 合於書之 "奉若天道"之義. 臣等謹稽之乾符, 叶於古典, 侔德澤之廣, 配功業之崇, 昧冒萬死, 伏請上尊號曰聖神文武奉道皇帝.

급대회의국자좨주한회청역수근일징응상서고우개기문여후표(及大會議國子祭酒韓洄請歷數近日徵應祥瑞故又改其文如後表 : 대회의 때 국자좨주 한회가 최근 나타난 상서로운 징조를 일일이 열거할 것을 제안하여 표의 내용을 다음과 같이 고침을 알리는 표)[16]

또한 엎드려 살펴보건대 폐하께서는 금년 4월 이래 우제(雩祭)를 올려야 하는 때가 되면 한발에 대비하라는 부탁을 하셨습니다. 약간 기일이 어긋나기는 했지만 아직 만물이 해를 입지는 않았으니, 만민을 깊이 생각하시어 그들을 구휼하시고, 기가 소통되어 화평하게 교감을 이루어, 은택이 휘돌아 흘러 멀리까지 촉촉히 적셨습니다. 이로 말미암아 바람과 비가 때맞게 오고 서리와 우박이 오지 않고, 농작물은 무성하고 메뚜기는 자취를 감추어, 농사의 결실이 이루어져 연간 곡식 수확이 대풍입니다. 상서로운 징조가 여러 번 나타나고, 복된 반응이 누차 이르렀습니다. 인목(仁木)이 가지를 뻗어서 그늘 드리우고, 가화(嘉禾)가 같은 이삭에서 나와도 유달리 빼어납니다. 수성(壽星)은 불꽃 같은 성대한 빛을 뿜어내고, 지초(芝草)는 겹겹이 꽃망울 터뜨리고 있습니다. 백장(白麞)에 채색이 모여 눈처럼 빛을 발하고, 창오(蒼烏)는 하늘의 빛깔을 취하였습니다. 장차 나라 안에 두루 퍼져, 해마다 제때에 빛을 발할 것입니다. 이와 같이 표를 올립니다.

16) 본편은 작자 및 다른 편과의 관련성 면에서 혼동이 있었던 것으로 보인다. 『문원영화(文苑英華)』와 『전당문(全唐文)』에서는 앞의 「제육표(第六表)」가 최원한(崔元翰)이 지은 것이라고 했고, 이 편 또한 단독으로 싣지 않고 앞의 「제육표」 뒤에 이어져 실려 있다. 정원 7년(791), 한회(韓洄)를 국자좨주로 임명했다.

又伏見陛下以今年四月以來, 方當雩祭之修, 而有旱備之請. 纔愆期而未害於物, 深軫念而將卹其人, 氣潛通而交感以和, 澤旋流而滂霈思遠. 由是風雨時而霜雹不降, 稼穡茂而蝗螟不生, 農功以成, 年穀大熟. 休祥數見, 福應屢臻. 仁木連理而垂陰, 嘉禾同穎而挺秀. 壽星舒景炎之盛, 芝草布葩英之重. 白麞凝彩而雪暉, 蒼烏取象於天色. 將徧於郡國, 相繼於歲時. 右具如表.

위최중승하평이회광표(爲崔中丞賀平李懷光表 : 최중승 대신 쓴 이회광 평정을 축하하는 표)[17]

신 아무개가 아뢰옵니다. 삼가 모월 모일 칙령을 받들어보니, 역적 이회광은 용렬하고 비천하기 짝이 없는 인간이자, 말갈 오랑캐의 추한 무리로서, 흉악하고 위험한 행실이 모두 알려지고, 잔인 포악하다는 악명이 상당히 높았습니다. 폐하께서는 이런 자세한 내막을 따지지 않고 부절을 내려주시어, 삭방 지역을 모두 맡기시고,[18] 게다가 금위 병사까지 나누어 주셨는데,[19] 이런 특별한 은혜에 감지덕지하지 않고, 이에 다른 생각을 품었습니다. 그 사이 예물과 공물을 보내오지 않아 왕사(王師)가 죄를 물은 적이 있습니다. 얼마 이후 그더러 군대를 일으켜 적지에 가라고 했습니다만, 해가 다 가도록 전공이 없었습니다. 어가의 행차가 근교

17) 본편은 이회광이 모반을 했다가 정원 원년(785) 부장 우명준(牛名俊)에게 참수당하여 헌납되었을 때 쓴 것으로 보인다. 그러나 당시 유종원의 나이는 13세에 불과하여, 정말 최중승 대필로 이 표를 썼는지 의문이다. 최중승이 누구인지 확실치 않으며, 글 또한 뒷부분이 궐문이다.

18) 건중 2년(781) 7월, 이회광을 삭방절도사로 삼았다.

19) 건중 2년(781) 5월, 조령을 내려 이회광더러 신책군과 삭방군을 거느리고 이유악(李惟岳)을 토벌하도록 했다.

에 도착할 무렵, 옛 진으로 귀환하라는 칙령을 내려, 중원을 해치는 도적을 소탕하도록 했기에, 이에 봉천의 포위를 풀었으니, 이 어찌 사람의 뜻이겠습니까, 아마도 하늘의 뜻이지요. 폐하께서는 단지 그가 위난을 물리친 것을 가상하게 보셔서, 연유를 살피지 않고 상공의 대열에 오르게 하고, 원수(元帥)로 명하셨습니다. 도적의 자취를 밟아 활수(滑水)에 이르러, 함양에 군대를 주둔시켰을 때, (이후 원문 누락)

臣某言 : 伏奉某月日敕, 逆賊李懷光輿臺末人, 奚虜遺醜, 備聞兇險之行, 頗有殘暴之名. 陛下略其細微, 假以符節, 盡委朔方之地, 猶分禁衛之兵, 不感殊恩, 乃懷異望. 間者饋貢不入, 王師問罪. 尋令舉軍赴敵, 而乃終歲無功. 洎駕幸近郊, 敕還舊鎮, 將掃猾夏之盜, 因解奉天之圍, 豈伊人謀, 蓋是天意. 陛下但嘉其排難, 不省其由, 列爲上公, 命作元帥. 及躡寇滑汭, 頓軍咸陽, (闕)

위배령공거배면표(爲裴令公擧裴冕表 : 배영공 대신 쓴 배면을 천거하는 표)[20]

신 아무개가 아뢰옵니다. 듣자 하니 충(忠)과 사(邪)는 양립할 수 없고, 선과 악은 길을 같이 할 수 없다고 합니다. 옛날 오나라는 간신 백비를 임용해서 충신 오서가 죽임을 당했고, 초나라는 근상을 임용해서 굴평이 추방되었으니, 머나먼 이전의 일을 생각하면, 누가 마음 아프지 않겠습니까!

---

20) 본편은, 역대 주석 및 고증을 보면, 유종원이 쓴 것이 아니라는 설이 유력하다. 대력 4년(769) 12월 무술일에 배면은 세상을 떠났다. 대력 8년(773)에야 유종원이 태어났으므로, 유종원이 이 표를 썼을 리 없다는 것이다. 배영공은 배준경(裴遵慶)인 듯하다는 설도 있고, 곽영공(郭令公)인데 잘못 표기되었다는 설도 있다. 혹은 유종원의 선대 누군가가 쓴 것일 가능성이 있다는 설도 있다.

삼가 보아하니 풍주(灃州) 자사 배면은 광명정대하고 충성스러우며, 도와 덕이 높고 두터우며, 자신을 돌보지 않으며 태만함이 없어, 굳세고 강건한 기풍이 있습니다. 선제를 으뜸으로 보좌하여 영무(靈武)까지 치달리고, 운뢰(雲雷)와 같은 업적을 쌓고, 사직의 공훈을 세웠습니다. 그가 곧고 바른 것을 정원진(程元振)이 시기하여, 결국 모함을 꾸며서, 머나먼 벽지로 폄적되게 하여, 천하가 억울함을 호소하고, 추한 자와 바른 자가 함께 있을 수 없는 슬픔을 공연히 품고, 미움만 늘어가는 치욕을 씻지 못했습니다. 이제 간사한 무리가 물러나고, 성인의 정치가 크게 행해져서, 모든 법도가 바르게 되고, 사문(四門)도 편안히 되었습니다. 사해 안 모든 백성들 중 고개 빼들고 덕음을 듣고 지극한 교화를 들으려고 생각하지 않는 자가 없습니다. 바라옵건대 특별히 배면을 조정에 도열하도록 하셔서, 그로 하여금 모든 관리를 거느리고 백성을 다스리도록 해주시기 바랍니다. 자문과 기획의 임무를 맡아서 통치하는 권한을 맡고 있으면, 반드시 만방이 협력하고 화목하게 하고 요·순 같은 군왕이 되도록 할 수 있을 것입니다.

신은 장군과 재상의 자리를 겸하여, 고굉의 인재를 더하고자 하여, 현명한 인걸을 추천하여, 함께 폐하의 통치를 빛내게 하고자 합니다. 신의 간절한 바람을 어쩔 줄 모르겠습니다.

臣某言 : 聞忠邪不可以幷立, 善惡不可以同道. 吳任宰嚭而伍胥誅夷, 楚任靳尙而屈平放逐, 遠惟前事, 孰不痛心!

伏見灃州刺史裴冕明允忠肅, 道高德厚, 匪躬無怠, 有蹇諤之風. 首佐先帝, 驅馳靈武, 贊雲雷之業, 成社稷之勳. 程元振忌其直方, 遂加誣構, 投謫荒裔, 天下稱寃, 空懷醜正之悲, 莫雪增嫌之恥. 今姦邪屛退, 聖政大明, 百度惟貞, 四門以穆. 寰海之內, 元元之人, 莫不延首德音, 思聞至化. 願特令追冕列在天朝, 俾之端揆庶寮, 平章百姓. 處詢謀之任, 當燮理之權, 必能協和萬邦, 致君堯、舜.

臣位兼將相, 職忝股肱, 思進賢傑, 共熙帝載. 臣無任懇願之至.

위무중승사사신다표(爲武中丞謝賜新茶表 : 새 차를 하사한 것에 감사하는 표를 무중승 대신 쓰다)[21]

신 아무개가 아룁니다. 중사 두 아무개가 찾아와, 폐하의 성지를 봉독하니, 새 차 한 근을 신에게 하사하시는 내용이었습니다. 하늘같으신 폐하의 관심이 갑자기 이르고, 제 철의 소중한 산물이 제게 오게 되어, 두 손에 받들고 보니 놀랍기만 하여, 기쁘기도 하고 황공하기도 합니다. 신은 능력도 없으면서 외람스럽게 나라의 법을 담당하고 있습니다. 크고 밝은 빛이 먼저 나와, 하늘 같은 폐하의 용안을 직접 우러러볼 수 있었습니다. 은택이 마침내 행해져서, 문득 먼저 초목이 이슬에 젖듯 은혜를 입었습니다. 하물며 이 차의 신비로운 맛은 머나먼 곳에서 이루어져, 햇빛을 받아서 외피를 가르고 새로 돋아나고, 바람을 맞아서 그윽한 향기가 사방에 퍼지고, 육기(六氣)가 조화를 이루어 좋은 맛이 생성되고, 만수(萬壽)를 누릴 수 있도록 도와서 소중한 진가를 발휘합니다. 어찌 미천한 저 같은 자가 이토록 특별한 하사를 받을 자격이 있겠습니까? 은택을 받은 것이 감히 미주(美酒)를 맛본 것과 같고, 시름을 씻어내 마치 얼음물을 마신 것과 같습니다. 이 일의 은혜의 끝이 어딘가를 찾아보려 하니, 끝이 없는 곳으로 빠져들게 됩니다. 신은 감격과 기쁨이 너무 큰 것을 어쩌지 못하겠습니다.

臣某言 : 中使竇某至, 奉宣聖旨, 賜臣新茶一斤者. 天睠忽臨, 時珍俯及, 捧戴驚抃, 以喜以惶. 臣以無能, 謬司邦憲. 大明首出, 得親仰於雲霄; 渥澤遂行, 忽先霑於草木. 況玆靈味, 成自遐方, 照臨而甲坼惟新, 煦嫗而芬芳可襲, 調六氣而成美, 扶萬壽以效珍. 豈可賤微, 膺此殊錫? 銜恩敢同於嘗酒, 滌慮方切於飲冰. 撫事循涯, 隕越無地. 臣不任感戴欣抃之至.

---

21) 본편은 무원형(武元衡)의 표를 대필한 것이다. 무원형의 자는 백창(伯蒼), 정원 20년(804) 어사중승으로 옮겼다. 유종원은 당시 감찰어사로, 그의 휘하에 속했다. 정집에 「위무중승사사앵도표(爲武中丞謝賜櫻桃表)」가 있는데, 이 표는 그 후에 쓴 것으로 보인다.

위배중승하파동평표(爲裴中丞賀破東平表 : 동평을 격파한 것을 축하하는 표를 배중승 대신 쓰다)[22]

신 아무개가 아룁니다. 모월 모일 상소문 올리는 담당관이 통보한 내용을 통해 알게 되었는 바, 역적 이사도가 모월 모일 효수형에 처해지고, 전 국토의 신하와 백성이 경하하면서 끝없이 기뻐한다고 들었습니다. 신이 듣자하니 은택을 등지고 기강을 어지럽히는 자는 귀신이 주벌할 수 있고, 순리를 어기고 흉악한 짓을 일삼는 자는 하늘이 혼백을 빼앗아간다고 하였습니다. 이들의 요망한 악행이 아니면 어떻게 성상의 공을 드러낼 수 있었겠습니까?

엎드려 생각하건대 폐하는 하늘과 어긋나지 않고 신명과 합치되셔서, 주(周) 선왕(宣王)이 중흥을 이룩한 업적을 덮어 가릴 정도이며, 한 광무제가 한나라를 재건한 공이 대수롭지 않을 정도입니다. 영험한 깃발이 사방에 임하여, 안 좋은 기운이 모두 흩어지고, 모든 신하 백성들이 모두 태평성대를 보았습니다. 이사도는 조부와 부친의 자리를 이어 위세를 부려,[23] 바다와 산지를 아울러서 녹을 독점하고, 20만 병력이면 100만 병력을 상대한다는 동진(東秦)의 험한 지세를 믿고,[24] 임치(臨淄) 21만 병력을 회유하여,[25] 천하의 한쪽을 차지하여, 이미 60년을 넘겼습니다. 조종의 땅이 마

---

22) 본편은 배행립(裴行立)의 표를 대필한 것이다. 원화 12년(817) 2월, 이사도가 주벌을 당하여, 동평이 모두 평정되었다. 당시 어사중승 배행립이 계관관찰사로 있었다.

23) 대력 연간에 이정기(李正己)를 평로(平盧)·치청(淄青) 절도사로 삼았다. 그의 아들 납(納)에게 자리를 전해주었고, 납은 사도에게 전해주었다.

24) 한(漢) 고조 6년, 전긍(田肯)이 황제에게 축하하며 "진(秦)은 지형이 우세한 나라로, 강과 산을 끼고, 천 리에 걸쳐 있고, 무사가 100만으로, 진은 '100당 2'의 땅입니다. 제(齊)는 땅이 사방 2천 리요 무사가 100만으로, 천 리 밖에 걸쳐 있고, 제는 '10당 2'의 땅입니다. 이는 마치 동·서 진(秦)과 같습니다"라고 말했다. '100당 2'란 진의 지형이 험해서 2만 명이 적군 100만을 상대할 수 있다는 말이다. '10당 2'란 20만 명이 적군 100만을 상대할 수 있다는 말이다.

25) 『사기』에 나온다. 소진이 제나라 선왕에게 유세하여 "임치는 7만 가구이며, 가구당

치 외국인 듯했고, 천지에 제사를 올리는 태산이 저 멀리 이역이 되었습니다. 역대 황제께서 누차 덕을 베푸셔도, 일찍이 회개한 적이 없어, 죄악이 하늘까지 뻗었건만, 결국 참수되었다는 소식을 듣게 되었습니다. 드디어 운정(云亭)이 주인이 있게 되고, 옥첩(玉牒)을 올려 봉선하게 되었습니다. 요해(遼海)에 근심이 없게 되고, 멀리서 석노(石砮)가 진상되는 것을 이미 보게 되었습니다. 이 모두가 폐하의 신묘한 계획으로 얻게 되어, 조정의 계책에 남김이 없으니, 임무를 받은 자는 전력을 다하여 추진하는 정성을 보이고, 놔두어도 마음에 느끼는 교화가 있게 되었습니다. 금석(金石)도 뚫을 수 있고, 거북과 시초의 길상이 반드시 따라서, 싸우지 않고 공을 세우는 것을 결국 이룩하고, 마침내 무위의 통치에 들어맞을 것입니다.

신은 능력도 없이 군사 일을 맡아서, 멀리 변방을 지키고 있으면서, 풀이라도 쓰러뜨린 공도 세운 것 없음이 부끄러운 채,[26] 앉아서 정국의 안정을 맞게 되었습니다. 손뼉 치고 뛸 듯 기쁘고 경사스러운 마음이 평소보다 천배 만배 더합니다.

臣某言 : 月日得進奏官狀報, 逆賊李師道以某月日克就梟戮, 率土臣子慶抃無涯. 臣聞負恩干紀者, 鬼得而誅; 犯順窮凶者, 天奪其魄. 不自妖孽, 曷彰聖功?

伏惟陛下先天不違, 與神合契, 掩周宣中興之業, 陋漢光再造之勳. 靈旗四臨, 氛沴皆散, 凡在臣庶, 盡覩升平. 伏以師道席父祖以作威, 苞海岳而專祿, 恃東秦十二之險, 誘臨淄三七之兵, 竊據一方, 歲踰五紀. 朝宗之地, 曠若外區; 封祀之山, 隔成異域. 累聖垂德, 曾未悛心, 餘孽滔天, 果聞折首. 遂使云亭有主, 知玉牒之將封; 遼海無虞, 見石砮之已至. 此皆陛下

남자가 셋 이상으로, 모두 21만이라, 먼 현에서 병사를 일으키지 않아도 임치에서만 이미 21만 병력이 됩니다"라고 말했다.

26) 한(漢)나라 때 종군(終軍)이 한 말로, 흉노에 사신을 보낼 일이 생겼는데 종군이 자청하면서 "저는 풀이라도 쓰러뜨린 공도 없습니다"라고 한 말에서 나왔다. 풀밭을 행군하면서 풀이라도 쓰러뜨린 공조차 세운 적이 없다는 말이다.

神籌獨得, 廟略無遺, 授任推盡力之誠, 縱捨有感心之化. 金石可貫, 龜筮必從, 克成不戰之功, 遂洽無爲之理.

臣謬司戎旅, 遠守方隅, 愧無橫草之功, 坐見覆盂之泰. 抃蹈歡慶, 倍萬恒情.

하사표(賀赦表 : 사면을 경하하는 표)[27]

신 아무개가 삼가 모월 모일 은제(恩制)를 받들어 보았습니다만, 천하에 대사면령을 내리셨습니다. 한 사람이 경사가 있으면, 백 가지 일이 새로워지고, 하늘을 이고 땅을 밟고 다니는 것 중, 기뻐서 손뼉치지 않는 것이 없습니다. 아무개가 듣자 하니 하늘과 땅의 으뜸가는 공은 비와 이슬을 내려서 만물을 기르는 것이요, 제왕이 대통을 잇는 것은 해와 달이 떠서 빛을 드리우는 것과 같다고 합니다. 모든 것이 이로부터 자양을 받기 시작하고, 만방이 훤히 밝아집니다.

엎드려 생각하건대 폐하께서는 크나큰 업적을 이어 지키시고, 위대한 천명을 빛내고자 맡으시어, 순정한 교화가 사계에 고르게 펼쳐지고, 큰 덕망이 음・양 이의(二儀)와 합치되었습니다. 사직을 보호하여 편안하게 하시고, 나라의 강역을 빛나게 하시고, 효(孝)와 자(慈)를 널리 알려 아래를 이끌고, 공(恭)과 검(儉)을 숭상하여 미덕을 드리우셔서, 그 은택은 연못보다 깊고, 그 사적은 천고에 으뜸입니다. 하물며 시기를 따라서 정치

27) 본편은 유종원이 쓴 것인지 논란이 있었다. 『문원영화(文苑英華)』와 『전당문(全唐文)』에서는 모두 이길보(李吉甫)가 이 표를 썼다고 했다. 혹은 표의 말미에서 "번유(藩維)를 맡고 있다"고 말한 것으로 보아, 계주(桂州)・광주(廣州)의 누군가를 위해 대필한 것일 수도 있다고 보았다. 유종원 당시 제위를 잇고 사면을 내린 예는 오직 순종 한 사람 뿐이었다고 한다.

를 하시고, 춘계를 따라서 화목을 이끌어, 맺힌 것을 푸는 은택을 펼치고, 허물을 용서하는 전례(典禮)를 펼치셨습니다. 구족(九族)이 이미 화목하고, 사방 문이 널리 열렸습니다. 그리고 또 깊은 곳에 칩거한 사람을 씻어주시니, 뇌우와 같은 은혜를 베푸신 것이요, 유배되어 숨어 살던 사람을 귀환시키시니, 그물을 풀어주신 것이요, 폄적되어 쫓겨난 사람을 원직 복구 이동시키시니, 어진 덕으로 감싸신 것이요, 탈세의 채무를 면제해주시니, 정치를 맑게 하는 근원이요, 총애하는 자를 포상하고 능력 있는 자의 공을 인정하니, 격려하고 고무하는 방식의 하나입니다. 금은 보화를 공물로 바치는 것을 폐지하시니, 검소한 덕을 드러낸 것이요, 숨어 있는 훌륭한 인재를 찾아내시니, 지극히 공정함을 드러내는 것입니다. 원훈(元勳)과 숙장(宿將)은 상을 주는 것이 자손에까지 이르게 하시고, 많은 신하들은 그 영광이 살아 있는 자에게도 세상 떠난 자에게도 두루 미치게 하시고, 직언하는 길을 넓히시고, 선한 자를 추천하는 문을 열으시니, 그 덕이 우순(虞舜)·하우(夏禹)를 뛰어넘고, 그 도가 헌원(軒轅)·전욱(顓頊)을 뛰어넘습니다. 언젠가 반드시 각각 다른 풍속을 하나로 통일하시고, 원대한 계획을 발휘하시어, 억만년이 지나도록 영원히 천하의 대통을 이으실 것입니다.

신은 능력도 없이 임용이 되어, 변방의 자리를 지키고 있기에, 대궐로 달려가 직접 성대한 예식을 보지 못합니다. 그러나 기쁘고 즐거워 손뼉치며 경하하는 심정은 평소보다 천배 만배 더합니다.

臣某伏奉某月日恩制, 大赦天下. 一人有慶, 百度維新, 戴天履土, 罔不欣抃. 某聞天地元功, 施雨露而育物; 帝王繼統, 昇日月以垂曜. 羣品資始, 萬方文明.

伏惟陛下嗣守鴻業, 光膺駿命, 淳化均於四序, 大德合於二儀. 保寧社稷, 光宅區宇, 弘孝慈以御下, 崇恭儉以垂休, 恩覃溪洞, 事冠千古. 況乃順時布政, 乘春導和, 敷作解之澤, 宣在宥之典. 九族既睦, 四門廣闢. 而又洗滌幽縶, 雷雨之施也; 歸還流竄, 羅網之釋也; 移敍貶黜, 覆載之仁也, 蠲除逋債, 政理之源也; 褒寵勳賢, 激勸之方也. 廢金寶之貢, 有以彰儉德; 搜遺逸之士, 有以表至公. 元勳宿將, 賞延子孫, 庶尹卿士, 榮周存歿, 廣直言之路, 啓進善之門, 德超虞、夏, 道掩軒、項. 必將平一殊俗, 發揮大猷, 億萬斯年, 永荷天緖.

臣謬當任用, 守職藩維, 不獲奔赴闕庭, 親覩盛禮. 感悅歡抃, 倍萬恒情.

하황태자전(賀皇太子牋 : 황태자를 경하하는 전)[28)]

종원이 황공하게 말씀드립니다. 6월 7일 제서(制書)를 받들어 보건대, '원화성문신무법천응도황제(元和聖文神武法天應道皇帝)'께서 영광스럽게도 빛나는 존호를 받아들이시어, 온 땅의 신민이 끝없이 기뻐하고 있습니다.

엎드려 생각하건대 황태자 전하께서는 정도를 닦고 중도를 지키시고, 창성하는 운을 보필하여 완성시키시고, 숨은 악기(惡氣)를 없애고 악의 씨앗을 제거하시어, 찬란한 빛을 일으키셨습니다. 위대한 존호가 떠오르고, 크나큰 경사가 원만하게 진행되어, 문무의 경위(經緯)가 드러나고, 천도의 운행이 드러났습니다. 상서로운 빛이 아래를 비추어, 중륜(重輪)이 빛을 발하는 것을 보여주었고,[29)] 은혜의 파도가 아래로 흘러와, 작은 바

---

28) 본편은 황태자 책봉을 축하한 것이다. 역대 주석에서 '원화 7년(812), 수왕(遂王) 유(宥)를 황태자로 세웠다'라고도 했고, '황태자 항(恒)으로, 헌종의 셋째 아들이다'라고도 했다. 『구당서』 16권 「목종기(穆宗紀)」에 따르면, 목종은 헌종의 셋째 아들로, 처음에 이름이 유(宥)였다가, 원화 원년(806) 8월 수왕으로 책봉되고, 7년 10월 황태자로 책봉되고, 이름을 항으로 바꿨다.

29) 최표(崔豹)의 『고금주(古今注)』에서 "한(漢) 명제(明帝)가 태자였을 때, 악사가 노래 넷

다에 물결이 늘어남을 보여주었습니다.[30] 저는 먼 지역을 지키고 있던 중, 성대한 예식에 대한 소식을 듣게 되어, 뛸 듯이 기쁘기 짝이 없는 이 심정이 평소보다 만배는 더하옵니다. 삼가 전(牋)을 올려 축하드립니다. 황공하기 짝이 없어, 죄송하고 죄송하옵니다.

宗元惶恐言 : 伏奉六月七日制, 元和聖文神武法天應道皇帝光受徽號, 率土臣子, 歡抃無涯.

伏惟皇太子殿下麗正居中, 輔成昌運, 消伏沴孽, 贊揚輝光. 鴻名允升, 大慶周洽, 表文武之經緯, 著天道之運行. 瑞景照臨, 示重輪之發耀; 恩波下濟, 見少海之增瀾. 宗元忝守遐方, 獲聞盛禮, 踴躍之至, 倍萬恒情. 謹附牋賀. 宗元惶恐, 死罪死罪.

하배계주계(賀裵桂州啓 : 배계주를 축하하는 계)[31]

종원이 계(啓)를 올립니다. 삼가 천자의 은총을 받으시고, 영광스럽게도 총애의 증여를 더 받으셨다니, 감격이 마음이 더해지며, 기쁘고 경사스럽기 짝이 없습니다. 제가 듣자하니 이름을 날려서 부모가 드러나게 하는 것이니, 성인 공자께서 이에 경서를 지었고, 큰 효는 부모를 높이는 것이니,

---

을 지어 덕을 찬미했는데, 그 중 두 번째가 「월중륜(月重輪)」이었다.

30) 『산해경』에서 "무고(無皐)의 산에서 남쪽으로 유해(幼海)가 보인다"고 했는데, 곽박(郭璞)의 주에서 "바로 소해(少海)이다"라고 했다. 옛날에 천자를 큰 바다에 비유하고, 태자를 작은 바다에 비유했다.

31) 본편은 사면 이후 책봉이나 추증이 있어서 축하하는 계(啓)를 올린 것인 듯하다. 배계주는 이전의 중승공 배행립(裵行立)이다. 배행립이 계관관찰사가 된 때는 원화 13~14년 간으로, 그때는 회서(淮西)가 이미 평정되어, 유종원도 전에 「위배중승하극동평사표(爲裵中丞賀克東平赦表)」(제38권)를 쓴 적이 있다.

증자가 이로써 가르침을 남겼다고 했습니다. 비와 이슬이 널리 촉촉하게 적시고, 해와 달이 빛을 드리워서, 덕이 성대하면 언젠가 결국 달인으로 증험되고,[32] 선을 쌓으면 반드시 경사로 증험됩니다.[33] 천하에서 자식이 된 사람이면, 너나 할것없이 부러워하고 흠모합니다. 저는 특히 은혜와 보살핌을 받아, 남들보다 백배는 더한 마음입니다. 맡은 자리로 인하여, 직접 달려가 경하드리지 못해, 떨리고 황공한 마음을 어쩌지 못하겠습니다.

宗元啓 : 伏承天恩, 榮加寵贈, 伏惟增感, 抃慶罔極. 某聞揚名以顯, 孔聖於是作經; 大孝所尊, 曾子以之垂訓. 雨露敷澤, 日月垂光, 盛德果驗於達人, 積善必徵於餘慶. 天下人子, 羨慕無階. 某特承恩眷, 倍百恒品. 限以守官, 不獲奔走拜賀, 無任展轉惶灼之至.

여위회남석금천계(與衛淮南石琴薦啓 : 위회남에게 석금천을 주면서 올리는 계)[34]

첩석금천(疊石琴薦) 하나 보내 드립니다.[35]

앞에 말씀드린 금천(琴薦)은 제가 직접 가서 채취한 것으로, 조금 진기

---

32) 『좌전』 소공 7년에서 "성인 중 덕이 밝은 사람이 있어, 만약 당세에 드러나지 않으면, 그 후대에 반드시 달인이 나타난다"고 했다.

33) 『역(易)』에 나오는 말로, '선을 쌓은 집안은 반드시 경사가 생긴다[積善之家, 必有餘慶]' 고 했다.

34) 본편은 유주에서 쓴 것이다. 위회남은 위차공(衛次公)이다. 검교공부상서에서 회남절도사가 되었으니, 원화 12년(817) 회(淮)·채(蔡)가 평정된 이후이다. 전기에서 "위차공은 본래 금(琴)을 잘 연주했는데, 아직 알려지지 않았을 때, 경조윤 이제운(李齊運)이 아들더러 함께 어울리도록 하고 연주법을 전수해주라고 하자, 위차공은 거절하여, 이로 인해 종신토록 다시는 금을 연주하지 않았다"고 한다. 본편을 쓸 때는 위차공이 아직 금을 연주할 때였다.

35) 유주 용벽탄(龍壁灘) 밑에서 나온 것이라고 한다.

하며, 특히 남다른 외형이 돋보이고, 자연스러운 고색을 띠고 있습니다.

엎드려 생각하건대 귀하는 기(夔)·단(旦)의 지극한 덕을 타고나고, 아(牙)·광(曠)의 신묘한 기예를 타고나서, 인문(人文) 측면에서는 궁(宮)·치(徵)의 깊은 음조와 합하는 듯하고, 국기(國器) 측면에서는 호(瑚)·연(璉)의 중요한 그릇에 맞먹는 듯합니다.[36] 기예의 수준이 깊어 깊은 맛이 우러나서,[37] 장차 옥촉(玉燭)의 곡조를 완성할 듯하고,[38] 생각하는 것이 노래의 가사와 어울려, 훈풍의 교화를 돕기에 충분합니다.[39] 원하옵건대 투박한 받침이나마 귀하의 음악을 더욱 빛내도록 올리나니, 오현에 맑고 밝은 소리가 더해지고, 육률에서 딩딩당당 호응되기 바랍니다. 비록 오랫동안 잠겨 있었지만, 잊지 않고 올려 드리오니, 만약 거두어주시는 은혜를 베푸신다면, 감히 더욱 튼실한 용도로 보답할 수 있습니다.

疊石琴薦一.

右件琴薦, 躬往採獲, 稍以珍奇, 特表殊形, 自然古色.

伏惟閤下禀夔、旦之至德, 蘊牙、曠之玄蹤, 人文合宮徵之深, 國器專瑚璉之重. 藝深攫醳, 將成玉燭之調; 思叶歌謠, 足助薰風之化. 願以頑璞, 上奉徽音, 增響亮於五絃, 應鏗鏘於六律. 沉淪雖久, 提拂未忘, 倘垂不徹之恩, 敢效彌堅之用.

36) 『논어』에서 공자가 자공에게 '너는 그릇으로, 호(瑚)·연(璉)이다'라고 했고, 주석에서 '하나라 때 호라고 하고, 은나라 때 연이라고 했는데, 종묘에서 쓰는 그릇이다'라고 했다.

37) '깊은 맛이 우러난다'고 옮긴 부분의 원문은 '攫醳'인데, 사실 정확한 의미를 알 수 없다.

38) 『이아』에서, 사기(四氣)가 조화로운 것을 옥촉(玉燭)이라고 한다고 했다.

39) 순(舜)이 5현금을 만들어 남풍(南風)을 노래했는데, '훈훈한 남풍이여, 우리 백성의 화를 풀어주리라'라고 했다고 한다.

답정원외하계(答鄭員外賀啓 : 정원외의 축하에 답하는 계)[40]

이사도는 삼대가 은혜를 입었건만,[41] 4흉이 덕을 저버렸습니다.[42] 성상의 조정이 만민을 양육하면서, 사람들을 편안히 하는 데 힘쓰건만, 보살피고 덮어주는 것이 너그럽고 크다는 걸 모르고, 오히려 승냥이 같은 간특한 마음을 더욱 드러냈습니다. 제왕의 군대가 일단 출동하자, 흉인의 머리가 이미 도착하고, 만백성이 기쁘다고 칭송하고, 사방에 아무 일이 없게 되었습니다.

李師道三代受恩, 四兇負德. 聖朝含育, 務在安人, 不知覆載之寬弘, 更縱豺狼之奸蠹. 王師一發, 兇首已來, 萬姓稱歡, 四方無事.

답제주하계(答諸州賀啓 : 여러 주의 축하에 답하는 계)[43]

이사도는 누대에 걸쳐서 은혜를 저버렸는데도, 뉘우치지 않고, 남은 악의 싹이 권세를 믿고 난을 일으켜, 더욱 방자하여 제멋대로 날뛰었습

40) 본편은 이사도의 난과 이를 평정한 것에 관련된 얘기인 듯한데, 문장의 앞뒤에 누락된 부분이 있는 것으로 보인다.

41) 대종 영태 원년(765) 7월, 이정기(李正己)를 평로(平盧)·치청(淄靑) 절도사로 삼았다. 덕종 건중 2년(781) 7월 사망하여, 아들 납(納)이 후임을 맡았다. 정원 8년(792) 5월 사망하여, 아들 사고(師古)가 후임을 맡았다. 헌종 원화 원년(806) 윤6월 사망하여, 아우 사도가 후임을 맡았다. 이를 일러 삼대가 은혜를 입었다고 한 것이다.

42) 4흉이란 정기·납·사고·사도를 말한다.

43) 본편 역시 이사도의 난과 관련된 얘기를 하려고 했던 듯, 그러나 또한 역시 앞뒤 누락이 있거나 완성된 문장이 아닌 것으로 보인다.

니다. 군왕의 군대가 잠시 애를 써서, 이미 효수하고 처벌하자, 이 땅 모든 사람들이 기뻐하며 박수치고, 어려운 승리를 경하했습니다. 태평을 이루는 공은 이로부터 결말을 보았습니다.

李師道累代負恩, 不起悛革, 餘孽怙亂, 更肆猖狂. 王師暫勞, 已致梟戮, 率土歡抃, 慶賀難勝. 太平之功, 自此而畢.

외집(外集) 보유(補遺)

만년현승유군묘지(萬年縣丞柳君墓誌 : 만년현승 유군 묘지) 병서(幷序)[1]

정원 12년(796) 병자(丙子)년 3월 모일,[2] 전 만년현승(萬年縣丞) 유군(柳君)이 장안 승평리(升平里) 사택에서 세상을 떠나니, 향년 50세이다. 장남은 홍례(弘禮)로, 가문을 이어서 상주로 나섰고, 둘째는 전례(傳禮), 막내는 호례(好禮)로, 부인과 중부(仲父)의 명을 따라, 시각을 살피고 제도를 정하였

---

1) 본편은 만년공이 사망하여 장사지낸 정원 12년(796)에 쓴 것이다. 사서(史書) 연표에서는 유규(柳虯)가 후주(後周) 중서시랑 미양효공(美陽孝公)이라고 하여, 지(誌)와 조금 다른데, 혹시 사서가 오류가 아닌가 한다.

2) '병자년'이라고 옮긴 부분의 원문은 '龍集景子'이다. 용(龍)은 용성(龍星) 즉 목성을 말한다. '龍集'은 '목성이 어느 곳에 가깝게 된다'는 뜻으로 '세차(歲次)'를 말하는 방법이다. '景子'에서 '景'은 '丙'을 휘(諱)하여 쓴 것이다. 따라서 '龍集景子'는 '병자년'임을 말하는 것이다.

는데, 그때마다 옛 법도에 맞았고, 사흘 이후 염을 하고, 석달 이후 장례를 지냈다.[3] 5월 19일 갑자일, 장안현 고양벌에다 묘혈을 열고, 선영 옆에 안장하니, 예에 따른 것이다. 이에 앞서 시각을 잡아 술을 올리는 예를 차렸는데, 의식에 적절한 모든 제물을 갖추고, 인척들이 모두 오고, 종친들이 다 모였다. 종제 종원이 일가 친척의 부탁으로, 눈물로 종이를 적시며, 다음과 같이 행적을 기록한다.

군의 이름은 원방(元方)이요, 자는 아무개요, 해(解) 사람이다. 계보는 주(周)·노(魯)로부터 나왔고, 나중에 유(柳)라는 성을 받았다.[4] 7대조 규(虯)는 후위(後魏) 때 중서령을 지내고, 미양공(美陽公)에 책봉되었다.[5] 4대를 지나 유돈(柳惇)에 이르러, 본조 조산대부를 지내고, 자양령(資陽令)에 책봉되었다. 조부 유초(柳初)는 연주사마를 지냈다. 부친 유이(柳頤)는 선주(宣州) 영국승(寧國丞)을 지냈다. 세상을 경영할 덕은 가문의 전통을 이어, 총명을 깊이 간직하고, 순수하고 맑으며 조화로웠다. 어려서 부모를 잃어, 계부(季父) 유건(柳建)이 보살피고 가르쳐서, 『좌씨춘추』에 통달하고, 역대 역사를 꿰뚫어, 마치 가리키고 그림을 그리듯 늘어놓아, 직접 보고 듣는 듯했고, 문장 쓰는 것을 좋아하여, 언사가 조리있고 치밀했다. 가문 음덕으로 자리를 얻어서, 선주(宣州) 율수위(溧水尉)로 임명되었다. 공물과 부세의 장부 정리를 잘 하여 천부(天府)에 올려서, 특별히 동주(同州) 풍익위(馮翊尉)로 임명했다. 경조부(京兆府) 운양주부(雲陽主簿)로 옮기고, 장안주부(長安主簿)로 옮기고, 만년승(萬年丞)으로 옮겼다. 몸가짐이 단정하고 곧음을 지켜서, 극한 상황에 처해서도 흔들리지 않았다. 임기를 마치자 자택에서 휴양하며 청빈한 생활을 보냈고, 늘 불도를 좋아해서, 스스로 속세를 멀리

---

3) 『예기』「왕제(王制)」에 따르면, 대부·사(士)·서인(庶人)은 사흘 이후 염을 하고, 석달 이후 장례를 지낸다고 했다.

4) 노(魯) 효공(孝公)의 아들 전(展)의 손자가 조부의 자를 시호로 삼았고, 전금(展禽)에 이르러 유하(柳下)를 식읍으로 받아, 이를 성으로 삼았다. 노나라가 초(楚)나라에 멸망하여, 유씨는 진(晉)의 해현(解縣)으로 옮겼다. 그래서 유씨는 하동 해(解) 사람이 되었다.

5) 규의 자는 중반(仲盤), 서위(西魏) 대통(大統) 연간에 중서시랑이 되었다.

하고, 담박한 생활을 보냈다. 그 후 깊은 병에 걸려, 영원한 수명을 누리지 못했다. 친인척이 아쉬워하고 친구들이 애통해하며, 모두 "하늘이 선한 사람에게 보답하는 것이 어쩌면 이렇단 말인가!"라고 했다.

군은 전에 하남 독고씨(獨孤氏)를 아내로 맞이하였으니, 좌사낭중(左司郎中) 독고면(獨孤緬)의 딸로, 자식을 낳지 못하고, 일찍 세상을 떠났다. 이어서 배부인(裴夫人)을 맞이하니, 간의대부 배규(裴虯)의 딸로, 여인의 도리를 잘 가르쳐, 규방에서 눈에 띄었으며, 딸 셋이 있다. 오호! 명(銘)·지(誌)의 유래가 오래 되었으니, 이를 누락할 수 없어, 결국 현석(玄石)에 새겨서 음당(陰堂)에 모신다. 명문은 다음과 같다.

쟁쟁한 우리 조종, 덕이 깃드는 곳인가?
그대의 덕망은, 높고도 깊은가?
덕망이 있으되 명을 다하지 못했으니, 운명이 이렇게 안 좋은 것인가?
소나무 측백나무 늘 푸르고, 이 지석(誌石)도 썩지 않으리.

惟貞元十二年龍集景子三月日, 前萬年縣丞柳君, 終於長安升平里之私第, 享年五十. 長子弘禮, 承家當位, 次曰傳禮, 幼曰好禮, 奉夫人洎仲父之命, 考時定制, 動合古道, 三日而殯, 三月而葬. 粤五月十九日甲子, 克開長安縣高陽原, 祔於先塋, 禮也. 先時撰辰酌禮, 稱義備物, 外姻畢至, 宗人來會. 從弟宗元受族屬之敎, 泣涕濡翰, 書辭紀行. 曰:

君諱元方, 字某, 解人也. 系自周、魯, 後得柳姓. 七代祖虯, 後魏中書令, 封美陽公. 四葉至皇考惇, 皇朝散大夫, 資陽令. 祖初, 延州司馬. 考頤, 宣州寧國丞. 濟德克紹厥類, 藏聰晦明, 粹爲淑和. 少孤, 季父建, 撫字訓道, 通左氏春秋, 貫歷代史, 指畫羅列, 接在視聽, 嗜爲文章, 辭富理精. 以門廕出身, 調補宣州溧水尉. 網簿貢賦, 入於天府, 特授同州馮翊尉. 改京兆府雲陽主簿, 轉長安主簿, 遷萬年丞. 端靖守貞, 處劇不撓. 秩滿居養素食貧, 常好竺乾之道, 自振塵昏之外, 泊如也. 旣而嬰被沈疾, 不克永壽. 姻戚動懷, 朋友道傷, 僉曰 : “天之報施善人, 何如哉!”

君前娶河南獨孤氏, 左司郎中緬之女, 無子, 早世. 繼室以裴夫人, 諫議大夫虬之女, 陰教內則, 著於閨闈, 有女三人焉. 嗚呼, 銘誌之來古矣, 是不可闕, 遂勒玄石, 措於陰堂. 銘曰 :

振振吾宗, 德之宅耶? 惟君之德, 至其賾耶?
德而不壽, 命旣厄耶? 松栢蒼耶? 不朽石耶?

처사단홍고묘지(處士段弘古墓誌 : 처사 단홍고 묘지) 병서(幷序)[6]

처사 단홍고는 종횡가의 책을 많이 읽었으며, 성격이 굳세고 남들과 잘 어울리지 않았으며, 또한 무엇에 얽매이거나 연연하지 않고, 무엇을 생산하는 일에 종사하지 않았다. 어쩌다 누구와 사귀었어도, 옳지 않다 싶으면 절교해버려서, 이 때문에 나이 50이 되도록 자리 하나 얻어 녹을 받지 못했다. 일찍이 법가의 학설로 어사대부 하사간(何士幹)을 만나 유세하여, 하사간이 그를 이끌어 상객으로 모시고, 장차 등용하려고 했었다. 마침 하사간이 사망하여, 양양(襄陽) 절도사 우적(于頔)이 사람들의 웅대한 담론을 좋아한다는 소문을 듣고,[7] 마침내 병가의 지략을 가지고 그를 만나, 일단 만

---

6) 본편은 능력과 청렴을 겸비했으나 등용되지 못하여 처사로 지내다 세상을 떠난 단홍고의 묘지이다. 본문에서의 어사중승은 최능(崔能)을 말한다. 당시 영주자사였다. 유종원은 원화 9년(814) 아직 영주에 있어서, 최능에게 단홍고를 추천했다. 단홍고가 죽자 최능은 그래도 그의 상사를 처리해주었다. 문집에 「제단홍고문(祭段弘古文)」(제40권)이 있는데, 그의 상례 일행이 영주를 지날 때 쓴 것이며, 지(誌) 역시 이때 쓴 것이다.

7) 우적의 자는 윤원(允元)이다. 정원 14년(798) 9월, 우적을 양주자사 · 산남동도절도사로 삼았다.

나자 매우 기뻐했건만, 한 달 남짓 있다 보니, 우적과는 결국 함께 공을 세울 수 없음을 보고, 또 떠나버렸다. 농서(隴西) 이경검(李景儉)과 동평(東平) 여온(呂溫)은 기개과 절의를 높이 보고 도(道)와 예(藝)를 숭상했는데, 그의 이름을 듣고 만나보고 크게 기뻐했다. 그들의 문하에 남아서, 혹은 1년 동안, 혹은 반 년 동안, 함께 대화를 나누었는데, 해가 뜨는 것도 모를 정도였다. 여온이 죽고,[8] 이경검이 추방당하여,[9] 전 우습유 장숙(張宿)이 함께 신의로 어울리던 터라, 남쪽으로 와 중산 유우석과 하동 유종원을 만나니, 두 사람이 어사중승 최공에게 말했다. 최공은 당시 영주에 내려와 다스리던 참이라, 그가 신의있고 현명함을 알고, 떠나지 말고 머물러 있게 했다. 다시 남쪽으로 가서 의리를 좋아한다는 용주(容州)·부풍(扶風)·두군(竇羣)을 만나려고 하여, 가는 길에 계주(桂州)를 지나게 되었는데, 계주태수는 오래 전부터 단군과 아는 사이였는데, 만나기를 거절하고 예를 갖추지 않았다. 단군은 분노한 나머지 병이 들었는데, 치료하려 하지 않고, "내가 평생 동안 여러 대인들을 만났건만, 일찍이 서로 소홀히 대한 적이 없었다. 이제 이렇게 곤궁해지고, 나이까지 더욱 늙게 되니, 나를 받아주지 않아, 더욱이 세상의 웃음거리로 곤욕을 치르니, 내가 어찌 살 필요가 있겠는가! 죽으면 길가에 묻어주면 그만이다"라고 했다. 그렇게 여섯 달이 지나, 객지에서 세상을 떠났다. 최공이 눈물을 흘리고, 특별히 부의를 제공하도록 명하고, 영주로 와서 상례를 치르도록 하여, 곡을 하고 제문을 지었다. 상구(喪具)와 노자를 마련해주어, 풍주(澧州) 안향현(安鄉縣) 황산(黃山) 남쪽 산록으로 돌아가 장례를 치르도록 했다.

단군이 사망한 것은 원화 9년(814) 8월 16일이요, 그후 모월 모일에 장례를 지낸다. 조부는 아무개 관직을 지냈고, 부친은 아무개 관직을 지냈다. 처는 팽성(彭城) 유씨(劉氏)이다. 아들은 지미(知微)·지장(知章)으로, 아직 약관이 되지 않았다. 명문은 다음과 같다.

---

8) 원화 6년(811), 여온이 사망했다.

9) 원화 3년(808), 이경검이 강릉 호조참군으로 폄적되었다.

청렴하여 욕심내지 않고, 정직하여 굽히지 않았다.
곤경은 나와 함께 했고, 영달은 나와 함께 하지 않았다.
좌절에 빠진 것에 교훈 삼지 않고, 결국 곧음으로 세상을 떠났다.
어울린 사람들 보니 같은 부류 아니고, 천했으나 비루하지 않았다네.
어디에 장례지냈나? 황산 남쪽 발치일세.

段處士弘古, 讀縱橫書, 剛峭少合, 尤濩落, 不事產. 人或交之, 度非義, 輒去, 以故年五十, 不就祿. 嘗以法家言, 抵御史大夫何士幹, 延以上座, 將用之. 會士幹死, 聞襄陽節度使于頔愛人大言, 遂干以兵畫, 一見喜甚, 居月餘, 視頔終不可與立功, 又遁去. 隴西李景儉、東平呂溫, 高氣節, 尙道藝, 聞其名, 求見, 大歡. 留門下, 或一歲, 或半歲, 與言, 不知日出. 溫卒, 景儉逐, 前右拾遺張宿與然諾, 南見中山劉禹錫、河東柳宗元, 二人者言於御史中丞崔公. 公時降治永州, 知其信賢, 徼其去. 又南抵好義容州扶風竇羣, 途過桂, 桂守舊知君, 拒不爲禮. 君憤怒, 發病, 不肯治, 曰: "平生見大人, 未嘗相下. 今窮於此, 年加老, 接接無所容入也, 益困於俗笑, 吾安用生爲? 埋道邊耳!" 居六月, 死逆旅中. 崔公爲出涕, 命特贈賻, 致其喪來永州, 哭爲祭之. 與喪具道里費, 歸葬澧州安鄉縣黃山南麓上.

君之死, 元和九年八月十六日, 後某月日葬. 祖某官, 父某官. 妻彭城劉氏. 子知微、知章, 皆未冠. 銘曰:

廉不貪, 直不倚.
困者吾之, 通者不以. 不懲其躓, 卒以亢死.
覯游非類, 有賤非鄙. 何以葬之? 黃山南趾.

노주병조유군묘지(潞州兵曹柳君墓誌 : 노주 병조 유군 묘지)[10)]

유씨 자손 아무개가 평륙승(平陸丞)을 지내면서, 조부모 상사 때 외지에 안장했다가, 정원 21년(805)에 비로소 괵주(虢州)의 문향(閿鄕)에 이장하고자 하여, 하관을 앞두고 일족 상서예부원외랑 유종원에게 글을 보내, 지(誌)를 써달라고 부탁했다. 또한 다음과 같이 말했다. "우리 선조는 위(魏) 이래 여러 세대 동안 재상을 지내셨지요. 우리 고조 만치(萬齒)는 이궐령(伊闕令)을 지내시다가, 선조의 작위를 이어 하간군공(河間郡公)이 되셨으며, 증조 아무개는 절주(浙州) 자사를 지내셨는데, 모두 훌륭한 덕망을 지니셨지요. 병조부군(兵曹府君) 아무개에 이르러, 근신하며 의지를 다지시고, 정의를 좋아하고 겸양으로 어울리셨으니, 그러므로 교분이 두터웠고, 정직하고 공경하셨으니, 그러므로 친척이 화목했지요. 명경(明經)에 합격하신 것이 네 차례로, 그때마다 모두 좋은 벼슬을 얻으셨지요. 처음에는 육혼주부(陸渾主簿)가 되시고, 다음에는 오현위(吳縣尉)가 되시고, 다음에는 상당승(上黨丞)이 되시고, 다음에는 노주(潞州) 병조참군을 지내셨지요. 사건을 조사하여 사실을 밝혀내고 입안과 결재를 보좌하는 등의 일이 직책에 맞지 않은 경우가 없어, 조산대부 직위가 더해졌지요. 모년 모월 모일 관가에서 일생을 마치니, 주에서 몇리 떨어진 곳에 모셨지요. 마침 세상에 난리가 많고, 집안 또한 빈한하여, 장례를 마치지 못했지요. 아하! 우리 증조부・조부는 형양(滎陽)에 장사지내고, 우리 백조부・숙조부 및 백부는 모두 문향(閿鄕) 황천원(皇天原) 망수리(望壽里)에 장사지냈지요. 형양은 북쪽으로 간수(澗水)에 인접해 있어, 그 땅이 어둡고 좁으며, 강둑 또한 자주 무너져서, 영혼이 오랫동안 편안히 있을 곳이 못되는 것

10) 본편은 당시 어떤 일족이 예부원외랑이었던 유종원에게 조부의 묘지를 부탁하여 쓴 것으로 보인다. 본문에서 정원 21년(805)에 장례를 지냈다고 한 것으로 보아, 이 묘지(墓誌)도 그때 쓴 것으로 보인다.

이 매우 두려웠지요. 그래서 다른 괘를 뽑아서 이곳에 터를 잡아, 7월 6일 갑자일로 날을 잡아, 현당 아래 하관하려 하니, 그래서 이렇게 묘지를 써달라고 부탁하는 거지요." 이에 그의 편지 내용을 고쳐서 글을 완성하여, 우편으로 부쳐, 묘석에 새기도록 한다.

柳氏子某爲平陸丞, 王父母之喪, 寓於外, 貞元二十一年, 始葬於虢之閿鄕, 筊墨遇食, 乃貽書其族尙書禮部員外郞宗元, 使爲其誌. 且曰: "吾之先, 自魏已來, 爲宰相者累世. 我高祖諱萬齒, 爲伊闕令, 襲其先河間郡公, 曾祖諱某, 浙州刺史, 咸有懿德. 洎於兵曹府君諱某, 勤身惠志, 好義能讓而同, 故交者固; 直而敬, 故親者睦. 凡擧明經者四, 皆獲美仕. 初爲陸渾主簿, 次吳縣尉, 次上黨丞, 次潞州兵曹參軍. 其勾稽摘發, 毗贊闔決, 無不勝職, 加朝散大夫. 某年月日終於官次, 殯於州若干里. 會世多難, 家又貧窶, 故不及夫事. 嗚呼! 我曾祖、王父葬於潁陽, 我伯祖、叔祖洎伯父皆葬閿鄕皇天原望壽里. 潁陽北臨澗, 其地陰狹, 岸又數壞, 大懼不克久安神居. 是以從他兆於玆, 卜用七月六日甲子, 將以具於玄堂之下, 固故有望乎爾也." 於是刪其書爲文, 置於郵中, 俾移於石上.

영주사공참군담수망모모씨지문(永州司功參軍譚隨亡母毛氏誌文 : 영주 사공참군 담수 모친 모씨 지문)[11)]

모씨(毛氏) 부인의 부친은 모의우(毛儀禹)로, 풍주별가(豐州別駕)를 지냈다. 조부는 모홍의(毛弘義)로, 제주호조(濟州戶曹)를 지냈다. 부인은 담씨(譚

11) 본편은 유종원의 족형 유종조(柳從肇)의 장인 담수(譚隨)의 모친, 즉 유종원의 일가 형수의 조모 모씨(毛氏)의 지문이다.

氏)에게 시집을 갔으니, 이름은 손(損)이요, 등주사창참군(鄧州司倉參軍)을 지냈다. 담손의 부친은 담창(譚昌)으로, 상주녹사참군(常州錄事參軍)을 지냈다. 조부는 담원애(譚元愛)로, 좌익림대장군(左羽林大將軍)・홍농남(弘農男)을 지냈다. 담씨와 모씨는 주대(周代)에 모두 제후였는데, 담씨는 거(莒)에 편입되고, 모씨는 위(魏)에 이르러 후족(后族)이 되었다가, 천년 만에 다시 합해진 것이다.

부인은 아들 담수(譚隨)를 낳았다. 담수는 신중하고 성실하며 예절을 잘 따랐다. 비로소 배씨(裴氏)・유씨(柳氏)와 인척을 맺었다. 담수는 배씨를 아내로 맞으니, 지금 중서사인 차원(次元)의 족제이다. 딸은 유씨에게 시집가니, 이름은 유종조(柳從肇)요, 나의 족형이다. 나는 일찍부터 족형의 가르침을 받아, 부인의 덕에 대해 들었으니, 또한 담수가 그렇게 입신할 수 있었고 우리 형수가 그렇게 훌륭할 수 있었던 것은 모두 부인의 가르침 때문이라고 하였다. 그러면 마땅히 시문으로 기록해서 돌에 새겨 묘에 남겨야 하리라. 부인의 이름은 아무개요, 나이는 여차저차하며, 모년 모월 모일 세상을 떠나, 모월 모일 여기에 모신다. 지문은 다음과 같다.

주(周)나라 열국 제후 중, 담자(譚子)・모백(毛伯)이 있었다.
이 두 성이 합하니, 결국 어울리는 짝이로다.
부인의 가르침으로, 일족을 분발시켰다.
이토록 선량한 사람이, 많은 복을 누리지 못하는구나.
자손들 어엿하게 자라, 그 훌륭한 덕을 추모한다.
말을 속으로 감추고 꺼내지 않으면, 누가 그 정절을 말해줄까.
훌륭한 지석에 새겨 넣어, 영원히 유곡(幽谷)에 전해지길 바라노라.

毛氏夫人, 父曰儀禹, 豐州別駕. 祖弘義, 濟州戶曹. 夫人歸譚氏, 曰損, 爲鄧州司倉參軍. 損父昌, 爲常州錄事參軍. 祖曰元愛, 爲左羽林大將軍、弘農男. 惟譚洎毛氏, 於周咸爲諸侯, 譚入於莒, 毛及魏爲后族, 千歲復合.

夫人生丈夫子曰隨. 隨謹愿好禮. 始克於裴、柳爲姻. 隨娶裴氏, 今中書舍人次元之族弟也. 女子嫁柳氏, 曰從肇, 曰余族兄也. 余早承族兄之教, 聞夫人之德, 且曰隨之所以能立, 洎吾嫂之所以令, 皆夫人之訓. 則宜有以文其聲詩, 刻而措諸墓. 夫人諱某, 壽若干, 某年月日終, 某月日祔於此. 志曰:

周之列國, 譚子、毛伯. 合是二姓, 終其匹敵. 夫人有訓, 乃策厥族. 惟時善良, 不享豐福. 懿厥子姓, 追號憲德. 內言不出, 孰表貞節. 願垂休銘, 永誌幽谷.

청하장부군묘석(淸河張府君墓石 : 청하 장부군 묘석)[12)]

(원문에 탈자가 많아서, 번역 생략)

貞元二十年六月日, 淸河張公諱曾, 寢疾卽世□莫亭嘉深里之私第, 享年七十六. 自屬纊至於移窆, 朋從親暱, □州里士君子無不慟怛. 嗚呼! 仁賢之云亡也哉!

惟公受□□黃而分, 歷代茂盛, 源流益別, 公卽淸河之緖. 曾祖皇太子諮議郎諱崇, 祖皇中府折衝諱操, 父皇太子內直郎□□, 公卽內直郎嗣也.

早歲有節, 克壯□心, 拳拳禮容, 執無倦怠. 逮夫弱冠, 遵道秉義, 汪汪

12) 본편은 『전당문』 993권에서 채록한 것으로, 『전당문』에서는 작자미상으로 되어 있다. 원래 편자의 말은 다음과 같다. "이 글은 읍지(邑志)에서 채록한 것으로, 중간에 '종원(宗元)'이라는 글자가 있고, 읍지에서도 유종원이 쓴 것이라고 했으나, 문체를 자세히 살펴보면 닮지 않은 듯하며, 본집에도 실려 있지 않으므로, 작자미상으로 분류한다." 탈자가 많아서, 정확한 문맥 파악이 어려우므로, 번역을 생략하기로 한다.

然不可得而親, 不可得而友. 挺出常度, 機略內蘊. 時薊州刺史御史□□榮公□公才, 最以從事, 情以道契, 三揖而進. □□塞軍營田判官, 恭儉蒞職, 勳績明著. 甄錄奏聞, 受遊□將軍守右領軍衛幽州開福府折衝都尉員外置同正員, 賜騎都尉. 公疎勢賊諂, 心不苟合, 恬淡爲頤年之用, 視簪組爲伐性之具, 遂辭名晦跡, 高臥雲物, 因家於三河邑, 背郭而東, 得林巒之勝致也. 暨乎年逾不惑, 以長子瓊佐鄭亭侯. 嘉聲洋洋, 多歷年數. 由是閱實觀政, 巾車以來, 郡邑淸暢, 禮容大備. □釋我願, 斯不返駕. 每□人貞□, 談眞空微妙之性, 探□原□賾之旨. 浩浩方寸, 洞豁塵境, 不其致歟? 嗟乎! 大道無涯, 天命有定, 雖聖明不能越常運而超物外哉! 公以疾起, 無妄情, 不嗜藥, 禹禹居易, 悔咎莫有, 星歲幾周, 大漸長往. 嗚呼! 天富其道而閼於壽, 謂之何哉?

夫人北平田氏, □而得禮, 有子二人. 瓊等卜祔先塋, 龜筮告吉, 以其年十一月一日窆於任邱東北長邱鄉原, 禮也. 二嗣號擗, 痛深泣血, 哀告以先遠, 有請以誌之. 宗元承命不忤, 刻之貞石. 銘曰 :

蘭茝其馨, 金玉其貞. 碎碎拆之, 何神不明. 茂旌其英, 德立行成. 悠悠銘旌, 洋洋懿聲. 孝子念孫, 宅兆郊原. 龜筮叶從, 慶流後昆.

상재상계(上宰相啓 : 재상에게 올리는 계)[13)]

종원이 계(啓)를 올립니다. 예로부터 시기를 만나 공을 세우는 것이 간혹 쉬운 일일 수도 있었으나, 지금에 이르러서는 더욱 어렵게만 보입니다.

---

13) 본편은 중당 이후 각지에서 점점 세력이 커져만 가던 군벌에 대하여 회유책을 쓰지 않고 강경 토벌책을 추진함으로써 정치적 안정의 기틀을 다졌다며 당시 재상을 찬양한 글이다. 이 글은 송(宋) 건도(乾道) 영주본 『유유주외집(柳柳州外集)』에서 채록한 것이다.

엎드려 생각하건대 상공께서는 큰 견해를 지녀 많은 미혹을 깨우치게 하시고, 지조를 지켜서 많은 미혹을 제거하시고, 천둥번개 치듯 온갖 의논이 난무할 때도 더욱 단단히 마음을 가지셨습니다. 비록 홍수와 맞서는 석주(石柱)나 삭토(朔土)를 비추는 촉룡(燭龍)으로도 비유하기 충분하지 못합니다. 천보(天寶) 난리 이래 60여 년이 지났어도, 후백(侯伯)은 대를 이어 계속하는 사람이 많고, 군대는 군왕에게 요구하는 것이 많았건만, 몇 세대 성왕이 보살폈어도, 그들을 평정하자는 논의가 없었습니다. 그동안 재상의 자리에 있었던 사람이 무려 백 명이 넘습니다만, 각각 현 상태를 고수하는 것에 힘써, 안녕을 보전하고자 했습니다. 병을 감추어 나날이 악화되면, 화의 씨앗도 더욱 자라나니, 사해 안이 감히 평온해지기를 바라겠습니까? 상공 귀하께서는 충정과 용기의 마음을 떨치시고, 곧고 바른 뜻을 세우시고, 중흥을 자기의 임무로 삼으시고, 도적들을 원수로 여기셨습니다. 5년 만에 6합에 아무 일이 없게 되니, 오늘에 이르러 태평을 볼 수 있게 될 줄은 생각하지 못했습니다.

저는 죄의 댓가를 아직 치르지 않아, 구차히 머나먼 이곳을 지키고 있어서, 박수치고 경하하고 싶은 마음만 앞설 뿐, 직접 가서 경하드릴 길이 없습니다. 그리하여 글로 표현하는 것에 있는 힘을 다하여, 먼 곳에나 가까운 곳에나 향기가 퍼지게 하고자 합니다. 바람에 보답하는 길이 이것 말고는 없을 것 같습니다. 감격과 기쁨이 끝없음을 어쩔 수가 없습니다.

宗元啓 : 自古遭時立功, 事或容易; 至於今日, 尤見其難.

伏惟相公秉鈞見以覺羣迷, 杓持操以祛衆惑, 橫議雷動, 執心彌堅. 雖石柱之當洪流, 燭龍之照朔土, 未足以爲喩也. 自天寶之亂, 六十餘年, 侯伯多繼代之人, 卒伍有要君之志, 累聖含育, 未議削平. 夙居相位, 動踰百數, 各務固守, 以保安寧. 藏疾日滋, 稔禍彌長, 四海之內, 敢望淸夷? 閣下奮忠勇之誠, 挺貞明之志, 以中興爲己任, 視羣寇爲私讎. 五年之間, 六合無事, 不圖至是, 獲覩太平.

某罪責未明, 拘守荒服, 慶抃徒至, 稱賀無階. 將盡力於縑緗, 冀流芳於遐邇. 報效之至, 捨此無由. 無任感激欣躍之至.

상배계주장(上裴桂州狀 : 배계주에게 올리는 장계)[14]

사지절유주제군사수유주자사(使持節柳州諸軍事守柳州刺史) 유종원(柳宗元)이 올립니다.

이상은 종원이 깃발과 창대를 들고 공손히 지키며 조례와 법률을 평안하고 맑게 하는 것에 힘쓴 내용을 보고드린 것으로, 술로 인하여 시끄럽게 떠들고 친해짐으로 인하여 내뱉은 것입니다만, 감히 무례를 저질러 폐를 끼친 건 아닌지, 황공스럽고 송구스러울 따름입니다. 삼가 어진 은혜를 받아서, 이곳의 실정을 처리할 수 있는 권한을 특별히 내려주시니, 송구하고 불안하기 짝이 없습니다. 이곳을 지켜야 하는 임무로 인하여, 직접 찾아뵙고 감사드리지 못하게 되어, 삼가 더욱 떨릴 뿐입니다. 삼가 장계를 올립니다.

使持節柳州諸軍事守柳州刺史柳宗元.

右宗元伏事旌棨恭守, 條章安淸, 因酒喧呼, 吐於和協, 輒敢塵黷, 惶懼伏深. 伏蒙仁恩, 特賜處置下情, 不任悚戴屛營之至. 限以守官, 不獲奔走拜謝, 伏增戰越. 謹狀.

14) 본편 역시 송(宋) 건도(乾道) 영주본 『유유주외집(柳柳州外集)』에서 채록한 것이다.

소주하사표(蘇州賀赦表 : 소주에서 사면을 경하하는 표)[15]

신 아무개가 아뢰니다. 2월 13일 칙령이 내려와, 공수(拱手)하고 관청에 나가 직접 전책(典冊)을 받아보니, 천하에 대사면령을 내리신 것이라, 사람들에게 다시 시작할 기회를 주셨습니다.

엎드려 생각하건대 원화성문신무법천응도황제폐하(元和聖文神武法天應道皇帝陛下)께서는 인정을 밭 삼아 만물을 뿌리고 가꾸셨습니다. 세심함은 미묘함을 다했고, 영험함은 깊은 곳 신에게까지 이르렀습니다. 위험과 의심을 깨끗이 씻어버리고, 죄의 얼개를 풀어주셨습니다. 노고를 치하하고자 창고의 재물을 모두 비우시고, 쓰임새를 줄이셔서 세 수입을 대폭 줄이셨습니다. 탈세의 부채를 없애주자 굶주렸던 자가 스스로 살아나기 시작하고, 노역을 줄이자 밭을 가는 자는 두 배로 늘어났습니다. 끊긴 것을 다시 잇고 없어진 것을 보존해주어, 충성스럽고 현명한 자는 황천에서도 덕을 입었으며, 흠집을 버리고 청사에 남기어, 혼백이나마 유해로부터 다시 빛을 발하게 하셨습니다. 천지의 기쁜 마음이 극에 달하고, 황제로서 하실 수 있는 최상의 일을 다하셨습니다. 공을 기록하는 사관의 붓끝이 피로하여, 일일이 기록하기 어려울 정도이며, 공을 노래하는 시인의 생각이 말라, 어떻게 노래해야 할지 모를 지경입니다. 신은 백성 중 원로를 모두 모아, 덕음(德音)이 담긴 전책을 봉독하게 하니, 미천한 중생들조차 인수(仁壽)의 계단에 앉게 해주실 줄은 미처 생각하지 못했습니다. 경하와 기쁨이 지극함을 어쩔 수가 없습니다.

臣某言 : 伏奉二月十三日勅, 下垂拱臨軒, 親受典冊, 大赦天下, 與人更始.

---

15) 본편은 『문원영화(文苑英華)』 560권에서 채록한 것이다. 『문원영화』 편집자는 "유종원은 일찍이 소주(蘇州)를 다스린 적이 없으므로, 이 표를 정말로 유종원이 썼는지 여부를 조사해야 한다"고 했다.

伏惟元和聖文神武法天應道皇帝陛下, 用人情爲田, 播殖萬類. 細徹微妙, 靈通幽神. 洗盪危疑, 開釋罪罟. 酬勞而盡傾府帑, 貶用而大減租入. 逋負除而餒者自活, 力役省而耕者倍功. 繼絶存亡, 忠賢飮德於黃壤; 棄瑕肆靑, 奪魄再麗於遺骸. 極天地之歡心, 盡帝皇之上事. 疲史臣之筆, 編簡難書; 涸詩人之思, 謳謠絶路. 臣摠集黎老, 伏讀德音, 不寤微生, 坐階仁壽. 不勝慶抃之至.

송원고사시(送元暠師詩 : 원고 스님을 전송하는 시)[16]

통후(通侯) 집안의 영화를 사양하고 승복을 입고자 하여,[17]
'인(忍)'의 지위를 택하여 슬픔이 더했네.[18]
노(魯)를 떠났지만 마음은 아직 노에 남았고,
주(周)의 예를 따르고자 하나 힘이 미치지 못하네.[19]
집안 산에 남은 버드나무 다섯그루,
이 세상에 천 개의 등불로 널리 퍼졌다네.[20]
사람들이 보시하는 금전 사양하지 말 것이니,
스님의 불도는 저절로 커지리.

---

16) 본편은 원고 스님을 전송하는 서(序)와 더불어 이 시를 쓴 듯하다. 제25권「송원고사서(送元暠師序)」참조. 서(序)의 내용에 따르면, 원고 스님은 비록 불가에 몸을 담았지만 선친의 유해를 고향으로 모시지 못해 괴로워했다고 한다.

17) 원고 스님의 속성(俗姓)은 도(陶)로, 조상 도간(陶侃)이 장사군공(長沙郡公)에 책봉되었기 때문에 통후 집안의 후손이라고 했다.

18) 부귀영화의 길을 버리고 불가에 입문하여 고행의 길을 택한 것을 '인(忍)'의 지위를 택했다고 보았다.

19) 노(魯)와 주(周)는 유가 문화를 대표하는 곳으로, 비록 불가에 입문했지만 유가의 예법에 따라 선친을 모시지 못한 것을 괴로와하는 것을 말한다.

20) 오류선생 도잠과 관련된 고사를 인용하여 집안의 영향이 널리 퍼졌음을 비유한 것이다.

侯門辭必服, 忍位取悲增. 去魯心猶在, 從周力未能.
家山餘五柳, 人世遍千燈. 莫讓金錢施, 無生道自弘.

영자팔법송(永字八法頌 : '영자' 팔법)[21]

'측(側)' 획은 누워도 부끄럽지 않고,
'늑(勒)' 획은 너무 평평할까봐 늘 염려된다.
'노(努)' 획은 너무 곧으면 힘이 흩어지고,
'적(趯)' 획은 준엄하고 기세가 생겨야 한다.
'책(策)' 획은 위로 수렴하되 살며시 들어올리고,
'약(掠)' 획은 왼쪽으로 나오되 끝이 경쾌하다.
'탁(啄)' 획은 잠깐 사이에 빠르게 긋고,
'책(磔)' 획은 사뿐사뿐 빨리 걸으며 열리는 기세여야 한다.

側不愧臥, 勒常患平. 努過直而力敗, 趯宜峻而勢生.
策仰收而暗揭, 掠左出而鋒輕. 啄倉皇而疾罨, 磔趯趞以開撐.

21) 본편은 '영자팔법'을 알기 쉽도록 노래 형식으로 쓴 것이다. 한자 '永'에는 한자에 쓰이는 여덟가지 필획이 모두 들어 있어, 이를 통해 한자 필획을 연습하는 방법을 '영자팔법(永字八法)'이라고 한다.

「『양자』신주」오칙(「『揚子』新注」五則 : 「『양자』신주」 다섯 조목)[22]

「學行篇」

如將復駕其所說, 則莫若使諸儒金口而木舌.

주: 금구목설(金口木舌)이란 목탁이다. 여러 유자들이 목탁처럼 공자의 학설을 널리 퍼지게 한다는 뜻이다.[23]

注云: 金口木舌, 鐸也. 使諸儒駕孔子之說如木鐸也.

「修身篇」

熒魂曠枯, 糟莩曠沈. 擿埴索塗, 冥行而已矣.

주: 형(熒)은 밝다는 뜻이다. 형혼(熒魂)은 눈 사용을 관장하는 혼이다. '조(糟)'는 마땅히 '정(精)'으로 해야 하고, 부(莩)는 가부(葭莩)에서의 부(莩)

---

22) 본편은 『양자(揚子)』의 주석을 시도한 흔적의 일부로 보인다. 『양자』란 한나라 때 양웅(揚雄)이 저술한 『법언(法言)』이다. 서문에서 "제자(諸子)가 각기 자기 지식으로 세상을 풍미하여, 시비의 기준이 경(經)과 상당히 달랐기 때문에, 사람들이 때로 내게 물으면, 항상 성인의 방법으로 응수했다. 13권으로 편찬하였는데, 『논어(論語)』와 닮아서, 『법언』이라고 한다"고 했다. 장지교(蔣之翹)는 "『법언』은 동진(東晉) 때 이궤(李軌)가 이미 주석을 했는데, 매우 간략하다. 유종원이 산정(刪定)한 것은 비록 한두가지 해석을 더하긴 했지만, 역시 망실과 오류를 모두 보충하지는 못했다. 그래서 송함(宋咸)은 '그 중 뜻을 쉽게 결정할 수 있는 것은 오히려 상세히 풀고, 뜻이 아직 명확하지 않은 것은 비워두어서, 궐문(闕文)도 바로잡지 못하고, 오자도 교정하지 못하고, 말과 글을 따져보지 않고, 사례를 살피지 않아, 언급한 내용도 뜻이 맞지 않고, 예로 든 것도 적절하지 않아서, 취할 것이 없다. 다만 구본에 있는 것이라, 또한 과연 유종원이 쓴 것으로 보아, 이렇게 수록해둔다'고 했다"고 했다.

23) 탁(鐸)은 교령(敎令)을 발표할 때 쓰는 도구이다. 문(文)에 관계된 일에는 목탁을 사용하고, 무(武)에 관계된 일에는 금탁(金鐸)을 사용했다.

로, 눈의 꺼풀을 말한다. 이 말은 눈을 관장하는 혼은 밝지만 오랫동안 버려두면 메마르고, 눈꺼풀은 가벼워서 떠오르지만 오랫동안 버려두면 가라앉는다는 뜻이다. 해와 달을 보지 않으면 눈의 쓰임이 없어져서, 밤에 더듬으며 길을 가는 것과 같은 지경에 이를 뿐이다.

注云: 熒, 明也. 熒魂, 司目之用者也. "糟"當爲 "精", 莩如葭莩之莩, 目精之表也. 言魂之熒明, 曠久則枯; 精之輕浮, 曠久則沈. 不目日月, 目之用廢矣, 以至於索塗冥行而已矣.

주: '조(糟)'는 마땅히 '정(精)'으로 해야 하니, 앞이 보이지 않는 병을 말하며, 눈을 오랫동안 쓰지 않으면 침침해져서, 지팡이로 땅을 두드리며 길을 찾아 더듬더듬 가게 된다는 말이다.

又云: "糟"當爲"精", 言盲矇之患, 神光久曠則枯, 目精久曠則沈, 於是以杖擿地而求路, 冥冥然行矣.

「孝至篇」
勤勞則過於阿衡.

주: 아형(阿衡)이 한 일을 넘어서서는 안된다. 넘어서면 돌아간다.

注云: 阿衡之事, 不可過也. 過則反.

漢興二百一十載，而中天其庶矣乎！

주 : 양자(揚子)는 음양의 상수에 뛰어났는데, 여기서는 한(漢) 왕조의 기운이 이제 막 반이 지났음을 알려주려는 것이다.[24)]

注云 : 揚子極陰陽之數, 此言知漢祚之方半耳.

---

24) 이에 대해 송함(宋咸)이 말했다. "유종원이 말한 것은 오류이다. 양웅은 왕망의 신(新)이 강압적 찬탈로 세워지고 그토록 포악한 것을 보고, 천하 사람들은 한(漢)의 덕이 아직 끝나지 않았다고 생각하여, 유씨(劉氏)의 운이 아직 다 가버린 것이 아니어서 반드시 중흥하여 왕이 되는 자가 있음을 알았다는 말이다."

부록(附錄)

구당서본전(舊唐書本傳 : 구당서본전)[1)]

송(宋) 유후(劉昫)

유종원의 자(字)는 자후(子厚), 하동(河東) 사람이다. 후위(後魏) 시대 시중(侍中)을 지낸 제음공(濟陰公)의 계손(系孫)이다. 증백조는 유석(柳奭)으로, 고종(高宗) 때 재상을 지냈다. 부친은 유진(柳鎭)으로, 태상박사(太常博士)를 지냈고, 시어사(侍御史)로 공직을 마쳤다. 유종원은 젊었을 때, 총명함과 민첩함이 출중했고, 서한(西漢)의 시소(詩騷)에 특히 정통하여, 구상하고 하필(下筆)하면, 옛 작품과 수준을 나란히 했다. 정밀하게 재단하고 치밀하게 구상하여, 구슬이나 진주처럼 찬란했다. 당시 같은 무리에서 모두 추대했

1) 본편은 『구당서』 열전 중 유종원 부분을 수록한 것이다. 중국의 정사(正史) 중 당대(唐代)를 기록한 것으로 『구당서』와 『신당서』가 있다.

다. 진사 급제하고, 굉사과(宏辭科)에 응시 합격하여, 교서랑(校書郞)·남전위(藍田尉)를 제수받았다. 정원 19년(803) 감찰어사가 되었다.

순종(順宗)이 즉위하자, 왕숙문(王叔文)·위집의(韋執誼)가 정치를 좌지우지하고, 유종원을 특히 남다르게 대우하고, 감찰 여온(呂溫)과 더불어 은밀히 금중(禁中)으로 끌어들여, 함께 일을 도모했다. 상서예부원외랑으로 전직되었다. 왕숙문이 그를 크게 기용하려고 했으나, 마침 자리에 오래 못있고 왕숙문이 실패하여, 함께 어울렸던 무리 7명과 함께 폄직되었다. 유종원은 소주(邵州) 자사가 되어 가는 도중 추가 폄직되어 영주 사마가 되었다. 중앙에서 배척되어 멀리 쫓겨가서, 만이(蠻夷) 땅에 발을 들여놓아 풍토병에 시달리고, 기구하고 불우한 생활을 하게 되자, 소인(騷人)의 울분과 슬픔이 쌓여서, 감정을 적고 사실을 기록하여, 매사에 반드시 글을 써 남겼다. 소문(騷文) 열 몇 편을 남겨, 보는 사람들은 쓰라리고 측은했다.

원화 10년(815), 유주 자사로 전임되었다. 당시 낭주(朗州) 사마 유우석(劉禹錫)이 파주(播州) 자사로 임명되게 되어, 공문이 하달되자 유종원이 친한 사람에게 말했다. "우석에게는 연세 많으신 모친이 계신데, 지금 만이(蠻夷) 지역을 다스리도록 임명되면, 그쪽은 서남쪽 멀고도 먼 지역이라, 왕복 만리 길인데, 어떻게 모친과 함께 갈 수 있겠는가? 만약 모자가 다른 곳에 있으면 영원한 이별이 되리라. 나는 우석과 절친한 친구로서, 이와 같은 것을 어찌 차마 보겠는가?" 이에 즉시 상소문을 초안하여, 유주(자사 자리)를 유우석에게 주고 자기가 파주로 가게 해달라고 청했다. 당시 마침 배도(裴度) 역시 그 내용을 상소하여, 유우석은 결국 연주(連州)로 부임지가 변경되었다.

유주 토착 풍속에서 남녀 아이를 담보로 돈을 빌려주고 기한이 지나면 아이를 채권자 소유로 몰수해버리곤 했다. 유종원은 그 토착 풍속을 혁파하고, 이미 몰수된 아이는 개인 돈을 출연하여 대속시켜, 부모에게 돌려보냈다. (장)강·영(남) 사이 진사가 되려는 사람은 수천 리를 멀다 하지 않고 모두 유종원을 따라 본받았고, 그의 문하를 거치면 반드시 명사가 되었다. 왕성한 저술로 당시 명성을 드날려, 그때에는 유주(柳州)라고 호칭했다. 문집 40권이 있다. 원화 14년(819) 10월 5일 세상을 떠났으니, 당시 나이 47세였다. 아들 주륙(周六)·주칠(周七)은 겨우 서너 살이었다. 관찰사 배행립(裴行立)이 그의 영구와 처자식을 호송하여 경사로 돌아왔으니, 당시 사람들이 의롭게 여겼다.

신당서본전(新唐書本傳)[2]

송(宋) 송기(宋祁)

유종원의 자(字)는 자후(子厚), 선조는 하동(河東) 사람이다.

(蔣注) 유종원은 「고숙부전중시어사묘판(故叔父殿中侍御史墓版)」(제12권)을 썼는데, 다음과 같이 말했다. "유씨(柳氏)의 선조 중 황제(黃帝) 시대로부터 주(周)·노(魯) 시대를 지나기까지 세상에 드러난 사람으로는 무해(無駭)가 있는데, (조부의) 자(字)에서 씨(氏)를 취하여 전씨(展氏)라고 했고, 금(禽)은 식읍에서 유(柳)라는 성(姓)을 취했다. 그 후 창대하여, 대대로 하동에서 터를 잡았다."

종증조 유석(柳奭)이 중서령을 지냈는데, 무후(武后) 때 죄를 얻어, 고종 때 사망했다.

(蔣注) 「묘지(墓誌)」에서는 다음과 같이 말했다.[3] "7대조가 탁발위(拓跋

2) 본편은 『신당서』 열전 중 유종원 부분을 수록한 것으로, 명대 장지교(蔣之翹)가 판각한 판본 『집주유하동집』 부록에서 채록했다. 주자는 한유의 『신당서』 본전을 채록하면서 그의 행장, 묘지, 신도비, 『구당서』 본전 등을 모두 첨부하고 주석하였는데, 장지교는 『유종원집』을 판각하면서. 역시 그 사례를 따랐다. 이에 한유가 쓴 묘지, 『구당서』 본전, 『자치통감』 수록 내용 및 그밖에 다른 문장 및 문집 등 유종원의 일생과 행적을 밝힐 수 있는 것이면, 이동(異同)을 살피고 상략(詳略)을 따질 수 있도록 모두 수록했다.

魏) 시중(侍中)을 지냈고, 제음공(濟陰公)에 책봉되었다. 증백조가 당대(唐代) 재상을 지냈고, 저수량(褚遂良)·한원(韓瑗)과 함께 모두 무후에게 죄를 얻어, 고종 시대에 사망했다."[4]

부친은 유진(柳鎭)으로, 천보 말년 난을 만나 모친을 모시고 왕옥산(王屋山)에 은거하여, 늘 한적하게 생활하며 양생을 추구했고, 후에 오(吳)로 옮겼다. 숙종(肅宗)이 적(賊)을 평정하자, 유진이 상서(上書)하여 정사를 말하여, 좌위솔부병조참군(左衛率府兵曹參軍)으로 발탁되었다. 곽자의(郭子儀)의 삭방부(朔方府)를 보좌하여, 세 번 전직하여 전중시어사에 이르렀다. 어떤 일로 두참(竇參)을 건드려, 기주(夔州) 사마로 폄직되었다. 중앙으로 귀환했다가 시어사로 생을 마쳤다.

(蔣注) 「묘지」에서는 다음과 같이 말했다. "부친은 유진(柳鎭)으로, 모친을 모시기 위하여 태상박사 자리를 버리고 강남 현령 자리를 부탁하였으며, 그 후 권세가에게 아첨할 줄을 몰라 어사 자리를 잃었다. 권세가가 사망하자, 이에 다시 시어사에 임명되었다. 강직하다고 이름이 났고, 함께 어울리는 사람들은 모두 당시 유명 인사였다.[5]

유종원은 젊었을 때부터 정민(精敏)하고 남달리 빼어났으며, 문장을 지으면 탁월하고 빼어나고 정치(精緻)하여, 무리가 일시에 추앙했다.

(蔣注) 「묘지」에서는 "자후는 젊어서 정민하여, 통달하지 않은 것이 없었다"고 했다.

『구당서』 열전에서는 다음과 같이 말했다. "유종원은 젊었을 때, 총명함과

3) 여기서 「묘지」란 한유(韓愈)가 쓴 「유자후묘지명(柳子厚墓誌銘)」을 말한다. 이후 장지교 주석에서는 모두 같다.

4) 유석의 자는 자연(子然)으로, 정관(貞觀) 연간에 여러 번 중서사인에 임명되었고, 외손이 황후가 되면서 중서시랑에 임명되었고, 중서령으로 승진했다. 황후가 총애를 믿고 전횡을 일삼으려고 하다 발각되어, 파직되어 이부상서가 되었다. 후에 폐위되자, 애주(愛州) 자사로 폄직되었다. 유석이 궁과 내통하여 독살 음모를 꾸미고 저수량과 붕당을 이루는 대역죄를 범했다고 허경종(許敬宗) 등이 죄를 엮어서, 사신을 보내 살해했다.

5) 유종원 부친 유진의 상세한 이력은 그밖에 유종원이 쓴 「선시어사부군신도표(先侍御史府君神道表)」(제12권)와 「선군석표음선우기(先君石表陰先友記)」(제12권) 참조.

민첩함이 출중했고, 서한(西漢)의 시소(詩騷)에 특히 정통하여, 구상하고 하필(下筆)하면, 옛 작품과 수준을 나란히 했다. 정밀하게 재단하고 치밀하게 구상하여, 구슬이나 진주처럼 찬란했다. 당시 같은 무리에서 모두 추대했다."

진사·박학굉사과에 급제하여, 교서랑을 제수받았다, 남전위로 전직되었다.

(蔣注) 유종원은 「선시어비(先侍御碑)」(제12권)에서 "정원 9년(793) 나는 진사 급제했다"고 했다.

또한 「여양회지서(與楊誨之書)」(제33권)에서 다음과 같이 말했다. "나는 17세 때 진사에 뜻을 두어, 4년 만에 급제했고, 24세 때 박학굉사과에 뜻을 두어, 2년 만에 출사했다. 곧 남전위가 되었다."

「묘지」에서는 "부친이 생존 시, 비록 어린 나이지만 이미 스스로 인격을 완성하여 진사 급제할 수 있었다. 그 후 박학굉사과에 급제하여 집현전정자를 제수받았다"[6]고 했다. 문집에 「태학제생유양성서(太學諸生留陽城書)」(제34권)가 있으니 참고하면 된다.

정원 19년(803) 감찰어사리행이 되었다. 왕숙문·위집의와 가까이 지내, 두 사람은 그 재능을 남다르게 여겼다. 정권을 얻게 되자, 금중(禁中)으로 끌어들여, 함께 일을 계획하여, 예부원외랑으로 발탁하면서, 크게 기용하려고 하였다.

(蔣注) 「묘지」에서는 다음과 같이 말했다. "빼어나고 준엄하여, 논의를 펼칠 때는 고금을 넘나들며 증명하고, 경서·사서·제자백가를 넘나들어, 탁월하고 준엄한 기풍이 피어나서, 항상 좌중 사람들을 굴복시켰다. 명성이 크게 떨쳐져서, 일시에 모두가 함께 사귀고자 하고, 모든 공경(公卿)이나 요인들이 다투어 자기 문하에서 나오게 하려 하여, 너도나도 번갈아서 추천하고 칭찬했다. 정원 19년(803), 남전위에서 감찰어사로 임명되었다. 순종이 즉위하자, 예부원외랑에 임명되었다."

『통감』에서는 다음과 같이 말했다. "예전에 한림대조 왕비(王伾)는 글을

6) 『신당서』·『구당서』에서는 모두 "교서랑을 제수받았다"고 했는데, 옳지 않다.

잘 쓰고 산음(山陰) 왕숙문(王叔文)은 바둑을 잘 두었는데, 함께 동궁을 출입하면서 태자와 놀며 모셨다. 서로 의지하며 어울렸다. 왕숙문은 이로 인해 태자에게 '아무개는 재상이 될만하고, 아무개는 장군이 될만하니, 나중에 등용하시기 바랍니다'라고 말하곤 했다. 한림학사 위집의 및 당시 조정 인물 중 유명하면서 빠른 승진을 바라는 사람 육순(陸淳), 여온(呂溫), 이경검(李景儉), 한엽(韓曄), 한태(韓泰), 진간(陳諫), 유종원(柳宗元), 유우석(劉禹錫) 등과 은밀히 결탁하여 죽음을 함께 하는 벗이 되기로 약정했다. 그리고 능준(凌準), 정이(程异) 등도 또한 그 무리를 통해 추천되어, 날마다 함께 어울렸는데, 종적이 비밀스러워, 그 단서를 아는 자가 없었다. 순종이 즉위하자, 위집의는 상서좌승·동평장사가 되었다. 왕숙문은 기거사인·한림학사가 되었다. 안으로 이충언(李忠言)·우소용(牛昭容)과 오가며 서로 교분을 맺었다. 매사를 먼저 한림에 내려보내 왕숙문이 가부를 결정하게 한 연후에 중서에 선포하고, 위집의가 그대로 시행했다. 외부 당파 즉 한태·유종원 등은 외부 일을 채집하고 듣는 것을 주로 했다. 계획하고 의논하고 주장하고 화답하는 것이 밤낮으로 마치 광기에 걸린 듯하여, 서로 추천하고 포상하며 이(伊)·주(周)·관(管)·갈(葛)이라 하는 등, 평소 함께 왕래하며 어울리던 자들을 서로 번갈아 발탁하여, 하루에 몇명을 임명하는 정도에 이르렀다.

조금 있다 왕숙문이 실패하여, (유종원은) 소주자사로 폄직되고, 반도 가기 전에 영주사마로 폄직되었다.

(蔣注) 『구당서』에서는 "마침 자리에 오래 못있고 왕숙문이 실패하여, 함께 어울렸던 무리 7명과 함께 폄직되었다"고 했다.

『통감』에서는 다음과 같이 말했다. "영정 원년(805) 가을, 7월, 왕숙문에게 모친상이 생기자 위집의는 갈수록 그 말을 따르지 않았다. 군국정사(軍國政事)를 임시로 황태자 순(純)이 처리하도록 했다. 왕숙문 무리가 정치를 마음대로 하여, 당시 안팎에서 함께 질시했고, 상(上) 또한 미워했다. 8월 경자(庚子) 일, 조령을 내려서 태자가 황제에 즉위하게 했다. 임인(壬寅) 일, 왕비를 개주(開州) 사마로 폄직하고, 왕숙문을 유주(渝州) 사호(司戶)로 폄직했다. 왕비는 조금 있다 폄소에서 병사했다. 다음 해, 사사(賜死)의 명을 왕숙문에게 내렸다. 9월 기묘(己卯) 일, 신책행군사마 한태를 무주(撫州) 자사로 폄직하고, 사봉낭중 한엽을 지주(池州) 자사로 폄직하고, 예부원외랑 유종원을 소주자사로 폄직하고, 둔전원외랑 유우석을 연주(連州) 자사로 폄직했다. 11월 임신(壬申) 일, 중서시랑·동평장사 위집의를 애주(崖州) 사마로 폄직했다. 왕숙문 무리 중 혹자가 원외랑에서 외직의 자사로 나가는 것은 너무 가벼운 폄직이라는 논의가 조정에서 일어났다. 기묘 일, 한태를 건주(虔州) 사마로 추가 폄직하고, 한엽을 요주(饒州) 사마로 추가 폄직하고, 유종원을 영주사마로 추가 폄직하고, 유우석을 낭주사마로 추가 폄직했다. 또한 하중(河中) 소윤 진간(陳諫)을 태주(台州) 사마로 폄직하고, 화주(和州) 자사 능준을 연주사마로 폄직하고, 악주(岳州) 자사 정이를 침주(郴州) 사마로 폄직했다."

중앙에서 배척되고, 사는 지역 또한 황량하고 풍토병이 많아, 이로 인해 스스로를 산택(山澤) 사이에 내맡겨, 그 막히고 눌리고 맺히고 사무친 온갖 감정들을 한결같이 글로 쏟아부어, 「이소」를 본떠서 수십편을 내놓으니, 읽는 자가 모두 슬퍼하고 측은히 여겼다.[7)]

(蔣注) 「묘지」에서는 다음과 같이 말했다. "(폄직되어 와) 살게 되면서 한가로울 때면 더욱 스스로 뼈를 깎는 고통을 느껴, 기록과 유람에 힘쓰고 시문을 지었다. 그 풍격은 물결이 넘실거리듯 깊은 연못에 잠기듯, 깊이와 넓이가 끝이 없었고, 산수 사이에 자신을 내맡겼다.[8)]

평소 소부(蕭俛)와 친분이 있어, 서신을 보내 심정을 털어놓곤 했다.[9)] 또한 경조윤 허맹용에게도 서신을 보내곤 했다.[10)] 그러나 사람들은 그의 재능이 높아 징벌받고 제거되는 상황이 다시 닥칠까 두려워하여, 그러므로 힘써주는 사람이 없었다.

(蔣注) 국조(國朝 : 명대) 주사겸(周思兼)은 「8사마론(八司馬論)」에서 다음과 같이 말했다. "원화(元和)의 성세(盛世)에 군자들 중 자기 재능으로 스스로

7) 여기서는 유종원이 초사(楚辭) 형식을 많이 지은 것을 설명한 것이다.

8) 여기서는 유종원이 유기(遊記)를 창작한 경위를 설명한 것이다. 이 경위에 대해서는 30권 「여이한림건서(與李翰林建書)」에서 자세히 밝히고 있다.

9) 제30권 「여소한림부서(與蕭翰林俛書)」 참조.

10) 제30권 「기허경조맹용서(寄許京兆孟容書)」 참조.

세상에 드러나지 않은 자가 없었건만, 왕비・왕숙문 무리는 유독 머나먼 황량한 곳에서 근심하고 걱정하고 억눌리고 우울하여, 비록 발분하여 자기 뜻을 말하고자 하였지만 결국 폄직되어 죽었으니, 그 평소 행실이 조정으로부터 신임을 받기 부족하고, 그 재능 또한 천하가 꺼리는 바였기 때문이었다. 행실이 신임을 받기 부족하므로 군자는 감히 되는대로 허물을 씌워서 입사(入仕)의 길을 열지 않는다. 그리고 재능이 사람들의 꺼림을 일으키기 충분하면 소인배들 역시 번갈아 막는다. 이 때문에 천하가 모두 그 재능을 아까와하고 앉아서 보기만 할 뿐 그를 위해 말해주는 자가 없다. 그래서 그 친구와 동료는 비록 조정에서 고귀하게 현달하여 천하의 인물을 벌주기도 하고 상주기도 하는 자리에 있어도, 누구를 천거하는 한가지만은 유독 신중히 한다. 유종원의 경우 소한림(부)・허경조(맹용)・양경조(빙) 이런 사람들에게 비록 서신을 보내 구구절절 수천 마디 말을 해도, 역시 끝내 조금이나마 도움도 주지 못하는 것이다. 대체로 의심하고 기피하는 자가 조정에 가득하면 한 사람의 힘은 끼어들 사이가 없다. 그러므로 차라리 그 재능을 굽히고 원한을 등에 지고 일생을 마치게 할지언정, 감히 사람들이 기피함을 무릅쓰고 말을 하여 천하의 비방을 일으키지는 못하는 것이다. 8사마 무리 중 유독 정이의 재능이 하등급이어서, 원화 말년에 오히려 조정에 나갈 수 있게 되었으니, 기피하는 자가 적기 때문이다. 그리고 나서야 유(劉)・유(柳)의 이름이 천하에 더욱 영향이 깊었고 폄직과 배척의 화는 더욱 피할 수 없음을 알게 된 것이다. 애석하구나!"

유종원은 오래도록 잠겨 있어, 시문을 짓는데 사려가 더욱 깊어졌다. 일찍이 「정부(貞符)」(제1권)라는 글을 하나 쓴 적이 있는데, 유종원은 부름을 받지 못하자 내심 괴롭고 슬퍼서 지난날 허물을 생각하고 후회하며 부(賦)를 하나 지어 스스로 경계로 삼으며, '징구(懲咎)'라고 했다.[11]

원화 10년(815), 유주자사로 전임되었다.

(蔣注) 「묘지」에서는 "원화 연간 일찍이 관례에 따라 소환되어 수도에 갔다가, 다시 모두 외지의 자사로 나왔는데, 유종원은 유주로 가게 되었다"고 했다.

11) 제2권 「懲咎賦」 참조

당시 유우석(劉禹錫)이 파주(播州) (자사) 부임을 명받자, 유종원은 "파주는 사람이 살 곳이 못되고, 우석에게는 모친이 살아 계신데, 나는 그가 궁지로 가게 되었으면서 어른께 어떻게 드릴 말씀이 없는 걸 차마 두고 볼 수 없다. 만약 이번에 함께 가지 않으면 모자는 영원한 이별이 되리라"고 말하면서, 유우석이 유주로 부임하도록 하고 자기가 파주로 가게 해달라는 상소문을 즉시 준비하여 올렸다. 마침 대신도 유우석을 위해 부탁을 하기에, 부임지를 연주(連州)로 바꿔주었다.

(蔣注) 『구당서』에서는 다음과 같이 말했다. "당시 낭주(朗州) 사마 유우석(劉禹錫)이 파주(播州) 자사로 임명되게 되어, 공문이 하달되자 유종원이 친한 사람에게 말했다. '우석에게는 연세 많으신 모친이 계신데, 지금 만이(蠻夷) 지역을 다스리도록 임명되면, 그쪽은 서남쪽 멀고도 먼 지역이라, 왕복 만 리 길인데, 어떻게 모친과 함께 갈 수 있겠는가? 만약 모자가 다른 곳에 있으면 영원한 이별이 되리라. 나는 우석과 절친한 친구로서, 이와 같은 것을 어찌 차마 보겠는가?' 이에 즉시 상소문을 초안하여, 유주(자사 자리)를 유우석에게 주고 자기가 파주로 가게 해달라고 청했다. 당시 마침 배도(裴度) 역시 그 내용을 상소하여, 유우석은 결국 연주(連州)로 부임지가 변경되었다."

「묘지」에서는 다음과 같이 말했다. "오호! 사람은 궁지에 처해야 절의(節義)가 보이는 법이다. 평상시 한동네 한골목 살 때는 서로 기분좋게 띄워주고, 술 마시고 밥 먹으며 함께 어울리며 놀고, 하하 허허 애써 웃음으로 말하면서 자기를 낮추고, 서로 손을 잡고 간도 폐도 모두 꺼내 보여줄 듯하고, 하늘의 태양을 가리키고 눈물을 흘리며 생사의 갈림길에서도 서로 등지지 말자고 맹세하곤 하여, 정말 믿을만한 것처럼 보인다. 그러나 일단 작은 이해관계라도 얽히게 되면, 머리카락 터럭 하나까지 비교한다. 마치 서로 모르는 것처럼 반목하고, 우물에 빠져도 구해주는 손길 하나 뻗어주지 않고, 도리어 뿌리치면서 게다가 돌까지 던지니, 모두 이러하다. 금수나 이적(夷狄)도 차마 이렇게 하지 못하건만, 그들은 이렇게 하면서 스스로 훌륭한 계책이라고 여긴다. 자후의 이 일화를 들으면, 또한 조금 부끄러워진다."

유주 사람들은 남녀 아이를 담보로 돈을 빌려주고 기한이 지나도 갚지 않아 이자와 원금이 같아지면 노비로 삼곤 했다. 자후는 대책을 마련하여 모두 대속하여 돌려보내도록 했다. 특히 가난한 사람은 노역 약정서를 쓰게 하고, 노역의 댓가가 빌린 돈 가치에 맞먹으면 인질을 돌려보내게 했다. (보호자가) 이미 세상을 떠났으면, 자기 돈을 내 대속을 도와주었다.

(蔣注) 「묘지」에서는 다음과 같이 말했다. "(유주에) 도착해 '여기라고 어찌 소신껏 정치를 펼치지 못할 곳이겠는가?'라며 탄식하고, 토착의 풍속에 따라서 교육과 금령을 마련하니, 유주 사람들이 따르고 의지하였다. 그들 풍속에서, 남녀 아이를 담보로 돈을 빌렸다가 제때 갚지 않아 이자와 원금이 같아지면 아이를 데려다 노비로 삼곤 했다. 자후는 대책을 마련하여 모두 대속하여 돌려보내도록 했다. 특히 가난하여 이행할 여력이 없으면 노역 약정서를 쓰게 하고 노역의 댓가가 (빌린 돈 가치에) 맞먹으면 인질을 돌려보내게 했다. 관찰사가 이 법을 마련하도록 다른 주에 내려보내, 1년 정도 되자 노비(나 노비로 전락할) 신세를 벗어나 귀가한 사람이 천여 명에 달하였다."[12]

남방에서 진사가 된 사람은 수천 리 길을 걸어 유종원을 찾아 함께 어울려서, 그로부터 지도받고 전수받은 사람이 글을 쓰면 모두 법도가 있었다. 세상 사람들은 유유주(柳柳州)라고 불렀다. 원화 14년(819)에 세상을 떠나니, 향년 47세였다.

(蔣注) 「묘지」에서는 다음과 같이 말했다. "자후는 원화 14년(819) 11월 8일 세상을 떠났고, 원화 15년(820) 7월 10일 만년현(萬年縣) 선인 묘 옆으로 귀장(歸葬)시켰다. 귀장 과정에서 모든 비용은 관찰사 하동(河東) 배행립(裴行立)이 출연했다. 배행립은 절의가 있고 언약을 중시하였으며, 자후와 교분을 맺은 이후 자후 역시 최선을 다하였으니, 결국 그의 도움을 받았다. 만년현 묘에 자후를 장례지낸 사람은 외사촌 동생 노준(盧遵)이다. 노준은 탁(涿) 사람으로, 신중하고 조심스런 성격이며 학문에 싫증내지 않았다. 자후가 배척을 받은 때로부터 노준은 줄곧 자후를 따르며 함께 생활하여, 자후가 죽을 때까지 떠나지 않았다. 자후를 장례지내러 가고 또한 자후의 집안을 보살폈

12) 나머지 상세한 치적은 「유주나지묘비(柳州羅池廟碑)」 참조.

으니, 시종일관했던 사람이라고 하겠다."

『신당서』「오무릉전(吳武陵傳)」에서는 다음과 같이 말했다. "예전에 유종원이 영주로 폄적되고 오무릉 또한 어떤 일에 연좌되어 영주로 유배되었는데, 유종원은 그가 현명하다는 것을 알아주었다. (유종원이) 유주자사가 될 무렵 오무릉은 북으로 돌아갔는데, 배도(裴度)로부터 그릇감으로 크게 대우를 받았다. 대화중 유종원에게 자식이 없음을 언급할 때마다 배도에게 '서원(西原) 만족(蠻族)이 아직 평정되지 않았고, 유주는 적과 대치하고 있는 곳이어서, 마땅히 무인(武人)을 보내 유종원을 대신하게 하고, (유종원은) 강호에서 여유를 좀 찾게 해야 한다'고 말했다. 또한 공부시랑 맹간(孟簡)에게 서신을 보내 '예로부터 30년을 한 세대라고 하였습니다만, 자후는 12년 동안 쫓겨나 있었으니, 거의 반 세대가 지났습니다. 천둥이 울리고 벼락이 치는 건 하늘이 노하는 것이거늘, 새벽 나절 시작해도 아침 내내 계속되지 않습니다. 성인이 재위해 계시거늘, 어찌 생을 마치도록 한 신하에게 노하는 일이 있을 수 있겠습니까? 또한 정(程)·유(劉)·한씨(韓氏) 형제 등은 모두 이미 발탁되어 대주(大州)의 요직에 자리잡고 있기도 한데, 오직 자후만이 원숭이·새 등과 짝하여 어울리면서 지내니, 이러다 안개와 이슬에 휩싸여 유씨 집안에 후손이 없게 될까 걱정이 됩니다'라고 했다. 배도가 미처 등용하기도 전에 유종원은 세상을 떠났다.

유종원은 젊었을 때 앞으로 나아가기를 좋아하여, 공명(功名)과 업적을 이룰 수 있다고 생각했다. 그 후 중앙에서 배척되어, 결국 능력을 떨치지 못하였다. 그러나 사실 그의 재능은 아주 높아, 명성이 일시를 뒤덮었다. 한유는 그의 글을 평하여 "웅혼하고 깊이있고 고아하고 강건하여 사마천을 닮았으며, 최인(崔駰)·채옹(蔡邕)은 그보다 낫다고 할 수 없다"고 했다.

(蔣注)「묘지」에서는 다음과 같이 말했다. "자후는 예전 젊었을 때 누구를 위하는 일에 과감히 나서서 자기를 아끼지 않았다. 공명과 업적을 즉시 이룰 수 있다고 생각하여, 이 때문에 배척되어 물러났다. 물러나고 나서 또한 아는 사람 중 기개있는 누군가 지위를 얻어서 변호하고 구해주려 하지 않아, 끝내 궁벽한 변방 끝자락에서 세상을 떠났다. 그 재목이 세상에 쓰이지 못하고, 그 이상이 시대에 행하여지지 못했다. 만약 자후가 대성(臺省)에

있었을 때 자신을 잘 지켰으면, 사마나 자사가 되었을 때에도 그렇게 배척되지는 않았을 것이다. 배척되었을 때에도 누군가가 힘써 천거하여, 필시 무궁하게 다시 등용되었을 것이다. 그러나 자후가 배척된 것이 오래지 않고 궁지에 처한 것이 극에 달하지 않았다면, 비록 남들 앞에 드러나기는 했을지언정, 필시 그의 시문은 힘을 지니지 못하여, 지금처럼 후세에 전해지지는 못했을 것임이 틀림없다. 비록 자후더러 자기가 원하는 것을 얻어 한때의 장상(將相)을 지냈다고 한들, 양자를 바꾸려 한다면, 어느 것이 더 나은가? 필시 이를 판별할 수 있으리라."

『구당서』에서는 다음과 같이 말했다. "정원 · 대화(大和) 연간에 시문으로 진신사대부 대열을 뒤흔든 사람은 유종원 · 유우석뿐이었다.[13] 그 정교함과 수려함과 깊이와 넓이로 시를 짓고 글을 엮어내니, 참으로 일대의 큰 인재였다. 그들로 하여금 황제의 치적을 영가(詠歌)하게 하고 황제의 말씀을 장식하게 하면, 옛날 현인들이 읍하게 하고 당시 무리들이 숨을 삼키게 하기에 충분할 정도였다. 그러나 길을 밟는 것이 신중하지 못하여, 소인들과 가까이 어울려, 스스로 유배되어 유랑하는 처지가 되게 하여, 결국 평소 쌓아놓은 업적을 무너뜨렸다. 그러므로 군자가 누구와 어울리지만 당(黨)을 이루지 않으면서, 경계하고 조심하고 신중하고 삼가하는 것은 바로 이 때문이다."

(유종원이) 세상을 떠나자, 유주 사람들이 그를 추모하였으며, 영혼이 유주의 사당에 깃들어, 모욕하는 자가 있으면 죽게 되리라고 말했다. 나지(羅池)에 사당을 만들고 한유가 비문을 썼다.[14]

찬(贊)은 다음과 같다. 왕숙문은 경망스런 소인으로, 천하의 권력을 훔쳤으니, 양호(陽虎)가 대궁(大弓)을 취하자 『춘추』에서 도적질을 하였다고 쓴 것과 다름이 없다. 유종원 등은 절의를 굽혀 그를 따라 일시의 요행을 바라고 황제가 병들어 혼미한 기회를 노리고 태자의 밝음을 억눌러, 권세를 엿보고 사익을 이루려 하였다. 그러므로 현명한 사람이 질시하고

13) 앞부분 원문이 원래 "貞元元和之間"으로 되어 있었는데, 『구당서』 160권 내용에 의하여 "元和"를 "大和"로 고쳤다고 한다.

14) 『한창려집(韓昌黎集)』 제31권 「유주나지묘비(柳州羅池廟碑)」 참조.

모자란 사람이 시샘하여, 한 번 쓰러져서 회복되지 못했으니, 마땅한 일이다. 그가 만약 그릇된 사람에게 가까이하지 않고 스스로 재능과 지혜를 갈고 닦았다면 유능하고 이름있는 경대부가 되지 않았을 리 없으니, 안타까운 일이로다!

명각(明刻) 장지교(蔣之翹) 본(本) 『집주유하동집(輯注柳河東集)』 부록에서 채록

유선생연보(柳先生年譜)

송(宋) 문안례(文安禮)

유씨(柳氏)의 선조는 황제(黃帝)로부터 나와서, 주대(周代) 노(魯)나라 효공(孝公)의 아들 이백전(夷伯展), 그의 손자 무해(無駭)가 금(禽)을 낳았으니, 노나라에서 사사(士師)를 지냈고, 시호를 혜(惠)라고 했다. 유하(柳下)를 식읍으로 받아, 결국 성을 유씨(柳氏)로 하였다. 초(楚)나라가 노나라를 멸망시켜, 초나라에서 벼슬을 지냈다. 진(秦)나라가 천하를 합병한 이후 유씨는 하동(河東)으로 옮겼다. 진나라 말기에 유하혜의 후손 유안(柳安)이 비로소 해현(解縣)에서 거주하기 시작했다. 유안의 손자가 유외(柳隗)로, 한대(漢代) 제(齊)의 재상을 지냈다. 6대손이 유풍(柳豐)으로, 후한(後漢) 때 광록훈(光祿勳)을 받았다. 6대손이 유궤(柳軌)로, 진(晉)의 이부상서를 지냈다. 그는 유경유(柳景猷)를 낳았으니, 진(晉)의 시중을 지냈다. 그의 두 아들이 유기(柳耆)·유순(柳純)이다.[15] 유기는 여남(汝南) 태수를 지냈다. 그의 두 아

15) 유기의 호는 서권(西眷), 유순의 호는 동권(東眷)이다.

들이 유공(柳恭)·유거(柳璩)이다. 유공은 후위(後魏)의 하동(河東) 군수를 지내고, 남쪽 여(汝)·영(潁)으로 옮겨, 결국 강표(江表)에서 벼슬을 지냈다. 그의 증손자가 유집(柳緝)으로, 송주(宋州) 별가를 지내고, 송안(宋安) 군수를 지냈다.[16] 그는 유승습(柳僧習)을 낳았으니, 예주(豫州) 자사 배숙업(裴叔業)과 함께 예주를 거느리고 후위(後魏)로 귀순하여, 양주대중정(揚州大中正)·상서우승(尙書右丞)·방여공(方輿公)이 되었다. 아들 다섯을 두었으니, 유작(柳鷟)·유경(柳慶)·유규(柳虯)·유회(柳檜)·유악(柳鷟)이다. 유경(柳慶)은 후위(後魏)의 시중·좌복야·평제공(平齊公)을 지냈다.[17] 아들이 셋이었으니, 유기(柳機)·유단(柳旦)·유숙(柳肅)이다. 유단(柳旦)은 수(隋)나라 때 황문시랑·신성남(新城男)을 지냈다.[18] 아들 다섯을 두었으니, 유섭(柳燮)·유칙(柳則)·유작(柳綽)·유해(柳楷)·유형(柳亨)이다. 유칙은 수나라 때 좌위기조참군(左衛騎曹參軍)을 지냈다. 유석(柳奭)을 낳으니, 당(唐)의 중서령을 지냈다.[19] 유해는 수나라 때 제(濟)·방(房)·난(蘭)·곽(廓) 네 주의 자사를 지냈다.[20] 아들이 셋이었으니, 유융(柳融)·유자경(柳子敬)·유자하(柳子夏)이다.[21] 유자하는 서주(徐州) 장사(長史)를 지냈다.[22]

---

16) 진경운(陳景雲)은 『유집점감(柳集點勘)』 4권에서 『주서(周書)』 「유경전(柳慶傳)」에 의거하여 '송주별가'는 '송사주별가(宋司州別駕)'라고 해야 한다고 했다. 또한 『송서(宋書)』 「주군지(州郡志)」에 의거하여 "'송안'이란 군은 없으므로 '신안(新安)' 혹은 '동안(東安)'의 와전"이라고 했다.

17) 유경은 유종원에게 7대조가 된다.

18) 유단은 유종원에게 6대조가 된다. 「선시어사부군신도표(先侍御史府君神道表)」(제12권)를 보면, "유단은 주(周)의 중서시랑을 지냈다"고 했다.

19) 『신당서』 「재상세계표(宰相世系表)」에서 '유석(柳奭)은 자(字)가 자연(子燕)'이라고 했다. 그런데 「열전」에서는 자가 자소(子邵)라고 했다. 유종원이 쓴 「선시어사부군신도표」(제12권)를 보면, '증백조의 함자는 석(奭)이요, 자는 자연'이라고 했다. 그렇다면 마땅히 「세계표」가 맞는 것으로 보아야 할 것이다. 그런데 유석이 유종원의 부친에게 증백조라면 유종원에게는 고백조가 된다. 그런데 『신당서』 「유종원열전」과 한유의 「자후묘지」에서는 모두 '증백조 석'이라고 하였으니, 오류가 있는 듯하다.

20) 유해는 유종원에게 5대조가 된다.

21) 정계(廷桂)는 『유선생연보정오(柳先生年譜正誤)』에서 "'融' 앞에 '子'를 첨가해야 한다"고 했는데, 맞는 말인 듯하다.

22) 유자하는 유종원에게 고조가 된다.

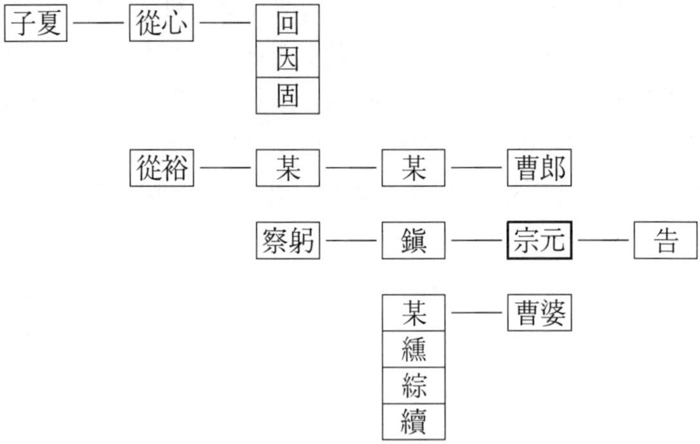

대력 8년(773) 계축

유종원 출생하다. 대종(代宗) 재위 11년째이다.

대력 11년(776) 병진

문집 「선태부인노씨귀부지(先太夫人盧氏歸祔誌)」(제13권)에서 "내가 네살 무렵 경성 서쪽 농가에서 살았고 선친은 오(吳) 지역에 계셨는데, 집에 책이 없어, 어머니께서 고부(古賦) 14수를 가르치셨는데, 모두 암송해 전수하셨다"고 기록한 것이 이해의 일이다.

정원 원년(785) 을축

『당서』 「본기」에 따르면 "덕종 흥원 원년(784) 갑자년, 이회광(李懷光)이 반란을 일으켰다. 정원 원년(785) 8월 갑술일, 주벌을 당했다"고 했다. 이해 「위최중승하평이회광표(爲崔中丞賀平李懷光表)」(외집 하)를 썼다. 유몽득은 (유종원의) 문집 서문에서 "예전에 자후는 어린이였을 때 정원 초년 남다른 명성이 있었다"고 했다.

정원 5년(789) 기사

「여양회지서(與楊誨之書)」(제33권)에서 "나는 17세 때 진사에 지원했다"고 했는데, 바로 이해이다. 「위문무백관청복존호표삼수(爲文武百官請復尊號表三首)」(외집 하)를 썼다.

정원 6년(790) 경오

이해 「여권보궐서(與權補闕書)」[23]를 썼으니, 주에서 "이때 나이 열여덟"이라고 했다. 「위문무백관청복존호표삼수(爲文武百官請復尊號表三首)」(외집 하) 그리고 「대회의표(大會議表)」(외집 하) 두 수를 썼다.

정원 8년(792) 임신

이해 경사에서 추천되다. 「송원론시서(送苑論詩序)」(제22권)에서 "(정원) 8년 겨울, 나는 마읍(馬邑) 원언양(苑言揚)과 연달아 경사에서 추천되었다. (…중략…) 이해 소사도(小司徒) 고공(顧公)이 궐석인 춘관(春官)을 지키고 있으면서 인재를 선발하는 권력을 좌지우지했다. 다음 해 봄, 선발 대상자 대열에 함께 섰다. 아울러 경중을 가리는 시험을 치렀다. (…중략…) 2월 병자일이었다. 유사(有司)가 갑을과 과제를 내걸어 남궁(南宮)에 게시했는데, 나와 형이 또 연달아 합격했다"고 했다.

정원 9년(793) 계유

이해 진사 급제하다. 문집에 「선시어사부군신도표(先侍御史府君神道表)」(제12권)가 있으니, "정원 9년(793), 종원은 진사에 급제했다. 황제께서 담당관에게 '조정에서 벼슬하는 자의 자제라서 부당하게 합격한 경우는 없는가?'라고 물어, 담당관이 나는 선친의 아들이라고 보고했다. 황제께서 '이는 예전에 간신 두참과 맞섰던 자 아닌가! 그가 아들의 합격을 청탁할

23) 제36권 「상권덕여보궐온권계(上權德輿補闕溫卷啓)」를 말하는 듯하다.

사람이 아니라는 것을 나는 안다'라고 했다"는 내용이 있다. 「송원론시서(送苑論詩序)」(제22권)를 썼다.

정원 12년(796) 병자

『신당서』에 따르면 "유종원은 젊었을 때부터 정민(精敏)하고 남달리 빼어났으며, 문장을 지으면 탁월하고 빼어나고 정치(精緻)하여, 무리가 일시에 추앙했다. 진사·박학굉사과에 급제하여, 교서랑을 제수받았다, 남전위로 전직되었다"고 했다. 「여양회지서(與楊誨之書)」(제33권)에서 "나는 24세 때 박학굉사과에 지원했다"고 했는데, 바로 정원 12년(796)이다. 이해 「종남산사당비(終南山祠堂碑)」(제5권), 「태백산사당비(太白山祠堂碑)」(제5권), 「빈녕진주원기(邠寧進奏院記)」(제26권), 「여대리최소경계(與大理崔少卿啓)」,[24] 「숙부전중시어사묘판문(叔父殿中侍御史墓版文)」(제12권), 「전중시어사유공묘표(殿中侍御史柳公墓表)」(제12권), 「숙비육씨부인천부지(叔妣陸氏夫人遷祔誌)」,[25] 「만년현승유군묘지(萬年縣丞柳君墓誌)」, 「감찰어사주군묘표(監察御史周君墓表)」 등을 썼다.

정원 14년(798) 무인

「여양회지서(與楊誨之書)」(제33권)에서 "24세 때 박학굉사과에 지원하여, 2년 만에 벼슬을 얻었다"고 했으니, 이해인 듯하다.

정원 15년(799) 기묘

이해에 「유상시행장(柳常侍行狀)」(제8권), 「망처홍농양씨지(亡妻弘農楊氏誌)」(제13권), 「국자사업양성유애갈(國子司業陽城遺愛碣)」(제9권), 「여태학제생서(與太學諸生書)」(제34권) 등을 썼다. 「여태학제생서」 첫머리에서 "집현전정자 유종원(集賢殿正字柳宗元)"이라고 말한 것으로 보아, 이즈음 유종원은 서

---

24) 제36권 「상대리최대경응제거불민계(上大理崔大卿應制擧不敏啓)」를 말하는 듯하다.
25) 제13권 「숙비오군육씨부인지문(叔妣吳郡陸氏夫人誌文)」를 말하는 듯하다.

부(書府)에 있었던 듯하다. 「변침벌론(辯侵伐論)」(제3권)이 있는데, 주에서 "집현원(集賢院)에 있을 때, 천하의 병사를 불러 회서(淮西)를 토벌하도록 하려고 썼다"고 하였다.

정원 16년(800) 경진

이해에 「하가과백토등표(賀嘉瓜白兎等表)」(제37권), 「온현주부한군묘지(溫縣主簿韓君墓誌)」(제11권), 「백조비이부인묘지(伯祖妣李夫人墓誌)」(제13권), 「망자배씨부인묘지(亡姊裴氏夫人墓誌)」(제13권)를 썼다.

정원 17년(801) 신사

이해에 「남악운봉사화상비(南岳雲峯寺和尙碑)」(제7권), 「숙부제육백모문(叔父祭六伯母文)」(제41권), 「망고진씨부인묘지(亡姑陳氏夫人墓誌)」(제13권)를 썼다.

정원 18년(802) 임오

이해에 「무공현승벽기(武功縣丞壁記)」(제26권), 「주질현신식당기(盩厔縣新食堂記)」(제26권), 「경조부청복존호표삼수(京兆府請復尊號表三首)」(제37권), 「위기로등청복존호표(爲耆老等請復尊號表)」(제37권), 「위경기부로상재상장(爲京畿父老上宰相狀)」, 「위경기부로상윤장(爲京畿父老上尹狀)」, 「망우교서랑독고군묘지(亡友校書郎獨孤君墓誌)」(제11권)를 썼다.

정원 19년(803) 계미

이해에 감찰어사리행(監察御史裏行)이 되었다. 유몽득이 쓴 문집 서문에서 "19년, 유능한 어사가 되었다"고 한 것이 이것이다. 「양감찰어사장(讓監察御史狀)」(제39권), 「자설(禬說)」(제16권), 「조일성(朝日說)」(제16권), 「위이경조제양낭중문(爲李京兆祭楊郎中文)」(제40권), 「병부양군묘지(兵部楊君墓誌)」(제9권), 「홍농령유부군분전석표(弘農令柳府君墳前石表)」(제12권), 「송문창상인서(送文暢上人序)」(제25권)를 썼다.[26]

정원 20년(804) 갑신

이해에 「감찰사벽기(監察使壁記)」(제26권), 「남악반주화상제이비(南嶽般舟和尙第二碑)」(제7권), 「제이중승문(祭李中丞文)」(제40권), 「상서호부낭중위부군묘지(尙書戶部郎中魏府君墓誌)」(제9권)를 썼다.[27]

영정 원년(805) 을유

순종이 정원 21년(805) 정월 병신에 즉위했다. 3월 계사, 광릉군왕(廣陵郡王)을 황태자로 세웠다. 「하립황태자표(賀立皇太子表)」(제37권)를 썼다. 8월 경자, 황태자를 황제로 세우고, 스스로를 태상황으로 칭했다. 「백료하표(百寮賀表)」를 썼다. 신축, 영정(永貞)으로 개원했다. 「하개원사표(賀改元赦表)」를 썼다. 을사, 헌종이 즉위했다. 「즉위예필하표(卽位禮畢賀表)」(제37권), 「하책태상황후급예필표(賀冊太上皇后及禮畢表)」(제37권), 「청정정표삼수(請聽政表三首)」(제37권)를 썼다. 이해에 상서(尙書)에 들어가 예부원외랑이 되었다. 「여소부서(與蕭俛書)」(제30권)에서 "나는 당시 나이가 서른 셋이라, 아주 젊었는데, 어사에서 예부원외랑으로 승진되어, 평상을 초월하여 명성을 날렸으니, 세상에서 앞으로 나아갈 것을 추구하는 사람들의 분노와 질투를 면하고 싶어도, 그럴 수가 있었겠소?"라고 하였으니, 이해 유종원 나이가 서른 셋이었던 듯하다. 왕숙문 당으로 인하여 소주(邵州)자사로 폄직되고, 영주사마로 다시 폄직되었다. 「진급사행장(陳給事行狀)」(제8권), 「호부시랑왕공태부인유씨묘지(戶部侍郎王公太夫人劉氏墓誌)」(제13권), 「노주

---

26) 「송문창상인서(送文暢上人序)」(제25권)에 대해 진경운은 『유집점감』에서 "서(序)에서 언급한 '하관(夏官) 한공(韓公)'은 한고(韓皐)를 말한다. 『당서』에 따르면, 한고는 정원 11년(795) 병부시랑에서 경조윤으로 바뀌었다. 서(序)에서 '夏官'이라고 하였으니, 필시 한고의 관직이 아직 바뀌기 전에 쓴 것인데, 연보에서 19년에 썼다고 한 것은 오류이다"라고 했다.

27) 시자유(施子愉)는 『유종원연보』에서 「남악반주화상제이비」(제7권)는 원화 3년(808)에 쓴 것으로 보았는데, 맞다. 진경운은 『유집점감』에서 "「반주화상비」 손(孫)의 주석에서 '영주사마원랑유종원이 쓰고 원화 3년(808) 2월 19일 승려 경수(景秀)가 세우다'라고 했는데, 연보를 작성한 사람은 비석에 새긴 것을 보지 못하고 단지 반주화상이 세상을 떠난 해에만 의거하여 정원 20년(804)에 쓴 것으로 간주했다"고 했다.

병조유군묘지(潞州兵曹柳君墓誌)」(외집 보유)를 썼다.[28]

원화 원년(806) 병술

정월 정묘, 대사면을 하고, 개원(改元)하다. 「하개원사표(賀改元赦表)」, 「검문명(劍門銘)」(제20권), 「엄동천계(嚴東川啓)」,[29] 「선시어사부군신도표(先侍御史府君神道表)」(제12권), 「동명장선생묘지(東明張先生墓誌)」(제11권), 「육문통선생묘표(陸文通先生墓表)」(제9권), 「연주사마능군권조지(連州司馬凌君權厝誌)」(제10권), 「곡연주능사마시(哭連州凌司馬詩)」(제43권)를 썼다.

원화 2년(807) 정해

「징구부(懲咎賦)」(제2권), 「송조대수재왕강릉서(送趙大秀才往江陵序)」(제22권),[30] 「선태부인노씨귀부지(先太夫人盧氏歸祔誌)」(제13권)를 썼다.

원화 3년(808) 무자

「정부(貞符)」(제1권), 「비국어(非國語)」(제44 · 45권), 「여여도주서(與呂道州書)」(제31권), 「여왕참원서(與王參元書)」(제33권), 「답오무릉서(答吳武陵書)」(제31권), 「동오수재증이목주시서(同吳秀才贈李睦州詩序)」(제23권)를 썼다.[31] 「정부」 서(序)에서 "신이 폄적된 주에 유배된 오무릉이 삼대(三代)에는 부서(符瑞)로 천명을 받았는 동중서의 말에 대해 제게 얘기했습니다"라고 했는데, 원화 4년(809)에 쓴 「여양경조서(與楊京兆書)」(제30권)에서는 "작년에 오무릉(吳武陵)이 왔는데, 그의 나이가 상당히 젊고 재능과 기상이 건장하여 서한의 문장을

28) 시자유는 『유종원연보』에서 「로주병조유군묘지」는 정원 20년(804)에 쓴 것으로 보았는데, 오류이다. 해당 지문(誌文)에서 이미 "정원 21년(805)"이라고 분명히 밝히고 있다.

29) 제36권 「상엄동천기검문명계(上嚴東川寄劍門銘啓)」를 말하는 듯하다.

30) 「송조대수재왕강릉서」는 원화 3년(808)에 쓴 것으로 보아야 한다. 서(序)를 보면 분명히 알 수 있다. 원화 2년(807)에 쓴 것으로 열거한 것은 오류이다.

31) 「동오수재증이목주시서」에 대해 진경운은 『유집점감』에서 "(수재(秀才)는) 모든 판본에서 무릉(武陵)으로 되어 있다. 오무릉은 급제 이후 영주에 유배되었으므로 '수재'라고 호칭할 리 없으니, 오류인 듯하다"고 했다.

홍성시킬 수 있지 않을까 기대했습니다"라고 했다. 그렇다면 오무릉이 영주에 간 것은 아무래도 이해인 듯하다. 「용안해선사비(龍安海禪師碑)」(제6권), 「능군묘후지(凌君墓後誌)」(제10권),[32] 「송누도남유회남서(送婁圖南遊淮南序)」(제25권), 「수누수재조추월야병중견기(酬婁秀才早秋月夜病中見寄)」(제42권), 「수루수재장지회남견증지작(酬婁秀才將之淮南見贈之作)」(제42권), 「유남정야환서지칠십운(遊南亭夜還敍志七十韻)」(제43권), 「특진남공수양묘비(特進南公睢陽廟碑)」(제5권)를 썼다.[33]

원화 4년(809) 기축

이해 유종원은 서른 일곱으로, 영주에 있었다. 배훈·소부·이건·양경조(양빙)·허경조(허맹용) 등에게 서신을 썼다. 소부에게 쓴 서신에서 "사람이 6,70을 사는 사람이 드문데, 지금 이미 서른 일곱이로군요"라고 했고, 이건에게 쓴 서신에서 "인생이 이미 37년 지났건만 눈깜짝할 사이나 다름없습니다"라고 했고, 또한 "배응숙(裴應叔)·소사겸(蕭思謙)에게 내가 각각 편지를 썼으니, 족하는 그들을 찾아가 구해 보면 됩니다"라고 하였는데, 배응숙은 배훈이고, 소사겸은 소부이다. 양경조에게 쓴 서신에서 "영주에는 화재가 많아서, 5년 사이 네 번이나 자연발생 화재에 시달렸습니다"라고 했고, 허경조에게 답한 서신에서 "제가 죄를 짓고 이 곳에 온 지 5년이 지났건만, 아직껏 옛 친구나 대신들이 편지 한 장 보내려고 한 적조차 없습니다"라고 하였으니, 유종원이 영정 원년(805) 폄적된 이후 이해까지 5년이 되었다. 또한 「위남승사청종군장(爲南承嗣請從軍狀)」(제39권), 「송남부주양이풍주서(送南涪州量移澧州序)」(제23권), 「송내제노준유계주서(送內弟盧遵遊桂州序)」(제24권), 「기계주이중승천노준계(寄桂州李中丞薦盧遵啓)」(제35권), 「신

32) 진경운은 『유집점감』에서 "능준은 원화 4년(809) 사면자 명단에 올라, 비로소 귀장(歸葬)할 수 있었으니, 「後誌」는 마땅히 4년(809)에 지었어야 한다"고 했다.

33) 「특진남공수양묘비」에 대해 시자유는 『유종원연보』에서 "「비(碑)」에서 '승사(承嗣)라고 하는 아들이 있다. (…중략…) 시(施)·부(涪) 두 주를 다스렸다'고 한 것으로 보아, 남승사가 부주자사가 된 이후 쓴 것이다. 그러므로 원화 4년(809)에 쓴 것으로 보았다"고 했다.

작법화사서정기(新作法華寺西亭記)」(제28권), 「시득서산연유기(始得西山宴遊記)」(제29권), 「고무담기(鈷鉧潭記)」(제29권), 「고무담서소구기(鈷鉧潭西小丘記)」(제29권), 「소구서소석담기(小丘西小石潭記)」(제29권), 「소질여자묘전기(小姪女子墓塼記)」(제13권)를 썼다.

원화 5년(810) 경인

이해에 「여양주이상공제이계(與揚州李相公第二啓)」, 「여양회지서(與楊誨之書)」(제33권), 「설거증양회지(說車贈楊誨之)」(제16권), 「송종제모서(送從弟謀序)」(제24권), 「독한유소작모영전후제(讀韓愈所作毛穎傳後題)」(제21권), 「태부이경외부마숙지(太府李卿外婦馬淑誌)」(외집 상), 「조수재군묘지(趙秀才羣墓誌)」(외집 상), 「하상여자묘전기(下殤女子墓塼記)」(제13권), 「문적전유감시(聞籍田有感詩)」(제43권)를 썼다.

원화 6년(811) 신묘

「상서천무상공계(上西川武相公啓)」(제35권), 「재여양회지서(再與楊誨之書)」(제33권), 「위유공작사상표(爲柳公綽謝上表)」(제33권), 「제여화광문(祭呂化光文)」(제40권), 「형주자사동평여군뢰(衡州刺史東平呂君誄)」(제9권), 「시대리평사유군묘지(試大理評事柳君墓誌)」(제11권), 「동유이십팔곡여형주시(同劉二十八哭呂衡州詩)」(제42권)를 썼다.

원화 7년(812) 임진

「하황태자전(賀皇太子牋)」(제37권),[34] 「상영남정상공계(上嶺南鄭相公啓)」(제36권), 「홍농공좌관삼세부위대료헌시오십운(弘農公左官三歲復爲大僚獻詩五十韻)」(제42권), 「송최책서(送崔策序)」,[35] 「무강명(武岡銘)」(제20권),[36] 「원가갈기

34) 진경운은 『유집점감』에서 "「하황태자전」은 원화 14년(819) 유주에서 쓴 것으로, 헌종이 휘호(徽號)를 받은 것을 축하하는 표와 같이 올린 것이다. 원화 7년(812)에 태자를 세운 일이 있기 때문에, 연보를 만든 사람이 실수로 이해에 쓴 것으로 보았다"고 했다.

35) 제23권 「송최자부파거시서(送崔子符罷擧詩序)」를 말한다.

36) 진경운은 『유집점감』에서 다음과 같이 말했다. "「무강명」은 담주(潭州) 통수권자 유공

(袁家渴記)」(제29권), 「석거기(石渠記)」(제29권), 「석간기(石澗記)」(제29권), 「소석성산기(小石城山記)」(제29권), 「영주자사최군권조지(永州刺史崔君權厝誌)」(제9권), 「제최사군문(祭崔使君文)」(제41권)을 썼다.

원화 8년(813) 계사

「축필방문(逐畢方文)」(제18권), 「황계기(黃溪記)」(제29권), 「철로보지(鐵鑪步志)」(제28권), 「답위중립서(答韋中立書)」(제34권), 「여시어묘지(呂侍御墓誌)」(제10권), 「제여경숙문(祭呂敬叔文)」(제40권)을 썼다.

원화 9년(814) 갑오

「수산부(囚山賦)」(제2권), 「기폐답(起廢答)」(제15권), 「단태위일사장(段太尉逸事狀)」(제8권), 「여한유서(與韓愈書)」(제31권), 「상하양오상서계(上河陽烏尙書啓)」(제36권), 「척비정신기(斥鼻亭神記)」, 「문선왕도주묘비(文宣王道州廟碑)」(제5권), 「남악대명사율화상비(南岳大明寺律和尙碑)」(제7권), 「상원이비묘비(湘源二妃廟碑)」(제5권), 「처사단홍고묘지(處士段弘古墓誌)」(외집 보유), 「조추부도회기영릉친고시(詔追赴都迴寄零陵親故詩)」, 「과형산견신화개각기제시(過衡山見新花開却寄弟詩)」, 「멱라우풍시(汨羅遇風詩)」, 「북환등한양북원제임천역시(北還登漢陽北原題臨川驛詩)」, 「계위암수렴시(界圍巖水簾詩)」, 「희증조추남래제빈시(戲贈詔追南來諸賓詩)」를 썼다.[37]

작(柳公綽)이 악(鄂)·악(岳)으로 옮길 때 쓴 것이다. 『당서』에 따르면, 유공작이 임지를 옮긴 것은 8년(813)의 일로, 이 「무강명」이 7년(812)에 쓴 것으로 보는 것은 오류이다."

37) 진경운은 『유집점감』에서 "「조추부도회기영릉친고시(詔追赴都迴寄零陵親故詩)」, 「과형산견신화개각기제시(過衡山見新花開却寄弟詩)」, 「멱라우풍시(汨羅遇風詩)」, 「북환등한양북원제임천역시(北還登漢陽北原題臨川驛詩)」, 「계원암수렴시(界圍巖水簾詩)」, 「희증조추남래제빈시(戲贈詔追南來諸賓詩)」 등은 모두 원화 10년(815) 봄에 쓴 것으로, 연보에서 9년(814)에 썼다고 한 것은 오류이다. 유종원은 원화 9년(814) 겨울에 조서를 받고 다음 해 봄에 비로소 길을 나섰다"고 했다.

원화 10년(815) 을미

「조추부도이월지패정상시(詔追赴都二月至灞亭上詩)」에서 "십일년 전 남쪽으로 건너갔던 나그네, 사천리 밖에서 북으로 돌아오는 몸 되었네"라고 했고, 또한 「수두원외견촉행기시(酬竇員外見促行騎詩)」에서 "황량한 곳에 던져진 지 일기(一紀)가 다 되어, 새로 조서(詔書)가 사립문에 내려왔네"라고 하였으니, 유종원이 폄적된지 이해로 11년째이다. 한유가 쓴 「묘지」에서 "원화 연간에 부름을 받아 수도에 간 적이 있었다. 또한 모두 외지의 자사로 외근을 명받았는데, 유종원은 유주로 가게 되었다"고 했다. 「형양여몽득분로증별시(衡陽與夢得分路贈別詩)」, 「중별몽득시(重別夢得詩)」, 「삼증시(三贈詩)」, 「재상상강시(再上湘江詩)」를 썼다. 「증별시」에서 "십년 동안 초췌하게 지내다 진경(秦京)에 이르렀는데, 거꾸로 영남(嶺南)으로 가게 될 것을 누가 알았으랴?"라고 했고, 유우석은 「수증시(酬贈詩)」에서 "도성을 떠난지 10년 만에 함께 부름받아 귀환하였다가, 상수(湘水) 건너 천리 먼 곳으로 또 헤어지게 되었네. 다시 임지에 부임한다지만 이는 황승상(黃丞相)의 경우와 다르고, 세 번 축출된다 해도 유사사(柳士師)에게 부끄럽다네"라고 했다. 유우석이 애초에 연주(連州)로 폄적되었다가 나중에 부름을 받고 파주(播州)로 임명받은 것을 말하는 듯하다. 유종원이 보기에 파주는 먼 곳이고 유우석의 모친이 연로하여, 유주와 파주를 바꿔 임명해달라는 상소를 올렸고, 마침 대신 중에서도 유우석을 위해 말하는 자가 있어, 결국 연주로 바꿔 임명되었다. 그러므로 시에서 '중임(重臨)'이라는 말을 썼다. 유종원은 이해 3월에 유주로 출발하여 6월에 임지에 도착했다. 「유주사상표(柳州謝上表)」(제38권), 「유주거자대장(柳州擧自代狀)」(제39권), 「유주상중서문하장(柳州上中書門下狀)」(제39권), 「뇌당도우문(雷塘禱雨文)」(제41권), 「만석정기(萬石亭記)」(제27권),[38] 「기유주산수근치가유자(記柳州山水近治可遊者)」(제29권), 「지종

38) 진경운은 『유집점감』에서 "「만석정기(萬石亭記)」는 원화 10년(815) 정월 5일 영주에서 쓴 것으로 (…중략…) 유주에 도착한 이후 글이 아니므로 마땅히 「지패정시(至灞亭詩)」 앞에 놓아야 한다"고 했다.

부제종직빈(誌從父弟宗直殯)」(제12권), 「제제종직문(祭弟宗直文)」(제41권), 「선성문선왕유주묘비(先聖文宣王柳州廟碑)」(제5권), 「대감선사비(大鑒禪師碑)」(제6권)를 썼다. 대감선사란 불가 6대조를 말한다. 동파거사(東坡居士 : 소식)는 "유종원은 남방으로 좌천되고 나서 비로소 불법을 연구했다. 「조계(曹溪)」, 「남악(南嶽)」 등 비문을 썼는데, 고금을 통털어 절묘하다. (…중략…) 장로 중변사(重辨師)는 유가와 불가에 모두 통달하고 도학에서도 순수함을 겸비했다. 당대(唐代)부터 지금까지 조사(祖師)를 서술하고 칭송하는 사람은 많아도 유종원만큼 통량간정(通亮簡正)한 사례는 아직 없었다. (…중략…) 『당서』에 따르면, 마총(馬總)이 건주(虔州)자사에서 안남(安南)도호로 옮기고, 계관(桂管)경략관찰사로 옮겼다고 했다. (…중략…) 비문에 따르면, 안남에서 계관이 아니라 남해(南海)로 옮겼으니, 이를 통해 『당서』의 오류를 바로잡을 수 있었다"고 말했다.

원화 11년(816) 병진

「정명(井銘)」(제20권), 「제정문(祭井文)」(제41권), 「기위형시(寄韋珩詩)」, 「별사제종일시(別舍弟宗一詩)」, 「한장주서보철상인망인기시(韓漳州書報徹上人亡因寄詩)」, 「문철상인망기양시랑장시(聞徹上人亡寄楊侍郎丈詩)」를 썼다. 유우석의 「영철집서(靈澈集序)」를 보면 "원화 11년(816) 선주(宣州) 개원사(開元寺)에서 세상을 떠났다"고 했으니, 바로 이해이다. 「별종일시(別宗一詩)」에서 "혼자 몸으로 도성(都城)에서 육천 리를 떠나와, 수없이 죽을 뻔하며 황무지에서 지낸 지 열두 해라"라고 하였으니, 영정 원년(805)부터 이때까지 12년이 된다.

원화 12년(817) 정유

「대이소양주사상표(代李愬襄州謝上表)」(제38권), 「복대운사기(復大雲寺記)」(제28권), 「동정기(東亭記)」(제29권), 「제양첨사문(祭楊詹事文)」(제40권), 「낭주사호설군처최씨묘지(朗州司戶薛君妻崔氏墓誌)」(제13권),[39] 「쟁곽사묘지(箏郭師墓

誌)」(외집 상)를 썼다. 「묘지」에서 "정유년 가을도 이미 말기에 접어들었다"고 하였으니, 바로 이해 9월이다.

원화 13년(818) 무술

「평회이아(平淮夷雅)」(제1권), 「상배문하계(上裴門下啓)」, 「상양양이복야계(上襄陽李僕射啓)」(제36권), 「여옹관이중승계(與邕管李中丞啓)」(제35권), 「위배중승걸토황적상배상장(爲裴中丞乞討黃賊上裴相狀)」(제39권), 「위배중승벌황적전첩(爲裴中丞伐黃賊轉牒)」(제39권),[40] 「상이이간서(上李夷簡書)」(제34권), 「답두온부서(答杜溫夫書)」(제34권),[41] 「만년령배군묘갈(萬年令裴府君墓碣)」(제9권), 「양양승조군묘지(襄陽丞趙君墓誌)」(제11권)를 썼다. 「상이이간서」에서 "제가 예전에는 어리고 마음이 모나서, 지름길로 가서 높은 자리에 앉으려고 하여, 길이 험한 줄을 모르고 가다가 큰 곤경에 빠져서, 막다른 곳에서 넘어져 깊은 낭떠러지에 떨어져, 독방의 죄수처럼 갇혔습니다. 날마다 소리치며 위를 바라본 지도 14년입니다"라고 했고, 「헌회이아표(獻淮夷雅表)」(제1권)에서 "제가 죄를 지어 쫓겨와 숨어 지내어, 상서성(尙書省)의 글을 올리는 관직을 떠난 지 14년이 되었습니다"라고 하였으니, 처음 폄적된 때로부터 이때까지 14년이다. 한유는 「나지비(羅池碑)」에서 "유후(柳侯)는 3년 동안 유주를 통치하여 (…중략…) 유주 사람들이 모두 기뻐했고, 일찍이 부장 위충(魏忠)·사녕(謝寧)·구양익(歐陽翼)과 역참 정자에서 술을 마시는데,

---

39) 시자유의 『유종원연보』에서는 「낭주사호설군처최씨묘지」를 원화 13년(818) 쓴 것으로 보았다.

40) 진경운은 『유집점감』에서 "계관(桂管)이 황적을 토벌하게 해달하고 청한 것은 원화 14년(819) 치청(淄青)이 평정된 이후로, 「위배중승걸토황적상배상장」는 마땅히 원화 14년(819) 「사토황적표」 이전에 쓴 것이고, 「위배중승벌황적전첩」은 「표」 이후에 쓴 것이어야 하는데, 지금 모두 오류이다. 또한 「제독(祭纛)」·「마아(禡牙)」 두 글이 있어, 모두 「전첩」 다음에 쓴 것인데, 연보에서는 또한 깜빡 싣지 않았다"고 했다.

41) 진경운은 『유집점감』에서 "「답두온부서」가 원화 13년(818)에 쓴 것으로 본 것 또한 오류이다. 서신에서 '今而去我, 道連而謁於潮, 又得二周、孔'이라고 했는데, '連'은 유우석을 말하고 '潮'는 한유를 말한다. 한유는 원화 14년(819) 조주로 폄적되었으니, 이 서신은 필시 한유가 조주에 도착한 이후 쓴 것이 분명하다"고 했다.

'나는 이 시대에 버림받아 이곳에 몸을 기탁하여 여러분과 잘 지내고 있소. 내년에 내가 죽을 것이니, 죽으면 귀신이 될 것이오. 2년 이후 사당을 만들어 나를 제사지내 주오'라고 했었는데, 말한 때가 되자 세상을 떠났다"고 했다. 부장들과 역참 정자에서 술을 마신 것이 이해인 듯하다.

원화 14년(819) 기해

이해 이사도(李師道)가 주벌을 당했다. 「하파동평표(賀破東平表)」(제38권), 「위배중승하파동평표(爲裵中丞賀破東平表)」(외집 하), 「하동평사표(賀東平赦表)」(제38권), 「하분치청위삼도표(賀分淄靑爲三道表)」(제38권), 「예부하책존호표(禮部賀冊尊號表)」(제37권), 「위배중승사토황적표(爲裵中丞謝討黃賊表)」(제38권), 「답정원회하계(答鄭員外賀啓)」(외집 하), 「답제주하계(答諸州賀啓)」(외집 하), 「상중서문하장(上中書門下狀)」(제39권), 「상배상장(上裵相狀)」(제39권), 「상배중승장(上裵中丞狀)」(제39권), 「자가주정기(訾家洲亭記)」(제27권), 「위부인분기(韋夫人墳記)」(제13권), 「영남염철이시어묘지(嶺南鹽鐵李侍御墓誌)」(제10권), 「옹관이중승묘지(邕管李中丞墓誌)」(제10권), 「처사배군묘지(處士裵君墓誌)」(제11권), 「시대리평사배군묘지(試大理評事裵君墓誌)」(제11권), 「비서랑강군묘지(秘書郞姜君墓誌)」(제11권)를 썼다. 『신당서』 「오무릉전(吳武陵傳)」에서는 다음과 같이 말했다. "예전에 유종원이 영주로 폄적되고 오무릉 또한 어떤 일에 연좌되어 영주로 유배되었는데, 유종원은 그가 현명하다는 것을 알아주었다. (유종원이) 유주자사가 될 무렵 오무릉은 북으로 돌아갔는데, 배도(裵度)로부터 그릇감으로 크게 대우를 받았다. 대화중 유종원에게 자식이 없음을 언급할 때마다 배도에게 '서원(西原) 만족(蠻族)이 아직 평정되지 않았고, 유주는 적과 대치하고 있는 곳이어서, 마땅히 무인(武人)을 보내 유종원을 대신하게 하고, (유종원은) 강호에서 여유를 좀 찾게 해야 한다'고 말했다. 또한 공부시랑 맹간(孟簡)에게 서신을 보내 '예로부터 30년을 한 세대라고 하였습니다만, 자후는 12년 동안 쫓겨나 있었으니, 거의 반 세대가 지났습니다. 천둥이 울리고 벼락이 치는 건 하늘이 노하는 것이거늘, 새벽 나절 시작해도 아침 내내 계속되지 않습니다. 성인이 재위해 계시거늘, 어찌 생을 마치도록 한 신하에게 노하는 일이 있을 수 있겠습니까? 또한 정(程)·유(劉)·한씨(韓氏) 형제 등은 모두 이미 발탁되어 대주(大州)의 요직에 자리잡고 있기도 한데, 오직 자후만이 원숭이·새 등과 짝하여 어울리면서 지내니, 이러다 안개와 이슬에 휩싸여 유씨 집안에 후손이 없게 될까 걱정이 됩니다'라고 했다. 배도가 미처 등용하기도 전에 유종원은 세상을 떠났다." 오무릉의 이 서신은 원화 11년(816)에 쓴 듯하다. 3년 이후 유종원이 세상을 떠났기 때문이다. 「묘지」에서 "유종원은 원화 14년(819) 10월 5일 세상을 떠나니, 향년 47세이다. 다음 해 7월 10일 만년(萬年) 선인 묘 옆에 귀장(歸葬)했다"고 했다.

유문연보후서(柳文年譜後序)

예전에 글을 논한 사람들 중, 혹자는 글이란 기(氣)를 위주로 한다고 하기도 하고, 혹자는 글이란 곤궁할수록 더욱 훌륭해진다고 하기도 했다. 선생이 양빙(楊憑)에게 쓴 서신에서도 "글을 짓는 것은 정신과 의지를 위주로 합니다"라고 했고, 또한 "폄적되어 와서 특별한 일이 없어, 백가의 책을 읽고 상하로 넘나들면서, 문장에서 잘된 점과 병폐 등을 조금 알게 되었습니다"라고 했다. 선생은 나이 스물 전후부터 뛰어난 재능이 돋보였으며, 연달아 과거에 급제하여 대성(臺省)의 자리로 연이어 승진하던 중, 배척받고 축출되는 처지로 돌아섰으니, 그래서 나는 선생의 문집과 『당서』를 참고하여 시간별 연보를 만들어, 행적 및 글을 쓴 시기를 알아서 그 문력(文力)이 어떠한지 탐구할 수 있기를 바랐다. 소흥(紹興) 5년(1135) 6월 갑자,[42] 지유주군주사(知柳州軍州事) 노국(潞國) 문안례(文安禮)가 서(序)를 쓰다.

『유종원집』에는 오랫동안 「연보」가 빠진 채 서(序)만 있었다. 광릉(廣陵) 마해곡(馬嶰谷)이 강을 건너 「한유연보」를 구입한지 오래지 않아 다시 송(宋) 판본 『유종원집』 잔본을 수집하였고, 그 중 연보가 온전히 남아 있었는데, 다른 판본에는 없는 것이어서, 「한유연보」와 함께 출판하게 되었다. 이 연보는 유석(柳奭)이 유종원의 증백조(曾伯祖)가 아니라 고백조(高伯祖)임을 판별해내, 이전 사람들의 소홀함을 바로잡았다고 할 수 있다. 또한 양성(陽城)이 국자사업에서 도주(道州)자사로 나간 것에 대해 『당서』에서는 연월을 밝히지 않았는데, 『통감고이(通鑑考異)』에서는 유종원이 쓴 「사업유애갈(司業遺愛碣)」에 근거하여 정원 14년(798)에 있었던 일이라고 했고, 연보에서는 「유애갈」과 「여태학제생서(與太學諸生書)」가 모두 정원 15년(799)에 쓴 것이라고 하여, 『통감』과 다르다. 그러나 「갈」의 내용을 자세히 따져보면 연보의 내용이 맞다. 문집에 수록된 「여태학제생서」 제목 다음 주석에서 "정원 14년(798)"이라고 한 것은 후세 사람이 『통감』의 글을 따라 실수한 것으로, 마땅히 연보에 의거하여 바로잡아야 한다. 연보의 글이 매우 간결하여, 여급공(呂汲公)의 『한유연보』 체제를 따라서 작자 행적의 큰 줄거리를 대략 소개하였으니,[43] 독자는 (필요하다면 다른 것을) 더 상세히 살펴보면 된다. 옹정(雍正) 경술년 봄, 장주(長洲) 진경운(陳景雲) 쓰다.

---

42) 소흥(紹興, 1131~1162)은 남송 고종(高宗)의 연호이다.

43) 여급공(呂汲公)은 송대 여대방(呂大防, 1027~1097)을 말한다. 자는 미중(微仲), 남전(藍田) 사람으로, 철종 때 급국공(汲國公)으로 책봉되어, 흔히 여급공이라고 한다. 주요 작가의 시문 창작을 연도별로 정리한 연보 체제를 확립한 것으로 유명하다.

유선생역관기(柳先生歷官記) 병서(幷序)

송(宋) 장돈이(張敦頤)

당대(唐代)에는 개원(開元) 정관(貞觀) 이후 문장으로 이름난 사람이 대대로 적지 않았으나,[44] 이것저것 뒤섞인 기풍이 동한(東漢)부터 습관처럼 전해지는 여파를 이어서, 완전히 혁파되지 않았었다. 선생이 나타나, 한문공(韓文公)과 함께 정원(貞元)·원화(元和) 연간에 대대적으로 활약하여,[45] 분분한 논의가 깨끗하게 정리되고, 한결같이 바른 길로 돌아왔다. 지금에 이르기까지 수백 년 동안, 세상에서 추대하고 존중하는 사람들은 필시 한(韓)·류(柳)라고 병칭하니, 이는 선생과 문공의 명분이 같음을 말한다. 명분이 같으면 길 또한 같으며, 길이 같으면 나아가고 물러나는 자취 또한 마땅히 같을 것이다. 전기를 살펴서 입신(立身)의 본말을 찾으려고 하다 보면, 간혹 조금 다른 점이 있는 것 같은데, 어찌 된 것인가? 이에 대해 대략의 내용을 적어본다.

선생은 젊어서 빼어나 남다른 명성이 있었고, 스물한 살 때 진사과에 급제했다. 또 4년 뒤 박학굉사과에 급제했다. 그 다음 해 집현전(集賢殿)의 정자(正字)가 되었고, 다음으로 수도권 남전(藍田)의 위(尉)로 임명받았고, 임기가 다 차서 감찰어사로 발탁되었으니, 이때가 정원 19년(803)이다. 영정(805) 초기, 왕숙문·위집의가 정치의 선봉에 나서게 되어, 선생의 재능을 훌륭하게 보아서 예부원외랑으로 발탁했다. 헌종 원화 초년(806), 두 공(公)이 실패하여, 선생은 소주(邵州)자사로 나가게 되었고, 도중에 영릉(零陵)으로 폄적되었다. 영릉은 남쪽 끝 누추하기 짝이 없는 지역으로, 선생은 10년 동

---

44) 개원(開元, 713~741)은 현종(玄宗) 때 연호, 정관(貞觀, 627~649)은 태종(太宗) 때 연호로, 의미상 앞뒤 순서가 맞지 않는다. '開元'에 오자가 있거나, 아니면 '개국'의 의미로 쓴 것이 아닐까 생각한다.

45) 정원(785~804)은 덕종 때 연호, 원화(806~820)는 헌종 때 연호이다.

안 살면서 수풀을 헤치고 잡초를 베면서 남달리 빼어난 곳을 찾아 산수(山水)에 자신을 맡긴 채 자신만의 즐거움을 찾았다. 우계(愚谿)·고무담(鈷鉧潭)·남간(南澗)·조양암(朝陽巖) 등과 같은 것들은 여전히 그대로 있겠지만 모두 선생이 그 당시 지팡이 짚고, 짚신 끌면서 거닐던 곳이다. 영릉의 꽃·풀·샘·돌 어느 것이라도 일단 선생이 제재로 삼았던 것은 후세 사람들이 연모하며 그 풍류를 보고 싶어하지 않는 것이 없는데, 하물며 당시에는 어떠했겠는가! 원화 9년(814) 12월에 이르러 부름을 받아 수도에 갔다가, 다시 유주자사로 나오게 되었다. 선생이 유주에 가서 그곳의 풍속을 따라 통치를 행하여, 유주 사람들이 신뢰하여 유유주(柳柳州)라고 불렀다.

오호! 선생의 문장이 기염을 토하였으니, 스스로 기대한 것이 어찌 일개 자사에서 그쳤으랴! 애석하게도 사건에 연루되어 축출됨으로써 세상에 이상을 실현하지 못했으니, 한퇴지가 일찍이 이것을 말한 적이 있다. 이에 대해서는 논하지 않고 잠시 접어두련다. 입신하여 자신의 이상을 행하는 대절(大節)에 이르러서는 한퇴지도 아직 순전(純全)하다고 할 수 없으니, 학자들은 매번 이에 대해 탄식하곤 한다. 건도(乾道) 5년(1169) 10월 16일 신안(新安) 장돈이(張敦頤)가 서(序)를 쓰다.[46]

선생의 이름은 종원, 자는 자후, 하동 사람이다. 7대조가 유경(柳慶)으로, 탁발위(拓拔魏) 시중·좌복야를 지냈고 제음공(濟陰公)에 책봉되었다. 둘째 아들이 유단(柳旦)으로, 수(隋)나라 때 벼슬하여 황문시랑을 지냈다. 유단은 유해(柳楷)를 낳으니, 당(唐)나라 때 벼슬하여 제(濟)·방(房)·난(蘭)·곽(廓) 네 주의 자사를 지냈다. 유해의 아들이 셋이었으니, 장남은 유융(柳融)이요, 차남은 유자경(柳子敬)으로, 방주(房州)자사를 지냈고, 셋째는 유자하(柳子夏)로, 서주장사(徐州長史)를 지냈다. 유자하는 유종유(柳從裕)를 낳으니, 청지령(淸池令)을 지냈다. 유종유는 유찰궁(柳察躬)을 낳으니, 덕청령(德淸令)을 지냈다. 유찰궁은 유진(柳鎭)을 낳으니, 중종 때 시어사

46) 건도(乾道, 1165~1173)는 남송 효종(孝宗) 때 연호이다.

를 지냈는데, 권세가나 귀족에게 아첨할 줄을 몰라 어사직을 잃었다가 나중에 다시 그 임기를 마칠 수 있어서, 사람들이 강직하다 일컬었다. 선생은 바로 유진의 장남이다.[47] 대력 8년(773) 계축년에 출생하여, 어려서부터 총명하고 영민하여 통달하지 않는 게 없었다.[48] 정원 초기, 어린 아이로서 당시에 뛰어난 명성이 있었다.[49] 정원 5년(789), 수도로 가서 진사과에 응시했다.[50] 다음 해, 권보궐(權補闕)에게 서신을 보내 자신의 뜻을 말했다.[51] 정원 9년(793) 2월에 이르러 비로소 진사과에 급제하여 우뚝하게 두각을 나타내, 사람들은 유씨 집안에 훌륭한 아들이 나왔다고 하였다.[52] 정원 12년(796), 박학굉사과에 응시했고, 정원 13년(797), 박학굉사과에 급제했다.[53] 정원 14년(798), 집현전정자가 되었고, 「여태학제생서(與太學諸生書)」를 써서, 태학생들이 대궐에 엎드려 양성(陽城)더러 계속 사업(司業)으로 남아있어 달라고 한 것을 기특히 여겼다. 정원 15년(799), 회서(淮西)에서 반란이 일어나 천하의 군대를 징발하여 토벌하니, 선생은 또한 「변침벌론(辨侵伐論)」을 썼다.[54] 16년(800), 교서랑을 제수받고 남전위로 옮

---

47) 이상의 내용은 「당재상세계표(唐宰相世系表)」에 나온다.
48) 한유가 쓴 「묘지명」에 나온다.
49) 이때 나이 열세 살로, 유우석이 쓴 유종원 문집 서(序)에 나오는 말이다.
50) 이때 나이 열일곱 살로, 유종원이 쓴 「여양회지서」에 나온다.
51) 이때 나이 열여덟 살이다. 권보궐은 권덕여(權德輿)이다.
52) 유종원이 양회지에게 보낸 서신과 한유가 쓴 묘지명에 나온다.
53) 유종원이 양회지에게 보낸 서신에 나온다.
54) 문안례가 편찬한 연보에 따르면, 14년(798)에 남전위(藍田尉)가 되었다고 했다. 문집에 수록된 「여태학제생서」를 보면, 양성이 계속 사업(司業)으로 남아있게 해달라고 태학생들이 주청한 것을 기특하게 여겼다. 서신 첫머리에서 "집현전정자 유아무개"라고 했으니, 양성이 사업(司業)에서 도주(道州)자사로 나갈 때가 바로 정원 14년으로, 유종원은 이해 집현전정자였음이 분명하다. 유종원은 「변침벌론」을 쓴 것이 집현전에 있을 당시 회서를 토벌하도록 군대를 부르기 위해서였다고 했다. 회서가 반란을 일으킨 때는 바로 15년(799)으로, 이는 14년부터 15년까지 집현전정자로 있었고 16년(800)에 비로소 남전위가 되었음을 뜻하는 것이다. 그러므로 당시 경조부(京兆府)를 위해 가과(嘉瓜)·백토(白兎) 등을 축하하는 표(表)를 쓴 것이다. 18년(802)에 이르기까지 아직 위(尉) 자리에 있었으니, 진남중(陳南仲)을 위해 「무공현승벽기(武功縣丞壁記)」를 쓰고, 또한 「주질현신식당기(盩厔縣新食堂記)」를 쓰고, 다음해 어사가 된 것이다. 위(尉)는 아주 중요한 자리라 초보 관리에게 임명하지 않으므로, 유종원이 집현전정자를 지낸 이후 남전위에

겨졌다. 빼어나고 준엄하며, 고금의 일들을 논하고 증명하는데 경(經)·사(史)·백가(百家)를 넘나들면서 탁월하고 엄정하여, 항상 좌중 사람을 굴복시켰다. 명성이 크게 떨쳐지자, 일시에 모두가 함께 교류하려 하고, 여러 공경대신 요인들이 앞다투어 자기 문하로 들어오도록 하고 싶어 번갈아서 추천하고 칭찬했다.[55] 19년(803), 감찰어사로 발탁되어, 어사로서 제사와 관련된 일을 주관하여, 「자설(禘說)」을 써서 '자(禘 : 납제)'의 의미를 밝혔다. 다음 해 감찰어사리행이 되어, 「감찰사벽기(監察使壁記)」를 썼다. 순종 영정 원년(805), 왕숙문·위집의 등이 정치의 일선에 나섰는데, 두 사람이 선생의 재능을 뛰어나게 여겨 금역(禁域)으로 끌어들여 함께 일을 논의하다, 결국 예부원외랑으로 발탁하여, 장차 크게 기용하려고 했다. 원화 초(806) 헌종이 즉위하고, 마침 왕숙문 등이 실패하여, 선생은 소주자사로 나가게 되었고, 가는 도중 다시 영주사마로 폄적되었다.[56]

선생은 중앙에서 배척되고 나서, 유배지역 또한 황량하고 열악하여, 산과 연못 사이를 돌아다니며 그 맺히고 쌓인 것을 한결같이 글에 담아, 「이소」를 본받아 수십 편을 쓰니, 보는 사람들은 모두 슬퍼하고 측은히 여겼다. (원화) 4년(809), 소부(蕭俛)에게 서신을 보내 심정을 말하고, 또한 허맹용(許孟容)에게 서신을 보냈다. 그러나 사람들은 선생의 재능이 높아서 징계를 당하고도 다시 나아가려고 하지 않을까 두려워하였기 때문에 힘써주는 사람이 없었다. 5년(810), 이건(李建)에게도 서신을 보내, 폄적 생활의 심정을 서술했다. 10년(815), 선례에 따라 부름을 받아 수도에 갔다가, 모두 다시 외지의 자사로 나가게 되었는데, 선생은 유주로 가게 되었다. 그때 유우석은 파주(播州)로 임명을 받았는데, 선생은 "파주는 사람이 살 곳이 못되고, 우석에게는 모친이 살아 계신데, 나는 그가 궁지로 가게

임명된 것이 순서상 순조롭다. 『신당서』·『구당서』 본전과 한유가 쓴 「묘지명」에서 모두 유종원이 집현전정자를 지낸 것을 말하지 않은 것은 생략한 것일 뿐이다.

55) 이상은 한유가 쓴 「묘지명」에 나오는 내용이다.

56) 이상의 내용은 본전(本傳) 및 한유가 쓴 「묘지」에 실려 있다.

되었으면서 어른께 어떻게 드릴 말씀이 없는 걸 차마 두고 볼 수 없다. 만약 이번에 함께 가지 않으면 모자는 영원한 이별이 되리라"고 말하고 상소를 갖추어, 유우석이 유주로 부임하도록 하고 자기가 파주로 가게 해달라고 하려고 했었다. 마침 대신이 유우석을 위해 부탁을 하기에, 부임지를 연주(連州)로 바꿔주었다.[57]

선생은 유주에 도착하여,[58] "여기라고 어찌 소신껏 정치를 펼치지 못할 곳이겠는가?"라며 탄식하고, 토착의 풍속에 따라서 교육과 금령을 마련하니, 유주 사람들이 따르고 의지하였다. 그들 풍속에서, 남녀 아이를 담보로 돈을 빌렸다가 제때 갚지 않아 이자와 원금이 같아지면 아이를 데려다 노비로 삼곤 했다. 자후는 대책을 마련하여 모두 대속하여 돌려보내도록 했다. 특히 가난하여 이행할 여력이 없으면 노역 약정서를 쓰게 하고 노역의 댓가가 (빌린 돈 가치에) 맞먹으면 인질을 돌려보내게 했다. 관찰사가 이 법을 마련하도록 다른 주에 내려보내, 1년 정도 되자 노비 신세를 벗어나 귀가한 사람이 천여 명에 달하였다. 형(衡)·상(湘) 이남에서 진사가 되려는 사람은 수천 리를 멀다 하지 않고 선생을 따라 스승으로 삼았다. 그의 문하를 거치면 반드시 명사가 되었다. 이해 8월, 유주의 공묘(孔廟) 건물이 허물어져, 선생은 옛 건물을 보수하고 새 건물을 추가했다. 11월, 사당이 완성되고 선생이 직접 비문을 지었다. 14년(819), 「평회이아(平淮夷雅)」를 올리고, 또한 이이간(李夷簡)에게 서신을 보내 천길 낭떠러지에 추락한 비유를 얘기했지만, 끝내 답장이 없었다. 병이 나 위독해지자 중산 유우석에게 "내가 불행하게도 끝내 폄적되어 죽어서, 유고(遺稿)로 친구를 귀찮게 만들게 생겼네"라는 내용의 서신을 남겨, 유우석은 서신을 받고 울었고, 결국 그의 글을 32권으로 편찬하여, 세상에 내놓게 되었다. 선생은 이해 10월 5일 세상을 떠나니, 향년 47세이다.

---

57) 『신당서』 본전의 내용이며, 『구당서』 본전과 한유의 「묘지」도 참고할 만하다. 여기서 대신은 배도(裴度)를 말한다.

58) 6월 27일 도착했다.

이에 앞서 13년(818), 부장 위충(魏忠)·사녕(謝寧)·구양익(歐陽翼)과 역참 정자에서 술을 마시는데, "나는 이 시대에 버림받아 이곳에 몸을 기탁하여 여러분과 잘 지내고 있소. 내년에 내가 죽을 것이니, 죽으면 귀신이 될 것이오. 3년 이후 사당을 만들어 나를 제사지내 주오"라고 했었는데, 과연 말한 때가 되자 세상을 떠났다. 15년(820) 맹추(孟秋) 신묘(辛卯)일이 되자, 선생이 유주의 후당(後堂)에 강림하여, 구양익 등이 보고 절을 했고, 그날 저녁 구양익의 꿈에 나타나 "내가 깃들 곳을 나지(羅池)에 마련해주오"라고 했다. 그 달 병진일에 묘당(廟堂)이 완성되어, 한유가 비문을 써서 기록했다.[59] 선생의 상례(喪禮) 때 한유가 묘의 지문(誌文)을 쓰고, 또한 글을 써서 조문했다. 유우석이 말하기를 "이 사람이 이렇게 되다니, (한유가) 일찍이 그의 글을 평하면서 '웅대하고 깊이있고 고아하고 강건하여 사마천을 닮아, 최(崔)·채(蔡)도 그에 못 미친다'고 했다.[60] 안정(安定) 황보식(皇甫湜)은 문필 능력 면에서 양보를 잘 하지 않는 편이지만, 그 역시 한유의 말이 옳다고 여겼다"고 했다.

선생은 젊어서 진취적인 것을 좋아하여, 공업(功業)을 이룰 수 있다고 여겼다. 사건에 연루되어 축출당하고 나서, 결국 떨쳐 일어나지 못하였다. 그러나 그의 재능은 사실 높았으며, 명성은 일시를 뒤덮었다. 한유는 또한 다음과 같은 말을 했다. "만약 자후가 대성(臺省)에 있었을 때 (영주)사마·(유주)자사로 있을 때처럼 스스로 자신을 조신할 수 있었다면 물론 배척되지 않았을 것이다. 배척되었을 때 누군가 힘을 써서 천거할 수 있었다면 또한 다시 끊임없이 기용되었을 것이다. 그러나 자후가 오랫동안 배척되지 않고 극한의 궁지에 처하지 않았다면, 비록 남보다 출세는 했을지언정,

59) 한유의 「유주나지묘비(柳州羅池廟碑)」를 말한다.

60) 원문에서는 "劉禹錫曰 : '若人之不淑, [吾]嘗評其文, ……'"이라고 하여 중간에 '吾'가 있어, 마치 이후 '雄深雅健'부터가 유우석이 평한 것처럼 되어 있지만, 사실 이 부분은 한유의 평을 유우석이 인용한 것이므로, '吾'를 빼야 한다. 이에 따라 역문에서는 '吾'를 번역하지 않고 주어를 밝히기 위하여 '(한유가)'를 첨가했다. 부록에 수록된 유우석의 「당고유주자사유군집(唐故柳州刺史柳君集)」 참조.

그의 시문은 필시 지금처럼 유력하게 후세에 전해지지 않았을 것이 틀림없다. 비록 가령 자후가 소원을 이루어 일시의 장상(將相)이 된다 한들, 전자와 후자를 바꾼다면 어느 것이 득이고 실일까? 이에 대해서는 필시 판별할 수 있는 자가 있으리라." 오호! 자후는 젊어서 행동에 용기있고 과감하였으나 끝내 그 재능을 펼치지 못하고 이상을 행하지 못하였으니, 이 또한 운명이로다! 퇴지가 아니면 누가 알아줄 것이며, 누가 밝혀줄 것인가!

유자후묘지명(柳子厚墓誌銘 : 유자후묘지명)

한유(韓愈)

자후의 이름은 종원이다. 칠대조인 유경(柳慶)은 북위(北魏) 때에 시중을 지냈으며 제음공(濟陰公)에 봉해지셨다. 증백조(曾伯祖) 유석(柳奭)은 당나라 때 재상을 지냈는데 저수량(褚遂良) · 한원(韓瑗)과 같이 무후(武后)에게 죄를 지어 고종(高宗) 때에 돌아가셨다. 부친은 유진(柳鎭)으로 어머니를 모시고자 태상박사의 자리를 버리고 강남의 현령이 되었다. 후에 실력자에게 아부하지 못하여 어사(御史) 자리를 잃었다. 실력자가 죽자 다시 시어사(侍御史)가 되었는데 강직하다고 이름이 났다. 그가 교유한 인물은 모두 당시의 명사들이었다.

자후는 어려서부터 총명하여 통달하지 않는 것이 없었다. 부친이 생존하셨을 때 비록 나이는 어렸으나 이미 스스로 인격을 완성하였고, 진사과에 합격하여 우뚝 두각을 나타낼 수 있었으니, 뭇 사람들은 유씨 가문에 아들다운 아들이 났다고 하였다. 그 후에 박학굉사과(博學宏詞科)에 합격하여 집현전 정자(正字)가 되었는데 남달리 재능이 걸출하고 품행이 방정하고 용감하였으며, 의론할 때는 고금의 일을 논거로 삼고 경서와 사서와 제자백가의 서적을 넘나들어 견식이 뛰어나고 기세가 힘차 늘 좌중을 굴복시켰다. 명성이 크게 떨쳐지자 일시에 모두가 그와 교제하고자 하였다. 귀족과 요인들은 다투어 자기 문하에 두고자 하였으며 이구동성으로 그를 천거하고 칭찬하였다.

정원(貞元) 19년(803)에 남전위(藍田尉)로부터 감찰어사(監察御史)가 되었고, 순종이 즉위하자 예부원외랑이 되었다. 그러나 권력자 왕숙문(王叔文)이 벌을 받으면서 남들의 예에 따라 소주(邵州)자사로 나갔는데 임지에 이르기도 전에 다시 영주사마로 좌천되었다. 한직에 있으면서 더욱 스스로 각고 노력하여 기억하고 독서하는 데에 힘쓰며 시문을 지었는데, 넓게 넘쳐나고 깊이 쌓여 넓고 깊기가 한량없었다. 그러면서 멋대로 산수 사이에 자신을 맡겼다.

원화(元和) 연간에 남들과 같이 장안으로 불려왔다가 다시 다같이 자사로 나갔는데 자후는 유주(柳州)를 맡았다. 그곳에 이르러서 탄식하며 “이 곳이라고 어찌 정치하지 못하겠는가!”라고 하였다. 그곳 풍속에 맞춰 교령과 금령을 제정하니 사람들이 순종하고 신뢰하였다. 그 곳 풍속은 아들딸을 인질로 잡고 돈을 꾸어 주었는데, 때에 맞춰 돈을 내고 아이를 찾아가지 못하여 이자와 원금이 같아지면 그 아이를 빼앗아 노비로 삼기로 약정하는 것이었다. 자후는 방법을 마련해 주어 모두들 빚을 갚고 돌아가게 하였다. 특히 가난하여 그리하지 못하는 경우에는 그 품삯을 기록하게 하여 빚과 같아지면 인질을 돌려보내도록 하였다. 관찰사가 그 법을 다른 주에 그 법을 시행하니 1년이 되자 인질을 면하고 돌아간 사람이 거의 천 명에 이르렀다. 형산(衡山)과 상수(湘水) 이남에서 진사과에 응시하려는 이들은 모두 자후를 스승으로 삼았는데, 그의 강의와 지도를 받은 문인들은 모두 그 법도가 볼 만하였다.

장안에 불려 올라갔다가 다시 자사로 나가게 되었을 때에 중산(中山) 출신으로 자가 몽득(夢得)인 유우석(劉禹錫)도 방축 대상이었는데 그는 파주(播州)로 가야만 했다. 자후는 흐느끼며 말하였다. “파주는 사람 살 곳이 아닌데, 몽득은 어머니도 계시다. 나는 몽득이 그렇게 곤궁한 것을 차마 견딜 수 없으며 그 어머니께 드릴 말씀도 없다. 또한 모자가 같이 그곳에 가야 할 이치도 전혀 없다." 조정에 청하려고 상소를 올리려 할 즈음, 유주와 파주를 바꾸어주기를 원하며 비록 거듭 죄를 지어 죽는다 해도 원망하지 않는다고 하였다. 마침 몽득의 사정을 황제에게 아뢰는 사람이 있어 몽득은 연주(連州)로 임지가 바뀌었다.

아아! 선비는 곤궁해지면 절의(節義)를 드러내 보인다. 오늘날 평상시 거리에서는 서로 흠모하고 좋아하며, 먹고 마시고 장난하며 함께 어울리는가 하면, 부드럽고 마음에 들게 억지웃음을 지으며 겸손을 떨고, 손을 잡고 폐와 간까지 내보이며, 하늘의 태양을 가리키고 눈물을 흘리며 생사를 떠나 배반하지 않을 것을 맹세하니, 그 진실성은 믿을 만한 것처럼 보인다. 그러나 하루아침에 작은 이해에 접하면 오직 터럭만한 작은 것에도 눈을 돌려 모르는 체하며, 함정에 떨어져도 손 한 번 뻗어 구하지 않고 오히려 밀어 넣고 다시 돌을 올려놓는데, 모두가 그렇다. 이는 마땅히 짐승이나 미개족도 차마 못하는 짓인데 그들은 스스로 묘안이라고 여긴다. 그들이 자후의 기풍을 듣는다면 역시 조금은 부끄러워하리라!

자후는 전에 젊었을 때, 남을 위하는 데는 용감했으나 자신은 소중히 여겨 돌보지 않았으며, 공을 곧바로 이룰 수 있다고 여겼다가 연좌되어 쫓겨났다. 쫓겨난 후에는 또 아는 사람 중에 끌어줄 만한 힘 있고 높은 지위에 있는 사람이 없었다. 그리하여 끝내 궁벽한 곳에서 죽어 그 재능이 세상에 쓰이지 못하고 그 도가 당시에 시행되지 않았다. 만약 자후가 어사대나 상서성 시절에 자신의 몸가짐을 사마나 자사 때와 같이 할 수 있었다면 또한 배척을 당하지는 않았을 것이다. 배척당했을 때에 그를 천거할 만한 누군가가 있었다면 필시 다시 등용되어 궁박하지는 않았을 것이다. 그러나 자후가 오랫동안 배척당해 쫓겨나 있지 않았고 궁박함이 극에 달하지 않았다면, 비록 남들보다 뛰어나기는 했어도, 필경 스스로 노력하여 그 학술과 문학이 지금처럼 후세에 전하게 하지는 못했을 거라는 사실은 의심의 여지가 없다. 가령 자후가 소원을 이루어 한때에 장군이나 재상이 되어 앞의 경우와 바뀌었다면, 어느 것이 득이고 어느 것이 실이겠는가? 그것을 분별할 수 있는 이가 반드시 있으리라.

자후는 원화 14년(819) 11월 8일에 세상을 떠났으니 나이 47세였다. 그리고 원화 15년 7월 10일 만년현(萬年縣) 조상의 묘 옆에 귀장되었다. 자후에게는 아들이 둘 있었다. 장남은 주육(周六)이라 하는데 겨우 네 살이었고 작은 아들은 주칠(周七)인데 자후가 죽고 나서 태어났다. 딸은 둘인데 모두 어렸다. 그가 귀장될 때의 비용은 모두 관찰사인 하동(河東) 사람 배행립(裴行立)이 제공했다. 배행립은 절개가 곧고 허락한 것은 실천하는 사람이었다. 자후와 교분을 맺어 자후 역시 그에게 극진하게 대했는데 결국 그의 힘에 의존하게 되었다. 자후를 만년현에 장사지낸 사람은 외사촌 동생 노준(盧遵)이다. 노준은 탁(涿) 지방 사람으로 본성이 부지런하고 조심스러웠으며 학문에 싫증을 내지 않았다. 자후가 쫓겨나고서부터 노준은 그를 따라 같이 지냈는데 그가 죽었을 때에도 떠나지 않았다. 이미 자후를 장사지냈고 또 그 집안을 관리할 것이니 아마도 시종일관하는 인물이리라!

명문은 다음과 같다.

이는 자후만의 집,
견고하고 또 안전하니,
후손들을 복되게 하리라.

제유자후문(祭柳子厚文)

한유(韓愈)

모년 모월 모일, 한유는 삼가 맑은 술과 변변치 못한 음식으로 제물을 갖추어 망우(亡友) 유자후의 영령에게 제사를 드린다.

아아 자후가 이 지경에 이르렀구나! 예로부터 죽지 않은 사람이 없으니 내가 또 무엇을 한탄하겠는가? 사람의 한 평생이 마치 꿈에서 한번 깨어나는 것 같으니, 그 사이의 이해득실은 결국 또한 무엇에 비교하겠는가? 꿈을 꿀 때에 즐거움도 있고 슬픔도 있지만 깨어난 후에 어찌 그것을 되돌려 생각할 수 있겠는가? 무릇 만물이 태어날 때는 어떤 재료가 되기를 바라지 않거니와 희준(犧罇)[61]이 되어 푸르고 노랗게 채색되는 것은 바로 나무에게 재앙인 것이다. 그대가 중도에 버려진 것은 하늘이 재갈을 벗긴 것이었으니 그 기간에 그대는 패옥과 경거(瓊琚)[62]와 같은 아름다운 글로 시문을 많이 써내었다. 부귀하거나 무능하거나 한번 죽으면 누가 그들을 기억하겠는가? 그대 스스로 지은 글들은 우뚝 뛰어나고 더욱 위대하다. 솜씨 없는 사람은 나무를 깎다가 잘못 손가락을 찍어 피 흘리며 얼굴에 땀을 흘리고, 솜씨 좋은 장인은 옆에서 구경하며 팔짱을 낀 채 손을 놓을 정도이다. 이렇게 훌륭한 그대의 문장인데 세상에 쓰이지 않았다. 그리하여 우리 같은 사람이 제왕의 문건을 맡게 되었다. 그대는 남과 비교할 때 본래 앞설 자가 없었다. 그런데도 한번 배척된 뒤로 돌아오지 못하여 뭇 새들이 하늘 높이 날아오르듯 평범한 이들이 높은 자리를 차지하였다.

아아 자후여, 지금은 세상을 떠났구나. 그대가 임종 직전에 한 말은

---

61) 고대의 주기(酒器)로 희생으로 바치는 소 모양을 하고 있고 등위에 구멍을 내어 술을 담았기 때문에 그렇게 부른 것이다. 몸통에 소 모양을 새긴 술잔이라고도 한다.

62) 경거는 아름다운 패옥(佩玉)을 말하며 아름다운 시문(詩文)을 가리키는 말로도 쓰인다.

어찌 그리도 낭랑했던가? 두루 친구들에게 말하여 그 자식들을 맡겼다. 내게도 부끄러워 아니하고 또한 사후의 일을 부탁하였다. 요즘 사람들은 세력의 강약을 살펴 교제하니, 내가 어찌 보전할 수 있으며, 그대의 부탁을 이어 맡을 수 있으랴? 내가 그대를 알아서가 아니라 그대가 실로 나에게 명한 것이다. 그래도 귀신이 있을 터이니 어찌 감히 명을 소홀히 하겠는가? 그대가 영원한 집으로 돌아가 다시 올 기약이 없음을 생각하며, 관 앞에 제물을 진설하고 이러한 말로 내 충심을 드러낸다. 아아 슬프다, 제물을 받으시라!

유주나지묘비(柳州羅池廟碑)

한유(韓愈)

나지묘는 고(故) 자사 유후(柳侯)의 사당이다.

유후가 고을을 다스릴 때 그 백성을 벽지 미개인으로 보지 않고 예법에 맞게 대하였다. 3년이 지나자 백성들은 각자 삼가고 분발하여 "이 땅이 비록 경사로부터 멀리 떨어져 있지만 우리들 역시 하늘의 백성이다. 지금 하늘이 우리를 사랑하여 인자하신 유후를 내리셨으니 만약 감화되어 복종하지 않는다면 우리는 사람이 아니다"라고 말하였다. 이리하여 나이든 사람과 젊은 사람이 서로 훈계하여 아무도 유후의 명령을 어기는 이가 없었다. 무릇 그 마을이나 집안에 일이 있으면 모두 "우리 유후께서 들으시고 마음에 들어하지 않는 것이 있지는 않을까?"라고 말하며, 따져보고 난 뒤에 일을 추진하였다. 무릇 법령이 정한 시기는 백성들이 부지런히 움직여 앞서거나 뒤쳐지지 않고 반드시 그 때를 맞추었다. 이리하여 백성들의 생업이 다스려지고 공관에는 누락된 세금이 없었다. 유민들이 사방에서 돌아와 즐겁게 생활하며 사업을 일으켰다. 집터에는 새로운 가옥이 들어서고 나루터에는 새로 만든 배가 있었다. 연못과 뜰은 깨끗이 정리되고 돼지 · 소 · 오리 · 닭이 살찌고 번식하였다. 자식은 아버지의 말씀을 엄격히 지켰고 아내는 남편의 지시에 순종했으며 혼인과 장례에 각각 법도가 있었다. 집 밖에서는 나이 많은 사람과 어린 사람이 서로 예절을 지켰으며 집안에서는 서로 자애롭고 효성스러웠다. 이전에는 백성이 가난하여 아들딸을 저당 잡힌 후 오래도록 돈을 갚지 못하여 모두 노비가 되었는데, 우리 유후가 부임해 온 뒤에는 나라의 과거 전례를 따라 품삯으로 원금을 제하여 모두 노비에서 벗어나 집으로 돌아갔다. 공자의 사당을 대대적으로 수리하고 성곽이나 마을길을 모두 단정하게 정리하여 이름난 나무를 심었다. 그리하여 유주의 백성들이 모두 기뻐하였다.

일찍이 그의 부장(部將)인 위충(魏忠) · 사영(謝寧) · 구양익(歐陽翼)과 함께 역정(驛亭)에서 술을 마시면서 이르기를, "내가 이 시기에 버림을 받고 이곳에 몸을 기탁하여 그대들과 좋은 관계를 맺게 되었다. 내년이면 나는 죽을 것이고 죽으면 신령이 될 것이니 3년 뒤에 사당을 지어 나에게 제사를 지내도록 하라"고 하였다. 그리고는 그때가 되자 세상을 떠났다. 3년 뒤 7월 신묘(辛卯)일에 유후가 고을의 후당(後堂)에 강림하자 구양익 등이 보고 그에게 절하였다. 그날 밤 구양익의 꿈에 나타나 "나지(羅池)에 나를 위해 사당을 지어달라"고 말하였다. 그 달 경진(庚辰)일에 사당이 완성되어 크게 제사지냈다. 과객 이의(李儀)가 술에 취하여 당상(堂上)에서 오만을 떨다가 병이 발작하였는데 부축하여 사당 문을 나오자 즉사하였다. 이듬해 봄, 위충 구양익이 사영을 경사에 보내와 그 일을 비석에 써 달라고 청하였다. 나는 유후가 살아서는 그 백성을 윤택하게 할 수 있었고, 죽어서는 백성들을 감동시키고 복과 재앙을 내림으로써 그 땅의 제사를 누릴 수 있으니 영험하다 할 만하다고 생각한다. 그리하여 「신령을 맞이하고 제물을 바치고 전송하는 시」를 지어 유주 백성에게 주고 그것을 노래하여 유후에게 제사하고 아울러 그것을 비석에 새기게 하였다.

유후는 하동(河東) 사람으로 이름은 종원이고 자는 자후이다. 현명하면서도 문장이 뛰어나 일찍이 조정의 직위에 올라 빛을 발하였으나 얼마 되지 않아 축출되고 쓰이지 않았다. 그 비문은 다음과 같다.

여지 열매 붉고 파초는 노랗거니와
각종 고기와 야채 요리로 유후님 사당에 바칩니다.
유후님 배는 두 개의 깃발을 꽂고
강 중류를 건너다 바람에 멈추셨으니,
유후님을 기다려도 안오신다면
저희 슬픔 모르시는 것입니다.
유후님은 망아지를 타고 사당에 드시어
우리 백성을 위로하며 찡그리지 말고 웃으소서.
아산(鵝山)과 유수(柳水)에는
계수나무 그득하고 흰 돌이 울퉁불퉁합니다.
유후님은 아침에 놀러나가 저녁에 돌아오시고,
봄에는 원숭이와 노래하고 가을엔 학이 함께 나소서.
북방사람으로 유후가 된 것은 잘못이지만
천년 만년 유후께서는 우리를 떠나지 마소서.
우리에게 복을 내리고 천수를 누리게 하시며
산 동쪽으로 악귀를 몰아내소서,
낮은 곳은 습하지 않고 높은 땅은 메마르지 않게 하시며
메벼 찰벼 가득 넘쳐나고 뱀과 교룡이 똬리를 틀게 하소서.
우리 백성들 제사하여 그 처음을 게을리 하지 않으리니
지금부터 대대로 공경을 받으소서.

제유원외문(祭柳員外文)

유우석(劉禹錫)

원화 15년 경자(庚子)년 정월 무술(戊戌) 초하루, 고아 유우석(劉禹錫)은 슬픔을 머금고 힘을 부추겨 삼가 황맹장(黃孟萇)을 보내어 맑은 술과 변변치 않은 음식으로 제물을 갖추어 망우 유군(柳君)의 영령에게 제사를 드린다.

아아 자후여! 내게 하고 싶은 말 한마디가 있는데 그대는 들으시겠는가? 그대는 평소에 총명이 남달랐으니 지금 비록 세상을 떠났지만 어찌 아무 것도 남기지 않았겠는가? 내 생각에 그대가 죽은 것은 바로 형질일 뿐이고 혼기(魂氣)는 어딘가에 의탁하였으리. 나의 슬픈 말을 들어보시게. 아아 애통하구나. 아아 나는 하늘의 보호를 받지 못하여 막 모친상을 당하였다. 아직 내 맡은 부서를 떠나지 못하였는데 그대는 세 번 사람을 보내어 조문을 하였다. 내가 쇠약하고 병이 든 것을 걱정하여 슬픔을 자제하라고 괴로운 말로 나를 깨우쳤다. 그 속에는 깊은 우정과 지극한 예(禮)로 친밀함이 중복되었다. 도중에 만나 다시 하고 싶은 말을 하자고 약속하였다. 형양(衡陽)에 이르렀을 때에 유군이 보낸 사람이 있다는 소식을 듣고는 지난번 약속을 지키는 것이려니 생각했는데 뜻밖에 그대의 부고를 받게 되어 마치 미친 병에 걸린 듯이 놀라 소리지르고 크게 울부짖었다. 한참이 지나서야 그 연유를 물었는데 온갖 슬픔이 마음속으로 밀려들어 눈물이 쏟아져 내리고 혼백은 놀라 요동을 쳤다. 부고장을 펴서 다 읽고서 그대가 남긴 유서를 얻었는데 지음(知音)을 잃고 거문고 줄을 끊어버리는 소리가 슬프게 뼈에 사무쳤다. 유서의 첫머리는 남은 자식들이 외롭지 않게 잘 보살펴 달라는 부탁이었고 마지막은 그대의 영구를 고향으로 보내어 전례에 따라 선영에 합장해달라는 것이었다. 이런 몇 가지 일은 당연히 우리 친구들이 맡아서 할 일이다. 길이 진실하게 사귀자고 말하던 친구들은 사는 곳이 대부분 멀리 떨어져 있다. 악저(鄂

渚)가 비교적 거리가 가까웠고 표신(表臣)이 유군과 정분이 깊었으니 그가 부고를 들으면 반드시 의로운 일에 과감히 나설 것이라 생각하여 심부름꾼에게 명하여 편지를 가지고 가게 하였다. 사귐의 도는 죽음을 높이는 법이니 마땅히 반드시 더욱 후하게 하여야 할 것이다. 퇴지(退之)는 조정의 명을 받들어 의양(宜陽)의 태수로 교체되어 가는 중이었는데 또한 급히 한 통의 편지를 보내어 임지로 가는 길에서 기다리게 하고 유군의 업적을 비석에 새기어 후세에 남기는 일을 그에게 부탁하였다. 안평(安平) 선영(宣英)은 때마침 돌아가는 사절이 있어서 모두 이미 예절에 맞게 하였고 편지를 써서 그 마음을 나타내었다. 아아 자후여! 이게 어인 일인가? '친구의 죽음은 예로부터 슬픈 일이다'라는 이 말에 대하여 생각해 보지 못했는데 그대 때문에 말하게 되는구나. 그대는 실의한 뒤로 멀리 떨어진 고을에서 묻혀 지내다가 최근에 국사(國士)를 만나 비로소 미간을 펴게 되었다. 또한 유고를 보니 옛 부서에 대한 말투는 공손하나 뜻과 기개가 서로 감응하여 필시 일반인을 뛰어넘는 것이었다. 돌이켜 보건대 나는 죄를 얻어 삼가 방정하고 진중하게 행동하고 있지만 그래도 앞으로 나아가는 길에 그대의 명정(銘旌)을 바라보게 되기를 바라고 있다. 옛날의 통달한 사람은 친구가 죽으면 상복을 입었다. 그러나 지금은 그것을 꺼리어 그 예(禮)를 행하는 사람이 없으니, 그대는 아침 진시(辰時)와 저녁 신시(申時)에 내려와 흠향한 뒤에는 나가서 다른 곳으로 가겠구나. 남쪽으로 계수(桂水)를 바라보며 내 친구에게 곡을 한다. 누가 친구의 무덤에 일년 넘게 풀이 자라면 곡하지 않는다고 하였는가? 이 비통함은 어찌 이리도 지극한가? 아아 자후여, 그대는 정말로 죽었구나! 나의 이 생을 마칠 때까지는 서로 볼 수 없게 되었구나! 어느 누가 현달하지 않겠는가마는 그대는 불운하게 생을 마쳤다. 어느 누가 늙지 않겠는가마는 그대는 요절하였다. 하늘과 땅의 신은 어찌 잔인하게 이런 짓을 하였는가? 슬퍼한다 해도 아무 유익이 없다는 것을 알고 있는데 어째서 원망이 멈추지 않는 것인가? 그대의 말을 듣지 못하니 내 마음이 다스려지지 않는다. 쓰라린 가슴을 품고서 글을 쓰다가는 문득 다시 중지하게 된다. 맹세컨대 주륙(周六)은 내 아들과 똑같이 대할 것이다. 혼이시여, 여기에 오시어 나의 깊은 뜻을 알아주시게. 아아 슬프구나! 상향.

중제유원외문(重祭柳員外文)

유우석(劉禹錫)

아아! 그대가 죽은 지 벌써 8개월이 되었다. 매번 그대에 대한 생각이 날 때마다 멍청하게 머뭇거리다가 지금에서야 문상을 하러 와서 엎드려 곡을 한다. 세상에 참으로 이런 일이 있을 줄 어찌 알았으랴? 그대의 생명 다시 되돌릴 수 없고 도리어 홀로 사는 우리를 슬프게 하는구나. 아아! 그대의 출중한 재주는 결국 베풀 곳이 없어 빛나는 기운이 관(棺) 하나에 모여있구나. 형체는 사람과 같아 지금 이미 이와 같은데 지각은 사람과 다르니 지금 다시 어디에 의탁하고 있는지? 살아서는 높은 명예가 있더니 죽어서는 여러 사람의 슬픔이 되었구나. 사람들의 복식은 다르지만 뜻은 같고 목소리는 다르지만 탄식은 같다. 다만 나의 곡성은 조문하는 것도 슬퍼하는 것도 아니다. 와서 그대와 이야기를 하려 하였는데 말은 하지 못하고 곡성이 되었구나. 천 가지 슬픔과 만 가지 원망을 하나의 곡성에 부치니 다만 진정을 이해하는 사람만이 알아들을 것이다. 혹시라도 듣기를 바란다. 그대는 혹시 듣고 있는가? 아아 애통하구나! 그대는 아름다운 풍속을 남겨놓았는데 그 일은 막힘이 많았다. 계림의 옛 관서에서는 감사하게 생각하고 그 일을 주관하여 그대의 처남으로 하여금 의로운 방법으로 처리하게 하였다. 그리하여 그대가 평소에 생각했던 바는 지금 어긋남이 없게 되었다. 떠돌던 영혼이 돌아오게 하는 일은 최생

(崔生)이 실질적으로 주관하였다. 곁에 있는 어린아이는 친구가 돌보고 있고 돈시(敦詩) 퇴지(退之)는 각각 그 정분을 표시하였다. 안평(安平)은 장례에 필요한 거마(車馬)를 가지고 와서 예(禮)를 마치고 돌아갔다. 그 밖의 사람들은 와서 조문하고 모두 평상시로 돌아갔다. 하나하나 정성을 다하여 고하고 있는데 그대는 혹시 듣고 있는가? 아아 애통하구나! 그대는 이미 떠났는데 나는 구차하게 살아 있으니 어떻게 작별인사를 할 것인가? 길게 몇 마디 소리를 지를 뿐이다. 훗날에 나의 애통한 마음을 다시 펼 수 있기를 바란다. 아아 애통하구나! 상향.

위악주이대부제유원외문(爲鄂州李大夫祭柳員外文)

유우석(劉禹錫)

아아! 지인(至人)은 세상에 있는 것을 여관에 머무는 것으로 여기고 높은 관직을 우연히 얻은 것으로 여긴다. 이치에 통달한 사람은 이것에 미혹된 적이 없다. 지난 날 나는 그대와 이것에 대하여 자세히 논하였다. 공자가 말한 덕행(德行)·언어(言語)·정사(政事)·문학(文學)의 사과(四科)를 두루 구비할 수 있는 사람은 드물다. 다만 공은 홀로 우뚝 빼어나 거의 모든 방면의 재능을 두루 갖추었다. 재주는 그렇게도 많았는데 운수는 어찌 그리도 좋지 않았는가? 큰 하천을 다 건너지 않았는데 큰 배가 뒤집히고 먼길을 가기 시작하여 반도 가지 못했는데 훌륭한 준마를 잃은 것 같았다. 벼슬하던 이들 가운데 그 누가 눈물을 흘리지 않았던가? 지난 날 그대와 가깝게 지낼 때는 한번 말하면 한번 웃으면서 끝날 줄을 몰랐다. 경사에서 명성을 날리고 경사의 대로에서 명예를 추구하였으며, 과거시험에 의외의 좋은 성적으로 나란히 합격하였다. 집현원(集賢院)에서 함께 일하였으며 남전(藍田)의 작은 직책을 나누어 맡았다. 마음과 뜻이 서로 투합하였고 즐거움을 추구하는 것이 계속되었다. 가을 달밤에 술을 마시기도 하였고 봄날에 수레를 몰기도 하였다. 경성 부근에서 임기를 마치고 함께 헌부(憲府)로 승진하여 감찰어사의 대열에 끼어서 가깝게 지내다가 그대는 원외랑으로 옮겨가고 나는 예부(禮部)의 내직을 맡았다. 나가고 머무름에 비록 간격이 벌어졌으나 소식은 단절되지 않았다. 시세가 변하여 그대는 많은 변고를 당하였다. 중간에 다시 돌아오라는 명령을 하사 받아 우리는 경사에서 좋은 만남을 가졌는데, 한 달을 넘기지 못하고 그대는 또 길을 나섰다. 멀리 자사 관직을 맡아 나갔으니 유수(柳水)의 가에 있는 유주(柳州)였다. 누추한 곳에 살면서 도를 행하여 피곤에 지친 백성들이 그대를 찬미하였다. 나는 하구(夏口)에 온 지 홀연히 다시 3년이 되었다. 그대와 헤어져 쓸쓸히 지낸 지 오래 되었지만 소식은 자주 전해들었다. 상자에는 초서와 예서로 된 편지가 가득하고 서가에는 그대가 지은 문장들이 가득하다. 그대의 서법은 종요(鍾繇)·색정(索靖)의 아름다움을 계승하였고 그대의 문장은 반고(班固)·양웅(揚雄)과 나란하다. 가의(賈誼)가 「복조부(鵩鳥賦)」를 쓴 것과 같고 굴원(屈原)이 「천문(天問)」을 쓴 것과 같다. 예로부터 죽음이 있었지만 어찌 선후를 논할 수 있겠는가? 그대가 아직 늙기도 전에 세상을 떠나 아름다운 뜻을 펼 수 없게 된 것이 가슴아프다. 세상 길에서 잠시 머뭇거리다 갑자기 세상을 떠나 황천으로 가버렸구나. 아아 슬프다! 훌륭한 부인은 일찍 세상을 떠났고 어린 자식은 4살이다. 하늘이 사문(斯文)을 잃어 그대는 영원히 세상을 떠났다. 나풀거리는 붉은 기가 먼 곳으로부터 오고 있다. 그대의 영구가 이미 악양(岳陽)에 이르렀다는 소식을 듣고 침문(寢門)에서 한바탕 크게 소리질러 우니 심장을 꿰뚫어 찢어내는 듯하다. 상여의 줄을 잡고 그대를 전송하는 예를 갖추지 못한 것은 길을 나섰으나 도로가 막혔기 때문이다. 친구에게 술잔을 올리는 것도 친히 하지 못하였구나. 그대를 그리워하는 마음 간절하니 꿈속에서 그대를 만나 이야기하게 되기를 기대한다. 평생의 친밀했던 감정을 그대는 다시 토해내길 바란다. 그대가 남긴 아이는 재주가 있든 없든 감히 내 자식과 똑같이 대할 것이라고 약속하겠다. 아아 슬프다! 상향.

제유자후문(祭柳子厚文)

황보식(皇甫湜)

아아 유주(柳州)여! 당신은 수려한 기를 홀로 타고나셨습니다. 약관의 나이에 경사에 유학하셨는데 그 명성이 대단하였습니다. 마음껏 쓰신 문장은 가을의 파도와 같았고 아름다운 비단과 같았습니다. 회오리바람이 불어 벌레가 넘쳐나고 왕의 교화가 늠름한 것 같았습니다. 연이어서 갑과(甲科)에 합격하고 빠르게 벼슬길에 올랐습니다. 학자들과 관료들이 주목하면서 옷깃을 여미었으니 공경(公卿)의 봉록은 마치 창고에 있는 것 같았습니다. 가장 뛰어난 준마는 부리기가 어렵고 태백성(太白星)은 쉽게 침침해지는 법인가요? 화려한 종을 이제 막 치기 시작하였는데 한순간에 소리가 사라져버리고 말았습니다. 당신은 오산(梧山)을 원망스럽게 바라보고 계수(桂水)의 물을 시름 속에 마시며 사람들의 논의가 분분한 가운데 아득히 여러 해를 시내셨는네, 뜻밖에 갑자기 황폐하고 풍도병이 가득한 땅에서 마침내 세상을 떠나셨습니다.

아아 유주시여! 인명은 참으로 하늘에 달려 있습니다. 현명한 이들이 반드시 높은 자리에 오르는 것은 아니고 장수하는 사람이 반드시 현명한 것은 아닙니다. 비록 성인이나 신선이라 할지라도 인명을 어찌할 수는 없습니다. 예로부터 이러하였으니 서로 바라보면서 탄식할 뿐입니다. 진(秦)의 들판에 귀장(歸葬)하러 가는 영구는 지금 바로 장강의 언덕을 지나고 있습니다. 당신의 목소리와 얼굴은 사라졌으나 사람들은 서로 탄식하며 수고로움을 더하고 있습니다. 다만 당신의 아름다운 명성이 날로 멀리 퍼지고 날로 높아질 것입니다. 저는 정성스런 제문을 올리며 음식과 술을 바칩니다. 상향.

제유주유원외문(祭柳州柳員外文)

최군(崔羣)

영령은 타고난 자질이 특출하고 재주는 준걸에 걸맞았다. 일찍이 아름다운 이름을 드러내고 명예로운 공로는 멀리까지 전파되었다. 육예(六藝)의 정화를 총괄하였고 구류(九流)의 학술 요점을 추구하였다. 명검 막야(鏌鋣)는 예리하여 뜬구름을 자를 수 있고 준마 기린(麒麟)은 걸음이 빨라 날리는 먼지에 더럽히지 않을 수 있다. 그러나 검은 칼집에 갇혀 있어 쓰이지 못하였고 준마는 말구유에 엎드려 있었으니 어떻게 쓰였겠는가? 재주와 운명을 함께 누린 사람이 드물다는 사실에 예나 지금이나 똑같이 슬퍼하고 있다. 오령(五嶺[63])과 삼상(三湘[64]) 지역에 더운 계절과 추운 계절이 아무도 모르게 바뀌어갔지만 그대는 도를 즐기고 근심을 잊어 심령이 아주 편안하였다. 아름다운 사조로 붓을 휘둘러 문장을 지으며 높이 날아오르기를 기대했었는데 불운하게 세상을 떠나게 되었으니 이를 어찌하겠는가? 이는 신이 우리를 기만한 것이다. 아아, 독수리가 공중에 날다가 회오리바람에 휩쓸려 잘못되었다. 저 푸른 하늘은 꾸짖기 어

---

63) 오령은 대유령(大庾嶺) 월성령(越城嶺) 기전령(騎田嶺) 맹저령(萌渚嶺) 도방령(都龐嶺)을 총칭하는 것으로 강서 호남 광동 광서 네 성 사이에 위치하고 있으며 장강(長江)과 주강(珠江) 유역의 분수령이다.

64) 삼상은 호남(湖南)의 상향(湘鄉) · 상담(湘潭) · 상음(湘陰)을 합쳐 부르는 말이다. 원상(沅湘) · 소상(瀟湘) · 자상(資湘)을 가리킨다는 설도 있다. 호남 지역을 가리킨다.

렵거니와 선한 사람은 가버렸다. 나 최군은 그대와 오랫동안 사귀면서 행실이 돈독하고 우정이 깊었다. 그대가 남긴 글이 상자에 있고 헤어질 때 권면한 말은 아직도 생생하게 기억하고 있다. 홀로된 자식을 위로하며 지난 일을 추억하니 줄줄 눈물이 흐른다. 붉은 기는 쓸쓸하고 흰 휘장이 나풀거린다. 이 달에 복조(鵩鳥)가 날아왔으니[65] 거북이 따르는 것도 때가 있을 것이다.[66] 영구가 먼길을 나서서 장차 경사에 가려 하니, 좋은 술 한 잔을 올리며 장강 가에서 그대에게 곡을 한다. 가버렸구나 자후여, 혼백이 이곳에 다시 돌아오기를 기대한다. 상향.

당고유주자사유군집(唐故柳州刺史柳君集)

유우석(劉禹錫)

팔음(八音)[67]은 정치와 통하고 문장은 시대와 보조를 같이한다. 삼대(三代)의 문장은 전국(戰國)에 이르러 병들었다가 진(秦)·한(漢)을 지나면서 다시 일어났다. 한(漢)의 문장은 열국(列國)에 이르러 병들었다가 당(唐)이 흥성하자 다시 일어났다. 대저 정치가 난잡하면 땅이 찢기고 일월성신과 오악(五嶽)의 기운이 나뉘어 태음(太音)이 완전하지 않기 때문에 반드시 하나로 뒤섞인 이후에 크게 진작된다. 처음 정원(貞元) 연간에 주상께서는 바야흐로 문장을 편애하여 하늘의 밝은 빛이 아래로 만물을 장식하

65) 복조는 불길한 새로 알려져 있다. 복조가 날아왔다는 것은 불길한 징조를 말하며 여기서는 유종원의 죽음을 가리킨다.

66) 거북이 따른다는 것은 거북점을 쳐서 길한 점괘가 나온다는 것을 말한다.

67) 팔음은 중국 고대 악기에 대한 총칭이다. 보통 금(金)·석(石)·사(絲)·죽(竹)·포(匏)·토(土)·혁(革)·목(木)의 여덟 가지 다른 재질로 만든 악기를 말한다. 널리 음악을 가리키는 말로도 쓰인다.

게 되었다. 천하의 문사들은 다투어 각자 장기를 가지고 시대와 더불어 분발하여 찬란하기가 마치 뭇별이 하늘을 수놓은 것과 같았다. 그러나 빛깔이 맑고 순정하여 사람들이 바라보면서 공경하는 것은 오행(五行)뿐이다. 하동(河東) 유자후는 사람들이 바라보면서 공경하는 사람이다. 자후는 처음에 동자(童子)로써 정원(貞元) 연간 초기에 기이한 이름을 날렸으며, 9년에 이르러 유명한 진사가 되었다. 19년에는 재능 있는 어사가 되었다. 21년에는 문장으로 최고라고 불려졌으며 상서성에 들어가 예부원외랑이 되었다. 이해에 세속에 구애됨이 없이 초탈하여 조심성이 적다는 비방을 받아 소주(邵州)자사로 나갔다가 또 영주(永州) 사마로 폄적되었다. 10년을 그곳에서 지내고서 조서(詔書)로 경사에 부름을 받았지만 등용되지는 못하고 마침내 유주자사가 되었다. 5년간 소환되어 돌아가지는 못하였다. 병이 위급해지려 하자 편지를 남겨 그 친구 중산(中山) 유우석(劉禹錫)에게 보내었다. 그 편지에서 "나는 불행하여 마침내 유배지에서 죽게 되었으니 유고(遺稿)로써 친구에게 누를 끼치게 되었다"고 말하였다. 우석은 편지를 잡고 울었다. 마침내 유종원의 유고를 편집 정리하여 30통을 만들어 세상에 유통시켰다. 자후가 세상을 떠나자 창려(昌黎) 한퇴지(韓退之)가 그 묘지명을 쓰고 또 편지를 보내어 조문하며 "슬프다! 이 사람의 불행이여. 나는 일찍이 그 문장을 평하였거니와 웅혼(雄渾)하고 깊이가 있으며 전아(典雅)하면서 힘이 있어 사마천(司馬遷)과 비슷하다. 최(崔)씨나 채(蔡)씨는 그보다 낫다고 할 수 없다"고 말하였다. 안정(安定) 황보식(皇甫湜)은 문장에 있어서 양보하는 경우가 적었으나 역시 퇴지의 말을 인정하였다. 무릇 자후의 이름과 벼슬 나이 및 입신행사(立身行事)의 대략은 퇴지가 지은 묘지(墓誌)와 제문(祭文)에 실려 있는데 지금 첫 번째 통의 마지막에 덧붙여 놓았다.

당유선생집후서(唐柳先生集後序)

목수(穆修)

당(唐)의 문장은 처음에 북주(北周)와 수(隋) 등 오대(五代)[68]의 기풍과 크게 다르지 않았다. 중간에 이백 두보가 나와 그들의 재능이 비로소 뛰어난 성취를 이루었지만 오로지 시가에만 뛰어났다고 할 수 있고 도에 있어서는 아직 완비되지 못하였다. 한유 유종원이 출현한 이후에서야 대대적으로 고인의 글을 써낼 수 있었는데 그들의 말은 인의(仁義)와 더불어 꽃을 피우고 열매를 맺어 번잡하지 않았다. 예를 들어 한유의 「원화성덕(元和聖德)」·「평회서(平淮西)」와 유종원의 「아장(雅章)」 같은 글들은 모두가 어휘가 엄정하고 뜻이 위대하여 저술이 마치 경(經)과 같다. 당(唐)의 덕을 성대한 한(漢)의 밖으로 높이 솟아오르게 하여 손색이 없도록 할 수 있었던 것은 두 선생의 글이 아니면 누구이겠는가? 나는 어려서 두 분의 글을 즐겨 읽으면서 항상 유종원의 글이 온전한 모습으로 세상에 보이지 않은 것에 대하여 유감을 가지고 있었거니와 사람들 사이에 나도는 것은 망가지고 빠지고 하여 겨우 백여 편뿐이다. 한유의 경우 오직 목록만이 온전할 뿐, 잘못되고 빠져 망실된 자구(字句)는 유독 문인들의 문집 가운데 심한 편이다. 그것을 바르게 보충하여 세상에 전하고 싶다는 생각에 여러 번 호사가들을 좇아 다니며 선본(善本)을 구하여 앞뒤로 수십 종이 쌓이게 되었는데 잘된 것을 얻으면 곧 주석과 교감을 가하였다. 사방으로 먼길을 가게 되면 다른 책은 가지고 갈 여유가 없어도 오직 한유의 문집만은 몸에 지니고 갔다. 운이 좋게 사람이 보물로 소장하고 있는 것을 보게 되면 빌려와서 교정을 하였다. 무릇 이 일에 힘을 쏟은 지 이미 24년이 지났고 글은 비로소 거의 확정되었다. 오래도록 유종원의 도를 생각해

68) 당대에서는 양(梁)·진(陳)·제(齊)·주(周)·수(隋)의 앞 다섯 조대를 가리켜 오대(五代)라고 불렀다.

보면서 그것이 세상에 밝게 빛나지 못한 것에 대하여 의심을 품게 되었다. 무슨 까닭에 그 글을 숨기고 크게 자랑하지 않았을까? 유종원 문집을 구하여 찾았지만 얻을 수 없어서 마음에서 이 일을 벌써 접어두고 있었는데 생각지도 않게 만년에 이르러 마침내 그 책을 볼 수 있었다. 그것은 여덟 아홉 개의 큰 책으로 연이어 있었고 기주(夔州)자사 유우석이 먼저 그 첫머리에 서(序)를 달아 놓았다. 권(卷)으로 구별해 놓은 것은 모두 45권이므로, 참으로 한유의 큰 글에 필적하였다. 책에 쓰인 글자는 아주 중후하여 오늘날의 자체와 같지 않았다. 아마도 옛날의 장서인 듯 하였다. 그것을 조사하며 살펴보았는데 마지막 권까지 그 잘못되거나 빠진 것을 만날 수 없었고 한두 개의 망가진 글자가 있었는데 그것은 오래되어 마멸되었기 때문이었다. 읽는데 그다지 방해가 되지는 않았고 다시 연구하고 증명하여 본모습을 찾았다. 이리하여 그 구본(舊本)에 따라 채록하여 별본(別本)을 만들었다. 농서(隴西) 이지재(李之才)와 함께 검증해가며 읽기를 여러 달 계속하였고 자세히 알게 된 뒤에 그만 두었다. 아아! 하늘이 나에게 후하게 대하여 좋아하는 것이 많아졌구나. 처음에 한유의 문집으로 나를 만족시키고 뒤에 또 유종원의 문집으로 실컷 즐기게 하였으니 하늘이 나에게 후하게 대하지 않았다고 한다면 이는 속이는 것이 아니겠는가? 세상의 학자가 만약 옛 것에 뜻을 두지 않는다면 그만이지만, 진실로 옛것에 뜻을 두고 후세에 전할 만한 말을 남기고자 하면서 두 선생을 버려 두고 따르지 않는다면 비록 후세에 전할 만한 말을 남길 수 있었다고 해도 그것은 내가 감히 아는 바는 아니다. 천성(天聖) 원년(1023) 가을 9월, 하남(河南) 목수(穆修) 백장(伯長)[69]이 후서(後序)를 쓰다.

69) 백장은 목수의 자이다.

사명신본하동선생집후서(四明新本河東先生集後序)

심회(沈晦)

고문을 배우는 사람은 반드시 한유 유종원으로부터 시작해야 한다. 두 사람의 글과 글자는 많이 훼손되었는데 유종원이 더욱 심하다. 송나라 초기의 산문은 당말 오대의 병폐를 계승하여 쇠미하고 진작되지 못하였다. 대성(大聖) 연간에 목수(穆修) 정조(鄭條) 같은 사람이 창도하고 구양수(歐陽修) 윤사로(尹師魯)가 그에 화답하여 산문의 격조와 기세가 회복되기 시작하였다. 세상 사람들은 이리하여 한유 유종원의 존재에 대하여 알게 되었다. 한유의 글은 누차 뛰어난 학자의 손을 거쳤고 최근에 나 또한 그것에 교감을 하여 자못 완비되었다. 유종원의 글은 간결하고 예스러우며 전아하고 심오하여 교감하기가 쉽지 않다. 근년에 운이 좋아 시험삼아 실마리를 뽑아내어 착수하게 되었는데 2년이 지나서야 전모가 다 드러나게 되었다. 유종원 문집은 모두 4가지 판본이 있다. 큰 글자로 된 45권본은 가장 오래 전부터 전해진 것으로 처음 목수(穆修)의 집에서 나왔으며 유몽득(劉夢得)본이라고 한다. 작은 글자로 된 33권본은 원부(元符) 연간에 경사에서 간행하기 시작한 것으로 단락이 뒤바뀌고 구두를 보충하거나 바꾸어놓아 잘못된 것과 바르게 된 것이 서로 반반이다. 증승상(曾丞相)가본이라고 하는 것은 편수(篇數)가 앞 2가지 판본보다 많지 않거니와 형랑중(邢郎中) 양상시(楊常侍)의 행장(行狀) 2편과 「동일가애(冬日可愛)」·「평권형(平權衡)의 부(賦)」 두 수 등 모두 4편이 제목만 있고 문장은 보이지 않는다. 안원헌(晏元獻)가본이라고 하는 것은 차서가 대부분 제가의 판본과 다르며 「비국어(非國語)」가 없다. 4가지 판본 가운데 안원헌가본이 가장 정밀하다. 유종원의 글은 목수의 집에서 나왔고 그것은 또 유우석이 편정한 구본이므로 지금 45권본을 정본으로 하고 기타의 판본에 남아있는 것을 「외집(外集)」으로 하였다. 각 판본을 참고하여 서로 증명하고 내 개인 의견에 따라 그 빠진 것을 보충하였다.

예를 들어 '황실주(皇室主)'는 마땅히 '황(黃)'자를 더하여야 하고 '풍익왕공(馮翊王公)'은 '왕(王)'자를 빼야 하며, '긴(緊)'은 '견(掔)'으로 되어야 하고 '공(玒)은 '공(犼)'으로 되어야 하고 '포훈(鮑勛)'은 '포신(鮑信)'으로 되어야 하고 '개규(改規)'는 '단규(段規)'로 되어야 하고 '개학(疥瘧)'은 '해학(痎瘧)'으로 되어야 하고 '한행(狠倖)'은 '한행(狠悻)'으로 되어야 한다. 오무릉(吳武陵)이 처음 영주(永州)에 폄적되었으니 「정부(貞符)」에서는 마땅히 『당서(唐書)』처럼 '양이(量移)' 두 자를 빼야 하고, 한엽(韓曄)이 당시에 아직 죽지 않았으니 「답원요주서(答元饒州書)」에서 '한선영(韓宣英)' 위의 '망우(亡友)'라는 글자를 빼야 한다. 『당서(唐書)』 「효우전(孝友傳)」으로 「복수의(復讎議)」를 교감하고, 『초사』 「천문」으로 「천대(天對)」를 교감하고, 『좌전』·『국어』로 「비국어」를 교감하고, 당송의 유서(類書)나 당대 사람의 전표(牋表)로 「천론(天論)」 등의 편을 교감하고, 『당서』에 보이는 것은 모두 고쳐서 송기(宋祁)의 『당서』를 따르는 등 두루 교감하여 바로잡은 것이 2천 군데가 넘는다. 또 「경조청복존호표(京兆請復尊號表)」을 바꾸어 놓았고 「청청정제이표(請聽政第二表)」, 「하황태자전(賀皇太子牋)」, 「성시경운도시(省試慶雲圖詩)」를 더 집어넣어 모두 674편이 되었다. 판각한 목판이 유행하고 있으니 잃어버린 것을 사들여 빠진 것을 보충하는 것은 아직 훗날을 기다려야겠다. 정화(政和) 4년(1114) 12월 15일, 서산(胥山) 심회(沈晦)가 서(序)를 쓰다.

유주구본하동선생집후서(柳州舊本河東先生集後序)

이치(李褫)

유후 자후는 참으로 당의 거유(巨儒)였다. 문장이 빛나고 아름다워 만세의 본보기가 되었다. 이는 상서로운 경성(景星)과 경운(慶雲)이 하늘에 떠 있는 듯하니 흠모하여 우러러보지 않는 사람이 없다. 유주(柳州)는 바로 유후가 옛날 다스리던 곳이다. 그는 살아서는 이롭고 윤택하게 하였고 죽어서는 복을 내리고 천수를 누리도록 하였으니 유주의 백성들에게 남겨준 것은 넓고 깊어서 끝이 없다고 할 만하다. 그러나 당대로부터 지금까지 400년이 흘렀지만 이 지방은 적막하여 아직 유후의 글을 간행하여 문집으로 펴낸 사람이 나오지 않았다. 이는 아마도 유후의 영령을 흠모하고 유후의 은혜와 사랑을 위무하는 것은 아닐 것이며, 유후가 눈썹을 찡그리며 웃고 굽어살피며 유주 백성에게서 제사 받기를 바라는 것도 아닐 것이다. 소흥(紹興) 연간에 전원(殿院) 상자정(常子正) 공은 유주의 태수로 명을 받고 사당에 이르러 배알하였다. 사당에서 물러 나와 유후가 남긴 글을 찾았으나 휑하니 하나도 없었고 다만 석각 서너 개가 유주의 관서에 남아있을 뿐이었다. 그 나머지는 시가(詩歌)와 기사(記事)의 글뿐이었다. 유주 땅을 수식한 것도 이렇게 소멸되었는데 이른바 온전하게 갖추어진 문집을 또 어떻게 얻을 수 있겠는가! 이에 오랫동안 탄식을 하고 옛날에 소장한 것을 꺼내고 따로 선본(善本)을 구하여 손수 교정을 하고 솜씨 좋은 장인들을 불러모아 이 문집을 새로 간행하였다. 처음부터 끝까지 차례를 정하고 종류별로 나누어 선후를 정하였고 문리가 어그러진 곳과 자획이 틀린 곳을 모두 교정하였다. 또 속관(屬官)에게 위임하여 그 일을 도와 완성하게 하였는데 아직 그 일이 완성되기도 전에 조정에서 급히 공을 불러들여 정사를 보고하게 하였다. 공은 아쉬워하면서 그 일을 내게 부탁하였다. 나는 비록 재주는 없지만 실제로 공의 뒤를 잇는 기회가 주어졌다. 그리고 공의 선을 즐기는 마음과 부탁하신 말씀을 좋아하였으므로 이에 남은 일을 독려하여 마지막까지 완성하는 것을 도왔다. 이것이 어찌 다만 유후의 위대한 글을 잃어버리지 않는 것뿐이겠는가? 또한 공의 평소 소원을 이룬 것이기도 하다. 소흥 4년(1134) 3월 초하루, 우조봉랑특차권발견유주군주겸관내권농사차자금어대(右朝奉郎特差權發遣柳州軍州兼管內勸農事借紫金魚袋) 이치(李褫)가 서(序)를 쓰다.

한유음석서(韓柳音釋序)

장돈이(張敦頤)

당 초기의 문장은 아직 강동(江東) 육조(六朝)의 기풍이 남아 있었다. 원화(元和) 연간에 이르러 비로소 순수하게 바른 길로 돌아오게 되었는데 이것은 한유·유종원의 힘이었다. 두 사람의 문장은 전해진 지가 아주 오래되어 잘못된 것이 자못 많아졌다. 한유의 문장은 여러 차례 교정을 거쳤는데 왕왕 개인의 생각으로 천착하여 그 본모습을 많이 잃었다. 나는 전에 소무(邵武) 교관을 맡고 있었을 때 마침 그것에 교감을 하여 자못 완비되었다. 아울러 일일이 글자 독음의 주석을 살펴서 바로잡아 정문(正文)의 아래에 판각하였다. 다만 유종원의 문장은 간결하고 예스러워 교정하기가 쉽지 않았고 그 글자의 쓰임도 심오하고 편벽되어서 어떤 것은 이해하기 어려웠다. 급사중(給事中) 심회(沈晦)가 일찍이 목백장(穆伯長)·유몽득(劉夢得)·증승상(曾丞相)·안원헌(晏元獻) 등 4가의 판본을 참고하여 서로 고증하였는데 무릇 두루 교감하여 바로잡은 것이 2천여 곳으로 그 대부분이 제대로 고쳐졌다고 할 수 있다. 지금의 사명(四明)에서 간행한 45권 본이 바로 이것이다. 다만 독음에 대한 주석은 전하지 않아 나는 다시 연평(延平)을 시켜 이 판본의 편차를 사용하여 편집하게 하였는데 모두 2천 5백여 자이다. 그 가운데는 본음을 사용하지 않은 것도 있고 다른 음을 가차한 것도 있는데 모두 그 출처를 따졌으며 혹 출처를 모르는 것들 가운데 여러 운서(韻書)나 『옥편(玉篇)』·『설문(說文)』·『유편(類篇)』에도 실려있지 않는 것은 공란으로 비워두었다. 아직도 생각이 짧아 남북 어음의 차이를 변별해내지 못하니 그 사이에 오류가 없지 않을 것이다. 이는 뜻을 같이 하는 사람들이 바로잡아주길 바란다. 소흥 병자년(1156) 10월, 신안(新安) 장돈이(張敦頤)가 쓰다.

유문서(柳文序)

엄유익(嚴有翼)

당의 문장은 무려 세 번이나 변하였다. 무덕(武德) 이후로 강동(江東) 육조의 남은 풍조를 따라 문사를 조탁하고 장구(章句)를 수식하는 것을 숭상하였다. 개원(開元) 연간에는 경술(經術)을 좋아하여, 아정(雅正)을 숭상하고 부화(浮華)를 버리는 것을 뛰어난 것으로 여겼다. 법도가 삼엄하고 위(魏)·진(晉)과 나란히 달리며 위로 주(周)·한(漢)을 추구하여 혼연(渾然)히 하나의 왕법(王法)을 이룬 것은 다만 대력(大曆) 정원(貞元) 연간이었다. 이때 비록 훌륭한 재사들이 나왔다고는 하나 육경(六經)의 문장으로 제유(諸儒)를 위해 창도한 사람은 한퇴지(韓退之)와 유자후뿐이다. 퇴지의 문장에 대하여는 사신(史臣)들이 맹가(孟軻)·양웅(揚雄)과 서로 표리를 이룬다고 평가하였기 때문에 후대 학자들이 다시 감히 이론을 제기하지 않았다. 자후는 불행하여 그가 조정에 들어간 것은 마침 왕숙문(王叔文)이 정권을 잡고 있을 때였다. 왕숙문은 치국(治國)의 도를 말하는데 뛰어나 순종(順宗)이 태자로 있을 때 자못 그를 믿고 중시하였다. 순종이 천자의 자리에 오르자 무언가를 실행하려고 했지만 문수(文修)·위고(韋皐) 등 대신과 뜻이 맞지 않았고 조정 안팎에서 참소하며 헐뜯고 여러 사람이 거짓으로 비방하여, 한때 정권을 장악하고 있던 이들은 전례에 따라 쫓겨나는 운명을 맞게 되었다. 이리하여 8사마(八司馬)라는 호칭이 어지럽게 퍼져나갔다. 역사를 기술하는 이들은 다시 그 옳고 그름을 살피지 않고 다만 한때의 성패로만 사람을 논하였기 때문에 당인(黨人)이라는 이름은 씻어낼 수가 없었다. 아아 자후는 또한 불행을 거듭 만났다고 말할 만하다. 그런데 우리 송조(宋朝)의 범문정공(范文正公)에 의하여 그 진실이 밝혀졌다. 유우석·유종원·여온(呂溫)은 왕숙문 당에 연루되어 폄적되고 등용되지 않았는데 여러 군자가 지은 글들을 보면 체재(體裁)와 내용이 정밀하고 언급한 도는 깊이가 있다. 만약 왕숙문이 함부로 행동하는 것이 심하였다면 이치로 보아 틀림없이 그와 사귀지 않았을 것이다. 왕숙문은 기예로 동궁에 들어갔으므로 인망(人望)은 평소 가벼웠다. 그러나 사전(史傳)에서는 책을 알았고 치도(治道)를 논하기 좋아하여 태자의 신임을 받았다고 말하고 있다. 순종이 즉위하고 마침내 쓰임을 받게 되자 유우석 등을 이끌어들여 금중(禁中)에서 일을 처리하였다. 궁중 환관의 병권을 정지시키는 것에 대하여 논의할 때는 구문진(俱文珍) 등의 무리와 부딪쳤고 또 위고(韋皐)의 개인적인 부탁을 거절하고 유벽(劉闢)을 죽이려 하였으니 그 뜻은 조정에 충성하려는 것이 아니었겠는가? 위고는 그에 대하여 원한을 품고 있었는데 때마침 순종의 병이 위독해지자 위고는 태자의 마음을 헤아리고 태자에게 천자를 대신하여 국사를 관리하고 왕숙문을 처벌하라고 청하였다. 헌종은 위고의 계획을 받아들여 내선(內禪)을 행하였다. 이리하여 집정하고 있던 좌우의 대신을 당인(黨人)이라 부르게 되었으니 어찌 다시 그 억울함을 씻을 수 있었겠는가? 『당서』는 번잡하고 한쪽으로 치우쳐 일의 성패를 따라 기록하였을 뿐 판단하여 정정한 바가 없었다. 맹자는 "책을 완전히 믿는다면 책이 없는 것이 낫다"고 말하였다. 공자의 포폄(褒貶)은 한 터럭 때문에 다른 사람의 업적을 폐기하지 않았다고 나는 들었다. 아아! 범공이 사람을 논한 것은 명쾌하고도 너그럽다고 할 수 있겠다. 죽은 사람이 지각이 있으니 자후가 어찌 지하에서 눈썹을 펴지 않겠는가? 나는 일찍이 자후의 글을 좋아하면서도 그것이 읽기 어렵다는 사실에 괴로워하였다. 이에 사전(史傳)을 고찰하여 그 잘못을 바로잡고 또 자서(字書)를 살펴 그 독음에 대한 주석을 밝혀내어 한 질로 편집하고서 『유문절정(柳文切正)』이라고 이름하였다. 비록 저자거리에 황금을 매달아 놓을 만큼의 여불위(呂不韋) 같은 정밀함은 없지만 울타리에 붓을 놔두고 잠시 좌사(左思)의 독실함을 본받고자 하는 것이니, 뒤의 군자들이여 혹시라도 꾸짖지 마시라. 소흥(紹興) 32년(1162) 임오(壬午)년(1162) 봄 3월 11일, 건안(建安) 엄유익(嚴有翼)이 서를 쓰다.

하동선생집제후(河東先生集題後)

이석(李石)

내가 얻은 유종원의 문집은 모두 네 가지 판본이다. 하나는 동향 사람 소헌보(蕭憲甫)에게서 얻은 것으로 경사(京師) 염씨(閻氏)본이고, 하나는 범충보(范衷甫)에게서 얻은 것으로 안씨(晏氏)본이고, 하나는 임안(臨安) 부씨(富氏)의 아들에게서 얻은 것으로 연주(連州)본이고, 하나는 범재숙(范才叔)의 집에 전해 내려오는 구본(舊本)을 얻은 것이다. 염씨본이 가장 좋은데 호사가가 훔쳐갔다. 안씨본은 범충보가 손수 교정하여 그 형 범언(范偃)에게 주어 간행하게 한 것으로 지금의 촉(蜀)본이 그것이다. 범재숙 집의 판본은 편차에 대한 교정을 거치지 않아 부씨의 연주본에 크게 미치지 못하거니와 질박하고 거친 것이 더욱 심하다. 지금 세 판본을 합쳐 그것을 교감하여 바른 것을 취하였다. 유빈객(劉賓客)의 서(序)에 이르기를 퇴지(退之)의 묘지(墓誌)를 제문(祭文)과 나란히 첫 번째 통의 마지막에 덧붙여 놓았다고 한 것은 아마도 퇴지가 자후를 중시하였기 때문에 그것을 썼다는 뜻일 것이다. 촉본은 왕왕 단지 '제문과 나란히'라고 되어 있고, 그 밖의 것은 경솔하게 자구를 고쳐서 문장의 내용을 방해한 것이 오히려 많다. 이러한 혹작자(或作字)·일작자(一作字)·연자(衍字)·거자(去字)는 이 세 판본에서 서로 사용하고 있다. 그러나 또한 감히 완비된 책이라고는 생각하지 않고 아직도 다시 염씨본 같은 것을 얻어 바로잡기를 바라고 있다. 방주(方舟) 이석(李石)이 쓰다.

중간유문후서(重刊柳文後序)

섭정(葉程)

자후의 「연보(年譜)」에 의하면 영정(永貞) 초에 상서성 예부원외랑에서 소주(邵州)자사로 나가게 되었는데 임지로 가는 도중에 영주사마(永州司馬)로 강등되었고 원화(元和) 연간에 비로소 경사로 불려졌으니 영주에서 산 것은 모두 10년이다. 지금 본집에 기재된 것을 살펴보면 유람하며 관찰한 것을 기록하고 노래한 작품에 나타난 것은 영주에서 지은 것이 많다. 그가 남긴 발자취를 찾아 조사했지만 겨우 한 두 가지를 얻었을 뿐이고 그 외의 것에 대하여는 모두 고찰할 수가 없다. 군상(郡庠)[70]에 옛날 유종원의 문집이 있었는데 세월이 오래되어 자못 벗겨지고 떨어져나갔다. 이리하여 선본(善本)을 모으고 동료들과 함께 참조·교감하여 무릇 편차의 혼란과 자획의 잘못을 모두 바로잡았다. 다만 어휘의 뜻에 번갈아 나타나거나 파생되어 나온 것이 있으면 두 가지를 보존하여 독자가 취사선택하도록 하였다. 장인에게 명하여 목판에 판각하게 한 지 1년여가 지나서야 그 책이 비로소 완성되게 되었다. 아! 영릉(零陵)은 호(湖)·상(湘) 지역의 아름다운 고을로 불려지고 있고 또 덕과 재능이 우수한 백성이 많아 문물의 흥성함은 다른 고을보다 월등하다. 이것이 어찌 자후가 남긴 은택이 지금까지 이롭게 하여 그렇게 된 것이 아니겠는가? 그런즉 이 책을 새로 판각하여 유포시키는 것이 어찌 다만 이 지방의 빈 것을 채우는 것일 뿐이겠는가? 학자들이여 나의 진정을 살펴주길 바란다. 건도(乾道)로 개원(改元)한 해(1165) 12월 병자(丙子)일, 오흥(吳興) 섭정(葉程)이 쓰다.

70) 군상은 지방의 학교를 말한다.

유문음의서(柳文音義序)

육지연(陸之淵)

나는 한유 유종원의 글을 읽으면서 항상 고인의 기이한 글자가 내 눈에 어색하고 또 내 입을 막는다고 생각하였다. 책을 펴면 반드시 옥편이나 여러 운서를 함께 살펴보아야 하는데 종일토록 반절로 음을 맞춰보느라 한 장도 통할 수 없었다. 우연히 두 책의 음에 대한 주석서를 얻었는데 마치 지침서를 얻은 것과 같았다. 그러나 자획이 조금 작아서 노안에 불편하였다. 첨산(灊山)의 군재(郡齋)[71]에 가서 광문(廣文)에게 바로잡아 줄 것을 부탁하여 장차 그것을 크게 판각하여 학자들에게 전하려고 하였다. 어느 날 광문은 『음훈(音訓)』 여러 질을 가지고 와서 나에게 보여주며 말하였다. "창려(昌黎)의 글에는 강산(江山) 축충(祝充)의 『음의(音義)』가 있는데 어려운 글자에 대하여 반절로 음을 달았고 또 그 출처를 설명하여 더 이상 보탤 것이 없습니다. 다만 자후 문집에 대한 제가의 『음의(音義)』는 적절하지 않습니다. 저는 축충을 모방하여 『유씨석음(柳氏釋音)』을 저술하였고 수 개월 만에 책이 완성되었습니다." 나는 실제로 처음 이 책이 나오도록 영향을 준 사람으로 서(序)를 써서 그 취지를 풀어내려고 한다. 이것이 어찌 감히 언어에 뛰어나지 못한 것에 대하여 설명하려는 것이겠는가? 소학(小學)이 흥성하지 않게 되고서부터 육서(六書)가 학자들에게 알려지지 않았다. 그리하여 평소의 간독(簡牘)에는 점획이나 편방을 구분하지 않고, 개인의 생각에 의거하여 본원을 잃어버리는 경우가 제법 있게 되었다. 비록 문자학으로 세상에 이름이 난 사람이라 할지라도 이러한 폐단에서 벗어나지 못하였다. 우영흥(虞永興) 같은 경우 성을 모르고 안평원(顏平原)의 경우 이름을 모르는데 하물며 두 사람보다 못한 사람들이야 더 말

---

71) 첨산은 지금의 안휘성에 있었다. 군재는 군수가 기거하는 곳을 말한다.

할 나위가 있겠는가? 심한 경우는 '농장(弄璋)'을 '장(麞)'으로 '복랍(伏臘)'을 '엽(獵)'으로 '금근(金根)'을 '은(銀)'으로 여기고 있으니, 고문의 기이한 글자에 대하여 구두(句讀)를 잃지 않고 경중(輕重)과 청탁(淸濁)을 분별할 수 있는 사람이 얼마나 되겠는가? 유종원의 내외문집은 모두 33통으로 경사(經史)를 관통하였거니와, 전기(傳記), 제자백가, 우초(虞初)[72] 패관(稗官)의 말, 고문의 기이한 글자로 뒤섞인 것은 한유의 글에 비교하여 몇 배에 그치는 정도가 아니다. 따라서 이전 사람의 말에 박학 다식한 사람이 아니면 훈석(訓釋)을 하기 쉽지 않다. 광문은 을축(乙丑)년(1135) 갑과(甲科)에 합격하였으나 벼슬길에 나아가는 것에 마음이 담담하여 아직도 관리로 발탁되지 못하였다. 평생 내면에 마음을 쓰고 몸밖의 것을 추구하지 아니하여 마침내 자신의 장점을 모아 일가의 견해를 이룰 수 있었으니 유종원의 글과 함께 돌아다니며 영원할 것임은 의심할 바 없다. 이 책을 깊이 살펴본 사람이 아니면 논저가 쉽지 않음을 반드시 알 수 있는 것은 아니다. 광문의 휘(諱)는 위(緯)이고 자는 중보(仲寶)로 운간(雲間) 사람이며 성은 반씨(潘氏)이다. 건도(乾道) 3년(1167) 12월, 오군(吳郡) 육지연(陸之淵)이 쓰다.

유문음의서(柳文音義序)

반위(潘緯)

한유 유종원의 문장은 나란히 달리는 말과 같이 성취가 같거니와 오늘날의 학사대부가 받들어 배우려고 하는 전범이다. 그들이 쓴 문장은

72) 우초는 한(漢) 하남인(河南人)으로 무제(武帝) 때의 방사시랑(方士侍郞)이며 호는 황거사자(黃車使者)이다. 『한서』「예문지」에는 『우초주설(虞初周說)』 943권이 있다. 소설가의 비조이다.

고고(高古)하고 글자의 사용은 평이하지 않아 독자들이 그것을 어려워한다. 그 가운데서도 유종원이 더욱 심하다. 나는 서주(舒州)의 여러 고을의 교육을 맡고 있어 군후(郡侯)이신 육지연(陸之淵) 선생께서 내게 두 사람의 문집에 훈석(訓釋)을 하라고 명하였다. 우연히 강산(江山) 축계빈(祝季賓) 『경진한문음(經進韓文音)』의 선본(善本)을 보게 되어 더 이상 보태거나 빼지 않았고, 그것을 모방하여 자후의 문집에 음을 달았다. 또 건녕(建寧)본을 보았는데 잘못된 것이 적어 그 책의 차례를 따랐다. 먼저 여러 운서와 『옥편』으로 그 음을 확정하고 이어서 『이아』·『설문』으로 그 뜻을 설명하였으며 또 경전(經傳)과 자사(子史)를 참조하여 그 글자 사용의 원류를 구명(究明)하니 그 책을 보는 사람들이 거의 대부분 어려운 글자를 보아도 다시 불명확하여 머뭇거리는 태도가 없었다. 사성자모상생(四聲子母相生)의 방법을 사용하여 각 지방 언어 불합치의 오류를 바로잡는 것은 부끄럽게도 평소에 배우지 못하여 평생토록 부지런히 배워야 겨우 이 책을 마칠 수 있을 것이다. 그러니 그것이 결국 학문에 무슨 도움이 되겠는가? 이렇게 하는 것이 오히려 현명한 일이다. 문집 가운데 교감하고 조사하여 살피는 일은 학정(學正) 채주(蔡疇 : 字는 子寬)와 망강(望江) 오율(吳栗 : 字는 子寬)이 도왔다. 뜻이 자세하지 않으면 비워 두었거니와 어찌 감히 다 완전하게 하려고 하겠는가? 삼가 학식이 넓고 품행이 단정한 군자께서 고치고 다듬어 주시기를 바란다. 건도(乾道) 정해(丁亥)년(1167) 섣달, 운간(雲間) 반위(潘緯)가 쓰다.

하동선생집기후(河東先生集記後)

한순(韓醇)

세상에 전하는 창려(昌黎) 문공(文公)의 글은 비록 여러 번 유명한 학자들의 손을 거쳤지만 내가 지난번 집에 있는 문집으로 교감을 해보니 아직 그 잘못된 것이 많이 있었고 그리하여 그것에 훈고(訓詁)를 하였다. 유유주(柳柳州)의 문장에 대해서는 서산(胥山) 심공(沈公)이 참조하며 서로 고증하면서 바로잡아 교감하였다고 말하였으니 빠진 것이 없는 것 같다. 나는 실마리를 이끌어내어 고찰한 지 이미 오래되었는데 사적(史籍)을 조사해 보았더니 대체로 또한 미진한 부분이 발견되었다. 「남악율화상비(南嶽律和尙碑)」는 광덕(廣德) 연호를 건원(乾元) 앞에다 놓았고, 「어사주군갈(御史周君碣)」은 개원(開元)을 천보(天寶)로 하였으니 이것은 시간의 착오이다. 두군(竇羣)은 좌습유(左拾遺)에 제수되었는데 「위위시랑하포의두군제우습유표(爲韋侍郎賀布衣竇羣除右拾遺表)」에는 우습유(右拾遺)가 된 것을 축하하였고, 연산(連山)이 유혈(乳穴)을 회복하였는데 「영릉군부유혈기(零陵郡復乳穴記)」에는 영릉군으로 쓰고 있으니 이는 명칭의 착오이다. 「대령공거배면장(代令公擧裴冕狀)」의 시기는 유종원이 아직 태어나기 전이고, 「하책존호표(賀冊尊號表)」의 시기는 이미 유주자사로 있을 때인데 예부에서 지은 것이라고 말하였다. 기타의 잘못도 이와 유사하니 일일이 설명하지는 않겠다. 각 설명을 편마다 써놓았는데 『창려선생집』보다 더욱 자세하다. 제 판본에서 남은 부분을 다시 한 권으로 편집하여 『외집(外集)』의 끝에다 덧붙여놓은 것은 서산(胥山)의 기록과 같다. 순희(淳熙) 정유(丁酉)년(1177) 가을 8월 중순, 임공(臨邛) 한순(韓醇)이 기록하다.

유문후발(柳文後跋)

전중(錢重)

유종원의 문집을 다시 읽다가 「이상(吏商)」 편에 이르렀는데 그 첫 구에 "관리로서 장사를 한다고 할 때 탐관오리로 서사를 하는 것은 청렴한 관리로서 장사를 하여 그 이익을 많이 얻는 것보다 못하다"라고 되어 있었다. 글의 첫머리에 함축이 없으니 반드시 탈락된 구가 있을 것이라고는 의심하였다. 뒤에 선본(善本)을 얻었는데 그곳에는 "관리는 장사꾼이 아니다. 관리로서 장사를 한다고 할 때 탐관오리로서 장사를 하는 것은 청렴한 관리로서 장사를 하여 그 이익을 많이 얻는 것보다 못하다"라고 되어 있었다. 이리하여 기쁘게 웃으며 말하였다. "이것이 자후가 글을 쓰는 방식이구나. 만약 자후가 첫머리에 '관리는 장사꾼이 아니다[吏非商也]'라는 네 글자를 말하지 않았다면 이 글을 지은 의도가 부득이한 데서 출발하여 이익을 위해 벼슬하는 사람들을 유도하려는 뜻으로 볼 수가 없다. 그런 까닭에 고문은 혹시라도 빠진 글자나 잘못된 곳이 있으면 한편의 문의(文意)가 관통하지 못하여 정신이 쓸쓸해지게 할 수 있는 것이다. 자후가 우계(愚溪)에 산 것은 거의 10년에 가까웠는데 중간에 산수를 찾아 유람한 것 외에 왕왕 문자 가운데에 심취하였다. 그러므로 그의 글은 영주(永州)에 이르러 더욱 고묘(高妙)해져서 후세 학사대부가 받들어 배우려는 전범이 된 것이다. 내가 무모하게 이 고을의 교수를 담당하고서 마음속으로 유종원의 글은 틀림없이 훌륭한 판본이 있을 것이라 생각하였다. 그것을 얻어 살펴보니 빠지고 잘못된 것이 아주 심하였고 또 목판이 오랜 세월이 지나 마멸된 것이 태반이었다. 지금의 태수 조공(趙公)은 황족의 영걸(英傑)로서 평생 고문을 좋아하였는데 이른바 붓을 들어 쓴 글이 천하에 절묘한 사람이라 할 수 있다. 하루는 내게 명하여 유종원 문집을 교정하라고 하고 또 그 목판 가운데 썩어 못쓰게 된 것을 전부 바꾸게 하였다. 그러나 나는 오흥(吳興)사람으로 영주(永州)에 올 때 거의 50정(程)[73]을 지나왔다. 유종원 문집의 선본은 고향 일반 사대부의 집에는 제법 많이 있었지만 영주에서는 얻기가 어려웠다. 교감할 만한 것으로 서너 판본을 얻는데 그쳤고 다른 것은 얻을 수가 없었으니 그 교정한 바에 어찌 유감이 없겠는가? 후대의 군자가 널리 자료를 구하여 정밀하게 교감하여 주기를 바라고, 자후의 한 글자 한 구절 속에 깃들어 있는 절묘한 생각을 다 드러내어 유익함이 적지 않기를 바란다. 소희(紹熙) 신해(辛亥)년(1191) 8월 1일, 적공랑영주주학교수(迪功郎永州州學教授) 전중(錢重)이 삼가 쓰다.

유문후발(柳文後跋)

조선심(趙善愖)

선배들은 말하기를 자후가 조정에 있을 때 쓴 글에는 아직 육조(六朝)의 법도가 남아 있었는데 영주(永州)에 가서는 삼대(三代)의 문장을 배우기 시작하여 지은 글이 고묘(高妙)해졌으니 바로 하루에 천리를 가는 것처럼 그 진보가 빨랐다고 하였다. 퇴지(退之) 역시 "한가롭게 지내면서 더욱 스스로 각고의 노력을 하여 힘써 본 것을 기억하고 시문을 썼다"고 하였다. 자후 자신도 관직이 강등되고서는 할 일이 없어 문장에 재능을 발휘할 수 있었다고 말하였다. 이는 자후의 타고난 문학적 자질이 본래 높았고 학문적 조예가 깊었을 뿐만 아니라 아름다운 산수의 도움을 받아 그것을 느끼고 표현하였기 때문에 그런 경지에 이르게 된 것이다. 자후는 영주에서 살았던 기간이 가장 길었고 거기에서 지은 글이 가장 많

73) 정(程)이란 역참이나 기타 잠시 묵었다가 가는 곳을 시작과 끝으로 하는 노정(路程)의 단락을 말한다.

았으며 사용한 어휘와 표방한 뜻이 가장 고풍스러웠다. 형산(衡山) 상수(湘水) 이남의 독서인 가운데 사승(師承)을 거쳐 시문을 쓰기를 강구한 사람은 다 볼 만한 법도가 있었으므로, 그 집안 대대로 전해 내려오는 풍속에 따라 직접 전수 받았다면 판본이 반드시 정미(精美)하고 완선(完善)하여 다른 지방과는 다를 것이라 생각하였다. 군수로 부임하게 되자 우선 그것을 가져다가 살펴보았더니 내가 생각했던 것과는 전혀 다르게 잘못되고 빠진 것이 아주 심하였다. 나는 그렇게 된 까닭을 곰곰이 따져보았다. 자후가 일찍이 이 지방에 살았다는 이유로 잠시 이 문집을 판각할 때 의심나는 것을 그대로 전하고 잘못된 것을 계승하면서 애초에 정교하게 교감하지 않은 것이 아닐까? 아니면 영주의 독서인이 당시에 옮겨 적어 소장한 것이 오랜 시간이 지나 폐기되고 흩어져 다시 고증할 수 없게 된 것일까? 이리하여 광문(廣文) 전군(錢君)에게 맡겨 선본을 많이 구하여 정정하게 하고 또 마멸된 것들을 다 바꾸게 하였더니 옛 판본보다 좋아졌다. 비록 그렇기는 하지만 아직도 잘못된 것을 바로잡지 못하거나 빠진 것을 다 채우지 못한 것이 있을 것이다. 후세의 군자 가운데 옛것을 좋아하는 넓은 학식과 단정한 행실의 소유자라면 분명 아주 빈틈없이 완전하게 교정을 할 수 있을 것이다. 소희(紹熙) 2년(1191) 8월 초하루, 영릉(零陵)군수 순국(郇國) 조선심(趙善惿)이 발(跋)문을 쓰다.

제유유주집후(題柳柳州集後)

사공도(司空圖)

어떤 금속이 훌륭한 것인지 조잡한 것인지는 그것에서 나는 소리를 통해 식별할 수 있다. 어찌 경(磬)을 만들면 그 소리가 맑은데 종(鐘)을 만들면 그 소리가 탁할 수 있겠는가! 그와 같이 작자의 문장과 시의 격조 역시 알 수 있다. 어찌 한 가지에 뛰어나면 다른 것은 시원치 않아야만 하겠는가? 내가 보기에 문장가가 시를 짓고 시인이 문장을 지을 때, 처음에는 모두 자신이 좋아하는 것에 매달리는데 그것을 전적으로 하게 된 후에는 더욱 더 탐구하고 연마한다. 그리하여 그 공교로움을 드러내고 불후한 작품으로 남긴다. 이는 마치 힘센 전사가 사용하는 무기는 각각 달라도 언제나 센 힘으로 승리하여 강자가 되는 것과 같다. 내가 전에 한유(韓愈)의 시 수백 편을 보았더니, 그 내달리는 기세가 마치 번개치고 천둥치는듯하며 천지간에 온갖 기괴한 모습들을 드러내어, 저절로 고무되고 그와 함께 호흡할 수 밖에 없었다. 그 다음으로 황보식(皇甫湜)의 문집 속 작품 역시 힘차고 분방한데, 깊이와 치밀함을 의식적으로 구하지 않은 것은 아니었다. 어쩌면 겨를이 없어서였을 것이리라. 지금 화산(華山) 아래에서 막 유종원의 시를 구했는데 그 탐구함의 경지를 살펴보니 역시 매우 심원하다. 그가 궁박한 채로 오래 살아 정신과 생각을 끝까지 펼쳐보였다면, 실로 시시한 존재들이 그 수준을 쉽게 모방하거나 평가할 수 있는 바가 아니리라. 또 두보가 지은 태위(太尉) 방현령(房玄齡)의 제문과 이백의 사원 비문을 보았는데 모두 격조가 뛰어나고 맑고 정련되어 그들의 시를 닮았다. 장구령(張九齡)의 오언시는 그 풍격이 침울하여 역시 자기의 문장을 닮았다. 그러하니 어찌 시와 문장이 서로 해를 끼치겠는가? 아아! 후학들이 편협되고 천박하여 한 두 문자나 구절조차 분별하지 못하면서 서로 눈을 흘기며 비난한다. 안타까운 일이다! 유종원의 문집 끝에 기록하여 후대의 평론자가 편견 없이 전면적인 평가를 할 수 있도록 하고자 한다.

발유유주집(跋柳柳州集)

육유(陸游)

"이 한 권의 집외문 중에는 후인이 망령되이 남의 글을 가져다가 유종원의 이름을 씌운 것이 많다. 우선 여기에 모아놓는다. 자경(子京)."

위의 서른 한 글자는 경문공(景文公) 송기(宋祁)가 친히 쓴 글로, 종손인 송정(宋晸)의 집에 소장되어 있다. 그런데 소위 집외문이라는 것이 지금에는 흔히 권 중간에 나뉘어 들어가 있다. 순희(淳熙) 을사(乙巳)년 5월 17일, 육유(陸游) 무관(務觀)이 교정을 필하였다.

군재독서지 선일칙(郡齋讀書志 選一則)

조공무(晁公武)

『유종원집』 30권, 집외문 1권. 이 책은 당대의 자가 자후(子厚)인 유종원의 저작이다. 그는 후위(後魏) 제음공(濟陰公) 모씨의 후손이다. 정원 9년에 진사(進士)가 되었으며 박학굉사과(博學宏詞科)에 합격하여 교서랑(校書郎)이 되었다가 유주(柳州) 자사로 생을 마쳤다. 유종원은 어려서부터 남달리 뛰어나고 총명했으며 지은 글은 대단히 탁월하고 우수하며 정련되고 깊이가 있다. 배척당해 유배되어서는 그 궁박함과 울적함을 모두 문장에 기탁하였으며 『이소(離騷)』를 모방하여 수십 편을 지어 독자들을 슬프게 하였다. 유주에서는 진사들이 수십 리를 걸어 그에게서 배웠는데, 그가 친히 지도해준 이들의 문장은 모두 법도가 있었다. 세인들은 그를 유유주(柳柳州)라고 불렀다. 한유는 그의 문장을 평하여 "웅심(雄深)하고 아건(雅健)하여 사마천의 글과 유사하다. 최원(崔瑗)과 채옹(蔡邕)은 그에 비하면 시원치 않다"고 하였다. 문집에 「어사주군갈(御史周君碣)」이 있는데, 사마광(司馬光)의 『고이(考異)』에서는 이 글이 주자량(周子諒)을 위한 갈문(碣文)으로서 실제는 개원(開元) 25년의 일로 유종원이 천보(天寶) 연간이라고 한 것은 착오라고 하였다. 살펴보건대, 주자량은 우선객(牛仙客)을 탄핵하였다가 곤장형을 당하고 양주(瀼州)로 유배되었으며 남전(藍田)에서 죽었다. 『구당서』의 「기(紀)」와 「우선객전」 및 『현종실록(玄宗實錄)』 모두에 기록이 있는데도 이 갈문은 유달리 소략하다.(권17)

직재서록해제 선삼칙(直齋書錄解題 選三則)

진진손(陳振孫)

『유유주집(柳柳州集)』 45권, 『외집』 2권. 당대에 예부원외랑(禮部員外郎)과 유주자사를 지낸 하동(河東) 출신의 자(字)가 자후(子厚)인 유종원의 저작이다. 유우석의 서문에서는 언급하길, 32통(通)으로 편집하며 한유가 쓴 묘지(墓誌)와 제문은 제1통의 말미에 부록한다고 하였다. 오늘날 통용되는 판본은 모두 45권이며 묘지가 부록되어 있지 않으니 당시의 판본이 아니다. 혹자는 말하길 심원용(沈元用)이 전하는 목백장(穆伯長)본이라고 한다.

『유선생집』 45권, 『외집』 2권, 『별록』 1권(『문헌통고(文獻通考)』에는 2권이라고 하였다), 『척이(摭異)』 1권, 『음석(音釋)』 1권, 『부록』 2권, 『사적본말(事迹本末)』 1권. 방숭경(方崧卿)이 남안군(南安軍)에서 한유의 문집을 간행한 후에, 강음(江陰) 사람 갈교(葛嶠)가 태수로 와서 유종원의 문집을 간행하여 한유의 문집과 짝을 맞추었다. 『별록』 이후의 것은 모두 갈교가 첨가

한 것들이다. 『별록』은 「용성록(龍城錄)」과 「법언주(法言注)」 5칙이다. 「용성록」은 요즘 사람의 위작이다.

『중교첨주유문(重校添注柳文)』 45권, 『외집』 2권. 고소(姑蘇) 출신 정정(鄭定)이 가흥(嘉興)에서 간행하면서 여러 사람들의 주를 하나로 묶었다. 『집주(集注)』, 『보주(補注)』, 장(章)씨, 손(孫)씨, 한(韓)씨, 장(張)씨, 동(董)씨 등으로 적으면서 그 이름은 표기하지 않았다. 중교(重校)・첨주(添注)라고 한 것은 자신이 덧붙인 것이다.

사고전서총목제요 선삼칙(四庫全書總目提要 選三則)

기윤(紀昀)

『고훈유선생문집(詁訓柳先生文集)』 45권, 『외집』 2권, 『신편외집』 1권. 당대의 유종원이 짓고 송대 한순(韓醇)이 음석(音釋)하였다. 한순은 자가 중소(仲韶)이며 임공(臨邛) 출신으로 행적은 미상이다. 유종원의 문집은 유우석이 편집하였는데 그 후에 권수가 증감되며 송대에는 이미 4종의 판본이 있었다. 하나는 33권본으로 원부(元符) 연간에 수도에서 통용된 것이고, 하나는 증승상(曾丞相) 집안의 판본이며, 하나는 안원헌(安元獻) 집안의 판본이고, 다른 하나는 바로 이 45권본으로 목수(穆修)의 집안에서 나왔는데 유우석의 원본이라고 한다. 살펴보건대, 진진손(陳振孫)의 『서록해제』에는 "유우석이 서를 쓰면서 32통으로 편집하고 한유의 묘지(墓誌)와 제문은 제1통의 말미에 부록한다고 하였는데, 지금 세간에 통용되는 것은 모두 45권이지만 또 묘지는 싣지 않았으니 당시의 것이 아니다"고 하였다. 지금의 판본에 기재된 유우석의 서문에는 45통이라고 되어있고 32통이라고 하지 않았으니 진진손의 말과 부합하지 않는다. 혹 후인이 유우석의 서문을 고쳐 자신이 본 판본의 권수와 맞춰놓은 것은 아닌지 알 수 없다. 요약하면, 한유와 유종원의 문집을 간행한 것은 목수(穆修)로부터 시작하였으니, 비록 유우석의 옛 판본은 아니지만, 여러 집안의 판본 가운데 이것보다 더 오래된 것은 없다. 정화(政和) 연간에 서산(胥山) 출신 심회(沈晦)는 여러 판본을 참고하여 교정하면서 유독 이 판본을 정본으로 삼고 기타 판본의 나머지 글들은 따로 『외집』 2권으로 만들어 뒤에 부가하였으니, 그 까닭도 여기에 있다. 순희(淳熙) 연간에 이르러 한순(韓醇)이 심회의 판본에 주를 붙이고 또 유실된 것을 수집하여 따로 한 권을 만들어 『외집』의 말미에 부가하였으며, 진주(珍州)지사 왕자(王咨)가 그 서문을 썼다. 한순은 먼저 『한집전해(韓集全解)』를 쓰고 이때에 또다시 유종원의 문집에 주를 달았으니 이 책은 장돈이(張敦頤)의 『한유음변(韓柳音辯)』과 동시에 만들어진 것이다. 그런데 상세하고 풍부하기로는 실로 장씨의 것보다 뛰어났다. 위중거(魏仲擧)의 『오백가주(五百家註)』 역시 그 견해를 많이 인용하였다. 명대 당근(唐覲)의 『연주필기(延州筆記)』에서는 일찍이 한순이 붙인 「남제운비(南霽雲碑)」의 주석에 대해 "견성착혈지기(汧城鑿穴之奇)"의 구절이 반악(潘岳)의 「마견독뢰(馬汧督誄)」에서 나온 것임을 몰랐다고 지적하였다. 이는 실로 실수이다. 그러나 이 책 전체의 훌륭함을 해치지는 못한다.

『증광주석음변유집(增廣註釋音辯柳集)』 43권. 구본의 표제에는 송대 동종열(童宗說) 주석, 장돈이(張敦頤) 음변(音辯), 반위(潘緯) 음의(音義)로 되어 있다. 동종열은 남성(南城) 출신으로 행적은 미상이다. 장돈이는 『육조사적(六朝事蹟)』을 지었으며 이미 그에 대해 기록한 바 있다. 반위의 자는 중보(仲寶)이며 운간(雲間) 출신이다. 건도(乾道) 3년 오군(吳郡) 육지연(陸之淵)의 서문에 의하면, 반위는 을축년에 갑과에 급제하여 첨산(灊山)과 광문(廣文)에서 관직생활을 하였는데 마지막에 무슨 관직을 했는지는 알 수 없다. 육지연의 서문 표제도 단지 『유문음의(柳文音義)』라고만 되어 있다.

서문 안에서도 역시 한순이 축충(祝充)의 『한문음의(韓文音義)』를 모방했다고만 언급했다. 『석음(釋音)』을 전하면서 동종열과 장돈이를 언급하지 않았고 책 안의 주석에서도 동씨의 말, 장씨의 말, 반씨의 말로 구분하여 역시 그 체제가 반위 자신이 쓴 것 같지가 않다. 대체로 동종열의 주석과 장돈이의 음변은 본래 각각 쓴 책인데 서적상인이 반위의 『음의』를 합하여 하나로 묶어 편찬한 듯하다. 그래서 책머리에 『유문음의』라는 표제를 사용하지 않고 따로 『증광주석음변당유선생집』이라는 표제를 사용한 것이리라. 이 판본은 『본집』과 『외집』을 하나로 합하여 분류와 차례가 이미 유우석이 편집한 그대로가 아니다. 또한 왕질(王銍)의 위서인 『용성록』 같은 것을 싣지 않은 것은 신중한 처사라고 하겠다. 음석은 글을 따라 풀이하고 별다른 고증이 없으나 독음이나 글자가 괴벽하고 어려운 것은 하나하나 밝혔으니, 상세하고 광범위하다고 말하기에는 부족해도, 간결하고 알기 쉬워서 여러 자료나 운서(韻書) 찾는 일을 생략할 수 있어서 유종원의 글을 읽는 이에게 무익하지 않다고 하겠다. 명대의 간행본이 있는데 오자가 꽤이나 많다. 이 판본은 마사(麻沙)의 소자판(小字版)으로 여전히 그 참모습을 잃지 않고 있다.

『오백가주음변유선생문집(五百家註音辨柳先生文集)』 21권, 『외집』 2권, 『신편외집』 1권, 『용성록(龍城錄)』 2권, 『부록』 8권. 송 위중거(魏仲擧) 편. 판형에 넓이나 글자의 체격이 『오백가주창려집』과 조금도 다르지 않다. 아마도 두 문집이 동시에 나온 것이리라. 앞에 평론하고 훈고한 학자들의 성씨가 있는데 자세히 대조 검토해보면 그 수가 역시 오백 인에 못 미친다. 책에서 인용한 것은 『집주』·『보주』·『음석(音釋)』·『해의(解義)』 및 손씨·동씨·장씨·한씨 등뿐이며, 그밖에 드물게 인증한 것들도 있지만 한유문집의 경우처럼 그렇게 광범위하지 못하다. 대체로 한유를 논한 사람은 많고 유종원을 논한 사람은 비교적 적어서 취한 것이 그랬으리라. 다만 임시로 오백가라는 이름을 따서 한유의 문집과 짝을 맞추려고 했을 뿐이다. 책

뒤에 『외집』 2권과 『신편외집』 1권은 본집에 없는 글로서 도합 25편이다. 『부록』 2권은 나지묘첩(羅池廟牒) 및 숭녕(崇寧)·소흥(紹興) 연간의 책봉의 조서 종류이며 「법언주(法言註)」 다섯 항목도 그 안에 들어 있다. 또 『용성록』 2권과 서(序)·전(傳)·비(碑)·기(記) 1권 및 후서(後序) 1권이 부록되어 있다. 그리고 「유문강목(柳文綱目)」과 문안례(文安禮)의 연보를 책의 제일 앞에 실었다. 문집 안에서 「봉건론(封建論)」 같은 경우에는 뒤에 정돈부(程敦夫)의 의론문 한 편을 첨부하였으며, 또 양웅(揚雄)의 「주잠(酒箴)」, 이화(李華)의 「덕명(德銘)」, 굴원(屈原)의 「천문(天問)」, 유우석의 「천론(天論)」 등도 역시 부록하였다. 그 체제는 한유의 문집과는 약간 다르다. 비록 순서가 복잡하여 번거로운 바가 없지 않으나 여기저기 멀리에서 찾아 수집한 탓에, 많기는 해도 빠뜨린 것이 없는 편이 낫다고 하였듯이, 교감하는 이들에게 도움을 줄 만하다. 또한 제본이 뛰어나 송대의 판본 중에서 선본(善本)이라 이를 만하다. 지금까지 오륙백 년이나 전해지면서도 종이와 먹물이 새것과 같아 정신이 번쩍 난다. 다시 『창려집주(昌黎集註)』와 더불어 앞다투어 보물창고에 들어갔으니 진주가 합포(合浦)로 되돌아온 격이며 검이 제자리인 연진(延津)에 모인 격이다.[74] 이 점이 특히 귀중한 점이다.

74) 합포(合浦)는 진주의 명산지이다. 태수들의 탐욕으로 진주가 모두 변두리로 사라졌다가 청렴한 태수가 부임하자 다시 돌아왔다는 고사에서 주환합포(珠還合浦)의 성어가 생겨났다. 잃었던 소중한 것이 다시 제자리로 돌아옴을 의미한다. 검회연진(劍會延津)의 성어도 유사한 의미이다.

영서우록 일칙(楹書隅錄 一則)

양소화(楊紹和)

송대(宋代)에 간행한 『첨주중교음변당유선생문집(添註重校音辯唐柳先生文集)』은 45권, 외집 2권으로, 24책 4상자이다. 이 판본은 『첨주중교음변당유선생문집』이라고 표제가 되어 있고, 반절 한 쪽마다 9행(行)이고, 매 행 17글자이다. 하의문(何義門)은 『독서기(讀書記)』에서 다음과 같이 말했다. "강희(康熙) 병술년(1706), 오자성(吳子誠)이 소장하고 있던 송대 간행 대자본(大字本) 『유집(柳集)』을 빌려보았는데, 서문·목록이 유실되었기 때문에 누구로부터 나온 것인지 알 수 없었다. 「비국어(非國語)」 2권을 합하여 모두 45권이며 「외집」 2권이 첨부되어 있었다. 비록 20% 정도 잔결이 있기는 하지만 근대에 간행할 때 저본으로 삼는 판본 중 이 수준에 이른 것이 없다." 또한 다음과 같이 말했다. "진진손(陳振孫)은 『서록해제(書錄解題)』에서 '고소(姑蘇) 정정(鄭定)이 가흥(嘉興)에서 간행하였는데, 여러 학자가 주석한 것을 모아 하나로 엮었다. 『집주(集註)』라고 하고 『보주(補註)』라고 하고, 장(章)이니 손(孫)이니 장(張)이니 동씨(童氏)라고만 했을 뿐 모두 그 이름을 밝히지 않았다. 중교(重校)니 첨주(添注)니 한 것은 추가로 덧붙인 것이다'라고 하였으니, 정정이 간행한 것이 아닐까 추측해본다." 또한 교정의 말에서 대자본(大字本)을 말한 것이 여러 조목으로, 이 판본과 대조하니 내용이 맞아떨어지지 않는 게 없었으니, 이는 의문(義門)이 교정할 때 근거삼은 것이고 직재(直齋)가 저록한 것이다. 또한 나는 송대 판본 악권옹(岳倦翁)의 『괴담록(愧郯錄)』을 소장하고 있는데, 역시 화(禾)에서 판각한 것으로, 각 행(行)의 형식과 글자수 및 판에 기록하고 새긴 기술자 조관종(曹冠宗)·조관영(曹冠英)·정송(丁松)·왕현(王顯) 등의 성명이 모두 이 판본과 같으니, 그렇다면 정정이 가흥에서 간행한 것임은 더욱 의심의 여지가 없다. 『괴담록』 「서」에서 가정(嘉定)에서 엄무(淹茂) 즉 술

(戌)의 해를 만났다고 서명하였으니,[75] 이 판본은 필시 같은 시기에 간행한 것으로, 정정이 가훙을 다스린 것이 바로 마침 영종(寧宗) 때였다. 『유집』이 세상에 전해지는 것이 아주 적기 때문에 의문(義門)은 잔질(殘帙)을 보게 된 것을 다행으로 여겼다고 부계(斧季)가 말했다. 이 판본은 권수와 체제가 완정하여, 소중하게 여기기에 더욱 충분하다. 예전에 강남에서 『백가주본(百家註本)』을 구했는데, 전시루(傳是樓)의 오래된 물건이었다. 이 판본 첫권에 수수(秀水)·주씨(朱氏)·잠채당(潛采堂) 도서가 있는데, 죽택(竹垞)의 옛 소장본이다. 동치(同治) 병인년(1866)에 도성 입구에서 구입하여, 경오년(1870)에 산양(山陽) 동군(東郡) 양소화 협경보(勰卿甫)가 쓰다.

보례당송본서록 일칙(寶禮堂宋本書錄 一則)

반종주(潘宗周)

『하동선생집』은 45권, 외집 2권, 16책이다. 송(宋) 요영중(廖瑩中)이 한·유 두 문집을 간행했는데, 주공근(周公謹)은 『지아당잡초(志雅堂雜鈔)』·『계신잡지(癸辛雜識)』에서 그것이 꼼꼼하게 아주 잘 만들어졌다고 누차 칭찬했다. 명(明) 서치태(徐時泰) 동아당(東雅堂), 곽운붕(郭雲鵬) 제미당(濟美堂) 간본은 바로 요영중 간본을 복간한 것이라고 전해지는데, 세상에서 추천되고 귀중하게 여겨졌다. 복간본도 이러한데, 하물며 조본(祖本)은 어떻겠는가? 『한집(韓集)』은 옛날에 풍순(豐順) 정씨(丁氏) 지정재(持靜齋)에 소장되어 있었는데, 이미 흩어져 나가, 그후 몇 년 동안의 종적이 어떤지 이렇다 할 소식이 없는 지경에 이르렀다. 『유집』에 이르러서는 이제까지 아

75) 원문의 '엄무(淹茂)'는 '엄무(閹茂)'라고도 하며, 십이지에서 술(戌)을 말한다.

무것도 들은 것이 없어, 오래 전에 이미 사라진 것으로 생각했다. 산음(山陰) 어느 구택의 모씨가 소유하고 있다는 소식을 우연히 전해듣고, 급히 서적 구입자를 알아보아 가서 구해오도록 했는데, 가져와서 보니 진짜 요씨(廖氏)가 간행한 원본이었다. 각 권 말미에 전서(篆書)·예서(隸書)로 '세채요씨각재가숙(世綵廖氏刻梓家塾)' 여덟 글자가 있는데, 목기(木記)를 장방형·타원형·아(亞)자형 등으로 다르게 하였다. 모든 글자체가 고르게 단정한 해서로, 순수하게 솔경체(率更體)를 모방했다.[76] 종이는 광택이 있고 먹빛은 윤기가 흘러, 미려한 자태가 빛났다. (주)공근은 '요씨가 간행한 책은 모두 무주비(撫州萆)로 청강(淸江) 종이에 쓰고 유연묵(油煙墨)으로 인쇄하였기 때문에 이럴 수 있다'고 하고는, 아까워서 차마 손에서 놓지를 못하더니, 마침내 거금을 쾌척하여 구입했다. 살펴보니 첫머리에는 유우석의 「서(序)」가 있고, 다음으로 「서설(敍說)」이 있고, 다음으로 「범례(凡例)」가 있고, 다음으로 「목록」이 있는데, 편집 차례가 이전 판본과 같았다. 1·31·37·38·40·41·42권은 이전 판본과 편집 차례가 조금 달랐다. 모두 45권이고 또한 외집이 2권이었는데, 애석하게도 3·4·5·10권은 복각본으로 보충하여 채워놓아, 완정성에 약간 손색이 있었다. 또한 3·4권, 6·7·8·9·10권에도 각각 한 쪽씩 보수한 것이 있어, 순정함에 손색이 있었고, 복각은 아마도 다시 그 후에 있었던 것 같다. 제미당 판본은 판 형식은 요씨 판본과 같고, 주어(注語)가 크게 증감되었다. 요씨 판본을 복각한 것이 세상에 전해진다는 것은 사실 거짓이다. 진경운(陳景雲)은 『한집점감(韓集點勘)』을 저술했다. 동아당(東雅堂)이 『한집』을 간행할 때 세채당 판본을 사용했다고 했는데, 혹시 이로 인해 잘못 추측한 것이 아닐까? 『한집』은 정씨 지정재에서 요성(聊城) 양씨(楊氏) 해원각(海源閣)으로 갔다. 최근 병란을 만나서 고도(故都) 책방으로 흘러들었다가 친구 진징중(陳澄中)에게 소장되게 되었다. 너무나도 이것을 얻고 싶어했

76) 솔경체(率更體)란 구양순(歐陽詢)의 서체를 말한다. 구양순이 솔경령(率更令)을 지낸 적이 있으므로 그의 서체를 솔경체라고 한다.

으니, 둘의 훌륭한 판본을 합하여 가지게 되기 때문이다. 세상의 보물이 헤어져 있는 것을 나도 평소 원하지 않았던지라, 그래서 그에게 주었다. 700년 동안 간신히 보존된 비적(秘籍)이 갈라졌다가 다시 합하였으니, 또한 서림(書林)의 미담이라고 할 수 있다.

판 형식은 반 쪽 9행에 매 행 17글자이다. 사방에 두 줄로 테를 두르고, 판심(版心)에는 검은색의 좁은 네모와 물고기 꼬리 모양의 무늬 한 쌍이 있다. 책 이름은 『하동』 몇 권이라고 하였고, 위 공간에 글자수와 쪽 번호를 기록하고, 그 아래 '세채당' 세 글자가 있다. 아래 공간에는 판각한 기술자의 성명을 기록했다.

판각 기술자 성명으로는 손무(孫茂), 이문(李文), 전공(錢珙), 채방(蔡方), 옹혁지(翁奕之), 진원청(陳元清), 동보(同甫), 종선(從善) 등이 있었다. 또한 하(何), 손(孫), 완(阮), 방(方), 풍(馮), 이(李), 정(丁), 범(范), 진(陳), 전(錢), 원(元), 개(介), 문(文), 재(才), 규(奎), 승(升), 공(珙) 등 한 글자만 밝힌 것도 있었다.

송대에 피휘한 글자 현(玄), 낭(朗), 광(匡), 광(筐), 광(眶), 윤(胤), 항(恒), 정(貞), 정(偵), 정(楨), 징(徵), 양(讓), 서(署), 수(樹), 수(竪), 욱(頊), 욱(勗), 술(戌), 후(煦), 환(桓), 완(完), 완(莞), 구(構), 구(穀), 구(雊), 신(愼), 돈(敦), 곽(廓) 등의 글자는 쓰지 않았다. 또한 반만 쓰지 않은 것도 있다. 환(圜), 선(旋) 두 글자는 마지막에 쓰지 않은 경우도 있는데, 이는 드물게 보인다.

인장은 다음과 같은 것들이 있다.

項元汴印　項篤壽印　項子京家珍藏　墨林山人　項墨林鑑賞章　項墨林父秘笈之印　項氏萬卷堂圖籍印　天籟閣

退密　商丘宋犖收藏善本　牧翁鑑定　緯蕭草堂藏書記　沈印錫祚　載猷　雲間　雲間氏　紫玉玄居寶刻

송건도영주본유유주외집발(宋乾道永州本柳柳州外集跋)

막승손(莫繩孫)

『당서』·『송서』의 「지(志)」에서 『유집』은 모두 30권이라고 했다. 조씨(晁氏)의 『독서지(讀書志)』에서도 역시 30권, 「외집」 1권이라고 했는데, 조희변(趙希弁)의 『부지(附志)』에서는 45권, 외집 2권이라고 했다. 진씨(陳氏)의 『서록해제(書錄解題)』에 실린 것은 모두 세 종류로, 모두 45권, 「외집」 2권이다. 『천록임랑서목(天祿琳琅書目)』 「전편(前編)」에서 송 판본이 두 가지라고 했으니, 하나는 위중거(魏仲擧) 집주본으로 『정집』 21권, 「외집」 2권이고, 하나는 한순(韓醇) 훈고본으로 『정집』 45권, 「외집」 2권이다. 원(元) 판본은 세 가지로, 모두 동종열(童宗說) 주석본이며, 『정집』 43권, 「외집」 2권이다. 「후편(後編)」은 송(宋) 판본이 네 가지에 원(元) 판본이 두 가지로, 역시 동종열 주석본이며 권수는 같다. 이상 여러 판본에서 권을 나눈 것이 제각각 다른데, 요컨대 30권으로 한 것이 가장 오래된 것이다. 진씨는 『해제』에서 "유우석이 서(序)를 썼는데, 유종원의 글을 엮어 32통으로 했고, 한유의 「지(誌)」와 「제문」은 제1통 끝에 첨부하였다고 했다. 지금 세상에 유통되는 것은 모두 45권본으로, 지문을 첨부하지 않았으니, 당시 판본이 아니다"라고 했다. 이는 송대에 간행한 것으로 이미 유우석이 편집한 것이 아니었다. 『사고제요(四庫題要)』에서는 "혹시 후세 사람이 유우석 서문을 추후에 고쳐서, 당시 유통되는 권수에 맞추려고 했을지도 모른다"고 했다. 『유우석집』 「유문서(柳文序)」를 보면 실제로 32통이라고 했으니, 그렇다면 각종 판본 『유집』에 실린 유우석 서문에서 45라고 한 것은 후세 사람이 추후 고친 것이 확실하다. 금릉(金陵) 시장에 이 송(宋) 판본 「외집」 1권이 나왔는데, 시문(詩文)이 모두 43편이었다. 다른 판본에서 이미 『정집』으로 마구 편입시킨 것은 32편이고, 「외집」에 편입시킨 것은 겨우 8편이었다. 또한 「송원고사시(送元暠師詩)」·「상재상계(上宰相啓)」·「상배계주장(上裴桂州狀)」 3편이 추가로 나왔는데, 각 판본 『정집』, 「외집」에서 모두 싣지 않았다. 권말에는 건도(乾道) 개원 오흥(吳興) 섭정(葉程)이 간행한 책 발문이 있으니, 섭정이 영주에서 관직에 있으면서 군(郡)의 학당에서 판각한 것인 듯하다. 지금까지 본 『유집』이 거의 열 가지 판본이며, 「외집」이 모두 2권으로, 오직 「조지(晁志)」에서만 1권으로 되어 있는데, 조소덕(晁昭德)은 섭정과 사실 같은 시대여서 소장한 것이 혹시 바로 이 영주 판본인 듯하다. 이 책은 조동정(曹楝亭) 씨가 옛날에 소장한 것으로, 그 『장서목(藏書目)』 주에서 32권이라고 하였으니, 이는 이 「외집」과 「부록」을 합하여 계산한 것으로, 영주 판본 『정집』이 30권이라는 것이 의심할 바 없음을 더욱 충분히 증명하는 것이다. 이 「외집」을 예로 보면, 그 『정집』은 필시 여러 판본과 크게 다른 점이 있었을 듯한데, 일실되어 볼 수 없는 것이 애석하다. 동치 12년 태세 계유 가을 7월 16일, 독산(獨山) 막승손이 강녕(江甯) 여저(旅邸)에서 쓰다.

송건도영주본유유주외집발(宋乾道永州本柳柳州外集跋)

유수증(劉壽曾)

이 송 건도 판본 『유주외집』 1권, 「부록」 1권은 오흥 섭정이 영주에서 판각한 것으로, 막중무(莫仲武)가 금릉 시장에서 구했는데, 괴례경(蒯禮卿)이 무척 아껴, 서양의 방법을 이용해 빛을 쬐고 나무에 새겼다. 막중무는 『당서』·『송서』의 「지(志)」에 실린 『유집』은 모두 30권이고, 조소덕(晁昭德)의 『독서지(讀書志)』에서도 역시 30권에 「외집」 1권이라고 했다고 했다. 조소덕이 소장한 것이 바로 이 영주 판본인 듯하다. 『유집』은 30권본이 가장 오래된 것임이 맞다. 유몽득이 『유집』의 서문에서 32통이라고 한 것은 마땅히 『정집』 30권, 「외집」 1권, 「목록」 1권이다. 내가 괴례경으로부터 명대 오(吳) 사람 곽운붕(郭雲鵬) 판본을 얻었는데, 거기에 실린 송대 사명(四明) 판본의 발문에는 "대자(大字) 45권본이 목수(穆修) 집에서 나왔는데, 유몽득 판본이라고 했다"고 하였다. 그런 즉, 송대 사람들은 45권본에 이미 의심을 가지고 있었다. 곽씨 판본은 「외집」을 2권으로 나누었고, 이 판본과 차례가 다른 것이 많은데, 이 판본의 오류를 바로잡을 만한 것으로, 예를 들면 「방예(謗譽)」 "內是謗行於上"에서 "內"를 "由"로 했다든다, 「하간전(河間傳)」 "天下之言朋友相慕望者有如河間" 다음에 "與其夫之切密者乎河間" 10글자가 있다든가, 「하천조표(賀踐祚表)」 "湯文聰明"에서 "湯"을 "漢"으로 했다든가, 「하사표(賀赦表)」 "歸還留竄"에서 "留"를 "流"로 했다든가, 「사설표(謝設表)」 "覃希遠人"에서 "希"를 "布"로 했다든가, 「거배면표(擧裴冕表)」 "吳任宰嚭而五胥誅"에서 "五"를 "伍"로 했다든가, 「하두군제우습유표(賀竇羣除右拾遺表)」 "抱蒙養正"에서 "抱"를 "苞"로 하고, "以永其志"에서 "永"을 "求"로 했다든가, 「위왕경조하우표(爲王京兆賀雨表)」 "臣卽須祈禱"에서 "臣"자가 없다든가, 「제이표(第二表)」 "慙荷" 다음에 "無極"이 있다든가, 「위번좌승양관표(爲樊左丞讓官表)」 "危身莫踰於曠職"에서 "諭"를 "踰"로 했다든가 하는 것이 모두 바름의 증거가 될 수 있다. 「하평이회광표(賀平李懷光表)」 "頓軍咸陽" 다음에 궐문이 있고, 「사사시복표(謝賜時服表)」에서 "重劇丘山" 네 글자가 빠진 것은 곽씨 판본 역시 같으니, 잘못된 점이 전승된 것이 이미 오래 되지 않았나 생각한다. 「부록」에서 한유의 「나지묘비(羅池廟碑)」 "春與猨吟兮秋與鶴飛"에서 "與鶴"은 마땅히 바로 잡아야 할 것이니, 석(石)의 판본이 그 증거가 될 수 있다. 그외 다른 글자는 유통 판본보다 뛰어난 것이 상당히 많으니, 독자는 당연히 스스로 알게 될 것이다. 『문원영화(文苑英華)』 「표류(表類)」에 수록된 『유문(柳文)』 주석에서 '문집에 무어[某]라고 되어 있다'고 한 것이 또한 이 판본과 부합되는 것이 많으니, 중무의 30권본이 가장 오래 되었다는 설을 더욱 증명하는 것이 될 수 있다. 광서(光緖) 기묘 가을 9월, 의징(儀徵) 유수증(劉壽曾)이 쓰고, 강음(江陰) 목우손(繆祐孫)이 기록하다.

변위잡록(辨僞雜錄)[77)]

제2권

「유고황질부(愈膏肓疾賦)」

① 이 부는 부천(膚淺)하여 유종원의 글로 어울리지 않는다.

— 안수(晏殊)[78)]

② 그 사기(詞氣)가 유종원이 젊은 때에 쓴 작품과 유사하니, 근엄하거나 간결하지도 않고 깊거나 빼어나지도 않다.

— 하작(何焯), 『의문독서기(義門讀書記)』

③ 이 글은 유종원의 것이 아니다. 다른 당나라 사람이 쓴 것일 뿐이다.

— 오여륜(吳汝綸), 『유주집점감(柳州集點勘)』

제5권

「요아비(饒娥碑)」

①「요아비」는 자후의 글이 아니다. …… 요아가 물가에서 죽은 것이 언제인지 역사에는 분명한 기록이 없다. 위중시(魏仲兕)가 대력(大曆) 연간에 악평령(樂平令)을 지내고,[79)] 정숙칙(鄭叔則)이 건중(建中) 초년에 출척사(黜陟使)를 지냈는데, 대력과 건중은 모두 덕종(德宗)의 연호로 요아가 죽었을 때 자후는 일곱여덟 살에 지나지 않았다. 그 후의 발자취도 요주(饒州)를 친히 밟은 적이 없으니 자후가 무슨 인연으로 이 아(娥)를 위해 비문을 썼겠는가? 또 아가 죽었느니 안 죽었느니 사람마다 각각인데, 왕백후(王伯厚)의 기록에 의하면 위중시의 갈문(碣文)에 아의 죽음을 언급하지

77) 본 변위잡록은 작품의 진위에 대한 제가들의 언급을 모은 것이다.

78) 교점자: 음변본 · 오백가주본 · 세채당본 · 제미당본 · 장지교본의 제목 아래 주 및 왕응린(王應麟)의 곤학기문(困學記聞) 권17의 유주문가의제편(柳州文可疑諸篇)에도 같은 주장이 보인다.

79) 권5의 편명 아래 주에는 위중시(魏仲兕)가 위중광(魏仲光)으로 되어 있다.

않았고 송경문(宋景文)의 『신당서』에서도 같다. 자후가 소문을 잘못 믿어 역사가 그 잘못을 이은 것이다. 상황을 미루어보면 다음과 같다. 요아 부녀는 고기를 잡아 살아갔고 집안에는 다른 사람이 없었다. 만약 부녀가 일시에 같이 죽었다면 그 작디작은 초가가 어떻게 그리 오래 남아있을 수 있으며 어떻게 현인과 상인들에게 알려져 출척사가 마을에 정(旌)을 세울 수가 있었겠는가? …… 또 자후는 하늘이니 신령이니 하는 것을 끌어다 대는 것을 아주 싫어한다고 누차 말하였는데, 이 비에서는 다음날 자라·물고기·거북이·교룡이 수만 마리나 죽어 떠올라 물길이 막혔으며 파(鄱) 옆의 주민들이 슬퍼 원망스레 외치며 신기하게 여겼다고 하였다. 또 명문(銘文)에서, 특출한 효행을 신도(神道)에서는 보상할 길이 없다고 하였는데, 이는 자후의 평생 논조와 판이하다. 더욱이 문장 내용이 고상하지 못하며, 명문에서 열녀의 사적을 끌어다 줄줄이 늘어놓았는데 이는 순전히 응시용 암기문의 수법이니, 자후의 솜씨와는 다르지 않은가? 혹 원여(元藇)가 요주자사일 때 자후와 서찰을 주고받았는데 주민이 이를 빌미로 자후의 이름을 도용하여 이 비를 세웠는지는 알 수 없다. 그러나 이 비문은 자후의 글일 수 없음에 결코 의심의 여지가 없다.

— 장사교(章士釗), 『유문지요(柳文指要)』(상) 권5

제19권

「이윤오취걸찬(伊尹五就桀贊饒)」

① 이 글은 타인의 글로 의심되며 간결하지도 힘차지도 않다. 혹 당시의 범인이 비(伾)·문(文)과 관계를 맺은 잘못을 변론하고자 한 것이 아닐까?

— 하작(何焯), 『의문독서기(義門讀書記)』

제20권

「수주안풍현효문명(壽州安豊縣孝門銘)」

① 왕백후(王伯厚)는 유종원 문집에는 유종원의 글이 아닌 것이 많다고

하였으나 「수주안풍현효문명(壽州安豐縣孝門銘)」이 위작이라고 지적하지는 않았다. 이치에 따라 볼 때, 자후는 이 글을 쓸 수 없었을 듯하다. 초가 위에 자지(紫芝)와 백지(白芝)가 자라난 것을 신령스럽다고 분명히 하였고 또 자식이 지체를 훼손하는 것과 효행의 신통함을 고취하였는데, 퇴지(退之)도 이런 글을 쓰지 않으려 하였다. 더욱이 자후는 줄곧 유물주의에 치중하여 그 주장이 극히 뚜렷한데, 어떻게 별안간 "하늘과 신령까지도 상서로운 것을 내려 그 특별함을 드러내 보인다"고 소리 높여 말했겠는가? 어찌 이다지 「천설(天說)」과 「단형론(斷刑論)」에서 말한 "저 아득한 하늘이 어찌 내 일에 관여할 수 있겠는가"라는 말과 심하게 배치될 수 있단 말인가?

— 장사교(章士釗), 『유문지요(柳文指要)』(상) 권20

「순우지사(舜禹之事)」

①이 글과 그 아래의 「방예(謗譽)」·「함의(咸宜)」 등은 박사 위주(韋籌)의 작품인 듯하다.

— 안수(晏殊)[80]

②「순우지사」와 「방예」·「함의」의 세 편은 사람들이 대부분 자후의 글이 아니라고 하는 것이다. 안동숙(晏同叔)은 박사 위주(韋籌)의 글인 것 같다고 하였는데 그 근거가 무엇인지 알 수 없다. …… 내가 자세히 따져보니 이 글은 결코 틀린 글이 아니다. 글 안에 담긴 의미는 자후가 가질 수 없는 것이 아니다. 또 자후의 「순우지사」는 남송 건도 영주본 유집에서 이미 외집에 편입시켰는데 이는 자후가 이 글을 기초(起草)할 수 있음을 믿지 않는 것으로, 그 주장은 대략 송나라 때에 시작되었으며 촉(蜀)을 내세우고 위(魏)를 부정하는 정통론과 관련이 있다. 대저 당시에 고문운동이 처음으로 일어나 한(韓)·유(柳)와 어깨를 나란히 그 임무를 다하려고 하였으니, 아마도 유종원이 문장의 의법(義法)을 어기도록 할 수는 없었을 것이다. 그럴듯

80) 교점자: 세채당본·제미당본·장지교본의 제목 아래 주 및 왕응린(王應麟)의 곤학기문(困學記聞) 권17의 유주문가의제편(柳州文可疑諸篇)에도 같은 주장이 보인다.

한 사이비 정통론은 상황이 그리 만든다. 그래서 문리(文理)의 시비와 득실을 따지지 않으니, 자후의 「순우지사」 같은 글은 위작이면 바로 위작이 되고 실제 작품이라도 역시 위작이 된다. 또 박사 위주의 이름을 빌려다가 글의 주인으로 세우는 것 역시 상황이 그리 만드는 것이다. 또 안동숙은 위작으로 의심하였는데 실은 위작일 수 없다. 왜 그런가? 그 안에 담긴 민본사상은 위주 같은 인물의 머리에 이식될 수 없었기 때문이다.

—『유문지요(柳文指要)』(상) 권20

「방예(謗譽)」

①이 글은 퍽이나 볼 만한데 한(韓)·이(李)를 본받은 것으로, 유종원에게서 나온 것이 아님이 틀림없다.

— 하작(何焯), 『의문독서기(義門讀書記)』

②「순우지사」·「방예」·「함의」의 세 편을 안원헌(晏元獻)은 위주(韋籌)의 작품이지 자후의 작품이 아니라고 하였다. 내가 이미 「순우지사」에 대해서는 안씨의 설이 그르다고 매우 상세히 말하였다. 「방예」와 「함의」는 감히 유종원의 손에서 나왔다고 확정할 수는 없으나 또한 남의 말에 부화하여 그 솜씨가 유종원의 글답지 않다고 감히 말하지는 못한다. 단지 안씨는 위주의 작품이라 하였는데 어떻게 증명하는가? 실로 알 수가 없다.

—『유문지요(柳文指要)』(상) 권20

「이상(吏商)」

①이 글과 「방예」의 두 편은 서로 유사한데 어쩌면 유씨의 작품이 아니다.

— 하작(何焯), 『의문독서기(義門讀書記)』

제27권

「옹주마퇴산모정기(邕州馬退山茅亭記)」

① 유종원문집에 자후의 글이 아닌 것이 많은데, 「마퇴산모정기(馬退山茅亭記)」는 『독고급집(獨孤及集)』에 보인다.

— 왕응린(王應麟), 『곤학기문(困學記聞)』 권17 「유주문가의제편(柳州文可疑諸篇)」

② 당 독고급 지지(至之)는, (…중략…) 대체로 서(序)와 기(記)는 당의 습속을 이어받았으며, 비문은 서사(敍事)하되 정서의 표명이 약간 보인다. 「선장(仙掌)」·「함곡(函谷)」의 두 명(銘)과 「낭야계술(琅邪溪述)」·「마퇴산모정기(馬退山茅亭記)」·「풍후팔진도기(風後八陣圖記)」는 모두 걸작이다.

— 왕사정(王士禎), 『향조필기(香祖筆記)』 권5

③ 「옹주유중승작마퇴산모정기(邕州馬退山茅亭記)」는 『영화(英華)』에서 독고상주(獨孤常州)의 글이 이에 가깝다고 하였다. 또 앞의 신묘(辛卯)년은 천보(天寶) 10년으로 지지(至之)에게 「초청포금등마퇴산대주망원취후작(初淸抱琴登馬退山對酒望遠醉後作)」 한 편이 있는데 그 시에 "왕의 군대가 막 반란군을 정벌하는데, 호랑이 같은 신하는 모두 갑옷을 덮고, 노(魯)의 백성은 선비의 복식을 하고, 기꺼이 남산의 밭에 나아간다"라는 구절이 있다.[81] 이때는 막 남조(南詔)를 토벌할 때로 이 글 역시 지지에게서 나온 것으로 증거를 댈 수 있다.

— 하작(何焯), 『의문독서기(義門讀書記)』

④ 당(唐)의 사서를 살펴보면 원화(元和) 5년에 등주(鄧州)자사 최영(崔詠)이 옹주자사 겸 옹관경략사(邕管經略使)가 되었다. 8년에 비로소 옹주에서 계주(桂州)로 옮겼다. 따라서 신묘년에 옹주의 태수 자리가 비어있지 않았고 당연히 대리태수가 없었음을 알 수 있다. 또 '중형(仲兄)'을 구주(舊注)에서 '유관(柳寬)'이라 하였는데, 유관의 비지문의 기록에 근거하면 유관은 신묘년 8월에 죽었다. 그런데 이 정자는 10월에 세웠으므로 유관이 세운 것이 아님이 분명하다. 『문원(文苑)』에 따르면 이 기문은 독고급이

81) 王旅方伐叛, 虎臣皆被堅, 魯人著儒服, 甘就南山田.

지은 것으로, 편집자가 잘못 편입시킨 것인데, 주를 단 이가 그 잘못을 따르고 더 나아가 설명까지 붙인 것이다. 왕응린(王應麟)의 『곤학기문(困學記聞)』은 단지 독고급집을 근거로 들었으나 애석하게도 상세하지 않다.

— 진경운(陳景雲), 『유집점감(柳集點勘)』

⑤ 오늘의 남녕(南寧)이 옹주이다. 그 변두리의 선화(宣化)에 마퇴산이 있는데 『지지(地誌)』를 쓴 이는 대부분 자후의 이 기문을 끌어다댄다. 그러나 왕백후(王伯厚)의 『곤학기문』에 이 글은 『독고급집』에 보인다고 하였다. 자후는 「선시어신도표(先侍御神道表)」에서 아버지가 "내게는 아들 하나뿐이다"라고 한 말을 기록하였다. 또 자후 스스로도 "적장자이다"라고 하였으니 작은 형이 없다. 고인들은 백형과 중형으로 사촌을 부르는 일이 드물었으며 또 원화 신묘년에 자후는 한참 영주에 있었으니 이 기문은 같이 어울렸던 인물이 지은 것인 듯하다. 지금의 유종원문집의 주를 쓴 이가 말하길, 중형은 유관(柳寬)으로 자는 존양(存諒)이며 자후의 「고대리평사유군묘지(故大理評使柳君墓誌)」와 「제문(祭文)」의 주인공이라고 하였다. 「지(誌)」에서 유관은 원화 6년 8월 7일에 죽었다고 하였는데 이 기문에서는 겨울 10월에 정자를 지었다고 하였으니 유관이 아니다. 또 유관과 자후의 부친 유진(柳鎭)은 자사 유해(柳楷)에게 같이 고조부격으로 유관과 자후는 숙질관계이며 형제간이 아니다. 더욱이 유관은 막부에서 종사하다가 그만두고는 떠돌이 선비로 광주(廣州)에서 죽었으니 어떻게 그럴 수가 있었겠는가? 또한 최우보(崔佑甫)의 「독고상주신도비(獨孤常州神道碑)」에 이르길 대력 12년에 관사를 내놓았다고 하였는데 이해는 정사(丁巳)년이다. 또 향년 53세라 하였는데 그렇다면 개원(開元) 13년 을축(乙丑)년에 태어났다. 또 천보 말년에 경서에 통달하고 대책(對策)으로 급제하여 화음(華陰) 현위(縣尉)가 되었으며, 「고함곡(古函谷)」·「선장(仙掌)」의 두 명을 지었다고 하였다. 「함곡명」의 서문에서 "당이 흥한지 138년이 되었을 때 나는 화음현에서 현위가 되었다"라고 하였는데 이때는 천보 13년으로 독고급이 30세였다. 또 비문에서 독고급이 전중시어사(殿中侍御史) 통리(通理)의 넷째 아들이라고 하였다. 만약

이 기문이 독고급의 것이라면 천보 10년의 일로 독고급의 형이 옹주에 대리로 부임한 것이 분명치 않다. 이 기문은 저속하나 근자에 『창려집』을 보니 주자(朱子)도 후인의 위작을 취하여 한유의 글이라고 하였다. 그래서 우선 여기에 기록하여 한·유 두 사람의 글이 후인들에 의해 혼란스럽게 된 것이 많음을 알린다.

— 요범(姚範), 『원학당필기(援學堂筆記)』 권43

⑥「마퇴산모정기」는 유종원의 글이다. 후인이 잘못하여 독고급의 문집에 넣었다. 왕사정(王士禎)이 그것이 옳다고 칭찬하였는데 특히 고증을 소홀히 한 것이다.

— 기윤(紀昀), 『사고전서총목제요』 권150, 「집부 별집류 3」

제34권

「상문하이이간상공진정서(上門下李夷簡相公陳情書)」

①이 편지는 네 가지 점에서 의심스럽다. 우선 나열하면 다음과 같다. 자후가 쫓겨난 후에 친척과 친구에게 보낸 편지는 고통을 호소하며 구원을 구걸하였다. 예를 들어 허맹용(許孟容)·양빙(楊憑)·소면(蕭俛) 및 이건(李建)에게 보낸 편지에서는 대체로 예전의 우의를 서술하여 정감과 문채가 모두 풍부하다. 그런데 이 편지는 한 가닥 마른 줄처럼 이리저리 엉켜 독자에게 감동을 주지 못한다. 이것이 그 첫째 이유이다. 편지에서 쫓겨나 외로운 죄수가 된 지 14년이 되었다고 하였는데, 이때는 바로 유주(柳州)로 옮기던 때로, 당시에 자후는 독서가 깊은 경지에 이르고 심기가 평온하였으며, 현지에도 역시 사직과 백성이 있음을 자각하여 부지런히 일처리를 하여 매우 익숙하고 안정된 형세로서 처음 쫓겨날 때의 답답하고 조급한 마음과는 크게 달랐다. 이 편지에서 급히 구원을 바라여 "분해서 소리치며 스스로 죽어 여한이 없도록"이라는 말을 사용하였는데, 이는 실로 지식인의 본색을 잃은 것이다. 이것이 둘째 이유이다. "문하에서 죽으려는 선비가 앞을 다툴 것입니다"라고 하였는데 이것이 무슨 말인가? 본디 도

를 믿고 일체를 내려다보던 자후와도 같은 인물이 세상에서 출세한 이에게 갑자기 이처럼 목을 움츠리고 아첨하며 맹세한단 말인가? 이것이 셋째 이유이다. 더욱이 이이간과 자후는 과거의 일로 말하자면 원수사이라고 해도 실로 지나치지 않다. 이이간이 어사중승일 때 양빙과 평소 사이가 나빴는데, 양빙이 강서(江西)에서 경조윤이 되어 들어오자 이이간은 공개적으로 양빙이 강서에서 장물을 취하고 법을 어겼다고 탄핵하여 어사대에서 심문하게 하였으니 양빙을 죽이려는 의도였다. 마침 한림학사 이강(李絳)이 구해주어 비로소 임하(臨賀)의 현위로 쫓겨나고 매듭이 지어졌다. 무릇 양빙은 자후 아버지의 친구이며 외삼촌과 조카의 관계를 겸하였으니 자후가 어찌 전대의 원한을 잊고 적과 친할 수가 있었겠는가? 이것이 넷째 이유이다. 이이간은 양양(襄陽)에서 일찍이 하인을 보내 자후를 위로한 적이 있으며 자후는 편지로 사의를 표하였다. 문집 가운데 조종유(趙宗儒)·무원형(武元衡)과의 경우와 같이 유사한 경우가 많이 있는데 이것과 심히 궁박하여 남에게 애원하는 것은 분명 다른 일이다. 하나를 가지고 다른 것에 적용해서는 안 된다. 이것이 다섯째 이유이다. 이상의 다섯 가지 이유로 나는 자후의 「상이이간상공서」가 진실이라고 믿지 않는다. 혹자는 이 편지가 이이간에게 보낸 것이 아니고 이강에게 보낸 것이라고 하는데 대략 이치에 맞는 말로 자세히 생각해볼 만하다.

—『유문지요(柳文指要)』(상) 권34

제36권

「상대리최대경응제거불민계(上大理崔大卿應制擧不敏啓)」

①자후의 문집 가운데 또 「상대리최경계」 등이 있는데 역시 범속하고 고루하여 자후의 글이 아니다.

—심작철(沈作喆), 『우간(寓簡)』 권4

제37권

「예부하책존호표(禮部賀冊尊號表)」

①「하책존호표」의 경우, 당시에 이미 유주의 자사가 되었는데도 '예부'라고 하였다.

— 한순(韓醇), 본서 부록의 「하동선생집기후(河東先生集記後)」

② 고금의 문집 모두에서 '예부하책존호표'라는 제목을 사용했다. 잘못이다. 헌종(憲宗) 원화 3년 초에 예성문무황제(睿聖文武皇帝)라는 존호를 가하였으며 원화 14년 7월에 다시 원화성문신무법천응도황제(元和聖文神武法天應道皇帝)의 존호를 올렸다. 공은 당시에 이미 유주자사였으니 예부에서 올린 표가 아님을 알 수 있다. 당연히 제목을 '유주하책존호표(柳州賀冊尊號表)'라고 해야 한다.82)

— 한순(韓醇), 본편 제목 아래의 주(注)

「예부위문무백료청청정표삼수제이표 · 제삼표(禮部爲文武百寮請聽政表三首第二表, 第三表)」

① 안원헌(晏元獻)본 제2표의 주에서, 『문원영화』에 근거하면 이 표는 임봉(林逢)의 「청청정제삼표(請聽政第三表)」라고 하였다.

— 본편 제목 아래의 주

② 임봉(林逢)의 「청청정표칠수(請聽政表七首)」 중에서 제3표가 유집에 제2표로 실려 있다. 안원헌은 유집의 제2표는 『문원영화』에 근거하면 임봉의 제3표라고 하였다. 그런데 유집에는 별개의 제2표가 있다. 제4표 역시 유집에 제3표로 실려 있다. 표문에서 "양하(兩河)의 도적이 비록 제거되었으나[雖除](유집에서는 '難除'로 되어 있다) 백성들의 상처는 아물지 않았습니다"라고 하였으며, 또 "선제(先帝)의 큰 공을 이루고 중흥의 성업을 계승하였습니다"라고 하였는데, 이는 목종(穆宗) · 경종(敬宗) 때의 일이다.

82) 교점자 : 세채당본 · 제미당본 · 장지교본의 본편 제목 아래 주에도 역시 같은 견해가 있다.

유종원은 헌종 원화 14년에 이미 죽었으므로 이 두 표문을 유집에서 잘못 수록한 것이라는 점을 어찌 의심하겠는가?[83)]

—팽숙하(彭叔夏), 『문원영화변증(文苑英華辨證)』 권5

③ 제3표의 심정은 간절하니 자후가 아니고서는 그런 말을 알지 못할 듯하다. …… 당 시기 양하의 전역(戰役)은 빈번히 아군을 괴롭혔는데 헌종·목종·경종 때에도 별다른 차이가 없었다. 팽숙하(彭叔夏)가 갑자기 표의 몇 마디가 목종·경종 때의 일로서 헌종 집정 초기에 관련되기가 어렵다고 하였는데, 이에는 무모한 단정의 혐의가 있다. 더욱이 목종이 처음 즉위할 때에 양하는 대략 평정되어 형세가 매우 좋았으며, 소면(蕭俛)·단문창(段文昌) 등이 점차 병사를 줄여야한다고 여겨 천하의 군대가 있는 곳에 밀조를 내려 매년 백 명 가운데 여덟 명에 한해 사형을 면하도록 할 것을 주청하였고 황제는 그리하도록 허락하였다. 또 원진(元稹)이 「가배도유진양도초토사제(加裴度幽鎭兩道招討使制)」를 기초하면서 "짐이 큰 영험함을 입어 기(冀)지방이 먼저 복종하고 뒤에 연(燕)지방이 평정되었다. …… 도끼에 베이는 형벌이 다그치고 산초와 난초 같은 훌륭한 기운이 밖에서 미친다면 그 누가 목숨을 아끼지 않겠는가? 어찌 난리 속에서 죽어가겠는가? 배도(裴度)는 마땅히 마음을 열고 띠를 느슨히 하여 그들이 귀순하기를 기다리라"라고 하였다. 이에 따르면 목종 초기에 무슨 "도적을 제거하기 어렵고[難除]", "상처가 아물지 않은" 급박한 상황이 있어 장례도 치르지 않은 채 군대의 발동을 맹세하는 일이 있었겠는가?

—『유문지요』(상) 권37

---

83) 교점자 : 『문원영화』 권599 임봉의 재신등청청정표(宰臣等請聽政表) 제3표 제목 아래의 주에서 이르길, "이 표는 유종원집에서 제2표로 잘못 수록하였다. 안원헌이 임봉의 작품이라고 하였듯이 결코 유종원의 글이 아니다"라고 하였다. 제4표 아래의 주에서도 이르길, "이 글 역시 유종원집에 예부위문무백료청청정제삼표로 잘못 수록되었다. 표에서 말한 '양하의 도적이 비록 제거되었으나 백성의 상처는 아물지 않았습니다'라고 한 것은 목종과 경종 때의 일이다. 유종원은 원화 15년(14년이 마땅하다)에 죽었으니 잘못 수록했음을 어찌 의심하겠는가"라고 하였다.

제38권

「위번좌승양관표(爲樊左丞讓官表)」

①이 일은 고증할 수 없다. '번(樊)'은 '위(韋)'로 된 책도 있다. 그런데 이 표는 반드시 자후의 글은 아니다. 만약 자후의 것이라면 그 일은 마땅히 정원(貞元) 말년의 일이다.

—『유문지요』(상) 권38

「대이소양주사상임표(代李愬襄州謝上任表)」

①이소(李愬)는 농우(隴右) 임조(臨洮)지방 사람이다. 원화 12년에 채주(蔡州)에 진입하여 오원제(吳元濟)를 사로잡았다. 11월에 검교상서우복야(檢校尙書右僕射)로의 진급의 명을 받고 양주(襄州)자사·산남동도절도사(山南東道節度使)가 되었다. 그런데 양주는 영표(嶺表)와 아득히 떨어져있는데 자후가 유주에서 대신 「사상표(謝上表)」를 지었다니 아마도 자후의 글이 아닌 듯하다.[84)]

— 한순(韓醇), 본서 본편 제목 아래의 주

②자후는 이소(李愬)와 아무 관련이 없으며 단지 「당아(唐雅)」를 헌상할 때 편지를 주고받은 적이 있다. 또 유주는 양주와 아득히 멀어 왕래하기 어려웠으니 자후가 어느 경로로 이소를 위해 이 표를 기초하였겠는가? 더욱이 표가 평범하여 조금이라도 글에 통달한 이라면 모두 이렇게 쓸 수 있다. 오지보(吳摯甫)가 이 글을 제외시키려한 것도 무리가 아니다.[85)]

—『유문지요』(상) 권38

「위유동주사상표(爲劉同州謝上表)」

①자후는 원화 14년 10월 유주에서 죽었다. 유우석(劉禹錫)은 문종(文宗) 대화(大和) 9년에 비로소 동주로 옮겼으니, 자후가 죽은 후 17년이 된

84) 교점자: 세채당본·제미당본·장지교본에도 역시 같은 견해가 있다.
85) 교점자: 오여륜(吳汝綸)의 유주집점감(柳州集點勘)에서는 이 글을 제외시켰다.

다. 그러니 자후가 어떻게 몽득(夢得)을 대신하여 표를 쓸 수 있었겠는가? 그 글 자체도 하찮으니 위작임이 분명하다. 그런데도 편집자가 잘못 소홀히 다뤄 제외시키지 않았고 독자도 역시 들춰내지 않았다. 개탄할 일이다. 「빈객집(賓客集)」에 「동주자사겸장춘궁사사표(同州刺史兼長春宮使謝表)」가 있는데 매우 훌륭하다.

—심작철(沈作喆), 『우간(寓簡)』 권4

②「위유동주사상표(爲劉同州謝上表)」는 자후의 글 같지 않으나 역시 매우 질박하고 힘이 있다.

—하작(何焯), 『의문독서기』

「대배행립사이진표(代裴行立謝移鎭表)」

①배행립이 진(鎭)을 옮긴 것은 자후가 죽은 이후이니 이 표는 타인의 글이며 여기에 잘못 편입된 것이리라.[86)]

—손여청(孫汝聽), 본편의 제목 아래의 주

②「대배행립사이진표」는 배행립이 진을 옮긴 것이 이후의 일이므로 역시 타인의 글이다.[87)]

—왕응린(王應麟), 『곤학기문(困學記聞)』 권17, 「유주문가의제편(柳州文可疑諸篇)」

③ 목종(穆宗) 때에 배행립이 진을 옮겼는데 이는 자후가 죽은 이후이다. 이 표가 타인의 것임은 의심할 바 없다.[88)]

—장지교, 유종원집 장지교본 본편 제목 아래 주

86) 교점자: 세채당본과 제미당본의 제목 아래 주 역시 같다. 음변본의 제목 아래 주에서도 "아마도 종원의 글이 아니다"라고 하였다.

87) 교점자: 곤학기문(困學記聞) 권17의 옹원기(翁元圻)의 주에 이르길, "통감(通鑑) 당기(唐紀)에 '헌종 원화 15년 윤 정월에 목종 즉위, 2월에 계관관찰사(桂管觀察使) 배행립을 안남도호(安南都護)에 임명'이라고 하였는데 자후는 이미 전년에 죽었다"라고 하였다.

88) 교점자: 장지교본의 유집에서는 제목과 그 아래 주뿐이다. 원문은 제외시켰다.

④ 목종이 즉위했을 때 자후는 이미 죽었다. 이 글은 유종원의 글이 아니다.[89)]

— 오여륜, 『유주집점감』

「대위영주사상표(代韋永州謝上表)」

① 『문원』에 따르면 이글은 이옹(李邕)이 지은 것이다.[90)]

— 진경운, 『유집점감』

「유주사상표(柳州謝上表)」

① 이 표는 유종원의 글이 아니다. 유종원이 유주자사로 갈 때, 정월에 이미 경성으로 소환되었다가 3월에야 비로소 유주로 출발하였는데, 표에서는 "성은을 입어 자리를 옮기게 되어 치마를 찢고 발을 동여매 경성으로 달려가려했습니다"라고 하였다.

— 한순, 『유집』 고훈본 본편 제목 아래의 주

② 이 표는 아마도 위작인 듯하다.[91)]

— 정정(鄭定), 송각 잔본 『중교첨주당유선생집(重校添注唐柳先生集)』 제목의 주

③ 『유자후문집』에는 가짜가 많으니 「유주사상표」에서 "작년에 성은을 입어 소환되었으나 금년 여름에야 비로소 귀로에 나섰습니다. 양양절도사 우적(于頔)은 저와 친구사이로 제가 더운 때에 길을 가는 것을 보고 머물게 하고 관직을 맡기려했습니다. 그는 저를 후대하려고 한 것이나 그것은 제가 바라는 바가 아니었습니다"라고 하였다. 내 견해는 다음과 같다. 우적은 임지에서 발호한 지 오래였다. 그러나 원화 3년에 헌종이 뛰어나고 위엄이 있음을 알고 겁을 내어 조정에 들어왔다. 그리고 9월에

89) 교점자 : 오여륜의 『유주집점감』에서는 이 글을 제외시켰다.

90) 교점자 : 『문원영화』 권 585에 이 글을 수록하고 유종원의 글이라고 하였다. 진경운의 견해가 틀린 듯하다.

91) 교점자 : 세채당본 본편 제목 아래 주에서도 이 견해를 초록하였다.

사공(司空)에 임명되었다가 8년 2월에 죄를 지어 쫓겨나 은왕(恩王)의 스승이 되었다. 그런데 자후가 도성에 소환된 것은 원화 10년으로 우적이 양양을 떠난 지 오랜 뒤이다. 그러니 어떻게 자후를 머물게 하여 관직을 맡길 수 있었겠는가? 또 「사상표」에서 언급하지 말아야할 것으로 글의 내용이 적절치 않으니 분명 위작임을 알겠다.

— 심작철(沈作喆), 『우간(寓簡)』

④ 이길보(李吉甫)의 「침주자사사상표(郴州刺史謝上表)」가 유종원의 문집에도 실려 있는데 '침(郴)'이 '유(柳)'로 되어 있다. 『신당서』 「이길보전」에서는 침주에서 요주(饒州)로 옮겼다고 하였다. 『구당서』에는 '침(郴)'이 '유(柳)'로 되어있는데, 이것이 유집에 잘못 수록하는 결과를 초래했다고 생각한다. 더욱이 유종원에게는 「유주사표(柳州謝表)」가 따로 있는데 그 제목에 '사제(謝除)'를 붙이고 "3월 13일에 명을 받고 6월 27일에 부임하였습니다"라고 하였다. 지금 이 표는 제목이 '사상(謝上)'으로 되어있고 또 "금월 25일에 부임하였습니다"라고 하였다. 그 날짜와 내용을 고려하건대 모두 유종원과 관련된 일이 아니다. 이길보의 글임을 어찌 의심하겠는가?[92)]

— 팽숙하(彭叔夏), 『문원영화변증(文苑英華辨證)』 권5

⑤ 「유주사상표」 가운데 한 편은 이길보의 「침주사상표」이다.

— 왕응린, 『곤학기문』 권17 「유주문가의제편」

⑥ 이 글은 이길보의 「침주사상표」로서 유종원의 글로는 어울리지 않는다.

— 하작(何焯), 왕형석본(王荊石本) 비교(批校)

⑦ 이 글은 이길보의 글로서 주익공(周益公)은 편집자가 잘못 편입시켰다고 하였다. 『구당서』에 따르면, 육지(陸贄)가 재상이 되어 이길보를 명주(明州) 장사(長史)로 내보냈는데 오랜 후에 충주(忠州) 자사로 옮겼고, 그곳

92) 교점자: 『문원영화』 권 585에 이 글을 수록하였는데 역시 이길보의 것이라고 하였다. 그러나 제목은 「유주자사사상표」로 되어 있다.

에서 6년 동안 머물다 질병으로 그만두었다가 바로 유주의 자사가 되었다. 표에 이르길, "12년간 하급직에 있었습니다"라고 하였는데 이는 명주 이후의 세월을 가리킨다. 또 "오랫동안 벼슬을 지내지 않았습니다"라고 하였는데 바로 사서에서 말한 질병으로 그만둔 것을 가리킨다. 또 전근의 명을 듣고 충주에서 동쪽으로 갔으므로 표에서 "양양을 경과하여 돌아갔습니다"라고 한 것이다. 그러므로 이 표는 이길보의 것임에 의심의 여지가 없다. 또 이길보는 침주의 자사를 지냈지 유주에서 자사를 지낸 것이 아니다. 유종원집에 「화양상서추화고이중서(和楊尙書追和故李中書)」의 시가 있는데 바로 이길보가 침주에 있을 때의 시이다. 『구당서』에서 '침(郴)'을 '유(柳)'로 잘못 썼으나 『신당서』 본전에서 이미 바로잡았다. 그러나 유종원의 문집과 『문원영화』에서 이 표를 수록하고 또 '유주'라고 하였는데 이는 바로 『구당서』와 같은 오류를 범한 것이다.

— 진경운, 『유집점감』

⑧ 이 표에서 "저는 전에 오랫동안 관직을 그만두었는데 작년에 승진의 성은을 입어 치마를 찢고 발을 동여매 경성으로 가려했습니다. 그러나 예전의 병이 여러 해 동안 낫지 않아 금년 여름에야 비로소 귀로에 올랐습니다. 양양절도사 우적(于頔)은 일찍부터 저와 같은 벼슬을 지냈었는데 제가 길에서 더위에 시달리는 것을 보고 관사에 머물라고 간절히 권했습니다"라고 하였다. 『구당서』 권148 이길보 본전에 의하면, "사면을 받아 충주자사가 되었는데 당시에 육지(陸贄)는 이미 충주로 쫓겨나있었다. …… 6년 동안 옮기지 않았는데 질병으로 그만두었다가 유주(柳州, 침주(郴州)의 오류)의 자사가 되었다"고 하였다. 육지는 정원(貞元) 11년 4월에 충주로 쫓겨났고 이길보는 19년 10월에 침주를 떠났다(『금석보정(金石補正)』 67). 이길보가 침주자사가 된 것은 대략 16년이나 17년경으로 바로 우적이 양양절도사일 때이다. 또 『구당서』 권 156에 의하면 우적은 가부낭중(駕部郎中)을 지낸 바 있고 이길보는 가부원외(駕部員外)를 지낸 적이 있다. 그러니 일찍부터 같은 벼슬을 지냈다는 것은 바로 이를 가리킨다. 팽(彭)씨가

이 글을 이길보의 글이라고 한 것은 믿을 만하고 또 증거가 있다. 더욱이 유종원이 10년 만에 유주로 옮길 때에 우적은 일찌감치 태자빈객(太子賓客)이 되어있었으며 유종원은 우적보다 한 세대 뒤의 사람이다. 어떻게 일찍부터 같은 벼슬을 지낼 수 있겠는가? 이 글은 유종원의 문집에서 빼내야 마땅하다는 점에 결코 의심의 여지가 없다. 『변증(辨證)』 5에서 또, "또 제2표의 끝에 '삼가 본 주의 군사아전(軍事衙前) 우후(虞侯) 왕국청(王國淸)에게 표를 받들어 보내 축하합니다'라는 부분은 바로 이길보의 「침주사상표」의 말단과 같다"고 말하였다. 지금의 세채당본은 이 표를 수록하면서 이 끝부분을 누락시켰다.

—잠중면(岑仲勉), 『당집질의유유주외집(唐集質疑柳柳州外集)』

⑨ 이 글은 유종원의 글이 아니다.

—오여륜, 『유주집점감』

「대광남절도사거배중승자대표(代廣南節度使擧裴中丞自代表)」

① 이 표는 장경(長慶) 이후에 광남절도사가 중승(中丞) 계중무(桂仲武)를 자기 자리에 천거한 글로서 배중승(裴中丞)을 천거하는 글이 아니다. 역시 타인의 글이 잘못 수록된 것이다.[93)]

—손여청(孫汝聽), 본편 제목 아래의 주

「주천종사표(奏薦從事表)」

① 이 표는 누구의 것인지 모르겠다. 문서기록관의 평범한 문장으로 유종원의 문집이 빛을 잃게 만든다. 자후의 글이 아닌 것으로 여겨진다.

—『유문지요』(상) 권38

93) 교점자 : 음변본 · 세채당본 · 제미당본 · 장지교본의 제목 아래의 주 및 진경운의 유집점감에도 이런 견해가 있다. 세채당본의 주에서는 또, "어떤 판본의 주에서 절도사를 정인(鄭絪)이라고 하였는데, 이 견해는 그르다. 계중무에 관한 사실이 표의 내용에 부합한다. 정인이 광남절도사가 된 것은 원화 5년이다"라고 하였다. 장지교본 및 오여륜의 유주집점감은 모두 이 글을 제외시켰다.

「대광남절도사사출진표(代廣南節度使謝出鎭表)」

① 정인(鄭絪)은 비록 일찍이 재상의 지위에 있었으나 광남절도사에 임명되었을 때 정부로부터 부임한 것은 아니다. 또 당시에 정벌을 전담하고 포로를 바친 일도 없다. 따라서 이 표가 없어야 마땅하다. 아마도 희종(僖宗) 때의 재상 왕탁(王鐸)이 군대를 감독하여 도적떼를 물리치겠다고 자청하여 형남(荊南)절도사 겸 제도병마도통(諸道兵馬都統)이 되고서 그런 감사의 표를 지은 것이 아닌가 여겨진다. 표에서 말한 흉악한 도적은 황주(黃州)의 도적이며 정벌을 전담했다[專征]는 것은 도통(都統)에 임명되었다는 말이다. 편집자가 잘못 편입시키고 또 '형(荊)'을 '광(廣)'으로 잘못 썼는데 주를 단 이들이 분별하지 못하고 정인(鄭絪)을 끌어다 억지로 맞췄다.

—진운경, 『유집점감』

② 주에 이르길, "「정인전(鄭絪傳)」에 '처음에 중서시랑(中書侍郎)이 되었다가, …… 문하시랑(門下侍郎)으로 옮겼다. 헌종 초년에 잘 다스려 정인은 두황상(杜黃裳)과 함께 국정을 장악했다. 두황상은 많은 것을 결단하였는데 혜림(惠琳)을 주멸(誅滅)하고 유벽(劉闢)을 참수할 것을 처음으로 건의하였으며 다른 제도도 마련하였다. 정인은 겸손하고 과묵하여 대부분 일거리가 없었다. 그리하여 영남절도관찰사·광주자사로 나갔다'"고 하였다. 주를 쓴 이의 생각은, 표 안의 "폐하의 은덕이 거듭 임하여 마침내 재상의 정무가 더해졌으나 폐하의 성명하심을 보좌하고 선양하여 일월 같으신 성상의 빛이 더 빛나도록 하지 못하였으며, 흉악한 도적을 정벌하여 소탕함으로써 백성들이 건강하고 편안하게 살게 하도록 하지도 못하였습니다" 등의 말을 근거로 열전의 내용과 합치된다고 하였다. 그러나 자세히 살펴보면 의심스런 점이 적지 않다. 당나라 때는 영남(嶺南)이라 불렀으니, 광남(廣南)은 송나라 때의 명칭이다. 지금 제목에 광남절도사라고 한 것은 바로 앞에서 인용한 위작 「거배중승자대장(擧裴中丞自代狀)」의 제목과 같은 경우이다. 이는 제목이 불합리한 것으로, 첫째 의심점이다. 「사상표」의 앞에서 당연히 어느 달 어느 날에 주의 임지에 도착하였다고 언급해야 하는데 지금

이 표에서는 언급이 없다. 이는 체재가 불합리한 것으로, 둘째 의심점이다. 만약 정인이 명을 받고 곧바로 표를 올려 감사하였다면 정인은 원화 5년 3월에 태자빈객에서 광주절도사에 임명되었고 유종원은 당시에 영주에 있었다. 관리가 임명을 받았을 때, 제도에 의하면 오래 끌지 못하게 되어 있는데 수천 리 밖의 유종원에게 이 표를 기초하라고 부탁하였겠는가? 이는 시간상의 불합리한 점으로, 셋째 의심점이다. 표 말미에 이르길, "포로를 바치고 승전을 종묘에 보고할 날이 멀지 않고 힘을 다해 성과를 올릴 날을 기약할 수 있으니, 이렇듯 미미한 공으로나마 위로 지존께 보답하고자 합니다"라고 하였는데, 당시에 영남지방에서는 군대를 동원하지 않았으니 정인에게 정벌을 전담하는 임무가 없었다. 이는 사실이 불합리한 것으로, 넷째 의심점이다. 『여화숙집(呂和叔集)』 5에 「대정남해사상표(代鄭南海謝上表)」 한 편이 있는데 수백 글자의 긴 글이다. 여온(呂溫)은 원화 6년에 죽었으니 이 글이 바로 정인을 대신하여 쓴 글이다(당시에 정인은 형주(衡州)를 지나면서 대작을 부탁했다). 두 가지를 비교하여 보면 진위가 바로 판별되는데 이는 위조자가 미처 몰랐던 바이다.

— 잠중면, 『당집질의유유주외집』

③ 광남절도사를 구주(舊注)에서 정인(鄭絪)이라고 하였으나, 진소장(陳少章)은 이를 부정하며 정인이 광주의 통수권을 받았을 때 정부로부터 부임한 것이 아니라고 하였다. 나 장사교의 견해는 다음과 같다. 원화 5년에 정인은 검교예부상서(檢校禮部尙書)로서 광남절도사로 나갔으니 어찌 정부에서 임지로 나간 것이 아니겠는가? 진소장이 무슨 근거로 그렇게 말했는지 모르겠다. 또 당시에 정벌을 전담하고 포로를 바칠 일이 없었으니 이 글이 있을 수 없다고 하였는데, 이 역시 그렇지 않다. 표에서 흉악한 도적을 정벌하여 소탕하고 포로를 바칠 날이 멀지 않다고 하였는데, 이는 반드시 광남의 정벌을 가리키는 것은 아니다. 또 두황상이 국정을 장악한 이래 조정은 번진을 제압하려고 빈번히 군대를 동원하였는데, 한 지방에서 공을 세우면 다른 진(鎭)에까지 은공이 함께 미칠 수 있으며,

여러 진(鎭)이 서로 연대하였으므로 반드시 홀로 전역에서 제외될 수 있는 것은 아니었다. 더욱이 정인은 조정에서 두황상에게 눌려 지냈으며 전역이 있을 때면 흔히 통보받지 못해 대부분의 시간에 겸손하고 과묵하게 되었으며, 마치 좌천하여 외지로 쫓겨난 것과도 거의 유사하였다. 이에 기세를 올려 공을 세워 내보이려고 문제가 많은 지역으로 자리를 옮겨 군무를 전담함으로써, 황제의 남다른 은혜에 보답하고 자리만 차지했다고 여겨지던 종전의 치욕을 씻고자 하였으리라는 점은 이치에 맞으며 또 정서에도 맞는다. 우선 진소장의 견해에 대해 위와 같이 반박하며 상세한 고증을 기다린다. 또 표에서 "저는 꼴이나 베던 천민으로서 요행히 특별한 은혜를 입었으며 하늘 같은 은덕을 입어 재상의 정무가 더해졌습니다"라고 하였는데, 이는 군사상의 공으로 일어나 외지의 직책을 맡아 멀리에서 재상의 정무를 받음으로써 뛰어난 공을 바치려했던 것 같다. 반드시 그가 친히 재상의 직위를 차지하고서 조정에서 여러 신하들을 관할하는 책임을 졌던 것은 아니다. 정인・왕탁이 사과(詞科) 출신으로서 주변에서 돌다 안으로 들어와 재상으로 승진했던 점을 헤아려보면 오래 지나 외직을 쉽게 여겼다는 것은 모두 사실에 부합하지 않는다. 진소장이 왕탁으로 정인을 대신한 것은 완전히 억측에 의한 것이다. 형남(荊南)을 광(廣)으로 잘못 적은 것이라는 견해도 역시 억지로 꿰어 맞춰 그렇게 말한 것으로, 별달리 근거할 관서(官書)나 인용할 만한 명가의 필기도 없으니 고증가로서의 충실한 표준을 잃고 있는 것이다. 황주(黃州)의 도적은 황소(黃巢)를 가리킨다.

—『유문지요』(상) 권38

제39권

「위광남정상공주백성산삼남장(爲廣南鄭相公奏百姓產三男狀)」

① 권39의 「위광남정상공주백성산삼남장」은 단지 수십 자에 불과한데 제목의 오류는 앞의 글의 경우와 같다. 이런 사소한 사항은 「사상표」와 다

른데, 그의 진퇴나 화복과는 무관하다. 또 영주는 영남에 예속되지 않았으며 더욱이 순찰하거나 보고를 받는 곳도 아니었으니, 설령 막부에 인재가 없다하여도 반드시 천리 밖에서까지 사람을 구하지는 않았을 것이다. 주를 단 이가 원화 6년에 정인(鄭絪)을 대신하여 쓴 것이라고 하였으나, 내 견해로는 만약 제목에 오류가 없다면 단연코 유종원의 글이 아니다.

— 잠중면, 『당집질의유유주외집』

「위설중승절동중오색운장(爲薛中丞浙東奏五色雲狀)」

① 설중승(薛中丞)은 이름이 융(戎)이다. 한문공(韓文公)이 일찍이 묘지(墓誌)를 지어 기록하길, 원화 12년에 월주(越州)자사로 임명되었으며 어사중승(御史中丞)·절동(浙東)관찰사를 겸하였다고 하였다. 따라서 이 글은 당연히 유주에서의 글이다. 그러나 두 지역이 아득히 멀리 떨어져있으며, 더욱이 오색구름의 일은 황제에게 상주(上奏)하는 것이 당연하기는 하나 유종원이 유주에서 이 이 주장(奏狀)을 썼다는 것은 의심스럽다.[94)]

— 한순(韓醇), 『유집』 고훈본 본편 제목 아래의 주

② 구주(舊注)의 설평(薛苹)을 혹자는 설융(薛戎)이라고 하였다. 혹자의 견해는 잘못이라고 생각된다. 자후가 영주로 쫓겨나던 해에 설평은 괵주(虢州)에서 호남관찰사로 옮겼는데 영주는 그 관할지역이었다. 3년에 설평이 절동으로 옮긴 후에 자후가 옛 관서를 위해 대신 쓴 것이다.

— 진경운, 『유집점감』

「위배중승주옹관황가적사의장(爲裴中丞奏邕管黃家賊事宜狀)」

①「주옹관황가적사의장(奏邕管黃家賊事宜狀)」은 유종원의 문집에 수록됐으며 배중승을 대신하여 썼다고 하였다. 내 견해로는, 원화 11년 배행

---

94) 교점자: 백가주본 제목 아래의 주에 의하면, 손여청(孫汝聽)이 "원화 3년 정월에 호남관찰사 설평(薛苹)이 절동관찰사가 되었다"라고 하였다. 세채당본에서는 손여청과 한순의 두 견해를 병기하였으나 그 두 견해가 손씨와 한씨에게서 나왔다는 것은 밝히지 않았다.

립이 계주(桂州)의 책임자로서 출병하여 황소경(黃少卿)을 정벌할 것을 청할 때 유종원이 유주에서 배행립을 대신하여 도적 황씨의 일을 논하여 여섯 편의 글을 올렸는데 그 중 한 편이 이 글이다. 『문원』에서는 영호초(令狐楚)의 글로 되어 있는데, 영호초는 당시에 중서사인(中書舍人)이었으니 아마도 잘못이리라.

—팽숙하(彭叔夏), 『문원영화변증(文苑英華辨證)』 권5

「진농서장(進農書狀)」

① 진상한 『농서(農書)』는 여러 판본에서 3권이라고 하였다. 유종원은 대략 당시에 급제하지 못했을 따름이다.

—한순, 고훈본 『유종원집』의 본편 제목 아래의 주

② 『당사(唐史)』에는 이 조칙이 정원 5년 정월에 발령되었다고 하였다. 그 이전에는 정월 그믐을 중화절(中和節)로 정했는데 이때에 비로소 바꾸었다. 글에서 "폐하께서 중화절을 바꾸신 이래로"라고 한 것은 그것을 가리킨다. 즉 이 글은 정원 5년에 올렸으며 「위백관청복존호(爲百官請復尊號)」의 여러 표와 같다. 표는 최원한(崔元翰)의 붓에서 나왔는데 편집자가 잘못 수록했다. 이 글 역시 유종원의 것이 아니다. 다만 작자의 이름을 알 수 없다.

—진경운, 『유집점감』

제41권

「뇌당도우문(雷塘禱雨文)」

①(이글은) 혹 한유의 문집에 실렸는데 잘못이다.

—한순, 본편 제목 아래의 주

외집 권 상

「하간전(河間傳)」

① 대자본에서는 이 글을 싣지 않았다.[95]

— 하작, 왕형석본(王荊石本)

②「하간전」 한 편은 글 속의 비유가 어찌도 그리 힘겨운가? 주장이 그러하니 충후(忠厚)함의 도리를 손상한다. 정집 외에 편집한 것이 마땅하다. 어쩌면 후대의 문인이 지은 위작인 듯하다.

— 마위(馬位), 『추창수필(秋窗隨筆)』

외집 권 하

「위문무백관청복존호표육수(爲文武百官請復尊號表六首)」

①「위문무백관청복존호표」의 여섯 표는 유종원집에 수록됐으나 『당류표(唐類表)』에서는 최원한(崔元翰)의 글이라고 하였다. 『문원총목』에서는 『유표(類表)』라고 하였는데 본권에서 상연(常兗)의 글이라고 하였다. 당 덕종 흥원(興元) 원년에 봉천(奉天)으로 행차하며 휘호(徽號)를 삭제하였는데 정원 5년 6월에 백관들이 옛 휘호를 회복하자고 청하였으니 이 여섯 표가 그것이다(『구당서』에 정원 5년 6월에 백관들이 휘호의 회복을 청하였다고 기록되어 있는데 바로 이 일을 가리킨다).

이 시기에 최원한은 예부원외랑으로 지제고(知制誥)를 역임하였는데 『당서』에서는 그의 조령(詔令)이 온화하고 우아하다고 칭찬하였다. 그런즉 『유표』에서 최원한의 글이라고 한 것은 옳다. 더욱이 『총목』에서 『유표』에서 취했다고 분명히 말하지 않았던가? 본권에서는 잘못하여 상연(常兗)의 글이라고 하였는데, 상연은 건중(建中) 초년에 죽었으며 이때는 이미 십년이 지난 뒤이다. 또 유종원의 문집에 이 표를 수록하면서 혹은 정집에 넣고 혹은 외집에 넣었다. 「유종원연보」에 따르면 정원 5년에는

95) 교점자 : 대자본은 정정(鄭定)의 중교첨주음변당유선생집(重校添注音辯唐柳先生集)을 가리킨다.

막 17세였으며(당시에 부친은 재상이었던 두참(竇參)의 뜻을 어겨 쫓겨났다), 8년에 비로소 경성에서 응시하였으니 그것이 잘못임을 알 수 있다.

—팽숙하, 『문원영화변증』 권5

②「백관청복존호표(爲文武百官請復尊號表) 육수(六首)」는 모두 최원한의 글이다.

—왕응린, 『곤학기문』 권17, 「유주문가의제편(柳州文可疑諸篇)」

「급대회의호부상서반굉우청개소상존호가봉도자고기문여후표(及大會議戶部尙書班宏又請改所上尊號加奉道字故其文如後表)」

①이 글은 제3표를 고친 것이다.96)

—손여청, 『오백가주유선생집』 본편 문장 뒤의 주

②여섯 번째 표의 끝을 보면 다시 고친 두 단락이 있다. 첫째 단락은 「급대회의호부상서반굉우청개소상존호가봉도자고기문여후표(及大會議戶部尙書班宏又請改所上尊號加奉道字故其文如後表)」라고 표제를 달았고, 둘째 단락은 「급대회의국자좨주한회청역수근일징응상서고우개기문여후표(及大會議國子祭酒韓洄又請歷數近日徵應祥瑞故又改其文如後表)」의 표제를 달았다. 이 여러 표는 응당 정원 5년과 6년에 올린 것으로, 당시에 유종원은 벼슬에 오르지 못하였으니, 이들이 유종원의 글이 아님을 어찌 다시 의심하겠는가? 문안례(文安禮)의 「유자후연보」에서는 "정원 5년" 아래에 「위문무백관청복존호표」 세 편을 두었으며, 또 "6년" 아래에 「위문무백관청복존호표」 세 편과 「대회의표」 두 편을 두었다. 후대의 주석가들은 모두 잘못하여 문씨의 견해를 믿었다. 그러나 『구당서』 「한회전(韓洄傳)」에 따르면 한회는 정원 6년에 아직 좨주가 되지 못했다.

—잠중면, 『당집질의유유주외집』

96) 교점자: 이 글은 영화와 전당문에서 한결같이 단독의 문장을 이루지 못하였다. 이 글은 최원한이 쓴 「위문무백관청복존호표」 제3편 정문의 후반 반편이다.

「급대회의국자좨주한회청역수근일징응상서고우개기문여후표(及大會議國子祭酒韓洄又請歷數近日徵應祥瑞故又改其文如後表)」

① 잠중면의 언급이 앞에 보인다.

— 상동

「위최중승하평이회광표(爲崔中丞賀平李懷光表)」

① 이회광이 모반하였다가 정원 원년에 그 부하 장수 우명준(牛名俊)에게 목이 잘려 바쳐졌다. 그러니 유종원의 이 표는 그때 지은 것이다. 그러나 유종원은 당시에 13세로 이 글이 있을 수 없다. 중승은 누구인지 미상이다. 글 또한 궐문이 있어 불완전하다.[97]

— 한순, 『오백가주 유선생집 외집』 권2 본편 제목 아래의 주

② 자후의 글이 아닌 것으로 의심된다. 다만 『신당서』와 『구당서』에서 모두 '어려서부터 뛰어남이 남달랐다'고 하였으니 당시 13세였어도 역시 글을 지을 수는 있다. 혹은 어릴 적의 모의작인지도 알 수 없다. 우선 보존하여 고증을 기다린다.

— 장지교, 『유종원문집』 장지교본 본편 제목 아래의 주

「위배령공거배면표(爲裴令公擧裴冕表)」

① 대력(大曆) 4년 12월 무술(戊戌)일에 배면(裴冕)이 죽었다. 8년에 유종원이 비로소 태어났으니 당연히 이 표가 없다. 배령공(裴令公)은 배준경(裴遵慶)일 것이다.

— 손보(孫甫), 『오백가주 유선생집 외집』 권2 본편 제목 아래의 주

② 「裴冕傳」에, "대력 연간에 곽자의(郭子儀)가 대종(代宗)에게 '배면은 선제를 보좌하여 영무(靈武) 연간에 활약하여 사직을 위한 공을 세웠으나 정원진(程元振)이 그의 현명함을 싫어하여 무고하자 전국이 그를 원망하였습

97) 교점자: 고훈본・세채당본・제미당본의 제목 아래 주가 오백가주본과 모두 같다. 그러나 세채당본과 제미당본에서는 이것이 한씨의 주임을 밝히지 않았다.

니다'라고 아뢰었다"고 하였다. 바로 이 표와 합치된다. 그러나 이 표는 당연히 곽령공(郭令公)이 쓴 것이다. 배령공이라고 한 것은 잘못이다. 또 열전에서, "당시에 원재(元載)가 정권을 잡았는데 배면이 일찍이 끌어주었으므로 그의 은덕으로 여겼다. 또 노쇠함을 자초하고 자신을 낮춰 마침내 좌복야(左僕射) · 동중서문하평장사(同中書門下平章事)가 되었다"고 하였다. 그러나 달을 넘기지 못하고 죽었다. 원재가 처형된 것이 대력 12년이고 유종원이 태어난 것이 대력 8년이었으니 당시에 겨우 5세였다. 또 이 표는 당연히 원재가 처형당하기 전의 것으로 당시에 유종원은 태어나지 않았다. 혹자는 이르길, 유종원문집의 「선시어부군신도표(先侍御府君神道表)」 가운데 "분양왕(汾陽王)이 삭방(朔方)에 거처하며 예를 갖춰 목을 늘려 빼고 바라보았다"라고 하였으니 아마도 이 표는 그 부친의 글이라고 하였다. 그러나 역시 고증할 수가 없다. 이 글이 유종원의 글이 아님은 결단코 분명하다.[98)]

— 한순, 상동

③「위배령공거배면표」는 소열(卲說)이 지은 것이다.[99)]

— 왕응린, 『곤학기문』 권17, 「유주문가의제편」

④ 이 표는 분양(汾陽) 막부의 소열(卲說)이 지은 것으로 『문원영화』에 보인다. 전인 가운데 혹자는 자후의 부친이 분양에서 문서기록관을 지낼 때에 쓴 것이라고 하였는데 역시 잘못이다. 소열은 진사과에 급제하여 일찍이 사사명(史思明) 부자를 섬겼는데 그들이 귀순한 후에 분양에서 그 재능을 중히 여겨 막부에 남겨두었다. 관련 사항은 『구당서』에 상세하다.

— 진경운, 『유집점감』

⑤「위배령공거배면표」는 유종원의 글이 아니다.

— 오여륜, 『유주집점감』

---

98) 교점자 : 세채당본 · 제미당본 · 장지교본의 제목 아래 주와 오백가본이 같다. 그러나 그것이 손씨와 한씨의 주임을 밝히지 않았다. 장지교본에서는 이 글을 제외시켰다.

99) 교점자 : 『문원영화』 권608에 이 글을 수록하였는데 제목은 「대곽령공청설배복야표(代郭令公請雪裴僕射表)」로 되어있고 작자는 소열(卲說)로 되어 있다.

유종원집에 수록된 음변 · 고훈 · 평론한 이들의 성명[100]

1) 당(唐)

연산(燕山) 유씨(劉氏) : 이름은 구(昫). 『구당서』 집필.

장씨(蔣氏) : 이름은 계(係). 『구당서』 「찬(贊)」 집필.

중산(中山) 유씨(劉氏) : 이름은 우석(禹錫), 자는 몽득(夢得). 유종원의 문집 편찬, 서문 및 제문 집필. 문집에 유종원과 왕래한 시문이 보임.

안정(安定) 황보씨(皇甫氏) : 이름은 식(湜), 자는 지정(持正). 유종원을 위한 제문이 있음

동평(東平) 여씨(呂氏) : 이름은 온(溫), 자는 화숙(和叔) 또는 화광(化光). 문집에 유종원과 왕래한 시문이 보임.

2) 송(宋)

하남(河南) 송씨(宋氏) : 이름은 기(祁), 자는 자경(子京). 『신당서』의 본전 집필, 기타 의론이 문집에 보임.

여릉(廬陵) 구양씨(歐陽氏) : 이름은 수(脩), 자는 영숙(永叔). 『신당서』의 기(紀) · 지(志) · 표(表) 집필. 기타 의론이 『집고록(集古錄)』의 여러 서(序)와 문집에 보임.

조래(徂徠) 석씨(石氏) : 이름은 개(介), 자는 수도(守道). 의론이 『당감(唐

100) 본서의 표제는 「유종원집소수음변고훈평론제씨인명씨(柳宗元集所收音辯詁訓評論諸人名氏)」이다. 본 역주서의 저본에 보이는 음변 · 훈고 · 평론한 제인들의 이름과 간략한 관련사항을 정리하였다. 송대까지의 유종원의 시문에 대해 언급한 이들과 그들 저작의 개황을 살필 수 있다.

鑑)』에 보임.

양적(陽翟) 손씨(孫氏) : 이름은 보(甫), 자는 지한(之翰). 의론이 『당논단(唐論斷)』에 보임.

성도(成都) 범씨(范氏) : 이름은 조우(祖禹), 자는 순보(純甫). 의론이 『당감(唐鑑)』에 보임.

성도(成都) 범씨(范氏) : 이름은 조우(祖禹), 자는 순보(純甫). 의론이 『당감(唐鑑)』에 보임.

귤림(橘林) 석씨(石氏) : 이름은 모(悫), 자는 민약(敏若). 의론이 『당사발휘(唐史發揮)』에 보임. 혹자는 『당사발휘(唐史發揮)』가 정소미(鄭少微)의 저작이라고 함.

건안(建安) 왕씨(王氏) : 이름은 숭(崇), 자는 차산(次山). 『당서훈변(唐書訓辨)』 10권을 집필하고 『당문(唐文)』 8권에 주를 씀.

두씨(竇氏) : 이름은 평(苹). 『당서음변(唐書音辯)』 집필.

속수(涑水) 사마씨(司馬氏) : 이름은 광(光), 자는 군실(君實). 의론이 『통감(通鑑)』 및 『고이(考異)』와 문집에 보임.

경조(京兆) 유씨(劉氏) : 이름은 서(恕), 자는 도원(道原). 의론이 있음.

하동(河東) 유씨(柳氏) : 이름은 개(開), 자는 중도(仲塗). 의론이 문집에 보임.

하남(河南) 목씨(穆氏) : 이름은 수(修), 자는 백장(伯長). 유종원집을 교감하고 「후서(後序)」 집필.

윤씨(尹氏) : 이름은 수(洙), 자는 사로(師魯). 의론이 문집에 보임.

임천(臨川) 안씨(晏氏) : 이름은 수(殊), 자는 동숙(同叔). 유종원의 문집 교정.

구강(九江) 하씨(夏氏) : 이름은 송(竦), 자는 자교(子喬). 의론이 문집에 보임.

왕씨(王氏) : 이름은 안국(安國), 자는 평보(平甫). 의론이 있음.

금릉(金陵) 왕씨(王氏) : 이름은 안석(安石), 자는 개보(介甫). 의론이 『임천문(臨川文)』에 보임.

미산(眉山) 소씨(蘇氏) : 이름은 순(洵), 자는 명윤(明允). 의론이 『노천문집(老泉文集)』에 보임.

소씨(蘇氏) : 이름은 식(軾), 자는 자첨(子瞻). 의론이 『동파문집(東坡文集)』에 보임.

소씨(蘇氏) : 이름은 철(轍), 자는 자유(子由). 의론이 『영빈문집(潁濱文集)』에 보임.

소씨(蘇氏) : 이름은 과(過), 자는 숙당(叔黨). 의론이 『사천문집(斜川文集)』에 보임.

남풍(南豊) 증씨(曾氏) : 이름은 공(鞏), 자는 자고(子固). 의론이 문집에 보임.

증씨(曾氏) : 이름은 조(肇), 자는 자개(子開). 의론이 문집에 보임.

기수(淇水) 이씨(李氏) : 이름은 청신(淸臣), 자는 방직(邦直). 의론이 문집에 보임.

우강(盱江) 이씨(李氏) : 이름은 구(覯), 자는 태백(泰伯). 의론이 문집에 보임.

예장(豫章) 황씨(黃氏) : 이름은 정견(庭堅), 자는 노직(魯直). 의론이 문집에 보임.

완구(宛丘) 장씨(張氏) : 이름은 뇌(耒), 자는 문잠(文潛). 의론이 문집에 보임.

회해(淮海) 진씨(秦氏) : 이름은 관(觀), 자는 소유(少游). 의론이 문집에 보임.

북산(北山) 진씨(陳氏) : 이름은 사도(師道), 자는 무기(無己) 혹은 이상(履常). 의론이 문집에 보임.

제북(濟北) 조씨(晁氏) : 이름은 보지(補之), 자는 기구(无咎). 의론이 「이소(離騷)」의 여러 서(序)에 보임. 기타 견해가 문집에 보임.

제남(濟南) 이씨(李氏) : 이름은 천(廌), 자는 방숙(方叔). 의론이 문집에 보임.

미산(眉山) 당씨(唐氏) : 이름은 경(庚), 자는 자서(子西). 의론이 『노국문집(魯國文集)』에 보임.

귀산(龜山) 양씨(楊氏) : 이름은 시(時), 자는 중립(中立). 의론이 어록에 보임.

진씨(陳氏) : 이름은 장방(長方), 자는 제지(齊之). 의론이 어록에 보임.

추씨(鄒氏) : 이름은 호(浩), 자는 지완(志完). 의론이 어록에 보임.

사씨(謝氏) : 이름은 악(諤), 자는 창국(昌國). 의론이 어록에 보임.

석씨(石氏) : 이름은 대임(大任), 자는 안세(安世). 의론이 어록에 보임.

윤씨(尹氏) : 이름은 돈(焞), 자는 언명(彦明). 의론이 어록에 보임.

공씨(孔氏) : 이름은 무중(武仲), 자는 상보(常父). 의론이 어록에 보임.

부풍(扶風) 마씨(馬氏) : 이름은 재(才), 자는 자재(子才). 의론이 문집에 보임.

촉군(蜀郡) 정씨(鄭氏) : 이름은 소미(少微), 자는 명거(明擧). 의론이 문집에 보임.

주씨(朱氏) : 의론이 『수수한거록(秀水閒居錄)』에 보임.

장씨(張氏) : 이름은 순민(舜民), 자는 운수(芸叟). 의론이 『화만집(畫墁集)』에 보임.

왕씨(王氏) : 이름은 득신(得臣), 의론이 『진사(麈史)』에 보임.

장씨(張氏) : 이름은 유(兪), 자는 소우(少愚). 의론이 있음.

심씨(沈氏) : 이름은 괄(括), 자는 존중(存中). 의론이 『필담(筆談)』에 보임.

서산(胥山) 심씨(沈氏) : 이름은 회(晦), 유종원문집을 교정하고 「후서」 집필.

동래(東萊) 여씨(呂氏) : 이름은 본중(本中), 자는 거인(居仁). 의론이 있음.

초계(苕溪) 호씨(胡氏) : 이름은 자(仔), 의론이 『어은총화(漁隱叢話)』에 보임.

증씨(曾氏) : 의론이 『필묵한록(筆墨閒錄)』에 보임.

주씨(朱氏) : 자는 소은(少隱). 의론이 『초사췌설(楚辭贅說)』에 보임.

홍씨(洪氏) : 이름은 추(芻), 자는 구보(駒父). 의론이 시화와 문집에 보임.

광한(廣漢) 장씨(張氏) : 이름은 진(震), 자는 진보(眞父). 의론이 문집에 보임.

동래(東萊) 여씨(呂氏) : 이름은 조겸(祖謙), 자는 백공(伯恭). 의론이 문집에 보임.

영가(永嘉) 진씨(陳氏) : 이름은 부량(傅良), 자는 군거(君擧). 의론이 문집에 보임.

여릉(廬陵) 양씨(楊氏) : 이름은 만리(萬里), 자는 정수(庭秀). 의론이 문집에 보임.

매계(梅溪) 왕씨(王氏) : 이름은 십붕(十朋), 자는 구령(龜齡). 의론이 문집에 보임.

홍씨(洪氏) : 이름은 매(邁), 자는 경로(景盧). 의론이 문집에 보임.

용계(龍溪) 왕씨(汪氏) : 이름은 조(藻), 자는 언장(彦章). 「유공영주사당기(柳公永州祠堂記)」 집필, 기타 의론이 문집에 보임.

조씨(曹氏) : 이름은 보(輔). 유종원의 제문 집필.

황씨(黃氏) : 이름은 한(翰), 유종원의 제문이 있음.

허씨(許氏) : 이름은 윤(尹). 유종원의 제문이 있음.

문씨(文氏) : 이름은 안례(安禮). 「유문연보후서(柳文年譜後序)」 집필.

이씨(李氏) : 이름은 사(褫). 「유문후서(柳文後序)」 집필.

삼산(三山) 임씨(林氏) : 이름은 지기(之奇), 자는 소영(少穎). 의론이 『한당귀감(漢唐龜鑑)』에 보임.

미산(眉山) 정씨(程氏) : 이름은 돈후(敦厚), 자는 자산(子山). 『한유의석(韓柳意釋)』 저술. 여타 의론이 『금화문집(金華文集)』에 보임.

임공(臨邛) 송씨(宋氏) : 이름은 원손(遠孫), 자는 중산(仲山). 의론이 어록과 문집에 보임.

횡포(橫浦) 장씨(張氏) : 이름은 구성(九成), 자는 자소(子韶). 의론이 『한당회(漢唐繪)』와 『당사적실(唐史摘實)』에 보임.

병산(屛山) 유씨(劉氏) : 이름은 자휘(子翬), 자는 언충(彦冲). 의론이 『오론문집(奧論文集)』에 보임.

역양(歷陽) 장씨(張氏) : 이름은 효상(孝祥), 자는 안국(安國). 의론이 문집에 보임.

영가(永嘉) 섭씨(葉氏) : 이름은 적(適), 자는 정칙(正則). 의론이 『당초(唐鈔)』에 보임.

서산(西山) 소씨(邵氏) : 이름은 박(博), 자는 공제(公濟). 의론이 문집에 보임.

기산(箕山) 조씨(晁氏) : 이름은 공소(公遡), 자는 자서(子西). 의론이 문집에 보임.

공남(邛南) 계씨(計氏) : 이름은 유공(有功), 자는 민부(敏夫). 의론이 있음.

광한(廣漢) 하씨(何氏) : 이름은 경(耕), 자는 도부(道夫). 유종원의 글에 대해 의론함.

관당(觀堂) 유씨(劉氏) : 이름은 망지(望之), 자는 이숙(夷叔). 의론이 문집에 보임.

미산(眉山) 유씨(劉氏) : 이름은 관(觀), 자는 중원(中遠). 의론이 있음.

이씨(李氏) : 이름은 도(燾), 자는 인보(仁甫). 의론이 있음.

자중(資中) 이씨(李氏) : 이름은 석(石), 자는 지기(知幾). 「유문후서(柳文後序)」 집필. 여타 의론이 『방주문집(方舟文集)』에 보임.

공남(恭南) 풍씨(馮氏) : 이름은 시행(時行), 자는 (當可). 의론이 『진운문집(縉雲文集)』에 보임.

보자(普慈) 문씨(文氏) : 이름은 당(讜), 자는 사원(詞源). 보주(補注)하였음.

능양(陵陽) 유씨(喩氏) : 이름은 여려(汝礪), 자는 적유(迪孺). 의론이 잡문에 보임.

도강(導江) 왕씨(王氏) : 이름은 자(咨), 자는 몽득(夢得). 의론이 『설재문집(雪齋文集)』에 보임.

홍천(洪川) 강씨(姜氏) : 이름은 여회(如晦), 자는 미명(彌明). 의론이 『월계문집(月溪文集)』에 보임.

미산(眉山) 유씨(劉氏) : 이름은 유(㒷), 자는 자유(子有). 의론이 『횡주문집(橫舟文集)』에 보임.

이씨(李氏) : 이름은 번(蘩), 자는 청숙(淸叔). 의론이 있음.

상사(上舍) 황씨(黃氏) : 이름은 당(唐). 『유문자황(柳文雌黃)』 50편 저술.

미산(眉山) 왕씨(王氏) : 이름은 칭(稱), 자는 계평(季平).

삼강(三江) 임씨(任氏) : 이름은 연(淵), 자는 자연(子淵). 의론하고 풀이함.

미산(眉山) 손씨(孫氏) : 이름은 여청(汝聽), 자는 양신(良臣). 전체를 풀이함.

유씨(劉氏) : 이름은 숭(崧), 자는 공보(公輔). 전체를 풀이함.

임공(臨邛) 한씨(韓氏) : 이름은 순(醇), 자는 중소(仲韶). 전체를 풀이함.

남성(南城) 동씨(童氏) : 이름은 종열(宗說). 전체를 풀이함.

신안(新安) 장씨(張氏) : 이름은 돈이(敦頤). 음변(音辯)하였음.

무신(武信) 왕씨(王氏) : 이름은 주(儔), 자는 상우(尙友). 보주(補注)하였음.

진씨(陳氏) : 이름은 악(鶚), 자는 일비(一飛). 음석(音釋)함.

—집주자(集注者) 1인과 보주자(補注者) 1인을 첨가함.

교점후기(校點後記)[101]

유종원의 저작은 유우석(劉禹錫)이 『하동선생집』을 편찬한 후, 역대로 수많은 다른 판본이 편찬되었다. 세월이 오래 지난 까닭에 각 판본이 옮겨 쓰고 판각하는 과정에서 문자에 약간의 와전과 탈루가 있고 또 연문(衍文)과 전후의 전도가 발생하였다. 우리가 『유종원집』의 새 판본을 교점하여 출판하는 목적은, 가능한 한 완전하게 상술한 착오를 바로잡고 문단을 나누어 신식 표점을 가함으로써, 유종원의 저작을 읽고 연구하는 데에 비교적 좋은 판본을 제공하는 데에 있다.

유우석이 편찬한 『하동선생집』은 모두 30권으로 북송 때에 이르러 이미 드물게 전해졌다. 목수(穆修)가 『하동선생문집후서』에서 언급한 바에 의하면, 그는 몇 년 동안 완전한 문집을 찾으려 했으나 찾지 못하다가 만년에 이르러서야 한 판본을 보게 되었는데, "여덟아홉 개의 큰 묶음으로 앞에 기주(夔州) 자사의 서문이 있고 45권으로 나뉘었으며", 또 "글자가 매우 투박해서 오늘날의 글씨 같지 않다"라고 하였다.[102] 권수를 보면 그것은 이미 유우석의 원래 것이 아니다. 이 판본은 목수의 교정을 거쳐 북송 인종(仁宗) 천성(天聖) 원년(1023)에 새로 간행되었는데 『하동선

101) 본 「교점 후기」는 본 역주서의 저본인 『유종원집』의 후기이다. 역대의 각 판본에 대하여 설명하고 교감의 저본과 참고목록 및 교감의 원칙 그리고 교감기에 대하여 설명하였다. 본 역주서의 저본에 대한 이해에 많은 도움이 된다. 다만 본 역주서는 원서의 주와 교감기를 모두 옮기지는 않고 필요한 경우에만 선별적으로 주에서 언급하였다.

102) 기주(夔州)는 기주자사를 지낸 유우석을 가리킨다.

생문집』이라고 부른다.

목수가 교정한 『하동선생문집』은 대자(大字)로 간행하였는데 목(穆)씨 집에서 나왔고 또 유우석의 옛 판본이라고 알려진 까닭에 가장 널리 전해졌다. 심회(沈晦)의 말에 의하면, 당시에 전해지는 유종원문집은 목수 집안의 45권본 외에도 소자(小字)의 33권본과 증승상가본(曾丞相家本) 및 안원헌가본(晏元獻家本)의 3종이 있었다. 심회는 북송 휘종(徽宗) 정화(政和) 4년(1114)에 『사명신본하동선생집(四明新本河東先生集)』을 교정하여 간행할 때 목수의 집안에서 나온 45권본이 유우석이 편집한 것이라고 여겨, "45권본을 정집(正集)으로 하고 다른 판본의 나머지 것을 외집(外集)으로 하였다." 그는 여러 판본을 "참고하고 호증(互證)하였으며", 또 관련 서적을 참교(參校)하고 자신의 의견을 더하여 모두 2천여 곳을 바로잡았다. 그밖에 "「경조청복존호표(京兆請復尊號表)」를 나누고 「청청정제이표(請聽政第二表)」·「하황태자전(賀皇太子牋)」·「성시경운도시(省試慶雲圖詩)」를 더 넣어" 전체가 "총 674편이었다."(「사명신본하동선생집후서」) 심회가 말한 상황을 볼 때, 그는 유종원의 문집을 교정하여 간행하기 위하여 대단한 노력을 기울였다. 다만 마땅히 지적해야 할 점은, 심회가 자신이 채택한 "대자(大字) 45권본"을 "유연주(劉連州)의 옛 판본"으로 여긴 것은 오해라는 것이다.[103] 진경운(陳景雲)은 「유집점감서(柳集點勘序)」에서 이미 다음과 같이 지적하였다. "목백장(穆伯長)의 구본(舊本) 「유문서(柳文序)」에서 '여덟아홉 개의 큰 묶음으로 앞에 기주자사 유우석의 서문이 있고' '글자가 매우 투박해서 오늘날의 글씨 같지 않다'라고 한 것은 아마도 '예전의 장서'를 두고 한 말인 듯하다. 처음부터 그것이 기주 유우석의 수편본(手編本)이라고 분명히 지적한 적이 없다. 심서산(沈胥山)이 대자본은 '목수의 집안에서 나왔는데 유몽득(劉夢得)의 판본이라고 한다'라고 말한 것은 목수의 서문을 잘 이해하지 못하여 실수한 것이다.[104] 대체로 유본(劉本)이 없어

103) 유연주(劉連州)는 연주자사를 지낸 유우석을 가리킨다.
104) 서산(胥山)은 심회(沈晦)의 자(字)이다. 몽득(夢得)은 유우석의 자이다.

진 것은 오래 전일 것이다.” 심회의 이 오해는 후대에 큰 영향을 미쳤다. 오늘에 이르기까지 줄곧 어떤 이들은 여전히 45권본이 유우석의 수편본에서 나왔다고 여긴다. 이 오해는 맨 처음 심회로부터 이어져온 것이다.

목수본과 심회본 및 북송 때 간행된 기타 판본은 모두 이미 벌써 망실되었다. 우리는 단지 겨우 남아있는 서발(序跋) 및 관련 사료로부터 그 대략을 대충 알 수 있을 뿐이다. 송(宋)이 남쪽으로 천도한 이후의 150년간이 유문(柳文)의 교주(校註)와 『유집(柳集)』의 간행이 가장 성행한 시기였다. 그 후로 원・명・청의 각 시대에도 여러 차례 새 판본이 있었다. 그러나 지금 전해지는 비교적 좋은 『유집』의 판본은 『신간증광백가상보주당유선생문집(新刊增廣百家詳補注唐柳先生文集)』(약칭 『백가주본』), 『오백가주유선생문집(五百家注柳先生文集)』 잔본(殘本)(약칭 『오백가주본』), 『중교첨주음변당유선생문집(重校添注音辯唐柳先生文集)』 잔본(약칭 『정정본(鄭定本)』), 세채당(世綵堂)본 『하동선생집(河東先生集)』(약칭 『세채당본』), 『증광주석음변당유선생집(增廣注釋音辯唐柳先生集)』(약칭 『음변본(音辯本)』), 『신간고훈당유선생문집(新刊詁訓唐柳先生文集)』(약칭 『고훈본(詁訓本)』) 및 영주(永州)본 『유유주외집(柳柳州外集)』(약칭 『영주본외집』) 등의 몇 종뿐이다. 이 몇 가지 중에 『영주본외집』을 제외하고는 모두 45권본이다.[105] 이와 동시에 전해진 것으로 또 33권본이 있으나 지금은 이미 잘 보이지 않는다.

남송 말년에 요영중(廖瑩中)이 각인한 『세채당본』은 뛰어난 판각으로 이름났다. 다만 요영중은 “인물이 문예에 무지하며 학식이 전혀 없었다”(진경운(陳雲景)의 「한집점감서후(韓集點勘書後)」의 언급임). 그는 이 책을 각인하면서 교감작업을 하여 약간의 문자 오류를 교정하고 부분적인 주해를 더하거나 고쳤다. 그러나 책 안에 착오가 여전히 적지 않으며 어떤 착오는 다른 판본에는 없는 것이다. 우리들이 금번 대교(對校) 중에 발견한 것은 『세채당본』의 정문(正文)과 주문(注文)은 모두 『정정본(鄭定本)』과 기본적으

105) 섭정(葉程)이 새긴 『영주본외집』의 경우 그 정집인 『유주집(柳州集)』이 30권이다. (이미 망실됨)

로 같고 다만 『세채당본』이 각 주석자의 성씨를 없애고 간혹 부분적인 주문을 더하거나 고쳤다는 사실이다. 이 판본은 실제상으로 『정정본』의 새로운 모습이라고 말할 수 있다. 그리고 『정정본』은 『오백가주본』의 중교첨주본(重校添注本)이다. 정정(鄭定)의 판각 태도는 비교적 엄숙하여 그가 교정하거나 첨주한 문자는 모두 '중교(重校)' 또는 '첨주(添注)'임을 표기하고 원래의 주문에는 일률적으로 원래 주를 가한 이의 성씨를 남겨두었다. 이는 요영중이 남의 공을 빼앗은 것과 바로 대조가 된다.

『세채당본』은 『오백가주본』을 저본으로 하였는데, 그렇다면 『오백가주본』도 저본이 있는 것은 아닐까? 우리가 발견한 바로는, 『오백가주본』은 기본적으로 『백가주본』과 같으며, 두 책은 모두 같은 방식으로 각 주석자의 성씨를 자세히 열거했을 뿐만 아니라 정문과 주석에 있어 소수의 판각 오류를 제외하면 거의 차이가 없다. 약간 차이가 나는 점은 다음과 같다. ① 매권 앞에 나열한 주석자의 성씨 가운데 『백가주본』에는 '보자(普慈) 문씨(文氏)', '무신(武信) 왕씨(王氏)'가 있는데 『오백가주본』에는 이 두 사람이 없다(보자 문씨의 이름은 당(讜)이고 자는 사원(詞源), 무신 왕씨의 이름은 주(儔)이고 자는 상우(尙友)임). 『오백가주본』에 열거한 '학산(鶴山) 여씨(呂氏)'·'건안(建安) 채씨(蔡氏)'·'건안(建安) 위씨(魏氏)'의 세 사람은 『백가주본』에는 없다(학산 여씨의 이름은 동(東)이고 자는 백양(伯陽), 건안 채씨의 이름은 몽필(夢弼)이고 자는 부경(傅卿), 건안 위씨의 이름은 회충(懷忠)이고 자는 중거(仲擧)임). 그 밖의 성씨는 모두 같다. 『백가주본』에서 열거한 주석자의 성씨는 101인이며 『오백가주본』은 편자인 위중거(魏仲擧) 자신을 포함하여 실제는 102인이다. 또 『백가주본』은 열거한 각 성씨 뒤에 '신첨집주(新添集注) 1인, 속첨보주(續添補注) 1인'으로 부주(附注)하였으나 『오백가주본』의 부주에는 '신첨집주 50인, 속첨보주 70인'으로 되어있는데 실제로 두 책에는 그런 큰 차이가 존재하지 않는다. 수록한 주문의 실제 주석자의 수를 보면 『백가주본』은 100인이 안 된다. 백가라고 한 것은 이미 인원수를 과장한 것이다. 또 『오백가주본』이 단번에 주석자를 500인이라고 한 것은 더 심한 허세이다. 위중거가 이렇게 주석자의 수를 과장한 것은 본디 자신이 각인한 『오백가주창려집(五百家注昌黎集)』과 맞추어 '오백가주'라는 말을 사용하기 위한 것이었겠으나, 동시에 대체로 그가 서상(書商)으로서 이익을 노리는 수단으로 삼은 것이기도 하리라! ② 두 책이 주문에서 비교적 뚜렷한 차이를 보이는 것은 주로 제14권 「천대(天對)」 한 편이다. 이 글에서 『백가주본』이 채용한 '문왈(文曰)'은 『오백가주본』에는 아예 없는 것이며('문'씨는 이름이 사원(詞源)임), 『백가주본』에서 대량으로 채용한 '장왈(張曰)', '손왈(孫曰)', '동왈(童曰)' 등은 『오백가주본』에는 단지 몇 조목뿐이다('장'씨는 이름이 돈이(敦頤), '손'씨는 여청(汝聽), '동'씨는 종열(宗説)임). 『오백가주본』에서 주로 채용한 '채왈(蔡曰)'·'엄왈(嚴曰)'·'홍왈(洪曰)'은 『백가주본』에는 보이지 않는다('채'씨는 이름이 몽필(夢弼), '엄'씨는 유익(有翼), '홍'씨는 흥조(興祖)임). ③ 『백가주본』은 정집만 있고 외집과 부록은 없다. 각권 앞에 주석자들의 성씨를 상세히 열거한 외에 유우석(劉禹錫)이 쓴 서문을 앞세우고 『당서(唐書)』의 「유종원전」을 수록하였으며, 또 45권의 상세한 목록을 두었다. 『오백가주본』은 정집(잔본) 외에 외집 및 부록(유우석의 서문 및 『신당서』 「유종원전」을 편입시킴)도 있다. 각권 앞에 주석자들의 성씨를 상세히 열거한 외에 「간유문강목(看柳文綱目)」 여덟 항목과 문안례(文安禮)의 「유선생연보」를 수록했으나 목록은 없다.

『오백가주본』은 남송 경원(慶元) 6년(1200)에 만들어졌는데 편자는 건안(建安)의 서상(書商)이었던 위중거(魏仲擧)이다. 『백가주본』이 만들어진 구체적인 연대와 편자는 아직 지속적인 고증을 요한다. 우리는 우선 『백가주본』이 이루어진 것은 대략 『오백가주본』보다 이르다고 여긴다. 그 이유는 다음과 같다. 첫째, 『백가주본』 중의 적지 않은 판각의 오자가 『오백가주본』에서 이미 바로잡혔다. 『백가주본』에서는 바른데 『오백가주본』에서 잘못된 경우가 어쩌다 약간 있기는 하나 많지는 않다. 둘째, 『백가주본』 책머리에 나열된 주석자의 성씨 가운데 비록 남송 전기의 이석(李石)·풍시행(馮時行)·이도(李燾)·문당(文讜)·홍매(洪邁)·장효상(張孝祥)·여조겸

(呂祖謙) 등이 있지만 책 안에서 남송에서 피휘한 이름자 중에 '구(構)'자 이후의 것은 그대로 쓰고 있다.[106] 아마도 이 책은 원래 송의 남천 이전에 판각하였는데 남송 때 『신간증광본』을 판각하면서 비로소 이석·풍시행 등을 더 넣은 것으로 의심된다. 셋째, 『중국판각도록(中國版刻圖錄)』의 기록에 의하면 이 책의 판각공인 장복손(張福孫)·문망지(文望之)·사병(史丙)은 문당(文讜)·왕주(王儔)가 주를 가한 『신간경진상주창려선생문(新刊經進詳注昌黎先生文)』을 판각한 바 있으며, 책머리에 건도(乾道) 2년(1166)에 쓴 문당의 진서표(進書表)가 있다. 장복손등이 『백가주본』을 판각한 시기는 『창려선생문』을 판각한 것보다 다소 늦을 수 있으나 그 차이는 그리 멀지 않을 것이다. 왜냐하면 장복손등은 경원(慶元) 5년에 또 성도부학본(成都府學本) 『태평어람(太平御覽)』을 판각했기 때문이다. 이상에 근거하면 『백가주본』은 당연히 『오백가주본』보다 다소 빠르다고 여겨진다.

반복적인 비교를 통해 우리는 『백가주본』을 『유종원집』 교점의 저본으로 결정하였다. 주요 원인은 다음 사항을 고려하였기 때문이다. ①『백가주본』은 현존하는 송각본 유종원집 가운데 시대가 비교적 이르면서도 비교적 완전한 판본이다. 북경도서관에 소장된 원래 해원각(海源閣) 양씨(楊氏)가 소장했던 『백가주본』은 정집 45권이 모두 온전하며 감정 결과 송나라때 판각한 촉본(蜀本)으로 판정되었으며 현재 이미 중국내의 유일본이다. 북경도서관에 소장된 송각 『세채당본(世綵堂本)』은 비록 비교적 완전하지만 시대는 최소한도 『백가주본』보다 칠팔십 년은 늦다. 또 해방이후 이미 인쇄 출판하여 비교적 널리 전파되었다. 기타 남송의 각본은 모두 이미 부서져 완전치가 않다. 예를 들어 오백가주의 남송 원각본은 지금은 단지 11권(16~21, 37~41)만 남아 있으며, 『사고전서(四庫全書)』의 문진각본(文津閣本) 및 문연각본(文淵閣本) 역시 정집의 앞 21권과 외집 3권 및 부록 4권만 남아 있고, 『정정본(鄭定本)』은 5권(18~20, 43~44)만 남아 있다.

106) '구(構)'는 남송 고종(高宗, 1127~1162 재위)의 이름으로, 그 이후 황제의 이름자는 그대로 사용하고 있음을 가리킨다.

영주본(永州本) 『유유주외집(柳柳州外集)』은 현존하는 송각본 유종원집 가운데 가장 빠른 것이다(송 건도 원년 영주 군상(郡庠)각). 그러나 도합 유종원 문장 43편만을 수록하였다. 그밖에 『음변본』·『고훈본』의 남송 원각본은 모두 이미 망실되었다. 북경도서관 소장의 『음변본』은 원각(元刻) 건본(建本)으로 감정되었고, 『고훈본』은 오직 문진각의 사고전서본만 남아 있다. ②『백가주본』의 주는 비교적 상세하며 또 주 가운데 원래 주석자의 성씨를 보유하고 있어 독자의 연구에 편리하다. 『오백가주본』과 『정정본』 및 『세채당본』의 주는 기본적으로 『백가주본』을 이은 것이다. 『세채당본』은 원래의 주에 약간의 첨삭을 가했으나 차이가 크지 않다. 또 이 책은 주의 원주석자의 성씨를 일률적으로 없앴으니, 이는 어떤 주에 불필요한 혼란을 야기하며 독자의 유문 연구에도 불편을 초래한다. 『음변본』과 『고훈본』은 비록 주에 약간의 나름대로의 특징을 지니고 있으나 모두 『백가주본』의 풍부함에 훨씬 못 미친다. ③『백가주본』의 주에는 심회(沈晦), 임연(任淵), 손여청(孫汝聽), 유숭(劉崧), 한순(韓醇), 동종열(童宗說), 장돈이(張敦頤), 문당(文讜), 진악(陳顎) 등 전인들의 유문에 대한 훈고·고증이 들어 있다. 이들의 원저는 대부분 이미 망실되었는데 그래도 『백가주본』에서 일부분을 볼 수 있는 것이다.

『백가주본』에는 외집이 없으므로 우리는 문진각의 『오백가주본』 외집을 저본으로 삼고 여타 판본을 참고하여 새로이 본서의 외집을 만들었다.

현존하는 유집의 판본 상황에 근거하여, 우리는 교감 중에 최대한도 선본(善本)을 채택하여 대교(對校)하였다. 판본이 비교적 많으므로 그들을 크게 주요교본과 참고교본의 둘로 나누면 다음과 같다.

주요교본은 다음과 같다.

① 남송(南宋) 원각(原刻) 세채당본(世綵堂本) 『하동선생집(河東先生集)』, 약칭 『세채당본』.

② 원각(元刻) 건본(建本) 『증광주석음변당유선생집(增廣注釋音辯唐柳先生集)』, 약칭 『음변본』.

③ 사고전서본(四庫全書本) 『신간고훈당유선생문집(新刊詁訓唐柳先生文集)』, 약칭 『고훈본』.
④ 남송 원각 잔본(殘本) 및 사고진본(四庫珍本) 『오백가주유선생집(五百家注柳先生集)』, 약칭 『오백가주본』.
⑤ 남송 원각 잔본 『중교첨주음변당유선생문집(重校添注音辯唐柳先生集)』, 약칭 『정정본(鄭定本)』.
⑥ 송 건도(建道) 영주군상본(永州郡庠本) 『유유쥬외집(柳柳州外集)』, 약칭 『영주본외집』.
⑦ 중화서국(中華書局) 영인본 『문원영화(文苑英華)』, 간칭 『영화(英華)』.
⑧ 송 원각 및 명각(明刻) 『당문수(唐文粹), 약칭 『문수(文粹)』.

참고교본은 다음과 같다.
① 명각(明刻) 장지교(蔣之翹) 집주본(輯注本) 『당유하동집(唐柳河東集)』, 약칭 『장지교본』.
② 명 곽운붕(郭雲鵬)각 제미당본(濟美堂本) 『당유선생집(唐柳先生集), 약칭 『제미당본』.
③ 명 유거경(游居敬) 교각본(校刻本) 『유문(柳文), 약칭 『유거경본』.
④ 청 하작(何焯) 비교(批校) 『왕형석비평유문(王荊石批評柳文), 약칭 『하비왕형석본(何批王荊石本)』.
⑤ 하작(何焯) 비교(批校) 『증광주석음변당유선생집(增廣注釋音辯唐柳先生集), 약칭 『하작교본』.
⑥ 청 무영전본(武英殿本) 『전당문(全唐文)』.
⑦ 중화서국(中華書局) 배인본(排印本) 『전당시(全唐詩)』.
⑧ 사부총간본(四部叢刊本) 송(宋) 곽무천(郭茂倩) 편 『악부시집(樂府詩集)』.

명각(明刻) 유종원집 가운데 『장지교본』은 비교적 나름의 특징이 있다. 장지교는 유종원집에 대해 비교적 진지하게 교감하고 광범위하게 구본 유종원집의 주를 수록하였으며 명대 사람의 주석과 평론을 새로이 더했다. 단 부족한 점은 글자를 고치면서 근거를 설명하지 않았으며 옛 주를 수록하면서도 주를 쓴 이의 성씨를 표기하지 않은 점이다. 곽운붕이 각한 『제미당본』은 정문과 주석을 막론하고 실제로는 『오백가주본』의 직접적인 번각본(翻刻本)이다. 혹자는 『제미당본』은 『세채당본』의 번각본으로 여기는데, 이는 단지 판형만에 착안한 피상적인 이야기이다. 『유거경본』은 주가 없는 "명대 사람이 각인한 정품"이다(섭덕휘(葉德輝)의 『서림청화(書林淸話)』). 정문은 『음변본』과 기본적으로 같고 단지 개별적인 오자를 교정하였다. 청대 초기의 『하작교본(何焯校本)』은 비교적 가치가 있는 판본이다. 이 책은 오자를 교정했을 뿐만 아니라 참고할 가치가 있는 의견들을 제시하였으며, 또한 현재는 이미 망실된 『정정본(鄭定本)』의 원문을 보존하고 있다(『하작교본』에서는 『정정본(鄭定本)』을 '대자본(大字本)' 또는 '중교(重校)'라고 부름). 청대 가경(嘉慶) 연간에 만들어진 『전당문』은 전인들의 유종원집 교감의 성과를 광범위하게 취하여 그중에서 좋은 것을 택했으므로 상당한 참고가치가 있다.

상술한 주요교본과 참고교본 외에도, 우리들은 교감과정에서 하작(何焯)의 『의문독서기(義門讀書記)』, 진경운(陳景雲)의 『유하동집점감(柳河東集點勘)』, 오여륜(吳汝綸)의 『유주집점감(柳州集點勘)』 등의 서적을 참고하여 그들의 교감성과를 흡수하였다.

본서 교감의 예에 관해서도 몇 가지 설명이 필요하다.

① 본서 교감의 중점은 저본 정문의 와자(訛字) · 탈자 · 연문(衍文) · 도문(倒文)을 교정하는 것이다. 저본의 정문이 바른데 다른 판본에서 잘못된 것은 일반적으로 도외시했다. 또 저본의 주의 원의를 해치지 않는 다른 판본의 다른 주도 일반적으로 도외시했다. 예를 들면, 원의나 역사적 사실에 오류가 있는 것은 원서와 대조한 후에 필요한 교정을 가하였으며 교감기에서 설명하였다.

② 교감기는 다음의 몇 가지 상황을 포함한다. 여러 판본을 대교(對校)

한 결과의 이문(異文) 가운데 저본의 착오를 판정할 수 있는 경우에는 일반적으로 글자를 고치고 교감기에서 언급하였다. 저본에 오류가 있고 다른 판본이 옳다고 의심되는 경우에는 일반적으로 고치지 않고 교감기에서 다른 판본이 "옳지 않나 의심된다[疑是]"라고 표기하였다. 다른 판본의 이문이 저본의 원문보다 좋은 경우에는 "옳은 듯하다[近是]"고 표기하였다. 저본이 바르고 다른 판본의 이문에 참고가치가 있는 경우에는 그 이문을 첨가하였다. 다른 판본의 이문이 없으나 전인이 저본에 오류가 있다고 의심한 말이 이치에 맞는 경우에는 교감기에 그 주장을 기록하였다. 다른 판본의 이문이 없으나 교감자가 저본에 확실히 오류가 있음을 발견한 경우에는(주의 연대 · 인명 · 지명 · 서명 · 역사 사실) 관련 자료와 대조한 후에 바로잡고 교감기에서 설명하였다.

③ 저본과 다른 판본의 이문이 통용되는 글자인 경우에는 일반적으로 고치지 않고 교감기에서도 언급하지 않았다. 분명한 판각의 오자와 드물게 보이는 이체자 및 피휘(避諱)하여 획을 생략한 글자는 그때마다 고치고 교감기에서 언급하지 않았다. 유종원의 글은 당(唐)에 맞춰 피휘한 글자를 후인이 판각하면서 이미 고친 것은 다시 되돌리지 않았다.

우리는 교감하고 표점을 가하는 과정에서 대표성이 있는 여러 유종원집 판본으로 대교하였으며 선택적으로 전인들의 교감과 표점의 성과를 취하였다. 주에서 발견되는 많은 문제점에 대해서도 역시 광범위하게 관련서적을 찾아본 후에 필요한 처리를 진행하였다. 다만 우리의 수준이 높지 않아 여전히 많은 결점과 착오가 틀림없이 존재한다. 많은 독자와 전문가의 비평과 지적을 받아 재판할 때에 바로잡을 수 있기를 진심으로 바란다.

『유종원집』의 교점조 구성원은 장양우(張養吾, 中央民族學院), 양쉐퉁(楊學通, 中國人民大學), 펑지엔(彭建, 北京市委宣傳部), 리츄위안(李秋媛, 北京師範大學), 우원쯔(吳文治, 中國人民大學), 자징옌(賈敬顔, 中央民族學院), 샤오칭(蕭淸, 中國人民大學), 둥밍(董明, 北京師範大學)이다. 샤오짱(蕭璋)도 약간의 일에

참여하였다.

이 책의 원고 확정은 펑지엔(彭建)·우원쯔(吳文治)가 책임졌다. 리츄위안(李秋媛)은 부분적인 원고 확정에 참여했다.

이 책을 교점하는 과정에서 북경도서관(北京圖書館), 수도도서관(首都圖書館), 북경사범학원(北京師範學院), 북경경제학원(北京經濟學院), 중화서국(中華書局) 등 기구의 관련 동지 및 전문가로부터 큰 도움을 받았기에 여기에서 특별히 사의를 표한다. (『유종원집』 교점조, 1978.9)

유종원집 | 찾아보기

ㄱ

ㄴ

ㄷ

ㅁ

ㅂ

ㅅ

ㅊ

ㅌ

ㅍ

ㅎ